Die Finanzierungsfolgenverantwortung des Gesellschafters

Schriften zum Verfahrensrecht

Herausgegeben von
Peter Gottwald und Ulrich Haas

Band 14

PETER LANG
Frankfurt am Main · Berlin · Bern · Bruxelles · New York · Oxford · Wien

Carola Reimann-Dittrich

Die Finanzierungsfolgenverantwortung des Gesellschafters

PETER LANG
Europäischer Verlag der Wissenschaften

Bibliografische Information Der Deutschen Bibliothek
Die Deutsche Bibliothek verzeichnet diese Publikation in der Deutschen Nationalbibliografie; detaillierte bibliografische Daten sind im Internet über <http://dnb.ddb.de> abrufbar.

Zugl.: Halle-Wittenberg, Univ., Diss., 2005

3
ISSN 1619-344X
ISBN 3-631-54732-3

www.peterlang.de

Für Christina

Vorwort

Die vorliegende Arbeit wurde im Sommersemester 2005 von der Juristischen Fakultät der Martin-Luther-Universität Halle-Wittenberg als Dissertation angenommen.

Mein ganz besonderer Dank gilt meinem verehrten Doktorvater, Herrn Prof. Dr. Ulrich Haas, der nicht nur die Initiative zu dieser Arbeit gegeben, sondern durch sein unermüdliches Engagement und seine konstruktive Kritik auch maßgeblich zu deren Gelingen beigetragen hat. Die Diskussionen, die wir zum Eigenkapitalersatzrecht führten, waren überaus anregend und gewinnbringend. Dafür und für die stets angenehme Zusammenarbeit am Lehrstuhl möchte ich mich an dieser Stelle noch einmal ausdrücklich bedanken. Herrn Prof. Dr. Rolf Sethe, LL.M. gilt mein herzlicher Dank für die zügige Erstellung des Zweitgutachtens.

Ganz besonders bedanken möchte ich mich auch bei meinem Ehemann, Herrn Dr. Christoph Reimann, der mir stets liebevoll zur Seite stand und mit seiner tatkräftigen Unterstützung einen sehr großen Anteil an der Fertigstellung der Arbeit hat. Mein herzlicher Dank gilt ferner Frau Petra Geier, die es auf sich genommen hat, die Arbeit Korrektur zu lesen.

Schließlich darf ich mich bei meinen Eltern bedanken, ohne deren Unterstützung mein Studium und die anschließende Erstellung der Dissertation nicht möglich gewesen wären.

Halle (Saale), im November 2005 *Carola Reimann-Dittrich*

Inhaltsverzeichnis

Abkürzungsverzeichnis

a.A.	andere Ansicht
Abs.	Absatz
AcP	Archiv für die civilistische Praxis
aE	am Ende
aF	alte Fassung
AG	Aktiengesellschaft, Zeitschrift für das gesamte Aktienwesen
AktG	Aktiengesetz
ArbG	Arbeitsgericht
Art.	Artikel
Aufl.	Auflage
BAG	Bundesarbeitsgericht
BB	Der Betriebs-Berater
Begr.	Begründer
Beschlussanm.	Beschlussanmerkung
BGB	Bürgerliches Gesetzbuch
BGBl.	Bundesgesetzblatt
BGH	Bundesgerichtshof
BGHZ	Entscheidungen des Bundesgerichtshofs in Zivilsachen
BT-Drucks.	Bundestags-Drucksache
BVerfG	Bundesverfassungsgericht
bzw.	beziehungsweise
DB	Der Betrieb
ders.	derselbe
dies.	dieselbe
DJT	Deutscher Juristentag
DStR	Deutsches Steuerrecht
DZWIR	Deutsche Zeitschrift für Wirtschaftsrecht
etc.	et cetera
EWiR	Entscheidungen zum Wirtschaftsrecht
f; ff	folgende(r)
Fn.	Fußnote
GesR	Gesellschaftsrecht
GmbH	Gesellschaft mit beschränkter Haftung
GmbHG	Gesetz betreffend die Gesellschaften mit beschränkter Haftung
GmbHR	GmbH-Rundschau

hA	herrschende Ansicht
Hdb.	Handbuch
HGB	Handelsgesetzbuch
hM	herrschende Meinung
Hrsg.	Herausgeber
i.S.d.	im Sinne des
i.V.m.	in Verbindung mit
JR	Juristische Rundschau
JuS	Juristische Schulung
JW	Juristische Wochenschrift
JZ	Juristenzeitung
KG	Kammergericht
KO	Konkursordnung
KTS	Zeitschrift für Konkurs-, Treuhand- und Schiedsgerichtswesen
mwN	mit weiteren Nachweisen
nF	neue Fassung
NJW	Neue Juristische Wochenschrift
NJW-RR	NJW-Rechtsprechungsreport
NZG	Neue Zeitschrift für Gesellschaftsrecht
NZI	Neue Zeitschrift für das Recht der Insolvenz und Sanierung
OLG	Oberlandesgericht
Rdnr.	Randnummer
RGZ	Entscheidungen des Reichsgerichts in Zivilsachen
Rspr.	Rechtsprechung
S.	Seite
u.a.	unter anderem
Urteilsanm.	Urteilsanmerkung
u.U.	unter Umständen
vgl.	vergleiche
Vorbem	Vorbemerkungen
WBl	Wirtschaftsrechtliche Blätter
WiB	Wirtschaftsrechtliche Beratung
WM	Zeitschrift für Wirtschafts- und Bankrecht
WPg	Die Wirtschaftsprüfung
WuB	Entscheidungssammlung zum Wirtschafts- und Bankrecht

z.B.	zum Beispiel
ZBB	Zeitschrift für Bankrecht und Bankwirtschaft
ZfB	Zeitschrift für Betriebswirtschaft
ZGR	Zeitschrift für Unternehmens- und Gesellschaftsrecht
ZHR	Zeitschrift für das gesamte Handelsrecht und Wirtschaftsrecht
ZIP	Zeitschrift für Wirtschaftsrecht

§ 1 Einleitung

Im Grundsatz besteht Einigkeit, dass die Gesellschafter einer Gesellschaft mit beschränkter Haftung (GmbH) frei darüber entscheiden können, ob und wie sie die Gesellschaft über das von ihnen aufzubringende Stammkapital hinaus finanzieren, nämlich mit Eigen- oder Fremdkapital.[1] Gerät die Gesellschaft aber in eine wirtschaftliche Krise, versuchen Rechtsprechung und Gesetzgeber zu verhindern, dass die Gesellschafter das Risiko, das mit einer Fremdfinanzierung der Gesellschaft verbunden ist, auf die Gläubiger der Gesellschaft abwälzen. Vielmehr soll der Gesellschafter für seine in der Krise getroffene Entscheidung, die Gesellschaft weder zu liquidieren noch ihr haftendes Kapital zuzuführen, die Verantwortung übernehmen.[2] Da der Gesellschafter aber auch in der Krise nicht positiv zum Nachschuss von Kapital verpflichtet ist, sondern »lediglich« die Verantwortung für die Folgen seiner Entscheidung, die Gesellschaft in der Krise fremdzufinanzieren, übernehmen soll, spricht die Rechtsprechung statt von einer »Finanzierungsverantwortung« präziser von einer »Finanzierungsfolgenverantwortung des Gesellschafters«.[3]

---

1 Vgl. BGH, Urt. v. 21. 3. 1988 – II ZR 238/87, BGHZ 104, 33, 40; Urt. v. 19. 9. 1988 – II ZR 255/87, BGHZ 105, 168, 175; OLG Celle, Urt. v. 30. 1. 1996 – 18 U 16/95, ZIP 1996, 1994, 1995; *Baumbach/Hueck/Fastrich*, GmbHG, § 5 Rdnr. 5; § 32a Rdnr. 2; *Hommelhoff* in v.Gerkan/Hommelhoff (Hrsg.), Handbuch des Kapitalersatzrechts, Rdnr. 2.8; *ders.*, JuS 1989, 643, 644; Münch. Hdb. GesR III/*Rümker*, § 52 Rdnr. 2; *Hueck*, Festschrift Odersky, 1996, S. 823, 830 f; *Geßler*, ZIP 1981, 228, 231; *Monhemius*, JA 1997, 241, 245; *Maser*, ZIP 1995, 1319; *Ehricke*, AcP 199 (1999), 257, 285 f; *Casper/Ullrich*, GmbHR 2000, 472.

2 Vgl. BGH, Urt. v. 26. 3. 1984 – II ZR 171/83, BGHZ 90, 381, 388 f; Urt. v. 7. 11. 1994 – II ZR 270/93, BGHZ 127, 336, 344 f; *Hommelhoff* in v.Gerkan/Hommelhoff (Hrsg.), Handbuch des Kapitalersatzrechts, Rdnr. 2.17 f; *Fleck*, Festschrift Werner, 1984, S. 107, 116; *Röhricht*, StbJb. 1991/92, S. 313, 318 f; *v.Gerkan*, Festschrift Lutter, 2000, S. 1317, 1319 ff.

3 So seit BGH, Urt. v. 7. 11. 1994 – II ZR 270/93, BGHZ 127, 336, 344 f; vgl. auch BGH, Urt. v. 16. 6. 1997 – II ZR 154/96, ZIP 1997, 1375, 1376; OLG Düsseldorf, Urt. v. 26. 6. 2003 – I-6 181/02, GmbHR 2003, 947, 948. Im Schriftum ist diese Präzisierung überwiegend auf Zustimmung gestoßen *Dauner-Lieb*, DStR 1998, 609, 613; *Lutter/Hommelhoff*, GmbHG, §§ 32a/b Rdnr. 4; *Hommelhoff* in v.Gerkan/Hommelhoff (Hrsg.), Handbuch des Kapitalersatzrechts, Rdnr. 2.22; *Raiser*, Recht der Kapitalgesellschaften, § 38 I 5), Rdnr. 17, S. 654; *Rowedder/Pentz*, GmbHG, § 32a Rdnr. 17; *Altmeppen* in Roth/Altmeppen, GmbHG, § 32a Rdnr. 18; *Goette*, Die GmbH, § 4 Rdnr. 2, S. 88; Rdnr. 19, S. 95; Rdnr. 60, S. 110 f; *Pape/Voigt*, DB

Die Finanzierungsfolgenverantwortung ist der tragende Grund dafür, dass Fremdleistungen des Gesellschafters in der Krise wie Eigenkapital behandelt werden und mit einer Durchsetzungssperre belegt sind.[4] Das heißt, der Gesellschafter hat der Gesellschaft die in der Krise gewährten oder belassenen Fremdmittel weiter zur Verfügung zu stellen und ist am Abzug seiner Fremdleistungen gehindert.[5] Mit der Finanzierungsfolgenverantwortung rechtfertigt die hM zugleich die Einschränkung der Finanzierungsfreiheit der Gesellschafter in der Krise.[6] Zwar sind die Gesellschafter in ihrer Entscheidung frei, *ob* sie die Gesellschaft in der Krise weiterfinanzieren. Doch haben die Gesellschafter beim *Wie* der Kapitalzufuhr nach Ansicht der hM auf die Belange der Gesellschaftsgläubiger Rücksicht zu nehmen und den Kapitalbedarf der Gesellschaft daher mit haftendem Eigenkapital zu decken.[7] Ein Ausweichen in eine Drittgläubigerstellung, zu einem Zeitpunkt, zu dem ihre Fremdleistungen fehlendes Eigenkapital ersetzen, sei den Gesellschaftern verwehrt.[8]

Unklar ist jedoch, was sich hinter dem zentralen Begriff der Finanzierungsfolgenverantwortung verbirgt.[9] Das zeigt u.a. die wechselvolle Verortung des Eigenkapitalersatzrechts. So sah das Reichsgericht in der Gewährung eigenkapitalersetzender Gesellschafterleistungen eine vorsätzlich sittenwidrige Schädigung und griff auf § 826 BGB zurück.[10] Demgegenüber unterwarf der BGH eigenkapitalersetzende Gesellschafterleistungen der

---

1996, 2113. Kritisch zum Begriff der Finanzierungs(folgen)verantwortung *Karsten Schmidt,* Gesellschaftsrecht, § 18 III 4 b), Fn. 71, S. 534; *Reiner,* Festschrift Boujong, 1996, S. 415, 422; *Grunewald,* GmbHR 1997, 7, 9; *dies.*, Festschrift Großfeld, 1999, S. 319, 328; *Karollus,* ZIP 1996, 1893, 1894.

4 Vgl. BGH, Urt. v. 8. 1. 2001 – II ZR 88/99, DStR 2001, 175, 177; *Goette,* Die GmbH, § 4 Rdnr. 33, S. 100; Rdnr. 35, S. 101.

5 Vgl. BGH, Urt. v. 7. 11. 1994 – II ZR 270/93, BGHZ 127, 336, 344 f.

6 Vgl. *Habersack,* ZHR 162 (1998), 201, 209; *Dauner-Lieb,* DStR 1998, 609, 613.

7 Vgl. BGH, Urt. v. 26. 3. 1984 – II ZR 171/83, BGHZ 90, 381, 388 f; OLG Düsseldorf, Urt. v. 15. 9. 1995 – 12 U 98/93, GmbHR 1996, 201, 203; *Röhricht,* StbJb. 1991/92, S. 313, 318 f; *Michalski/Heidinger,* GmbHG, §§ 32a, 32b Rdnr. 12; *Dauner-Lieb,* DStR 1998, 609, 613; *Hommelhoff* in v.Gerkan/Hommelhoff (Hrsg.), Handbuch des Kapitalersatzrechts, Rdnr. 2.17.

8 Vgl. *Goette,* ZHR 162 (1998), 223, 224.

9 Vgl. *Altmeppen,* Festschrift Kropff, 1997, S. 642, 654; *ders.* in Roth/Altmeppen, GmbHG, § 32a Rdnr. 45; *Karollus,* ZIP 1996, 1893, 1894; *Fastrich,* Festschrift Zöllner, Band I, 1998, S. 143, 147; *Grunewald,* GmbHR 1997, 7, 9; *dies.*, Festschrift Großfeld, 1999, S. 319, 328; *Reiner,* Festschrift Boujong, 1996, S. 415, 422 f; *Gottwald/Haas,* Insolvenzrechts-Handbuch, § 92 Rdnr. 260; *Haas,* NZI 2001, 1, 2; *Barth,* Eigenkapitalersatzrecht, S. 84.

10 Vgl. RG, Urt. v. 16. 11. 1937 – II 70/37, JW 1938, 862, 864 f; Urt. v. 3. 12. 1938 – II 84/38, JW 1939, 355, 356.

Vermögensbindung nach §§ 30, 31 GmbHG (analog).[11] Der Gesetzgeber löste sich schließlich von der seitens der Rechtsprechung des BGH befürworteten Analogie zu §§ 30, 31 GmbHG[12] und statuierte eigenständige Tatbestände, die sich zum Teil im Gesellschaftsrecht (§§ 32a, b GmbHG), zum Teil im Insolvenz- und Anfechtungsrecht finden (§§ 39 Abs. 1 Nr. 5 und 135 InsO bzw. § 6 AnfG).[13] Einigkeit besteht lediglich insoweit, dass es sich bei dem Eigenkapitalersatzrecht um ein gläubigerschützendes Rechtsinstitut handelt.[14]

Die Einordnung der Finanzierungsfolgenverantwortung ist jedoch keinesfalls rein akademischer Natur, sondern hat vielmehr handfeste praktische Auswirkungen. So lässt sich etwa eine Antwort auf die Frage, ob das Eigenkapitalersatzrecht als ein rechtsformspezifisches Rechtsinstitut zu begreifen ist, nur finden, wenn die Wertungsgrundlagen des Eigenkapitalersatzrechts ermittelt sind. Der Normzweck des Eigenkapitalersatzrechts ist aber auch deshalb von entscheidender Bedeutung, weil nur dann, wenn Klarheit über die tragenden Wertungsgrundlagen des Eigenkapitalersatzrechts besteht, ein kontrolliertes und nachvollziehbares »Wachstum« des Eigenkapitalersatzrechts gesichert ist.[15]

Ziel der vorliegenden Arbeit ist es, einen Beitrag zur Konkretisierung und dogmatischen Verortung der Finanzierungsfolgenverantwortung des Gesellschafters zu leisten. Zu diesem Zweck ist die Arbeit in drei Kapitel gegliedert. Im ersten Kapitel erfolgt ein Überblick über das Eigenkapitalersatzrecht. Es werden die Rechtsquellen des Eigenkapitalersatzrechts aufge-

---

11 Grundlegend BGH, Urt. v. 14. 12. 1959 – II ZR 187/57, BGHZ 31, 258, 268 ff; vgl. ferner Urt. v. 15. 11. 1962 – II ZR 134/61, WM 1963, 121; Urt. v. 29. 11. 1971 – II ZR 121/69, WM 1972, 74, 75; Urt. v. 27. 9. 1976 – II ZR 162/75, NJW 1977, 104, 105; Beschl. v. 7. 12. 1992 – II ZR 125/90, DStR 1993, 175, 176; *Röhricht,* StbJb. 1991/92, S. 313, 316; *Goette,* Die GmbH, § 4 Rdnr. 1 f, S. 87 f; *ders.,* DStR 1999, 553, 554 (Beschlussanm.); *Kleindiek,* Festschrift Lutter, 2000, S. 871, 873 ff.

12 Vgl. *Deutler,* GmbHR 1980, 145, 149; *Raiser,* Recht der Kapitalgesellschaften, § 38 I 3) Rdnr. 9, S. 651.

13 Zum Entwicklungsprozess vgl. auch *Raiser,* Recht der Kapitalgesellschaften, § 38 Rdnr. 8 ff, S. 650 ff; *Bezzenberger,* Festschrift Bezzenberger, 2000, S. 23, 26 ff; *Hommelhoff,* ZGR 1988, 460 ff; *Hommelhoff/Kleindiek,* Festschrift 100 Jahre GmbH-Gesetz, 1992, S. 421 ff.

14 Vgl. LG Erfurt, Urt. v. 8. 8. 2001 – 3 HK O 400/00, ZIP 2001, 1673, 1675; *Hommelhoff* in v.Gerkan/Hommelhoff (Hrsg.), Handbuch des Kapitalersatzrechts, Rdnr. 2.7; *Lutter/Hommelhoff,* GmbHG, §§ 32a/b Rdnr. 1, 4, 49; *Goette,* ZHR 162 (1998), 223; *Michalski/Heidinger,* GmbHG, §§ 32a, 32b Rdnr. 114, 122; *Raiser,* Recht der Kapitalgesellschaften, § 38 I 5) Rdnr. 17, S. 654; *Baumbach/Hueck/Fastrich,* GmbHG, § 32a Rdnr. 2.

15 Vgl. insoweit auch *Grunewald,* GmbHR 1997, 7, 9.

zeigt und der Tatbestand und die Rechtsfolgen dieses gläubigerschützenden Rechtsinstituts kurz erläutert. Danach soll im zweiten Kapitel den hinter dem Eigenkapitalersatzrecht stehenden Wertungsgrundlagen nachgegangen werden. Es soll ermittelt werden, für welche negativen (Finanzierungs-) Folgen der Gesellschafter einzustehen hat, warum gerade der Gesellschafter eine (Finanzierungsfolgen-)Verantwortung trägt und weshalb der Verantwortungsbeitrag des Gesellschafters sich auf eine Abzugssperre der zugeführten oder belassenen Mittel beschränkt. Das dritte und letzte Kapitel zeigt schließlich die Konsequenzen eines insolvenzrechtlichen Erklärungsversuchs der Finanzierungsfolgenverantwortung auf. Im Mittelpunkt steht dabei die Frage, welchen Einfluss eine insolvenzrechtliche Sichtweise auf Tatbestand und Rechtsfolgen des Eigenkapitalersatzrechts hat. In diesem Zusammenhang soll zu der Frage Stellung genommen werden, ob das Eigenkapitalersatzrecht ein rechtsformspezifisches Rechtsinstitut ist.

1. Kapitel
Überblick über das Eigenkapitalersatzrecht

Um die Wertungsgrundlagen des Eigenkapitalersatzrechts aufzeigen zu können, ist es zunächst erforderlich, sich einen Überblick über das Eigenkapitalersatzrecht zu verschaffen. Denn die Voraussetzungen, unter denen ein Gesellschafter zur Finanzierungsfolgenverantwortung herangezogen wird, lassen Rückschlüsse auf die vom Eigenkapitalersatzrecht erfassten gläubigerschädigenden Phänomene zu. Sie liefern mithin den Ausgangspunkt, um die Finanzierungsfolgenverantwortung deuten zu können.

Nach Ansicht der wohl hM ist das Eigenkapitalersatzrecht ein rechtsformspezifisches Institut des Gläubigerschutzes,[16] das seinen größten Anwendungsbereich im GmbH-Recht hat[17]. Dementsprechend findet sich auch der Entwicklungsschwerpunkt zum Eigenkapitalersatz im GmbH-Recht.[18] Der nachfolgende Überblick über das Eigenkapitalersatzrecht konzentriert sich deshalb auch auf die Finanzierungsfolgenverantwortung des Gesellschafters einer GmbH. Insoweit sollen die Rechtsquellen zum Eigenkapitalersatz aufgezeigt (unten § 2), sodann der Tatbestand des Eigenkapitalersatzrechts kurz erörtert (unten § 3) und schließlich ein Blick auf die Rechtsfolgen des Eigenkapitalersatzrechts (unten § 4) geworfen werden.

§ 2 Die Rechtsquellen des Eigenkapitalersatzrechts

Die Rechtsquellen zum Eigenkapitalersatz finden sich zum einen im Gesetz. Hierzu zählen Vorschriften im Gesellschafts-, Insolvenz- und Anfechtungsrecht. Im Einzelnen sind es die §§ 32a, 32b GmbHG, eingeführt durch

---

16 Vgl. *Kleindiek,* Festschrift Lutter, 2000, S. 871, 884 ff; *Habersack,* ZHR 162 (1998), 201, 212 ff, insbesondere 214; *ders.,* ZGR 2000, 384, 388 (Fn. 17); *Smid/Zeuner,* InsO, § 135 Rdnr. 50; *Groß,* BB 1991, 2386, 2390 f; *Eichele,* Reichweite des Kapitalerhaltungsgrundsatzes, 1999, S. 35; *Schäfer,* ZHR 162 (1998), 232; *Hellwege,* ZGR 1988, 516, 517 (jeweils Diskussionsberichte); *Boerner,* Die Haftung des herrschenden Kommanditisten, S. 83 ff, insbesondere 90.

17 Vgl. MünchKommInsO-*Ehricke,* § 39 Rdnr. 42; *Henze* in Großkomm AktG, § 57 vor Rdnr. 98 (Fn. 245); *Hüffer,* AktG, § 57 Rdnr. 16.

18 Vgl. *Henze* in Großkomm AktG, § 57 vor Rdnr. 98 (Fn. 245); *Karsten Schmidt,* Gesellschaftsrecht, § 18 III 4a), S. 531.

die GmbH-Novelle von 1980,[19] geändert und modifiziert durch Art. 48 Nr. 2 und 3 EGInsO[20] sowie Art. 2 Nr. 1 KapAEG,[21] Art. 10 Nr. 1 und 2 KonTraG[22] und Art. 1 Nr. 10 EGInsOÄndG,[23] die §§ 39 Abs. 1 Nr. 5, 135 und 264 Abs. 3 InsO[24] sowie die Bestimmungen in § 6 AnfG in der Fassung vom 5. 10. 1994.[25] Zum anderen gelten auch die von der Rechtsprechung vor der GmbH-Novelle von 1980 entwickelten Regeln zum Eigenkapitalersatz (§§ 30, 31 GmbHG analog) fort,[26] so dass die Rechtsquellen zum Eigenkapitalersatz aus positivrechtlichen Bestimmungen und den sog. Rechtsprechungsregeln zum Eigenkapitalersatz bestehen.

§ 3 Der Tatbestand des Eigenkapitalersatzrechts

Weitgehend Einigkeit besteht darüber, dass – unabhängig von den im Ergebnis anzuwendenden Rechtsregeln – dem Eigenkapitalersatzrecht ein einheitlicher Tatbestand zugrunde liegt.[27] Dieser setzt sich hM nach aus insgesamt vier Tatbestandsmerkmalen zusammen. Erforderlich ist, dass der Gesellschafter dem persönlichen Anwendungsbereich des Eigenkapitalersatzrechts unterfällt (unten I.), seine Leistung eine solche ist, die vom sachlichen Anwendungsbereich des Eigenkapitalersatzrechts erfasst wird (unten II.), der zeitliche Anwendungsbereich des Eigenkapitalersatzrechts er-

---

19 Gesetz vom 7. 4. 1980, BGBl. I S. 836.

20 Gesetz vom 5. 10. 1994, BGBl. I S. 2911.

21 Gesetz vom 20. 4. 1998 zur Verbesserung der Wettbewerbsfähigkeit deutscher Konzerne an Kapitalmärkten und zur Erleichterung der Aufnahme von Gesellschafterdarlehen (Kapitalaufnahmeerleichterungsgesetz-KapAEG), BGBl I, S. 707.

22 Gesetz vom 27. 4. 1998 zur Kontrolle und Transparenz im Unternehmensbereich (KonTraG), BGBl. I, S. 786.

23 Gesetz vom 19. 12. 1998 zur Änderung des Einführungsgesetzes zur Insolvenzordnung und anderer Gesetze (EGInsOÄndG), BGBl. I, S. 3836.

24 Gesetz vom 5. 10. 1994, BGBl. I S. 2866.

25 BGBl. I S. 2911.

26 Vgl. BGH, Urt. v. 26. 3. 1984 – II ZR 14/84, BGHZ 90, 370, 376 ff.

27 Vgl. *Michalski/Heidinger,* GmbHG, §§ 32a, 32b Rdnr. 22; *Rowedder/Pentz,* GmbHG, § 32a Rdnr. 217; Münch. Hdb. GesR III/*Rümker,* § 52 Rdnr. 8; *Noack,* Festschrift Claussen, 1997, S. 307, 309; *Häuselmann/Rümker/Westermann,* Die Finanzierung der GmbH durch ihre Gesellschafter, S. 6; *Hommelhoff* in v.Gerkan/ Hommelhoff (Hrsg.), Handbuch des Kapitalersatzrechts, Rdnr. 1.16; *Hommelhoff/ Kleindiek,* Festschrift 100 Jahre GmbH-Gesetz, 1992, S. 421, 429; *Haas,* DZWIR 1999, 177.

öffnet ist (unten III.) und schließlich der Gesellschafter eine Finanzierungsentscheidung i.S. des Eigenkapitalersatzrechts getroffen hat (unten IV.).[28]

I. Der persönliche Anwendungsbereich

Der persönliche Anwendungsbereich des Eigenkapitalersatzrechts bestimmt den Kreis derjenigen, die dem Eigenkapitalersatzrecht überhaupt unterfallen und damit potentielle Adressaten einer Finanzierungsfolgenverantwortung sind.

1. Die bisherigen Grundsätze der Rechtsprechung zum Adressatenkreis

Bis zum Inkrafttreten des KapAEG[29] und des KonTraG[30] unterfiel nach Ansicht der Rechtsprechung grundsätzlich jeder Gesellschafter dem Eigenkapitalersatzrecht. Für die Übernahme der Finanzierungsfolgenverantwortung war hM nach lediglich die Mitgliedschaft des Gesellschafters in der Gesellschaft entscheidend.[31] Weder übte die Höhe der Beteiligung des Gesellschafters am Stammkapital der Gesellschaft[32] noch das Motiv für die Kre-

---

28 Vgl. *Gottwald/Haas,* Insolvenzrechts-Handbuch, § 92 Rdnr. 188 ff; *Haas,* DStR 2000, 1484 (Urteilsanm.).

29 Gesetz vom 20. 4. 1998 zur Verbesserung der Wettbewerbsfähigkeit deutscher Konzerne an Kapitalmärkten und zur Erleichterung der Aufnahme von Gesellschafterdarlehen (Kapitalaufnahmeerleichterungsgesetz-KapAEG), BGBl I, S. 707.

30 Gesetz vom 27. 4. 1998 zur Kontrolle und Transparenz im Unternehmensbereich (KonTraG), BGBl. I, S. 786.

31 Vgl. BGH, Urt. v. 19. 9. 1988 – II ZR 255/87, BGHZ 105, 168, 176; Urt. v. 13. 7. 1992 – II ZR 251/91, BGHZ 119, 191, 196; Urt. v. 7. 11. 1994 – II ZR 270/93, BGHZ 127, 336, 346; Urt. v. 16. 6. 1997 – II ZR 154/96, ZIP 1997, 1375, 1376; OLG Düsseldorf, Urt. v. 23. 9. 1994 – 17 U 210/93, ZIP 1995, 465, 466; *Hachenburg/Ulmer,* GmbHG, § 32a, b Rdnr. 37; *Stodolkowitz* in Bankrechts-Handbuch, § 84 Rdnr. 19; *v.Gerkan,* ZGR 1997, 173, 179; *Habersack,* ZHR 162 (1998), 201, 203 f. Aus Sicht der hM vgl. auch *Scholz/Karsten Schmidt,* GmbHG, §§ 32a, 32b Rdnr. 45, 179.

32 Vgl. OLG Hamburg, Urt. v. 17. 2. 1989 – 11 U 241/88, GmbHR 1990, 130, 131; OLG München, Urt. v. 13. 3. 1992 – 14 U 840/91, GmbHR 1993, 439 (Beteiligung von 1, 5 %); *Rowedder/Pentz,* GmbHG, § 32a Rdnr. 83; *Staudinger/Hopt/Mülbert,* BGB, 12. Aufl. 1989, § 607 Rdnr. 126; *Goette,* Die GmbH, § 4 Rdnr. 101, S. 127; *ders.,* ZHR 162 (1998), S. 223, 227; *Fleck,* Festschrift Werner, 1984, S. 107, 122 f; *Pentz,* BB 1997, 1265, 1268.

ditvergabe[33] Einfluss auf die Adressatenstellung aus.[34] So traf die Finanzierungsfolgenverantwortung nicht nur den unternehmerisch tätigen Gesellschafter, sondern auch den rein auf Finanzierung der Gesellschaft ausgerichteten Gesellschafter und Kreditgeber, den auf eine Unternehmenssanierung bedachten Gesellschafter sowie schließlich auch denjenigen Gesellschafter, der – ohne unternehmerisches Eigeninteresse – seinen Gesellschaftsanteil lediglich zu Anlagezwecken gehalten oder diesen geerbt hat.[35]

Keine Finanzierungsfolgenverantwortung traf hM nach außenstehende Dritte.[36] Insoweit galt der Grundsatz vom Gleichlauf der Mitgliedschaft und Finanzierungsfolgenverantwortung.[37] An der grundsätzlichen Freistellung Dritter von der Finanzierungsfolgenverantwortung hat sich bis heute nichts

---

33 Vgl. BGH, Urt. v. 26. 11. 1979 – II ZR 104/77, BGHZ 75, 334, 337 f; Urt. v. 21. 9. 1981 – II ZR 104/80, BGHZ 81, 311, 315; Urt. v. 19. 9. 1988 – II ZR 255/87, BGHZ 105, 168, 176; Urt. v. 17. 2. 1992 – II ZR 154/91, ZIP 1992, 618, 620; Urt. v. 13. 7. 1992 – II ZR 251/91, BGHZ 119, 191, 196; Urt. v. 19. 9. 1996 – IX ZR 249/95, ZIP 1996, 1829, 1831; Urt. v. 16. 6. 1997 – II ZR 154/96, ZIP 1996, 1375, 1376; OLG Frankfurt a.M., Urt. v. 23. 6. 1992 – 5 U 69/90, GmbHR 1993, 436, 438; OLG Düsseldorf, Urt. v. 23. 9. 1994 – 17 U 210/93, ZIP 1995, 465, 466; OLG Zweibrücken, Urt. v. 20. 12. 2001 – 4 U 131/00, GmbHR 2002, 740, 741; *Fleck,* Festschrift Werner, 1984, S. 107, 121 f; *v.Gerkan* in v.Gerkan/Hommelhoff (Hrsg.), Handbuch des Kapitalersatzrechts, Rdnr. 3.8; *Dreher,* ZGR 1994, 144, 149 f.

34 Vgl. *Hachenburg/Ulmer,* GmbHG, § 32a, b Rdnr. 37; *Jaeger/Henckel,* KO, § 32a Rdnr. 21; *Stodolkowitz* in Bankrechts-Handbuch, § 84 Rdnr. 19, 21 f; *Habersack,* ZHR 162 (1998), 201, 203 f; *Weisang,* WM 1997, 197, 200 f.

35 Vgl. *v.Gerkan* in v.Gerkan/Hommelhoff (Hrsg.), Handbuch des Kapitalersatzrechts, Rdnr. 3.8; *Fleck,* Festschrift Werner, 1984, S. 107, 121 ff.

36 Vgl. BGH, Urt. v. 20. 9. 1993 – II ZR 151/92, NJW 1993, 3265; *Goette,* DStR 1999, 553, 554 (Urteilsanm.); *Noack,* GmbHR 1996, 153; *Fleischer* in v.Gerkan/Hommelhoff (Hrsg.), Handbuch des Kapitalersatzrechts, Rdnr. 6.5; *Hommelhoff,* ebenda, Rdnr. 1.25; *Boujong,* WiB 1997, 292, 294; *Geißler,* GmbHR 1996, 565, 570; *Karollus,* RdW 1996, 4, 5 f. Siehe hierzu aber auch die Ausführungen unten § 4 III 1 b).

37 Vgl. BGH, Urt. v. 21. 9. 1981 – II ZR 104/80, BGHZ 81, 311, 315, 317; Urt. v. 19. 9. 1988 – II ZR 255/87, BGHZ 105, 168, 176; Urt. v. 16. 6. 1997 – II ZR 154/96, ZIP 1997, 1375, 1376 f; *Fleck,* Festschrift Werner, 1984, S. 107, 121 ff; *Stodolkowitz* in Bankrechts-Handbuch, § 84 Rdnr. 7; *v.Gerkan,* ZGR 1997, 173, 179, 180; *Habersack,* ZHR 162 (1998), 201, 203 f, 209 f; aus Sicht der (damals) hM siehe auch *Scholz/Karsten Schmidt,* GmbHG, §§ 32a, 32b Rdnr. 32, 45, 179; *Dauner-Lieb,* DStR 1998, 609, 612 f; *dies.,* DStR 1998, 1517, 1521; *Pentz,* GmbHR 1999, 437, 439, 451.

geändert,[38] da das Eigenkapitalersatzrecht gerade zum Schutz der übrigen Gesellschaftsgläubiger entwickelt worden ist.[39]

Dritte wurden lediglich ausnahmsweise mit in den persönlichen Anwendungsbereich des Eigenkapitalersatzrechts einbezogen. Letzteres wurde unterschiedlich begründet. So sollte zum einen das Eigenkapitalersatzrecht wirksam vor einer Umgehung durch den Gesellschafter abgesichert werden. Andererseits sollten aber auch Dritte eine Finanzierungsfolgenverantwortung tragen, die aufgrund einer wirtschaftlichen Betrachtungsweise einem Gesellschafter gleichstanden,[40] weil sie sich wie ein Gesellschafter gerierten (sog. Quasi- oder wirtschaftliche Gesellschafter).[41] Bereits der Novellengesetzgeber von 1980 hatte das Ziel verfolgt, der Rechtsprechung unter Verzicht auf die noch kasuistische Regelung des Regierungsentwurfs von 1977[42] u.a. die Möglichkeit zu geben, mit Hilfe der nunmehr in § 32a Abs. 3 S. 1 GmbHG enthaltenen Generalklausel jegliche Art von Umgehungen des Eigenkapitalersatzrechts in persönlicher Hinsicht zu erfassen.[43] Im Blickfeld hatte der Gesetzgeber dabei einerseits die Umgehung des Eigenkapitalersatzrechts durch Einschaltung naher Angehöriger bei der Darlehensvergabe (z.B. des Ehegatten oder des minderjährigen Kindes)[44] und an-

---

38 Vgl. *Habersack,* ZGR 2000, 384, 393; *Karsten Schmidt/G. Bitter,* ZIP 2000, 1077, 1088.

39 Vgl. Begründung RegE 1977, S. S. 39, BT-Drucks. 8/1347; BGH, Urt. v. 26. 3. 1984 – II ZR 14/84, BGHZ 90, 370, 380; Urt. v. 9. 3. 1992 – II ZR 168/91, GmbHR 1992, 367, 368; *Hachenburg/Ulmer,* GmbHG, § 32a, b Rdnr. 44 i.V.m. Rdnr. 8; *Goette,* ZHR 162 (1998), 223; *Kollhosser,* WM 1985, 929, 931; *Fastrich,* Festschrift Zöllner, Band I, 1998, S. 143, 156, 160; *Hommelhoff* in v.Gerkan/Hommelhoff (Hrsg.), Handbuch des Kapitalersatzrechts, Rdnr. 1.1, 2.7; *Barth,* Eigenkapitalersatzrecht, S. 84.

40 Vgl. *Lutter/Hommelhoff,* GmbHG, §§ 32a/b Rdnr. 61 ff; Münch. Hdb. GesR III/ *Rümker,* § 52 Rdnr. 72.

41 Vgl. aus Sicht der hM *Priester* in Festschrift Helmrich, 1994, S. 721, 725; *Claussen,* GmbHR 1996, 316, 318; *Goette,* Die GmbH, § 4 Rdnr. 115 ff, S. 130 ff.

42 Vgl. BT-Drucks. 8/1347, S. 9 f.

43 Vgl. hierzu auch den Bericht der Abgeordneten Lambinus, Helmrich und Kleinert, BT-Drucks. 8/3908, S. 66, 67; LG Dortmund, Beschl. v. 11. 6. 1985 – 9 T 274/85, ZIP 1986, 855, 856; siehe auch *Baumbach/Hueck/Fastrich,* GmbHG, § 32a Rdnr. 14, 20.

44 Vgl. *Hachenburg/Ulmer,* GmbHG, § 32a, b Rdnr. 120; *Lutter/Hommelhoff,* GmbHG, §§ 32a/b Rdnr. 61. Stammen dagegen die finanziellen Mittel nicht von dem Gesellschafter, sondern von dem nahen Angehörigen selbst, lehnt die hM eine Gleichstellung mit dem Gesellschafter – nicht zuletzt auch wegen verfassungsrechtlicher Bedenken – ab; vgl. *Kamprad,* Gesellschafterdarlehen, S. 44. Aus der Rspr. siehe BGH, Urt. v. 14. 6. 1993 – II ZR 252/92, ZIP 1993, 1072, 1073; OLG München, Urt. v. 20. 1. 1992 – 17 U 4066/91, GmbHR 1993, 439 (LS); OLG Stutt-

dererseits die Darlehenshingabe durch verbundene Unternehmen.[45] Bejaht wurde unter Bezugnahme auf § 32a Abs. 3 S. 1 GmbHG darüber hinaus die Adressatenstellung für den Treugeber als »wahren« Gesellschafter,[46] für denjenigen, der für Rechnung des Gesellschafters handelte,[47] für den (aty-

---

gart, Urt. v. 14. 8. 1998 – 19 U 268/96, NZG 1998, 997 (2. LS); OLG Zweibrücken, Urt. v. 18. 5. 1999 – 8 U 36/98, NZG 2000, 49, 50. A.A. – und für eine generelle Gleichstellung naher Angehöriger – *v.Gerkan,* GmbHR 1986, 218, 223.

45 Vgl. beispielsweise zur Anwendung des Eigenkapitalersatzrechts auf ein mit einem Gesellschafter verbundenes Unternehmen BGH, Urt. v. 21. 9. 1981 – II ZR 104/80, BGHZ 81, 311, 315; Urt. v. 22. 10. 1990 – II ZR 238/89, ZIP 1990, 1593, 1595; Urt. v. 21. 6. 1999 – II ZR 70/98, GmbHR 1999, 916; Urt. v. 27. 11. 2000 – II ZR 179/99, DStR 2001, 225. Für eine Erstreckung des Eigenkapitalersatzrechts auf Forderungen eines mit einem Gesellschafter oder mit der Gesellschaft verbundenen Unternehmens sprach sich schon § 32a Abs. 5 S. 2 RegE 1977 zur GmbH-Novelle von 1980 aus; vgl. BT-Drucks. 8/1347, S. 10. Demgegenüber sehen Teile des Schrifttums nicht jedes i.S. der §§ 15 ff AktG verbundene Unternehmen, das der Gesellschaft selbst Kredite ausreicht als Normadressaten des § 32a Abs. 3 S. 1 GmbHG an, sondern treten statt dessen für eine differenzierende Betrachtungsweise ein; vgl. zum Meinungsstand und den hierzu vertretenen Lösungen u.a. die Darstellung bei *Scholz/Karsten Schmidt,* GmbHG, §§ 32a, 32b Rdnr. 135 f; *Lutter/Hommelhoff,* GmbHG, §§ 32a/b Rdnr. 63 ff; *Baumbach/Hueck/Fastrich,* GmbHG, § 32a Rdnr. 24; *Rowedder/Pentz,* GmbHG, § 32a Rdnr. 81 f; *v.Gerkan,* ZGR 1997, 173, 182 f; *Schlitt,* NZG 1999, 940 f (Urteilsanm.); *Altmeppen,* Festschrift Kropff, 1997, S. 642, 658 ff, der insbesondere auf S. 662 ff die Anwendung des Eigenkapitalersatzrechts auf die Konstellation eines mit der Gesellschaft verbundenen Unternehmens ablehnt.

46 Grundlegend BGH, Urt. v. 14. 12. 1959 – II ZR 187/57, BGHZ 31, 258, 264 ff; seitdem ständige Rspr. vgl. BGH, Urt. v. 26. 11. 1979 – II ZR 104/77, BGHZ 75, 334, 335 f; Urt. v. 8. 7. 1985 – II ZR 269/84, NJW 1985, 2947, 2948; Urt. v. 14. 11. 1988 – II ZR 115/88, ZIP 1989, 93, Urt. v. 22. 10. 1990 – II ZR 238/89, NJW 1991, 1057, 1058 f; Urt. v. 15. 2. 1996 – IX ZR 245/94, NJW 1996, 1341, 1342; OLG Celle, Urt. v. 28. 11. 1984 – 9 U 286/83, ZIP 1985, 100, 104; OLG Zweibrücken, Urt. v. 18. 5. 1999 – 8 U 36/98, NZG 2000, 49; LG Erfurt, Urt. v. 8. 8. 2001 – 3 HK O 400/00, ZIP 2001, 1673, 1675. Aus dem Schrifttum vgl. zur Einbeziehung des Treugebers unter § 32a Abs. 3 S. 1 GmbHG, während der Treuhänder dagegen als formalrechtlicher Gesellschafter dem § 32a Abs. 1 GmbHG unterfällt, *Scholz/Karsten Schmidt,* GmbHG, §§ 32a, 32b Rdnr. 139; *Baumbach/Hueck/Fastrich,* GmbHG, § 32a Rdnr. 23; *Lutter,* ZIP 1989, 477, 482 f.

47 Vgl. BGH, Urt. v. 28. 9. 1981 – II ZR 223/80, BGHZ 81, 365, 368; Urt. v. 26. 6. 2000 – II ZR 21/99, ZIP 2000, 1489, 1490; *Altmeppen* in *Roth/Altmeppen,* GmbHG, § 32a Rdnr. 144. Dafür schon § 32a Abs. 5 RegE 1977 GmbH-Novelle 1980; vgl. BT-Drucks. 8/1347, S. 10.

pischen) Nießbraucher,[48] für den Unterbeteiligten,[49] wenn das Beteiligungsverhältnis durch entsprechende Kontroll- und Mitwirkungsrechte so eng ausgestaltet ist, dass er, ohne selbst Gesellschafter der Gesellschaft zu sein, wirtschaftlich als Mitgesellschafter angesehen werden konnte,[50] für den atypisch stillen Gesellschafter, der ähnlich wie ein Gesellschafter der GmbH die Geschicke der Gesellschaft (mit-)bestimmt sowie am Vermögen und Ertrag beteiligt ist[51] bzw. für den atypischen Pfandgläubiger, der sich durch zusätzliche Befugnisse eine Stellung hat einräumen lassen, die es ihm ermöglicht, die Geschicke der Gesellschaft ähnlich wie ein Gesellschafter (mit)zubestimmen.[52]

---

48 Vgl. OLG Zweibrücken, Urt. v. 18. 5. 1999 – 8 U 36/98, NZG 2000, 49; *Hachenburg/Ulmer,* GmbHG, § 32a, b Rdnr. 126; *Rowedder/Pentz,* GmbHG, § 32a Rdnr. 74; *Baumbach/Hueck/Fastrich,* GmbHG, § 32a Rdnr. 21; Münch. Hdb. GesR III/ *Rümker,* § 52 Rdnr. 94; *Johlke/Schröder* in v.Gerkan/Hommelhoff (Hrsg.), Handbuch des Kapitalersatzrechts, Rdnr. 5.33; *Habersack,* ZGR 2000, 384, 397; ablehnend *Altmeppen* in Roth/Altmeppen, GmbHG, § 32a Rdnr. 181 f; *ders.*, Festschrift Kropff, 1997, S. 642, 658.

49 Für den Dritten also, der gesellschaftsvertraglich an der wirtschaftlichen Nutzung des Geschäftsanteils beteiligt ist; vgl. *Hachenburg/Zutt,* GmbHG, Anh § 15 Rdnr. 35.

50 Vgl. LG Dortmund, Beschl. v. 11. 6. 1985 – 9 T 274/85, ZIP 1986, 855, 857; *Hachenburg/Ulmer,* GmbHG, § 32a, b Rdnr. 126; *Rowedder/Pentz,* GmbHG, § 32a Rdnr. 75; *Baumbach/Hueck/Fastrich,* GmbHG, § 32a Rdnr. 21; *Blaurock/Berninger,* GmbHR 1990, 11, 13; kritisch *Altmeppen* in Roth/Altmeppen, GmbHG, § 32a Rdnr. 180; *ders.*, ZIP 1993, 1677, 1684.

51 Vgl. BGH, Urt. v. 7. 11. 1988 – II ZR 46/88, BGHZ 106, 7 (LS), 9; Urt. v. 13. 7. 1992 – II ZR 251/91, BGHZ 119, 191, 195 f; OLG Hamburg, Urt. v. 13. 10. 1989 – II ZR 11 U 108/89, ZIP 1990, 791, 792 f; OLG Zweibrücken, Urt. v. 18. 5. 1999 – 8 U 36/98, NZG 2000, 49 f; *Lutter/Hommelhoff,* GmbHG, §§ 32a/b Rdnr. 56; *Reusch,* BB 1989, 2358 ff, 2361, 2363; weitergehend *Altmeppen* in Roth/Altmeppen, GmbHG, § 32a Rdnr. 178.

52 Vgl. BGH, Urt. v. 13. 7. 1992 – II ZR 251/91, BGHZ 119, 191 (LS), 195 f; OLG Zweibrücken, Urt. v. 18. 5. 1999 – 8 U 36/98, NZG 2000, 49. Der Einbeziehung des atypischen Pfandgläubigers in der Literatur zustimmend *Lutter/Hommelhoff,* GmbHG, §§ 32a/b Rdnr. 54; *Scholz/Karsten Schmidt,* GmbHG, §§ 32a, 32b Rdnr. 139; *Rowedder/Pentz,* GmbHG, § 32a Rdnr. 74; *Baumbach/Hueck/Fastrich,* GmbHG, § 32a Rdnr. 21; *Johlke/Schröder* in v.Gerkan/Hommelhoff (Hrsg.), Handbuch des Kapitalersatzrechts, Rdnr. 5.30 f; *Dreher,* ZGR 1994, 144, 145, 147 ff ; *v.Gerkan,* EWiR 1992, 999. Ablehnend dagegen *Altmeppen* in Roth/Altmeppen, GmbHG, § 32a Rdnr. 179; *ders.*, ZIP 1993, 1677, 1678 ff, 1684; *Habersack,* ZGR 2000, 384, 398 ff; *H.P. Westermann,* Festschrift Odersky, 1996, S. 897, 919 f; *Stodolkowitz* in Bankrechts-Handbuch, § 84 Rdnr. 83; differenzierend *Maier-Reimer,* Festschrift Rowedder, 1994, S. 245, 259 ff, 275.

Was sich hinter der wirtschaftlichen Betrachtungsweise verbirgt, ist jedoch nicht eindeutig.[53] Bei der Gleichstellung eines atypischen Pfandgläubigers mit einem Gesellschafter stellte der BGH[54] darauf ab, dass sich der Pfandgläubiger über die Pfändung des Gesellschaftsanteils hinaus durch weitergehende Nebenabreden weitreichende Befugnisse zur Einflussnahme auf die Geschäftsführung und die Gestaltung der Gesellschaft verschafft hat, die im Ergebnis zu einer Entmachtung der Gesellschafter führten.[55] Ob der Einfluss gesellschaftsrechtlich vermittelt sein muss oder etwa auch derjenige Dritte wirtschaftlicher Gesellschafter i.S. des § 32a Abs. 3 S. 1 GmbHG ist, der durch Rechtsgrundlagen außerhalb des Gesellschaftsrechts, wie etwa durch vertragliche Abreden in Kreditverträgen, sog. Covenants,[56] die Möglichkeit erhält, Einblick in und Einfluss auf die Geschäftsführung der Gesellschaft zu bekommen, ist umstritten.[57]

---

53 Vgl. *Haas,* NZI 2002, 457, 458 ff.

54 Vgl. BGH, Urt. v. 13. 7. 1992 – II ZR 251/91, BGHZ 119, 191, 195 f; siehe auch *Neuhof,* NJW 1999, 20 f.

55 Vgl. hierzu im einzelnen BGH, Urt. v. 13. 7. 1992 – II ZR 251/91, BGHZ 119, 191, 195 ff; siehe hierzu auch die Einschätzungen von *H.P. Westermann,*(Erwerb des Einflusses auf »hemdsärmelige Weise« oder mittels »Mafiamethoden«) *Boujong* und *Henze* (»vollständige Regie der kreditgewährenden Bank über die Gestaltung der wirtschaftlichen Geschicke der Gesellschaft in personeller und tatsächlicher Hinsicht«) jeweils im Diskussionsbericht von *Schöne* in Henze/Timm/H.P. Westermann (Hrsg.), Gesellschaftsrecht 1995, S. 296.

56 Vgl. allg. hierzu u.a. *Köndgen* in Prütting (Hrsg.), Insolvenzrecht 1996, 1997, S. 127, 128 ff; *Thießen,* ZBB 1996, 19 ff; *Wittig* in Karsten Schmidt/Uhlenbruck (Hrsg.), Die GmbH in Krise, Sanierung und Insolvenz, Rdnr. 148 ff.

57 Dafür vor allem *Fleischer,* ZIP 1998, 313 ff; zustimmend *Smid/Zeuner,* InsO, § 135 Rdnr. 43; *Rowedder/Pentz,* GmbHG, § 32a Rdnr. 76; *Lutter/Hommelhoff,* GmbHG, §§ 32a/b Rdnr. 55; *v.Gerkan* in Röhricht/Graf von Westphalen, HGB, § 172a Rdnr. 57a; *Schwintowski/Dannischewski,* ZIP 2005, 840, 843; zurückhaltend *Scholz/Karsten Schmidt,* GmbHG, §§ 32a, 32b Rdnr. 141; ablehnend dagegen *Wenzel* in Henckel/Kreft (Hrsg.), Insolvenzrecht 1998, 1999, S. 233, 276; *Früh,* GmbHR 1999, 842 f; *Habersack,* ZGR 2000, 384, 393 ff, 395 ff, 397 :Interesse an der Gesellschaft sei nicht gesellschaftsrechtlich bedingt; fehle an Nähebeziehung zur Gesellschaft; i.d.S. auch *Stodolkowitz* in Bankrechts-Handbuch, § 84 Rdnr. 83: Die in der Einwirkung auf die »Geschicke« der Gesellschaft liegende »unternehmerische Betätigung« sei kein Anknüpfungspunkt für die Finanzierungsfolgenverantwortung. Vgl. insoweit auch die Kritik bei *Baumbach/Hueck/Fastrich,* GmbHG, § 32a Rdnr. 23 an OLG Hamm, Urt. v. 13. 1. 1993 – 8 U 103/92, GmbHR 1994, 56, 58, das einer Einbeziehung eines Dritten in die Finanzierungsfolgenverantwortung auch ohne Treugeberstellung bei Vorhandensein von Einflussrechten zugestimmt hat.

2. Die Neuregelungen zum Adressatenkreis durch Art. 2 Nr. 1 KapAEG und Art. 10 Nr. 2 KonTraG

a) Das Kleinbeteiligungsprivileg des Art. 2 Nr. 1 KapAEG

Die erste Neuregelung des Adressatenkreises betrifft die Freistellung der Kleingesellschafter von der Eigenkapitalersatzhaftung. Durch Art. 2 Nr. 1 KapAEG ist § 32a Abs. 3 GmbHG um einen Satz 2 ergänzt worden. Danach gelten die Regeln über den Eigenkapitalersatz nicht für den nicht geschäftsführenden Gesellschafter, der mit zehn vom Hundert oder weniger am Stammkapital beteiligt ist. Mit dieser Formulierung hat der Gesetzgeber eine Ausnahmeregelung von der bisherigen Rechtslage zum Eigenkapitalersatz geschaffen,[58] die ausweislich der Gesetzesbegründung sowohl die positivrechtlichen Bestimmungen als auch die sog. Rechtsprechungsregeln zum Eigenkapitalersatz erfasst.[59] Damit können nunmehr Kleingesellschafter, ohne eine eigenkapitalersatzrechtliche Finanzierungsfolgenverantwortung übernehmen zu müssen, der Gesellschaft in der Krise Kredite zur Verfügung stellen.[60]

Mit dem Schwellenwert von 10% Beteiligung am Stammkapital der Gesellschaft wollte der Gesetzgeber einen Beitrag zur Rechtssicherheit und Rechtsklarheit leisten.[61] Erst bei Überschreiten dieser festen Grenze soll der Gesellschafter dem Eigenkapitalersatzrecht unterliegen.[62] In der Literatur werden aber teilweise Stimmen laut, die sich im Hinblick auf die ratio des Gesetzes für eine teleologische Reduktion aussprechen, um etwa auch wei-

58 Vgl. vorstehend.

59 Vgl. BT-Drucks. 13/7141, S. 12. Dafür auch die ganz hM vgl. ArbG München, Urt. v. 17. 11. 2000 – 3 Ca 7119/00, GmbHR 2001, 294, 295; siehe auch *Seibert,* DStR 1997, 35, 36; *ders.,* GmbHR 1998, 309; *Scholz/Karsten Schmidt,* GmbHG, §§ 32a, 32b Rdnr. 180, 189; *Rowedder/Pentz,* GmbHG, § 32a Rdnr. 84; *Altmeppen* in Roth/Altmeppen, GmbHG, § 32a Rdnr. 7; *Haas,* DZWIR 1999, 177, 178; *Dauner-Lieb,* DStR 1998, 609, 610, 616; *Habersack,* ZHR 162 (1998), 201, 210 f; *Riegger,* Festschrift Sigle, 2000, S. 229, 237; *Pentz,* GmbHR 2004, 529, 530; *Goette,* Die GmbH, § 4 Rdnr. 15, S. 94; Rdnr. 110, S. 129; *Lütcke,* GmbHR 2001, 295 (Urteilsanm.).

60 Vgl. *Scholz/Karsten Schmidt,* GmbHG, §§ 32a, 32b Rdnr. 189; *Pichler,* WM 1999, 411, 413.

61 Vgl. *Seibert,* DStR 1997, 35, 36; siehe auch *Scholz/Karsten Schmidt,* GmbHG, §§ 32a, 32b Rdnr. 179; *v. Gerkan,* GmbHR 1997, 677; *Habersack,* ZHR 162 (1998), 201, 209; *Haas,* DZWIR 1999, 177, 178; *Dauner-Lieb,* DStR 1998, 609, 613, 615, 616; *Tillmann/Tillmann,* GmbHR 2003, 325, 326 ff.

62 Vgl. *Seibert,* DStR 1997, 35, 36; *Scholz/Karsten Schmidt,* GmbHG, §§ 32a, 32b Rdnr. 179 i.V.m. 182; *Smid/Zeuner,* InsO, § 135 Rdnr. 39; *Tillmann/Tillmann,* GmbHR 2003, 325, 327 ff.

terhin einen nur geringfügig beteiligten Gesellschafter den Eigenkapitalersatzregeln zu unterwerfen.[63] Umgekehrt wird auch eine teleologische Extension befürwortet, um bei einem einflusslosen Gesellschafter eine Beteiligung über 10% tolerieren zu können.[64]

Begründet hat der Gesetzgeber die Freistellung des Kleingesellschafters von der Eigenkapitalersatzhaftung damit, dass dieser typischerweise keine Finanzierungsverantwortung trägt. Es fehle ihm – so der Gesetzgeber – regelmäßig an der Insiderstellung. Auch hätte der Kleingesellschafter kaum Einflussmöglichkeiten auf die Geschicke der Gesellschaft.[65] Ebenso würde ihm seine Beteiligung von 10% oder weniger am Stammkapital der Gesellschaft typischerweise keine unternehmerische Stellung vermitteln.[66]

Greift man diese Ausführungen des Gesetzgebers auf, so liegt der Schluss nahe, dass sich hinter der »Finanzierungs(folgen)[67]verantwortung« des Gesellschafters eine besondere, »mitunternehmerische« Verantwortung des Gesellschafters verbirgt,[68] die ein Kleingesellschafter eben typischerweise nicht trägt.[69]

Diese Deutung der Finanzierungs(folgen)verantwortung als mitunternehmerische Verantwortung ist ein klarer Bruch mit der bisherigen hA.[70] Lediglich ein kleiner Teil des Schrifttums hatte sich bislang dafür ausgesprochen, nicht jeden Gesellschafter, sondern nur solche Gesellschafter dem Eigenkapitalersatzrecht zu unterwerfen, die unternehmerisch beteiligt

---

63 Vgl. *Barth,* Eigenkapitalersatzrecht, S. 104 f.

64 Gegen eine strikte Anwendung der 10%-Grenze etwa *Lutter/Hommelhoff,* GmbHG, §§ 32a/b Rdnr. 67 f; *Pentz,* GmbHR 2004, 529, 531 ff, insbesondere 533; *ders.,* GmbHR 1999, 437, 446 f. Ausdrücklich gegen eine teleologische Reduktion bzw. Extension angesichts des »kategorischen Wortlauts« *Emde,* NJW 2001, 1705 (Buchbesprechung); *Scholz/Karsten Schmidt,* GmbHG, §§ 32a, 32b Rdnr. 182; *Tillmann/Tillmann,* GmbHR 2003, 325, 327, 329 f; wohl auch *Blöse,* GmbHR 2004, R 185, 186.

65 Vgl. BT-Drucks. 13/7141, S. 12; siehe auch *Seibert,* DStR 1997, 35, 36.

66 Vgl. BT-Drucks. 13/7141, S. 12.

67 Vgl. zu näheren Präzisierung der »Finanzierungsverantwortung« des Gesellschafters BGH, Urt. v. 7. 11. 1994 – II ZR 1994 – II ZR 270/93, BGHZ 127, 336, 344 f.

68 Vgl. BT-Drucks. 13/7141, S. 12; *Seibert,* DStR 1997, 35, 36; *ders.,* GmbHR 1998, 309.

69 Vgl. BT-Drucks. 13/7141, S. 12. Auch der österr. Gesetzgeber erfasst mit dem am 1. 1. 2004 in Kraft getretenen Eigenkapitalersatz-Gesetz (EKEG) vom 28. 10. 2003 mit § 5 Abs. 1 EKEG nur Gesellschafter, die entweder »kontrollierend« an der Gesellschaft oder mit einem Anteil von zumindest 25% beteiligt sind, mithin die die Gesellschaft beherrschenden Gesellschafter; vgl. die Erläuterungen zum EKEG, abgedruckt in Nr. 124 der Beilagen XXII.GP (Regierungsvorlage-Materialien), S. 1, 3; siehe rechtsvergleichend auch *Blöse,* GmbHR 2004, 412, 413.

70 Vgl. oben.

sind[71] (sog. »Witwen- und Erbtantenprivileg«)[72]. Ins Blickfeld rückten vor allem die Fälle, in denen die »Witwe« einen kleinen Geschäftsanteil erbte, der Erblasser noch zu Lebzeiten der Gesellschaft ein Darlehen ausgereichte und dieses »stehen gelassen« hatte, so dass die »Witwe« nach dem Erbfall schließlich Gefahr lief, in die Haftung wegen eigenkapitalersetzender Gesellschafterleistungen zu geraten.[73] Die befürwortete Freistellung der Kleingesellschafter beschränkte sich jedoch nicht nur auf »Witwen und Erbtanten«, sondern sollte vielmehr jedem unternehmerisch desinteressierten Kleingesellschafter zugute kommen, folglich auch demjenigen Gesellschafter, der seine Beteiligung an der Gesellschaft lediglich zu Anlagezwecken gehalten hat.[74] Allerdings sprach sich diese Ansicht – im Unterschied zu dem nunmehr Gesetz gewordenen Kleinbeteiligungsprivileg in § 32a Abs. 3 S. 2 GmbHG – nicht dafür aus, die Ausnahmeschwelle auf volle 10% anzusetzen. Vielmehr sollte die Freistellung erst bei einer Beteiligung von weniger als 10% am Stammkapital einsetzen. Dies wurde damit begründet, dass ein Gesellschafter, der mit weniger als 10% am Stammkapital der Gesellschaft beteiligt ist, weder die Einberufung der Gesellschafterversammlung verlangen kann, noch imstande ist, die Gesellschafter in einer Gesellschafterversammlung dazu zu zwingen, sich mit einem bestimmten Beschlussgegenstand zu befassen (vgl. § 50 Abs. 1 u. 2 GmbHG).[75] In seiner Begründung zum Kleinbeteiligungsprivileg hat sich der Gesetzgeber ausschließlich auf diese – von ihm abweichende – Rechtsansicht berufen.[76] Vor diesem Hintergrund kritisieren Teile des Schrifttums zu Recht, dass der Gesetzgeber nicht – wie selbst behauptet – eine lediglich »klarstellende Regelung«,[77] sondern – sowohl im Vergleich zur bisher hM als auch hinsichtlich der Mindermeinung – tatsächlich eine Neuregelung getroffen hat.[78]

---

71 Vgl. *Lutter/Hommelhoff,* GmbHG, 14. Aufl. 1995, §§ 32a/b Rdnr. 55 ff; *Hommelhoff,* WM 1984, 1105, 1115 f; zustimmend *Rümker,* ZGR 1988, 494, 504 ff.

72 Vgl. *Goette,* DStR 1997, 2027, 2029; *v.Gerkan,* GmbHR 1997, 677, 678.

73 Vgl. *Westermann* in Henze/Timm/Westermann (Hrsg.), Gesellschaftsrecht 1995, S. 298 (Diskussionsbericht).

74 Vgl. *Lutter/Hommelhoff,* GmbHG, 14. Aufl. 1995, §§ 32a/b Rdnr. 55 ff.

75 So die Begründung von *Lutter/Hommelhoff,* GmbHG, 14. Aufl. 1995, §§ 32a/b Rdnr. 56; *Rümker,* ZGR 1988, 494, 505.

76 Vgl. BT-Drucks. 13/7141, S. 12.

77 Vgl. BT-Drucks. 13/7141, S. 12.

78 Vgl. *Pentz,* BB 1997, 1265 ff; *ders.,* GmbHR 1999, 437, 438 f; *Dauner-Lieb,* DStR 1998, 609, 612 f; siehe auch *Karsten Schmidt,* ZIP 1996, 1586, 1587 f; *Habersack,* ZHR 162 (1998), 201, 208 f; *Goette,* ebenda, 223, 227 f; *ders.,* Die GmbH, § 4 Rdnr. 15, S. 94; *Haas,* DZWIR 1999, 177, 178; *Heckschen* in Riegger/Schmidt (Hrsg.), Gesellschaftsrecht 1999, 2000, S. 129, 132 f; *Baumbach/Hueck/Fastrich,* GmbHG, § 32a Rdnr. 17; *Blöse,* GmbHR 2004, R 185.

Unabhängig von dieser formalen Kritik ist das Kleinbeteiligungsprivileg auch in der Sache auf heftigen Widerstand gestoßen.[79] Neben dem Einwand, dass die Anknüpfung an eine bestimmte, starre, Beteiligungshöhe geradezu zu einer Umgehung des Eigenkapitalersatzrechts einlädt,[80] ist u.a. auch geltend gemacht worden, dass die Art und Weise wie der Kleingesellschafter behandelt wird, sachlich nicht gerecht sei.[81] So werden gem. § 32a Abs. 3 S. 2 GmbHG Kleingesellschafter anhand einer typisierenden Betrachtungsweise aus der Finanzierungsfolgenverantwortung entlassen, indem unwiderlegbar vermutet wird, dass der Kleingesellschafter keine (mitunternehmerische) Verantwortung trägt.[82]

Zwar setzten[83] und setzen[84] auch die bisherigen Alternativvorschläge im Schrifttum an dem Tatbestand des Eigenkapitalersatzrechts an. Doch besteht der Unterschied zum Lösungsmodell des Gesetzgebers im Wesentlichen darin, dass kein »Alles- oder- Nichts- Prinzip« gewählt wird. So fordert ein Teil des Schrifttums, das Eingreifen der Eigenkapitalersatzregeln vom Vorliegen eines Zurechnungszusammenhangs zwischen der Mitgliedschaft und der Kreditvergabe abhängig zu machen.[85] Andere Stimmen wie-

---

79 Für einen Überblick zum Meinungstand vgl. etwa *Dauner-Lieb,* DStR 1998, 609, 610 ff.

80 Vgl. *Pape/Voigt,* DB 1996, 2113, 2115 ff; *Goette,* DStR 1997, 2027, 2029; *ders.,* Die GmbH, § 4 Rdnr. 112, S. 129; *Habersack,* ZHR 162 (1998), 201, 210; *Karsten Schmidt,* ZIP 1996, 1586, 1588; *Karollus,* ZIP 1996, 1893, 1894; *v.Gerkan,* ZGR 1997, 173, 180; siehe auch den Diskussionsbericht von *Schäfer* in ZHR 162 (1998), 201, 233; MünchKommInsO-*Ehricke,* § 39 Rdnr. 39.

81 Vgl. *Goette,* Die GmbH, § 4 Rdnr. 15, S. 94; *ders.,* DStR 1997, 2027, 2029; *ders.,* ZHR 162 (1998), 223, 227; *Habersack,* ZHR 162 (1998), 201, 209 f; *Dauner-Lieb,* DStR 1998, 609, 613 ff. Siehe hierzu auch die Ausführungen unten § 11 I 1 a) aa).

82 Vgl. *Seibert,* DStR 1997, 35, 36; siehe zur Vorgehensweise des Gesetzgebers auch *Gottwald/Haas,* Insolvenzrechts-Handbuch, § 92 Rdnr. 194; *Dauner-Lieb,* DStR 1998, 609, 616; *dies.,* DStR 1998, 1517, 1522 (Fn. 92); kritisch im Hinblick auf die vom Gesetzgeber zugrunde gelegte typisierende Betrachtungsweise *Pentz,* GmbHG, 2004, 529, 532: gesellschaftsrechtlich nicht zu rechtfertigende (willkürlich) gezogene Grenze.

83 Vgl. *Karsten Schmidt,* ZIP 1996, 1586, 1587, 1588; *Karollus,* ZIP 1996, 1893, 1894; *Hirte,* ZInsO 1998, 147, 153; *Goette,* DStR 1997, 2027, 2029 f; *Habersack,* ZHR 162 (1998), 201, 207 f, 209 f; *Noack* in Prütting (Hrsg.), Insolvenzrecht 1996, S. 195, 202 f; *Dauner-Lieb,* DStR 1998, 609, 613, 615.

84 Vgl. *Scholz/Karsten Schmidt,* GmbHG, §§ 32a, 32b Rdnr. 45.

85 So namentlich *Scholz/Karsten Schmidt,* GmbHG, §§ 32a, 32b Rdnr. 45; *Karsten Schmidt,* ZIP 1996, 1586, 1587, 1588; *Karollus,* ZIP 1996, 1893, 1894; *Hirte,* ZInsO 1998, 147, 153.

derum lehnen diesen Vorschlag ab,[86] weil sich ein solcher Ausnahmetatbestand nur schwer präzisieren lasse[87] und zudem in der Krise der Gesellschaft eine Unterscheidung zwischen Gesellschafter- und Gläubigerstellung gekünstelt erscheint.[88] Statt dessen wird gefordert, die weiteren Voraussetzungen des Eigenkapitalersatzrechts stärker in den Blick zu nehmen, wobei namentlich auf das Tatbestandsmerkmal »der Finanzierungsentscheidung des Gesellschafters«[89] Bezug genommen wird. Diese tatbestandliche Voraussetzung biete – so diese Ansicht – mit der objektiven und vor allem aber mit der subjektiven Seite der Finanzierungsentscheidung[90] die Möglichkeit, Kleingesellschafter – wie die »Witwe« und »Erbtante« – systemkonform von der Finanzierungsfolgenverantwortung freizustellen.[91]

Die Rechtsprechung hat bislang lediglich (uneinheitlich) zu der Frage Stellung genommen, ob das Kleinbeteiligungsprivileg auch auf Fälle Anwendung findet, bei denen der Tatbestand des § 32a Abs. 1 GmbH bereits vor Inkrafttreten der Neuregelung zum 24. 4. 1998 erfüllt war, mit der Folge, dass ein bereits verstricktes eigenkapitalersetzendes Gesellschafterdarlehen nachträglich wieder entstrickt wird.[92]

---

86 Vgl. *Habersack,* ZHR 162 (1998), 201, 207 f; *Strohn* in Ebenroth/Boujong/Joost, HGB, § 172a Rdnr. 47.

87 Vgl. *Habersack,* ZHR 162 (1998), 201, 208; siehe so auch *v.Gerkan,* ZGR 1997, 173, 180.

88 Vgl. *Habersack,* ZHR 162 (1998), 201, 208; siehe zu dem zuletzt genannten Aspekt auch *Kurth/Delhaes,* DB 2000, 2577, 2582.

89 Näher hierzu unten § 3 IV.

90 Vgl. hierzu unten § 3 IV 2.

91 Vgl. *Habersack,* ZHR 162 (1998), 201, 207 f, 210; siehe auch *Goette,* DStR 1997, 2027, 2029 f, 2032; *ders.,* ZHR 162 (1998), 223, 228; *Noack* in Prütting (Hrsg.), Insolvenzrecht 1996, S. 195, 202 f; *Dauner-Lieb,* DStR 1998, 609, 613, 615. Kritisch hierzu *H.P. Westermann,* DZWIR 2000, 1, 3.

92 Gegen eine derartige Rückwirkung BGH, Urt. v. 27. 11. 2000 – II ZR 179/99, GmbHR 2001, 106, 107; Urt. v. 11. 7. 2005 – II ZR 285/03, NZG 2005, 845, 846; OLG Stuttgart, Urt. v. 13. 3. 2002 – 20 U 67/01, GmbHR 2002, 1072, 1073. Aus dem Schrifttum siehe *Lutter/Hommelhoff,* GmbHG, §§ 32a/b Rdnr. 77 f; *Jaeger/Henckel*, InsO, § 39 Rdnr. 53; *v.Gerkan* in Röhricht/Graf von Westphalen, HGB, § 172a Rdnr. 82b; *ders.* in v.Gerkan/Hommelhoff (Hrsg.), Handbuch des Kapitalersatzrechts, Rdnr. 3.18; *Blöse,* GmbHR 2002, 1071, 1072; *Pentz,* GmbHR 2004, 529, 534 f. Dafür ArbG Dresden, Urt. v. 11. 10. 2001 – 8 Ca 3893/01, GmbHR 2002, 1068, 1070; ArbG München, Urt. v. 17. 11. 2000 – 3 Ca 7119/00, GmbHR 2001, 294, 295; *Scholz/Karsten Schmidt,* GmbHG, §§ 32a, 32b Rdnr. 190; *Haas,* NZI 2002, 457, 458; *Lütcke,* GmbHR 2001, 295, 296 (Urteilsanm.); wohl auch *Altmeppen* in Roth/Altmeppen, GmbHG, § 32a Rdnr. 12.

b) Das Sanierungsprivileg des Art. 10 Nr. 2 KonTraG

Die zweite Änderung hat das Eigenkapitalersatzrecht in personeller Hinsicht durch Art. 10 Nr. 2 KonTraG[93] erfahren. Mit Art. 10 Nr. 2 KonTraG hat der Gesetzgeber ein Sanierungsprivileg eingeführt und zu diesem Zweck § 32a Abs. 3 GmbH um einen weiteren Satz ergänzt. § 32a Abs. 3 S. 3 GmbHG sieht vor, dass für einen Darlehensgeber, der in der Krise der Gesellschaft Geschäftsanteile zum Zweck der Überwindung der Krise erwirbt, die Regeln über den Eigenkapitalersatz[94] auf seine bestehenden oder neu gewährten Kredite keine Anwendung finden.

Mit dieser Ausnahmeregelung hat der Gesetzgeber ein weiteres Mal mit den bisherigen Grundsätzen der Rechtsprechung zum Adressatenkreis gebrochen.[95] Denn ebenso wenig wie bislang Kleingesellschafter von dem persönlichen Anwendungsbereich des Eigenkapitalersatzrechts ausgenommen worden sind,[96] kannte das Eigenkapitalersatzrecht ein Sanierungsprivileg.[97] Der Beweggrund für die Kreditvergabe bzw. die subjektive Einstellung des Gesellschafters spielte bislang wegen der formalen Anknüpfung an die Mitgliedschaft des Gesellschafters bei der Bestimmung des Adressatenkreises keine Rolle.[98] Das hatte zur Folge, dass neben dem (Alt-)Gesellschafter auch derjenige Gesellschafter eine Finanzierungsfolgenverantwor-

---

93 Gesetz zur Kontrolle und Transparenz im Unternehmensbereich vom 27. 4. 1998, BGBl. I S. 786.

94 Gemeint sind wiederum die sog. Novellen- und Rechtsprechungsregeln zum Eigenkapitalersatz; vgl. *Lutter/Hommelhoff*, GmbHG, §§ 32a/b Rdnr. 79; *Altmeppen* in Roth/Altmeppen, GmbHG, § 32a Rdnr. 57; *Pichler*, WM 1999, 411, 419; *Dörrie*, ZIP 1999, 12, 15; *Pentz*, GmbHR 1999, 437, 450; *ders.*, GmbHR 2004, 529, 535; *Früh*, GmbHR 1999, 842, 847; *Heidinger*, ZNotP 1999, 423, 425; *Casper/Ullrich*, GmbHR 2000, 472, 480; *Rümker/Denicke*, Festschrift Lutter, 2000, S. 665, 681 f.

95 Vgl. *Haas*, DZWIR 1999, 177, 178.

96 Vgl. oben § 3 I 1.

97 Vgl. BGH, Urt. v. 14. 12. 1959 – II ZR 187/57, BGHZ 31, 258, 271 ff; Urt. v. 29. 11. 1971 – II ZR 121/69, WM 1972, 74, 75; Urt. v. 21. 9. 1981 – II ZR 104/80, BGHZ 81, 311, 315; Urt. v. 13. 7. 1992 – II ZR 251/91, BGHZ 119, 191, 196; LG Erfurt, Urt. v. 8. 8. 2001 – 3 HK O 400/00, ZIP 2001, 1673, 1676; *Altmeppen* in Roth/Altmeppen, GmbHG, § 32a Rdnr. 56; *Scholz/Karsten Schmidt*, GmbHG, §§ 32a, 32b Rdnr. 192; *Karsten Schmidt*, ZHR 147 (1983), 165, 175 ff; *Rowedder/Pentz*, GmbHG, § 32a Rdnr. 109; *Fleck*, Festschrift Werner, 1984, S. 107, 108 ff, 123 ff; *Casper/Ullrich*, GmbHR 2000, 472, 473; *Smid/Zeuner*, InsO, § 135 Rdnr. 17.

98 Vgl. oben § 3 I 1; siehe insbesondere auch BGH, Urt. v. 21. 9. 1981 – II ZR 104/80, BGHZ 81, 311, 315, 317; Urt. v. 19. 9. 1988 – II ZR 255/87, BGHZ 105, 168, 176; *Hachenburg/Ulmer*, GmbHG, § 32a, b Rdnr. 63.

tung zu tragen hatte, der erst später zu seiner bereits bekleideten Stellung als Darlehensgeber der Gesellschaft noch als Gesellschafter beigetreten ist und fortan in seiner Doppelrolle als Gesellschafter und Kreditgeber der Gesellschaft (Alt-)Kredite »stehen gelassen« und neue Kredite gewährt hat.[99] Dies galt etwa für die Hausbank des Unternehmens, die – um die Gesellschaft zu sanieren – sich an dem Unternehmen beteiligte und durch die Sanierung der Gesellschaft ihr Kapital retten wollte.[100] Bei Scheitern der Sanierung wurden sowohl die meist gut besicherten (Alt-)Kredite[101] als auch die (Neu-)Kredite der Bank mit dem Eigenkapitalersatzrecht »infiziert«.[102] Hieran änderte auch die Zwischenschaltung einer 100%igen Tochtergesellschaft als Anteilserwerberin nichts, weil die Bank – wegen ihrer mittelbaren Beteiligung an der Gesellschaft – als ein mit einem Gesellschafter verbundenes Unternehmen[103] dem persönlichen Anwendungsbereich des Eigenkapitalersatzrechts unterfiel.[104] Damit bestand für fremde Kreditgeber in der Vergangenheit die Gefahr, dass sie bei einer Beteiligung an der Gesellschaft – um unternehmerischen Einfluss und Kontrolle zu gewinnen –[105] ihre »Gläubigerstellung« verlieren und eine Umqualifizierung bzw. Verhaftung ihrer Kredite[106] riskierten.[107] Vor diesem Hintergrund wurde die Befürchtung geäußert, dass das Eigenkapitalersatzrecht sanierungsfeindlich sei, weil es Banken davon abhalte, zum Zwecke der Sanierung Anteile an der Gesellschaft zu erwerben.[108]

---

99 Vgl. BGH, Urt. v. 21. 9. 1981 – II ZR 104/80, BGHZ 81, 311 ff; *Hachenburg/Ulmer*, GmbHG, § 32a, b Rdnr. 63.

100 Vgl. BGH, Urt. v. 21. 9. 1981 – II ZR 104/80, BGHZ 81, 311, 314 ff.

101 Vgl. *Häuser* in Schriften der Bankrechtlichen Vereinigung, 1995, S. 76, 78.

102 Vgl. BGH, Urt. v. 21. 9. 1981 – II ZR 104/80, BGHZ 81, 311, 317.

103 Vgl. oben § 3 I 1.

104 So denn auch die Konstellation in BGH, Urt. v. 21. 9. 1981 – II ZR 104/80, BGHZ 81, 311, 315 ff (»Helaba-Sonnenring«).

105 Vgl. BGH, Urt. v. 21. 9. 1981 – II ZR 104/80, BGHZ 81, 311, 314; *Feddersen*, Festschrift Helmrich, 1994, S. 597, 607; *Wittig* in Karsten Schmidt/Uhlenbruck (Hrsg.), Die GmbH in Krise, Sanierung und Insolvenz, Rdnr. 524; *Dörrie*, ZIP 1999, 12 f; *Pichler*, WM 1999, 411, 412 f.

106 Zu den Rechtsfolgen des Eigenkapitalersatzrechts vgl. näher unten § 4.

107 Vgl. BGH, Urt. v. 21. 9. 1981 – II ZR 104/80, BGHZ 81, 311, 317; *Hirte*, ZInsO 1998, 147, 150. Kritisch zu dieser formalen Betrachtungsweise und für eine Auslegung des § 32a GmbHG unter Berücksichtigung der bei Sanierungsbanken typischerweise andersgearteten zeitlichen Abfolge von Beteiligungserwerb und Kreditierung *Claussen*, ZHR 147 (1983), 195, 215 ff.

108 Vgl. die Stellungnahme des Bundesrates in BR-Drucks. 605/97, S. 46, 47 f; *Obermüller*, Insolvenzrecht in der Bankpraxis, Rdnr. 5.304 f; *ders.*, ZInsO 1998, 51;

Dagegen wandte[109] und wendet[110] sich nach wie vor ein Teil des Schrifttums. So sei es nicht Anliegen des Eigenkapitalersatzrechts Sanierungen zu verhindern. Vielmehr wolle das Eigenkapitalersatzrecht mit der Rückstufung der gewährten Kredite[111] eine Seriositätsgewähr im Sanierungsfall schaffen.[112]

Schröter/Weber, ZIP 1982, 1023, 1028; *Menzel,* AG 1982, 197, 201 ff; *H.P. Westermann,* ZIP 1982, 379, 386; *Rümker,* ZIP 1982, 1385, 1390, 1396, insbesondere Fn. 78; *Uhlenbruck,* GmbHR 1982, 141, 143, 150 ff; *Heinsius* in Birk/Kreuzer (Hrsg.), Das Unternehmen in der Krise, S. 152; *Dörrie,* ZIP 1999, 12, 13; *Wittig* in Karsten Schmidt/Uhlenbruck (Hrsg.), Die GmbH in Krise, Sanierung und Insolvenz, Rdnr. 525; *Götz/Hegerl,* DB 1997, 2365 ff; *Claussen,* GmbHR 1996, 316, 320 f, *ders.,* Festschrift Forster, 1992, S. 140, 144 f; siehe auch *Häuser* in Schriften der Bankrechtlichen Vereinigung, 1995, S. 76, 118 ff; *Feddersen,* Festschrift Helmrich, 1994, S. 597, 602 ff, 611. Siehe in diesem Zusammenhang vor allem auch die Stellungnahme des Verbandes öffentlicher Banken in seinem Verbandsbericht 1981, abgedruckt u.a. bei Rümker in ZIP 1982, 1385, in der es wörtlich heißt: »Unter wirtschaftlichen Aspekten steht zu befürchten, dass vor dem Hintergrund dieser Rechtsprechung die Bereitschaft der Banken, Insolvenzen zu verhüten, tendenziell abnehmen wird, wenn sie aufgrund der sehr weiten Fassung des Begriffes der kapitalersetzenden Gesellschafterdarlehen letztlich zur Haftung für ihre Sanierungsbemühungen herangezogen werden. Der von der Rechtsprechung beabsichtigte Schutz der Gläubiger kann sich dadurch unter Umständen sogar ins Gegenteil verkehren.«

109 Vgl. vor allem *Karsten Schmidt,* 54. DJT I, 1982, S. D 106 f; *ders.,* ZHR 147 (1983), 165, 179 f. Siehe zur angeblichen Sanierungsfeindlichkeit des Eigenkapitalersatzrechts auch die Stellungnahmen von *Fleck,* Festschrift Werner, 1984, 107, 108 ff; *Hachenburg/Ulmer,* GmbHG, § 32a, b Rdnr. 9; *v.Gerkan,* ZGR 1997, 173, 180; *ders.* in Hommelhoff/Röhricht (Hrsg.), Gesellschaftsrecht 1997, 1998, S. 181 (Kurzstatement); vgl. nunmehr aber auch *v.Gerkan,* Festschrift Lutter, 2000, 1317, 1327; *Ulmer,* ZGR 1999, 751, 761.

110 Vgl. *Karsten Schmidt* in Scholz, GmbHG, §§ 32a, 32b Rdnr. 15, 40, 192; *ders.* in Karsten Schmidt/Uhlenbruck (Hrsg.), Die GmbH in Krise, Sanierung und Insolvenz, Rdnr. 399; *Casper/Ullrich,* GmbHR 2000, 472, 473, 481.

111 Vgl. zu den Rechtsfolgen des Eigenkapitalersatzrechts die Ausführungen unten § 4.

112 Vgl. etwa *Karsten Schmidt* in Karsten Schmidt/Uhlenbruck (Hrsg.), Die GmbH in Krise, Sanierung und Insolvenz, Rdnr. 399: »Kreditfinanzierung durch Gesellschafter ist gestattet, soll aber eigenkapitalähnliche Wirkungen haben, ... «; ähnlich *ders.* in Scholz, GmbHG, §§ 32a, 32b Rdnr. 15: »wer – gerade im Sanierungsfall – bei der Zurverfügungstellung von Risikokapital nicht den Weg einer Kapitalerhöhung beschreiten will, darf sich nicht außerhalb des Kapitalsicherungsrechts stellen«. Siehe auch *Casper/Ullrich,* GmbHR 2000, 472, 473: »Die Gesellschafter sollen, wenn sie sich zur Sanierung der Gesellschaft entschließen, dies eben nicht zu Lasten der Gläubiger tun, sondern der Gesellschaft die eingesetzten Mittel solange belassen, bis der Sanierungserfolg eingetreten und die Gesellschaft in der

Ungeachtet dieser Kritik hat der Gesetzgeber, um den Anteilserwerb in der Krise zu erleichtern, das Sanierungsprivileg des § 32a Abs. 3 S. 3 GmbHG geschaffen.[113] Es soll einem Darlehensgeber ermöglichen, in der Krise der Gesellschaft Geschäftsanteile und unternehmerische Kontrolle zu übernehmen, ohne gleichzeitig Gefahr zu laufen, dass seine stehengelassenen Altkredite allein wegen eines Anteilserwerbs in der Krise in eigenkapitalersetzende Darlehen umqualifiziert werden.[114] Auch sollen neue Kredite, die der Sanierungsgesellschafter der Gesellschaft in der Krise zum Zweck der Überwindung der Krise zur Verfügung stellt, von dem Sanierungsprivileg mit erfasst sein.[115] Das wirft sogleich die Frage auf, wann das Tatbestandsmerkmal des § 32a Abs. 3 S. 3 GmbHG »zum Zweck der Überwindung der Krise« erfüllt ist. Die Gesetzesmaterialien enthalten hierzu

---

Lage ist, ihren Finanzbedarf durch Fremdkredite zu befriedigen«; i.d.S. auch *v. Gerkan* in Röhricht/Graf von Westphalen, HGB, § 172a Rdnr. 23. Hingewiesen wird zusätzlich noch darauf, dass bei gutachterlich abgesicherten Sanierungskrediten seitens der Bank Zweifel daran bestehen, ob überhaupt der zeitliche Anwendungsbereich des Eigenkapitalersatzrechts eröffnet ist; vgl. *Karsten Schmidt,* ZHR 147 (1983), 165, 189; zustimmend *Fleck,* Festschrift Werner, 1984, S. 107, 128. Siehe näher zum Eingreifen der Eigenkapitalersatzregeln bei hM nach vorliegender Kreditunwürdigkeit der Gesellschaft (unten § 3 III), die von *Karsten Schmidt,* a.a.O., gerade für den Fall in Frage gestellt wird, wenn der Kredit auch von einer anderen Bank – wegen der attestierten bankkaufmännischen Vertretbarkeit des Risikos – hätte vergeben werden können.

113 Vgl. *Seibert,* GmbHR 1998, 309, 310; siehe auch *Scholz/Karsten Schmidt,* GmbHG, §§ 32a, 32b Rdnr. 192; *Karsten Schmidt* in Karsten Schmidt/Uhlenbruck (Hrsg.), Die GmbH in Krise Sanierung und Insolvenz, Rdnr. 401; *Casper/Ullrich,* GmbHR 2000, 472, 473; *Kübler/Prütting/Noack,* InsO, Gesellschaftsrecht, Sonderband 1, 1999, Rdnr. 189; *Dauner-Lieb,* DStR 1998, 1517, 1518. Auf den Anreiz, den die Privilegierung des Anteilserwerbs in der Krise für andere Gläubiger hat, sich ebenfalls mit eigenen Beiträgen an der Sanierung der Gesellschaft zu beteiligen, stellen insbesondere *Lutter/Hommelhoff,* GmbHG, §§ 32a/b Rdnr. 79 ab. Siehe zu diesem psychologischen Aspekt, der mit der Sanierungsbeteiligung eines bislang Außenstehenden verbunden ist, auch *Feddersen,* Festschrift Helmrich 1994, S. 597, 606.

114 So die Begründung der Beschlussempfehlung des Rechtsausschusses in ZIP 1998, 487, 491; siehe auch BT-Drucks. 13/10038, S. 28; vgl. auch *Seibert,* GmbHR 1998, 309, 310: »Damit ist klar, daß die Umqualifizierung allein durch den Erwerb von Geschäftsanteilen in der Krise ausgeschlossen sein soll.«

115 Vgl. Begründung der Beschlussempfehlung des Rechtsausschusses in ZIP 1998, 487, 491 bzw. BT-Drucks. 13/10038, S. 28; OLG Düsseldorf, Urt. v. 19. 12. 2003 – I-17 U 77/03, GmbHR 2004, 564, 565 f; *Seibert,* GmbHR 1998, 309, 310. Aus dem Schrifttum siehe auch *Lutter/Hommelhoff,* GmbHG, §§ 32a/b Rdnr. 85; *Dauner-Lieb,* DStR 1998, 1517, 1519.

keine Aussage.[116] Dabei entscheidet doch letztlich die Anwendung dieses Tatbestandsmerkmals darüber, inwieweit das Risiko eines Scheiterns der Sanierung auf die übrigen Gläubiger der Gesellschaft abgewälzt werden darf.[117] Denn bei einem Eingreifen des Sanierungsprivilegs nimmt der Sanierungsgesellschafter (wieder) im gleichen Rang mit den außenstehenden Gläubigern der Gesellschaft am Insolvenzverfahren über das Vermögen der Gesellschaft teil (§ 32a Abs. 3 S. 3 i.V.m. § 32a Abs. 1 GmbHG, § 39 Abs. 1 Nr. 5 InsO).[118]

Wollte man deshalb allein auf den Willen des Gesellschafters, die Gesellschaft zu sanieren, abstellen, hätte das zur Folge, dass das Risiko eines Fehlschlags der Sanierung stets auf die Gläubigergesamtheit übergewälzt werden könnte.[119] Andererseits gilt es aber auch zu bedenken, dass echte Sanierungsversuche die Chance einer Gesundung der Gesellschaft in sich tragen und hiervon unstreitig auch die Gläubigergesamtheit profitiert.[120] Denn die Gläubiger haben nunmehr die Chance, dass ihre Forderungen wieder voll werthaltig werden.[121] Um einerseits nun seriöse Sanierungsversuche nicht im Keim zu ersticken, andererseits aber die Belange der Gesellschaftsgläubiger hinreichend zu wahren, ist in Übereinstimmung mit der bislang wohl überwiegenden Ansicht neben dem Sanierungswillen des Gesellschaf-

---

116 Ebenso *Dauner-Lieb,* DStR 1998, 1517, 1521.

117 Vgl. hierzu auch BGH, Urt. v. 21. 9. 1981 – II ZR 104/80, BGHZ 81, 311, 317, der in dieser Entscheidung genau wegen der Gefahr einer Risikoabwälzung auf außenstehende Gläubiger die Bank nicht mit dem Argument aus der Finanzierungsfolgenverantwortung entlassen hat, im Zuge der Sanierung der Gesellschaft lediglich das investierte Kapital retten zu wollen.

118 Vgl. OLG Düsseldorf, Urt. v. 19. 12. 2003 – I-17 U 77/03, GmbHR 2004, 564, 566; *Scholz/Karsten Schmidt,* GmbHG, §§ 32a, 32b Rdnr. 199. Siehe zu diesem Zusammenhang auch *Lutter/Hommelhoff,* GmbHG, §§ 32a/b Rdnr. 83 i.V.m. Rdnr. 88. HM zufolge gilt das Sanierungsprivileg über den Wortlaut des § 32a Abs. 3 S. 3 GmbHG hinaus nicht nur für »Kredite«, sondern für alle vom sachlichen Anwendungsbereich des Eigenkapitalersatzrechts erfassten Gesellschafterleistungen vgl. OLG Düsseldorf, Urt. 19. 12. 2003 – I-17 U 77/03, GmbHR 2004, 564, 565; *Lutter/Hommelhoff,* GmbHG, §§ 32a/b Rdnr. 86; *Baumbach/Hueck/Fastrich,* GmbHG, § 32a Rdnr. 19; *Dauner-Lieb* in v.Gerkan/Hommelhoff (Hrsg.), Handbuch des Kapitalersatzrechts, Rdnr. 4.40; *Seibert,* GmbHR 1998, 309, 310; *Dörrie,* ZIP 1999, 12, 15; *Grunewald,* Festschrift Bezzenberger, 2000, 85, 90 f; *Pentz,* GmbHG 2004, 529, 535.

119 Vgl. *Haas,* DZWIR 1999, 177, 181; *Obermüller,* Insolvenzrecht in der Bankpraxis, Rdnr. 5.346d.

120 Vgl. hierzu auch die Stellungnahme des Bundesrates in BR-Drucks. 605/97, S. 47 f; *Claussen,* ZHR 147 (1983), 195, 210; *Rümker/Denicke,* Festschrift Lutter, 2000, S. 665, 675; *H.P. Westermann,* ZIP 1982, 379, 390.

121 Vgl. *Drukarczyk,* Festschrift Schneider, 1995, S. 172, 193.

ters auch ein objektives Element erforderlich. So muss die Gesellschaft nicht nur sanierungsfähig sein, sondern es müssen auch die ergriffenen Maßnahmen zur Sanierung der Gesellschaft objektiv geeignet sein.[122] Ob diese Voraussetzungen erfüllt sind, ist aus ex ante Sicht zu beurteilen.[123] Das heißt, es ist für das Sanierungsprivileg ein objektiv ernsthafter Sanierungsversuch vonnöten.[124] Hierfür spricht im Übrigen auch ein Vergleich mit der Bankenhaftung.[125] So entfällt nämlich hM zufolge eine Haftung der Bank gem. § 826 BGB, wenn in den Fällen der Kreditierung der Sanierungsver-

---

122 I.d.S. OLG Düsseldorf, Urt. v. 19. 12. 2003 – I-17 U 77/03, GmbHR 2004, 564, 566; *Lutter/Hommelhoff,* GmbHG, §§ 32a/b Rdnr. 84; *Haas,* DZWIR 1999, 177, 181 f; *Pentz,* GmbHR 1999, 437, 449 f; *ders.,* GmbHR 2004, 529, 536; *Rowedder/Pentz,* GmbHG, § 32a Rdnr. 120 f; *Dörrie,* ZIP 1999, 12, 14; *Michalski/Heidinger,* GmbHG, §§ 32a, 32b Rdnr. 223; *Heidinger,* ZNotP 1999, 423, 426; *Casper/Ullrich,* GmbHR 2000, 472, 475 ff; *Götz/Hegerl,* DB 2000, 1385, 1388; Münch. Hdb. GesR III/*Rümker,* § 52 Rdnr. 137; *Barth,* Eigenkapitalersatzrecht, S. 197 ff; *Dauner-Lieb* in v.Gerkan/Hommelhoff (Hrsg.), Handbuch des Kapitalersatzrechts, Rdnr. 4.55. Teilweise wird neben dem Sanierungswillen nur die objektive Sanierungsfähigkeit der Gesellschaft für erforderlich gehalten; so *Baumbach/Hueck/Fastrich,* GmbHG, § 32a Rdnr. 19. Nur für einen Sanierungswillen des Gesellschafters *Grunewald,* Festschrift Bezzenberger, 2000, S. 85, 87; siehe auch *Scholz/Karsten Schmidt,* GmbHG, §§ 32a, 32b Rdnr. 198; *Karsten Schmidt* in Karsten Schmidt/Uhlenbruck (Hrsg.); Die GmbH in Krise, Sanierung und Insolvenz, Rdnr. 406; *Raiser,* Recht der Kapitalgesellschaften, § 38 II 4), Rdnr. 40, S. 664 f.

123 Vgl. OLG Düsseldorf, Urt. v. 19. 12. 2003 – I-17 U 77/03, GmbHR 2004, 564, 566; *Lutter/Hommelhoff,* GmbHG, §§ 32a/b Rdnr. 84; *Rowedder/Pentz,* GmbHG, § 32a Rdnr. 121; *Stodolkowitz* in Bankrechts-Handbuch, § 84 Rdnr. 15; *Haas,* DZWIR 1999, 177, 181; *Pentz,* GmbHR 1999, 437, 449 f; *ders.,* GmbHR 2004, 529, 536; *Dörrie,* ZIP 1999, 12, 14; *Heidinger,* ZNotP 1999, 423, 426; *Casper/Ullrich,* GmbHR 2000, 472, 476; *Götz/Hegerl,* DB 2000, 1385, 1388; *Dauner-Lieb* in v.Gerkan/Hommelhoff (Hrsg.), Handbuch des Kapitalersatzrechts, Rdnr. 4.55.

124 Vgl. *Haas,* DZWIR 1999, 177, 181 f; *Casper/Ullrich,* GmbHR 2000, 472, 474 ff; *Dauner-Lieb* in v.Gerkan/Hommelhoff (Hrsg.), Handbuch des Kapitalersatzrechts, Rdnr. 4.55; *Obermüller,* Insolvenzrecht in der Bankpraxis, Rdnr. 5.346d; *v.Gerkan* in Röhricht/Graf von Westphalen, HGB, § 172a Rdnr. 82e f; *Stodolkowitz* in Bankrechts-Handbuch, § 84 Rdnr. 15.

125 Vgl. hierzu und zu den soeben beschriebenen Sachzusammenhang auch *Haas,* DZWIR 1999, 177, 181 f; *Casper/Ullrich,* GmbHR 2000, 472, 475; *Götz/Hegerl,* DB 2000, 1385, 1388; *Obermüller,* Insolvenzrecht in der Bankpraxis, Rdnr. 5.346d; *Bormann,* NZI 1999, 389 ff; *Barth,* Eigenkapitalersatzrecht, S. 195 f; siehe auch *Früh,* GmbHR 1999, 842, 845.

such seriös war.[126] Im Interesse des Gläubigerschutzes sind hieran hohe Anforderungen zu stellen.[127] Ob jedoch die Geeignetheit des Sanierungsversuchs durch ein unabhängiges Expertengutachten belegt sein muss, ist umstritten.[128] Ausreichend ist hA zufolge, dass der Gesellschafter ein erfolgversprechendes Sanierungskonzept unterbreitet, womit er zugleich auch seinen (grundsätzlich zu vermutenden)[129] Sanierungswillen dokumentiert.[130]

Fraglich ist allerdings, wer als »Sanierungsgesellschafter« in Betracht kommt. In Übereinstimmung mit der Entstehungsgeschichte[131] und dem Wortlaut des Gesetzes ist dies unzweifelhaft der Neugesellschafter, also derjenige, der bislang an der Gesellschaft noch nicht als Gesellschafter be-

---

126 Vgl. BGH, Urt. v. 9. 7. 1953 – IV 242/52, NJW 1953, 1665, 1666; Urt. v. 15. 6. 1962 – VI ZR 268/61, WM 1962, 962, 965; Urt. v. 24. 5. 1965 – VII ZR 46/63, WM 1965, 918, 919; OLG Düsseldorf, Urt. v. 25. 6. 1981 – 6 U 79/80, ZIP 1981, 847, 854 f; Urt. v. 30. 6. 1983 – 6 U 120/81, ZIP 1983, 786, 800; die Rspr. insoweit zusammenfassend BGH, Urt. v. 4. 12. 1997 – IX ZR 47/97, WM 1998, 248, 250; *Wenzel* in Henckel/Kreft (Hrsg.), Insolvenzrecht 1998, 1999, S. 233, 244 ff; siehe auch *Obermüller*, Insolvenzrecht in der Bankpraxis, Rdnr. 5.114 ff.

127 Vgl. auch § 13 österr. Eigenkapitalersatz-Gesetz (EKEG). Danach setzt die Privilegierung des Sanierungsgesellschafters ausdrücklich ein (taugliches) Sanierungskonzept voraus; siehe insoweit auch die Erläuterungen zum EKEG, abgedruckt in Nr. 124 der Beilagen XXII.GP (Regierungsvorlage-Materialien), S. 1, 19.

128 Dagegen *Lutter/Hommelhoff*, GmbHG, §§ 32a/b Rdnr. 84; *Barth*, Eigenkapitalersatzrecht, S. 200; *Pentz*, GmbHR 1999, 437, 450, 451; *Casper/Ullrich*, GmbHR 2000, 472, 477; *Rümker/Denicke*, Festschrift Lutter, 2000, S. 665, 680; dafür *Bormann*, NZI 1999, 389, 392; *Götz/Hegerl*, DB 2000, 1385, 1388; siehe auch *Obermüller*, Insolvenzrecht in der Bankpraxis, Rdnr. 5.346d: entweder eigene Prüfungen oder Gutachten Dritter.

129 Vgl. OLG Düsseldorf, Urt. v. 19. 12. 2003 – I-17 U 77/03, GmbHR 2004, 564, 566; *Dauner-Lieb* in v.Gerkan/Hommelhoff (Hrsg.), Handbuch des Kapitalersatzrechts, Rdnr. 4.54; *Pentz*, GmbHR 1999, 437, 450; *ders.*, GmbHR 2004, 529, 536; *Casper/Ullrich*, GmbHR 2000, 472, 476.

130 Vgl. auch OLG Düsseldorf, Urt. v. 19. 12. 2003 – I-17 U 77/03, GmbHR 2004, 564, 566; *Haas*, DZWIR 1999, 177, 182; *v.Gerkan* in Röhricht/Graf von Westphalen, HGB, § 172a Rdnr. 82f; siehe auch *Lutter/Hommelhoff*, GmbHG, §§ 32a/b Rdnr. 84, wobei i.E. allerdings offen bleibt, ob die Vorlage des Sanierungsplans in das Ermessen des Gesellschafters gestellt wird; dafür i.E. wohl auch *Dörrie*, ZIP 1999, 12, 14, 16; ausdrücklich insoweit *Rowedder/Pentz*, GmbHG, § 32a Rdnr. 123; *Stodolkowitz* in Bankrechts-Handbuch, § 84 Rdnr. 15: Dokumentation sei keine zwingende Voraussetzung.

131 Vgl. die Stellungnahme des Bundesrates in BR-Drucks. 605/97, S. 47 f; *Seibert*, GmbHR 1998, 309 f.

teiligt gewesen ist.[132] Das können neben der (Haus-)Bank des Unternehmens auch andere bislang fremde Kreditgeber der Gesellschaft, insbesondere auch professionelle Sanierer sein, d.h. Personen die an der Sanierung der Gesellschaft ausschließlich verdienen wollen.[133] Die Geschäftsanteile können dabei sowohl aus einer Kapitalerhöhung der Gesellschaft als auch derivativ, also durch Übernahme bereits bestehender Anteile von Alteigentümern, erworben werden.[134] Auch der Kleingesellschafter i.S. des § 32a Abs. 3 S. 2 GmbHG unterfällt hM nach dem persönlichen Anwendungsbereich des Sanierungsprivilegs,[135] weil auch er ein Darlehensgeber ist, der im Zuge des Anteilserwerbs (erstmals) der Gefahr einer Umqualifizierung seiner Gesellschafterleistung ausgesetzt ist.[136] Umstritten ist, ob auch der Altgesellschafter, also derjenige, der bereits vor der Krise an der Gesellschaft unternehmerisch beteiligt gewesen ist, als Sanierungsgesellschafter in Frage kommt. Ein Teil des Schrifttums spricht sich dafür aus.[137] Dagegen

---

132 Vgl. auch *Dauner-Lieb,* DStR 1998, 1517, 1519 f; *Azhari,* BuW 1999, 23, 28 f; *Casper/Ullrich,* GmbHR 2000, 472, 477 f; *Götz/Hegerl,* DB 2000, 1385, 1388.

133 Vgl. *Lutter/Hommelhoff,* GmbHG, §§ 32a/b Rdnr. 81; *Haas,* DZWIR 1999, 177, 180; *Dauner-Lieb,* DStR 1998, 1517, 1520; *Seibert,* GmbHR 1998, 309, 310 (Fn. 9). Kritisch *Pichler,* WM 1999, 411, 416.

134 HM; vgl. Beschlussfassung des Rechtsausschusses, ZIP 1998, 487, 491; *Seibert,* GmbHR 1998, 309, 310; *Scholz/Karsten Schmidt,* GmbHG, §§ 32a, 32b Rdnr. 197; *Baumbach/Hueck/Fastrich,* GmbHG, § 32a Rdnr. 19; *Lutter/Hommelhoff,* GmbHG, §§ 32a/b Rdnr. 81; *Haas,* DZWIR 1999, 177, 180; *Dörrie,* ZIP 1999, 12, 13; *Casper/Ullrich,* GmbHR 2000, 472, 473, 478.

135 A.A. *Barth,* Eigenkapitalersatzrecht, S. 175 f.

136 Vgl. *Seibert,* GmbHR 1998, 309, 310; *Scholz/Karsten Schmidt,* GmbHG, §§ 32a, 32b Rdnr. 195; *Dauner-Lieb,* 1998, 1517, 1520; *Pentz,* GmbHR 1999, 437, 449; *Obermüller,* ZInsO 1998, 51, 53; *Casper/Ullrich,* GmbHR 2000, 472, 478; *Pichler,* WM 1999, 411, 414; *Grunewald,* Festschrift Bezzenberger, 2000, S. 85, 88 f; *Götz/Hegerl,* DB 2000, 1385, 1389; *Rümker/Denicke,* Festschrift Lutter, 2000, S. 665, 674.

137 Dafür – bei Hinzuerwerb eines Geschäftsanteils zu Sanierungszwecken – *Dörrie,* ZIP 1999, 12, 16 f; *Früh,* GmbHR 1999, 842, 845; *Pentz,* GmbHR 1999, 437, 449; *ders.,* GmbHR 2004, 529, 536 f; *Rowedder/Pentz,* GmbHG, § 32a Rdnr. 111 i.V.m. Rdnr. 115; Münch. Hdb. GesR III/*Rümker,* § 52 Rdnr. 133; sowohl für den Fall mit als auch ohne eines Hinzuerwerbs weiterer Anteile *Casper/Ullrich,* GmbHR 2000, 472, 474, 478 f; *Rümker/Denicke,* Festschrift Lutter, 2000, S. 665, 674 ff, insbesondere 676; *Altmeppen,* ZGR 1999, 291, 300; *ders.,* Festschrift Sigle, 2000, S. 211, 221 ff; *ders.* in Roth/Altmeppen, GmbHG, § 32a Rdnr. 60 ff, insbesondere Rdnr. 66 f: Anteilserwerb nicht erforderlich.

wendet sich allerdings der wohl überwiegende Teil des Schrifttums,[138] mit teilweise unterschiedlicher Begründung. So wird etwa geltend gemacht, dass bei einer Erfassung auch des Altgesellschafters die Gefahr einer Aushöhlung des Eigenkapitalersatzrechts besteht.[139] Andere weisen darauf hin, dass dem Altgesellschafter die Krise »objektiv zuzurechnen« sei[140] bzw. das Sanierungsprivileg einem bislang »Unverantwortlichen«[141] vorbehalten sei. Ferner würde bei einem Altgesellschafter die Gefahr bestehen, dass er »blind« für die Problemursachen so weitermacht wie bisher und deshalb zu Lasten der Gläubiger chancenlose Sanierungsversuche startet.[142] Schließlich seien – so eine Ansicht – Sanierungskredite von Altgesellschaftern besonders gefährlich, weil sie geeignet wären, den Todeskampf einer kranken Gesellschaft zum Nachteil der Gläubiger zu verlängern.[143]

1. Zusammenfassung

Zusammenfassend bleibt festzuhalten, dass es schwieriger denn je ist, den persönlichen Anwendungsbereich des Eigenkapitalersatzrechts zu bestimmen. So wurden neben dem Gesellschafter auch Dritte unter Umgehungs-

---

138 Vgl. *Scholz/Karsten Schmidt,* GmbHG, §§ 32a, 32b Rdnr. 195; *Baumbach/Hueck/Fastrich,* GmbHG, § 32a Rdnr. 19; *Lutter/Hommelhoff,* GmbHG, §§ 32a/b Rdnr. 79f; MünchKommInsO-*Ehricke,* § 39 Rdnr. 40; *Michalski/Heidinger,* GmbHG, §§ 32a, 32b Rdnr. 226; *v.Gerkan* in Röhricht/Graf von Westphalen, HGB, § 172a Rdnr. 82 f; *Obermüller,* ZInsO 1998, 51, 53; *Dauner-Lieb,* DStR 1998, 1517, 1520; *dies.* in v.Gerkan/Hommelhoff (Hrsg.), Handbuch des Kapitalersatzrechts, Rdnr. 4.15, 4.47, 4.51 f; *Heidinger,* ZNotP 1999, 423, 426 f; *Pichler,* WM 1999, 411, 415; *Grunewald,* Festschrift Bezzenberger, 2000, S. 85, 89; *Bezzenberger,* ebenda, S. 23, 55 f; *Barth,* Eigenkapitalersatzrecht, S. 174 f.

139 Vgl. *Baumbach/Hueck/Fastrich,* GmbHG, § 32a Rdnr. 19; *Barth,* Eigenkapitalersatzrecht, S. 175. Siehe insoweit auch *Claussen,* GmbHR 1996, 316, 323 im Zusammenhang mit der von ihm erhobenen Forderung, die – nunmehr im Kleinbeteiligungsprivileg des § 32a Abs. 3 S. 2 GmbHG enthaltene – Freistellungsgrenze von jetzt 10 auf 25% anzuheben.

140 Vgl. *Lutter/Hommelhoff,* GmbHG, §§ 32a/b Rdnr. 80; *Michalski/Heidinger,* GmbHG, §§ 32a, 32b Rdnr. 226.

141 Vgl. MünchKommInsO-*Ehricke,* § 39 Rdnr. 40; *Lutter/Hommelhoff,* GmbHG, §§ 32a/b Rdnr. 79.

142 So *Dauner-Lieb,* DStR 1998, 1517, 1522; *dies.* in v.Gerkan/Hommelhoff (Hrsg.), Handbuch des Kapitalersatzrechts, Rdnr. 4.15; siehe auch *Bezzenberger,* Festschrift Bezzenberger, 2000, S. 23, 56.

143 I.d.S. *Lutter/Hommelhoff,* GmbHG, §§ 32a/b Rdnr. 39. Zur Freistellung von Altgesellschaftern vgl. auch die Ausführungen unter § 11 I 1 a) bb).

gesichtspunkten oder dann mit in den Adressatenkreis des Eigenkapitalersatzrechts einbezogen, wenn sie wirtschaftlich einem Gesellschafter gleichzustellen waren. Das neue Recht führt mit Art. 2 Nr. 1 KapAEG und Art. 10 Nr. 2 KonTraG zu neuen Ungereimtheiten, da dem Eigenkapitalersatzrecht ein Kleinbeteiligungs- und Sanierungsprivileg bislang fremd war. Welche Auswirkungen vor allem die Freistellung geringfügig beteiligter Gesellschafter auf die Gleichstellung von Nichtgesellschaftern hat, ist offen. Unklar ist auch, welche Gesellschafter im einzelnen dem Kleinbeteiligungs- und Sanierungsprivileg unterfallen.[144]

II. Der sachliche Anwendungsbereich

Der sachliche Anwendungsbereich des Eigenkapitalersatzrechts betrifft die Frage, welche Gesellschafterleistung einer Umqualifizierung, d.h. einer Verhaftung in der Krise, unterliegt. Das Gesetz nennt in § 32a Abs. 1 und Abs. 2 GmbHG zwei Fallkonstellationen, in denen die Leistung des Gesellschafters fehlendes Eigenkapital ersetzt. Zum einen handelt es sich hierbei um den Grundfall des Eigenkapitalersatzrechts, der Darlehensgewährung in der Krise (§ 32a Abs. 1), und zum anderen um den Fall eines gesellschafterbesicherten Fremddarlehens (§ 32a Abs. 2 GmbHG). Mit diesen beiden Fallkonstellationen ist der sachliche Anwendungsbereich des Eigenkapitalersatzrechts jedoch nur unzureichend umschrieben. Daher bestimmt § 32a Abs. 3 S. 1 GmbHG, dass die Regelungen in Absatz 1 und 2 sinngemäß auch auf andere Rechtshandlungen eines Gesellschafters Anwendung finden, die einer Darlehensgewährung wirtschaftlich entsprechen. Als »wirtschaftlich« vergleichbar sehen Rechtsprechung und Literatur zwischenzeitlich ein ganzes Bündel von Gesellschafterhilfen an. So werden etwa neben der Stundung[145] und dem »Stehenlassen« eines Gesellschafter-

144 Vgl. eingehend *Pentz*, GmbHR 2004, 529 ff.

145 Vgl. OLG Düsseldorf, Urt. v. 30. 9. 1999 – 6 U 130/97, NZG 2000, 430, 431; *Baumbach/Hueck/Fastrich*, GmbHG, § 32a Rdnr. 35.

darlehens[146] bzw. einer Nicht-Darlehensforderung,[147] die stille Beteiligung des Gesellschafters,[148] das unechte Factoring,[149] die Diskontierung eines Wechsels,[150] Pensionsgeschäfte[151] sowie die Fälle einer Gebrauchsüberlassung[152] erfasst.

Obwohl der wirtschaftlichen Vergleichbarkeit im Rahmen des sachlichen Anwendungsbereichs eine wichtige Rolle zukommt, besteht Unsicherheit darüber, unter welchen Voraussetzungen eine solche zu bejahen ist. Hier stehen sich im Wesentlichen zwei Ansichten gegenüber.

---

146 Vgl. grundlegend BGH, Urt. v. 26. 11. 1979 – II ZR 104/77, BGHZ 75, 334, 336 f. Ob das »Stehenlassen« in der Tat ein Fall des § 32a Abs. 3 S. 1 GmbHG ist oder eher eine Kreditgewährung i.S. des § 32a Abs. 1 GmbHG darstellt, ist umstritten, im praktischen Ergebnis allerdings unerheblich; vgl. *Karsten Schmidt* in Scholz, GmbHG, §§ 32a, 32b Rdnr. 47, der selbst jedoch für eine Subsumtion unter § 32a Abs. 1 GmbHG eintritt.

147 Vgl. BGH, Urt. v. 13. 7. 1981 – II ZR 256/79, BGHZ 81, 252, 262 f; Urt. v. 28. 11. 1994 – II ZR 77/93, NJW 1995, 457, 458; OLG Düsseldorf, Urt. v. 15. 9. 1995 – 12 U 98/93, GmbHR 1996, 201, 204; Urt. v. 30. 9. 1999 – 6 U 130/97, NZG 2000, 430, 431; *Hachenburg/Ulmer,* GmbHG, § 32a, b Rdnr. 93; *Jaeger/Henckel,* KO, § 32a Rdnr. 53; *Altmeppen* in Roth/Altmeppen, GmbHG, § 32a Rdnr. 190; *ders.,* ZIP 1995, 26 (Urteilsanm.).

148 Vgl. *Hachenburg/Ulmer,* GmbHG, § 32a, b Rdnr. 96 f; *Scholz/Karsten Schmidt,* GmbHG, §§ 32a, 32b Rdnr. 119; *Baumbach/Hueck/Fastrich,* GmbHG, § 32a Rdnr. 30.

149 Vgl. OLG Köln, Urt. v. 25. 7. 1986 – 22 U 311/85, ZIP 1986, 1585, 1586 f; *Scholz/Karsten Schmidt,* GmbHG, §§ 32a, 32b Rdnr. 116; *Jaeger/Henckel,* KO, § 32a Rdnr. 16; *Hachenburg/Ulmer,* GmbHG, § 32a, b Rdnr. 24; *Rowedder/Pentz,* GmbHG, § 32a Rdnr. 158; *Altmeppen* in Roth/Altmeppen, GmbHG, § 32a Rdnr. 215; *Johlke/Schröder* in v.Gerkan/Hommelhoff (Hrsg.), Handbuch des Kapitalersatzrechts, Rdnr. 5.55.

150 Vgl. *Scholz/Karsten Schmidt,* GmbHG, §§ 32a, 32b Rdnr. 117; *Altmeppen* in Roth/Altmeppen, GmbHG, § 32a Rdnr. 216; *Michalski/Heidinger,* GmbHG, §§ 32a, 32b Rdnr. 159.

151 Vgl. *Johlke/Schröder* in v.Gerkan/Hommelhoff (Hrsg.), Handbuch des Kapitalersatzrechts, Rdnr. 5.57 f.

152 Grundlegend BGH, Urt. v. 16. 10. 1989 – II ZR 307/88, BGHZ 109, 55, 58 f; seitdem ständige Rspr. vgl. BGH, Urt. v. 14. 12. 1992 – II ZR 298/91, BGHZ 121, 31, 34; Urt. v. 26. 6. 2000 – II ZR 370/98, ZIP 2000, 1491; OLG Schleswig, Urt. v. 19. 10. 2000 – 5 U 138/99, NZG 2001, 273. Aus dem Schrifttum vgl. nur *Hachenburg/Ulmer,* GmbHG, § 32a, b Rdnr. 106; *Ulmer,* Festschrift Kellermann, 1991, S. 485, 489 ff; *Jaeger/Henckel,* KO, § 32a Rdnr. 57; *Lutter/Hommelhoff,* GmbHG, §§ 32a/b Rdnr. 138 ff; *Hommelhoff/Kleindiek,* Festschrift 100 Jahre GmbH-Gesetz, 1992, S. 421, 434; *Baumbach/Hueck/Fastrich,* GmbHG, § 32a Rdnr. 32a.

1. Austauschbarkeit von Eigen- und Fremdkapital

Eine Ansicht sieht den Sinn und Zweck des Eigenkapitalersatzrechts darauf beschränkt, den Gesellschafter wegen der Zurverfügungstellung von Fremd- anstelle von Eigenkapital in der Krise zur Verantwortung zu ziehen.[153] Zwar ist dieser Ansicht zufolge grundsätzlich nichts dagegen einzuwenden, wenn die Gesellschafter zur Deckung eines Finanzbedarfs der Gesellschaft auf andere Finanzierungsstrategien ausweichen, die von ihrer Funktion her im konkreten Fall der Gewährung von Eigenkapital entsprechen, der Gesellschaft also das von ihr benötigte Kapital in Form von Fremdmitteln zur Verfügung stellen.[154] Doch unterliege die Austauschbarkeit von Eigen- und Fremdkapital, was die Finanzierungsfunktion angeht, in der Krise gewissen Einschränkungen. So dürfe der Gesellschafter in der Krise den Eigenkapitalbedarf der Gesellschaft nicht ohne Haftungsfolgen dauerhaft mit Fremdmitteln decken, wenn die Gesellschaft weiter werbend tätig sein soll.[155] Wirtschaftlich vergleichbar ist dieser Ansicht zufolge eine Gesellschafterleistung, wenn der Gesellschafter die Leistung in ihrer konkreten Ausgestaltung auch in Form von Eigenkapital hätte erbringen können.[156]

Erfüllt ist diese Voraussetzung dann, wenn die Leistung des Gesellschafters dem Vermögen der Gesellschaft dinglich zugeordnet werden kann und zudem noch einlagefähig ist.[157] Beides ist bei einer Darlehensgewährung in der Krise der Fall. So gehen die hingegebenen Darlehensvaluta in das Eigentum der Gesellschaft über – mehren also unmittelbar deren liquides Vermögen[158] – und stellen darüber hinaus noch eine einlagefähige Leistung dar (Geld als Bareinlage). Demgegenüber scheidet bei Zugrundelegung einer

153 Vgl. *Scholz/Karsten Schmidt,* GmbHG, §§ 32a, 32b Rdnr. 2 ff, 113; *Karsten Schmidt,* ZIP 1990, 69, 74, 75; *ders.,* ZIP 1993, 161, 162; *Altmeppen* in Roth/Altmeppen, GmbHG, § 32a Rdnr. 15; *ders.,* NJW 1994, 2353, 2354 (Urteilsanm.); *ders.,* ZIP 1995, 26, 27 f (Urteilsanm.); *Smid/Zeuner,* InsO, § 135 Rdnr. 30.

154 *Scholz/Karsten Schmidt,* GmbHG, §§ 32a, 32b Rdnr. 4.

155 Vgl. *Scholz/Karsten Schmidt,* GmbHG, §§ 32a, 32b Rdnr 5; *Altmeppen* in Roth/Altmeppen, GmbHG, § 32a Rdnr. 16.

156 Vgl. *Scholz/Karsten Schmidt,* GmbHG, Rdnr. §§ 32a, 32b Rdnr. 2 ff, 114, 127; *Karsten Schmidt,* ZIP 1990, 69, 74, 75; *ders.,* ZIP 1993, 161, 164; *ders.,* Gesellschaftsrecht, § 18 III 4 d), S. 535; *Smid/Zeuner,* InsO, § 135 Rdnr. 30; *Altmeppen* in Roth/Altmeppen, GmbHG, § 32a Rdnr. 201 ff.

157 Vgl. *Scholz/Karsten Schmidt,* GmbHG, §§ 32a, 32b Rdnr. 29 i.V.m. Rdnr. 127.

158 Vgl. *Scholz/Karsten Schmidt,* GmbHG, §§ 32a, 32b Rdnr. 29; siehe auch BFH, Urt. v. 30. 11. 1965 – I 70/60 S, NJW 1966, 855; BGH, Urt. v. 16. 10. 1989 – II ZR 307/88, BGHZ 109, 55, 58; RGRK-*Ballhaus,* BGB, Vor § 607 Rdnr. 24; *Staudinger/Hopt/Mülbert,* BGB, 12. Aufl. 1989, Vorbem zu §§ 607 ff Rdnr. 12.

funktionalen Vergleichbarkeit von Eigen- und Fremdkapital vor allem eine Einbeziehung derjenigen Fälle aus, in denen der Gesellschafter der Gesellschaft Sachen zum bloßen Gebrauch überlässt oder der Gesellschaft gegenüber etwa Dienstleistungen erbringt.[159] Denn sowohl bei der Gebrauchsüberlassung als auch bei der Erbringung von Dienstleistungen ändert sich nichts an der dinglichen Zuordnung im Gesellschaftsvermögen. Es findet weder eine Zuführung liquider Mittel in das Gesellschaftsvermögen statt,[160] noch ist die Verpflichtung zu eigenen Dienstleistungen einlagefähig.[161] Dass obligatorische Nutzungsrechte nach Ansicht der hM dagegen zulässiger Gegenstand einer Sacheinlage sein können,[162] ändert an dem zuvor gefundenen Ergebnis dieser Ansicht zufolge nichts, da es in den Fällen einer Gebrauchsüberlassung, anders als in denjenigen eines ausbezahlten Darlehens, bereits an einer Veränderung der dinglichen Zuordnung im Gesellschaftsvermögen fehlt.[163]

2. Risikospezifische Vergleichbarkeit

Die hM zum Eigenkapitalersatz lehnt den soeben beschriebenen Ansatz einer Austauschbarkeit von Eigen- und Fremdkapital im konkretem Fall als zu eng ab. Das Eigenkapitalersatzrecht ist nach Ansicht der hM nicht auf die Unterscheidung von Eigen- und Fremdkapital zurückzuführen. Es verkürze den Sinn und Zweck des Eigenkapitalersatzrechts, so heißt es, wollte man darauf abstellen, ob die Leistung des Gesellschafters auf der Passivseite der Bilanz abzubilden ist.[164] Entscheidend ist nach Ansicht der hM vielmehr,

---

159 Vgl. *Scholz/Karsten Schmidt,* GmbHG, §§ 32a, 32b Rdnr. 114 i.V.m. Rdnr. 127; *Karsten Schmidt,* Gesellschaftsrecht, § 18 III 4 d), S. 535, § 37 IV 3b), S. 1160; *ders.,* ZIP 1990, 69, 74, 75; siehe auch *Altmeppen* in Roth/Altmeppen, § 32a Rdnr. 201 ff, 218; *ders.,* NJW 1994, 2353, 2354 (Urteilsanm.); *ders.,* ZIP 1995, 26, 27 f (Urteilsanm.).

160 Vgl. *Scholz/Karsten Schmidt,* GmbHG, §§ 32a, 32b Rdnr. 29, 114 und Rdnr. 127; *Karsten Schmidt,* ZIP 1990, 69, 75.

161 Vgl. *Baumbach/Hueck/Fastrich,* GmbHG, § 5 Rdnr. 24.

162 Vgl. BGH, Urt. v. 14. 6. 2004 – II ZR 121/02, NJW-RR 2004, 1341; *Baumbach/Hueck/Fastrich,* GmbHG, § 5 Rdnr. 25.

163 In diesem Sinne ausdrücklich *Scholz/Karsten Schmidt,* GmbHG, §§ 32a, 32b Rdnr. 127.

164 Vgl. BGH, Urt. v. 14. 12. 1992 – II ZR 298/91, BGHZ 121, 31, 34; *Jaeger/Henckel,* KO, § 32a Rdnr. 57; *Hachenburg/Ulmer,* GmbHG, § 32a, b Rdnr. 106; *Ulmer,* Festschrift Kellermann, 1991, 485, 491 f; *Rowedder/Pentz,* GmbHG, § 32a Rdnr. 166; *Hueck,* Festschrift Odersky, 1996, S. 823, 832; *Stodolkowitz* in Bankrechts-Handbuch, § 84 Rdnr. 68.

dass das Eigenkapitalersatzrecht seinem Sinn und Zweck nach darauf angelegt ist, die Gläubiger der Gesellschaft in der Krise der Gesellschaft zu schützen.[165] Aus Gründen des Gläubigerschutzes dürfe daher nicht die formale Unterscheidung von Eigen- und Fremdkapital im Mittelpunkt der Betrachtung stehen, sondern vor allem die von einer Gesellschafterleistung in der Krise für die Gläubigergesamtheit ausgehenden Risiken.[166] Sind diese mit denjenigen vergleichbar, die von einer Darlehensgewährung ausgehen, ist hM zufolge die wirtschaftliche Vergleichbarkeit einer Gesellschafterleistung mit der Darlehensgewährung in der Krise gegeben.[167]

Damit geht dem risikospezifischen Ansatz der hM die Überlegung voraus, welche negativen Folgen eine Darlehensgewährung in der Krise für die Gläubigergesamtheit herbeizuführen in der Lage ist.[168] Denn erst wenn diese benannt sind, lässt sich aus Sicht der hM die Anwendbarkeit der Ei-

---

165 Vgl. BGH, Urt. v. 26. 11. 1979 – II ZR 104/77, BGHZ 75, 334, 336 f; Urt. v. 24. 3. 1980 – II ZR 213/77, BGHZ 76, 326, 329; OLG Düsseldorf, Urt. v. 15. 9. 1995 – 12 U 98/93, GmbHR 1996, 201, 203; Urt. v. 12. 12. 1996 – 10 U 33/95, GmbHR 1997, 353 f; *Hommelhoff/Kleindiek,* Festschrift 100 Jahre GmbH-Gesetz, 1992, S. 421, 433 f; *Rowedder/Pentz,* GmbHG, § 32a Rdnr. 166 i.V.m. Rdnr. 17; *Stodolkowitz* in Bankrechts-Handbuch, § 84 Rdnr. 68; *Lutter/Hommelhoff,* GmbHG, §§ 32a/b Rdnr. 138 ff; *Goette,* DStR 1994, 1658, 1659; *Ulmer,* Festschrift Kellermann, 1991, S. 485, 491.

166 Besonders deutlich BGH, Urt. v. 16. 10. 1989 – II ZR 307/88, BGHZ 109, 55, 57 ff; *Jaeger/Henckel,* KO, § 32a Rdnr. 57; *Hachenburg/Ulmer,* GmbHG, § 32a, b Rdnr. 106; *Ulmer,* Festschrift Kellermann, 1991, S. 485, 491; *Hommelhoff/Kleindiek,* Festschrift 100 Jahre GmbH-Gesetz, 1992, S. 421, 434; *Rowedder/Pentz,* GmbHG, § 32a Rdnr. 166; *Hueck,* Festschrift Odersky, 1996, S. 823, 831 f; *Goette,* DStR 1994, 1658, 1659; *Suchan,* Kapitalersetzende Sachwertüberlassungen, S. 42; *Stodolkowitz* in Bankrechts-Handbuch, § 84 Rdnr. 68.

167 Vgl. BGH, Urt. v. 16. 10. 1989 – II ZR 307/88, BGHZ 109, 55, 58 f; LG Cottbus, Urt. v. 27. 9. 2000 – 5 O 10/00, ZInsO 2000, 620, 621; *Suchan,* Kapitalersetzende Sachwertüberlassungen, S. 42; *Bäcker,* GmbHR 1994, 766, 769 f; *Steinbeck,* ZGR 1996, 116, 130.

168 Vgl. BGH, Urt. v. 16. 10. 1989 – II ZR 307/88, BGHZ 109, 55, 57 f; Urt. v. 11. 7. 1994 – II ZR 146/92, BGHZ 127, 1, 9; Urt. v. 11. 7. 1994 – II ZR 162/92, BGHZ 127, 17, 25; OLG Düsseldorf, Urt. v. 14. 5. 1999 – 16 U 103/98, GmbHR 1999, 1039, 1040; Urt. v. 26. 6. 2003 – I-6 181/02, GmbHR 2003, 947, 948; *Lutter/Hommelhoff,* GmbHG, §§ 32a/b Rdnr. 139; *Hommelhoff/Kleindiek,* Festschrift 100 Jahre GmbH-Gesetz, 1992, S. 421, 433 f; *Rowedder/Pentz,* GmbHG, § 32a Rdnr. 17, 166; *Ulmer,* Festschrift Kellermann, 1991, S. 485, 491; *Weisang,* WM 1997, 197, 204.

genkapitalersatzregeln auf weitere Gesellschafterleistungen beurteilen.[169] Folgt man der hM, so ist das Gesellschafterdarlehen deshalb mit den Regeln über den Eigenkapitalersatz zu fassen, weil es der Gesellschafter damit in der Hand hätte, die Krise der Gesellschaft zu verschleppen.[170] Durch die Verlängerung des »Todeskampfes«[171] der Gesellschaft würde das noch verbliebene Vermögen der Gesellschaft weiter verringert, die alten Gläubiger hingehalten und neue Gläubiger dazu gewonnen, wodurch sich insgesamt die Befriedigungsaussichten der Gesellschaftsgläubiger verschlechtern.[172] Auch würde der Gesellschafter durch die Darlehensgewährung in der Krise den Anschein eines wirtschaftlich gesunden Unternehmens erwecken, d.h. die Gläubiger über die (vermeintliche) Kreditwürdigkeit der Gesellschaft

169 Vgl. zu dieser Vorgehensweise BGH, Urt. v. 16. 10. 1989 – II ZR 307/88, BGHZ 109, 55, 57 f; *Hachenburg/Ulmer*, GmbHG, § 32a, b Rdnr. 106; *Hommelhoff/Kleindiek*, Festschrift 100 Jahre GmbH-Gesetz, 1992, S. 421, 434; *Bäcker*, GmbHR 1994, 766, 769 f; *Suchan*, Kapitalersetzende Sachwertüberlassungen, S. 42; *Steinbeck*, ZGR 1996, 116, 128, 130.

170 Vgl. BGH, Urt. v. 16. 10. 1989 – II ZR 307/88, BGHZ 109, 55, 57; Urt. v. 31. 1. 2005 – II ZR 240/02, NZG 2005, 346; OLG Hamm, Urt. v. 3. 7. 1991 – 8 U 159/89, GmbHR 1992, 181; OLG Düsseldorf, Urt. v. 15. 9. 1995 – 12 U 98/93, GmbHR 1996, 201, 203; OLG Hamm, Urt. v. 26. 1. 1998 – 31 U 90/97, NZG 1998, 551, 552; Urt. v. 18. 3. 1999 – 27 U 240/98, GmbHR 1999, 917, 919 f; *Boujong*, GmbHR 1992, 207, 209; *Johlke/Schröder* in v.Gerkan/Hommelhoff (Hrsg.), Handbuch des Kapitalersatzrechts, Rdnr. 5.75d; *Hachenburg/Ulmer*, GmbHG, § 32a, b Rdnr. 8 f i.V.m. Rdnr. 106; *Ulmer*, Festschrift Kellermann, 1991, S. 485, 488, 491; *ders.*, ZIP 1984, 1163, 1166; *Priester* in Priester/Timm (Hrsg.), Abschied von der Betriebsaufspaltung?, S. 1, 14; *v.Gerkan*, ZGR 1997, 173, 175, 176 f; *ders.*, Festschrift Lutter, 2000, S. 1317, 1320; *ders.* in Röhricht/Graf von Westphalen, HGB, § 172a Rdnr. 12; *Lutter/Hommelhoff*, GmbHG, §§ 32a/b Rdnr. 139; *Michalski/Heidinger*, GmbHG, §§ 32a, 32b Rdnr. 10; *Suchan*, Kapitalersetzende Sachwertüberlassungen, S. 42; *Dittmer*, Gesellschafter-Dienstleistungen, S. 15; *Weisang*, WM 1997, 197, 204; *Fabritius*, Überlassung von Anlagevermögen, S. 219; *Bäcker*, GmbHR 1994, 766, 772 f; *Goette*, Die GmbH, § 4 Rdnr. 56, S. 1109; *Grunewald*, Gesellschaftsrecht, 2. F. 4 b) aa), Rdnr. 132, S. 366; *Tillmann/Tillmann*, GmbHR 2003, 325, 327; *Rowedder/Pentz*, GmbHG, § 32a Rdnr. 17: eigenständig nicht überlebensfähige Gesellschaften nicht künstlich überleben zu lassen; ähnlich *Altmeppen* in Roth/Altmeppen, GmbHG, § 32a Rdnr. 17: Den »Todeskampf« der Gesellschaft zu Lasten der Gläubiger nicht künstlich in die Länge ziehen.

171 Vgl. *Lutter/Hommelhoff*, GmbHG, §§ 32a/b Rdnr. 3.

172 Vgl. BGH, Urt. v. 16. 10. 1989 – II ZR 307/88, BGHZ 109, 55, 57; OLG Hamm, Urt. v. 18. 3. 1999 – 27 U 240/98, GmbHR 1999, 917, 919 f; *Dittmer*, Gesellschafter-Dienstleistungen, S. 15, 130; *Suchan*, Kapitalersetzende Sachwertüberlassungen, S. 42; *Ulmer*, Festschrift Kellermann, 1991, S. 485, 488. Unter dem Blickwinkel einer Verwirtschaftung noch vorhandener Vermögenswerte *v.Gerkan*, Festschrift Lutter, 2000, S. 1317, 1320, 1323.

täuschen. Statt einer prosperierenden Gesellschaft stünden die Gläubiger einer Gesellschaft gegenüber, deren wahre wirtschaftliche Lage an sich zu einer sofortigen Liquidation derselben zwingt.[173]

Versteht die hM damit unter einer »wirtschaftlich« mit der Darlehensgewährung vergleichbaren Leistung des Gesellschafters (vgl. § 32a Abs. 3 S. 1 GmbHG) eine solche, die der Darlehensgewährung aus risikospezifischer Sicht entspricht,[174] ist es hM nach möglich, neben dem Gesellschafterdarlehen auch solche Gesellschafterleistungen zu erfassen, die – wie die Gebrauchsüberlassung – zu keiner Veränderung der dinglichen Zuordnung im Gesellschaftsvermögen führen.[175] Für die Einbeziehung der Gebrauchsüberlassung in den sachlichen Anwendungsbereich des Eigenkapitalersatzrechts stellt die hM jedenfalls darauf ab, dass der Gesellschafter auch mit einer derartigen Leistung die an sich sanierungsreife, kapitalbedürftige Gesellschaft in der Krise fortsetzen[176] und bei den Gläubigern der Gesellschaft den Eindruck einer wirtschaftlich gesunden und damit lebensfähigen Gesellschaft hervorrufen kann.[177]

Folglich unterfallen dem sachlichen Anwendungsbereich des Eigenkapitalersatzrechts zwei unterschiedliche Fallgruppen von eigenkapitalersetzenden Gesellschafterleistungen. Erfasst werden zum einen Fallgestaltun-

---

173 Vgl. BGH, Urt. v. 26. 11. 1979 – II ZR 104/77, BGHZ 75, 334, 338; Urt. v. 16. 10. 1989 – II ZR 307/88, BGHZ 109, 55, 57; OLG Hamm, Urt. v. 3. 7. 1991 – 8 U 159/89, GmbHR 1992, 181; OLG Düsseldorf, Urt. v. 15. 9. 1995 – 12 U 98/93, GmbHR 1996, 201, 203; *Lutter/Hommelhoff,* ZGR 1979, 31, 36 ff; *Noack,* in Prütting (Hrsg.), Insolvenzrecht 1996, 1997, S. 195, 200, 202; *Hachenburg/Ulmer,* GmbHG, § 32a, b Rdnr. 8; *Dittmer,* Gesellschafter-Dienstleistungen, S. 41; *Fleck,* Festschrift Werner 1984, S. 107, 116; *ders.,* EWiR § 32a GmbHG 2/96, 1087 f; *Bäcker,* GmbHR 1994, 766, 772; *Michalski/Heidinger,* GmbHG, §§ 32a, 32b Rdnr. 10.

174 Vgl. auch *Haas/Dittrich,* DStR 2001, 623, 625.

175 Vgl. BGH, Urt. v. 16. 10. 1989 – II ZR 307/88, BGHZ 109, 55, 58; *Karsten Schmidt,* ZIP 1990, 69, 72 ff; *Bäcker,* GmbHR 1994, 766, 769; *Michalski/Heidinger,* GmbHG, §§ 32a, 32b Rdnr. 98.

176 Vgl. BGH, Urt. v. 16. 10. 1989 – II ZR 307/88, BGHZ 109, 55, 58; Urt. v. 11. 7. 1994 – II ZR 146/92, BGHZ 127, 1, 9; Urt. v. 11. 7. 1994 – II ZR 162/92, BGHZ 127, 17, 25; OLG Düsseldorf, Urt. v. 14. 5. 1999 – 16 U 103/98, GmbHR 1999, 1039, 1040; LG Cottbus, Urt. v. 27. 9. 2000 – 5 O 10/00, ZInsO 2000, 620, 621; *Hachenburg/Ulmer,* GmbHG, § 32a, b Rdnr. 106; *Ulmer,* Festschrift Kellermann, 1991, S. 485, 491; *Nerlich/Römermann/Nerlich,* InsO, § 135 Rdnr. 49; *Grunewald,* Gesellschaftsrecht, 2.F. 4 b) aa), Rdnr. 137, S. 369.

177 Vgl. OLG Düsseldorf, Urt. v. 26. 6. 2003 – I-6 181/02, GmbHR 2003, 947, 948; *Hommelhoff/Kleindiek,* Festschrift 100 Jahre GmbH-Gesetz, 1992, S. 421, 434; *Boujong,* GmbHR 1992, 207, 209; *Hueck,* Festschrift Odersky, 1996, S. 823, 831; *Michalski/Heidinger,* GmbHG, §§ 32a, 32b Rdnr. 174; *Dittmer,* Gesellschafter-Dienstleistungen, S. 15, 41; *Bäcker,* GmbHR 1994, 766, 769 f.

gen, bei denen der Gesellschafter der Gesellschaft in der Krise Kaufkraft (Kredit) zur Verfügung stellt (Kreditgeschäfte; siehe unten a) und zum anderen Fallgestaltungen, bei denen keine Kreditierung im Spiel ist (sog. Nicht-Kreditgeschäfte; siehe unten b).

a) Kreditgeschäfte

aa) Unmittelbare Kreditgeschäfte

Kreditgeschäfte sind dadurch gekennzeichnet, dass einem anderen, dem Kreditnehmer, zeitweilig Kaufkraft und damit Kapital überlassen wird.[178] »Zeitweilig« bedeutet dabei, dass der Kreditnehmer zur Rückzahlung verpflichtet ist.[179] Gewährt nun der Gesellschafter »seiner« Gesellschaft in der Krise ein Darlehen, so führt er dieser Kapital und damit Kaufkraft zu. Überlassen wird die Kaufkraft der Gesellschaft bei einem Darlehen durch die Übereignung der Darlehensvaluta, also des Geldes (§ 488 Abs. 1 S. 1 BGB) oder anderer vertretbarer Sachen (§ 607 Abs. 1 S. 1 BGB).[180] Dadurch, dass die Darlehensvaluta in das Vermögen der Gesellschaft dinglich übergehen, mehren sie die Liquidität der Gesellschaft.[181] So hat denn auch die Gesellschaft nicht dieselbe Sache, sondern »das Darlehen« (einen Geldbetrag; vgl. § 488 Abs. 1 S. 2 i.V.m. S. 1 BGB) bzw. gem. § 607 Abs. 1 S. 2 BGB Sachen von gleicher Art, Güte und Menge zurückzuerstatten.

Kaufkraft kann der Gesellschaft allerdings noch auf andere Art und Weise als durch die Gewährung eines Darlehens i.S. der §§ 488, 607 BGB verschafft werden. Stundet der Gesellschafter beispielsweise eine ihm gegen die Gesellschaft zustehende Forderung[182] oder lässt er der Gesellschaft

---

178 *Staudinger/Hopt/Mülbert,* BGB, 12. Aufl. 1989, Vorbem zu §§ 607 ff Rdnr. 12; *Rimmelspacher,* Kreditsicherungsrecht, S. 1; *Reeb,* Recht der Kreditfinanzierung, S. 2.

179 *Reeb,* Recht der Kreditfinanzierung, S. 2.

180 Vgl. *Staudinger/Hopt/Mülbert,* BGB, 12. Aufl. 1989, Vorbem zu §§ 607 ff Rdnr. 12.

181 Vgl. *Scholz/Karsten Schmidt,* GmbHG, §§ 32a, 32b Rdnr. 29; RGRK-*Ballhaus,* BGB, Vor § 607 Rdnr. 1 i.V.m. Rdnr. 24; *Priester* in Priester/Timm (Hrsg.), Abschied von der Betriebsaufspaltung, S. 1, 15; siehe auch BGH, Urt. v. 16. 10. 1989 – II ZR 307/88, BGHZ 109, 55, 58.

182 Vgl. BGH, Urt. v. 28. 11. 1994 – II ZR 77/93, NJW 1995, 457, 458; OLG Düsseldorf, Urt. v. 15. 9. 1995 – 12 U 98/93, GmbHR 1996, 201, 204; *Scholz/Karsten Schmidt,* GmbHG, §§ 32a, 32b Rdnr. 115; *Karsten Schmidt,* ZIP 1990, 69, 71; *Baumbach/Hueck/Fastrich,* GmbHG, § 32a Rdnr. 35.

ein bereits zu wirtschaftlich gesunden Zeiten gewährtes Darlehen mit Eintritt der Krise »stehen«, zieht er dieses mit anderen Worten nicht ab,[183] so belässt er der Gesellschaft in der Krise Kaufkraft und stellt ihr auf diese Art und Weise »Kredit« zur Verfügung.[184] Gleiches gilt, wenn der Gesellschafter der Gesellschaft das Darlehen prolongiert.[185]

Der Unterschied zur Darlehensgewährung in der Krise ist darin zu sehen, dass der Gesellschaft hier kein neues, frisches, Kapital zugeführt, d.h. *überlassen*, sondern die Liquidität der Gesellschaft vielmehr durch Nichtabzug von Kapital, d.h. durch *Belassen* von Kaufkraft geschützt wird.[186] Hierzu zählt etwa auch der Fall, bei dem der Gesellschafter gestundete Forderungen Dritter gegen die Gesellschaft erwirbt[187] bzw. der Gesellschafter es – mit oder ohne Stundungsabrede – zulässt, dass Forderungen, die ihm aufgrund von Warenlieferungen gegen die GmbH zustehen, fortlaufend um bis zu mehrere Monate später beglichen werden.[188] Der Kredit besteht nach Ansicht der Rechtsprechung bei einer derartigen Gesellschafterleistung, deren Besonderheit es ist, dass laufend neue Forderungen aus der Geschäftsverbindung entstehen, nicht in Höhe jeder einzeln zu spät beglichenen Forderung, sondern in Höhe des durchschnittlich offenen Forderungssaldos.[189] Auch durch Fälligkeitsvereinbarungen in Austauschverträgen mit der Gesellschaft, wie z.B. Kauf-, Miet-, Dienst- oder Werkverträge, gewährt der Gesellschafter »seiner« Gesellschaft Kredit, wenn die Fälligkeit des Zahlungsanspruchs im Vergleich zu den marktüblichen Gepflogenheiten ungewöhnlich lange hinausgeschoben wird, so dass der Gesellschaft die Gegen-

---

183 Vgl. BGH, Urt. v. 26. 11. 1979 – II ZR 104/77, BGHZ 75, 334, 336 f; Urt. v. 7. 11. 1994 – II ZR 270/93, BGHZ 127, 336, 344 f.

184 Vgl. OLG Düsseldorf, Urt. v. 15. 9. 1995 – 12 U 98/93, GmbHR 1996, 201, 204; Urt. v. 30. 9. 1999 – 6 U 1320/97, NZG 2000, 430, 431; *Kamprad,* Gesellschafterdarlehen, S. 40; *Baumbach/Hueck/Fastrich,* GmbHG, § 32a Rdnr. 35 i.V.m. Rdnr. 34; *Karsten Schmidt,* ZIP 1990, 69, 75.

185 Vgl. *Scholz/Karsten Schmidt,* GmbHG, §§ 32a, 32b Rdnr. 49; *Baumbach/Hueck/Fastrich,* GmbHG, § 32a Rdnr. 34; *Früh,* GmbHR 1999, 842, 844.

186 Vgl. allgemein hierzu *Staudinger/Hopt/Mülbert,* BGB, 12. Aufl. 1989, Vorbem zu §§ 607 ff Rdnr. 12; *Reeb,* Recht der Kreditfinanzierung, S. 2; *Rimmelspacher,* Kreditsicherungsrecht, S. 1 und speziell aus eigenkapitalersatzrechtlicher Sicht vgl. OLG Düsseldorf, Urt. v. 15. 9. 1995 – 12 U 98/93, GmbHR 1996, 201, 204; *Baumbach/Hueck/Fastrich,* GmbHG, § 32a Rdnr. 35 i.V.m. Rdnr. 34; *Karsten Schmidt,* ZIP 1990, 69, 75.

187 Vgl. *Hachenburg/Ulmer,* GmbHG, § 32a, b Rdnr. 95; *Kamprad,* Gesellschafterdarlehen, S. 41; *Jaeger/Henckel,* KO, § 32a Rdnr. 54; *Johlke/Schröder* in v.Gerkan/Hommelhoff (Hrsg.), Handbuch des Kapitalersatzrechts, Rdnr. 5.54.

188 Vgl. BGH, Urt. v. 28. 11. 1994 – II ZR 77/93, NJW 1995, 457, 458.

189 Vgl. BGH, Urt. v. 28. 11. 1994 – II ZR 77/93, NJW 1995, 457, 458 f.

leistung nach Art eines Darlehens verbleibt;[190] so, wenn eine Rechnung um bis zu mehrere Monate verspätet beglichen wird.[191]

Dass vom sachlichen Anwendungsbereich des Eigenkapitalersatzrechts beide Varianten eines Kreditgeschäfts erfasst werden, d.h. Fälle, in denen der Gesellschafter die Liquidität der Gesellschaft entweder dadurch schützt, indem er der Gesellschaft in der Krise Kaufkraft *überlässt* oder in der Krise weiter *belässt*, ist in Rechtsprechung und Literatur weitgehend anerkannt.[192] Problematisch ist aus Sicht der hM allerdings die Begründung hierfür. Begreift man mit der hM das Recht der eigenkapitalersetzenden Gesellschafterleistungen als ein Rechtsinstitut, welches zum System der Kapitalaufbringung und Kapitalerhaltung (§§ 30, 31 GmbHG) gehört,[193] kann nur dasjenige einem Abzugsverbot bzw. einer Umqualifizierung in Analo-

---

190 Vgl. BGH, Urt. v. 28. 11. 1994 – II ZR 77/93, NJW 1995, 457, 458; OLG Karlsruhe, Urt. v. 16. 12. 1988 – 14 U 26/86, ZIP 1989, 588, 590; OLG Bamberg, Urt. v. 20. 2. 2003 – 1 U 26/02, GmbHR 2003, 1130 (LS); *Hachenburg/Ulmer,* GmbHG, § 32a, b Rdnr. 94; *Scholz/Karsten Schmidt,* GmbHG, §§ 32a, 32b Rdnr. 116; *Baumbach/Hueck/Fastrich,* GmbHG, § 32a Rdnr. 31; *Häuselmann/Rümker/H.P. Westermann,* Die Finanzierung der GmbH durch ihre Gesellschafter, S. 37.

191 Vgl. BGH, Urt. v. 28. 11. 1994 – II ZR 77/93, NJW 1995, 457, 458. Im konkreten Fall sah der BGH jedenfalls in Verspätungen von bis zu 8,5 Monaten keine nur geringfügige Überschreitung von marktüblichen Zahlungsfristen mehr. Der Rspr. des BGH zustimmend OLG Düsseldorf, Urt. v. 30. 9. 1999 – 6 U 130/97, NZG 2000, 430, 432.

192 Vgl. BGH, Urt. v. 14. 12. 1959 – II ZR 187/57, BGHZ 31, 271 f (für das Überlassen) und BGH, Urt. v. 26. 11. 1979 – II ZR 104/77, BGHZ 76, 334, 337 (für das Belassen von Kaufkraft); vgl. auch OLG Düsseldorf, Urt. v. 15. 9. 1995 – 12 U 98/93, GmbHR 1996, 201, 204; *Baumbach/Hueck/Fastrich,* GmbHG, § 32a Rdnr. 28; *Scholz/Karsten Schmidt,* GmbHG, §§ 32a, 32b Rdnr. 6 i.V.m. Rdnr. 115 ff; *Karsten Schmidt,* ZIP 1990, 69, 75.

193 Vgl. BGH, Urt. v. 14. 12. 1959 – II ZR 187/57, BGHZ 31, 258, 272 f; Urt. v. 15. 11. 1962 – II ZR 134/61, WM 1963, 121; Urt. v. 29. 11. 1971 – II ZR 121/69, NJW 1972, 74, 75; Urt. v. 27. 9. 1976 – II ZR 162/75, NJW 1977, 104, 105; Urt. v. 26. 11. 1979 – II ZR 104/77, BGHZ 75, 334, 336 f; Urt. v. 24. 3. 1980 – II ZR 213/77, BGHZ 76, 326, 329; Urt. v. 13. 7. 1981 – II ZR 256/79, BGHZ 81, 252, 255; Urt. v. 21. 9. 1981 – II ZR 104/80, BGHZ 81, 311, 314 f; Urt. v. 28. 9. 1981 – II ZR 223/80, BGHZ 81, 365, 366 f; Urt. v. 26. 3. 1984 – II ZR 14/84, BGHZ 90, 370, 380; Beschl. v. 7. 12. 1992 – II ZR 125/90, DStR 1993, 175, 176; *Goette,* Die GmbH, § 4 Rdnr. 1 f, 87 f; *ders.,* DStR 1997, 2027; *ders.,* DStR 1994, 1658 f; *ders.,* DStR 1997, 1495, 1498; *Röhricht,* StbJb. 1991/92, S. 313, 316; *Fleck,* Festschrift Werner, 1984, S. 107, 114; *ders.,* LM Nr. 6 zu § 30 GmbHG; *Scholz/Karsten Schmidt,* GmbHG, §§ 32a, 32b Rdnr. 15, 114; *Karsten Schmidt* in Karsten Schmidt/Uhlenbruck (Hrsg.), Die GmbH in Krise, Sanierung und Insolvenz, Rdnr. 384; siehe aber auch *ders.,* ZIP 1991, 1, 4; *Altmeppen* in Roth/Altmeppen, GmbHG, § 32a Rdnr. 45; *ders.,* ZIP 1994, 1939, 1941 (Urteilsanm.); *ders.,* ZGR 1999, 291,

gie zu § 30 Abs. 1 GmbHG unterworfen werden, was der Gesellschaft als Gesellschafterhilfe tatsächlich zugeflossen ist. Notwendig ist mithin eine Mittelzuführung an die Gesellschaft.[194] Daran fehlt es aber in den Fällen einer Stundung und dem »Stehenlassen« von Gesellschafterdarlehen bzw. Nicht-Darlehensforderungen, weil der Gesellschaft hier keine Kaufkraft in der Krise *überlassen*, sondern lediglich *belassen* wird.[195] Unproblematisch ist dagegen die befürwortete Einbeziehung der stillen Beteiligung eines Gesellschafters in der Krise in den sachlichen Anwendungsbereich des Eigenkapitalersatzrechts,[196] da durch die geleistete stille Beteiligung der Gesellschaft Liquidität zufließt.[197]

Als Kreditgeschäft unterfällt dem sachlichen Anwendungsbereich des Eigenkapitalersatzrechts auch das »unechte« Factoring.[198] Dieses zeichnet sich gegenüber dem »echten« Factoring vor allem dadurch aus, dass die Gesellschaft hier anders als beim echten Factoring gegenüber dem Factor, Gesellschafter, mit einer eventuellen Verbindlichkeit belastet bleibt, nämlich der Rückbelastungsmöglichkeit für den Fall der Nichtbetreibbarkeit der an-

---

298 (Fn. 29); *Huber*, AnfG, § 6 Rdnr. 1; *v.Gerkan*, Festschrift Lutter, 2000, S. 1317, 1324 ff; *Habersack*, ZHR 162 (1998), 201, 214; *Kleindiek*, Festschrift Lutter, 2000, S. 871, 879 ff.

194 Vgl. *Scholz/Karsten Schmidt*, GmbHG, §§ 32a, 32b Rdnr. 114; siehe auch BGH, Urt. v. 11. 7. 1994 – II ZR 162/92, BGHZ 127, 17, 24.

195 Vgl. auch OLG Düsseldorf, Urt. v. 15. 9. 1995 – 12 U 98/93, GmbHR 1996, 201, 204: »Der Schuldner kann das ihm durch die Stundung zur Verfügung stehende Kapital nutzen und darauf verzichten, sich anderweitig Mittel zu beschaffen.«; siehe allg. hierzu auch *Staudinger/Hopt/Mülbert*, BGB, 12. Aufl. 1989, Vorbem zu §§ 607 ff Rdnr. 12: »Geld und Kapital werden entweder zu Eigentum überlassen (Hingabe eines Darlehen) oder dem Kreditnehmer belassen (Stundung, Vorleistung) ... .«; ebenso *Reeb*, Recht der Kreditfinanzierung, S. 2.

196 Dafür die ganz hM vgl. *Hachenburg/Ulmer*, GmbHG, § 32a, b Rdnr. 96 f; *Scholz/Karsten Schmidt*, GmbHG, §§ 32a, 32b Rdnr. 119; *Häuselmann/Rümker/Westermann*, Die Finanzierung der GmbH durch ihre Gesellschafter, S. 37; *Kamprad*, Gesellschafterdarlehen, S. 42; *Johlke/Schröder* in v.Gerkan/Hommelhoff (Hrsg.), Handbuch des Kapitalersatzrechts, Rdnr. 5.49. Bereits der Regierungsentwurf vom 15. 12. 1977 (BT-Drucks. 8/1347, S. 10) sah in § 32a Abs. 7 RegE GmbHG die Gleichstellung der stillen Beteiligung mit einem Gesellschafterdarlehen vor.

197 Vgl. *Kamprad*, Gesellschafterdarlehen, S. 42.

198 Vgl. OLG Köln, Urt. v. 25. 7. 1986 – 22 U 311/85, ZIP 1986, 1585, 1586 f; *Scholz/Karsten Schmidt*, GmbHG, §§ 32a, 32b Rdnr. 116; *Jaeger/Henckel*, KO, § 32a Rdnr. 16; *Hachenburg/Ulmer*, GmbHG, § 32a, b Rdnr. 24; *Rowedder/Pentz*, GmbHG, § 32a Rdnr. 158; *Altmeppen* in Roth/Altmeppen, GmbHG, § 32a Rdnr. 215; *Johlke/Schröder* in v.Gerkan/Hommelhoff (Hrsg.), Handbuch des Kapitalersatzrechts, Rdnr. 5.55.

gekauften Forderung.[199] So darf die Gesellschaft das gezahlte Entgelt für die Forderungsabtretung nicht endgültig behalten, sondern muss es an den Gesellschafter bei Uneinbringlichkeit der Forderung zurückerstatten, was dazu führt, dass die Gesellschaft Fremdkapital zur zeitweisen Nutzung erhält.[200]

Kredit stellt der Gesellschafter der Gesellschaft auch durch die Diskontierung eines Wechsels, also dem Ankauf eines noch nicht fälligen Wechsels, zur Verfügung, wenn für den Gesellschafter ebenfalls ein Rückbelastungsrecht vereinbart wird.[201] Auch durch ein Pensionsgeschäft mit der Gesellschaft gewährt der Gesellschafter dem Unternehmen Kredit und stellt diesem damit Liquidität zur Verfügung.[202] Die Rede ist davon, dass die Gesellschaft als Pensionsgeber entgeltlich Vermögenswerte (z.B. Forderungen oder Wertpapiere) an den Gesellschafter als Pensionsnehmer überträgt, wobei nach Ende der Pensionsdauer die verpensionierten Gegenstände gegen Entrichtung des empfangenen oder eines im voraus vereinbarten anderen Betrages auf den Pensionsgeber zurückzuübertragen sind (echtes Pensionsgeschäft).[203] Ein sog. unechtes Pensionsgeschäft liegt demgegenüber vor, wenn die Rückübertragung noch nicht feststeht, der Pensionsnehmer vielmehr nur berechtigt ist, die Rücknahme zu verlangen.[204] Die Unterscheidung zwischen echtem und unechtem Pensionsgeschäft spielt jedoch anders als beim Factoring keine Rolle, da wirtschaftlich betrachtet hier in jedem

199 Vgl. BGH, Urt. v. 14. 10. 1981 – VIII ZR 149/80, NJW 1982, 164, 165; OLG Köln, Urt. v. 25. 7. 1986 – 22 U 311/85, ZIP 1986, 1585, 1586 f; *Scholz/Karsten Schmidt,* GmbHG, §§ 32a, 32b Rdnr. 116; *Rowedder/Pentz,* GmbHG, § 32a Rdnr. 158; *Johlke/Schröder* in v.Gerkan/Hommelhoff (Hrsg.), Handbuch des Kapitalersatzrechts, Rdnr. 5.55.

200 Vgl. OLG Köln, Urt. v. 25. 7. 1986 – 22 U 311/85, ZIP 1986, 1585, 1587; *Scholz/Karsten Schmidt,* GmbHG, §§ 32a, 32b Rdnr. 116; *Altmeppen* in Roth/Altmeppen, GmbHG, Rdnr. 215: Kredit wegen der Vorfinanzierung der angekauften Forderung; siehe zur wirtschaftlichen Funktion des unechten Factorings als Kreditgeschäft auch BGH, Urt. v. 3. 5. 1972 – VIII ZR 170/71, NJW 1972, 1715; *Staudinger/Hopt/Mülbert,* BGB, 12. Aufl. 1989, Vorbem zu §§ 607 ff Rdnr. 725.

201 Vgl. *Scholz/Karsten Schmidt,* GmbHG, §§ 32a, 32b Rdnr. 117; *Altmeppen* in Roth/Altmeppen, GmbHG, § 32a Rdnr. 216; *Michalski/Heidinger,* GmbHG, §§ 32a, 32b Rdnr. 159.

202 Vgl. *Baumbach/Hopt,* HGB, (7) Bankgeschäfte J/5; *Häuselmann/Rümker/H.P. Westermann,* Die Finanzierung der GmbH durch ihre Gesellschafter, S. 41; *Rümker,* Festschrift Stimpel, 1985, S. 673, 696; *Johlke/Schröder* in v.Gerkan/Hommelhoff (Hrsg.), Handbuch des Kapitalersatzrechts, Rdnr. 5.58

203 Vgl. *Rümker*; Festschrift Stimpel, 1985, S. 673, 696; *Jung* in Beck´sches Handbuch der GmbH, § 8 Rdnr. 305.

204 Vgl. *Häuselmann/Rümker/Westermann,* Die Finanzierung der GmbH durch ihre Gesellschafter, S. 41.

Fall ein Kreditgeschäft vorliegt. Dieses ist in der Gewährung eines Gelddarlehens durch den Gesellschafter als Pensionsnehmer gegen Gewährung von Sicherheiten, den Pensionsgegenständen, durch den Pensionsgeber, der Gesellschaft, zu sehen.[205]

bb) Mittelbare Kreditgeschäfte

Vom sachlichen Anwendungsbereich des Eigenkapitalersatzrechts werden auch sog. mittelbare Kreditgeschäfte des Gesellschafters erfasst. Hierunter sind Fallgestaltungen zu verstehen, bei denen der Gesellschafter die Liquidität der Gesellschaft in der Krise dadurch schützt, dass er sich für ein von dritter Seite der Gesellschaft gewährtes Darlehen verbürgt oder aber dem Dritten eine andere Sicherheit bestellt oder aufrechterhält.[206] Für die Haftung des Gesellschafters nach dem Eigenkapitalersatz sind Fallgestaltungen dieser Art deshalb von Bedeutung, weil Dritte angesichts der Krise der Gesellschaft, in der es der Gesellschaft nicht selten an eigenen bzw. ausreichenden Sicherheiten fehlt, der Gesellschaft im Zweifel ohne die Besicherung des Kredits durch den Gesellschafter kein Darlehen mehr zur Verfügung gestellt hätten. Daher ist der Gesellschafter bei einer Kreditbesicherung auch der »wahre« Kreditgeber der Gesellschaft.[207]

Wollte man den Gesellschafter für diese (mittelbare) Kreditierung der Gesellschaft nicht zur Finanzierungsfolgenverantwortung heranziehen, könnte der Gesellschafter durch die Besicherung eines Fremdkredits das Eigenkapitalersatzrecht umgehen.[208] Vor diesem Hintergrund spricht sich denn auch ein Teil des Schrifttums zu Recht dafür aus, § 32a Abs. 2

---

205 Vgl. Münch. Hdb. GesR III/*Rümker*, § 52 Rdnr. 76; *ders.*, Festschrift Stimpel, 1985, S. 673, 696; *Häuselmann/Rümker/Westermann*, Die Finanzierung der GmbH durch ihre Gesellschafter, S. 41; *Johlke/Schröder* in v.Gerkan/Hommelhoff (Hrsg.), Handbuch des Kapitalersatzrechts, Rdnr. 5.58.

206 Vgl. BGH, Urt. v. 20. 9. 1993 – II ZR 151/92, NJW 1993, 3265; OLG Hamburg, Urt. v. 18. 7. 1986 - 11 U 77/84, ZIP 1986, 1113, 1115 f; *v.Caemmerer*, Festschrift Sanders, 1972, S. 17, 23; *Ulmer*, ZGR 1999, 751, 760; *Hommelhoff* in v.Gerkan/Hommelhoff (Hrsg.), Handbuch des Kapitalersatzrechts, Rdnr. 1.26.

207 Vgl. BGH, Urt. v. 13. 7. 1981 – II ZR 256/79, BGHZ 81, 252, 255 f, 258; Urt. v. 28. 9. 1987 – II ZR 28/87, NJW 1988, 824, 825; Urt. v. 12. 12. 1988 – II ZR 378/87, NJW 1989, 1733, 1735; Urt. v. 11. 12. 1995 – II ZR 128/94, NJW 1996, 722; *Hachenburg/Ulmer*, GmbHG, § 32a, b Rdnr. 129.

208 Vgl. *v.Caemmerer*, Festschrift Sanders, 1972, S. 17, 23; *Lutter/Hommelhoff*, GmbHG, §§ 32a/b Rdnr. 111; *Scholz/Karsten Schmidt*, GmbHG, §§ 32a, 32b Rdnr. 143; *Geißler*, GmbHR 1996, 565, 567.

GmbHG, der den Fall des gesellschafterbesicherten Fremddarlehens ausdrücklich regelt, der Sache nach lediglich als einen spezialgesetzlich geregelten Anwendungsfall des § 32a Abs. 3 S. 1 GmbHG anzusehen.[209] Denn ob der Gesellschafter das Drittdarlehen besichert oder ob er der Gesellschaft selbst im Umfang der Sicherheit ein eigenes Darlehen gewährt, ist aus wirtschaftlicher Sicht unerheblich. In beiden Fällen erhält die Gesellschaft die von ihr benötigte finanzielle Unterstützung.[210]

a) Nicht-Kreditgeschäfte

Von dem sachlichen Anwendungsbereich des Eigenkapitalersatzrechts werden hM jedoch nicht nur Kreditgeschäfte, sondern auch Nicht-Kreditgeschäfte erfasst.[211] Hierunter sind solche Gesellschafterleistungen zu verstehen, die nicht auf die Zurverfügungstellung von Kaufkraft (Kredit) gerichtet sind. Namentlich die Fälle einer Gebrauchsüberlassung durch den Gesellschafter (Miet-, Leih- oder Pachtverträge) gehören hierher.[212]

Dass der Gesellschafter bei einer Gebrauchsüberlassung der Gesellschaft kein Kapital zuführt, erklärt sich vor dem Hintergrund, dass bei einer Gebrauchsüberlassung der Gesellschaft lediglich der Gebrauch, nicht aber der Verbrauch der Sache gestattet wird. In dem Verbrauch der Sache besteht jedoch der wesentliche Unterschied zwischen einer Gebrauchsüberlassung und einem Darlehen.[213] So wird bei einem Darlehen dem anderen Teil nämlich nicht nur der Gebrauch der Sache ermöglicht, sondern darüber hinaus

---

209 Vgl. *Stodolkowitz* in Bankrechts-Handbuch, § 84 Rdnr. 84; *Scholz/Karsten Schmidt,* GmbHG, §§ 32a, 32b Rdnr. 144; *Karsten Schmidt,* ZIP 1999, 1821, 1822; 1828; *Rowedder/Pentz,* GmbHG, § 32a Rdnr. 171.

210 Vgl. BGH, Urt. v. 27. 9. 1976 – II ZR 162/75, NJW 1977, 104, 106; BGH, Urt. v. 20. 9. 1993 – II ZR 151/92, NJW 1993, 3265; Urt. v. 11. 7. 1994 – II ZR 146/92, BGHZ 1, 13; OLG München, Urt. v. 5. 3. 1993 – 23 U 4873/92, GmbHR 1993, 429, 432; OLG Hamm, Urt. v. 18. 3. 1999 – 27 U 240/98, GmbHR 1999, 917, 919; LG München I, Beschl. v. 1. 12. 1982 – 13 T 21079/82, ZIP 1983, 66, 67; *Fleck,* LM Nr. 6 zu § 30 GmbHG, Anm. 4; *Röhricht,* StbJb. 1991/92, S. 313, 329 f.

211 Vgl. oben § 3 II 2.

212 Vgl. OLG Dresden, Urt. v. 10. 7. 2002 – 11 U 2032/01, OLGR Dresden, 2003, 499, 500; *Baumbach/Hueck/Fastrich,* GmbHG, § 32a Rdnr. 33; *Rowedder/Pentz,* GmbHG, § 32a Rdnr. 162; *Jung* in Beck´sches Handbuch der GmbH, § 8 vor Rdnr. 325; *Raiser,* Recht der Kapitalgesellschaften, § 38 II 5) Rdnr. 42, S. 665; *Sundermeier/Wilhelm,* DStR 1997, 1454, 1456.

213 Vgl. BFH, Urt. 30. 11. 1965 – I 70/60 S, NJW 1966, 855; *Scholz/Karsten Schmidt,* GmbHG, §§ 32a, 32b Rdnr. 29; *Priester* in Priester/Timm (Hrsg.), Abschied von der Betriebsaufspaltung?, S. 1, 15.

noch deren Verbrauch gestattet, weil die Darlehensvaluta dem Darlehensnehmer zur freien Verfügung überlassen werden. Da dem Darlehensnehmer, anders als dies bei einer Gebrauchsüberlassung der Fall ist, die zum Gebrauch überlassene Sache – das Geld (Gelddarlehen, § 488 Abs. 1 BGB) oder eine andere vertretbare Sache (Sachdarlehen, § 607 Abs. 1 BGB) – dinglich zugeordnet wird, findet beim Darlehen anders als bei einer Gebrauchsüberlassung eine Zufuhr liquider Mittel in das Gesellschaftsvermögen statt.[214] Die Zurverfügungstellung von Liquidität (Kaufkraft) reicht dabei so weit, wie der Darlehensnehmer zur Rückerstattung des »Darlehens« beim Gelddarlehen (vgl. § 488 Abs. 1 S. 2 BGB) oder beim Sachdarlehen gem. § 607 Abs. 1 S. 2 BGB zur Rückerstattung von Sachen gleicher Art, Güte und Menge verpflichtet ist.[215] Werden dem Mieter oder Pächter aber zu keinem Zeitpunkt Vermögenswerte zur freien Verfügung übertragen, fehlt der Gebrauchsüberlassung die dem Darlehen innewohnende Vorfinanzierungs- oder Liquiditätsfunktion,[216] so dass aufgrund dessen eine Qualifizierung der Gebrauchsüberlassung als Kreditgeschäft ausscheidet.[217]

Unerheblich ist es hM zufolge, ob es sich bei der zum Gebrauch überlassenen Sache um eine bewegliche oder unbewegliche handelt, der Gebrauchsüberlassung eine schuldrechtliche Abrede oder ein dingliches Nutzungsrecht zugrunde liegt, oder ob der Gesellschafter der Gesellschaft ggf. die Güter nur rein tatsächlich, d.h. ohne ausdrückliche Abrede zum Gebrauch überlassen hat.[218]

---

214 Vgl. *Scholz/Karsten Schmidt,* GmbHG, §§ 32a, 32b Rdnr. 29; RGRK-*Ballhaus,* BGB, Vor § 607 Rdnr. 1; *Priester* in Priester/Timm (Hrsg.), Abschied von der Betriebsaufspaltung?, S. 1, 15; *Michalski/Heidinger,* GmbHG, §§ 32a, 32b Rdnr. 98.

215 Vgl. RG, Beschl. v. 30. 6. 1939 – V 50/38, RGZ 161, 52, 56; siehe auch *Jaeger/Henckel,* KO, § 32a Rdnr. 5.

216 Vgl. *Fabritius,* Überlassung von Anlagevermögen, S. 86; *Priester* in Priester/Timm (Hrsg.), Abschied von der Betriebsaufspaltung?, S. 1, 15; siehe auch *Haas/Dittrich* in v.Gerkan/Hommelhoff (Hrsg.), Handbuch des Kapitalersatzrechts, Rdnr. 8.7.

217 Siehe auch *Scholz/Karsten Schmidt,* GmbHG, §§ 32a, 32b Rdnr. 29; vgl. auch *Ulmer,* Festschrift Kellermann, 1991, S. 485, 489: »Daß Gebrauchsüberlassungen sich von Krediten durch die fehlende Liquidität der zugeführten Mittel unterscheiden, ist ernsthaft nicht zu bestreiten«.

218 Vgl. *Baumbach/Hueck/Fastrich,* GmbHG, § 32a Rdnr. 33; *Lutter/Hommelhoff,* GmbHG, §§ 32a/b Rdnr. 141.

III. Der zeitliche Anwendungsbereich

Der zeitliche Anwendungsbereich des Eigenkapitalersatzrechts fixiert den Zeitpunkt, ab dem der Gesellschafter eine Finanzierungsfolgenverantwortung zu übernehmen hat, mithin die Regeln über den Eigenkapitalersatz eingreifen. Das ist nach § 32a Abs. 1 GmbHG derjenige Zeitpunkt, in dem die Gesellschafter der Gesellschaft als »ordentliche Kaufleute« Eigenkapital zugeführt hätten, statt ihr ein Darlehen zu gewähren. Unklar ist jedoch, wann nach der Formulierung des Gesetzes ein »ordentlicher Kaufmann« der Gesellschaft Eigen- statt Fremdkapital zugeführt hätte.[219] Zur Auslegung dieses unbestimmten Rechtsbegriffs,[220] griffen Rechtsprechung[221] und Literatur[222] deshalb auf diejenigen Kriterien zurück, anhand derer sie den eigenkapitalersetzenden Charakter eines Gesellschafterdarlehens bislang schon bestimmten. Das ist zum einen die Kreditunwürdigkeit der Gesellschaft und zum anderen das Vorliegen der Insolvenzauslösetatbestände Überschuldung und Zahlungsunfähigkeit,[223] die schlagwortartig als »Krise der Gesellschaft« umschrieben werden.[224]

---

219 Vgl. *Ulmer* in Das neue GmbH-Recht in der Diskussion, S. 61 ff; *Kamprad,* Gesellschafterdarlehen, S. 32; *Rowedder/Pentz,* GmbHG, § 32a Rdnr. 32; *Lutter,* DB 1980, 1317, 1321; *Hommelhoff,* JuS 1989, 643, 644; *Lutter/Hommelhoff,* GmbHG, §§ 32a/b Rdnr. 18.

220 Vgl. Begründung Regierungsentwurf 1977, BT-Drucks. 8/1347, S. 39; *Kamprad,* Gesellschafterdarlehen, S. 32; *Raiser,* Recht der Kapitalgesellschaften, § 38 II 2) Rdnr. 30, S. 660.

221 Vgl. BGH, Urt. v. 19. 9. 1988 – II ZR 255/87, BGHZ 105, 168, 175 f; Urt. v. 13. 7. 1992 – II ZR 269/91, BGHZ 119, 201, 204, 212 f; siehe insbesondere OLG Düsseldorf, Urt. v. 2. 3. 1989 – 12 U 74/88, GmbHR 1990, 132, 133; OLG München, Urt. v. 5. 3. 1993 – 23 U 4873/92, GmbHR 1993, 429, 431.

222 Vgl. *Hachenburg/Ulmer,* GmbHG, § 32a, b Rdnr. 44 ff; *Ulmer,* Festschrift Duden, 1977, S. 661, 675; *Kamprad,* Gesellschafterdarlehen, S. 32 ff; *Deutler,* GmbHR 1980, 145, 149; *Lutter/Hommelhoff,* GmbHG, §§ 32a/b Rdnr. 18; *Hommelhoff,* JuS 1989, 643, 644; *Timm,* JuS 1991, 652, 655; *Fleck,* Festschrift Werner, 1984, S. 107, 119.

223 Vgl. BGH, Urt. v. 24. 3. 1980 – II ZR 213/77, BGHZ 76, 326, 329 f; *Hachenburg/Ulmer,* GmbHG, § 32a, b Rdnr. 44 ff; *Scholz/Karsten Schmidt,* GmbHG, §§ 32a, 32b Rdnr. 38 f.

224 Vgl. BGH, Urt. v. 13. 7. 1992 – II ZR 269/91, BGHZ 119, 201, 213; Urt. v. 27. 11. 2000 – II ZR 179/99, DStR 2001, 225, 226; Urt. v. 7. 3. 2005 – II ZR 138/03, NZI 2005, 351; OLG Stuttgart, Urt. v. 13. 3. 2002 – 20 U 67/01, GmbHR 2002, 1072, 1073, 1074; OLG Frankfurt a.M., Urt. v. 8. 4. 2005 – 2 U 19/03, GmbHR 2005, 930, 931; *Goette,* DStR 1997, 2027, 2030; *ders.* Die GmbH, § 4 Rdnr. 19, S. 95; *Fischer,* NZI 2001, 281, 287.

Diesen Begriff »Krise der Gesellschaft« hat nunmehr auch der Gesetzgeber mit Art. 10 Nr. 1 KonTraG[225] aufgegriffen und in § 32a Abs. 1 GmbHG durch einen Klammerzusatz eingeführt. Inhaltlich soll es dabei jedoch ausweislich der Beschlussempfehlung und dem Bericht des Rechtsausschusses an dem von der Rechtsprechung und Literatur unter dem Schlagwort »Krise« herausgearbeiteten Zeitpunkt zur Bestimmung des eigenkapitalersetzenden Charakters einer Gesellschafterleistung bleiben.[226]

Kreditunwürdig ist die Gesellschaft hM nach dann, wenn sie im Zeitpunkt der Leistung des Gesellschafters von dritter Seite keinen Kredit zu marktüblichen Bedingungen mehr erhalten hätte und deshalb ohne die Leistung des Gesellschafters hätte liquidiert werden müssen.[227] Nach Ansicht der hM ist das Kriterium der Kreditunwürdigkeit auf der Leiter der wirtschaftlichen Abwärtsentwicklung den Insolvenzgründen vorgelagert und beschreibt ein von der Zahlungsunfähigkeit und Überschuldung der Gesellschaft abgrenzbares Krisenstadium.[228] Auf jeden Fall trifft den Gesellschaf-

---

225 Gesetz vom 27. 4. 1998, BGBl. I, S. 786.

226 Vgl. BT-Drucks. 13/10038, S. 28; siehe auch *Seibert,* GmbHR 1998, 309, 310.

227 So die ständige Rspr. seit BGH, Urt. v. 24. 3. 1980 – II ZR 213/77, BGHZ 76, 326, 330; vgl. BGH, Urt. v. 13. 7. 1981 – II ZR 256/79, BGHZ 81, 252, 255; Urt. v. 21. 9. 1981 – II ZR 104/80, BGHZ 81, 311, 314 f, 317 f; Urt. v. 28. 9. 1987 – II ZR 28/87, NJW 1988, 824; Urt. v. 19. 9. 1988 – II ZR 255/87, BGHZ 105, 168, 175; BGH, Urt. v. 16. 10. 1989 – II ZR 307/88, BGHZ 109, 55, 62; Urt. v. 13. 7. 1992 – II ZR 269/91, BGHZ 119, 201, 206; Urt. v. 28. 11. 1994 – II ZR 77/93, NJW 1995, 457, 459; Urt. v. 15. 2. 1996 – IX ZR 245/94, NJW 1996, 1341, 1342; Urt. v. 11. 12. 1995 – II ZR 128/94, NJW 1996, 722; Urt. v. 12. 7. 1999 – II ZR 87/98, NJW 1999, 3120, 3121; OLG Hamm, Urt. v. 3. 7. 1991 – 8 U 159/89, GmbHR 1992, 180, 181; OLG München, Urt. v. 2. 3. 1993 – 23 U 4873/92, GmbHR, 1993, 429, 431; OLG Düsseldorf, Urt. v. 10. 3. 1995 – 17 U 130/94, WM 1995, 1024, 1026; Urt. v. 31. 8. 2000 – 12 U 27/00, NZG 2001, 511, 512; LG Kiel, Urt. v. 23. 1. 2001 – 16 O 93/00, ZIP 2001, 978, 979. Aus dem Schrifttum siehe *Hachenburg/Ulmer,* GmbHG, Anh § 30 Rdnr. 16 ff; *Ulmer,* Festschrift Duden, 1977, S. 661, 675; *Lutter/Hommelhoff,* ZGR 1979, 31, 39 f; *Scholz/Karsten Schmidt,* GmbHG, §§ 32a, 32b Rdnr. 38; *Rowedder/Pentz,* GmbHG, § 32a Rdnr. 33.

228 Vgl. BGH, Urt. v. 24. 3. 1980 – II ZR 213/77, BGHZ 76, 326, 329 f; Urt. v. 13. 7. 1992 – II ZR 269/91, BGHZ 119, 201, 213; Urt. v. 2. 6. 1997 – II ZR 211/95, GmbHR 1997, 890, 891; Urt. v. 12. 7. 1999 – II ZR 87/98, NJW 1999, 3120, 3121; Urt. v. 27. 11. 2000 – II ZR 179/99, DStR 2001, 225, 226; OLG Düsseldorf, Urt. v. 13. 2. 1997 – 6 U 263/95, GmbHR 1997, 350, 351; OLG Hamm, Urt. v. 18. 3. 1999 – 27 U 240/98, GmbHR 1999, 917, 919; *Hachenburg/Ulmer,* GmbHG, § 32a, b Rdnr. 45 ff; *Baumbach/Hueck/Fastrich,* GmbHG, § 32a Rdnr. 46; *Weisang,* WM 1997, 197, 200; *Goette,* ZInsO 2001, 529, 532; *ders.,* Die GmbH, § 4 Rdnr. 39 ff, S. 102 f; *Dauner-Lieb,* DStR 1998, 609; *Gehrlein,* NZG 1998, 845, 846; *Schaub,* DStR 1993, 1483, 1487; *Jasper,* WiB 1995, 250, 251 (Urteilsanm.).

ter mit Eintritt der Überschuldung eine Finanzierungsfolgenverantwortung.[229] Überschuldet ist die Gesellschaft nach der Legaldefinition in § 19 Abs. 2 S. 1 InsO, wenn das Vermögen der GmbH die bestehenden Verbindlichkeiten nicht mehr deckt, wobei die rechnerische Überschuldung nun bei einer positiven Zukunftsprognose unter Ansatz von Fortführungswerten zu erfolgen hat (vgl. § 19 Abs. 2 S. 2 InsO).[230] In aller Regel[231] wird es sich dabei allerdings so verhalten, dass – im Hinblick auf die Insolvenzreife der Gesellschaft – die Überschuldung der Zahlungsunfähigkeit der Gesellschaft vorausgeht.[232] So ist es nämlich Sinn und Zweck des Überschuldungstatbestandes das Insolvenzverfahren, insbesondere über das Vermögen einer juristischen Person (vgl. § 19 Abs. 1 InsO),[233] bereits dann zu eröffnen, wenn der Schuldner noch nicht zahlungsunfähig ist.[234] Zahlungsunfähig ist der Schuldner gem. § 17 Abs. 2 S. 1 InsO nämlich erst dann, wenn er nicht in der Lage ist, die fälligen Zahlungspflichten zu erfüllen, wobei gem. § 17

229 Vgl. BGH, Urt. v. 16. 10. 1989 – II ZR 307/88, BGHZ 109, 55, 59; Urt. v. 11. 7. 1994 – II ZR 146/92, BGHZ 127, 1, 5 f; Urt. v. 28. 11. 1994 – II ZR 77/93, NJW 1995, 457, 459; Urt. v. 19. 9. 1996 – IX ZR 249/95, ZIP 1996, 1829, 1830.

230 Unklar ist in diesem Zusammenhang, ob auch in dem Fall, in dem der Schuldner selbst bei einer positiven Fortführungsprognose rechnerisch überschuldet ist, das Insolvenzverfahren zu eröffnen ist. Der Gesetzgeber spricht sich dafür aus; vgl. Begründung RegE BT-Drucks. 12/2443, S. 115; siehe auch Beschlussempfehlung und Bericht des Rechtsausschusses, BT-Drucks. 12/7302, S. 157. Ebenso OLG Naumburg, Urt. v. 20. 8. 2003 – 5 U 67/03, GmbHR 2004, 361; kritisch insoweit *Haas* in Henckel/Kreft (Hrsg.), Insolvenzrecht 1998, 1999, 1, 17 ff; *Karsten Schmidt,* ZGR 1998, 633, 654; *ders.* in Kölner Schrift, Rdnr. 13, S. 1199, 1206.

231 Anders dann, wenn der Schuldner über schwer liquidierbares Aktivvermögen verfügt; vgl. *Schmerbach* in FK-InsO, § 19 Rdnr. 4; *Bork,* Insolvenzrecht, Rdnr. 94.

232 Vgl. *Kirchhof* in Kölner Schrift, Rdnr. 3, S. 285, 286; *Rowedder/Schmidt-Leithoff,* GmbHG, § 63 Rdnr. 69; *Wolf,* Überschuldung, S. 37; *Mayer,* WPg 1994, 129, 132; *Penzlin,* NZG 2000, 464, 468 f.

233 Gem. § 19 Abs. 3 InsO ist die Überschuldung auch bei einer Gesellschaft ohne Rechtspersönlichkeit, bei der kein persönlich haftender Gesellschafter eine natürliche Person ist, Eröffnungsgrund.

234 Vgl. *Hachenburg/Ulmer,* GmbHG, § 63 Rdnr. 13, 26 f; *Ulmer,* KTS 1981, 469, 471 f; *Winnefeld,* Bilanz-HB, N Rdnr. 810; *Schmerbach* in FK-InsO, § 19 Rdnr. 4; *Egner/Wolff,* AG 1978, 99, 105; *Schüppen,* DB 1994, 197, 198; *Früh,* WPg 1995, 794, 800; *Vollmer/Maurer,* DB 1993, 2315, 2317; *Karsten Schmidt,* AG 1978, 334, 338; *ders.,* ZIP 1980, 233, 234; *ders.* in Kölner Schrift, Rdnr. 13, S. 1199, 1206; *Penzlin,* NZG 2000, 464, 468 f.

Abs. 2 S. 2 InsO die Zahlungseinstellung seitens des Schuldners[235] eine gesetzliche Vermutung für dessen Zahlungsunfähigkeit begründet.[236]

Das Ziel, mit dem Kriterium der Kreditunwürdigkeit den Gläubigerschutz gegenüber dem Vorliegen der Insolvenzauslösetatbestände zeitlich vorzulagern, soll auch für den Fall erreicht werden, bei dem der Gesellschafter der Gesellschaft in der Krise keinen Kredit zur Verfügung stellt, sondern ein Nicht-Kreditgeschäft mit der Gesellschaft, etwa eine Gebrauchsüberlassung,[237] vornimmt.[238] Denn nach Ansicht der hM trifft der Gesellschafter typischerweise schon im Stadium der Kreditunwürdigkeit Entscheidungen, die eine Fortführung der Gesellschaft ohne Zurverfügungstellung von an sich dringend benötigtem Eigenkapital betreffen und deren Folgen nicht einseitig auf die Gesellschaftsgläubiger übergewälzt werden dürften.[239] In den Fällen einer Gebrauchsüberlassung ist die der Kreditunwürdigkeit gleichgestellte Situation nach Ansicht der hM dann gegeben, wenn die Gesellschaft zum einen außerstande ist, sich den für den Kauf des überlassenen Gegenstandes erforderlichen Kredit auf dem Kapitalmarkt zu besorgen (sog. spezielle Kreditunwürdigkeit) und zum anderen auch kein außenstehender Dritter an Stelle des Gesellschafters bereit gewesen wäre, der Gesellschaft den Gegenstand zum Gebrauch zu überlassen (sog. Überlassungsunwürdigkeit).[240]

Bei Standardwirtschaftsgütern, die für eine Vielzahl von Verwendern in Betracht kommen (wie z.B. unbebaute Grundstücke, Serien-Kfz, Fotoko-

---

235 Ein wesentliches Indiz hierfür ist das Nichtabführen von Sozialversicherungsbeiträgen durch den Geschäftsführer der GmbH an den Sozialversicherungsträger (vgl. *Nerlich/Römermann/Mönning*, InsO, § 17 Rdnr. 25; *Kirchhof* in HK-InsO, § 17 Rdnr. 35; *Smid*, InsO, § 17 Rdnr. 14; *Huber*, JuS 1998, 437, 439 f), weil sich der Geschäftsführer anderenfalls u.U. zivilrechtlich haftbar und strafbar macht; vgl. hierzu etwa BGH, Urt. v. 16. 5. 2000 – VI ZR 90/99, DStR 2000, 1318 ff; Urt. v. 14. 11. 2000 – VI ZR 149/99, DStR 2001, 222 ff (jeweils mit Anm. Goette); BGH, Beschl. v. 30. 7. 2003 – 5 StR 221/03, JuS 2004, 254 ff (Sigmund P. Martin).

236 Vgl. *Kirchhof* in HK-InsO, § 17 Rdnr. 25; *ders.* in Kölner Schrift, Rdnr. 6, S. 285, 287.

237 Vgl. hierzu oben unter § 3 II 2 b).

238 Vgl. *Goette*, Die GmbH, § 4 Rdnr. 39 f, S. 102 f; *ders.*, DStR 1997, 2027, 2030; *ders.*, ZInsO 2001, 529, 532.

239 Vgl. so ausdrücklich *Goette*, Die GmbH, § 4 Rdnr. 40, S. 103; *ders.*, DStR 1997, 2027, 2030; ebenso *Schaub*, DStR 1993, 1483, 1487.

240 Vgl. BGH, Urt. v. 16. 10. 1989 – II ZR 307/88, BGHZ 109, 55, 63; Urt. v. 31. 1. 2000 – II ZR 309/98, NZG 2000, 371, 372; OLG Düsseldorf, Urt. v. 12. 12. 1996 – 10 U 33/95, GmbHR 1997, 353, 355; OLG Stuttgart, Urt. v. 5. 11. 1997 – 20 U 74/97, NZG 1998, 308, 309; *Lutter/Hommelhoff*, GmbHG, §§ 32a/b Rdnr. 142; *Gehrlein*, NZG 1998, 845, 846; *Lösler*, NotBZ 2000, 139, 144.

pierer etc.[241]) werden an das Merkmal der Überlassungsunwürdigkeit allerdings keine hohen Anforderungen gestellt, da der Vermieter – anders als der Darlehensgeber – Eigentümer der überlassenen Sache bleibt, diese mithin in der Insolvenz der Gesellschaft aussondern kann (§ 47 InsO) und für den Fall der Illiquidität der Gesellschaft – gerade vor dem Hintergrund ihrer vielseitigen Verwendbarkeit – die Sache alsbald an andere Vertragspartner weitervermieten kann.[242] Nach Ansicht der hM wäre deshalb ein dritter Vermieter selbst dann noch zur Gebrauchsüberlassung an die Gesellschaft bereit, wenn diese schon in das Stadium der Kreditunwürdigkeit eingetreten ist.[243] Das heißt mit anderen Worten, dass in den Fällen einer Gebrauchsüberlassung von Standardwirtschaftsgütern das Kriterium der sog. »speziellen« Kreditunwürdigkeit keine selbständige Bedeutung hat und ein so verstandenes Stadium der Überlassungsunwürdigkeit der Gesellschaft – zeitlich besehen – auf jeden Fall hinter dem Stadium der Kreditunwürdigkeit der Gesellschaft anzusiedeln ist.[244] Damit wird aber bei Standardwirtschaftsgütern keine oder allenfalls eine bloß geringfügige Vorverlagerung des Gläubigerschutzes gegenüber dem mit Eintritt der Insolvenzreife bestehenden Schutz erreicht. Anders sieht es dagegen auf den ersten Blick dann aus, wenn man statt einer kumulativen Prüfung beider Merkmale,[245] also dem der »speziellen« Kreditunwürdigkeit und dem der Überlassungsun-

241 Vgl. *Baumbach/Hueck/Fastrich,* GmbHG, § 32a Rdnr. 48a; *Fabritius,* Überlassung von Anlagevermögen, S. 106.

242 Vgl. BGH, Urt. v. 16. 10. 1989 – II ZR 307/88, BGHZ 109, 55, 63; *Gehrlein,* NZG 1998, 845, 846.

243 Vgl. BGH, Urt. v. 16. 10. 1989 – II ZR 307/88, BGHZ 109, 55, 63; OLG Karlsruhe, Urt. v. 3. 9. 1997 – 1 U 126/97, ZIP 1997, 1758; *Gehrlein*, NZG 1998, 845, 846; *Knobbe-Keuk*, Festschrift Kellermann, 1991, S. 227, 238; *dies.*, DStR 1992, 823; *Ulmer*, ebenda, S. 485, 495; *Hueck*, Festschrift Odersky, 1996, S. 823, 835.

244 Vgl. BGH, Urt. v. 16. 10. 1989 – II ZR 307/88, BGHZ 109, 55, 63; siehe auch OLG Karlsruhe, Urt. v. 17. 6. 1994 – 15 U 90/94, ZIP 1994, 1183, 1184: Danach begründet selbst die Verpachtung an eine illiquide Gesellschaft noch keinen Eigenkapitalersatz.

245 Dafür ausdrücklich *Lutter/Hommelhoff,* GmbHG, §§ 32a/b Rdnr. 142; *Hommelhoff/Kleindiek,* Festschrift 100 Jahre GmbH-Gesetz, 1992, S. 421, 434; *Jaeger/Henckel,* KO, § 32a Rdnr. 66; *Oppenländer,* GmbHR 1998, 505, 506; *Sundermeier/Wilhelm,* DStR 1997, 1454, 1457; *Mayer,* DStR 1993, 206, 208; *Lösler,* NotBZ 2000, 139, 144. Aus der Rspr. vgl. BGH, Urt. v. 16. 10. 1989 – II ZR 307/88, BGHZ 109, 55, 62 f; Urt. v. 14. 12. 1992 – II ZR 298/91, BGHZ 121, 31, 38; Urt. v. 31. 1. 2000 – II ZR 309/98, NZG 2000, 371, 372; OLG Stuttgart, Urt. v. 5. 11. 1997 – 20 U 74/97, NZG 1998, 308, 309; OLG Dresden, Urt. v. 26. 11. 11998 – 19 U 3062/97, NZG 1999, 309, 310; OLG Schleswig, Urt. v. 9. 10. 2000 – 5 U 138/99, NZG 2001, 273, 274.

würdigkeit der Gesellschaft,[246] auf eine alternative Prüfung beider Merkmale abstellt.[247] Denn dann wäre die Gesellschaft – so scheint es – zeitlich bereits dann schon als »überlassungsunwürdig« anzusehen, wenn sie »speziell« kreditunwürdig ist, also keinen Kredit zum Kauf des betreffenden Wirtschaftsgutes zu marktüblichen Bedingungen ohne die Hilfe des Gesellschafters hätte erhalten können, weil die (spezielle) Kreditunwürdigkeit der Überlassungsunwürdigkeit bei Standardwirtschaftsgütern auf der Leiter einer wirtschaftlichen Abwärtsentwicklung zeitlich vorgelagert ist.[248] Folge einer alternativen Prüfung wäre also, dass dem Merkmal der Überlassungsunwürdigkeit keine eigenständige Bedeutung zukommt, und die Frage, ob ein Dritter der Gesellschaft das betreffende Wirtschaftsgut ebenfalls vermietet oder verpachtet hätte, mithin unerheblich ist.[249]

Zweifelhaft ist ohnehin, warum sowohl bei Standardwirtschaftsgütern als auch bei Spezialwirtschaftgütern,[250] die Frage überhaupt eine Rolle spielen soll, ob die Gesellschaft ein Investionsdarlehen zum Kauf der Sache von dritter Seite zu marktüblichen Bedingungen erhalten hätte.[251] Denn es ist gerade nicht das Anliegen der Gesellschaft, die Sache zu Eigentum zu erwerben, sondern diese nur miet- oder pachtweise zur Nutzung zu erhalten.[252] Selbst wenn man das Kriterium der »speziellen« Kreditunwürdigkeit für erforderlich hält, ist nicht recht einzusehen, wodurch sich die Prüfung der speziellen Kreditunwürdigkeit im Ergebnis von der der allgemeinen Kreditunwürdigkeitsprüfung unterscheiden soll, weil es im Kern jeweils darum geht, ob die Gesellschaft einer Zurverfügungstellung von Kapital

---

246 Vgl. OLG Stuttgart, Urt. v. 5. 11. 1997 – 20 U 74/97, NZG 1998, 308, 309.

247 So BGH, Urt. v. 16. 6. 1997 – II ZR 154/96, ZIP 1997, 1375, 1377; OLG Düsseldorf, Urt. v. 29. 9. 1998 – 24 U 250/97, NZG 1999, 312, 313.

248 Vgl. auch BGH, Urt. v. 16. 10. 1989 – II ZR 307/88, BGHZ 109, 55, 63.

249 Vgl. *Hueck*, Festschrift Odersky, 1996, S. 823, 836; siehe auch *Haas/Dittrich* in v.Gerkan/Hommelhoff (Hrsg.), Handbuch des Kapitalersatzrechts, Rdnr. 8.28.

250 Spezialwirtschaftsgüter sind dabei solche, die speziell auf die Bedürfnisse der Gesellschaft zugeschnitten sind, wie z.B. eigens für die Gesellschaft angefertigte Maschinen oder individuelle Software. Vgl. *Hachenburg/Ulmer*, GmbHG, § 32a, b Rdnr. 110; *Ulmer*, Festschrift Kellermann, 1991, S. 485, 496; *Baumbach/Hueck/Fastrich*, GmbHG, § 32a Rdnr. 48b; *Oppenländer*, GmbHR 1998, 505, 506.

251 Darauf u.a. abstellend OLG Stuttgart, Urt. v. 5. 11. 1997 – 20 U 74/97, NZG 1998, 308, 309; OLG Dresden, Urt. v. 26. 11. 1998 – 19 U 3062/97, NZG 1999, 309, 310.

252 Vgl. auch *Brandes*, ZGR 1989, 244, 252; siehe auch *Knobbe-Keuk*, DStR 1992, 823, 825; *Schulze-Osterloh*, ZGR 1983, 123, 132; *Hueck*, ZGR 1989, 216, 230, 232; *Büscher/Klusmann*, ZIP 1991, 10, 13; *Drygala*, GmbHR 1996, 481, 484.

würdig ist.[253] Unabhängig davon ist sich die hM weitgehend darüber einig, dass das Kriterium der Überlassungsunwürdigkeit bei Spezialwirtschaftsgütern strenger zu handhaben ist als bei Standardwirtschaftsgütern, weil an die Bonität der Gesellschaft als Mieterin eines speziell auf ihre Bedürfnisse zugeschnittenen Wirtschaftsgutes höhere Anforderungen zu stellen sind.[254] Danach muss die Gesellschaft Gewähr dafür bieten, insgesamt gesehen über die ganze Vertragsdauer hinweg regelmäßig einen die Investitionskosten (zuzüglich eines angemessenen Gewinns) deckenden Mietzins zahlen zu können.[255] Das heißt, die Gesellschaft muss im Zeitpunkt der Gebrauchsüberlassung allgemein kreditwürdig sein.[256]

Führt damit aber auch die Prüfung der Überlassungsunwürdigkeit bei Spezialwirtschaftsgütern zu der Frage, ob die Gesellschaft allgemein kreditwürdig ist, so ist nach Ansicht der hM das Stadium der Kreditunwürdigkeit nicht nur in den Fällen eines Kreditgeschäfts, sondern auch in denen eines Nicht-Kreditgeschäfts der Insolvenzreife vorgelagert.[257]

IV. Die Finanzierungsentscheidung des Gesellschafters

Ausgelöst wird die Finanzierungsfolgenverantwortung des Gesellschafters schließlich dadurch, dass der Gesellschafter eine Finanzierungsentscheidung i.S. des Eigenkapitalersatzrechts getroffen hat.[258] Im Folgenden geht es also um die Frage, ob dem Gesellschafter sein (Finanzierungs-)Verhalten

253 Vgl. hierzu auch *Brandes,* ZGR 1989, 244, 252, der im Ergebnis ebenfalls eine (allgemeine) Kreditwürdigkeitsprüfung für die Ermittlung der Voraussetzungen der Krise für die Gebrauchsüberlassung mit der Begründung ablehnt, dass: »Bei der Prüfung dieser Umstände [ob die Gesellschaft überlassungswürdig ist] allein auf die Nutzung des konkret überlassenen Gegenstandes und nicht statt dessen oder zusätzlich auf allgemeine Kreditwürdigkeitsgesichtspunkte abzustellen ist; denn es geht nicht um Geld, sondern um die vielfach risikolosere und deshalb von dritter Seite ohne weiteres zu habende Sachnutzung«.

254 Vgl. BGH, Urt. v. 16. 10. 1989 – II ZR 307/88, BGHZ 109, 55, 63 f.

255 Vgl. BGH, Urt. v. 16. 10. 1989 – II ZR 307/88, BGHZ 109, 55, 64; Urt. v. 14. 12. 1992 – II ZR 298/91, BGHZ 121, 31, 40 f; OLG Karlsruhe, Urt. v. 17. 6. 1994 – 15 U 90/94, ZIP 1994, 1183, 1184.

256 Vgl. OLG Düsseldorf, Urt. v. 14. 5. 1999 – 16 U 103/98, GmbHR 1999, 1039, 1040; *Oppenländer,* GmbHR 1998, 505, 506; *Ulmer,* Festschrift Kellermann, 1991, S. 485, 496; *Baumbach/Hueck/Fastrich,* GmbHG, § 32a Rdnr. 48b; *Hueck,* Festschrift Odersky, 1996, S, 823, 836; *Gehrlein,* NZG 1998, 845, 846.

257 Vgl. auch *Goette,* Die GmbH, § 4 Rdnr. 85, S. 120; *ders.,* ZInsO 2001, 529, 532.

258 Vgl. BGH, Urt. v. 14. 12. 1992 – II ZR 298/91, BGHZ 121, 31, 36; Urt. v. 7. 11. 1994 – II ZR 270/93, BGHZ 127, 336, 344 f; Urt. v. 11. 12. 1995 – II ZR 128/94,

in der Krise, die Gesellschaft statt zu liquidieren oder ihr Eigenkapital zuzuführen, sondern mit Kredit- oder Nicht-Kreditgeschäften unterstützt zu haben, zum Vorwurf gemacht werden kann.[259] Das setzt voraus, dass der Gesellschafter in objektiver Hinsicht überhaupt die Wahl hatte, auf die Krise der Gesellschaft zu reagieren (siehe unten 1.)[260] und in subjektiver Hinsicht wenigstens die Möglichkeit hatte, die Krise der Gesellschaft zu erkennen (umstritten; siehe unten 2.).[261]

1. Die objektive Seite der Finanzierungsentscheidung

Die Beantwortung der Frage, ob der Gesellschafter objektiv auf die Krise der Gesellschaft reagieren kann, bereitet für den Grundfall des Eigenkapitalersatzrechts, der (erstmaligen) Leistungsgewährung in der Krise, keine Schwierigkeiten. Hier steht der Gesellschafter regelmäßig vor der Wahl, die Gesellschaft entweder durch Verweigerung seiner Hilfe zu liquidieren oder diese unter Zurverfügungstellung einer Hilfe zu sanieren.[262] Anders verhält es sich aber in denjenigen Fällen, in denen der Gesellschafter die Leistung der Gesellschaft rein tatsächlich schon vor Ausbruch der Krise zur Verfügung gestellt und sie auch nach Eintritt der Unternehmenskrise der Gesellschaft weiter belassen (stehen gelassen) hat. In den Fällen des »Stehenlassens« trifft der Gesellschafter daher nur dann eine Finanzierungsentscheidung, wenn er objektiv betrachtet in der Lage gewesen ist, auf den Eintritt

NJW 1996, 722; *Habersack*, ZHR 162 (1998), 201, 204 ff; *ders.*, ZGR 2000, 384, 390; *Henze* in Großkomm AktG, § 57 Rdnr. 103.

259 Vgl. BGH, Urt. v. 14. 12. 1992 – II ZR 298/91, BGHZ 121, 31, 35 f; Urt. v. 7. 11. 1994 – II ZR 270/93, BGHZ 127, 336, 344 f; Urt. v. 28. 11. 1994 – II ZR 77/93, NJW 1995, 457, 459; Urt. v. 11. 12. 1995 – II ZR 128/94, NJW 1996, 722 f; OLG Düsseldorf, Urt. v. 29. 9. 1998 – 24 U 250/97, NZG 1999, 312, 313; *Goette*, DStR 1995, 190 (Beschlussanm.); *Lutter/Hommelhoff*, GmbHG, §§ 32a/b Rdnr. 2, 4.

260 Vgl. BGH, Urt. v. 14. 12. 1992 – II ZR 298/91, BGHZ 121, 31, 36; Urt. v. 19. 12. 1994 – II ZR 10/94, ZIP 1995, 280, 281; OLG Düsseldorf, Urt. v. 29. 9. 1998 – 24 U 250/97, NZG 1999, 312, 313; Urt. v. 14. 5. 1999 – 16 U 103/98, GmbHR 1999, 1039, 1040; *Lutter/Hommelhoff*, GmbHG, §§ 32a/b Rdnr. 50; *Goette*, DStR 1997, 2027, 2032; *ders.*, ZHR 162 (1998), 223, 224 f.

261 Vgl. auch *Baumbach/Hueck/Fastrich*, GmbHG, § 32a Rdnr. 37 f, 49; MünchKommInsO-*Stodolkowitz*, § 135 Rdnr. 54 f.

262 Vgl. *Goette*, DStR 1997, 2027, 2032; *ders.*, ZHR 162 (1998), 223, 224 f.

der Krise durch den Abzug seiner Leistung zu reagieren,[263] sei es durch Kündigung des der Gesellschafterhilfe zugrunde liegenden Vertragsverhältnisses,[264] sei es durch Liquidation der Gesellschaft.[265]

Welche der beiden Handlungsalternativen (Kündigung oder Liquidation) der Gesellschafter im Einzelfall schließlich ergreift, ist unerheblich, da ein bestimmtes Rangverhältnis unter den Abzugsmöglichkeiten nicht besteht.[266] Lässt der Gesellschafter beispielsweise ein der Gesellschaft früher gewährtes Darlehen stehen, sieht das Gesetz nunmehr mit § 490 Abs. 1 BGB ausdrücklich vor, dass der Gesellschafter als Darlehensgeber nach Auszahlung des Darlehens den Darlehensvertrag in der Regel fristlos kündigen kann, wenn sich die Vermögensverhältnisse der Gesellschaft wesentlich verschlechtern und dadurch die Rückerstattung des Darlehens gefährdet wird (§ 490 Abs. 1, 1. Alt. BGB).[267] Dies dürfte zu dem Zeitpunkt, in dem das Eigenkapitalersatzrecht eingreift, nämlich in der Krise der Gesell-

---

263 Vgl. BGH, Urt. v. 14. 12. 1992 – II ZR 298/91, BGHZ 121, 31, 35 f; BGH, Urt. v. 7. 11. 1994 – II ZR 270/93, BGHZ 127, 336, 344 f; Urt. v. 28. 11. 1994 – II ZR 77/93, NJW 1995, 457, 459; Urt. v. 19. 12. 1994 – II ZR 10/94, ZIP 1995, 280, 281; OLG Hamm, Urt. v. 29. 3. 1999 – 8 U 28/96, NZG 1999, 1163, 1165; OLG Düsseldorf, Urt. v. 14. 5. 1999 – 16 U 103/98, GmbHR 1999, 1039, 1040; Urt. v. 31. 8. 2000 – 12 U 27/00, NZG 2001, 511, 512.

264 Vgl. BGH, Urt. v. 14. 12. 1992 – II ZR 298/91, BGHZ 121, 31, 36; BGH, Urt. v. 11. 7. 1994 – II ZR 146/92, BGHZ 127, 1, 6; BGH, Urt. v. 11. 12. 1995 – II ZR 128/94, ZIP 1996, 273, 275; OLG Karlsruhe, Urt. v. 3. 9. 1997 – 1 U 126/97, ZIP 1997, 1758; OLG Düsseldorf, Urt. v. 29. 9. 1998 – 24 U 250/97, NZG 1999, 312, 313; OLG Frankfurt a.M., Urt. v. 22. 12. 1999 – 21 U 58/99, NZG 2000, 546, 548; *Hachenburg/Ulmer*, GmbHG, § 32a, b Rdnr. 28; *Altmeppen* in Roth/Altmeppen, GmbHG, § 32a Rdnr. 37; *Habersack*, ZHR 161 (1997), 457, 470.

265 Vgl. BGH, Urt. v. 14. 12. 1992 – II ZR 298/91, BGHZ 121, 31, 36 f; Urt. v. 11. 7. 1994 – II ZR 146/92, BGHZ 127, 1, 6; Urt. v. 19. 12. 1994 – II ZR 10/94, ZIP 1995, 280, 281; Urt. v. 11. 12. 1995 – II ZR 128/94, NJW 1996, 722, 723; OLG München, Urt. v. 5. 3. 1993 – 23 U 4873/92, GmbHR 1993, 429, 432; OLG Karlsruhe, Urt. v. 17. 6. 1994 – 15 U 90/94, ZIP 1994, 1183, 1185; OLG Düsseldorf, Urt. v. 14. 5. 1999 – 16 U 103/98, GmbHR 1999, 1039, 1040; *Baumbach/Hueck/Fastrich*, GmbHG, § 32a Rdnr. 40b; *Lutter/Hommelhoff*, GmbHG, §§ 32a/b Rdnr. 50; *Goette*, DStR 1997, 2027, 2033.

266 Vgl. BGH, Urt. v. 14. 12. 1992 – II ZR 298/91, BGHZ 121, 31, 36 f; Urt. v. 11. 7. 1994 – II ZR 146/92, BGHZ 127, 1, 6; Urt. v. 19. 12. 1994 – II ZR 10/94, ZIP 1995, 280, 281; Urt. v. 2. 12. 1996 – II ZR 243/95, NJW-RR 1997, 606, 607; OLG Düsseldorf, Urt. v. 29. 9. 1998 – 24 U 250/97, ZIP 1998, 1910, 1913; Urt. v. 14. 5. 1999 – 16 U 103/98, GmbHR 1999, 1039, 1040.

267 Dafür unter Analogie zu §§ 554a, 626 BGB bereits früher *Altmeppen* in Roth/Altmeppen, GmbHG, 3. Aufl. 1997, § 32a Rdnr. 18; *Geißler*, 1994, 152, 156; *Staudinger/Hopt/Mülbert*, BGB, 12. Aufl. 1989, § 609 Rdnr. 34.

schaft,[268] grundsätzlich zu bejahen sein.[269] Hält der Gesellschafter die Liquidität der Gesellschaft in der Weise aufrecht, dass er seine Bürgschaft für ein von dritter Seite der Gesellschaft gewährtes Darlehen stehen lässt, so liegt eine Finanzierungsentscheidung vor, wenn der Gesellschafter wegen einer Verschlechterung der Vermögensverhältnisse der Gesellschaft gem. § 775 Abs. 1 Nr. 1 BGB keine Befreiung von der Bürgschaft verlangt.[270]

Für den Fall einer Gebrauchsüberlassung sieht das Gesetz (§ 543 BGB) für den Vermieter bzw. Verpächter allerdings kein Recht zur außerordentlichen fristlosen Kündigung bei Eintritt der Krise, d.h. bei einer Verschlechterung der Vermögensverhältnisse beim Mieter oder Pächter vor. Denn der Vermieter bzw. Verpächter muss anders als ein Darlehensgeber nicht befürchten, dass sich sein gegen den Mieter oder Pächter gerichteter Herausgabeanspruch infolge der Verschlechterung der Vermögensverhältnisse nicht mehr realisieren lässt.[271] Auch die drohende Umqualifizierung der Gebrauchsüberlassung in haftendes Kapital stellt nach Ansicht der Rechtsprechung[272] und Literatur[273] keinen wichtigen Grund für den Gesellschafter zur Kündigung des Mietverhältnisses dar. Nach Ansicht der hM sei sie vielmehr Folge einer bestehenden (aber nicht wahrgenommenen anderweitigen) Abzugsmöglichkeit und könne daher nicht selbst wiederum Kündigungsgrund sein.[274] Ob die Vertragsparteien privatautonom den Vermögensverfall beim

---

268 Vgl. oben § 3 III.

269 Vgl. *Altmeppen* in Roth/Altmeppen, GmbHG, § 32a Rdnr. 36; Münch. Hdb. GesR III/*Rümker*, § 52 Rdnr. 25.

270 Vgl. BGH, Urt. v. 13. 7. 1981 – II ZR 256/79, BGHZ 81, 252, 257; Urt. v. 18. 11. 1991 – II ZR 258/90, ZIP 1992, 177, 179; Urt. v. 11. 12. 1995 – II ZR 128/94, NJW 1996, 722 f; Urt. v. 2. 12. 1996 – II ZR 243/95, NJW-RR 1997, 606, 607; OLG Hamm, Urt. v. 3. 7. 1991 – 8 U 159/89, GmbHR 1992, 180, 181; Urt. v. 29. 3. 1999 – 8 U 28/96, NZG 1999, 1163, 1165; OLG München, Urt. v. 5. 3. 1993 – 23 U 4873/92, GmbHR 1993, 429, 432.

271 Vgl. BGH, Urt. v. 16. 10. 1989 – II ZR 307/88, BGHZ 109, 55, 61 f; OLG Karlsruhe, Urt. v. 3. 9. 1997 – 1 U 126/97, ZIP 1997, 1758, 1759; *Oppenländer*, GmbHR 1998, 505, 506.

272 Vgl. BGH, Urt. v. 16. 10. 1989 – II ZR 307/88, BGHZ 109, 55, 61; OLG Karlsruhe, Urt. v. 17. 6. 1994 – 15 U 90/94, ZIP 1994, 1183, 1185; Urt. v. 3. 9. 1997 – 1 U 126/97, ZIP 1997, 1758, 1759.

273 Vgl. *Brandes*, ZGR 1989, 244, 250 f; *Habersack*, ZHR 161 (1997), 457, 483; *Oppenländer*, GmbHR 1998, 505, 506.

274 Vgl. BGH, Urt. v. 16. 10. 1989 – II ZR 307/88, BGHZ 109, 55, 61; *Brandes*, ZGR 1989, 244, 251; *Oppenländer*, GmbHR 1998, 505, 506.

Mieter/Pächter oder die drohende Umqualifizierung als einen außerordentlichen Kündigungsgrund wirksam vereinbaren können, ist umstritten.[275]

Scheidet eine ordentliche oder außerordentliche Kündigung des Vertrages aus, so entgeht der Gesellschafter seiner Finanzierungsfolgenverantwortung nur, wenn auch sonst keine Möglichkeiten zum Mittelabzug bestehen. Insbesondere in den Fällen einer stehen gelassenen Gebrauchsüberlassung gewinnt sowohl die gesellschaftsrechtliche Liquidation der Gesellschaft mittels Auflösungsbeschluss[276] als auch die Variante, durch Stellung eines Insolvenzantrages die Liquidation der Gesellschaft einzuleiten (insolvenzrechtliche Liquidation),[277] besondere Bedeutung.[278] Zu beachten ist freilich, dass es der Gesellschafter nicht in der Hand hat, durch die Stellung eines Insolvenzantrages *nach* dem Zeitpunkt einer bereits eingetretenen Umqualifizierung seine Gesellschafterleistung quasi im Nachhinein wieder zu »entstricken«.[279]

2. Die subjektive Seite der Finanzierungsentscheidung

Ob eine Finanzierungsentscheidung i.S. des Eigenkapitalersatzrechts subjektive Merkmale in der Person des Gesellschafters voraussetzt, ist umstrit-

---

275 Dagegen *Oppenländer*, GmbHR 1998, 505, 506; siehe auch *Kallmeyer*, GmbHR 1999, 59, 60; dafür *Sundermeier/Wilhelm*, DStR 1997, 1454, 1460; *Haas/Dittrich* in v.Gerkan/Hommelhoff (Hrsg.), Handbuch des Kapitalersatzrechts, Rdnr. 8.37 ff; wohl auch *Jebens/Wagner*, DB 1998, 2253, 2254.

276 Vgl. BGH, Urt. v. 14. 12. 1992 – II ZR 298/91, BGHZ 121, 31, 37.

277 Vgl. BGH, Urt. v. 19. 12. 1994 – II ZR 10/94, ZIP 1995, 280, 281; OLG Hamm, Urt. v. 15. 10. 1996 – 30 U 50/96, GmbHR 1997, 357, 358; *v.Gerkan* in Röhricht/Graf von Westphalen, HGB, § 172a Rdnr. 45a; *Haas/Dittrich* in v.Gerkan/Hommelhoff (Hrsg.), Handbuch des Kapitalersatzrechts, Rdnr. 8.44; *Michalski/Heidinger*, GmbHG, §§ 32a, 32b Rdnr. 190.

278 Vgl. vorstehend. Interessanterweise hat denn auch ein Großteil der Entscheidungen, die die Handlungsalternative der Liquidation der Gesellschaft betreffen, Fälle einer Gebrauchsüberlassung zum Gegenstand; vgl. BGH, Urt. v. 14. 12. 1992 – II ZR 298/91, BGHZ 121, 31, 36 f; Urt. v. 11. 7. 1994 – II ZR 146/92, BGHZ 127, 1, 6; BGH, 19. 12. 1994 – II ZR 10/94, ZIP 1995, 280, 281; OLG Karlsruhe, Urt. v. 17. 6. 1994 – 15 U 90/94, ZIP 1994, 1183, 1185; OLG Hamm, Urt. v. 25. 10. 1996 – 30 U 50/96, GmbHR 1997, 357, 358; OLG Düsseldorf, Urt. v. 29. 9. 1998 – 24 U 250/97, NZG 1999, 312, 313; OLG Dresden, Urt. v. 26. 11. 1998 – 19 U 3062/97, NZG 1999, 309, 310 f.

279 I.d.S. ausdrücklich so BGH, Urt. v. 19.12.1994 – II ZR 10/94, ZIP 1995, 280, 281 f.

ten.[280] Die Rechtsprechung spricht sich dafür in den Fällen des »Stehenlassens« einer Gesellschafterleistung aus.[281] Danach trifft der Gesellschafter dann eine Finanzierungsentscheidung i.S. des Eigenkapitalersatzrechts, wenn er innerhalb einer ihm eingeräumten Überlegungsfrist von ca. 2 bis 3 Wochen[282] auf den Eintritt der Krise nicht reagiert, obwohl er von der Krise wusste[283] oder hätte wissen können.[284] Nach Ansicht der Rechtsprechung ist es in den Fällen des Stehenlassens einer Gesellschafterleistung deshalb erforderlich subjektive Merkmale in der Person des Gesellschafters zu verlangen, weil der Gesellschafter ja für Folgen seiner in der Krise der Gesellschaft getroffenen Entscheidung, die liquidationsreife Gesellschaft eben nicht zu liquidieren, sondern weiterzufinanzieren, zur Verantwortung gezogen wird.[285] Das setzt nach Ansicht der Rechtsprechung aber voraus, dass der Gesellschafter wenigstens die Möglichkeit gehabt hat, die den Eintritt der Krise begründenden Umstände zu erkennen.[286]

---

280 Ablehnend *Altmeppen* in Roth/Altmeppen, GmbHG, § 32a Rdnr. 17, 37, 42 ff; *ders.*, ZIP 1994, 1939, 1941 (Urteilsanm.); *v.Gerkan*, GmbHR 1996, 400, 401 f; *Heidenhain*, LM Nr. 21 zu §§ 32a, 30, 31 GmbHG, Bl. 8 f; *Nerlich/Römermann/Nerlich*, InsO, § 135 Rdnr. 27; eingehend zum Streitstand *Johlke/Schröder* in v.Gerkan/Hommelhoff (Hrsg.), Handbuch des Kapitalersatzrechts, Rdnr. 5.79 ff.

281 Grundlegend BGH, Urt. v. 7. 11. 1994 – II ZR 270/93, BGHZ 127, 336, 344 f.

282 Vgl. BGH, Urt. v. 11. 12. 1995 – II ZR 128/94, NJW 1996, 722, 723; Urt. v. 2. 12. 1996 – II ZR 143/95, NJW-RR 1997, 606, 607; OLG Stuttgart, Urt. v. 5. 11. 1997 – 20 U 74/97, NZG 1998, 308, 309; OLG Düsseldorf, Urt. v. 13. 2. 1997 – 6 U 263/95, GmbHR 1997, 350, 351; Urt. v. 29. 9. 1998 – 24 U 250/97, ZIP 1998, 1910, 1913; OLG München, Urt. v. 19. 1. 1999 – 25 U 2550/98, NZG 1999, 603.

283 Positive Kenntnis des Gesellschafters von der Krise verlangen in den Fällen des Stehenlassens *H.P. Westermann*, EWiR 1995, 157, 158; *Menzel*, AG 1982, 197, 200; *Rümker*, ZIP 1982, 1385, 1394; *Grunewald*, Gesellschaftsrecht, 2. F. 4 b) aa), Rdnr. 134, S. 367; dagegen ausdrücklich *Ketzer*, Eigenkapitalersetzende Aktionärsdarlehen, S. 148.

284 So seit BGH, Urt. v. 7. 11. 1994 – II ZR 270/93, BGHZ 127, 336, 344 die ständige Rspr.; vgl. BGH, Urt. v. 28. 11. 1994 – II ZR 77/93, NJW 1995, 457, 459; Urt. v. 19. 12. 1994 – II ZR 10/94, ZIP 1995, 280, 281; Urt. v. 11. 12. 1995 – II ZR 128/94, NJW 1996, 722; Urt. v. 2. 12. 1996 – II ZR 243/95, NJW-RR 1997, 606, 607; Urt. v. 26. 6. 2000 – II ZR 370/98, ZIP 2000, 1491 f; Urt. v. 23. 2. 2004 – II ZR 207/01, NZG 2004, 619, 621; KG, Urt. v. 28. 10. 1997 – 7 U 5718/96, GmbHR 1998, 938, 940; OLG Stuttgart, Urt. v. 5. 11. 1997 – 20 U 74/97, NZG 1998, 308, 309; OLG Düsseldorf, Urt. v. 14. 5. 1999 – 16 U 103/98, GmbHR 1999, 1039, 1040; OLG München, Urt. v. 3. 5. 2000 – 7 U 5367/99, GmbHR 2001, 108 (LS); OLG Zweibrücken, Urt. v. 20. 12. 2001 – 4 U 131/00, GmbHR 2002, 740.

285 Vgl. BGH, Urt. v. 7. 11. 1994 – II ZR 270/93, BGHZ 127, 336, 344.

286 Vgl. BGH, Urt. v. 28. 11. 1994 – II ZR 77/93, NJW 1995, 457, 459; OLG Düsseldorf, Urt. v. 14. 5. 1999 – 16 U 103/98, GmbHR 1999, 1039, 1040; vgl. auch *Goette*, DStR 1994, 1905 (Urteilsanm.); *ders.*, DStR 1995, 190 (Beschlussanm.).

An die Möglichkeit zur Kenntnisnahme der Krise werden allerdings keine hohen Anforderungen gestellt. Nach Ansicht der Rechtsprechung ist es nämlich Sache des Gesellschafters, von sich aus sicherzustellen, dass er laufend zuverlässig über die wirtschaftliche Lage der Gesellschaft, insbesondere über den eventuellen Kriseneintritt, notfalls unter Ausschöpfung der ihm als Gesellschafter zu Gebote stehenden Informationsmöglichkeiten nach § 51a GmbHG informiert ist.[287] Lediglich in ganz besonders gelagerten (Ausnahme-)Fällen ist dem Gesellschafter dieser Rechtsprechung zufolge der Einwand gestattet, dass er von der wahren wirtschaftlichen Situation der Gesellschaft keine Kenntnis haben konnte; so etwa wenn der Geschäftsführer die Bilanz der Gesellschaft »geschönt« hat.[288]

Im Schrifttum ist die Rechtsprechung überwiegend auf Zustimmung gestoßen.[289] Zudem mehren sich die Stimmen, die subjektive Merkmale in der Person des Gesellschafters nicht nur für die Fälle des »Stehenlassens« einer Gesellschafterleistung, sondern darüber hinaus für jede Art der Finanzie-

---

287 Vgl. Urt. v. 26. 11. 1979 – II ZR 104/77, BGHZ 75, 334, 339; Urt. v. 7. 11. 1994 – II ZR 270/93, BGHZ 127, 336, 346 f; Urt. v. 28. 11. 1994 – II ZR 77/93, NJW 1995, 457, 459 ; Urt. v. 11. 12. 1995 – II ZR 128/94, NJW 1996, 722, 723; Urt. v. 23. 2. 2004 – II ZR 207/01, NZG 2004, 619, 621; OLG Düsseldorf, Urt. v. 14. 5. 1999 – 16 U 103/98, GmbHR 1999, 1039, 1040.

288 Vgl. BGH, Urt. v. 28. 11. 1994 – II ZR 77/93, NJW 1995, 457, 459; siehe hierzu auch *Goette,* DStR 1997, 2027, 2032; *ders.,* DStR 1995, 190 f (Beschlussanm.).

289 Vgl. *Lutter/Hommelhoff,* GmbHG, §§ 32a/b Rdnr. 5, 47; *Rowedder/Pentz,* GmbHG, § 32a Rdnr. 67, 145; *Noack* in Prütting (Hrsg.), Insolvenzrecht 1996, 1997, S. 195, 202; *Habersack,* ZHR 162 (1998), 201, 206 f; *Baumbach/Hueck/Fastrich,* GmbHG, § 32a Rdnr. 37 f; *Goette,* DStR 1994, 1905 (Urteilsanm.); *ders.,* DStR 1995, 190 (Beschlussanm.); *Raiser,* Recht der Kapitalgesellschaften, § 38 I 5) Rdnr. 17, S. 654; *Veil,* ZGR 2000, 223, 238; *Bezzenberger,* Festschrift Bezzenberger, 2000, S. 23, 48 f; *Hommelhoff* in v.Gerkan/Hommelhoff (Hrsg.), Handbuch des Kapitalersatzrechts, Rdnr. 2.23; *Johlke/Schröder,* ebenda, Rdnr. 5.93; *Haas/Dittrich,* ebenda, Rdnr. 8.49; MünchKommInsO-*Stodolkowitz,* § 135 Rdnr. 53 ff; *ders.* in Bankrechts-Handbuch, § 84 Rdnr. 44; *Michalski/Heidinger,* GmbHG, §§ 32a, 32b Rdnr. 111; Münch. Hdb. GesR III/*Rümker,* § 52 Rdnr. 22; dafür bereits auch *Ketzer,* Eigenkapitalersetzende Aktionärsdarlehen, S. 147 ff, insbesondere 149 f. Kritisch vor allem *Altmeppen,* ZIP 1994, 1939, 1941 (Urteilsanm.); *ders.,* ZIP 1995, 26 (Urteilsanm.); *ders* in Roth/Altmeppen, GmbHG, § 32a Rdnr. 42 ff, insbesondere 45, weil das Erfordernis einer Kenntnisnahmemöglichkeit in Widerspruch zu den rein objektiv ausgestalteten Kapitalerhaltungsvorschriften steht, die hM zufolge nicht nur die entwicklungsgeschichtliche Grundlage des Eigenkapitalersatzrechts bilden, sondern an die das Eigenkapitalersatzrecht darüber hinaus auch dogmatisch angebunden ist; ablehnend ferner *Heidenhain,* LM Nr. 21 zu §§ 32a, 30, 31 GmbHG, Bl. 8 f; *v.Gerkan,* GmbHR 1996, 400, 401 f.

rungsentscheidung verlangen.[290] Denn die Begründung des BGH, dass die Finanzierungsfolgenverantwortung an eine von dem Gesellschafter in der Krise getroffene Finanzierungsentscheidung anknüpft,[291] trifft auch auf den Grundfall, der (erstmaligen) Leistungsgewährung in der Krise, zu.[292]

§ 4 Die Rechtsfolgen des Eigenkapitalersatzrechts

Die Rechtsfolgen des Eigenkapitalersatzrechts werden vielfach mit dem Begriff der »Umqualifizierung« umschrieben.[293] Zwar bleibt der Gesellschafter auch mit Eingreifen der Voraussetzungen zum Eigenkapitalersatz nicht nur im Verhältnis zur Gesellschaft, sondern auch im Verhältnis zu seinen Mitgesellschaftern ein Gläubiger der Gesellschaft, doch hindern ihn die Eigenkapitalersatzregeln, sich auf seine Drittgläubigerstellung in der Krise

---

290 Vgl. *Raiser,* Recht der Kapitalgesellschaften, § 38 I 5) Rdnr. 17, S. 654; *Hommelhoff* in v.Gerkan/Hommelhoff (Hrsg.), Handbuch des Kapitalersatzrechts, Rdnr. 2.23; *Johlke/Schröder,* ebenda, Rdnr. 5.93; *Haas/Dittrich,* ebenda, Rdnr. 8.49; *Lutter/Hommelhoff,* GmbHG, §§ 32a/b Rdnr. 5; *Rowedder/Pentz,* GmbHG, § 32a Rdnr. 67; MünchKommInsO-*Stodolkowitz,* § 135 Rdnr. 54; *ders.* in Bankrechts-Handbuch, § 84 Rdnr. 44; *Noack* in Prütting (Hrsg.), Insolvenzrecht 1996, 1997, S. 195, 202; *Habersack,* ZHR 162 (1998), 201, 207; *Veil,* ZGR 2000, 223, 238; *Baumbach/Hueck/Fastrich,* GmbHG, § 32a Rdnr. 49; *Bezzenberger,* Festschrift Bezzenberger, 2000, S. 23, 48 f; *Grunewald,* Gesellschaftsrecht, 2.F. 4 b) aa), Rdnr. 134 (Fn. 60), S. 367; *Barth,* Eigenkapitalersatzrecht, S. 97 ff.

291 Vgl. BGH, Urt. v. 7. 11. 1994 – II ZR 270/93, BGHZ 127, 336, 344 f.

292 Vgl. *Lutter/Hommelhoff,* GmbHG, §§ 32a/b Rdnr. 4 f i.V.m. Rdnr. 47; *Baumbach/Hueck/Fastrich,* GmbHG, § 32a Rdnr. 37 f i.V.m. Rdnr. 49; MünchKommInsO-*Stodolkowitz,* § 135 Rdnr. 54; *ders.* in Bankrechts-Handbuch, § 84 Rdnr. 44; *Habersack,* ZHR 162 (1998), 201, 207; *Barth,* Eigenkapitalersatzrecht, S. 98; *Haas/Dittrich* in v.Gerkan/Hommelhoff (Hrsg.), Handbuch des Kapitalersatzrechts, Rdnr. 8.49; *Johlke/Schröder,* ebenda, Rdnr. 5.93; siehe auch *v.Gerkan* in Röhricht/Graf von Westphalen, HGB, § 172a Rdnr. 33: Übertragung dieser Rechtsprechung erscheint plausibel. Siehe in diesem Zusammenhang auch *Goette,* DStR 1997, 2027, 2032, wonach die Rechtsprechung prinzipiell verlange, dass der Gesellschafter die Krisensituation hat erkennen können, weil sonst keine Wahl (zwischen weiterer Unterstützung und Liquidation der Gesellschaft) möglich sei.

293 Vgl. BGH, Urt. v. 16. 10. 1989 – II ZR 307/88, BGHZ 109, 55, 61; Urt. v. 14. 12. 1992 – II ZR 298/91, BGHZ 121, 31, 38; Urt. v. 11. 7. 1994 – II ZR 146/92, BGHZ 127, 1, 6; Urt. v. 11. 7. 1994 – II ZR 162/92, BGHZ 127, 17, 24; Urt. v. 7. 11. 1994 – II 270/93, BGHZ 127, 336, 343 aE; Urt. v. 19. 12. 1994 – II ZR 10/94, ZIP 1995, 280, 281; Urt. v. 26. 6. 2000 – II ZR 370/98, ZIP 2000, 1491 f; Urt. v. 8. 1. 2001 – II ZR 88/99, DStR 2001, 175, 177; OLG Stuttgart, Urt. v. 5. 11. 1997 – 20 U 74/97, NZG 1998, 308, 309.

zu berufen.[294] Anders als einem externen Gläubiger soll es dem Gesellschafter nicht möglich sein, seine Forderung gegen die Gesellschaft durchzusetzen und ggf. mit dieser am Insolvenzverfahren über das Vermögen der Gesellschaft im gleichen Rang wie die übrigen Insolvenzgläubiger teilzunehmen (§ 39 Abs. 1 Nr. 5 InsO).[295]

Da es aber weder gewollt noch beabsichtigt ist, dem Gesellschafter seinen rechtlichen Status als Gläubiger der Gesellschaft zu nehmen, also das der Gesellschaft gewährte oder belassene Kapital weiter Fremdkapital bleibt,[296] ist fraglich, ob mit dem Begriff der »Umqualifizierung« die Rechtsfolgen des Eigenkapitalersatzrechts zutreffend umschrieben sind. Denn eine Umqualifizierung der Gesellschafterleistung dergestalt, dass aus gewährtem Fremdkapital in der Krise bei Eigenkapitalersatz der Leistung Eigenkapital der Gesellschaft wird, findet gerade nicht statt.[297] Ist der Gesellschafter aber weiterhin ein Fremdgläubiger der Gesellschaft, ist es treffender statt wie bisher von einer »Umqualifizierung«[298] von einer Verhaf-

294 Vgl. BGH, Urt. v. 15. 2. 1996 – IX ZR 245/94, NJW 1996, 1341, 1343; Urt. v. 8. 1. 2001 – II ZR 88/99, DStR 2001, 175, 177; *Hachenburg/Ulmer,* GmbHG, § 32a, b Rdnr. 176; *Baumbach/Hueck/Fastrich,* GmbHG, § 32a Rdnr. 3; *Henze* in Großkomm AktG, § 57 Rdnr. 100; *Weisang,* WM 1997, 197, 208; *Priester,* ZGR 1999, 533, 542; *Habersack/Mayer,* NZG 2001, 365 (Urteilsanm.); *Goette,* ZHR 162 (1998), 223, 224; *Hommelhoff* in v.Gerkan/Hommelhoff (Hrsg.), Handbuch des Kapitalersatzrechts, Rdnr. 2.24.

295 Vgl. BGH, Urt. v. 8. 1. 2001 – II ZR 88/99, DStR 2001, 175, 177; OLG Hamm, Urt. v. 26. 1. 1998 – 31 U 90/97, NZG 1998, 551, 552; Urt. v. 18. 3. 1999 – 27 U 240/98, GmbHR 1999, 917, 920; *Lutter/Hommelhoff,* GmbHG, §§ 32a/b Rdnr. 7.

296 Vgl. BGH, Urt. v. 15. 2. 1996 – IX ZR 245/94, NJW 1996, 1341, 1343; Urt. v. 8. 1. 2001 – II ZR 88/99, DStR 2001, 175, 177; *Goette,* DStR 2001, 179 (Urteilsanm.); *ders.,* ZInsO 2001, 529, 534; *Hachenburg/Ulmer,* GmbHG, § 32a, b Rdnr. 176; *Kamprad,* Gesellschafterdarlehen, S. 32.

297 Vgl. ausdrücklich so BGH, Urt. v. 8. 1. 2001 – II ZR 88/99, DStR 2001, 175, 177. I.d.S. bereits BFH, Urt. v. 5. 2. 1992 – I R 127/90, ZIP 1992, 620, 622; *Kreuzer,* ZIP 1980, 597, 601 f; *Hachenburg/Ulmer,* GmbHG, § 32a, b Rdnr. 176; *Weisang,* WM 1997, 197, 208; *Noack* in Prütting (Hrsg.), Insolvenzrecht 1996, 1997, S. 195, 206; *ders.,* Festschrift Claussen, 1997, S. 307, 310 f; *Claussen,* Festschrift Forster, 1992, S. 140, 152 f: keine Verwandlung von Wasser in Wein.

298 Vgl. bspw. OLG Düsseldorf, Urt. 15. 9. 1995 – 12 U 98/93, GmbHR 1996, 201, 203: » ... Umqualifizierung von Gesellschafterleistungen in haftendes Kapital ...«; OLG Stuttgart, Urt. v. 5. 11. 1997 – 20 U 74/97, NZG 1998, 308, 309: »Umqualifizierung zu Eigenkapital«; *Lutter/Hommelhoff,* ZGR 1979, 31, 35: »Gesellschafterdarlehen in Eigenkapital umzuqualifizieren«; *v.Gerkan,* ZGR 1997, 173, 176: »Umqualifizierung von als Fremdmitteln zugeführten Finanzhilfen der Gesellschaft zu haftendem Kapital ...«; siehe aber auch *ders.,* a.a.O., S. 174: »Fremdmittel

tung der Gesellschafterleistung[299] oder davon zu sprechen, dass die Gesellschafterleistung mit einer Durchsetzungssperre[300] belegt ist.[301]

I. Sinn und Zweck der Verhaftung einer Gesellschafterleistung

Sinn und Zweck der Verhaftung der Gesellschafterleistung ist es, die Mittel, die der Gesellschafter der Gesellschaft als Fremdkapital in der Krise zur Verfügung stellt, zur Gläubigerbefriedigung zu verwenden.[302] Zugunsten der Alt- und Neugläubiger soll das Gesellschaftsvermögen, das den Gläubigern der Gesellschaft als Haftungsmasse dient, um die Gesellschafterleistung vergrößert werden.[303] Dies geschieht zum einen dadurch, dass der Gesellschafter seine Leistung der Gesellschaft nicht wieder entziehen darf; diese mithin durch die Durchsetzungssperre im Gesellschaftsvermögen gebunden wird. Zum anderen ist der Gesellschafter verpflichtet, soweit er die Leistung zurückerhalten hat, diese der Gesellschaft bzw. der Haftungsmasse wieder zu erstatten.[304]

Während sowohl über die Bindung der Gesellschafterleistung als auch über die Pflicht des Gesellschafters zur Rückerstattung seiner Leistung, als

---

eines Gesellschafters ... wie haftendes Eigenkapital zu behandeln, ... «; vgl. auch *Steinbeck,* ZGR 1996, 116, 132 f: Fremdkapital werde von Rechts wegen in Eigenkapital umgewandelt.

299 Vgl. auch OLG Hamm, Urt. v. 26. 1. 1998 – 31 U 90/97, NZG 1998, 551, 552: (Vermögens)Bindung zugunsten der Gesellschaftsgläubiger; ähnlich *Weisang,* WM 1997, 197, 208: Bindung des Gesellschafterdarlehens; siehe auch *Noack* in Prütting (Hrsg.), Insolvenzrecht 1996, 1997, S. 195, 202: Gesellschafterkredite werden in Haft genommen.

300 Vgl. BGH, Urt. v. 8. 1. 2001 – II ZR 88/99, DStR 2001, 175, 177; *Goette,* Die GmbH, § 4 Rdnr. 35, S. 101, Rdnr. 126, S. 134, Rdnr. 130 aE, S. 136.

301 Kritisch zum Begriff »Umqualifizierung« auch *Bezzenberger,* Festschrift Bezzenberger, 2000, S. 23, 30; siehe auch *Noack* in Prütting (Hrsg.), Insolvenzrecht 1996, 1997, S. 195, 206.

302 Vgl. BGH, Urt. v. 29. 11. 1971 – II ZR 121/69, WM 1972, 74, 75 f; Urt. v. 30. 4. 2001 – II ZR 322/99, GmbHR 2001, 567, 568; OLG Hamm, Urt. v. 26. 1. 1998 – 31 U 90/97, NZG 1998, 551, 552; Urt. v. 18. 3. 1999 – 27 U 240/98, GmbHR 1999, 917, 920; *Kamprad,* Gesellschafterdarlehen, S. 32; *Knobbe-Keuk,* Festschrift Kellermann, 1991, S. 227, 231; *dies.,* BB 1984, 1; *Brandes,* ZGR 1989, 244, 245; *Michalski/de Vries,* NZG 1999, 181, 182.

303 Vgl. i.d.S. ausdrücklich so OLG Hamm, Urt. v. 26. 1. 1998 – 31 U 90/97, NZG 1998, 551, 552; *Drukarczyk,* Festschrift Schneider, 1995, S. 172, 191.

304 Vgl. *Hachenburg/Ulmer,* GmbHG, § 32 a, b Rdnr. 176; *Schaub,* DStR 1993, 1483, 1487; *Haas,* NZI 2001, 1, 2.

Mittel das Ausfallrisiko der Gläubiger zu reduzieren, weitgehend Einigkeit besteht,[305] verfolgen hinsichtlich der Art und Weise der Verhaftung der Gesellschafterleistung Rechtsprechung (siehe unten II. 1.) und Novellengesetzgeber (siehe unten II. 2.) ein unterschiedliches Rechtsfolgenkonzept.

II. Das Rechtsfolgenkonzept

1. Rechtsprechungsregeln

Die sog. Rechtsprechungsregeln zum Eigenkapitalersatz beruhen auf einer (analogen) Anwendung der Kapitalerhaltungsvorschriften (§§ 30, 31 GmbHG).[306] Das hat zur Folge, dass, solange und soweit die Gesellschafterleistung fehlendes Stammkapital oder eine darüber hinausgehende Überschuldung der Gesellschaft abdeckt, die Leistung an den Gesellschafter nicht zurückgezahlt werden darf und der Gesellschafter eine dem § 30 Abs. 1 GmbHG zuwider erfolgte Auszahlung gem. § 31 Abs. 1 GmbHG (analog) der Gesellschaft zu erstatten hat.[307] Zudem folgt aus der Entwicklung des Eigenkapitalersatzrechts aus den Kapitalerhaltungsvorschriften, dass sowohl der Geschäftsführer für eine dem § 30 Abs. 1 GmbHG zuwiderlaufende Rückzahlung der Gesellschafterleistung der Gesellschaft entspre-

305 Vgl. *Henze* in Großkomm AktG, § 57 Rdnr. 100; *Haas,* Geschäftsführerhaftung und Gläubigerschutz, S. 60 f, 66 f, 69; *Michalski/Heidinger,* GmbHG, §§ 32a, 32b Rdnr. 280.

306 Vgl. BGH, Urt. v. 14. 12. 1959 – II ZR 187/57, BGHZ 31, 258, 271 ff; Urt. v. 15. 11. 1962 – II ZR 134/61, WM 1963, 121, Urt. v. 29. 11. 1971 – II ZR 121/69, WM 1972, 74, 75; Urt. v. 24. 3. 1980 – II ZR 213/77, BGHZ 76, 326, 329; Urt. v. 26. 3. 1984 – II ZR 14/84, BGHZ 90, 370, 378 ff; Beschl. v. 7. 12. 1992 – II ZR 125/90, DStR 1993, 175, 176; Urt. v. 20. 9. 1993 – II ZR 151/92, NJW 1993, 3265, 3266 (l.Sp. aE); Urt. v. 11. 7. 1994 – II ZR 162/92, BGHZ 127, 17, 22; Urt. v. 26. 6. 2000 – II ZR 21/99, ZIP 2000, 1489, 1490.

307 Vgl. BGH, Urt. v. 15. 11. 1962 – II ZR 134/61, WM 1963, 121; Urt. v. 24. 3. 1980 – II ZR 213/77, BGHZ 76, 326, 335; Urt. v. 21. 9. 1981 – II ZR 104/80, BGHZ 81, 311, 318; Urt. v. 26. 3. 1984 – II ZR 14/84, BGHZ 90, 370, 376, 378; Urt. v. 27. 11. 1989 – II ZR 43/89, ZIP 1990, 98, 100 f; Beschl. v. 7. 12. 1992 – II ZR 125/90, 1993, 175, 176; Urt. v. 15. 2. 1996 – IX ZR 245/94, NJW 1996, 1341, 1342; OLG München, Urt. v. 5. 3. 1993 – 23 U 4873/92, GmbHR 1993, 429, 433; OLG Düsseldorf, Urt. v. 14. 5. 1999 – 16 U 103/98, GmbHR 1999, 1039, 1041.

chend §§ 43 Abs. 3, 30 Abs. 1 GmbHG haftet[308] als auch die Mitgesellschafter nach § 31 Abs. 3 GmbHG analog für den Fall, dass die Erstattung von dem Gesellschafter nicht zu erlangen ist, eine solidarische Haftung für den Ausfall trifft.[309]

Klargestellt hat der BGH, dass die Gesellschafterleistung nach den Rechtsprechungsregeln zum Eigenkapitalersatz nicht – in Übereinstimmung mit dem zeitlichen Anwendungsbereich – bereits dann an den Gesellschafter zurückgezahlt werden darf, wenn die Krise der Gesellschaft behoben ist, sondern – in Anlehnung an § 30 f GmbHG – erst, wenn keine Unterbilanz (mehr) besteht,[310] d.h. die Stammkapitalziffer wieder nachhaltig durch Gesellschaftsvermögen gedeckt ist.[311]

2. Novellenregeln

Die Novellenregeln, also die gesetzlichen Vorschriften zum Eigenkapitalersatz,[312] verfolgen im Hinblick auf die Verhaftung der Gesellschafterleistung einen anderen Weg als die Rechtsprechungsgrundsätze.[313] So wird die Gesellschafterleistung nach der Novellenregelung mit der Eröffnung des In-

---

308 Vgl. BGH, Urt. v. 25. 6. 2001 – II ZR 38/99, NJW 2001, 3123; *v.Gerkan* in v.Gerkan/Hommelhoff (Hrsg.), Handbuch des Kapitalersatzrechts, Rdnr. 3.127; *ders.*, Festschrift Lutter, 2000, S. 1317, 1326; *Lutter/Hommelhoff*, GmbHG, §§ 32a/b Rdnr. 103; *Goette*, ZInsO 2001, 529, 532, 533; *Smid/Zeuner*, InsO, § 135 Rdnr. 54; *Rowedder/Pentz*, GmbHG, § 32a Rdnr. 3, 222; *Michalski/Heidinger*, GmbHG, §§ 32a, 32b Rdnr. 24. A.A. *Haas*, Geschäftsführerhaftung und Gläubigerschutz, S. 65 ff; *ders.*, NZI 1999, 209, 214; wohl auch *Maser/Sommer*, BB 1996, 65, 66.

309 Vgl. BGH, Urt. v. 5. 2. 1990 – II ZR 114/89, NJW 1990, 1730, 1731 f; Urt. v. 11. 7. 2005 – II ZR 285/03, NZG 2005, 845, 846; *Lutter/Hommelhoff*, GmbHG, §§ 32a/b Rdnr. 106; *Müller*, DB 1998, 1117, 1118 ff; *Geißler*, GmbHR 1996, 565, 573; *Stodolkowitz* in Bankrechts-Handbuch, § 84 Rdnr. 100. A.A. *Oppenhoff*, Festschrift Stiefel, 1987, S. 551, 556 ff; *Fastrich*, Festschrift Zöllner, Band I, 1998, S. 143, 147, 157 f; siehe ferner auch die Ausführungen unten § 11 I 2 e).

310 Vgl. BGH, Urt. v. 8. 11. 2004 – II ZR 300/02, BB 2005, 176, 177.

311 Siehe insoweit auch *Goette*, DStR 2005, 613 (Urteilsanm.). Kritisch hierzu bereits *Scholz/Karsten Schmidt*, GmbHG, §§ 32a, 32b Rdnr. 54; *v.Gerkan* in v.Gerkan/Hommelhoff (Hrsg.), Handbuch des Kapitalersatzrechts, Rdnr. 3.101.

312 Der Begriff »Novellenregeln« ist auf die GmbH-Novelle von 1980 zurückzuführen, mit der für das Eigenkapitalersatzrecht eine eigene Rechtsgrundlage geschaffen wurde.

313 Vgl. BGH, Urt. v. 26. 3. 1984 – II ZR 14/84, BGHZ 90, 370, 378; *Deutler*, GmbHR 1980, 145, 149; *Raiser*, Recht der Kapitalgesellschaften, § 38 I 3), Rdnr. 9, S. 651; *Ulmer*, NJW 2004, 1201, 1207; *ders.*, KTS 2004, 291, 299.

solvenzverfahrens über das Vermögen der Gesellschaft gebunden, indem gem. § 32a Abs. 1, 3 S. 1 GmbHG i.V.m. § 39 Abs. 1 Nr. 5 InsO der Gesellschafter wegen seiner kapitalersetzenden Leistung nicht im Rang wie die übrigen gewöhnlichen Insolvenzgläubiger (§ 38 InsO), sondern nur nachrangig befriedigt wird.[314]

Hat der Gesellschafter seine Leistung bereits vor der Eröffnung des Insolvenzverfahrens zurückerhalten, weil die Novellenregeln kein an den Geschäftsführer gerichtetes Tilgungsverbot vorsehen,[315] ordnet § 135 i.V.m. § 143 Abs. 1 InsO die Rückgewähr des anfechtbar Erlangten an. Damit kommt der Insolvenzanfechtung (§ 135 InsO) letztlich die gleiche Funktion wie dem gesellschaftsrechtlichen Erstattungsanspruch gem. § 31 Abs. 1 GmbHG analog zu.[316]

Wird kein Insolvenzverfahren über das Vermögen der Gesellschaft eröffnet, so übernimmt für die Fälle außerhalb eines Insolvenzverfahrens zugunsten eines einzelnen Gläubigers, der bei der Einzelzwangsvollstreckung in das Gesellschaftsvermögen ausgefallen ist oder auszufallen droht (§ 2 AnfG), § 6 i.V.m. § 11 Abs. 1 AnfG die Funktion des § 31 Abs. 1 GmbHG analog. Diese Vorschriften sehen vor, dass in den Fällen, in denen der Gesellschafter wegen einer kapitalersetzenden Forderung Sicherung oder Befriedigung erhalten hat, dasjenige, was durch die anfechtbare Rechtshandlung aus dem Vermögen der Gesellschaft veräußert, weggeben oder aufgegeben ist, dem Gläubiger zur Verfügung gestellt werden muss, soweit es zu seiner Befriedigung erforderlich ist.[317]

3. Das Verhältnis von Rechtsprechungs- und Novellenregeln

Mit den Novellenregeln hat der Gesetzgeber das Ziel verfolgt, das bis dato existierende Richterrecht zum Eigenkapitalersatz abschließend zu kodifizieren, so dass sich die Rechtsfolgen für eigenkapitalersetzende Gesellschafterdarlehen ausschließlich aus dem Gesetz ergeben sollten.[318] Unge-

---

314 Vgl. *Timm,* JuS 1991, 652, 653 (zu § 32a aF GmbHG).

315 Vgl. BGH, Urt. v. 26. 3. 1984 – II ZR 14/84, BGHZ 90, 370, 379; *Priester,* Festschrift Döllerer, 1988, S. 475, 482; *Hommelhoff* in v.Gerkan/Hommelhoff (Hrsg.), Handbuch des Kapitalersatzrechts, Rdnr. 1.23; *v.Gerkan,* Festschrift Lutter 2000, S. 1317, 1324 ff.

316 Vgl. *Gottwald/Haas,* Insolvenzrechts-Handbuch, § 92 Rdnr. 240.

317 Vgl. *Lutter/Hommelhoff,* GmbHG, §§ 32a/b Rdnr. 13.

318 Vgl. Begründung RegE, BT-Drucks. 8/1347, S. 39; *Kamprad,* GmbHR 1984, 339, 342; *Scholz/Karsten Schmidt,* GmbHG, §§ 32a, 32b Rdnr. 11; *Röhricht,* StbJb. 1991/92, S. 313, 342; *Michalski/Heidinger,* GmbHG, §§ 32a, 32b Rdnr. 14.

achtet dieser Regelungsabsicht des Gesetzgebers wendet die Rechtsprechung[319] unter Zustimmung weiter Teile des Schrifttums[320] ihre anhand der §§ 30, 31 GmbHG (analog) entwickelten Grundsätze zum eigenkapitalersetzenden Gesellschafterdarlehen weiter neben den gesetzlichen Vorschriften zum Eigenkapitalersatz an (sog. »zweistufiges Schutzsystem«)[321], so dass die Rechtsfolgen zum Eigenkapitalersatz den positivrechtlichen und den weiter fortgeltenden richterrechtlichen Regeln zu entnehmen sind.[322]

Das Nebeneinander von Rechtsprechungs- und Novellenregeln begründet die hM im Wesentlichen damit, dass bei einer ausschließlichen Geltung der gesetzlichen Vorschriften Lücken im Gläubigerschutz entstünden. Diese werden vornehmlich darin gesehen, dass das Regelungskonzept des Gesetzgebers keine Haftung des Geschäftsführers bei Auszahlung eigenkapitalersetzender Gesellschafterleistungen vorsieht (§§ 43 Abs. 3, 30 Abs. 1 GmbHG analog). Letzterer kann die eigenkapitalersetzende Leistung ggf. an den Gesellschafter zurückzahlen, mit der Folge, dass außerhalb eines Insolvenzverfahrens der einzelne Gläubiger allein auf das Anfechtungsgesetz verwiesen ist.[323] Hinzu kommt, dass nach Ansicht der hM die Anfechtungsfristen der §§ 135 Nr. 2 InsO, 6 Nr. 2 AnfG im Vergleich zu dem gesellschaftsrechtlichen Erstattungsanspruch gem. § 31 Abs. 1 GmbHG analog

---

319 Grundlegend BGH, Urt. v. 26. 3. 1984 – II ZR 14/84, BGHZ 90, 370, 380 f; seitdem ständige Rspr. vgl. nur BGH, Urt. v. 9. 12. 1991 – II ZR 43/91, NJW 1992, 1166.

320 Vgl. *Hachenburg/Ulmer,* GmbHG, § 32a, b Rdnr. 14, 160; *Ulmer,* ZIP 1984, 1163; *Scholz/Karsten Schmidt,* GmbHG, §§ 32a, 32b Rdnr. 11; *Roth/Altmeppen,* GmbHG, § 32a Rdnr. 107; *Rowedder/Pentz,* GmbHG, § 32a Rdnr. 19, 214; *Lutter/Hommelhoff,* GmbHG, §§ 32a/b Rdnr. 10; *Hommelhoff,* ZGR 1988, 460 ff, 486; *Hommelhoff/Kleindiek,* Festschrift 100 Jahre GmbH-Gesetz, 1992, S. 421, 432; *v.Gerkan,* GmbHR 1986, 218, 219; *ders.,* Festschrift Lutter, 2000, S. 1317, 1324 ff.

321 Vgl. *Lutter/Hommelhoff,* GmbHG, §§ 32a/b Rdnr. 17.

322 Wie sich das Nebeneinander von Novellen- und Rechtsprechungsregeln allerdings im Einzelnen gestaltet, ist umstritten; vgl. *Lutter/Hommelhoff,* GmbHG, §§ 32a/b Rdnr. 17; *Hommelhoff* in v.Gerkan/Hommelhoff (Hrsg.), Handbuch des Eigenkapitalersatzrechts, Rdnr. 1.5; *Priester,* Festschrift Döllerer, S. 475, 483 einerseits und *Timm,* JuS 1991, 652, 654 andererseits.

323 Vgl. BGH, Urt. v. 26. 3. 1984 – II ZR 14/84, BGHZ 90, 370, 378 f; *v.Gerkan,* Festschrift Lutter, 2000, S. 1317, 1324 ff. Ob es wirklich zutrifft, dass für Geschäftsführer für den Zeitraum vor der Eröffnung des Insolvenzverfahrens keinerlei Rechtspflicht zur Beachtung des eigenkapitalersetzenden Charakters der Gesellschafterleistung besteht, bedarf noch einer abschließenden Erörterung; vgl. insoweit auch die Ausführungen unter § 11 I 2 d).

zu kurz bemessen sind.[324] So sehen denn auch Teile des Schrifttums in den kurzen Anfechtungsfristen der gesetzlichen Bestimmungen den wahren Grund für die befürwortete Weitergeltung der Rechtsprechungsregeln neben den Novellenregeln zum Eigenkapitalersatz.[325]

Folgt man der Ansicht der Rechtsprechung, so entfalten die gesetzlichen Vorschriften neben den Rechtsprechungsregeln ihre Bedeutung vor allem dort, wo diese weiter reichen als die Rechtsprechungsgrundsätze.[326] Dies trifft vor allem in zweifacher Hinsicht zu. So begründen nach Ansicht der Rechtsprechung die Vorschriften der §§ 32b S. 1 GmbHG, 135 Nr. 2 InsO, § 6 Nr. 2 AnfG eine unwiderlegbare Vermutung dafür, dass ein Darlehen, das bei seiner Hingabe eigenkapitalersetzenden Charakter hatte, diese Funktion auch noch im Zeitpunkt der Rückzahlung hatte, wenn es innerhalb eines Jahres danach zum Insolvenzantrag bzw. zur Gläubigeranfechtung gekommen ist.[327] Demgegenüber kann ein Gesellschafter bei Geltung der Rechtsprechungsregeln den Beweis für die Entsperrung seiner eigenkapitalersetzenden Gesellschafterleistung im Rückzahlungszeitpunkt erbringen.[328] Sodann endet die Bindung der Gesellschafterleistung den Rechtsprechungsregeln zufolge an der Stammkapitalziffer, wohingegen die gesetzli-

---

324 Vgl. *Scholz/Karsten Schmidt,* GmbHG, §§ 32a, 32b Rdnr. 11 f, 76; *Altmeppen* in Roth/Altmeppen, GmbHG, § 32a Rdnr. 107 f; *Lutter/Hommelhoff,* GmbHG, §§ 32a/b Rdnr. 16 mit Fallbeispiel; *Nerlich/Römermann/Nerlich,* InsO, § 135 Rdnr. 64; *Kübler,* Festschrift Stimpel, 1985, S. 3, 7 f (Letzterer noch zur alten Rechtslage, d.h. zur Geltung des § 32a KO, der anders als § 135 InsO für die Einjahresfrist an die Verfahrenseröffnung und nicht an den Eröffnungsantrag anknüpfte.).

325 Vgl. *Häsemeyer,* Insolvenzrecht, Rdnr. 30.60; *Noack* in Prütting (Hrsg.), Insolvenzrecht 1996, 1997, S. 195, 199; *Haas,* NZI 2001, 1, 3; *ders.* in v.Gerkan/Hommelhoff (Hrsg.), Handbuch des Kapitalersatzrechts, Rdnr. 15.16.

326 Vgl. BGH, Urt. v. 26. 3. 1984 – II ZR 14/84, BGHZ 90, 370, 380.

327 Vgl. BGH, Urt. v. 26. 3. 1984 – II ZR 14/84, BGHZ 90, 370, 381; *Röhricht,* StbJb. 1991/92, S. 313, 340; *v.Gerkan,* GmbHR 1990, 384, 388 (jeweils zu §§ 32b S. 1 GmbHG, 32a S. 2 KO, § 3b S. 2 AnfG aF); siehe zu § 135 Nr. 2 InsO OLG Hamm, Urt. v. 28. 10. 2003 – 27 U 85/03, OLGR Hamm 2004, 46, 47. Aus dem Schrifttum vgl. ferner *Lutter/Hommelhoff,* GmbHG, §§ 32a/b Rdnr. 93; *Goette,* Die GmbH, § 4 Rdnr. 10, S. 92; Rdnr. 148, S. 141; *Uhlenbruck/Hirte,* InsO, § 135 Rdnr. 5; wohl auch MünchKommInsO-*Stodolkowitz,* § 135 Rdnr. 59; *ders.* in Bankrechts-Handbuch, § 84 Rdnr. 49. A.A. *Scholz/Karsten Schmidt,* GmbHG, §§ 32a, 32b Rdnr. 54; *Karsten Schmidt,* ZIP 1991, 1, 4; *Altmeppen* in Roth/Altmeppen, GmbHG, § 32a Rdnr. 51; *Rowedder/Pentz,* GmbHG, § 32a Rdnr. 66; Münch. Hdb. GesR III/*Rümker,* § 52 Rdnr. 51; *Willemsen/Coenen,* DB 2001, 910, 911 f.

328 Vgl. BGH, Urt. v. 26. 3. 1984 – II ZR 14/84, BGHZ 90, 370, 381; OLG Hamm, Urt. v. 28. 10. 2003 – 27 U 85/03, OLGR Hamm 2004, 46, 47.

chen Vorschriften das gesamte Gesellschafterdarlehen erfassen, d.h. auch den Teil, der über den Nennbetrag des Stammkapitals hinausgeht.[329]

Da bei einem Großteil der Gesellschaften regelmäßig eine die Gesellschafterleistung übersteigende Unterbilanz vorliegen wird, bleibt im Ergebnis für einen eigenständigen Anwendungsbereich der Novellenregeln trotz Weitergeltung der Rechtsprechungsgrundsätze zum Eigenkapitalersatz in der Rechtswirklichkeit wohl nur wenig Raum.[330]

III. Die Reichweite der Verhaftung

Die Reichweite der Verhaftung, d.h. der Verantwortungsbeitrag, den der Gesellschafter im einzelnen zu leisten hat, wenn er ein Kredit- oder Nicht-Kreditgeschäft mit der Gesellschaft vornimmt, soll nachfolgend anhand des Gesellschafterdarlehens als Fall eines typischen (unmittelbaren) und der Gesellschafterbürgschaft als Fall eines typischen (mittelbaren) Kreditgeschäfts (siehe unten 1.) sowie der Gebrauchsüberlassung als Beispiel für ein Nicht-Kreditgeschäft (siehe unten 2.) aufgezeigt werden.

1. Kreditgeschäfte

a) Folgen für das Gesellschafterdarlehen

Hat der Gesellschafter die Gesellschaft in der Krise mit »Kredit«, also mit Kaufkraft versorgt, so darf das Gesellschafterdarlehen entsprechend den Rechtsprechungsgrundsätzen zum Eigenkapitalersatz solange nicht an den Gesellschafter zurückgezahlt werden, wie es dazu dient, das zur Erhaltung des Stammkapitals notwendige Gesellschaftsvermögen zu ersetzen.[331] Darüber hinaus ist auch eine Auszahlung der Zinsen für das Gesellschafterdar-

329 Vgl. BGH, Urt. v. 26. 3. 1984 – II ZR 14/84, BGHZ 90, 370, 381.

330 So in begrüßenswerter Offenheit *Röhricht*, StbJb. 1991/92, S. 313, 342; siehe auch *Scholz/Karsten Schmidt*, GmbHG, §§ 32a, 32b Rdnr. 77.

331 Vgl. BGH, Urt. v. 24. 3. 1980 – II ZR 213/77, BGHZ 76, 326, 335; Urt. v. 13. 7. 1981 – II ZR 256/79, BGHZ 81, 252, 257; Urt. v. 28. 9. 1981 – II ZR 223/80, BGHZ 81, 365, 367; Urt. v. 27. 11. 1989 – II ZR 43/89, ZIP 1990, 98, 100 f; Urt. v. 19. 9. 1996 – IX ZR 249/95, ZIP 1996, 1829, 1830; Urt. v. 8. 11. 2004 – II ZR 300/02, BB 2005, 176, 177.

lehen nicht erlaubt, sofern diese auf Kosten des Stammkapitals geht.[332] Der Zinslauf wird jedoch durch die Rückzahlungssperre nicht berührt, da das Gesellschafterdarlehen auch bei Vorliegen der Voraussetzungen zum Eigenkapitalersatz Fremdkapital bleibt.[333]

In der Insolvenz der Gesellschaft kann der Gesellschafter, anders als es noch unter Geltung der Konkursordnung der Fall war (vgl. § 32a Abs. 1 GmbHG aF), zwar seine Forderung auf Rückgewähr des eigenkapitalersetzenden Darlehens als einfacher Insolvenzgläubiger geltend machen,[334] doch verweist das Gesetz den Gesellschafter gem. § 32a Abs. 1 GmbHG nF i.V.m. § 39 Abs. 1 Nr. 5 InsO in den Nachrang. Diese Abweichung gegenüber der alten Rechtslage, bei der der Gesellschafter von einer Verfahrensteilnahme ausgeschlossen war,[335] resultiert weniger aus einer wirtschaftlichen Aufwertung der Position des Gesellschafters als Gläubiger der Gesellschaft, als vielmehr aus dem Ziel der InsO, die Gesellschaft im Insolvenzverfahren voll abzuwickeln[336] (vgl. noch ausdrücklich so § 1 Abs. 2 S. 3 RegE InsO, arg. nun § 199 S. 2 InsO).[337]

---

332 Vgl. BGH, Urt. v. 27. 9. 1976 – II ZR 162/75, NJW 1977, 104, 106; Urt. v. 15. 2. 1996 – IX ZR 245/94, NJW 1996, 1341, 1343; *Scholz/Karsten Schmidt*, GmbHG, §§ 32a, 32b Rdnr. 77; *Maser*, ZIP 1995, 1319, 1321; *v.Gerkan* in v.Gerkan/Hommelhoff (Hrsg.), Handbuch des Kapitalersatzrechts, Rdnr. 3.90.

333 Vgl. i.d.S. ausdrücklich so BGH, Urt. v. 15. 2. 1996 – IX ZR 245/94, NJW 1996, 1341, 1343; *Maser*, ZIP 1995, 1319, 1321.

334 Vgl. *Scholz/Karsten Schmidt*, GmbHG, §§ 32a, 32b Rdnr. 57 f.

335 Vgl. BT-Drucks. 12/2443, S. 123; *Noack* in Prütting (Hrsg.), Insolvenzrecht 1996, S. 195, 206.

336 Vgl. allgemeine Begründung RegEInsO, BT-Drucks. 12/2443, S. 83 f.

337 Vgl. i.d.S. vor allem auch *Scholz/Karsten Schmidt*, GmbHG, §§ 32a, 32b Rdnr. 57; *Karsten Schmidt*, GmbHR 1999, 9, 11 f; *ders.* in Kölner Schrift, Rdnr. 20 ff, S. 1199, 1208 ff; *ders.*, ZIP 2000, 1913, 1916; *ders.*, Gesellschaftsrecht, § 11 VI 4 b aa), S. 325; *ders.* in Breitenbücher/Ehricke (Hrsg.), Insolvenzrecht, 2003, S. 19, 25; *Lutter/Hommelhoff*, GmbHG, §§ 32a/b Rdnr. 7; *Uhlenbruck/Hirte*, InsO, § 39 Rdnr. 9 i.V.m. § 11 Rdnr. 148 ff; *Stodolkowitz* in Bankrechts-Handbuch, § 84 Rdnr. 51; *Noack*, Festschrift Claussen, 1997, S. 307, 311 f; *ders.* in Prütting (Hrsg.), Insolvenzrecht 1996, S. 195, 206 f; *Gottwald/Haas* in Insolvenzrechts-Handbuch, § 92 Rdnr. 297; *Baumbach/Schulze-Osterloh*, GmbHG, § 64 Rdnr. 67; *Jaeger/Müller*, InsO, § 19 Rdnr. 96; unter Hinweis noch auf §§ 35 und 87 InsO auch MünchKommInsO-*Ott*, § 80 Rdnr. 114. A.A. MünchKommInsO-*Ganter*, § 1 Rdnr. 5; im Ergebnis unklar BGH, Urt. v. 5. 7. 2001 – IX ZR 327/99, NJW 2001, 2966, 2967; offengelassen Urt. v. IX ZR 161/01, ZIP 2002, 1043, 1047.

Auch wegen der Zinsen nimmt der Gesellschafter nicht als einfacher Insolvenzgläubiger am Insolvenzverfahren teil, da die geltend gemachten Zinsen das Schicksal der Hauptforderung teilen, § 39 Abs. 3 InsO.[338]

b) Folgen für die Gesellschaftersicherheit am Beispiel der Bürgschaft

In den Fällen, in denen der Gesellschafter die Liquidität der Gesellschaft im Wege der Besicherung eines Drittkredits geschützt hat, indem er sich namentlich für das Darlehen eines Dritten verbürgt hat, ist auf der Rechtsfolgenseite zu beachten, dass der gesellschaftsfremde Dritte keine Finanzierungsfolgenverantwortung trägt,[339] d.h. sich für den Dritten die Kapitalersatzregeln nicht wirtschaftlich nachteilig auswirken dürfen, sondern im Ergebnis allein der Gesellschafter für die Fremdfinanzierung der Gesellschaft zur Verantwortung gezogen wird.[340]

Unproblematisch ist die Freistellung des Dritten von der Finanzierungsfolgenverantwortung im Rahmen der Rechtsprechungsregeln, da das Auszahlungsverbot des § 30 Abs. 1 GmbHG analog nur im Verhältnis zwischen Gesellschaft und Gesellschafter, nicht aber im Verhältnis der Gesellschaft und dem Dritten Wirkungen entfaltet. Der dritte Kreditgeber kann daher bei Fälligkeit des Darlehens seinen Rückzahlungsanspruch gem. § 488 Abs. 1 S. 2 BGB auch dann gegenüber der Gesellschaft geltend machen, wenn der Geschäftsführer zur Erfüllung der Gesellschaftsverbindlichkeit das Stammkapital der Gesellschaft angreifen muss.[341] Auszugleichen hat den Abfluss von Haftkapital allein der Gesellschafter, der – soweit die Gesellschaft das Drittdarlehen getilgt hat – in Höhe der Bürgschaftssumme zur Erstattung in

338 Vgl. *Hachenburg/Ulmer,* GmbHG, § 32a, b Rdnr. 69; *Jaeger/Henckel,* KO, § 32a Rdnr. 7; *Baumbach/Hueck/Fastrich,* GmbHG, § 32a Rdnr. 57; *Eickmann* in HK-InsO, § 39 Rdnr. 7.

339 Vgl. oben § 3 I 1.

340 Vgl. BGH, Urt. v. 20. 9. 1993 – II ZR 151/92, NJW 1993, 3265 f; *Lutter/Hommelhoff,* GmbHG, §§ 32a/b Rdnr. 111; *Michalski/Heidinger,* GmbHG, §§ 32a, 32b Rdnr. 26, 134; *Fleischer* in v.Gerkan/Hommelhoff (Hrsg.), Handbuch des Kapitalersatzrechts, Rdnr. 6.5.

341 Vgl. BGH, Urt. v. 9. 12. 1991 – II ZR 43/91, NJW 1992, 1166; *Lutter/Hommelhoff,* GmbHG, §§ 32a/b Rdnr. 111; *Geißler,* GmbHR 1996, 565, 573; *Goette,* ZInsO 2001, 529, 533; *Karsten Schmidt,* ZIP 1999, 1821, 1824 f.

das Gesellschaftsvermögen verpflichtet ist (§ 31 Abs. 1 GmbHG analog).[342] Um das Gesellschaftsvermögen »zu schonen«, ist der Geschäftsführer grundsätzlich verpflichtet, vor der tatsächlichen Inanspruchnahme der Gesellschaft vom Gesellschafter Freistellung von der Rückzahlungsverbindlichkeit der Gesellschaft zu verlangen.[343]

Hat der Gesellschafter den Dritten aus der Bürgschaft bereits befriedigt, so wird seine Finanzierungsfolgenverantwortung im Ergebnis dadurch sichergestellt, dass er den Rückgriffsanspruch gem. § 774 BGB bzw. einen ihm ggf. zustehenden Regressanspruch aus § 670 BGB insoweit nicht geltend machen kann, als die Bürgschaft dazu dient, fehlendes Stammkapital der Gesellschaft abzudecken.[344] Denn das Schadloshalten im Wege des Bürgenregresses wirkt wie eine verbotene Kapitalauszahlung an den Gesellschafter, womit dieser zugleich so behandelt wird, als hätte er der Gesellschaft den Kredit in der Krise selbst, unmittelbar gewährt.[345]

Fraglich ist allerdings, ob der Dritte auch bei Anwendung der gesetzlichen Vorschriften von einer Finanzierungsfolgenverantwortung freigestellt ist. Denn das Gesetz bezieht den Dritten mit in die Abwicklung des Dreiecksverhältnisses zwischen Kreditgeber, Gesellschaft und den die Sicherheit gewährenden Gesellschafter mit ein. So kann der Dritte gem. § 32a Abs. 2 GmbHG im Insolvenzverfahren über das Vermögen der Gesellschaft nur für den Betrag verhältnismäßige Befriedigung verlangen, mit dem er bei der Inanspruchnahme des Bürgen ausgefallen ist. Doch der Umstand, dass der Gesetzgeber den außenstehenden Kreditgeber zunächst an den Gesell-

---

342 Vgl. BGH, 13. 7. 1981 – II ZR 256/79, BGHZ 81, 252, 260; Urt. 2. 4. 1990 – II ZR 149/89, NJW 1990, 2260, 2261; Urt. v. 9. 12. 1991 – II ZR 43/91, NJW 1992, 1166; Urt. 14. 3. 2005 – II ZR 129/03, DStR 2005, 706, 707; *Fleischer* in v.Gerkan/Hommelhoff (Hrsg.), Handbuch des Kapitalersatzrechts, Rdnr. 6.61; *Geißler*, 1996, 565, 573.

343 Vgl. BGH, Urt. v. 9. 12. 1991 – II ZR 43/91, NJW 1992, 1166; OLG Hamm, Urt. v. 29. 3. 1999 – 8 U 28/96, NZG 1999, 1163, 1165; *Lutter/Hommelhoff*, GmbHG, §§ 32a/b Rdnr. 130; *Karsten Schmidt*, ZIP 1999, 1821, 1823; *Goette*, ZInsO 2001, 529, 533. Zur Freistellungspflicht des Gesellschafters siehe auch *Goette*, DStR 2005, 707 f; *Gehrlein*, BB 2005, 908 (jeweils Urteilsanm.).

344 Vgl. BGH, Urt. v. 25. 11. 1985 – II ZR 93/85, GmbHR 1986, 226, 228; Urt. v. 5. 2. 1990 – II ZR 114/89, NJW 1990, 1730, 1731; OLG Hamburg, Urt. v. 30. 4. 1980 – 5 U 130/79, ZIP 1980, 911 f; OLG Düsseldorf, Urt. v. 31. 8. 2000 – 12 U 27/00, NZG 2001, 511, 513; *Fleischer* in v.Gerkan (Hrsg.), Handbuch des Kapitalersatzrechts, Rdnr. 6.65; siehe auch *Lutter/Hommelhoff*, GmbHG, §§ 32a/b Rdnr. 135 i.V.m. Rdnr. 134.

345 Vgl. OLG Düsseldorf, Urt. v. 23. 9. 1994 – 17 U 210/93, ZIP 1995, 465, 466; OLG Hamm, Urt. v. 29. 3. 1999 – 8 U 28/96, NZG 1999, 1163, 1165; *Fleck*, LM Nr. 6 zu § 30 GmbHG Anm. 4.

schafter zum Zwecke der Forderungsbefriedigung verweist, führt noch nicht dazu, dass dieser im Vergleich zur Rechtsprechungslösung – bei der der Dritte hinsichtlich der Durchsetzung seiner Rechte keinen Einschränkungen unterliegt[346] – eine (wirtschaftliche) Finanzierungsfolgenverantwortung zu tragen hätte. Zu einer solchen wirtschaftlichen Schlechterstellung des Dritten kommt es vielmehr erst dadurch, dass der Dritte nach der Konzeption des § 32a Abs. 2 GmbHG wie ein absonderungsberechtigter Gläubiger behandelt wird (früher § 64 KO, jetzt § 52 InsO).[347] Das hat zur Folge, dass sich die Quote des Dritten nur auf den Ausfall, nicht aber auf seine gesamte Darlehensforderung errechnet,[348] so dass bei einer nur unzureichenden Befriedigung beim Gesellschafter – folgt man der hM – der Drittkreditgeber nur bei einer Insolvenzquote von 100% volle Befriedigung erhält.[349] Um den Dritten aber im Ergebnis von einer Finanzierungsfolgenverantwortung freizuhalten, schlägt ein Teil des Schrifttums vor, die Quote statt wie bisher auf den Ausfall, auf die gesamte Forderung zu berechnen und im Rahmen der Schlussverteilung (§ 190 Abs. 1 InsO analog) die Quote an den Dritten nur bis zur Höhe des wirklichen Ausfalls auszubezahlen.[350] Andere treten dagegen für eine Anwendung des allgemeinen Lösungsmodells der InsO ein, wonach sich im Fall einer Drittbesicherung (vgl. § 43 InsO) die Quote auf die volle Forderung berechnet.[351] Um jedoch allein den

---

346 Vgl. *Goette,* ZInsO 2001, 529, 533; *Fleischer* in v.Gerkan/Hommelhoff (Hrsg.), Handbuch des Kapitalersatzrechts, Rdnr. 6.28.

347 Vgl. Regierungsbegründung zu § 32a GmbHG (aF), BT-Drucks. 8/1347, 40; *Peters,* ZIP 1987, 621, 623.

348 Vgl. für den Fall eines (wahren) absonderungsberechtigten Gläubigers *Gottwald,* Insolvenzrechts-Handbuch, § 42 Rdnr. 62; siehe für den Fall einer eigenkapitalersetzenden Gesellschaftersicherheit *Hachenburg/Ulmer,* GmbHG, § 32a, b Rdnr. 148; *Lutter/Hommelhoff,* GmbHG, §§ 32a/b Rdnr. 124; *Michalski/Heidinger,* GmbHG, §§ 32a, 32b Rdnr. 336; *Baumbach/Hueck/Fastrich,* GmbHG, § 32a Rdnr. 68; *Peters,* ZIP 1987, 621, 623; *Dellinger,* ÖBA 1998, 601, 605 f; *Obermüller,* Insolvenzrecht in der Bankpraxis, Rdnr. 5.357; *Braun/Bäuerle,* InsO, § 39 Rdnr. 14; *Fleischer* in v.Gerkan/Hommelhoff (Hrsg.), Handbuch des Kapitalersatzrechts, Rdnr. 6.31 f; vgl. insoweit auch *Scholz/Karsten Schmidt,* GmbHG, §§ 32a, 32b Rdnr. 156a; *Karsten Schmidt/G. Bitter,* ZIP 2000, 1077, 1088.

349 Vgl. i.d.S. auch *Baumbach/Hueck/Fastrich,* GmbHG, § 32a Rdnr. 68; *Peters,* ZIP 1987, 621, 623.

350 Dafür *Scholz/Karsten Schmidt,* GmbHG, §§ 32a, 32b Rdnr. 156a i.V.m. Rdnr. 156; *Karsten Schmidt,* ZIP 1999, 1821, 1826 f; *ders./G. Bitter,* ZIP 2000, 1077, 1088; *Strohn* in Ebenroth/Boujong/Joost, HGB, § 172a Rdnr. 75; für eine Anmeldung der Forderung in voller Höhe auch *Rowedder/Pentz,* GmbHG, § 32a Rdnr. 172; *Altmeppen* in Roth/Altmeppen, GmbHG, § 32a Rdnr. 125.

351 Vgl. *Nerlich/Römermann/Andres,* InsO, § 43 Rdnr. 3; siehe auch *Eickmann* in HK-InsO, § 43 Rdnr. 6; *Häsemeyer,* Insolvenzrecht, Rdnr. 30.63.

Gesellschafter zur Finanzierungsfolgenverantwortung heranzuziehen, hat im Ergebnis – anders als bei einer grundsätzlichen Beibehaltung des Lösungskonzepts des Gesetzgebers[352] – die Masse sodann beim Gesellschafter Regress zu nehmen.[353]

Hat die Gesellschaft das Darlehen bereits getilgt, so stellt das Gesetz die Finanzierungsfolgenverantwortung des Gesellschafters in der Weise sicher, dass der Gesellschafter gem. § 32b S. 1 GmbHG verpflichtet ist, der Gesellschaft den zurückgezahlten Betrag zu erstatten, wenn die Kredittilgung im letzten Jahr vor oder nach dem Antrag auf Insolvenzeröffnung stattgefunden hat (insolvenzrechtlicher Anfechtungsanspruch).[354] Dabei sieht § 32b S. 2, 1. Alt. GmbHG mit der Ausrichtung des Rückerstattungsbeitrages an der Höhe der Bürgschaftssumme ausdrücklich einen mit der getroffenen Finanzierungsentscheidung des Gesellschafters abgestimmten Verantwortungsbeitrag vor.[355] Von der Verpflichtung zur Rückerstattung kann sich der Gesellschafter jedoch durch Zurverfügungstellung der Sicherungsgegenstände befreien, § 32b S. 3 GmbHG (sog. Ersetzungsbefugnis).[356] Diese macht im Falle einer Bürgschaft allerdings wenig Sinn, weil der Gesellschafter hier ebenfalls auf Zahlung eines Geldbetrages in Anspruch genommen wird.[357]

Weitgehend Einigkeit besteht schließlich darüber, dass dem Gesellschafter auch im Anwendungsbereich der gesetzlichen Vorschriften – bei einer Inanspruchnahme aus der Bürgschaft – ein Rückgriffsanspruch gem. § 774 BGB bzw. ein ggf. bestehender Regressanspruch aus § 670 BGB gegen die

---

352 Vgl. *Karsten Schmidt,* ZIP 1999, 1821, 1826.

353 Dafür namentlich *Häsemeyer,* Insolvenzrecht, Rdnr. 30.63.

354 HM vgl. BGH, Urt. 20. 9. 1993 – II ZR 151/92, NJW 1993, 3265, 3266; OLG Düsseldorf, Urt. v. 23. 9. 1994 – 17 U 210/93, ZIP 1995, 465; *Scholz/Karsten Schmidt,* GmbHG, §§ 32a, 32b Rdnr. 167; *Karsten Schmidt,* ZIP 1999, 1821, 1822; *ders.,* DB 1993, 1505, 1506; *Jaeger/Henckel,* KO, § 32a Rdnr. 89; *Altmeppen* in Roth/Altmeppen, GmbHG, § 32a Rdnr. 97 i.V.m. § 32b Rdnr. 2; *Baumbach/Hueck/Fastrich,* GmbHG, § 32b Rdnr. 1; *Stodolkowitz* in Bankrechts-Handbuch, § 84 Rdnr. 90; *Nerlich/Römermann/Nerlich,* InsO, § 135 Rdnr. 68; *Dauernheim* in FK-InsO, § 135 Rdnr. 114.

355 Vgl. auch BGH, Urt. v. 2. 4. 1990 – II ZR 149/89, NJW 1990, 2260, 2261; *Stodolkowitz* in Bankrechts-Handbuch, § 84 Rdnr. 91. Unter Hinweis auf eine bei dem Gesellschafter darüber hinaus nicht eingetretene Bereicherung infolge der Kredittilgung durch die Gesellschaft *Scholz/Karsten Schmidt,* GmbHG, §§ 32a, 32b Rdnr. 175.

356 Vgl. *Hachenburg/Ulmer,* GmbHG, § 32a, b Rdnr. 156; *Altmeppen* in Roth/Altmeppen, GmbHG, § 32b Rdnr. 18; *Baumbach/Hueck/Fastrich,* GmbHG, § 32b Rdnr. 5.

357 Vgl. auch *Scholz/Karsten Schmidt,* GmbHG, §§ 32a, 32b Rdnr. 174: Ersetzungsbefugnis bei Realsicherheiten.

Gesellschaft zusteht.[358] Doch nimmt der Gesellschafter mit diesen Regress- bzw. Rückgriffsansprüchen nur als nachrangiger Gläubiger am Insolvenzverfahren über das Vermögen der Gesellschaft teil (§ 39 Abs. 1 Nr. 5 InsO).[359]

2. Nicht-Kreditgeschäfte

Hat der Gesellschafter durch ein Nicht-Kreditgeschäft, wie dem der Gebrauchsüberlassung,[360] die Gesellschaft in der Krise unterstützt, so beschränken sich die Rechtsfolgen nicht nur auf eine Verhaftung der Miet- und Pachtzinsansprüche.[361] Darüber hinaus fällt auch das in der Gebrauchs-

---

358 Vgl. *Hachenburg/Ulmer,* GmbHG, § 32a, b Rdnr. 146; *Baumbach/Hueck/Fastrich,* GmbHG, § 32a Rdnr. 71; *Fleischer* in v.Gerkan/Hommelhoff (Hrsg.), Handbuch des Kapitalersatzrechts, Rdnr. 6.66; *Karsten Schmidt,* ZIP 1999, 1821, 1824.

359 Vgl. *Baumbach/Hueck/Fastrich,* GmbHG, § 32a Rdnr. 71; *Fleischer* in v.Gerkan/Hommelhoff (Hrsg.), Handbuch des Kapitalersatzrechts, Rdnr. 6.66; *Karsten Schmidt,* ZIP 1999, 1821, 1824; *Uhlenbruck/Hirte,* InsO, § 39 Rdnr. 10; ausdrücklich i.d.S. noch § 32a Abs. 4 S. 2 GmbHG RegE 1977, BT-Drucks. 8/1347, S. 9 f.

360 Vgl. oben § 3 II 2 b).

361 Hierzu zählen nicht nur stehen gelassene Miet- und Pachtzinsansprüche, deren Verhaftung bereits Folge eines Kreditgeschäfts mit der Gesellschaft ist (Stehenlassen von Forderungen), sondern auch die sonstigen ab Kriseneintritt entstandenen Miet- und Pachtzinsansprüche, so dass der Gesellschafter enthaltene Miet- und Pachtzinsen der Gesellschaft gem. § 31 Abs. 1 GmbHG analog bzw. der Insolvenzmasse nach § 135 Nr. 2 i.V.m. § 143 Abs. 1 InsO zurückzuerstatten hat; vgl. BGH, Urt. v. 16. 10. 1989 – II ZR 307/88, BGHZ 109, 55, 66; Urt. v. 14. 12. 1992 – II ZR 298/91, BGHZ 121, 31, 42; Urt. v. 14. 6. 1993 – II ZR 252/92, NJW 1993, 2179, 2180; Urt. v. 11. 7. 1994 – II ZR 146/92, BGHZ 127, 1, 7; Urt. v. 11. 7. 1994 – II ZR 162/92, BGHZ 127, 17, 21 f; Urt. v. 15. 6. 1998 – II ZR 17/97, DStR 1998, 1188, 1189; Urt. v. 7. 12. 1998 – II ZR 382/96, DStR 1999, 35; Urt. v. 26. 6. 2000 – II ZR 370/98, ZIP 2000, 1491; OLG Hamm, Urt. v. 1. 6. 1992 – 8 U 252/91, GmbHR 1992, 754, 756; Urt. v. 19. 4. 1999 – 8 U 263/98, NZG 1999, 1007; OLG Düsseldorf, Urt. v. 14. 5. 1999 – 16 U 103/98, GmbHR 1999, 1039, 1041; OLG Schleswig, Urt. v. 19. 10. 2000 – 5 U 138/99, NZG 2001, 273, 275; *Hachenburg/Ulmer,* GmbHG, § 32a, b Rdnr. 112; *Ulmer,* Festschrift Kellermann, 1991, S. 485, 498; *Rowedder/Pentz,* GmbHG, § 32a Rdnr. 163; *Boujong,* WiB 1997, 292, 296; *Brandes,* ZGR 1989, 244, 251; *Goette,* DStR 1994, 1658, 1659; *Knobbe-Keuk,* BB 1984, 1, 4 f; *Weisang,* WM 1997, 197, 208; *Sundermeier/Wilhelm,* DStR 1997, 1454, 1459; *Büscher/Klusmann,* ZIP 1991, 10, 16; *Steinbeck,* ZGR 1996, 116, 133; *Hueck,* Festschrift Odersky, 1996, S. 823, 840. A.A. vor allem *Scholz/Karsten Schmidt,* GmbHG, §§ 32a, 32b Rdnr. 123 im Hinblick auf das laufende Nutzungsentgelt.

überlassung liegende Nutzungsrecht mit in den Haftungsverband der Gesellschaft.[362] Für den Gesellschafter hat das zur Folge, dass er auf der Rechtsfolgenseite so behandelt wird, als hätte er der Gesellschaft das Nutzungsrecht im Wege der Sacheinlage zur Verfügung gestellt.[363] Folglich ist der Insolvenzverwalter in der Insolvenz der Gesellschaft hM nach berechtigt, das Nutzungsrecht entweder durch kostenlosen Gebrauch der überlassenen Sache selbst zu verwerten,[364] die Sachen gegen Entgelt zu überlassen und die Erlöse zur Gläubigerbefriedigung zu verwenden,[365] oder aber das Nutzungsrecht Dritten zu übertragen, d.h. es ihnen abzutreten.[366]

Die Dauer der »zwangsweisen«[367] und kostenlosen[368] Überlassung[369] richtet sich dabei grundsätzlich nach den im Überlassungsvertrag verein-

---

362 Vgl. BGH, Urt. v. 11. 7. 1994 – II ZR 146/92, BGHZ 127, 1, 9, 12; Urt. v. 11. 7. 1994 – II ZR 162/92, BGHZ 127, 17, 25 f; Urt. v. 15. 6. 1998 – II ZR 17/97, DStR 1998, 1188, 1189; OLG Düsseldorf, Urt. v. 12. 12. 1996 – 10 U 33/95, GmbHR 1997, 353, 356; *Lutter/Hommelhoff,* GmbHG, §§ 32a/b Rdnr. 147; *Baumbach/Hueck/Fastrich,* GmbHG, § 32a Rdnr. 59b f; *Grunewald,* Gesellschaftsrecht, 2.F. 4 b) bb), Rdnr. 141, S. 371; *Gehrlein,* NZG 1998, 845, 846.

363 Vgl. BGH, Urt. v. 11. 7. 1994 – II ZR 146/92, BGHZ 127, 1, 9; Urt. v. 11. 7. 1994 – II ZR 162/92, BGHZ 127, 17, 25; OLG Hamm, Urt. v. 1. 6. 1992 – 8 U 252/91, GmbHR 1992, 754, 756; *Priester* in Priester/Timm (Hrsg.), Abschied von der Betriebsaufspaltung?, S. 1, 18; *Brandes,* ebenda, S. 43, 47; *ders.,* ZGR 1989, 244, 248 f; *Hachenburg/Ulmer,* GmbHG, § 32a, b Rdnr. 113; *Rowedder/Pentz,* GmbHG, § 32a Rdnr. 165; *Steinbeck,* ZGR 1996, 116, 137.

364 Vgl. BGH, Urt. v. 15. 6. 1998 – II ZR 17/97, DStR 1998, 1188, 1189.

365 Vgl. *Lutter/Hommelhoff,* GmbHG, §§ 32a/b Rdnr. 147; *Mayer,* DStR 1993, 206, 210.

366 Vgl. BGH, Urt. v. 11. 7. 1994 – II ZR 146/92, BGHZ 127, 1, 12; Urt. v. 7. 12. 1998 – II ZR 382/96, DStR 1999, 35; Urt. v. 28. 2. 2005 – II ZR 103/02, DStR 2005, 705, 706; OLG Hamm, Urt. v. 1. 6. 1992 – 8 U 252/91, GmbHR 1992, 754, 756; *Goette,* Die GmbH, § 4 Rdnr. 140, S. 138; *ders.,* DStR 1994, 1658, 1660; *Baumbach/Hueck/Fastrich,* GmbHG, § 32a Rdnr. 59c; *Hueck,* Festschrift Odersky, 1996, S. 823, 843; *Brandes,* ZGR 1989, 244, 248 f; *Steinbeck,* ZGR 1996, 116, 137; *Sundermeier/Wilhelm,* DStR 1997, 1454, 1458; *Stodolkowitz* in Bankrechts-Handbuch, § 84 Rdnr. 75; kritisch hierzu *Häuselmann,* DZWir 1993, 164, 165 (Urteilsanm.); *Rowedder/Pentz,* GmbHG, § 32a Rdnr. 166. Vgl. für den Fall einer Sacheinlage quoad usum *Bork,* ZHR 154 (1990), 205, 224 ff, 229 ff.

367 Vgl. *Lutter/Hommelhoff,* GmbHG, §§ 32a/b Rdnr. 149.

368 Vgl. BGH, Urt. v. 16. 5. 1998 – II ZR 17/97, DStR 1998, 1188, 1189; Urt. v. 26. 6. 2000 – II ZR 370/98, ZIP 2000, 1491; OLG Stuttgart, Urt. 5. 11. 1997 – 20 U 74/97, NZG 1998, 308, 309, 311; OLG Dresden, Urt. v. 26. 11. 1998 – 19 U 3062/97, NZG 1999, 309, 310; LG Cottbus, Urt. v. 27. 9. 2000 – 5 O 10/00, ZInsO 2000, 620, 621.

369 Die Verpflichtung zur unentgeltlichen Überlassung erstreckt sich dabei auch auf die Mietnebenkosten, wenn der vereinbarte Mietzins die Kosten für Wasser, Wärme

barten zeitlichen Grenzen,[370] so dass sich die verstrickte Restnutzungsdauer aus der Differenz zwischen vereinbarter Vertragslaufzeit und abgelaufener Nutzungsdauer vor Kriseneintritt ergibt.[371] Der Parteivereinbarung wird jedoch nur insoweit Bedeutung beigemessen, wie diese einer sog. Angemessenheitsprüfung, also einem Drittvergleich[372] standhält.[373] Denn den Parteien soll es verwehrt sein, die Verstrickungsdauer des Nutzungsrechts zu manipulieren, indem etwa Vereinbarungen über eine kurze Überlassungsdauer oder Kündigungsfrist getroffen werden. Diese gelten als im Zweifel

---

und Entwässerung etc. abdecken sollte; vgl. BGH, Urt. v. 26. 6. 2000 – II ZR 370/98, ZIP 2000, 1491, 1492; *Goette*, DStR 2000, 1403 (Urteilsanm.)

370 Vgl. BGH, Urt. 11. 7. 1994 – II ZR 146/92, BGHZ 127, 1, 10; Urt. v. 15. 6. 1998 – II ZR 17/97, DStR 1998, 1188, 1189; Urt. 7. 12. 1998 – II ZR 382/96, DStR 1999, 35; OLG Dresden, Urt. v. 26. 11. 1998 – 19 U 3062/97, NZG 1999, 309, 311; OLG München, Urt. v. 25. 1. 1999 – 31 U 2826/98, NZG 1999, 777, 778; *Hachenburg/Ulmer*, GmbHG, § 32a, b Rdnr. 114; *Ulmer*, Festschrift Kellermann, 1991, S. 485, 500; *Lutter/Hommelhoff*, GmbHG, §§ 32a/b Rdnr. 149; *Goette*, DStR 1994, 1658, 1661; *ders.*, DStR 1999, 553, 555 (Urteilsanm.); *Mayer*, DStR 1993, 206, 210; *Oppenländer*, DStR 1993, 1523, 1527; *Jung* in Beck´sches Handbuch der GmbH, § 8 Rdnr. 338; *Weisang*, WM 1997, 197, 208; *Häuselmann*, DZWir 1993, 164, 165 (Urteilsanm.); *Gummert/Jasper*, WiB 1994, 12, 15 A.A. *Brandes*, ZGR 1989, 244, 248 f; *ders.* in Priester/Timm (Hrsg.), Abschied von der Betriebsaufspaltung?, S. 87 (Podiumsdiskussion): Danach ist der Gesellschafter verpflichtet, der Gesellschaft die Sache so lange zu belassen, bis die Krise der Gesellschaft behoben ist oder alle Gesellschaftsgläubiger befriedigt sind; zustimmend *Stodolkowitz* in Bankrechts-Handbuch, § 84 Rdnr. 76.

371 Vgl. *Jebens/Wagner*, DB 1998, 2253, 2257; *Gottwald/Haas*, Insolvenzrechts-Handbuch, § 92 Rdnr. 245.

372 Entscheidend ist danach, für welche (Mindest-)Überlassungsdauer ein verständiger Dritter unter Berücksichtigung der Art der zur Nutzung überlassenen Gegenstände und unter Wahrung seiner eigenen Interessen der Gesellschaft das betreffende Wirtschaftsgut überlassen hätte; vgl. BGH, Urt. v. 11. 7. 1994 – II ZR 146/92, BGHZ 127, 1, 11; *Baumbach/Hueck/Fastrich*, GmbHG, § 32a Rdnr. 59d; *Jebens/Wagner*, DB 1998, 2253, 2257. Für einen solchen (konkreten) Drittvergleich siehe auch OLG Dresden, Urt. v. 26. 11. 1998 – 19 U 3062/97, NZG 1999, 309, 311.

373 Vgl. BGH, Urt. v. 14. 12. 1992 – II ZR 298/91, BGHZ 121, 31, 40; Urt. v. 11. 7. 1994 – II ZR 146/92, BGHZ 127, 1, 10 ff; Urt. v. 7. 12. 1998 – II ZR 382/96, DStR 1999, 35; OLG Dresden, Urt. v. 26. 11. 1998 – 19 U 3062/97, NZG 1999, 309, 311; *Lutter/Hommelhoff*, GmbHG, §§ 32a/b Rdnr. 150; *Hommelhoff* in Priester/Timm (Hrsg.), Abschied von der Betriebsaufspaltung?, S. 87 (Podiumsdiskussion); *Goette*, DStR 1999, 553, 555 (Urteilsanm.); *Mayer*, DStR 1993, 206, 211; *Boujong*, WiB 1997, 292, 296 f; *Real*, GmbHR 1994, 777, 780; *Kallmeyer*, GmbHR 1995, R 41; *Heidinger*, Festschrift Heidinger, 1995, S. 235, 247.

nicht ernstlich gewollt und sind damit nichtig.[374] Etwas anderes gilt, wenn die kurzen Vertragslaufzeiten oder Kündigungsfristen sachlich gerechtfertigt sind,[375] d.h. der Gesellschafter darlegen und beweisen kann,[376] die der Gesellschaft überlassene Sache etwa selbst zu benötigen oder sie beispielsweise innerhalb eines bestimmten Zeitraums an einen Dritteigentümer herausgeben zu müssen.[377]

Das Schrifttum hat sich teilweise dafür ausgesprochen, die Sache selbst[378] oder den Substanzwert der Sache[379] zu verhaften. Beiden weitergehenden Ansichten hat der BGH eine Absage erteilt, weil sie nicht mit dem Grundsatz in Einklang zu bringen sind, dass die Eigenkapitalersatzregeln

---

374 Vgl. BGH, Urt. v. 14. 12. 1992 – II ZR 298/91, BGHZ 121, 31, 40; *Goette,* DStR 1999, 553, 555 (Urteilsanm.); *ders.,* DStR 1994, 1658, 1661; *Ulmer,* Festschrift Kellermann, 1991, S. 485, 501; *Oppenländer,* DStR 1993, 1523, 1527; *Häuselmann,* DZWir 1993, 164, 165 (Urteilsanm.); *Keßler,* GmbHR 1993, 541, 546.

375 Vgl. *Goette,* Die GmbH, § 4 Rdnr. 140, S. 138 f; *Ulmer,* Festschrift Kellermann, 1991, S. 485, 501, 503; *Jung* in Beck´sches Handbuch der GmbHG, § 8 Rdnr. 338; *Mayer,* DStR 1993, 206, 211; *Goette,* DStR 1994, 1658, 1661.

376 Vgl. zur Darlegungs- und Beweislast *Hachenburg/Ulmer,* GmbHG, § 32a, b Rdnr. 115; *Ulmer,* Festschrift Kellermann, 1991, S. 485, 501; *Oppenländer,* DStR 1993, 1523, 1527.

377 Vgl. *Jung* in Beck´sches Handbuch der GmbH, § 8 Rdnr. 338; *Ulmer,* Festschrift Kellermann, 1991, S. 485, 501; *Oppenländer,* DStR 1993, 1523, 1527; *Sundermeier/Wilhelm,* DStR 1997, 1454, 1458.

378 Dafür etwa *Lutter/Hommelhoff,* ZGR 1979, 31, 51 f; *Braun,* ZIP 1983, 1175, 1180; *Wiedemann,* ZIP 1986, 1293, 1300; *Schulze-Osterloh,* ZGR 1983, 123, 142 f; *Wellkamp,* DB 1993, 1759, 1761; *Timm,* JuS 1991, 738, 740; *Waechter,* Gesellschafterdarlehen und Umgehungsgeschäfte, S. 138 f; *Junge,* Festschrift Merz, 1992, S. 241, 245; *Real,* GmbHR 1994, 777, 781; *Keßler,* GmbHR 1993, 541, 545 f für solche Wirtschaftsgüter, die auf die Belange der Gesellschaft zugeschnitten sind, und der Gesellschafter von seinem Ablösungsrecht in Höhe des kapitalisierten Wertes des Nutzungsrechts keinen Gebrauch gemacht; *Raiser,* Recht der Kapitalgesellschaften, § 38 II 5), Rdnr. 43, S. 666 mit der Einschränkung, dass die Wirtschaftsgüter der Gesellschaft dauerhaft zur Verfügung gestellt werden; dafür bereits *ders.,* Recht der Kapitalgesellschaften, 2. Aufl. 1992, § 38 II 3), Rdnr. 22, S. 458. Für eine Pflicht des Gesellschafters auf sein Eigentum an Gegenständen, die dem Wertverzehr unterliegen, zugunsten der Gesellschaft zu verzichten, *Drygala,* Der Gläubigerschutz bei der typischen Betriebsaufspaltung, S. 70 ff; *ders.,* BB 1992, 80, 81 f.

379 Dafür *Bäcker,* ZIP 1989, 681, 691; *ders.,* Eigenkapitalersetzende Rechtshandlungen, S. 207 ff; *ders.,* GmbHR 1994, 766, 770, 772 ff; *Ebenroth/Wilken,* BB 1993, 305, 309; *Wilken,* Kapitalersetzende Nutzungsüberlassungen, S. 86; *Vonnemann,* DB 1990, 261, 263; *Timm,* JuS 1991, 738, 740; *Fabritius,* Überlassung von Anlagevermögen, S. 151 ff; für Wirtschaftsgüter, deren wirtschaftlicher Wert während der Nutzungsphase ausgeschöpft wird *v.Gerkan,* GmbHR 1986, 218, 223; *Ziegler,* Kapitalersetzende Gebrauchsüberlassung und Konzernhaftung, S. 101 ff.

nur ein Abzugsverbot nicht aber ein Zuführungsgebot enthalten.[380] So ist die Sachsubstanz, also die weiter im Eigentum des überlassenen Gesellschafters stehende Sache – anders als in den Fällen des Gesellschafterdarlehens – nicht in das Haftungsvermögen der Gesellschaft übergegangen, was eine Durchbrechung der dinglichen Zuordnung rechtfertigen und den Insolvenzverwalter zu einer Verwertung der Sache selbst berechtigen könnte.[381] Denn dasjenige – so der BGH – was der Gesellschafter der Gesellschaft nicht zu ihrem haftenden Eigenkapital zusätzlich zugeführt hat, liegt außerhalb einer möglichen Bindung nach dem Eigenkapitalersatz.[382]

Ebenso verhält es sich nach Ansicht der hM auch mit der teilweise befürworteten Verhaftung des Substanzwertes der Sache. Zwar lasse diese Ansicht die dingliche Zuordnung unberührt. Doch führe sie dazu, dass ein »Mehr« an Wert im Gesellschaftsvermögen gebunden wird, als der Gesellschafter diesem zuvor mit seiner getroffenen Finanzierungsentscheidung zugeführt hat. Denn bei einer Gebrauchsüberlassung verbleibt – so die hM – der Substanzwert der Sache im Vermögen des überlassenden Gesellschafters.[383] Zugeführt hätte der Gesellschafter diesen allenfalls dann, wenn er der Gesellschaft entweder das Eigentum übertragen oder ihr das Recht eingeräumt hätte, dieses für ihre Zwecke verwerten zu dürfen.[384] Auch kann hM nach aus § 32b GmbHG, der teilweise analog angewandt wird,[385] ein Wertersatzanspruch der Gesellschaft nicht hergeleitet werden.[386] So sei

380 Vgl. BGH, Urt. v. 11. 7. 1994 – II ZR 146/92, BGHZ 127, 1, 8 f, 12 ff; Urt. v. 11. 7. 1994 – II ZR 162/92, BGHZ 127, 17, 23 ff; siehe auch *Baumbach/Hueck/Fastrich*, GmbHG, § 32a Rdnr. 59b; *Hueck*, Festschrift Odersky, 1996, S. 823, 841 f; *Priester* in Priester/Timm (Hrsg.), Abschied von der Betriebsaufspaltung?, S. 1, 18; *Brandes*, ebenda, S. 43, 47; *Knobbe-Keuk*, BB 1984, 1, 3; *Gummert/Jasper*, WiB 1994, 12, 14.

381 Vgl. BGH, Urt. v. 11. 7. 1994 – II ZR 146/92, BGHZ 127, 1, 8 f; Urt. v. 11. 7. 1994 – II ZR 162/92, BGHZ 127, 17, 24 f.

382 Vgl. BGH, Urt. v. 11. 7. 1994 – II ZR 162/92, BGHZ 127, 17, 23; siehe auch *Hueck*, Festschrift Odersky, 1996, 823, 841 f.

383 Vgl. BGH, Urt. v. 11. 7. 1994 – II ZR 127, 17, 29 f; *Brandes*, ZGR 1989, 244, 246; *Hueck*, ZGR 1989, 216, 238; *Steinbeck*, ZGR 1996, 116, 136; siehe auch *Priester* in Priester/Timm (Hrsg.), Abschied von der Betriebsaufspaltung?, S. 1, 18.

384 Vgl. BGH, Urt. v. 11. 7. 1994 – II ZR 162/92, BGHZ 127, 17, 24, 29.

385 Vgl. *Bäcker*, GmbHR 1994, 766, 774; *Ebenroth/Wilken*, BB 1993, 305, 309; *Ziegler*, Kapitalersetzende Gebrauchsüberlassung und Konzernhaftung, S. 101 ff; *Vonnemann*, DB 1990, 261, 263.

386 Vgl. BGH, Urt. v. 11. 7. 1994 – II ZR 146/92, BGHZ 127, 1, 13; Urt. v. 11. 7. 1994 – II ZR 162/92, BGHZ 127, 17, 28 f; *Wiedemann*, ZIP 1986, 1293, 1300; *Ulmer*, Festschrift Kellermann, 1991, S. 485, 502; *Hueck*, ZGR 1989, 216, 234; *Steinbeck*, ZGR 1996, 116, 136; *Büscher/Klusmann*, ZIP 1991, 10, 16.

zwar unbestritten, dass die Gesellschaft Geldmittel erhält, die die Haftungsmasse der Gesellschaft vergrößern, wenn der Gesellschafter ein Fremddarlehen besichert. Doch führe im Unterschied hierzu die Gebrauchsüberlassung des Gesellschafters nicht dazu, dass durch sie das haftende Vermögen der Gesellschaft um die Nutzungsgegenstände selbst vermehrt werde.[387] Für die Fälle aber, in denen der Gesellschafter, wie durch den Zahlungsanspruch, auf der Rechtsfolgenseite zu einer anderen Leistung herangezogen wird, als er der Gesellschaft mit seiner getroffenen Finanzierungsentscheidung (rechtlich) zur Verfügung gestellt hat, enthält § 32b GmbHG nach Ansicht der hM eine abschließende Sonderregelung.[388] Sie würde darauf Bezug nehmen, dass der Insolvenzverwalter in den Fällen der Besicherung eines Fremddarlehens keinen unmittelbaren Zugriff auf die Leistung des Gesellschafters hat, weil diese zu keinem Zeitpunkt in seinen unmittelbaren Besitz gelangt sei,[389] während die Gesellschaft dagegen in den Fällen einer Gebrauchsüberlassung Besitz an dem zur Nutzung überlassenen Gegenstand begründe. Auch würden der Gesellschaft bei der Besicherung eines Fremddarlehens seitens des Gesellschafters – wenn auch von dritter Seite – doch rein tatsächlich Geldmittel zugeführt werden.[390]

Aber auch die Ansicht des BGH, »lediglich« das Nutzungsrecht zu verhaften, ist auf Kritik gestoßen. Denn die Angemessenheitsprüfung führt mitunter dazu, dass der Gesellschafter nicht mehr für die Folgen seiner Finanzierungsentscheidung, sondern für diejenigen eines hypothetischen Dritten einzustehen hat. So, wenn der vorzunehmende Drittvergleich ergibt, dass die vom Gesellschafter tatsächlich gewollte Überlassungszeit nicht derjenigen entspricht, die ein außenstehender Dritter vereinbart hätte, um seine Investitionskosten zuzüglich eines angemessenen Gewinns durch einen ebenfalls angemessenen Mietzins abzudecken.[391] Wird aber für die Dauer der »Zwangsüberlassung«[392] einer drittüblichen Überlassungszeit Bedeutung beigemessen, so stellt die hM damit selbst ein Zuführungsgebot

387 Vgl. BGH, Urt. v. 11. 7. 1994 – II ZR 146/92, BGHZ 127, 1, 13 f; *Ehricke,* WiB 1995, 889, 894.

388 Vgl. Urt. v. 11. 7. 1994 – II ZR 162/92, BGHZ 127, 17, 28; *Steinbeck,* ZGR 1996, 116, 136.

389 Vgl. *Steinbeck,* ZGR 1996, 116, 136.

390 Vgl. BGH, Urt. v. 11. 7. 1994 – II ZR 162/92, BGHZ 127, 17, 28.

391 Vgl. BGH, Urt. v. 11. 7. 1994 – II ZR 146/92, BGHZ 127, 1, 10 f; *Jebens/Wagner,* DB 1998, 2253, 2257; *Real,* GmbHR 1994, 777, 780; *Keßler,* GmbHR 1993, 541, 546.

392 Vgl. *Lutter/Hommelhoff,* GmbHG, §§ 32a/b Rdnr. 149.

auf, was ihrer eigenen Ansicht zufolge keine Grundlage im geltenden Eigenkapitalersatzrecht hat.[393]

Führt man sich weiter vor Augen, dass in den Fällen einer eigenkapitalersetzenden Gebrauchsüberlassung – im Unterschied zur Sacheinlage – der Gesellschafter gerade nicht darauf verzichtet hat, sich in Zukunft auf seine Eigentümerstellung (durch Kündigung des Gebrauchsüberlassungsvertrages) zu berufen, sondern sich ausdrücklich die Möglichkeit einer künftigen Nutzung vorbehalten hat, fällt es schwer einzusehen, warum der Gesellschafter auf der Rechtsfolgenseite so behandelt wird, als hätte er der Gesellschaft das Nutzungsrecht zur freien Verfügung überlassen.[394] Seiner (Finanzierungs-)Entscheidung entsprechend hat der Gesellschafter gerade davon abgesehen, dem Gesellschaftsvermögen das Nutzungsrecht als einen »zusätzlichen« Vermögenswert[395] in der Krise zuzuführen.[396]

Schließlich wird darauf hingewiesen, dass einem Abzugsverbot nach den Bestimmungen zum Eigenkapitalersatz (§§ 30, 31 analog, §§ 32a,b GmbHG), insbesondere einer Vermögensbindung entsprechend § 30 Abs. 1 GmbHG, nur dasjenige unterliegen kann, was als Vermögenswert im Gesellschaftsvermögen gebunden werden kann.[397] Entscheidend ist somit, ob der Gesellschaft Mittel zugeführt worden sind, die das Gesellschaftsvermögen mehren und als Haftungsmasse im Gesellschaftsvermögen zurückgehalten werden können.[398] In Bezug auf das in der Vergangenheit eingeräumte Nutzungsrecht ist dies jedoch fraglich, weil die gewährten Nutzungen einen Vermögenswert darstellen, der sich durch Zeitablauf verzehrt.[399] Ein in die Zukunft gerichteter Vermögensvorteil ist nicht mehr vorhanden.[400] Fehlt es damit aber an einem Vermögenswert, der nach der Prämisse der hM einem Abzugsverbot unterfallen kann,[401] bleibt offen, warum der Gesellschafter, wenn er der Gesellschaft gegenüber Gebrauchsüberlassungen gegen ein angemessenes Entgelt erbringt, Zahlungen, die er für gewährte Nutzungen erhalten hat, der Gesellschaft gem. § 31 Abs. 1 GmbHG

---

393 Vgl. *Bäcker,* GmbHR 1994, 766, 776; *Kallmeyer,* GmbHR 1995, R 41; *Heidinger,* Festschrift Heidinger, 1995, S. 235, 247.

394 Vgl. *Gottwald/Haas,* Insolvenzrechts-Handbuch, § 92 Rdnr. 251; *Knobbe-Keuk,* Festschrift Kellermann, 1991, S. 227, 240 f.

395 Vgl. BGH, Urt. v. 11. 7. 1994 – II ZR 162/92, BGHZ 127, 17, 23.

396 Vgl. *Knobbe-Keuk,* Festschrift Kellermann, 1991, S. 227, 240 f; siehe auch *Kallmeyer,* GmbHR 1995, R 41.

397 Vgl. *Karsten Schmidt,* ZIP 1993, 161, 165.

398 Vgl. *Scholz/Karsten Schmidt,* GmbHG, §§ 32a, 32b Rdnr. 114.

399 Vgl. *Karsten Schmidt,* ZIP 1993, 161, 165.

400 Vgl. *Karsten Schmidt,* ZIP 1993, 161, 165.

401 Vgl. i.d.S. ausdrücklich so *Karsten Schmidt,* ZIP 1993, 161, 165.

analog bzw. der Insolvenzmasse nach § 135 InsO zurückerstatten muss.[402] Folglich kann auch die hM die Verhaftung des Nutzungsrechts nicht erklären, ohne dabei nicht zugleich Ausnahmen von dem selbst aufgestellten Grundsatz zulassen zu müssen, wonach die Eigenkapitalersatzregeln hM nach lediglich ein Abzugsverbot nicht jedoch ein Zuführungsgebot beinhalten.[403]

§ 5 Zusammenfassung und Schlussfolgerung

Zusammenfassend bleibt festzuhalten, dass dem Eigenkapitalersatzrecht unabhängig von seinen Rechtsgrundlagen eine einheitliche Konzeption der Tatbestandsvoraussetzungen zugrunde liegt. Diese gliedern sich in vier größere Bereiche auf. Eine eigenkapitalersetzende Gesellschafterleistung liegt demnach vor, wenn der Gesellschafter dem persönlichen Anwendungsbereich unterfällt, seine Leistung vom sachlichen Anwendungsbereich erfasst wird, der zeitliche Anwendungsbereich eröffnet ist und der Gesellschafter eine Finanzierungsentscheidung getroffen hat. Unterschiedlich geartet sind dagegen die Rechtsfolgen des Eigenkapitalersatzrechts. Während die Rechtsprechungsregeln auf einer analogen Anwendung der Kapitalerhaltungsvorschriften (§§ 30, 31 GmbHG) beruhen, hat der Gesetzgeber sich mit den Regelungen in §§ 32a, b GmbHG i.V.m. § 39 Abs. 1 Nr. 5 InsO, § 135 InsO und § 6 i.V.m. § 11 Abs. 1 AnfG von dem System der Kapitalaufbringung und Kapitalerhaltung gelöst und eine insolvenz- und anfechtungsrechtliche Lösung gewählt.[404]

---

402 Vgl. *Scholz/Karsten Schmidt,* GmbHG, §§ 32a, 32b Rdnr. 114 i.V.m. 123.

403 Vgl. BGH, Urt. v. 11. 7. 1994 – II ZR 162/92, BGHZ 127, 17, 23; siehe auch *Goette,* Die GmbH, § 4 Rdnr. 2, S. 88; Rdnr. 35, S. 101; Rdnr. 98, S. 126; Rdnr. 137, S. 137 f.

404 Vgl. BGH, Urt. v. 26. 3. 1984 – II ZR 14/84, BGHZ 90, 371, 378; *Ulmer,* NJW 2004, 1201, 1207; *ders.,* KTS 2004, 291, 299; *Hommelhoff* in v.Gerkan/Hommelhoff (Hrsg.), Handbuch des Kapitalersatzrechts, Rdnr. 1.23; *ders.,* ZGR 1988, 460, 478 f, 484 f; *Hommelhoff/Kleindiek,* Festschrift 100 Jahre GmbH-Gesetz, 1992, S. 421, 432; *Noack* in Prütting (Hrsg.), Insolvenzrecht 1996, 1997, S. 195, 199; *Hachenburg/Ulmer,* GmbHG, § 32a, b Rdnr. 2; *Bezzenberger,* Festschrift Bezzenberger, 2000, S. 23, 24 f; *Fastrich,* Festschrift Zöllner, Band I, 1998, S. 143, 155, 158; *Raiser,* Recht der Kapitalgesellschaften, § 38 I 4), Rdnr. 14 f, S. 653; *Priester,* Festschrift Döllerer, 1988, S. 475, 482; *Baumbach/Hopt,* HGB, § 172a Rdnr. 7 i.V.m. Rdnr. 37. A.A. *Scholz/Karsten Schmidt,* GmbHG, §§ 32a, 32b Rdnr. 15: gesellschaftsrechtliche Vorschriften mit konkursspezifisch geregelten Rechtsfolgen.

Ob das Eigenkapitalersatzrecht – unabhängig von seinen entwicklungsgeschichtlichen Grundlagen in den Vorschriften über die Kapitalerhaltung (§§ 30, 31 GmbH)[405] – zutreffend mit den Kapitalerhaltungsvorschriften erklärt werden kann, wird zunehmend in Zweifel gezogen.[406] So lässt sich etwa die Frage, warum Klein-[407] und Sanierungsgesellschafter keine Finanzierungsfolgenverantwortung tragen, nicht mit den Grundsätzen über die Kapitalerhaltung beantworten. Denn Adressat der Kapitalerhaltungsvorschriften ist jeder Gesellschafter, unabhängig von der Höhe und dem Zweck seiner Beteiligung.[408] Warum Drittgeschäfte des Gesellschafters dem sachlichen Anwendungsbereich des Eigenkapitalersatzrechts unterfallen, kann ebenfalls nicht aus den §§ 30, 31 GmbH abgeleitet werden, da Drittgeschäfte des Gesellschafters mit der Gesellschaft grundsätzlich nicht vom (unmittelbaren) Anwendungsbereich der Kapitalerhaltungsvorschriften erfasst werden.[409] So liegt dem sachlichen Anwendungsbereich des Eigenkapitalersatzrechts hM nach eine risikospezifische Betrachtungsweise zugrunde, die ausschließlich die negativen Folgen einer Gesellschafterleistung für die Gläubigergesamtheit im Blick hat und für die die bilanziellen Auswirkungen eines Rechtsgeschäfts nicht entscheidend sind.[410] In zeitlicher Hinsicht knüpfen die Eigenkapitalersatzregeln hM nach an die Kreditunwürdigkeit der Gesellschaft und nicht an das Stadium der Unterbilanz

---

405 Vgl. BGH, Urt. v. 14. 12. 1959 – II ZR 187/57, BGHZ 31, 258, 268 ff; vgl. ferner Urt. v. 15. 11. 1962 – II ZR 134/61, WM 1963, 121; Urt. v. 29. 11. 1971 – II ZR 121/69, WM 1972, 74, 75; Urt. v. 27. 9. 1976 – II ZR 162/75, NJW 1977, 104, 105; Beschl. v. 7. 12. 1992 – II ZR 125/90, DStR 1993, 175, 176; *Röhricht*, StbJb. 1991/92, S. 313, 316; *Goette*, Die GmbH, § 4 Rdnr. 1 f, S. 87 f; *ders.*, DStR 1999, 553, 554 (Beschlussanm.).

406 Vgl. *Haas*, NZI 2001, 1 ff; *Bezzenberger*, Festschrift Bezzenberger, 2000, S. 23, 24 f, 33 f, 45; *Altmeppen* in Roth/Altmeppen, GmbHG, § 32a Rdnr. 44 f; *Reiner*, Festschrift Boujong, 1996, S. 415, 439 ff; *Ulmer*, NJW 2004, 1201, 1204; *Fastrich*, Festschrift Zöllner, Band I, 1998, S.143, 155 ff.

407 Vgl. *Stodolkowitz* in Bankrechts-Handbuch, § 84 Rdnr. 30.

408 Vgl. *Stodolkowitz* in Bankrechts-Handbuch, § 84 Rdnr. 30; *Haas* in v.Gerkan/Hommelhoff (Hrsg.), Handbuch des Kapitalersatzrechts, Rdnr. 15.15; *ders.*, NZI 2002, 457, 463 f.

409 Vgl. OLG Stuttgart, Urt. v. 13. 3. 2002 – 20 U 67/01, GmbHR 2002, 1072, 1073; *Baumbach/Hueck/Fastrich*, GmbHG, § 30 Rdnr. 14.

410 Vgl. zur risikospezifischen Betrachtungsweise oben unter § 3 II 2 einerseits und zu § 30 GmbHG andererseits BGH, Urt. v. 13. 11. 1995 – II ZR 113/94, GmbHR 1996, 111, 112; BGH, Urt. v. 10. 12. 2001 – II ZR 30/00, ZIP 2002, 436, 437; KG, Urt. v. 11. 1. 2000 – 14 U 7683/97, NZG 2000, 479, 481; *Goette*, Die GmbH, § 3 Rdnr. 30 ff, S. 75 f. Siehe aber auch BGH, Urt. v. 24. 11. 2003 – II ZR 171/01, GmbHR 2004, 302, 303 f. Danach soll in den Fällen einer Darlehensgewährung an Gesellschafter – selbst bei Vollwertigkeit des Rückzahlunganspruchs – eine rein

an.[411] Auch die Rechtsprechung des BGH, in den Fällen stehengelassener Leistungen subjektive Merkmale in der Person des Gesellschafters zu verlangen,[412] lässt sich mit den rein objektiv ausgestalteten Kapitalerhaltungsvorschriften[413] nicht erklären.[414] Auf der Rechtsfolgenseite werden schließlich Gesellschafterleistungen unabhängig von den Rechtsquellen des Eigenkapitalersatzrechts mit einer Durchsetzungssperre belegt, um das Ausfallrisiko der Gläubiger zu minimieren.[415] Das zeigt, dass sich das Eigenkapitalersatzrecht nicht nur auf der Tatbestands-, sondern auch auf der Rechtsfolgenseite zu einem eigenständigen gläubigerschützenden Rechtsinstitut entwickelt hat.[416]

---

bilanzielle Betrachtungsweise nicht eingreifen, sondern – um das Gesellschaftsvermögen bis zur Höhe der Stammkapitalziffer real zu sichern – bei Unterbilanz der Gesellschaft nicht nur der bilanzielle Wert des Gesellschaftsvermögens gewahrt, sondern auch dessen reale Substanz zusammengehalten werden, um zu verhindern, dass dem Kapitalabfluss eine nicht sofort realisierbare Forderung gegenübersteht. Kritisch hierzu *Bähr/Hoos,* GmbHR 2004, 304, 305 (Urteilsanm.); *Helmreich,* GmbHR 2004, 457, 460 ff; *Rowedder/Pentz,* GmbHG, § 30 Rdnr. 34.

411 Vgl. zu den Unterschieden in zeitlicher Hinsicht vor allem auch BGH, Urt. v. 13. 7. 1992 – II ZR 269/91, BGHZ 119, 201, 212 f; Urt. v. 12. 7. 1999 – II ZR 87/98, NJW 1999, 3120, 3121; OLG Dresden, Urt. v. 3. 12. 1998 – 9 U 1087/98, NZG 1999, 347, 348; OLG Schleswig, Urt. v. 19. 10. 2000 – 5 U 138/99, NZG 2001, 273, 274; LG Hildesheim, Urt. v. 5. 9. 2003 – 5 O 2/02, GmbHR 2003, 1484, 1485; *Baumbach/Hueck/Fastrich,* GmbHG, § 32a Rdnr. 46; *Rowedder/Pentz,* GmbHG, § 32a Rdnr. 40; *Lutter/Hommelhoff,* GmbHG, §§ 32a/b Rdnr. 18; *Scholz/Karsten Schmidt,* GmbHG, §§ 32a, 32b Rdnr. 41; *Stodolkowitz* in Bankrechts-Handbuch, § 84 Rdnr. 39; *Schaub,* DStR 1993, 1483, 1488.

412 Vgl. grundlegend BGH, Urt. v. 7. 11. 1994 – II ZR 270/93, BGHZ 127, 336, 344.

413 Vgl. *Goette,* Die GmbH, § 3 Rdnr. 7, S. 66.

414 Vgl. *Altmeppen* in Roth/Altmeppen, GmbHG, § 32a Rdnr. 44 f; *ders.,* ZIP 1994, 1939, 1941 (Urteilsanm.).

415 Vgl. oben § 4 I; siehe auch *Haas* NZI 2002, 457, 466; *ders.* in v.Gerkan/Hommelhoff (Hrsg.), Handbuch des Kapitalersatzrechts, Rn 15.15; *Goette,* Die GmbH, § 4 Rdnr. 146, S. 140 f: »Von ... Unterschieden im einzelnen abgesehen, sind allerdings im Grundsatz die Rechtsfolgen – Auszahlungssperre und Erstattungspflicht – identisch.«

416 Siehe auch *Goette,* ZHR 162 (1998), 223: »In fast 40 Jahren ist das Eigenkapitalersatzrecht ... neben anderen Regeln, etwa denen über die Kapitalaufbringung und Kapitalerhaltung zu einem der grundlegenden Instrumente des Gläubigerschutzes .... ausgeformt worden.«; *Haas* in v.Gerkan/Hommelhoff (Hrsg.), Handbuch des Kapitalersatzrechts, Rn 15.15; *ders.,* NZI 2002, 457, 466: ein von dem System der Kapitalaufbringung und -erhaltung unabhängiges Gläubigerschutzsystem; vgl. auch *Eichele,* Die Reichweite des Kapitalerhaltungsgrundsatzes, S. 63 ff.

Diese Feststellung lässt allerdings nach wie vor die Frage offen, welche Wertungsgrundlagen hinter dem Eigenkapitalersatzrecht stehen. Allein der Begriff der Finanzierungsfolgenverantwortung hilft nicht weiter, weil zum einen unklar bleibt, vor welchen negativen Finanzierungsfolgen das Eigenkapitalersatzrecht die Gläubiger zu schützen sucht und warum zum anderen der Gesellschafter eine (Finanzierungs-)Verantwortung trägt, die in einem Abzugsverbot seiner Leistung besteht.[417] Beiden Fragen soll im Folgenden näher nachgegangen werden.

417 Vgl. BGH, Urt. v. 7. 11. 1994 – II ZR 270/93, BGHZ 127, 336, 344 f; OLG Düsseldorf, Urt. v. 15. 9. 1995 – 12 U 98/93, GmbHR 1996, 201, 203; OLG Hamm, Urt. v. 18. 3. 1999 – 27 U 240/98, GmbHR 1999, 917, 920.

2. Kapitel
Die vom Eigenkapitalersatzrecht erfassten negativen Finanzierungsfolgen und der Verantwortungsbeitrag des Gesellschafters

Anhand des Tatbestandes und der Rechtsfolgen des Eigenkapitalersatzrechts lässt sich nicht ohne weiteres erkennen, was unter der Finanzierungsfolgenverantwortung des Gesellschafters zu verstehen ist. Um die hinter dem Eigenkapitalersatzrecht stehenden Wertungsgrundlagen ermitteln zu können, ist zunächst danach zu fragen, vor welchen gläubigerschädigenden Phänomenen Rechtsprechung und Gesetzgeber die Gläubiger der Gesellschaft mit den Regeln zum Eigenkapitalersatz überhaupt zu schützen suchen.

§ 6 Gläubigerbenachteiligung infolge Gläubigertäuschung

Folgt man der Ansicht der hM, so sind die von einer Gesellschafterfremdleistung ausgehenden negativen Folgen zu Lasten der Gläubigergesamtheit in erster Linie in einer Gläubigerbenachteiligung infolge Gläubigertäuschung zu sehen.[418] So hätte es der Gesellschafter sowohl durch die Zurverfügungstellung von Krediten[419] als auch durch die Überlassung von Sachwerten zum Gebrauch[420] in der Hand, die Gläubiger über die wirtschaftliche Leistungsfähigkeit der Gesellschaft, mithin über ihre Kreditwürdigkeit in der Krise zu täuschen.[421] Es werde der Eindruck erweckt, so die hM, dass

418 Vgl. BGH, Urt. v. 19. 9. 1996 – IX ZR 249/95, ZIP 1996, 1829, 1830; OLG München, Urt. v. 13. 3. 1992 – 14 U 840/91, GmbHR 1993, 439; OLG Düsseldorf, Urt. v. 15. 9. 1995 – 12 U 98/93, GmbHR 1996, 201, 203; *Lutter/Hommelhoff*, ZGR 1979, 31, 36 ff; *Michalski/Heidinger*, GmbHG, §§ 32a, 32b Rdnr. 10; *Bäcker*, GmbHR 1994, 766, 769; *Ketzer*, Eigenkapitalersetzende Aktionärsdarlehen, S. 37 ff, 44 ff; *Rümker*, ZIP 1982, 1385, 1391; *Keßler*, GmbHR 1993, 541, 544; *Steinbeck*, ZGR 1996, 116, 128.

419 Vgl. zum Gesellschafterdarlehen eingehend *Lutter/Hommelhoff*, ZGR 1979, 31, 36 ff; *Ketzer*, Eigenkapitalersetzende Aktionärsdarlehen, S. 37 ff, 44 ff.

420 Vgl. *Bäcker*, GmbHR 1994, 766, 769; *Keßler*, GmbHR 1993, 541, 545; *Fabritius*, Überlassung von Anlagevermögen, S. 99.

421 Vgl. *Hommelhoff/Kleindiek*, Festschrift 100 Jahre GmbH-Gesetz, 1992, S. 421, 434.

die Gesellschaft mit genügend Kapital ausgestattet[422] und in der Lage sei, derzeit und in Zukunft ihre Verbindlichkeiten zu erfüllen. Dieses typisierte, allgemeine Vertrauen des Geschäftsverkehrs gelte es zu schützen.[423]

Ob der Ansatz eines fälschlich erweckten Eindrucks einer Kreditwürdigkeit der Gesellschaft wirklich tragfähig ist, ist allerdings aus mehreren Gründen zweifelhaft. So ist es zunächst einmal die Aufgabe eines jeden Gläubigers selbst Vorsoge für einen möglichen Ausfall seiner Forderung in der Insolvenz des Vertragspartners zu treffen, sich also gegen das Insolvenzausfallrisiko durch Bestellung von Sicherheiten abzusichern.[424] Einen allgemeinen Grundsatz dahingehend, dass die Gläubiger stets auf die volle Realisierung ihrer Forderungen und damit auf die finanzielle Leistungsfähigkeit des Vertragspartners vertrauen dürfen, gibt es nicht.[425] Ein solches Vertrauen in den Rechtsschein der Kreditwürdigkeit wird vielmehr (außerhalb des Kapitalersatzrechts) erst dann als schutzwürdig angesehen, wenn die Schwelle eines Auskunftsvertrages oder diejenige des § 826 BGB überschritten ist.[426] Warum dies im Rahmen des Eigenkapitalersatzrechts anders sein soll, ist nicht einzusehen.[427] Hinzu kommt, dass auch in den Fällen einer Gebrauchsüberlassung ein Gläubiger schwerlich davon ausgehen kann, dass die bei der Gesellschaft vorzufindenden Gegenstände von der Gesellschaft zu Eigentum erworben wurden und ihm als Vollstreckungsobjekte zur Verfügung stehen.[428] Es ist nämlich keineswegs ausgeschlossen und rea-

---

422 Vgl. OLG Düsseldorf, Urt. v. 26. 6. 2003 – I-6 181/02, GmbHR 2003, 947, 948; *Henze* in Großkomm AktG, § 57 Rdnr. 100; *Fleck,* EWiR § 32a GmbHG 2/96, 1087 f; *ders.*, Festschrift Werner, 1984, S. 107, 116.

423 Vgl. *Lutter/Hommelhoff,* ZGR 1979, 31, 36 ff.

424 Vgl. BGH, Urt. v. 17. 3. 1966 – II ZR 282/63, NJW 1966, 1309, 1310; *Hofmann,* NJW 1966, 1941, 1945; *Rimmelspacher,* Kreditsicherungsrecht, S. 1; *Drukarczyk,* WM 1994, 1737, 1740; *Drukarczyk/Schüler* in Kölner Schrift, Rdnr. 67, S. 95, 120; *Burger/Schellberg,* BB 1995, 261, 262.

425 Vgl. *Sonnenberger,* NJW 1969, 2033, 2035; *Michel,* Eigenkapitalersetzende Gesellschafterleistungen, S. 138; *Fleischer,* Finanzplankredite, S. 79 f; *Koch,* Eigenkapitalleistungen, S. 81; siehe auch *Eichele,* Reichweite des Kapitalerhaltungsgrundsatzes, S. 51; *Fastrich,* Festschrift Zöllner, Band I, 1998, S. 143, 146; *Bezzenberger,* Festschrift Bezzenberger, 2000, S. 2000, 23, 35.

426 Vgl. BGH, Urt. v. 20. 1. 1954 – II ZR 155/52, BGHZ 12, 105, 110.

427 Vgl. so zu Recht auch *Haas,* NZI 2001, 1, 4. Siehe aus der Rspr. für diesen Zusammenhang insbesondere auch OLG München, Urt. v. 20. 1. 1992 – 17 U 4066/91, GmbHR 1993, 439, 441: »Kein außenstehender Gläubiger einer GmbH kann immer darauf vertrauen, daß diese, so lange sie nicht liquidiert wird oder Konkursantrag gestellt hat, noch so viel Vermögen habe, daß die Verbindlichkeiten der Gesellschaft bei Fälligkeit jederzeit beglichen werden könnten«.

428 Vgl. *Spiegelberger,* DStR 1991, 468, 472.

litätsfern, dass diese von der Gesellschaft entweder unter Eigentumsvorbehalt angeschafft, geleast oder bereits (publizitätslos) sicherungsübereignet sind.[429]

Auch der Einwand, dass rein tatsächlich lediglich ein marktmächtiger Vertragspartner der GmbH in der Lage ist, sich gegen das Risiko eines Forderungsausfalls abzusichern, nicht aber ein »kleiner« Kreditgeber,[430] überzeugt nicht. Denn die Rechtsfolgen des Kapitalersatzrechts nehmen hierauf keinen Bezug. So kommt der gesetzliche Rangrücktritt des Gesellschafters (§ 39 Abs. 1 Nr. 5 InsO) vermögensmäßig jedem Gläubiger der Gesellschaft zugute. Eine Unterscheidung im Hinblick darauf, ob der betreffende Gläubiger überhaupt die Chance hatte, sich gegen das Ausfallrisiko abzusichern (Vertragsgläubiger) oder sich eher zufällig der GmbH als Schuldnerin gegenüber sieht (Deliktsgläubiger), findet nicht statt. Schließlich unterbleibt im Rahmen der Rechtsfolgen des Eigenkapitalersatzrechts auch eine Differenzierung im Hinblick darauf, ob der Gläubiger sich überhaupt im Irrtum über die Kreditwürdigkeit der Gesellschaft befunden hat.[431]

§ 7 Gläubigerbenachteiligung infolge Insolvenzverschleppung

Fraglich ist, ob die Ansicht der hM zutrifft, dass eigenkapitalersetzende Gesellschafterleistungen die Gefahr bergen, die Krise der Gesellschaft auf Kosten der Gläubiger zu verschleppen.[432] Wertungsgrundlage des Eigenkapitalersatzrechts wäre dann das Phänomen der Insolvenzverschleppung.

---

429 Vgl. so zu Recht auch OLG München, Urt. v. 20. 1. 1992 – 17 U 4066/91, GmbHR 1993, 439, 441; *Priester* in Priester/Timm (Hrsg.), Abschied von der Betriebsaufspaltung?, 1990, S. 1, 16; *Hueck*, ZGR 1989, 216, 228; *Spiegelberger*, DStR 1991, 468, 473.

430 Vgl. so *Ulmer*, Festschrift Duden, 1977, 661, 662 f.

431 Vgl. *Koppensteiner*, WBl 1997, 489, 494; *Gottwald/Haas*, Insolvenzrechts-Handbuch, § 92 Rdnr. 262; *Haas*, NZI 2001, 1, 4; *Michel*, Eigenkapitalersetzende Gesellschafterleistungen, S. 138.

432 Vgl. BGH, Urt. v. 16. 10. 1989 – II ZR 307/88, BGHZ 109, 55, 57; Urt. v. 19. 12. 1994 – II ZR 10/94, ZIP 1995, 280, 281; Urt. v. 31. 1. 2005 – II ZR 240/02, NZG 2005, 346; OLG München, Urt. v. 13. 3. 1992 – 14 U 840/91, GmbHR 1993, 439; OLG Düsseldorf, Urt. v. 15. 9. 1995 – 12 U 98/93, GmbHR 1996, 201, 203; *Hachenburg/Ulmer*, GmbHG, § 32a, b Rdnr. 8; *Ulmer*, ZIP 1984, 1163, 1166; *ders.*, Festschrift Kellermann, 1991, S. 485, 488, 491; *Fleck*, Festschrift Werner, 1984, S. 107, 110, 111; *Boujong*, GmbHR 1992, 207, 209; *Priester* in Priester/Timm (Hrsg.), Abschied von der Betriebsaufspaltung?, S. 1, 14; *ders.*, Festschrift Helmrich, 1994, S. 721, 730; *v.Gerkan*, ZGR 1997, 173, 176; *ders.*, Festschrift Lutter,

I. Das Phänomen der Insolvenzverschleppung

1. Kreditgeschäfte

Bei einer Fremdfinanzierung besteht der Beitrag zur Insolvenzverschleppung darin, dass durch die Gewährung eines Darlehens der Zusammenbruch des Unternehmens hinausgezögert werden kann, mithin der »Todeskampf«[433] der Gesellschaft verlängert wird.[434] Letzteres birgt die Gefahr, dass durch die weitere unveränderte Teilnahme der Gesellschaft am Markt das noch vorhandene Gesellschaftsvermögen (weiter) verwirtschaftet wird,[435] alte Gläubiger hingehalten werden und neue Gläubiger hinzutreten.[436] Zu diesen »neuen« Gläubigern zählt bei einer Fremdfinanzierung der Gesellschaft auch der Gesellschafter mit seinem Anspruch auf Rückgewähr des Darlehens, mit der Folge, dass sich die Befriedigungsaussichten der Gläubiger noch zusätzlich verschlechtern. Denn bei einer Fremdfinanzierung der Gesellschaft hält sich der Gesellschafter die Möglichkeit offen, dass er im Falle eines endgültigen wirtschaftlichen Zusammenbruchs der Gesellschaft vorrangig vor, zumindest aber in Konkurrenz mit den übrigen Gläubigern der Gesellschaft befriedigt wird.[437]

2000, S. 1317, 1319 f; *Lutter/Hommelhoff,* ZGR 1979, 31, 37; *Weisang,* WM 1997, 197, 198; *Büscher/Klusmann,* ZIP 1991, 10, 11; *Ullrich,* GmbHR 1983, 133, 144; *Rowedder/Pentz,* GmbHG, § 32a Rdnr. 17; *Michalski/Heidinger,* GmbHG, §§ 32a, 32b Rdnr. 10; *Bäcker,* ZIP 1989, 681, 684, 689; *Rümker/Denicke,* Festschrift Lutter, 2000, S. 665, 680; *Veil,* ZGR 2000, 223, 232; *Tillmann/Tillmann,* GmbHR 2003, 325, 327.

433 Vgl. *Lutter/Hommelhoff,* GmbHG, §§ 32a/b Rdnr. 3.

434 Vgl. *Hachenburg/Ulmer,* GmbHG, § 32a, b Rdnr. 8 f; *Rowedder/Pentz,* GmbHG, § 32a Rdnr. 17; *v.Gerkan,* Festschrift Lutter, 2000, S. 1317, 1319 f; *Hommelhoff/Kleindiek,* Festschrift 100 Jahre GmbH-Gesetz, 1992, S. 421, 434; *Weisang,* WM 1997, 197, 198; *Dauner-Lieb,* DStR 1998, 609, 613; *Geißler,* GmbHR 1994, 152, 154.

435 Vgl. BGH, Urt. v. 16. 10. 1989 – II ZR 307/88, BGHZ 109, 55, 57; *Fleck,* Festschrift Werner, 1984, S. 107, 110, 111; *Ulmer,* ZIP 1984, 1163, 1166; *Klaus,* DStR 1994, 1097, 1098; *v.Gerkan,* Festschrift Lutter, 2000, S. 1317, 1320; vgl. hierzu auch unten § 7 IV 2 a) bb).

436 Vgl. KG, Urt. v. 17. 6. 1998 – 23 U 4451/96, NZG 1999, 71, 73; *Lutter/Hommelhoff,* ZGR 1979, 31, 38; *Bäcker,* ZIP 1989, 681, 684; *ders.,* GmbHR 1994, 766, 769 f; *Haas,* Geschäftsführerhaftung und Gläubigerschutz, S. 61; *Suchan,* Kapitalersetzende Sachwertüberlassungen, S. 42; *Steinbeck,* ZGR 1996, 116, 128.

437 Vgl. BGH, Urt. v. 16. 10. 1989 – II ZR 307/88, BGHZ 109, 55, 57; KG, Urt. v. 17. 6. 1998 – 23 U 4451/96, NZG 1999, 71, 73; OLG Hamm, Urt. v. 18. 3. 1999 – 27 U 240/98, GmbHR 1999, 917, 920; *Lutter/Hommelhoff,* ZGR 1979, 31, 38; *Röh-*

Dass mit einer Kreditierung der Gesellschaft die Gefahr einer Insolvenzverschleppung einhergeht, ist durch das Wesen des Kredits bedingt.[438] Durch die Zurverfügungstellung von Kaufkraft wird die Gesellschaft nämlich zahlungsfähig gehalten und kann in der Krise weiter wirtschaften.[439] Das heißt, mit dem ihr überlassenen (Fremd-)Kapital kann die Gesellschaft in der Krise noch neue Verträge eingehen, fällige Verbindlichkeiten begleichen[440] und Sachwerte anschaffen, die anderen Kreditgebern wiederum als Beleihungsgrundlage dienen.[441] Ebenso kann die Gesellschaft weitere Liquidität dadurch erlangen, indem sie die mit den Darlehensvaluta angeschafften Gegenstände im Wege eines sog. Sale-and-lease-back-Geschäfts »zu Geld macht«,[442] also die erworbenen Gegenstände veräußert und vom Leasinggeber zur Nutzung erhält.[443] Mit dem freigesetzten Kapital kann die Gesellschaft wiederum neue Geschäftspartner dazugewinnen, die sie mit Krediten unterstützen.[444]

Das zeigt, dass die Gesellschaft ihren Aktionsradius allein mit dem vom Gesellschafter zur Verfügung gestellten Kapital vergrößert. Denn wie jeder andere Schuldner wird auch die Gesellschaft dazu animiert, die empfangenen Darlehensvaluta zu investieren, mithin in den Rechtsverkehr einzubrin-

---

richt, StbJb. 1991/92, S. 313, 318; *Steinbeck*, ZGR 1996, 116, 128; *Geißler*, GmbHR 1994, 152, 153; *Boujong*, GmbHR 1992, 207, 209; *Klaus*, DStR 1994, 1059, 1061; *Bäcker*, ZIP 1989, 681, 684; *Kamprad*, Gesellschafterdarlehen, S. 32; *Goette*, Die GmbH, § 4 Rdnr. 7, S. 90.

438 Vgl. oben § 3 II 2 a); siehe auch *Priester* in Priester/Timm (Hrsg.), Abschied von der Betriebsaufspaltung?, S. 1, 15; *Häsemeyer*, KTS 1982, 507, 517 f; *Fabritius*, Überlassung von Anlagevermögen, S. 83 f; *Bydlinski*, Bürgschaft, S. 69; *Haas*, NZI 2001, 1, 2; *Klaus*, DStR 1994, 1097, 1098.

439 Vgl. BGH, Urt. v. 14. 12. 1959 – II ZR 187/57, BGHZ 31, 258, 272; OLG Hamm, Urt. v. 26. 1. 1998 – 31 U 90/97, NZG 1998, 551, 552; KG, Urt. v. 17. 6. 1998 – 23 U 4451/96, NZG 1999, 71, 73; *Weisang*, WM 1997, 197, 198; *Wassermeyer*, ZGR 1992, 639, 640 f; *Haas*, NZI 2001, 1, 2; *Bäcker*, ZIP 1989, 681, 686; *Rümker*, ZIP 1982, 1385, 1388.

440 Vgl. *Meyer-Landrut* in Meyer-Landrut/Miller/Niehus, GmbHG, § 32a Rdnr. 5; *Bydlinski*, Bürgschaft, S. 69; *Haas*, NZI 2001, 1, 2; *Fabritius*, Überlassung von Anlagevermögen, S. 83 f; *Klaus*, DStR 1994, 1097, 1098.

441 Vgl. *Klaus*, DStR 1994, 1097.

442 Vgl. *Priester* in Priester/Timm (Hrsg.), Abschied von der Betriebsaufspaltung?, S. 1, 15.

443 Vgl. zum Sale-and-lease-back-Geschäft auch unten § 11 I 1 b) aa) (4).

444 Vgl. zum Sale-and-lease-back-Geschäft als liquiditätsverbessernde Maßnahme auch *Gottwald/Adolphsen* in Kölner Schrift, Rdnr. 101, S. 1043, 1069; *Ziegler*, Kapitalersetzende Gebrauchsüberlassung und Konzernhaftung, S. 147 f.

gen und so vor allem neue Kreditgeber anzuziehen.[445] Zum Inverkehrbringen der Darlehensvaluta wird der Schuldner vom Kreditgeber mehr oder weniger auch gezwungen. Denn der Kreditgeber ist in aller Regel daran interessiert, das gewährte Kapital nebst Zinsen zurückzuerhalten.[446] Deshalb ist mit einer Kreditvergabe unweigerlich das Risiko verbunden, dass eine aus eigener Kraft nicht mehr lebensfähige Gesellschaft künstlich »über Wasser gehalten« wird.[447]

2. Nicht-Kreditgeschäfte

Ob auch ein Nicht-Kreditgeschäft, wie etwa eine Gebrauchsüberlassung, einen Beitrag zur Insolvenzverschleppung leistet, ist fraglich. Zweifel stellen sich vor allem deshalb, weil der Gesellschafter der Gesellschaft bei einer Gebrauchsüberlassung – im Unterschied zum Darlehen – unmittelbar keine Liquidität zuführt.[448] Vielmehr erhält die Gesellschaft vom Gesellschafter das Wirtschaftsgut lediglich zur Benutzung, nicht aber zum Verbrauch überlassen.[449] Ohne jedoch die Sache verbrauchen zu können, kann auch die Insolvenz der Gesellschaft nicht verschleppt werden.[450]

---

445 Vgl. insoweit auch *Häsemeyer,* KTS 1982, 507, 517 f; *Haas,* NZI 2001, 1, 2; *Klaus,* DStR 1994, 1097, 1098; *Brandes,* ZGR 1989, 244, 245.

446 Vgl. *Häsemeyer,* Insolvenzrecht, Rdnr. 2.20; *ders.,* KTS 1982, 507, 517 f; *Haas,* NZI 2001, 1, 2.

447 Vgl. BGH, Urt. v. 26. 3. 1984 – II ZR 171/83, BGHZ 90, 381, 388; *Lutter/Hommelhoff,* GmbHG, §§ 32a/b Rdnr. 3; *Fabritius,* Überlassung von Anlagevermögen, S. 95.

448 Siehe auch BGH, Urt. v. 16. 10. 1989 – II ZR 307/88, BGHZ 109, 55, 58; *Hueck,* ZGR 1989, 216, 226; *Schulze-Osterloh,* ZGR 1983, 123, 131, 136 f; *Priester* in Priester/Timm (Hrsg.), Abschied von der Betriebsaufspaltung?, S. 1, 15; *Knobbe-Keuk,* BB 1984, 1, 3, 4; *Scholz/Karsten Schmidt,* GmbHG, §§ 32a, 32b Rdnr. 29, 127; *Karsten Schmidt,* ZIP 1990, 69, 75; *Ulmer,* Festschrift Kellermann, 1991, S. 485, 489; *Meyer-Landrut* in Meyer-Landrut/Miller/Niehus, GmbHG, § 32a Rdnr. 5; *Fabritius,* Überlassung von Anlagevermögen, S. 97. Vgl. auch oben § 3 II 1, 2 b).

449 Vgl. allgemein zum Wesen einer Gebrauchsüberlassung BFH, Urt. v. 30. 11. 1965 – I 70/60 S, NJW 1966, 855; BGH, Urt. v. 5. 11. 1997 – VIII ZR 55/97, NJW 1998, 595; *Palandt-Putzo,* BGB, Einf v § 607 Rdnr. 2.

450 Siehe so zu Recht auch *Priester* in Priester/Timm (Hrsg.), Abschied von der Betriebsaufspaltung?, S. 1, 15. A.A. *Bäcker,* ZIP 1989, 681, 688; *ders.,* GmbHR 1994, 766, 769 f. Vgl. dazu, dass in der Hingabe von Sachen zum Verbrauch auch der entscheidende Unterschied zwischen einem Darlehen und einer Gebrauchsüberlassung liegt, BFH, Urt. v. 30. 11. 1965 – I 70/60 S, NJW 1966, 855; *Staudinger/Hopt/Mülbert,* BGB, 12. Aufl. 1989, § 607 Rdnr. 2; MünchKomm-*K.P. Berger,* BGB, Vor

Ist der Schuldner nämlich Eigentümer der Sache, so kann er ohne weiteres auf die Liquidität der Gesellschaft und damit auf den Zeitpunkt der Insolvenzauslösung einwirken.[451] Mit einer nur gemieteten Maschine kann der Schuldner dagegen weder bereits fällige Verbindlichkeiten begleichen (Sachdarlehen als Zahlungsmittel)[452] noch die Sache als Sicherheit für einen Drittkredit verwenden bzw. diese beispielsweise im Wege eines Sale-and-lease-back-Geschäfts (rechtmäßigerweise) veräußern, um so liquide Mittel zu erhalten.[453] Der Gebrauchsüberlassung fehlt also – anders als dies beim Darlehen der Fall ist – das Moment der Außenwirkung.[454] Deshalb ist die Gebrauchsüberlassung auch nicht in der Lage, unmittelbar den Grundstein für eine (vorübergehende) Fortführung des Unternehmens über den Krisenzeitpunkt hinaus zu legen.[455]

Dass die Gesellschaft etwa die Aussicht hat, ihre Produkte später am Markt abzusetzen und so an liquide Mittel heranzukommen,[456] ist in diesem Zusammenhang unerheblich. Denn derartige (mittelbare) Folgewirkungen, wozu im Übrigen auch die Ersparung von Aufwendungen gehört,[457] bleiben auch beim Gesellschafterdarlehen außer Betracht.[458]

---

§ 607 Rdnr. 4; RGRK-*Ballhaus*, BGB, Vor § 607 Rdnr. 23 f; *Scholz/Karsten Schmidt*, GmbHG, §§ 32a, 32b Rdnr. 29, 127; *Fabritius*, Überlassung von Anlagevermögen, S. 86 f; *Felix/Heinemann/Korn*, KÖSDI 1982, S. 4785, 4789 f; siehe auch oben § 3 II 2 b).

451 Vgl. *Priester* in Priester/Timm (Hrsg.), Abschied von der Betriebsaufspaltung?, S. 1, 15; *Fabritius*, Überlassung von Anlagevermögen, S. 83 f, 86 f, insbesondere 97; *Felix/Heinemann/Korn*, KÖSDI 1982, S. 4785, 4790; siehe auch *Haas/Dittrich* in v.Gerkan/Hommelhoff (Hrsg.), Handbuch des Kapitalersatzrechts, Rdnr. 8.7 i.V.m. Rdnr. 8.14.

452 Vgl. auch BGH, Urt. v. 27. 3. 1985 – VIII ZR 75/84, NJW 1985, 2417, 2418; *Hueck*, ZGR 1989, 216, 225 f; *Scholz/Karsten Schmidt*, GmbHG, §§ 32a, 32b Rdnr. 29: »Das Sachdarlehen vermehrt wie ein Gelddarlehen unmittelbar das liquide Vermögen der Gesellschaft.«

453 Vgl. *Priester* in Priester/Timm (Hrsg.), Abschied von der Betriebsaufspaltung?, S. 1, 15; *Fabritius*, Überlassung von Anlagevermögen, S. 86, 97.

454 Siehe auch *Priester* in Priester/Timm (Hrsg.), Abschied von der Betriebsaufspaltung?, S. 1, 15.

455 In diesem Sinne wohl auch *Ulmer*, Festschrift Kellermann, 1991, S. 485, 494; *Fabritius*, Überlassung von Anlagevermögen, S. 97.

456 Vgl. in diese Richtung etwa *Jaeger/Henckel*, KO, § 32a Rdnr. 57.

457 Vgl. dafür *Schulze-Osterloh*, ZGR 1983, 123, 131, 137; *Fabritius*, Überlassung von Anlagevermögen, S. 97 f; *Bäcker*, ZIP 1989, 681, 688 f; *Büscher/Klusmann*, ZIP 1991, 10, 12; *Ulmer*, Festschrift Kellermann, 1991, S. 485, 490.

458 Vgl. hierzu auch *Knobbe-Keuk*, BB 1984, 1, 2 mit dem zutreffenden Hinweis darauf, dass auch beim Gesellschafterdarlehen die Zuführung von Eigenkapital »erspart« wird und mithin (erst) dadurch eine gemeinsame Grundlage für die Behand-

Auch die teilweise[459] gezogene Parallele zwischen einer Gebrauchsüberlassung und dem Stehenlassen eines Gesellschafterdarlehens überzeugt nicht. Zwischen dem Fall des Stehenlassens – einschließlich der Stundung einer Forderung – und der Gebrauchsüberlassung besteht ein entscheidender Unterschied.[460] Zutreffend ist zwar, dass sowohl beim Stehenlassen als auch bei einer Gebrauchsüberlassung der Gesellschaft keine Kaufkraft – wie dies etwa bei einem Darlehen in der Krise der Fall ist – *gewährt*, d.h. überlassen wird. Doch wird unmittelbar durch die Stundung bzw. der Nichtgeltendmachung der Forderung der Gesellschaft in der Krise Kaufkraft und damit Kapital *belassen.*[461] Folglich wirkt der Gesellschafter in den Fällen des Stehenlassens – genauso wie bei einer Darlehens*gewährung* in der Krise – unmittelbar auf die Liquidität der Gesellschaft ein und verlängert damit den Todeskampf der Gesellschaft.[462] Einzig und allein darin, dass bei einer Gebrauchsüberlassung der in der Nutzung liegende Vermögenswert in das Vermögen des Schuldners gelangt,[463] könnte eine die Krise der Gesellschaft verschleppende, »lebensverlängernde«, Gesellschafterleistung zu sehen sein.[464] Zu beachten ist jedoch, dass diese angeblich auf »Lebensverlängerung« hin angelegte Gesellschafterleistung (Zuführung der Nutzung als Vermögenswert) sogleich wieder dadurch »lebensverkürzend« dem Gesellschaftsvermögen entzogen wird, als die Gesellschaft dem Gesellschafter für die Gebrauchsüberlassung ein entsprechendes Entgelt zahlt. »Unter dem Strich« stellt sich die Gebrauchsüberlassung gegen Zahlung eines an-

---

lung eigenkapitalersetzender Gesellschafterleistungen geschaffen wird. Im Ergebnis wie hier *Scholz/Karsten Schmidt,* GmbHG, §§ 32a, 32b Rdnr. 127. Dagegen stellt insbesondere *Bäcker,* ZIP 1989, 681, 689 darauf ab, dass »[die] Gebrauchsüberlassung von Anlagegegenständen ... als ein Ersatz für eine Zuführung von Eigenkapital zur Anschaffung der Güter angesehen werden [kann].«

459 Vgl. *Büscher/Klusmann,* ZIP 1991, 10, 12.

460 Vgl. auch *Scholz/Karsten Schmidt,* GmbHG, §§ 32a, 32b Rdnr. 47, 127; *Karsten Schmidt,* ZIP 1990, 69, 75.

461 Vgl. *Staudinger/Hopt/Mülbert,* BGB, 12. Aufl. 1989, Vorbem zu §§ 607 ff Rdnr. 12; *Hachenburg/Ulmer,* GmbHG, § 32a, b Rdnr. 93; *Kamprad,* Gesellschafterdarlehen, S. 40; *Reeb,* Recht der Kreditfinanzierung, S. 2; *Rimmelspacher,* Kreditsicherungsrecht, S. 1; siehe auch oben § 3 II 2 a) aa).

462 Vgl. BGH, Urt. v. 26. 11. 1979 – II ZR 104/77, BGHZ 75, 334, 337; OLG Düsseldorf, Urt. v. 15. 9. 1995 – 12 U 98/93, GmbHR 1996, 201, 204; LG München I, Beschl. v. 1. 12. 1982 – 13 T 21079/82, ZIP 1983, 66, 67; *Geißler,* GmbHR 1994, 152, 154; *Haas,* Geschäftsführerhaftung und Gläubigerschutz, S. 60; *Kamprad,* Gesellschafterdarlehen, S. 40; siehe auch *Wittig,* NZI 1998, 49, 51, zur Stundung eines dem Schuldner vor Kriseneintritt ausgereichten Darlehens.

463 Vgl. *Schulze-Osterloh,* ZGR 1983, 123, 132; *Hueck,* ZGR 1989, 216, 226.

464 Vgl. *Jaeger/Henckel,* KO, § 32a Rdnr. 57.

gemessenen Entgelts damit als keine die Liquidität der Gesellschaft verbessernde Gesellschafterleistung dar.[465] Anders könnte dagegen der Fall zu beurteilen sein, wenn der Gesellschafter der Gesellschaft die Sachen leihweise zur Verfügung stellt und damit die (wieder) »lebensverkürzende« Entgeltzahlung entfällt.[466]

3. Zusammenfassung

Als Zwischenergebnis bleibt festzuhalten, dass die Insolvenz der Gesellschaft durch jede Art von Kreditgeschäften verschleppt werden kann. Entscheidend ist, dass dem Unternehmen Kapital (wie beim Darlehen) entweder *überlassen* oder (wie bei der Stundung bzw. der Nichtgeltendmachung einer Forderung) *belassen* wird.[467] Mit einer Gebrauchsüberlassung leistet der Gesellschafter dagegen keinen Beitrag zur Insolvenzverschleppung. Denn die Liquidität der Gesellschaft wird in diesem Fall nicht unmittelbar dadurch geschützt, dass dem Unternehmen Kaufkraft überlassen oder belassen wird.[468] Eine vorübergehende Fortführung des Unternehmens über den Krisenzeitpunkt hinaus ist nicht möglich.[469] Allein dadurch, dass die Gesellschaft infolge der Gebrauchsüberlassung die Möglichkeit hat, weiter zu produzieren, wird der Todeskampf der Gesellschaft – anders als dies beim Gesellschafterdarlehen der Fall ist – nicht unmittelbar verlängert.[470]

---

465 Vgl. auch *Schulze-Osterloh,* ZGR 1983, 123, 131; *Haas/Dittrich,* DStR 2001, 623, 627 f. Dass die Gesellschaft dem Gesellschafter auch im Fall der Darlehensgewährung ein entsprechendes Entgelt zahlt, trifft zwar zu. Doch kommt im Fall der Darlehensgewährung der für die Insolvenzverschleppung entscheidende Gesichtspunkt hinzu, dass die Gesellschaft die ihr überlassenen Mittel im Unterschied zur Gebrauchsüberlassung verbrauchen und dadurch unmittelbar auf die Liquidität der Gesellschaft einwirken kann. Dies übersehen *Johlke/Schröder* in v.Gerkan/Hommelhoff (Hrsg.), Handbuch des Kapitalersatzrechts, Rdnr. 5.75e.

466 Dass dies im Ergebnis nicht so ist, siehe unten § 7 IV 1 b) aE.

467 Vgl. BGH, Urt. v. 26. 11. 1979 – II ZR 104/77, BGHZ 75, 334, 337; LG München I, Beschl. v. 1. 12. 1982 – 13 T 21079/82, ZIP 1983, 66, 67; *Geißler,* GmbHR 1994, 152, 153 f.

468 Vgl. auch *Gottwald/Haas,* Insolvenzrechts-Handbuch, § 92 Rdnr. 264.

469 A.A. *Lutter/Hommelhoff,* ZGR 1979, 31, 50 f; *Hommelhoff/Kleindiek,* Festschrift 100 Jahre GmbH-Gesetz, 1992, S. 421, 434; *Boujong,* GmbHR 1992, 207, 209; *Bäcker,* GmbHR 1994, 766, 769 f; *Suchan,* Kapitalersetzende Sachwertüberlassungen, S. 42.

470 Siehe auch *Fabritius,* Überlassung von Anlagevermögen, S. 97.

II. Zusammenhang zwischen Phänomen und zeitlichem Anwendungsbereich

Ob die durch eine Insolvenzverschleppung hervorgerufenen negativen Effekte zu Lasten der Gläubigergesamtheit tatsächlich mit Hilfe der Eigenkapitalersatzregeln ausgeglichen werden sollen, erscheint – auf den ersten Blick – zweifelhaft. Ein Zusammenhang zwischen Insolvenzverschleppung und der Verstrickung von Gesellschafterleistungen besteht nämlich nur dann, wenn die Gesellschafterhilfe zu einem Zeitpunkt geleistet wird, in dem die Gesellschaft insolvent ist. Nach Ansicht der hM greift das Eigenkapitalersatzrecht aber bereits ein, wenn die Gesellschaft das Stadium der Kreditunwürdigkeit erreicht hat, das überwiegender Ansicht nach den Insolvenzgründen vorgelagert und von der Insolvenzreife abzugrenzen ist.[471]

Ob jedoch das Kriterium der Kreditunwürdigkeit wirklich ein von der Zahlungsunfähigkeit und Überschuldung abgrenzbares Krisenstadium beschreibt, ist fraglich. So enthält sowohl die Kreditwürdigkeitsprüfung als auch der Überschuldungsbegriff prognostische und wertende Elemente.[472] Sinn und Zweck der Kreditwürdigkeitsprüfung ist es zu ermitteln, ob die Gesellschaft in der Situation, in der ihr ein Gesellschafter mit einem Kredit aushilft, aus eigener Kraft hätte ihren Finanzbedarf decken können.[473] Soweit es an einer tatsächlichen Kreditentscheidung eines außenstehenden Kreditgebers im Augenblick der Kreditvergabe fehlt, ist die Kreditwürdigkeitsprüfung nach Ansicht der hM anhand eines hypothetischen Drittver-

---

471 Vgl. BGH, Urt. v. 24. 3. 1980 – II ZR 213/77, BGHZ 76, 326, 329 f; Urt. v. 13. 7. 1992 – II ZR 269/91, BGHZ 119, 201, 213; Urt. v. 2. 6. 1997 – II ZR 211/95, GmbHR 1997, 890, 891; Urt. v. 12. 7. 1999 – II ZR 87/98, NJW 1999, 3120, 3121; Urt. v. 27. 11. 2000 – II ZR 179/99, DStR 2001, 225, 226; OLG Düsseldorf, Urt. v. 13. 2. 1997 – 6 U 263/95, GmbHR 1997, 350, 351; OLG Hamm, Urt. v. 18. 3. 1999 – 27 U 240/98, GmbHR 1999, 917, 919; *Hachenburg/Ulmer,* GmbHG, § 32a, b Rdnr. 45 ff; *Baumbach/Hueck/Fastrich,* GmbHG, § 32a Rdnr. 46; *Weisang,* WM 1997, 197, 200; *Goette,* ZInsO 2001, 529, 532; *ders.,* Die GmbH, § 4 Rdnr. 39 ff, S. 102 f; *Dauner-Lieb,* DStR 1998, 609; *Gehrlein,* NZG 1998, 845, 846; *Schaub,* DStR 1993, 1483, 1487; *Jasper,* WiB 1995, 250, 251 (Urteilsanm.).

472 Vgl. *Schaub,* DStR 1993, 1483, 1489; *Haas,* Geschäftsführerhaftung und Gläubigerschutz, S. 57 f; *ders.,* NZI 2001, 1, 6; *Jaeger/Henckel,* InsO, § 39 Rdnr. 60 ff.

473 Vgl. BGH, Urt. v. 4. 12. 1995 – II ZR 281/94, NJW 1996, 720 f; Urt. v. 2. 12. 1996 – II ZR 243/95, NJW-RR 1997, 606; OLG München, Urt. v. 5. 3. 1993 – 23 U 4873/92, GmbHR 1993, 429, 431.

gleichs aus der ex ante Sicht[474] nach objektiven Maßstäben[475] vorzunehmen.[476] Danach ist zu fragen, ob ein wirtschaftlich vernünftig handelnder Dritter, der weder an der Gesellschaft beteiligt ist, noch sich an dieser als Gesellschafter beteiligen will, der Gesellschaft zu gleichen Bedingungen Kredit gewährt hätte.[477]

In diese simulierte Kreditentscheidung eines verständigen und objektiven Dritten fließt ein ganzes Bündel von Kriterien ein, die hM nach eine Indizwirkung für die Kreditwürdig- bzw. -unwürdigkeit der Gesellschaft haben. Maßgebend ist aber letztlich eine Gesamtschau aller vorhandenen Umstände im Zeitpunkt der Kreditentscheidung.[478] Zu prüfen ist etwa,[479] ob und ggf. in welcher Höhe die Gesellschaft ihr Stammkapital bereits verloren hat, wie es um das Verhältnis von Rohertrag und Kosten bestellt ist, ob die Gesellschaft über nennenswerte stille Reserven bzw. Vermögensgegenstände verfügt, die sie potentiellen Kreditgebern als Sicherheit anbieten könnte, ob Kredite von dritter Seite gekündigt worden sind, bzw. inwieweit Gesellschaftersicherheiten für eine Kreditierung von dritter Seite nötig waren.[480] Auch sollen dem Lagebericht (§ 289 HGB geändert durch Art. 2 Nr. 3 KonTraG[481]) nunmehr vermehrt Indizien für eine Kreditunwürdigkeit der Ge-

---

474 Vgl. BGH, Urt. v. 28. 9. 1987 – II ZR 28/87, NJW 1988, 824; *Hachenburg/Ulmer*, GmbHG, § 32a, b Rdnr. 49; *Schaub*, DStR 1993, 1483, 1488; *Goette*, DStR 1997, 2027, 2031.

475 Vgl. BGH, Urt. v. 2. 12. 1996 – II ZR 243/95, NJW-RR 1997, 606; OLG Düsseldorf, Urt. v. 10. 3. 1995 – 17 U 130/94, WM 1995, 1024, 1026; *Baumbach/Hueck/Fastrich*, GmbHG, § 32a Rdnr. 42.

476 Vgl. BGH, Urt. v. 13. 7. 1992 - II ZR 269/91, BGHZ 119, 201, 207; OLG Frankfurt a.M, Urt. v. 22. 12. 1999 – 21 U 58/99, NZG 2000, 546, 547; *Lutter/Hommelhoff*, GmbHG, §§ 32a/b Rdnr. 19; *Scholz/Karsten Schmidt*, GmbHG, §§ 32a, 32b Rdnr. 41; *Goette*, DStR 1997, 2027, 2031.

477 Vgl. BGH, Urt. v. 28. 9. 1987 – II ZR 28/87, NJW 1988, 824; Urt. v. 13. 7. 1992 - II ZR 269/91, BGHZ 119, 201, 207 f; OLG Düsseldorf, Urt. v. 2. 3. 1989 – 12 U 74/88, GmbHR 1990, 132, 133; *Lutter/Hommelhoff*, GmbHG, §§ 32a/b Rdnr. 19; *Hommelhoff*, JuS 1989, 643, 644 f; *Timm*, JuS 1991, 652, 655.

478 Vgl. BGH, Urt. v. 13. 7. 1992 - II ZR 269/91, BGHZ 119, 201, 206 f; OLG Düsseldorf, Urt. v. 10. 3. 1995 – 17 U 130/94, WM 1995, 1024, 1026; OLG Frankfurt a.M., Urt. v. 22. 12. 1999 – 21 U 58/99, NZG 2000, 546, 547; *Hachenburg/Ulmer*, GmbHG, § 32a, b Rdnr. 54; *Lutter/Hommelhoff*, GmbHG, §§ 32a/b Rdnr. 19; *Timm*, JuS 1991, 652, 655.

479 Vgl. u.a. die Zusammenstellung bei *Lutter/Hommelhoff*, GmbHG, §§ 32a/b Rdnr. 20; *Goette*, DStR 1997, 2027, 2031.

480 Vgl. BGH, Urt. v. 4. 12. 1995 – II ZR 281/94, NJW 1996, 720 f; Urt. v. 11. 12. 1995 – II ZR 128/94, NJW 1996, 722.

481 Gesetz v. 27. 4. 1998, BGBl. I S. 786.

sellschaft zu entnehmen sein, da dieser auch »die Risiken der künftigen Entwicklung« der Gesellschaft darstellen muss.[482]

Besondere Bedeutung misst die Rechtsprechung im Rahmen der Kreditwürdigkeitsprüfung jedoch den künftigen Ertragsaussichten des Unternehmens zu.[483] Denn wie sich die Absatz- und Gewinnchancen für das Unternehmen gestalten, ist neben der Liquiditätslage der Gesellschaft für einen außenstehenden Kreditgeber deshalb von Interesse, weil sein primäres Anliegen ja darin besteht, von dem Kreditnehmer eine ordnungsgemäße Zins- und Tilgungsleistung zu erhalten.[484] Infolgedessen sieht die Rechtsprechung ein Unternehmen selbst dann noch als kreditwürdig an, wenn das Unternehmen zwar keine Vermögenswerte zur Besicherung des Drittkredits besitzt, dafür aber eine positive Erfolgsaussicht aufweisen kann.[485]

Anhand der Kriterien, die für die Kreditwürdigkeitsprüfung von ausschlaggebender Bedeutung sind, zeigt sich, dass es bei der Prüfung der Kreditwürdigkeit um die Frage geht, ob der Kreditnehmer Zins und Tilgung erbringen kann, mittelfristig also zahlungsfähig ist.[486] Dieses Prognoseziel ist hM nach aber auch Gegenstand der Fortführungsprognose beim Überschuldungsbegriff.[487] So hatte der Geschäftsführer bis zum Inkrafttreten der Insolvenzrechtsreform zum 1. 1. 1999 (vgl. zu § 19 InsO Art. 110 EGInsO) neben der Ermittlung der rechnerischen Überschuldung, die stets unter An-

---

482 Vgl. *Gottwald/Haas*, Insolvenzrechts-Handbuch, § 92 Rdnr. 218; siehe hierzu auch *Kurth/Delhaes*, DB 2000, 2577, 2581.

483 Vgl. BGH, Urt. v. 13. 7. 1992 – II ZR 269/91, BGHZ 119, 201, 207; OLG Düsseldorf, Urt. v. 10. 3. 1995 – 17 U 130/94, WM 1995, 1024, 1027.

484 Vgl. *Schaub*, DStR 1993, 1483, 1489; *Haas*, Geschäftsführerhaftung und Gläubigerschutz, S. 56; *ders.* in Gottwald (Hrsg.), Insolvenzrechts-Handbuch, § 92 Rdnr. 216; siehe auch *Rödl/Winkels*, Kreditmanagement in der Unternehmenspraxis, S. 91.

485 Vgl. hierzu OLG Düsseldorf, Urt. 10. 3. 1995 – 17 U 130/94, WM 1995, 1024, 1027 und siehe dazu, dass ein längeres finanzielles Gleichgewicht auch eine positive Ertragslage voraussetzt, auch *Egner/Wolff*, AG 1978, 99, 102.

486 Vgl. *Haas*, Geschäftsführerhaftung und Gläubigerschutz, S. 56, 57 f; *Schaub*, DStR 1993, 1483, 1489.

487 Vgl. BGH, Urt. v. 13. 7. 1992 – II ZR 269/91, BGHZ 119, 201, 214; Urt. v. 30. 3. 1998 – II ZR 146/96, GmbHR 1998, 594, 596; Urt. v. 12. 7. 1999 – II ZR 87/98, NJW 1999, 3120, 3121; OLG Düsseldorf, Urt. v. 19. 1. 1995 – 6 U 272/93, NJW-RR 1996, 1443, 1444; OLG Köln, Urt. v. 27. 3. 1998 – 19 U 123/97, GmbHR 1998, 741; HansOLG Bremen, Urt. v. 26. 8. 1998 – 11 U 18/98, NZG 1999, 74; OLG Dresden, Urt. v. 26. 11. 1998 – 19 U 3062/97, NZG 1999, 309, 310; OLG Düsseldorf, Urt. v. 18. 2. 1999 – 6 U 38/98, DStR 2000, 1833 f ; OLG Hamm, Urt. v. 29. 3. 1999 – 8 U 28/96, NZG 1999, 1163, 1164; OLG Karlsruhe, Urt. v. 29. 2. 2000 – 3 U 33/99, NZG 2000, 791, 792; OLG Köln, Urt. v. 19. 12. 2000 – 22 U 144/00, NZG 2001, 411; LG Waldhut-Tiengen, Urt. v. 28. 7. 1995 – 2 O 55/92, WM 1996,

satz von Liquidationswerten zu erfolgen hatte,[488] für das Unternehmen eine Fortführungsprognose zu erstellen.[489] Fiel diese positiv aus, sprach also eine überwiegende Wahrscheinlichkeit für ein Fortbestehen der Gesellschaft, war die Gesellschaft insgesamt als rechtlich nicht überschuldet anzusehen (sog. modifizierter zweistufiger Überschuldungsbegriff).[490]

An dem Inhalt der vom Geschäftsführer zu erstellenden Fortführungsprognose hat auch § 19 Abs. 2 InsO nichts geändert.[491] Diese stellt nach wie vor ein wertendes Gesamturteil über die Lebensfähigkeit des Unternehmens in voraussehbarer Zukunft dar.[492] Auch künftig muss wohl überwiegender Ansicht zufolge festgestellt werden, ob die Gesellschaft mittelfristig in der

---

1414, 1415; *Hachenburg/Ulmer,* GmbHG, § 63 Rdnr. 34, 37; *Mayer,* WPg 1994, 129, 133 (jeweils zum bisher von der hM vertretenen sog. modifizierten zweistufigen Überschuldungsbegriff); *Früh,* WPg 1995, 794, 800; *Bork,* ZIP 2000, 1709, 1710; *Drukarczyk/Schüler* in Kölner Schrift, Rdnr. 92, S. 95, 127; *dies.* in MünchKommInsO, § 19 Rdnr. 53; *Smid,* InsO, § 19 Rdnr. 13; *Penzlin,* NZG 2000, 464, 465, 467; IDW-Fachausschuss, WPg 1997, 22, 23; *Lutter/Kleindiek* in Lutter/Hommelhoff, GmbHG, § 64 Rdnr. 15; *Rowedder/Schmidt-Leithoff,* GmbHG, § 63 Rdnr. 69; *Jaeger/Müller,* InsO, § 19 Rdnr. 36.

488 Vgl. *Karsten Schmidt,* AG 1978, 334, 337 f; *Hachenburg/Ulmer,* GmbHG, § 63 Rdnr. 36, 38; *Rowedder/Schmidt-Leithoff,* GmbHG, § 63 Rdnr. 36.

489 Vgl. BGH, Urt. v. 13. 7. 1992 – II ZR 269/91, BGHZ 119, 201, 214; Urt. v. 6. 6. 1994 – II ZR 292/91, BGHZ 126, 181, 199; OLG Köln, Urt. v. 19. 12. 2000 – 22 U 144/00, NZG 2001, 411.

490 Vgl. BGH, Urt. v. 13. 7. 1992 – II ZR 269/91, BGHZ 119, 201, 214; Urt. v. 12. 7. 1999 – II ZR 87/98, NJW 1999, 3120, 3121; OLG Schleswig, Urt. v. 19. 10. 2000 – 5 U 138/99, NZG 2001, 273, 274; *Karsten Schmidt,* AG 1978, 334, 338; *ders.,* ZGR 1998, 633, 652 f; *ders.,* Wege zum Insolvenzrecht der Unternehmen, 1990, S. 50; *Hachenburg/Ulmer,* GmbHG, § 63 Rdnr. 34; *Ulmer,* KTS 1981, 469, 477; *Vollmer/Maurer,* DB 1993, 2315, 2317 f.

491 HM; vgl. *Jaeger/Müller,* InsO, § 19 Rdnr. 36; *Lutter/Hommelhoff,* GmbHG, 14. Aufl. 1995, § 63 Rdnr. 5 und *Lutter/Kleindiek* in Lutter/Hommelhoff, GmbHG, § 64 Rdnr. 15; IDW-Fachausschuss, WPg 1997, 22, 23; *Drukarczyk/Schüler* in Kölner Schrift, Rdnr. 92, S. 95, 127; *dies.* in MünchKommInsO, § 19 Rdnr. 53; *Bork,* ZIP 2000, 1709, 1710; *Haas* in Henckel/Kreft (Hrsg). Insolvenzrecht 1998, 1999, S. 1, 20 f. Anders dagegen wohl nur *Burger/Schellberg,* BB 1995, 261, 266: Fortführungsprognose beinhalte nur allgemein gehaltene Aussage zur Unternehmenszukunft und liegt vor, wenn keine Unternehmensauflösung beabsichtigt sei. Siehe auch *Scholz/Karsten Schmidt,* GmbHG, Vor § 64 Rdnr. 19: »Darauf, ob die Gesellschaft selbst fortgeführt wird und zahlungsfähig bleibt, kommt es nicht an«.

492 Vgl. *Haas* in Henckel/Kreft (Hrsg). Insolvenzrecht 1998, 1999, S. 1, 20 f; *Winnefeld,* Bilanz-HB, N Rdnr. 824; *Früh,* WPg 1995, 794, 801; *Neumann,* BuW 2000, 1; IDW-Fachausschuss, WPg 1997, 22, 24.

Lage ist, ihre Verbindlichkeiten im Prognosezeitraum[493] zu erfüllen, also zahlungsfähig bleibt.[494] Stimmt damit aber der Inhalt der Fortführungsprognose bei der Ermittlung des Insolvenzauslösetatbestands der Überschuldung mit der Prognoseentscheidung der Kreditwürdigkeitsprüfung im Wesentlichen überein,[495] so lässt sich eine Überschneidung beider Tatbestände (Überschuldung und Kreditunwürdigkeit) nur vermeiden, wenn das Element der rechnerischen Überschuldung, gegenüber dem der Fortführungsprognose, bei dem bis zur Reform des Insolvenzrechts überwiegend vertretenen »neuen« bzw. »modifizierten« zweistufigen Überschuldungsbegriff,[496] das enger gefasste Merkmal wäre.[497] Dies ist jedoch nicht der

493 Dieser umfasst hM nach i.d.R. neben dem laufenden noch das nächste Geschäftsjahr; vgl. OLG Köln, Urt. v. 19. 12. 2000 – 22 U 144/00, NZG 2001, 411; *Temme,* Eröffnungsgründe, S. 127; *Lutter/Kleindiek* in Lutter/Hommelhoff, GmbHG, § 64 Rdnr. 15; *Winnefeld,* Bilanz-HB, N Rdnr. 824; *Mayer,* WPg 1994, 129, 133; *Früh,* WPg 1995, 794, 801; *Schaub,* DStR 1993, 1483, 1486; *Bork,* ZIP 2000, 1709, 1710.

494 Vgl. OLG Köln, Urt. v. 19. 12. 2000 – 22 U 144/00, NZG 2001, 411; OLG Naumburg, Urt. v. 20. 8. 2003 – 5 U 67/03, GmbHR 2004, 361, 362; *Drukarczyk/Schüler,* DStR 1999, 646, 647; *dies* in Kölner Schrift, Rdnr. 92, S. 95, 127; *dies.* in MünchKommInsO, § 19 Rdnr. 53; *Smid,* InsO, § 19 Rdnr. 13; *Lutter/Kleindiek* in Lutter/Hommelhoff, GmbHG, § 64 Rdnr. 15; *Jaeger/Müller,* InsO, § 19 Rdnr. 36; *Bork,* ZIP 2000, 1709, 1710; *Temme,* Eröffnungsgründe, S. 121 ff, 123; *Früh,* WPg 1995, 794, 800; *Penzlin,* NZG 2000, 464, 465, 467; *Uhlenbruck* in Beiträge zum neuen Insolvenzrecht, S. 17, 39; *Wagner,* ebenda, S. 43, 47. A.A. *Scholz/Karsten Schmidt,* GmbHG, Vor § 64 Rdnr. 19.

495 Vgl. aus der Rspr. i.d.S. ausdrücklich so OLG Karlsruhe, Urt. v. 29. 2. 2000 – 3 U 33/99, NZG 2000, 791, 792; vgl. hierzu vor allem auch BGH, Urt. v. 13. 7. 1992 – II ZR 269/91, BGHZ 119, 201, 204 ff, wo der BGH diejenigen Kriterien, anhand derer er die Kreditunwürdigkeit der Gesellschaft im Wesentlichen verneint hat, weitgehend auch zur Begründung einer positiven Fortbestehensprognose herangezogen hat; vgl. BGH, a.a.O., S. 201, 207 f einerseits und S. 215 andererseits; ebenso OLG Düsseldorf, Urt. v. 23. 9. 1994 – 17 U 210/93, ZIP 1995, 465, 467; Urt. v. 10. 3. 1995 – 17 U 130/94, WM 1995, 1024, 1026 f; siehe auch OLG Hamburg, Urt. v. 25. 5. 1990 – 11 U 77/90, ZIP 1990, 1262, 1263: »ähnliche Erwägungen«; OLG Stuttgart, Urt. v. 28. 3. 1994 – 2 U 196/93, GmbHR 1994, 620, 622. Vgl. aus dem Schrifttum zur Identität der beiden Prognoseelemente im Rahmen der Kredit(un)würdigkeits- und Überschuldungsprüfung vor allem *Haas,* Geschäftsführerhaftung und Gläubigerschutz, S. 57 f; *ders.,* NZI 2001, 1, 6; *Schaub,* DStR 1993, 1483, 1489; *Reiner,* Festschrift Boujong, 1996, S. 415, 437.

496 Vgl. BGH, Urt. v. 13. 7. 1992 – II ZR 269/91, BGHZ 119, 201, 214; Urt. v. 12. 7. 1999 – II ZR 87/98, ZIP 1999, 1524, 1525; OLG Düsseldorf, Urt. v. 10. 3. 1995 – 17 U 130/94, WM 1995, 1024, 1026; OLG Karlsruhe, Urt. v. 29. 2. 2000 – 3 U 33/99, NZG 2000, 791, 792; *Karsten Schmidt* in Kölner Schrift, Rdnr. 12 f, S. 1199, 1204 ff; *Winnefeld,* Bilanz-HB, N Rdnr. 815.

497 Vgl. auch *Haas,* Geschäftsführerhaftung und Gläubigerschutz, S. 58.

Fall.[498] Vielmehr ist es Sinn und Zweck der zu erstellenden Fortführungsprognose im Rahmen des (neuen) zweistufigen Überschuldungsbegriffs gewesen, diejenigen Unternehmen von dem Insolvenzgrund der Überschuldung auszuklammern, die auf absehbare Zeit ertrags- und lebensfähig sind.[499] Deshalb kam dem Merkmal der rechnerischen Überschuldung als Gegenüberstellung von Vermögen (bewertet zu Liquidationswerten) und Verbindlichkeiten der Gesellschaft[500] bisher keine eingrenzende Funktion zu.[501]

Dass das in Zukunft nach dem Willen des Gesetzgebers der InsO mit § 19 Abs. 2 S. 2 InsO anders werden soll, weil nunmehr selbst bei vorhandener positiver Zukunftsprognose eine Gegenüberstellung von Vermögen und Verbindlichkeiten gem. § 19 Abs. 2 S. 2 InsO zu erfolgen hat,[502] ändert an dem bestehenden weitgehenden Überschneidungsbereich der Insolvenzauslösetatbestände mit dem Stadium der Kreditunwürdigkeit nichts.[503] Im Gegenteil: Es ist vielmehr das Anliegen des Gesetzgebers der InsO gewesen,

---

498 Vgl. *Mayer,* WPg 1994, 129, 133; *Drukarczyk,* WM 1994, 1737, 1739 ff.

499 Vgl. *Hachenburg/Ulmer,* GmbHG, § 63 Rdnr. 35; *Ulmer,* KTS 1981, 469, 477; *Vollmer/Maurer,* DB 1993, 2315, 2317.

500 Vgl. BGH, Urt. v. 13. 7. 1992 – II ZR 269/91, BGHZ 119, 201, 214; Urt. v. 12. 7. 1999 – II ZR 87/98, NJW 1999, 3120, 3121; OLG Karlsruhe, Urt. v. 29. 2. 2000 – 3 U 33/99, NZG 2000, 791, 792; *Hachenburg/Ulmer,* GmbHG, § 63 Rdnr. 34; *Mayer,* WPg 1994, 129, 132.

501 Vgl. hierzu auch *Hachenburg/Ulmer,* GmbHG, § 63 Rdnr. 36, 37; *Scholz/Karsten Schmidt,* GmbHG, Vor § 64 Rdnr. 19 f; *Drukarczyk,* WM 1994, 1737, 1742; *Drukarczyk/Schüler* in Kölner Schrift, Rdnr. 85, S. 95, 125; *Egner/Wolff,* AG 1978, 99, 104; *Haas,* NZI 2001, 1, 6, wo sämtlichst darauf hingewiesen wird, dass bei festgestellter positiver Zukunftsprognose auf die Ermittlung der rechnerischen Überschuldung beim modifizierten zweistufigen Überschuldungsbegriff verzichtet werden kann bzw. konnte. Anders im Ergebnis wohl *Schaub,* DStR 1993, 1483, 1489 i.V.m. 1484, der den relevanten Unterschied zwischen der Kreditwürdigkeitsprüfung und dem Überschuldungstatbestand in dem Element der »rechnerischen Überschuldung« unter Ansatz zu Liquidationswerten sieht.

502 Vgl. Begründung RegE, BT-Drucks. 12/2443, S. 115: »Eine positive Prognose für die Lebensfähigkeit des Unternehmens ... darf die Annahme einer Überschuldung noch nicht ausschließen; sie erlaubt nur, wenn sie nach den Umständen gerechtfertigt ist, eine andere Art der Bewertung des Vermögens.«; siehe auch Beschlussempfehlung und Bericht des Rechtsausschusses, BT-Drucks. 12/7302, S. 157. Danach hat der Ausschuss »die Definition der Überschuldung in § 23 Abs. 2 [§ 19 Abs. 2 InsO] um einen Satz ergänzt, aus dem sich ergibt, daß auch bei einer positiven Prognose für die Fortführung des Unternehmens nicht von vornherein ausgeschlossen ist, daß Überschuldung vorliegt«. Siehe insoweit auch OLG Naumburg, Urt. v. 20. 8. 2003 – 5 U 67/03, GmbHR 2004, 361.

503 Vgl. *Haas,* NZI 2001, 1, 6.

unter Rückkehr zum (alten) zweistufigen Überschuldungsbegriff, bei dem die Fortführungsprognose letztlich nur über den Ansatz zu Fortführungs- oder Liquidationswerten entscheidet, aber kein selbständiges Element im Rahmen des (alten) zweistufigen Überschuldungsbegriffs bildet,[504] die Insolvenzreife des Unternehmens (noch) weiter nach vorn zu verlagern.[505] Denn infolge der Abkehr vom (neuen) zweistufigen Überschuldungsbegriff ist nach dem Willen des Gesetzgebers selbst in denjenigen Fällen, in denen das Unternehmen auch bei Ansatz von Fortführungswerten rechnerisch überschuldet ist, das Insolvenzverfahren über das Vermögen der Gesellschaft zu eröffnen.[506] Um den Zeitpunkt der Insolvenzeröffnung (noch) weiter nach vorn zu verlagern, fordert ein Teil des Schrifttums sogar im Rahmen der anzustellenden Fortführungsprognose nicht (bloß) die Zahlungsfähigkeit der Gesellschaft, sondern vielmehr die Ertragsfähigkeit[507] oder Rentabilität[508] des Unternehmens zu ermitteln.[509]

---

504 Vgl. *Uhlenbruck,* WiB 1996, 409, 410 f; *Drukarczyk/Schüler* in Kölner Schrift, Rdnr. 85, S. 95, 125; *Kübler/Prütting/Noack,* InsO, Gesellschaftsrecht, Sonderband 1, 1999, Rdnr. 76; *Altmeppen* in Roth/Altmeppen, GmbHG, Vor § 64 Rdnr. 21; *Jaeger/Müller,* InsO, § 19 Rdnr. 24.

505 Vgl. Begründung RegE InsO, BT-Drucks. 12/2443, S. 115; Rechtsausschuss zum RegE InsO, BT-Drucks. 12/7302, S. 157; *Nerlich/Römermann/Mönning,* InsO, § 19 Rdnr. 53 ff, insbesondere 56; *Früh,* WPg 1995, 794, 797; *Penzlin,* NZG 2000, 464; *Kallmeyer,* GmbHR 1999, 16; *Haas,* NZI 2001, 1, 6; siehe auch *Vollmer/Smerdka,* DB 2000, 757, 758.

506 Vgl. Begründung RegE BT-Drucks. 12/2443, S. 115; Ausschussbericht, BT-Drucks. 12/7302, BT-Drucks. 12/7302, S. 157; siehe auch *Kübler/Prütting/Noack,* InsO, Gesellschaftsrecht, Sonderband 1, 1999, Rdnr. 76; *Kübler/Prütting/Pape,* InsO, § 19 Rdnr. 8; *Kirchhof* in HK-InsO, § 19 Rdnr. 6; *Nerlich/Römermann/Mönning,* InsO, § 19 Rdnr. 17; *Habersack* in Großkomm AktG, § 92 Rdnr. 45; *Baumbach/Hueck/Fastrich,* GmbHG, § 32a Rdnr. 44; *Baumbach/Hueck/Schulze-Osterloh,* ebenda, § 64 Rdnr. 11; *Bork,* Insolvenzrecht, Rdnr. 93; *ders.,* ZIP 2000, 1709; *Altmeppen* in Roth/Altmeppen, Vor § 64 Rdnr. 21.

507 Vgl. *Götker,* Der Geschäftsführer in der Insolvenz der GmbH, Rdnr. 233; *Müller/Haas* in Kölner Schrift, Rdnr. 16, S. 1799, 1805 f; *Wolf,* Überschuldung, S. 37 f. Kritisch hierzu *Jaeger/Müller,* InsO, § 19 Rdnr. 35.

508 Vgl. *Bähner,* KTS 1988, 443, 447; *v.Gerkan,* EWiR 1999, 409, 410; *Kirchhof* in HK-InsO, § 19 Rdnr. 12; *ders.,* Leitfaden zum Insolvenzrecht, S. 29aE.

509 Kritisch hierzu *Temme,* Eröffnungsgründe, S. 119 ff; *Bork,* ZIP 2000, 1709 f, weil damit so diese Ansicht – der Gläubigerschutz in einem Bereich vorverlegt würde, in dem es die Gläubiger der Gesellschaft noch gar nicht zu schützen gilt. Ebenso kritisch im Hinblick auf eine Einbeziehung von Rentabilitätsgesichtspunkten *Drukarczyk/Schüler* in Kölner Schrift, Rdnr. 92, S. 95, 127; *dies.* in MünchKommInsO, § 19 Rdnr. 53; *Smid,* InsO, § 19 Rdnr. 13; *Jaeger/Müller,* InsO, § 19 Rdnr. 34.

Besonders deutlich tritt die mangelnde Abgrenzbarkeit der Kreditunwürdigkeit von der Insolvenzreife der Gesellschaft schließlich auch dadurch hervor, dass der Tatbestand der Kreditunwürdigkeit erfüllt ist, wenn die Gesellschaft ohne die Leistung des Gesellschafters hätte liquidiert werden müssen; der Gesellschafter also vor der Entscheidung steht, die Gesellschaft entweder zu liquidieren oder zu sanieren.[510] Diese beiden Handlungsalternativen (Sanierung oder Liquidation) sind letztlich die Gleichen wie in der Insolvenz der Gesellschaft. Auch hier ist die Gesellschaft ohne durchgreifende Besserung der wirtschaftlichen Situation in das Insolvenzverfahren zu überführen.[511]

Hieraus folgt, dass das Stadium der Kreditunwürdigkeit der Gesellschaft keines ist, das den Insolvenzgründen vorgelagert ist und von diesen abgegrenzt werden kann. Vielmehr bestehen zwischen den Insolvenzauslösetatbeständen und dem Stadium der Kreditunwürdigkeit weite Überschneidungsbereiche,[512] so dass die Kreditunwürdigkeit mit dem Eintritt der Insolvenz der Gesellschaft regelmäßig einhergeht.[513]

Mithin ist in den Fällen eines Kreditgeschäfts[514] der Zeitpunkt, in dem der zeitliche Anwendungsbereich des Eigenkapitalersatzrechts eröffnet ist, die Gesellschaft sich also in der Krise befindet, mit Eintritt der Insolvenzauslösetatbestände Überschuldung und Zahlungsunfähigkeit erreicht.[515] Damit spricht der zeitliche Anwendungsbereich des Eigenkapitalersatzrechts nicht gegen, sondern gerade dafür, einen Zusammenhang zwischen Gesellschafterhilfe und Insolvenzverschleppung zu sehen.

---

510 Vgl. i.d.S. ausdrücklich so OLG Hamm, Urt. v. 3. 7. 1991 – 8 U 159/89, GmbHR 1992, 180, 181; siehe auch BGH, Urt. v. 13. 7. 1992 – II ZR 269/91, BGHZ 119, 201, 206; Urt. v. 19. 9. 1996 – IX ZR 249/95, ZIP 1996, 1829, 1830; OLG München, Urt. v. 5. 3. 1993 – 23 U 4873/92, GmbHR 1993, 429, 431, 432; OLG Düsseldorf, Urt. v. 30. 9. 1999 – 6 U 130/97, NZG 2000, 430, 432.

511 Vgl. *Haas,* Geschäftsführerhaftung und Gläubigerschutz, S. 59; *ders.* in Gottwald (Hrsg.), Insolvenzrechts-Handbuch, § 92 Rdnr. 221; *ders.,* NZI 2001, 1, 7; *Reiner,* Festschrift Boujong, 1996, S. 415, 437 ff; siehe auch *Goette,* Die GmbH, § 4 Rdnr. 5, S. 89; siehe aus Sicht der hM auch *Stodolkowitz* in Bankrechts-Handbuch, § 84 Rdnr. 33.

512 So jedenfalls für den Insolvenzauslösetatbestand der Überschuldung auch *Jaeger/Henckel,* InsO, § 39 Rdnr. 65.

513 Vgl. auch *Haas,* Geschäftsführerhaftung und Gläubigerschutz, S. 66 f i.V.m. 57 ff; *ders.,* DStR 2000, 1529 (Urteilsanm.); *ders.,* NZI 2001, 1, 5 ff; *Reiner,* Festschrift Boujong, 1996, S. 415, 432 f, 434 ff.

514 Zu denen eines Nicht-Kreditgeschäfts vgl. die Ausführungen unter § 8 II 2.

515 Vgl. auch *Haas,* NZI 2001, 1, 5 ff.

III. Zusammenhang zwischen Phänomen und Verantwortlichkeit des Gesellschafters

Wird die Insolvenz der Gesellschaft durch liquiditätsschützende Maßnahmen wie dem Überlassen und Belassen von Kapital verschleppt, so stellt sich ferner die Frage, warum gerade der Gesellschafter für die Insolvenzverschleppung eine besondere Finanzierungsfolgenverantwortung trägt. Ist es der Kredit ist, der gläubigerschädigend auf das Vermögen des Schuldners einwirkt und zur Insolvenzverschleppung führt,[516] so ist unklar, warum der Gesellschafter im Vergleich zu einem außenstehenden Gläubiger und Kreditgeber der Gesellschaft schlechter gestellt, d.h. nur nachrangig befriedigt wird (§ 39 Abs. 1 Nr. 5 InsO). Denn die Kredite der übrigen Gläubiger der Gesellschaft haben genauso dazu beigetragen, dass die Gesellschaft ihren Geschäftsbetrieb aufrechterhalten kann[517] und damit etwa in der Lage ist, aufgelaufene Verbindlichkeiten zu begleichen und neue Verträge einzugehen.[518]

Der wechselseitige Einfluss, den die Gläubiger im Zuge ihrer Kreditgewährung über das Vermögen des Schuldners auf die Forderungen der Mitgläubiger nehmen, wird grundsätzlich durch die Gleichbehandlung der

---

516 Vgl. *Häsemeyer,* KTS 1982, 507, 517 f; *Bydlinski,* Bürgschaft, S. 69 (Fn. 96); *Gottwald/Haas,* Insolvenzrechts-Handbuch, § 92 Rdnr. 266; *Haas,* Geschäftsführerhaftung und Gläubigerschutz, S. 61; *ders.,* NZI 2001, 1, 2; *Sonnenberger,* NJW 1969, 2033, 2037; siehe auch *Levy,* Konkursrecht, 2. Aufl. 1926: »Die Quelle aller Konkurse ist der Kredit« (zitiert nach Uhlenbruck, Festschrift Vieregge, S. 883, 885); *Hahn,* Die gesamten Materialien zur Konkursordnung, 1881, S. 292: »Wo es keinen Kredit gibt, da ist überhaupt ein Konkurs kaum denkbar«.

517 Vgl. ausdrücklich so *Sonnenberger,* NJW 1969, 2033, 2037; *Gottwald/Haas,* Insolvenzrechts-Handbuch, § 92 Rdnr. 266; *Tillmann/Tillmann,* GmbHR 2003, 325, 327; siehe auch *Häsemeyer,* KTS 1982, 507, 517 f. Siehe dazu, dass allein der Kredit die treibende Kraft für ein Weiterwirtschaften des Schuldnerunternehmens ist, auch RG, Urt. v. 9. 4. 1932 – IX 74/31, RGZ 136, 247, 253; BGH, Urt. v. 14. 4. 1964 – VI ZR 219/62, WM 1964, 671, 673; Urt. v. 9. 12. 1969 – VI ZR 50/68, NJW 1970, 657, 658; Urt. v. 26. 3. 1984 – II ZR 171/83, BGHZ 90, 381, 399; Urt. v. 16. 3. 1995 – IX ZR 72/94, ZIP 1995, 630, 632; OLG Köln, Urt. v. 27. 2. 1981 – 22 U 117/79, WM 1981, 1238, 1240; OLG Düsseldorf, Urt. v. 30. 6. 1983 – 6 U 120/81, ZIP 1983, 786, 797, 800.

518 Vgl. *Meyer-Landrut* in Meyer-Landrut/Miller/Niehus, GmbHG, § 32a Rdnr. 5; *Fabritius,* Überlassung von Anlagevermögen, S. 84; *Sonnenberger,* NJW 1969, 2033, 2037.

Gläubiger in der Insolvenz ausgeglichen.[519] So hat jeder Gläubiger in der Insolvenz eine Schmälerung seiner Forderung durch eine bloß quotale Befriedigung (Insolvenzquote) hinzunehmen.[520] Sieht also die Insolvenzordnung (§ 1 S. 1 InsO) grundsätzlich eine gleichmäßige und gemeinschaftliche Befriedigung der Gläubiger vor,[521] so wird – nimmt man den Gesellschafter aus dem Kreis der (einfachen) Insolvenzgläubiger zum Zwecke der Forderungsbefriedigung heraus – dieser Grundsatz durchbrochen.[522]

Ein Bedürfnis, die Finanzierungsfolgenverantwortung des Gesellschafters zu rechtfertigen, besteht aber auch dann, wenn man sich der Deutung des Gläubigergleichbehandlungsgrundsatzes als wechselseitige Ausgleichshaftung und damit als gemeinsame Mitverantwortung der Gläubiger für die Insolvenz des Schuldners nicht anschließen sollte. Denn die nachrangige Befriedigung des Gesellschafters (§ 39 Abs. 1 Nr. 5 InsO) als Ausnahme von dem Grundsatz der gemeinschaftlichen und gleichmäßigen Befriedigung der Insolvenzgläubiger (§ 38 InsO) bedarf einer Erklärung. Hiervon gehen letztlich auch Rechtsprechung[523] und Literatur[524] aus. Teilweise wird dabei die »Finanzierungsfolgenverantwortung des Gesellschaf-

519 In diesem Sinne vor allem *Häsemeyer*, Insolvenzrecht, Rdnr. 2.18, 2.26 f, 2.33; *ders.*, KTS 1982, 507, 517, 521 f, 527 ff; dafür auch *Smid*, InsO, § 1 Rdnr. 34; *ders.*, Grundzüge des neuen Insolvenzrechts, § 1 Rdnr. 16, S. 7; *Haas* in v.Gerkan/Hommelhoff (Hrsg.), Handbuch des Kapitalersatzrechts, Rdnr. 15.17; siehe auch *R. H. Schmidt*, ZfB 54 (1984), 717, 730: par condicio creditorum als Gleichverteilung des Ausfallrisikos.

520 Vgl. *Häsemeyer*, Insolvenzrecht, Rdnr. 2.33; *ders.*, KTS 1982, 507, 530.

521 Vgl. BGH, Urt. v. 29. 1. 1964 – Ib ZR 197/62, BGHZ 41, 98, 101, Urt. v. 13. 7. 1983 – VIII ZR 264/82, BGHZ 88, 147, 151 (zur KO); Urt. v. 5. 7. 2001 – IX ZR 327/99, NJW 2001, 2966, 2967; OLG Hamm, Beschl. v. 25. 10. 2001 – 15 W 118/01, NZG 2002, 178, 180; siehe auch *Kirchhof* in HK-InsO, § 1 Rdnr. 4 f; MünchKommInsO-*Stürner*, Einleitung Rdnr. 1; *Prütting* in Kölner Schrift, Rdnr. 56, S. 221, 239; *Bork*, Insolvenzrecht, § 1 Rdnr. 2.

522 Vgl. auch OLG Hamm, Urt. v. 18. 3. 1999 – 27 U 240/98, GmbHR 1999, 917, 920; *Noack* in Prütting (Hrsg.), Insolvenzrecht 1996, 1997, S. 195, 199, 206; *Kamprad*, Gesellschafterdarlehen, S. 32.

523 Vgl. vor allem BGH, Urt. v. 26. 3. 1984 – II ZR 171/83, BGHZ 90, 381, 388 f.

524 Vgl. *Lutter/Hommelhoff*, GmbHG, §§ 32a/b Rdnr. 3; *Goette*, Die GmbH, § 4 Rdnr. 5 ff, S. 89 f; *Altmeppen* in Roth/Altmeppen, GmbHG, § 32a Rdnr. 16 f; *Sonnenberger*, NJW 1969, 2033, 2037; *Dauner-Lieb*, DStR 1998, 609, 613; *Kleindiek*, Festschrift Lutter, 2000, S. 871, 879 f; *Nerlich/Römermann/Nerlich*, InsO, § 135 Rdnr. 4.

ters« selbst als Rechtfertigungsgrund für die Verhaftung von Gesellschafterdarlehen herangezogen.[525]

Für sich betrachtet, ist der Begriff der »Finanzierungsfolgenverantwortung« jedoch wenig aussagekräftig, wenn nicht sogar, wie teilweise behauptet, »inhaltsleer«.[526] Aus ihm geht nicht hervor, warum der Gesellschafter für die Insolvenzverschleppung gesondert einzustehen, mithin also eine »Finanzierungsfolgenverantwortung« zu tragen hat.[527] Der Begriff der »Finanzierungs(folgen)verantwortung« kann demnach nur für eine verkürzte Argumentation stehen, einen Rechtfertigungsgrund aber nicht ersetzen.[528] Diesen erblickt die hM in verschiedenen (Einzel-)Überlegungen, wobei teilweise vorgetragene Aspekte isoliert oder aber in Kombination miteinander vertreten werden.[529]

1. Widersprüchliches Verhalten

Begründet wird die Schlechterstellung des Gesellschafters in der (vor allem älteren) Rechtsprechung u.a. mit dem Hinweis, dass sich der Gesellschafter entgegen Treu und Glauben verhält und mit dem Zweck der gesetzlichen Kapitalerhaltungsvorschriften in Widerspruch zu seinem eigenen Verhalten setzt, wenn er dem Unternehmen die gewährten Darlehensvaluta wieder entzieht, bevor der mit ihrer Hingabe verfolgte Zweck nachhaltig erreicht,

---

525 Vgl. etwa BGH, Urt. v. 19. 9. 1996 – IX ZR 249/95, ZIP 1996, 1829, 1830; Urt. v. 16. 6. 1997 – II ZR 154/96, ZIP 1997, 1375, 1376; OLG Düsseldorf, Urt. v. 14. 5. 1999 – 16 U 103/98, GmbHR 1999, 1039, 1040; *Hirte,* ZInsO 1998, 147, 149; *Ebenroth/Wilken,* BB 1993, 305 f.

526 Vgl. so *Reiner,* Festschrift Boujong, 1996, S. 415, 422; *Grunewald,* GmbHR 1997, 7, 9; *dies.,* Festschrift Großfeld, 1999, S. 319, 328 f; *Fastrich,* Festschrift Zöllner, Band I, 1998, S. 143, 147; *Barth,* Eigenkapitalersatzrecht, S. 84; *Haas,* NZI 2001, 1, 2; siehe auch *Karollus,* ZIP 1996, 1893, 1894: »Mit der Finanzierungsfolgenverantwortung kann man alles oder nichts begründen«; *Altmeppen,* Festschrift Kropff, 1997, S. 642, 654. Kritisch zum Begriff der »Finanzierungsfolgenverantwortung« auch *Habersack,* ZHR 162 (1998), 201, 204. A.A. vor allem *Pape/Voigt,* DB 1996, 2113.

527 Siehe auch *Gottwald/Haas,* Insolvenzrechts-Handbuch, § 92 Rdnr. 260; *Haas,* NZI 2001, 1, 2; *Maier-Reimer,* Festschrift Rowedder, 1994, S. 245, 269; *Barth,* Eigenkapitalersatzrecht, S. 84.

528 Vgl. so zu Recht auch *Koppensteiner,* WBl 1997, 489, 494; siehe auch BGH, Urt. v. 26. 3. 1984 – II ZR 171/83, BGHZ 90, 381, 389; *Altmeppen,* ZIP 1993, 1677, 1682 (Fn. 49).

529 Vgl. für einen Überblick etwa *Koppensteiner,* WBl 1997, 1997, 489, 494 ff.

die Krise also überwunden ist.[530] Auch im Schrifttum ist die Rechtfertigung für eine besondere Verantwortung des Gesellschafters mit dem Argument des widersprüchlichen Verhaltens seitens des Gesellschafters weit verbreitet.[531]

Hingewiesen wird in diesem Zusammenhang etwa darauf, dass der Gesellschafter, der in der Krise der Gesellschaft freiwillig Kapital zur Verfügung stellt, seine Finanzierungsmaßnahme nicht wieder rückgängig machen darf, solange die Krise nicht beseitigt sei. Dabei wird das zum Widerspruch führende Verhalten des Gesellschafters darin erblickt, dass der Gesellschafter, der in der Krise Kapital zuführt, »seiner« GmbH nicht wie ein neutraler Kreditgeber gegenübertritt. Vielmehr hätte der gewährte Kredit die Funktion von Eigenkapital.[532]

Soweit mit dem Hinweis darauf, dass der ausgereichte Kredit die Funktion von Eigenkapital hat, dessen Fähigkeit angesprochen wird, einen Kapitalbedarf zu decken, bleibt festzuhalten, dass jeder gewährte Kredit in der Krise fehlendes Eigenkapital ersetzt, egal aus wessen Hand der Kredit stammt.[533] Es gehört vielmehr zum Wesen des Kredits, bei dem Kreditnehmer auch eine zutage tretende Kapitallücke zu schließen.[534] Schwerer wiegt dagegen der Einwand, der Gesellschafter dürfe sich unter dem Gesichtspunkt von Treu und Glauben (§ 242 BGB) in der Krise nicht auf seine Gläubigerrolle berufen.[535] Dieser Ansatz besticht auf den ersten Blick deshalb,

530 Vgl. BGH, Urt. v. 14. 12. 1959 – II ZR 187/57, BGHZ 31, 258, 272; Urt. v. 15. 11. 1962 – II ZR 134/61, WM 1963, 121; Urt. v. 29. 11. 1971 – II ZR 121/69, WM 1972, 74, 75; Urt. v. 27. 9. 1976 – II ZR 162/75, NJW 1977, 104, 105; Urt. v. 26. 11. 1979 – II ZR 104/77, BGHZ 75, 334, 336 f; OLG Düsseldorf, Urt. v. 30. 6. 1983 – 6 U 120/81, AG 1983, 250, 252; LG München I, Beschl. v. 1. 12. 1982 – 13 T 21079/82, ZIP 1983, 66, 67; die Rspr. des BGH insoweit zusammenfassend BGH, Urt. v. 26. 3. 1984 – II ZR 171/83, BGHZ 90, 381, 389.

531 Vgl. *Wiedemann*, Gesellschaftsrecht, Band I, § 10 IV 3a), S. 569; *ders.*, ZIP 1986, 1293, 1300; *Altmeppen* in Roth/Altmeppen, GmbHG, § 32a Rdnr. 16; *ders.*, ZIP 1993, 1677, 1682; *Hirte*, ZInsO 1998, 147; *Henze* in Großkomm AktG, § 57 Rdnr. 100; *ders.*, Handbuch zum GmbH-Recht, 2. Aufl. 1997, Rdnr. 499, S. 159; *Lutter* in Kölner Kommentar zum AktG, § 57 Rdnr. 85; *Fleck*, LM Nr. 6 zu § 30 GmbHG, Bl. 1 f; *ders.*, Festschrift Werner, 1984, 107, 109, 116; *Nerlich/Römermann/Nerlich*, InsO, § 135 Rdnr. 4 f; *Kuhn*, WM 1978, 598, 602; *Braun*, ZIP 1983, 1175, 1177; *Mundry*, Darlehen und stille Einlagen, S. 143.

532 So vor allem *Altmeppen* in Roth/Altmeppen, GmbHG, § 32a Rdnr. 16.

533 Vgl. vorstehend.

534 Zu der dem Kredit des Gesellschafters ebenfalls beigemessenen »Haftfunktion« siehe oben § 4 I.

535 Vgl. BGH, Urt. v. 14. 12. 1959 – II ZR 187/57, BGHZ 31, 258, 272; Urt. v. 15. 11. 1962 – II ZR 134/61, WM 1963, 121; *Altmeppen*, ZIP 1993, 1677, 1682.

weil es der Gesellschafter als Fremdfinanzier in der Hand hat, das mit der Finanzierungsmaßnahme verbundene Risiko auf die Gläubigergesamtheit abzuwälzen.[536] Gegen diesen Ansatz spricht allerdings, dass der Gesellschafter, beruft er sich auf seine Stellung als Gläubiger, in der Krise genau das macht, was er durch sein Finanzierungsverhalten (Fremd- statt Eigenkapital zu gewähren) angezeigt hat.[537] Ein widersprüchliches Verhalten des Gesellschafters ist hierin nicht zu erblicken.[538]

Auch der Hinweis darauf, dass sich der Gesellschafter nicht nur entgegen Treu und Glauben verhält, sondern sich auch mit dem Zweck der gesetzlichen Vorschriften über die Aufbringung und Erhaltung des Stammkapitals der Gesellschaft in Widerspruch setzt, wenn er der Gesellschaft in der Krise Fremdkapital gewährt und es der Gesellschaft als Fremdgläubiger wieder entziehen will, überzeugt nicht.[539] Denn bei dieser Argumentation wird die angestrebte Rechtsfolge, nämlich die von der hM befürwortete Anwendung der §§ 30, 31 GmbHG auf Gesellschafterdarlehen, selbst zur Begründung herangezogen. Deshalb kann auch dem Schutzzweck der gesetzlichen Kapitalerhaltungsvorschriften für eine Schlechterstellung des Gesellschafters

---

536 Vgl. BGH, Urt. v. 26. 3. 1984 – II ZR 171/83, BGHZ 90, 381, 388; *Fleck,* Festschrift Werner, 1984, S. 107, 109; *Henze,* Handbuch zum GmbH-Recht, Rdnr. 499, S. 159; *Scholz/Karsten Schmidt,* GmbHG, §§ 32a, 32b Rdnr. 4; *Röhricht,* StbJb. 1991/92, S. 313, 318; *Nerlich/Römermann/Nerlich,* InsO, § 135 Rdnr. 4; *v.Gerkan,* Festschrift Lutter, 2000, S. 1317, 1320; *Gehde,* Eigenkapitalersetzende Gesellschafterleistungen, S. 66.

537 Vgl. so zu Recht auch *Grunewald,* GmbHR 1997, 7, 8.

538 Siehe i.d.S. insbesondere *Karsten Schmidt,* Gesellschaftsrecht, § 18 III 4b), S. 533 f; *ders.* in Scholz, GmbHG, §§ 32a, 32b Rdnr. 9; vgl. auch *ders.*, ZHR 147 (1983), 165, 183: Berufung auf eine Formwahl bei der Unternehmensfinanzierung, die dem Gesellschafter grundsätzlich eingeräumt wird. Kritisch auch *Sonnenberger,* NJW 1969, 2033, 2035; *Reiner,* Festschrift Boujong, 1996, S. 415, 424 ff, 426; *Fastrich,* Festschrift Zöllner, Band I, 1998, S. 143, 144 f; *Koppensteiner,* WBl 1997, 489, 497; *Bezzenberger,* Festschrift Bezzenberger, 2000, S. 23, 34 f; *Veil,* ZGR 2000, 223, 231; *Gottwald/Haas,* Insolvenzrechts-Handbuch, § 92 Rdnr. 266 aE; *Haas,* NZI 2001, 1, 5; siehe auch den Diskussionsbericht von *Hellwege,* ZGR 1988, 516, 519; ablehnend auch *Koller,* Festschrift Heinsius, 1991, S. 357, 371 f; *Koch,* Eigenkapitalleistungen, S. 79 f; *Ketzer,* Eigenkapitalersetzende Aktionärsdarlehen, S. 32 f.

539 Vgl. so vor allem aber BGH, Urt. v. 29. 11. 1971 – II ZR 121/69, WM 1972, 74, 75; Urt. v. 27. 9. 1976 – II ZR 162/75, NJW 1977, 104, 105; Urt. v. 26. 3. 1984 – II ZR 171/83, BGHZ 90, 381, 388 f; OLG Düsseldorf, Urt. v. 30. 6. 1983 – 6 U 120/81, AG 1983, 250, 252; OLG München, Urt. v. 5. 3. 1993 – 23 U 4873/92, GmbHR 1993, 429, 432; *Fleck,* Festschrift Werner, 1984, S. 107, 109; siehe auch *Nerlich/Römermann/Nerlich,* InsO, § 135 Rdnr. 4.

im Vergleich zu den anderen Gläubigern der Gesellschaft wenig entnommen werden.[540]

Zu bedenken bleibt schließlich, dass mit dem Einwand widersprüchlichen Verhaltens auch nicht nachvollziehbar erklärt werden kann, warum der Gesellschafter in den Fällen, in denen er der Gesellschaft ein zu wirtschaftlich gesunden Zeiten gewährtes Darlehen in der Krise belassen hat, im späteren Insolvenzverfahren über das Vermögen der Gesellschaft nur im Nachrang befriedigt werden soll. Denn mehr, als sich wie ein gewöhnlicher Kreditgeber auf seine Gläubigerstellung zu berufen, nimmt sich hier der Gesellschafter nicht heraus, so dass es – wenn man nicht hauptsächlich an die vom Gesellschafter eingenommene Gläubigerrolle anknüpft[541] – für den Gedanken des venire contra factum proprium an einer tragfähigen Grundlage fehlt.[542] Insgesamt besehen ist daher der Vorwurf des widersprüchlichen Verhaltens kaum geeignet, um die Folgeverantwortung des Gesellschafters zu erklären.

2. Die Doppelrolle des Gesellschafters

Im Schrifttum wird teilweise der Grund für die Schlechterstellung des Gesellschafters in der Absicht des Gesellschafters gesehen, über die Vergabe eines Neukredits in der Krise eine höhere Rendite auf das bereits eingesetzte Eigenkapital zu erzielen. Hat der Gesellschafter, so die Argumentation, für den Fall des Gelingens der Sanierung die Chance, nicht bloß als Kreditgeber, sondern vor allem auch als Anteilseigner am Geschäftserfolg zu partizipieren, so müsse er dementsprechend auch für den Fall des Fehlschlags eine gesteigerte Verantwortung zugunsten der übrigen Gläubiger übernehmen.[543] Ein an der Gesellschaft nicht beteiligter außenstehender dritter Kreditgeber, so diese Ansicht weiter, würde der Gesellschaft dagegen in dieser Situation kein Fremdkapital mehr gewähren, weil er eben nicht

540 Vgl. so zu Recht auch *Lutter/Hommelhoff*, ZGR 1979, 31, 36 (Fn.11); *Reiner*, Festschrift Boujong, 1996, S. 415, 426; *Koppensteiner*, WBl 1997, 489, 497; *Ketzer*, Eigenkapitalersetzende Aktionärsdarlehen, S. 32 f.

541 Vgl. *Altmeppen*, ZIP 1993, 1677, 1682.

542 Vgl. *Haas*, NZI 2001, 1, 5.

543 Vgl. *Maier-Reimer*, Festschrift Rowedder, 1994, S. 245, 270; *Gehde*, Eigenkapitalersetzende Gesellschafterleistungen, S. 66; zustimmend *Suchan*, Kapitalersetzende Sachwertüberlassungen, S. 20; siehe nunmehr auch *Habersack*, ZGR 2000, 384, 396.

die Chance der Vermögensmehrung hat, wie sie mit dem Einsatz von Eigenkapital verbunden ist.[544]

Ob aber, wovon diese Ansicht maßgebend ausgeht, der Gesellschafter den Kredit der Gesellschaft wirklich in Anbetracht seiner Stellung als Anteilseigner der Gesellschaft (causa societatis) gewährt[545] oder nicht, ist schwer festzustellen. So tritt der Beweggrund für die Kreditvergabe nicht nach »außen«. Es ist nämlich keineswegs ausgeschlossen, dass der Gesellschafter (bloß) antritt, um einen hohen Altkredit zu retten, den er der Gesellschaft zu wirtschaftlich gesunden Zeiten gewährt hat[546] oder weil er der Gesellschaft (bloß) die Durchführung eines einzelnen Geschäfts (ohne Sanierungsabsicht) ermöglichen will.[547] Vor diesem Hintergrund ist daher das Abstellen auf die Doppelrolle des Gesellschafters – verbunden mit der von dieser Ansicht sogar als unwiderlegbare Vermutung angesehenen Kreditgewährung »causa societatis«[548] – ein zu unsicheres Kriterium, um daran eine besondere Verantwortung des Gesellschafters für sein Krisenfinanzierungsverhalten zu knüpfen.[549] Im Übrigen ist es auch schwer einzusehen, warum der Gesellschafter, der über die Vergabe eines (Neu-)Kredits in der Krise seinen Geschäftsanteil wieder werthaltig zu machen versucht, insbesondere deshalb nach dem Eigenkapitalersatz haften soll, wenn er antritt, um an der Sanierung der Gesellschaft letztlich »mehr zu verdienen«, als ein außenstehender Gläubiger.[550] So profitieren von diesem vermeintlich besonders schädlichen Motiv des Gesellschafters im Falle des Gelingens der Sanierung die übrigen Gläubiger ebenfalls.[551] Hinzu kommt, dass dieser Ansatz die nunmehr vorhandene Privilegierung des seriösen (aber misslungenen)

---

544 Vgl. *Maier-Reimer*, Festschrift Rowedder, 1994, S. 245, 270; ähnlich *Stodolkowitz* in Bankrechts-Handbuch, § 84 Rdnr. 32.

545 So *Maier-Reimer*, Festschrift Rowedder, 1994, S. 245, 270; siehe auch *Altmeppen*, ZIP 1993, 1677, 1682.

546 Vgl. *Lutter/Hommelhoff*, GmbHG, §§ 32a/b Rdnr. 39; siehe auch *Gottwald/Haas*, Insolvenzrechts-Handbuch, § 92 Rdnr. 266.

547 Vgl. BGH, Urt. v. 19. 9. 1996 – IX ZR 249/95, ZIP 1996, 1829, 1830; siehe hierzu auch *Haas*, Geschäftsführerhaftung und Gläubigerschutz, S. 62.

548 Vgl. *Maier-Reimer*, Festschrift Rowedder, 1994, S. 245, 270.

549 Vgl. auch *Gottwald/Haas*, Insolvenzrechts-Handbuch, § 92 Rdnr. 266; *Haas*, Geschäftsführerhaftung und Gläubigerschutz, S. 61 f. Kritisch auch *Koppensteiner*, WBl 1997, 489, 495, mit Blick darauf, dass auch das eingegangene Kreditrisiko außer Verhältnis zum (potentiellen) Wert der Beteiligung stehen kann; ebenso *Gottwald/Haas*, a.a.O.

550 So doch im Ergebnis *Maier-Reimer*, Festschrift Rowedder, 1994, S. 245, 270; *Gehde*, Eigenkapitalersetzende Gesellschafterleistungen, S. 66.

551 Vgl. so Recht *Drukarczyk*, Festschrift Schneider, 1995, S. 173, 193; *H.P. Westermann*, ZIP 1982, 379, 390; *Koppensteiner*, WBl 1997, 489, 496; *Rümker*, ZIP 1982,

Sanierungsversuchs (vgl. § 32a Abs. 3 S. 3 GmbHG) nicht zu erklären vermag.[552]

Aber auch dann, wenn man allein an die Doppelrolle des Gesellschafters als Anteilseigner einerseits und Gesellschaftsgläubiger andererseits anknüpft,[553] lässt sich die Schlechterstellung des Gesellschafters nicht erklären. Konsequenterweise müssten dann nämlich nicht nur die in der Krise vorgenommenen Kreditgeschäfte, sondern sämtliche Fremdleistungen des Gesellschafters umqualifiziert werden.[554] Dies ist jedoch nicht der Fall. Statt dessen wird sowohl in Rechtsprechung[555] als auch im Schrifttum[556] ausdrücklich betont, dass die Finanzierung der Gesellschaft mit Gesellschafterdarlehen grundsätzlich eine erlaubte und von der Rechtsordnung gebilligte Finanzierungsstrategie darstellt.

3. Das Regel-Ausnahme-Verhältnis von Haftung und Haftungsbeschränkung

In jüngster Zeit wird die Finanzierungsfolgenverantwortung des Gesellschafters zunehmend mit dem in der GmbH vorherrschenden Haftungssystem gerechtfertigt.[557] Dieses hält für den Gesellschafter in § 13 Abs. 2 GmbHG die beschränkte Haftung bereit und verweist die Gläubiger der GmbH zur Erfüllung ihrer Verbindlichkeiten ausschließlich auf das Gesell-

---

1385, 1393; *Bezzenberger*, Festschrift Bezzenberger, 2000, S. 23, 37; *Weber/Lepper*, DStR 1991, 980, 985.

552 Vgl. auch *Habersack*, ZGR 2000, 384, 396.

553 Dafür *Immenga*, Die personalistische Kapitalgesellschaft, S. 422; *Wiedemann*, Gesellschaftsrecht, Band I, § 10 IV 3a), S. 569; *ders.*, in Die Haftung des Gesellschafters in der GmbH, S. 5, 28; wohl auch *Wilhelm*, Kapitalgesellschaftsrecht, Rdnr. 292, S. 91; *Klingberg*, Mitarbeitende Kommanditisten, S. 167 f.

554 Vgl. so zu Recht auch *Wiedemann*, Festschrift Beusch, 1993, S. 893, 906; *Ketzer*, Eigenkapitalersetzende Aktionärsdarlehen, S. 34; *Koppensteiner*, WBl 1997, 489, 495.

555 Vgl. BGH, Urt. v. 14. 12. 1959 – II ZR 187/57, BGHZ 31, 258, 268; Urt. v. 24. 3. 1980 – II ZR 213/77, BGHZ 76, 326, 330.

556 Vgl. *Scholz/Karsten Schmidt*, GmbHG, §§ 32a, 32b Rdnr. 4; *Baumbach/Hueck/Fastrich*, GmbHG, § 32a Rdnr. 2; *v.Caemmerer*, Festschrift Pieter Sanders, 1972, S. 17, 20; *Maser*, ZIP 1995, 1319; *Reusch*, BB 1989, 2358, 2364.

557 Vgl. *Goette*, Die GmbH, § 4 Rdnr. 23, S. 93; *ders.*, DStR 1997, 2027, 2028; *ders.*, ZHR 162 (1998), 223, 224; *Kleindiek*, Festschrift Lutter, 2000, S. 871, 883; *Heckschen* in Riegger/Schmidt (Hrsg.), Gesellschaftsrecht 1999, 2000, S. 129, 130; *Smid/Zeuner*, InsO, § 135 Rdnr. 2 i.V.m. Rdnr. 50; *Habersack*, ZGR 2000, 384, 388 (Fn. 17); *Stodolkowitz* in Bankrechts-Handbuch, § 84 Rdnr. 8aE.

schaftsvermögen. Als Ausgleich dafür sieht das deutsche GmbH-Recht u.a. die Pflicht zur Aufbringung und Erhaltung des Stammkapitals der Gesellschaft vor, so dass sich die Gesellschafter mit dem Gebot der Kapitalerhaltung das Privileg der Haftungsbeschränkung »erkaufen«.[558] Tritt nun der Fall ein, dass der von Gesetzes wegen als Korrelat für die Haftungsbeschränkung vorgesehene Haftungsfonds zugunsten der Gläubiger nicht mehr vorhanden ist, weil etwa das Stammkapital infolge geschäftlicher Verluste verwirtschaftet ist, so ist dieser Ansicht zufolge der Gesellschafter zwingend gehalten, die Gesellschaft entweder zu liquidieren oder ihr das zur Fortführung notwendige Kapital in Form von Eigenkapital zur Verfügung zu stellen.[559]

Tragender Gedanke dieser Ansicht ist also, dass, entsprechend dem Regel-Ausnahme-Verhältnis von Haftung und Haftungsbeschränkung,[560] auch die weitere Fortführung der Gesellschaft über den Krisenzeitpunkt hinaus nur um den Preis der Aufbringung von Eigenkapital zulässig ist.[561] Zu folgen wäre diesem Ansatz ohne weiteres dann, wenn das Eigenkapitalersatzrecht wirklich eine Frage der (Eigen-)Kapitalerhaltung ist.[562] Denn die Berufung auf das Regel-Ausnahme-Verhältnis von Haftung und Haftungsbeschränkung bezieht sich in unmittelbarer Weise auf das Recht der Kapitalerhaltung.[563] Für einen derartigen Zusammenhang zwischen Kapitalersatz und Kapitalerhaltung scheint zunächst auch die systematische Stellung der gesetzlichen Vorschriften über den Eigenkapitalersatz im GmbHG zu sprechen. So ist das Kapitalersatzrecht in §§ 32a, 32b GmbHG und damit in unmittelbarer Nähe zu den Vorschriften über die Kapitalerhaltung (§§ 30, 31 GmbHG) geregelt. Doch stellen die §§ 32a, 32b GmbHG eben nur eine Rechtsquelle der Regelungen über den Eigenkapitalersatz dar. Vorschriften

558 Vgl. *Hachenburg/Goerdeler/Müller,* GmbHG, § 30 Rdnr. 1; *Scholz/H.P. Westermann,* GmbHG, § 30 Rdnr. 1; *Raiser,* Das Recht der Kapitalgesellschaften, § 37 I 1), Rdnr. 1 ff, S. 633 f; *Kleindiek,* Festschrift Lutter, 2000, S. 871, 883; *Fleck,* Festschrift Werner, 1984, S. 107, 115; *Goette,* DStR 1997, 1495; siehe auch *ders.,* DStR 1999, 1707 (Urteilsanm.).

559 Vgl. *Goette,* ZHR 162 (1998), 223, 224; *ders.,* Die GmbH, § 4 Rdnr. 13, S. 93.

560 Vgl. *Goette,* ZHR 162 (1998), 223, 224; *ders.,* DStR 1999, 1707 (Urteilsanm.); *Wüst,* DStR 1991, 1388; *Raiser,* Recht der Kapitalgesellschaften, § 29 III 3), Rdnr. 30, S. 500; *Karsten Schmidt,* JZ 1985, 301, 302 f.

561 Vgl. *Goette,* ZHR 162 (1998), 223, 224; siehe auch *Dauner-Lieb,* DStR 1998, 1517, 1521.

562 Vgl. dafür etwa mit der Rspr. des BGH *Röhricht,* StbJb. 1991/92, S. 313, 316; *Altmeppen* in Roth/Altmeppen, GmbHG, § 32a Rdnr. 45; *Kleindiek,* Festschrift Lutter, 2000, S. 871, 883, 884 f; *Habersack,* ZHR 162 (1998), 201, 214; *Huber,* Anfechtungsgesetz, § 6 Rdnr. 1.

563 Besonders deutlich *Kleindiek,* Festschrift Lutter, 2000, S. 871, 873 ff, 883.

zum Eigenkapitalersatzrecht finden sich vielmehr auch im HGB (vgl. §§ 129a, 172a HGB)[564] und (völlig) rechtsformübergreifend[565] in der InsO (vgl. §§ 39 Abs. 1 Nr. 5, 135 und § 264 Abs. 3 InsO) sowie im Anfechtungsgesetz (siehe § 6 AnfG). Anhand der systematischen Stellung der §§ 32a, b GmbHG kann daher nicht zwingend auf einen inneren Zusammenhang zwischen Kapitalerhaltung einerseits und Kapitalersatz andererseits geschlossen werden.[566]

Etwas anderes könnte aber gelten, wenn man die Rechtsfolgen der beiden Regelungssysteme miteinander vergleicht. So ist der Gesellschafter sowohl nach dem Recht der Kapitalerhaltung als auch nach dem des Eigenkapitalersatzes verpflichtet, der Gesellschaft die zur Verfügung gestellten Mittel zu belassen (vgl. § 30 Abs. 1 GmbHG einerseits und § 39 Abs. 1 Nr. 5 InsO anderseits) und für den Fall der Rückgewähr, diese der Gesellschaft bzw. der Masse wieder zu erstatten (vgl. § 31 Abs. 1 GmbHG; contra § 135 InsO).[567] Doch verdichten sich die Zweifel daran, ob zwischen Kapitalerhaltung und Kapitalersatz wirklich ein unmittelbarer Zusammenhang besteht, wenn man in die vergleichende Betrachtung die Tatbestandsvoraussetzungen der beiden Regelungsinstitute mit einbezieht. So finden die Kapitalerhaltungsvorschriften auf jeden Gesellschafter der GmbH Anwendung, während das Eigenkapitalersatzrecht bestimmte Gesellschafter, nämlich die nur geringfügig am Stammkapital der Gesellschaft beteiligten und die Sanierungsgesellschafter, von der Finanzierungsfolgenverantwortung ausnimmt (vgl. § 32a Abs. 3 S. 2 und 3 GmbHG).[568] Ferner liegt dem sachlichen Anwendungsbereich des Eigenkapitalersatzrechts hM nach eine speziell risikospezifische Betrachtungsweise zugrunde. Diese ist maßgeblich auf eine unmittelbare Benachteiligung der Gläubigerinteressen ausgerichtet.[569] Demgegenüber hat § 30 Abs. 1 GmbHG streng formal den Erhalt eines rechnerischen Teils des Gesellschaftsvermögens im Blick und schützt

---

564 Siehe dazu auch unten § 11 II 1 a) aa).

565 Vgl. *Bayer* in v.Gerkan/Hommelhoff (Hrsg.), Handbuch des Kapitalersatzrechts, Rdnr. 11.45; *Bezzenberger*, Festschrift Bezzenberger, 2000, S. 23, 32; *Veil*, ZGR 2000, 223, 253 ff; *Uhlenbruck/Hirte*, InsO, § 135 Rdnr. 6.

566 Siehe so zu Recht auch *Haas*, NZI 2001, 1, 3.

567 Siehe auch *Goette*, Die GmbH, § 4 Rdnr. 146, S. 140 f: »Von ... Unterschieden im einzelnen abgesehen, sind allerdings im Grundsatz die Rechtsfolgen – Auszahlungssperre und Erstattungspflicht – identisch.«

568 Siehe insoweit auch *Bezzenberger*, Festschrift Bezzenberger, 2000, S. 23, 33 ff, 58; *Bormann*, DB 2001, 907 (Fn. 11).

569 Vgl. *Jaeger/Henckel*, KO, § 32a Rdnr. 57; *Ziegler*, Kapitalersetzende Gebrauchsüberlassung und Konzernhaftung, S. 42 ff.

damit (nur) mittelbar die Gläubiger.[570] Zudem knüpft das Kapitalersatzrecht in zeitlicher Hinsicht an die Insolvenz der Gesellschaft an,[571] während das Kapitalerhaltungsgebot (§ 30 Abs. 1 GmbHG) hingegen bereits im Stadium der Unterbilanz der Gesellschaft zum Tragen kommt.[572] Auch ist das Recht der Kapitalerhaltung nicht davon abhängig, dass der Gesellschafter wenigstens die Möglichkeit hatte, die Krise zu erkennen und entsprechend handeln konnte, er also eine Finanzierungsentscheidung getroffen hat.[573] All dies zeigt, dass es an einem unmittelbaren, inneren, Zusammenhang zwischen Kapitalerhaltung einerseits und Kapitalersatz andererseits fehlt, wie ihn die Berufung auf das Regel-Ausnahme-Verhältnis von Haftung und Haftungsbeschränkung aber voraussetzt.[574] Folglich ist auch die Bezugnahme auf das Haftungssystem der GmbH wenig geeignet, die Finanzierungsfolgenverantwortung des Gesellschafters zu legitimieren.[575]

4. Pflicht zur ordnungsgemäßen Unternehmensfinanzierung

Ein anderer Teil des Schrifttums begründet die besondere Verantwortung des Gesellschafters mit dem Grundsatz der »ordnungsgemäßen Unternehmensfinanzierung«.[576] Liegt mithin die Situation vor, in der dem Gesetz zufolge (§ 32a Abs. 1 GmbHG), »die Gesellschafter als ordentliche Kaufleute Eigenkapital zugeführt hätten«, würde es der Grundsatz ordnungsgemäßer Unternehmensfinanzierung dieser Ansicht zufolge gebieten, der Gesellschaft, um ihr den Fortbestand zu ermöglichen, haftendes Kapital zuzufüh-

570 Vgl. *Hommelhoff,* ZGR 1988, 460, 490; siehe auch *Haas,* WM 2003, 1929, 1930.

571 Vgl. dazu, dass sich das Kriterium der Kreditunwürdigkeit weitgehend mit demjenigen der Insolvenzauslösetatbestände überschneidet, oben unter § 7 II.

572 Vgl. zu den Unterschieden in zeitlicher Hinsicht vor allem auch BGH, Urt. v. 13. 7. 1992 – II ZR 269/91, BGHZ 119, 201, 212 f; Urt. v. 12. 7. 1999 – II ZR 87/98, NJW 1999, 3120, 3121; OLG Dresden, Urt. v. 3. 12. 1998 – 9 U 1087/98, NZG 1999, 347, 348; OLG Schleswig, Urt. v. 19. 10. 2000 – 5 U 138/99, NZG 2001, 273, 274; LG Hildesheim, Urt. v. 5. 9. 2003 – 5 O 2/02, GmbHR 2003, 1484, 1485; *Baumbach/Hueck/Fastrich,* GmbHG, § 32a Rdnr. 46; *Rowedder/Pentz,* GmbHG, § 32a Rdnr. 40; *Lutter/Hommelhoff,* GmbHG, §§ 32a/b Rdnr. 18; *Scholz/Karsten Schmidt,* GmbHG, §§ 32a, 32b Rdnr. 41; *Stodolkowitz* in Bankrechts-Handbuch, § 84 Rdnr. 39; *Schaub,* DStR 1993, 1483, 1488.

573 Vgl. dazu oben § 3 IV.

574 Vgl. so zu Recht auch *Haas,* NZI 2001, 1, 3.

575 Dafür im Ergebnis auch *Scholz/Karsten Schmidt,* GmbHG, §§ 32a, 32b Rdnr. 10; *Karsten Schmidt,* ZIP 1991, 1, 4.

576 Vgl. *Karsten Schmidt,* Gesellschaftsrecht, § 18 III 4b), S. 533; *ders.,* ZIP 1995, 969, 971; *ders.,* GmbHR 2005, 797, 798 f.

ren. Zumindest aber dürften die Gesellschafter den Kapitalbedarf der Gesellschaft nicht ohne Haftungsfolgen dauerhaft mit Fremdkapital decken.[577]

Fraglich ist jedoch, woraus sich die Pflicht zur ordnungsgemäßen Unternehmensfinanzierung ergibt bzw. der benannte (ungeschriebene)[578] Finanzierungsgrundsatz herzuleiten ist. Unbestritten ist, dass die Finanzierungshoheit bei den Gesellschaftern der Gesellschaft liegt.[579] Daraus allein auf eine bestimmte Pflicht zur Unternehmensfinanzierung zu schließen, ist allerdings problematisch. So ist der gesetzgeberischen Konzeption zufolge der Gesellschafter grundsätzlich nur verpflichtet, die Gesellschaft mit einem bestimmten, der Höhe nach zwingend festgelegten, Betrag an haftendem Kapital auszustatten (vgl. § 5 Abs. 1 GmbHG). Ist das gesetzlich vorgeschriebene (Mindest-)Stammkapital von den Gesellschaftern aufgebracht, steht es grundsätzlich im Belieben der Gesellschafter, wie sie den (weiteren) Kapitalbedarf der Gesellschaft abdecken. Es gilt der Grundsatz der Finanzierungsfreiheit.[580] Die teilweise erhobene Forderung von den Gesellschaftern eine sachlich angemessene Kapitalausstattung, d.h. eine solche zu verlangen, die im Zusammenhang mit dem Geschäftszweck und dem Geschäftsumfang steht,[581] hat sich bislang nicht durchgesetzt.[582] Es fehlen sichere Erkenntnisse darüber, wann eine Gesellschaft i.d.S. »angemessen«

577 Dafür vor allem *Scholz/Karsten Schmidt,* GmbHG, §§ 32a, 32b Rdnr. 5; *Karsten Schmidt,* ZHR 147 (1983), 165, 178, 183; vgl. auch *Bäcker,* 1989, 681, 685; *Hachenburg/Ulmer,* GmbHG, § 32a, b Rdnr. 7 f; *Junker,* ZHR 156 (1992), 394, 397; *Ketzer,* Eigenkapitalersetzende Aktionärsdarlehen, S. 19, 158, 160. Aus der Rspr. siehe LG Kiel, Urt. v. 23. 1. 2001 – 16 O 93/00, ZIP 2001, 978 f. Ähnlich auch RegE 1977, BT-Drucks. 8/1347, S. 39.

578 Vgl. *Karsten Schmidt,* ZHR 147 (1983), 165, 178; *Bäcker,* 1989, 681, 685.

579 Vgl. *Hueck,* Festschrift Odersky, 1996, S. 823, 831.

580 Vgl. BGH, Urt. v. 21. 3. 1988 – II ZR 238/87, BGHZ 104, 33, 40; Urt. v. 19. 9. 1988 – II ZR 255/87, BGHZ 105, 168, 175; OLG Celle, Urt. v. 30. 1. 1996 – 18 U 16/95, ZIP 1996, 1994, 1995; *Baumbach/Hueck/Fastrich,* GmbHG, § 5 Rdnr. 5; *Altmeppen* in Roth/Altmeppen, GmbHG, § 5 Rdnr. 11; *Hommelhoff* in v.Gerkan/Hommelhoff (Hrsg.), Handbuch des Kapitalersatzrechts, Rdnr. 2.8; *ders.,* JuS 1989, 643, 644; *Hueck,* Festschrift Odersky, 1996, S. 823, 830 f; *Geßler,* ZIP 1981, 228, 231; *Monhemius,* JA 1997, 241, 245; *Maser,* ZIP 1995, 1319; *Ehricke,* AcP 199 (1999), 257, 285 f; *Casper/Ullrich,* GmbHR 2000, 472.

581 Dafür vor allem *Wiedemann,* Gesellschaftsrecht Band I, § 37 IV 3), S. 565 ff; *ders.,* ZIP 1986, 1293, 1297.

582 Vgl. *v.Caemmerer,* Festschrift Pieter Sanders, 1972, S. 17, 20; *H.P. Westermann,* GmbHR 1979, 217, 220; *Hommelhoff* in v.Gerkan/Hommelhoff (Hrsg.), Handbuch des Kapitalersatzrechts, Rdnr. 2.9 i.V.m. Rdnr. 2.11; *Ehricke,* AcP 199 (1999), 257, 279 ff.

mit Eigenkapital ausgestattet ist.[583] Deshalb hat nicht nur der Gesetzgeber davon abgesehen, eine Pflicht zur angemessenen (Eigen-)Kapitalausstattung zu normieren.[584] Auch die Rechtsprechung knüpft grundsätzlich nicht allein an die bloße Unterkapitalisierung der Gesellschaft eine besondere Verantwortung der Gesellschafter an.[585] Ferner ist auch der Zweck der §§ 30, 31 GmbHG nur darauf gerichtet, das von den Gesellschaftern zur Verfügung gestellte Stammkapital in wertmäßiger Höhe zu erhalten.[586] Selbst an die vom Geschäftsführer gem. § 49 Abs. 3 GmbHG zwingend[587] vorzunehmende Unterrichtung der Gesellschafter, dass das Eigenkapital in der Jahresbilanz oder einer Zwischenbilanz auf den Betrag des halben

---

583 Vgl. *Drukarczyk,* WM 1994, 1737, 1740; *Büschgen,* GmbHR 1974, 25, 26 und 49, 53; *Altmeppen* in Roth/Altmeppen, GmbHG, § 13 Rdnr. 30; *Karsten Schmidt,* JZ 1985, 301, 305; *ders.*, Gesellschaftsrecht, § 9 IV 4a), S. 240; *Raiser,* Recht der Kapitalgesellschaften, § 29 III 3), Rdnr. 30, S. 500; *ders.*, ZGR 1995, 156, 166; *Lutter/Hommelhoff,* ZGR 1979, 31, 65; *Wüst,* DStR 1991, 1388, 1389; *ders.*, DStR 1991, 1424; *Ehricke,* AcP 199 (1999), 257, 282 f; *Claussen,* AG 1985, 173, 183 f; *v.Gerkan,* ZGR 1997, 173, 176; *Reiner,* Festschrift Boujong, 1996, S. 415, 434; *Roth,* ZGR 1986, 371, 379; *Vonnemann,* GmbHR 1992, 77, 82; *Priester* in Priester/Timm (Hrsg.), Abschied von der Betriebsaufspaltung?, S. 1, 22; *Stodolkowitz* in Bankrechts-Handbuch, § 84 Rdnr. 1; *Müller/Haas* in Kölner Schrift, Rdnr. 2, S. 1799, 1800; *Bezzenberger,* Festschrift Bezzenberger, 2000, S. 23, 56; vgl. zum Standpunkt der hM auch *Hellwege,* ZGR 1988, 516, 518 (Diskussionsbericht).

584 Vgl. Begründung RegE 1977, BT-Drucks. 8/1347, S. 38.

585 Vgl. vor allem BAG, Urt. v. 10. 2. 1999 – 5 AZR 677/97, ZIP 1999, 878, 879 f; siehe auch BGH, Urt. v. 14. 12. 1959 – II ZR 187/57, BGHZ 31, 258, 268; Urt. v. 4. 5. 1977 – VIII ZR 298/75, BGHZ 68, 312, 316 ff; Urt. v. 24. 3. 1980 – II ZR 213/77, BGHZ 76, 326, 333 f; OLG Dresden, Urt. v. 27. 10. 1999 – 13 U 1257/99, NZG 2000, 598, 601. Zum Standpunkt der Rspr. siehe auch *Röhricht,* StbJb. 1991/92, S. 313, 319 (Fn. 15).

586 Vgl. BGH, Urt. v. 24. 3. 1980 – II ZR 213/77, BGHZ 76, 326, 333; Urt. v. 5. 2. 1990 – II ZR 114/89, NJW 1990, 1730, 1732; *Goette,* DStR 1997, 1495, 1496; *Joost,* ZHR 148 (1984), 27, 54. Vgl. hierzu auch oben § 5.

587 Die Rede ist von einer Einberufungspflicht des Geschäftsführers, von der auch hM nach grundsätzlich in der Satzung nicht abgewichen werden darf vgl. *Hachenburg/Hüffer,* GmbHG, § 49 Rdnr. 21, 31; *Scholz/Karsten Schmidt,* GmbHG, § 49 Rdnr. 35 aE; *Lutter/Hommelhoff,* GmbHG, § 49 Rdnr. 2; *Altmeppen* in Roth/Altmeppen, GmbHG, § 49 Rdnr. 17; *Baumbach/Hueck/Zöllner,* GmbHG, § 49 Rdnr. 18. § 49 Abs. 3 GmbHG ist nach Ansicht der hM lediglich insoweit dispositiv, als die Einberufungspflicht zwar im Gesellschaftsvertrag nicht eingeschränkt, wohl aber erweitert werden kann; vgl. *Lutter/Hommelhoff,* GmbHG, § 49 Rdnr. 2; siehe auch *Baumbach/Hueck/Zöllner,* GmbHG, § 49 Rdnr. 18. A.A. *Rowedder/Koppensteiner,* GmbHG, § 49 Rdnr. 15: Zulässig seien Einschränkungen und Erweiterungen.

Stammkapitals abgesunken ist,[588] schließt sich hM nach für den Gesellschafter (noch) keine Entscheidungspflicht[589] etwa dergestalt an, der Gesellschaft nunmehr Eigenkapital zuzuführen.[590] Sinn und Zweck der Vorschrift ist es vielmehr, ein Krisenwarnsignal an die Gesellschafter weiterzuleiten und ihnen die Gelegenheit zu geben, über die weitere Geschäftspolitik zu diskutieren und ggf. Konsequenzen zu ziehen.[591]

Allein in der Zuständigkeit der Gesellschafter für die Finanzausstattung der Gesellschaft einen Anknüpfungspunkt für eine Pflicht zur ordnungsgemäßen Unternehmensfinanzierung zu sehen, ist daher im Hinblick auf die geübte Zurückhaltung des Gesetzgebers problematisch. Das GmbH-Recht kennt, wie im Schrifttum zutreffend mit Blick auf den Zuständigkeitskatalog des § 46 GmbHG hervorgehoben wird, auch keinen »allgemeinen Gleichlauf zwischen Zuständigkeit und persönlicher Verantwortung«.[592] Auch der Hinweis auf einen »materiellen« Eigenkapitalbegriff, »der es erlaubt, Kredite als Haftkapital zu behandeln«[593] oder das Abstellen darauf, dass die gewährten Kredite die Funktion von Eigenkapital haben (»funktionelles Eigenkapital«),[594] hilft allein nicht weiter. Denn die gewährten Kredite fungieren nicht per se als Haftkapital. Beigemessen wird ihnen die

---

588 Vgl. *Baumbach/Hueck/Zöllner,* GmbHG, § 49 Rdnr. 15; *Scholz/Karsten Schmidt,* GmbHG, § 49 Rdnr. 21.

589 Vgl. so ausdrücklich für das deutsche GmbH-Recht noch *Lutter/Hommelhoff,* GmbHG, § 49 Rdnr. 15; *Müller,* ZGR 1985, 191, 197; *Wiedemann,* Gesellschaftsrecht Band I, § 10 IV 2), S. 564; für Österreich siehe *Nowotny,* Festschrift Semler, 1993, S. 231, 247 f.

590 Vgl. *Geßler,* ZIP 1981, 228, 231; *Drukarczyk,* WM 1994, 1737, 1739; *Wiedemann,* Gesellschaftsrecht Band I, § 10 IV 2), S. 564.

591 Vgl. *Rowedder/Koppensteiner,* GmbHG, § 49 Rdnr. 1; *Baumbach/Hueck/Zöllner,* GmbHG, § 49 Rdnr. 17 (»über Konsequenzen beraten«); in diesem Sinne auch *Nowotny,* Festschrift Semler, 1993, S. 231, 245 f, 258; *Martens,* ZGR 1972, 254, 260 f, 287; *Priester,* ZGR 1999, 533, 536 f; dafür – nämlich gegen eine Pflicht »zu reagieren« – im Ergebnis wohl auch *Scholz/Karsten Schmidt,* GmbHG, § 49 Rdnr. 21; anders aber *Wüst,* DStR 1991, 1424, 1427. Deutlich zur Parallelbestimmung des § 92 Abs. 1 AktG BGH, Urt. v. 9. 7. 1979 – II ZR 211/76, NJW 1979, 1829, 1831: »Die Einberufung der Hauptversammlung in Verbindung mit der Anzeige, daß die Hälfte des Grundkapitals verloren sei, soll den verantwortlichen Gesellschaftsorganen Gelegenheit geben, sich beizeiten auf den Kapitalschwund und die daraus drohenden Gefahren einzustellen und zu prüfen, welche Maßnahmen in dieser Lage angebracht sind.«

592 *Haas,* NZI 2001, 1, 5.

593 Vgl. so *Karsten Schmidt,* Gesellschaftsrecht, § 18 III 4b), S. 533; siehe auch *Junker,* ZHR 156 (1992), 394, 399.

594 Vgl. *Scholz/Karsten Schmidt,* GmbHG, §§ 32a, 32b Rdnr. 5 f; *Karsten Schmidt,* ZIP 1999, 1241.

Funktion von haftendem Kapital vielmehr erst dadurch, dass der Gesellschafter im Verhältnis zu den Gläubigern der Gesellschaft wegen seines Anspruchs auf Rückgewähr des Darlehens schlechter gestellt wird als die übrigen Gläubiger der Gesellschaft.[595] Führt aber erst die Rechtsfolge des Eigenkapitalersatzrechts zu einer Vermögensbindung der Gesellschafterleistung, so kann die angestrebte Rechtsfolge schlecht selbst für eine Pflicht zur ordnungsgemäßen Unternehmensfinanzierung herangezogen werden.[596]

Wenig aussagekräftig ist in diesem Zusammenhang auch der angeführte Hinweis darauf, dass »Grundlage dieses Sich-Hinwegsetzens über die Formwahl des Kreditgebers Sollensnormen [sind], die man den ‚Grundsätzen ordnungsgemäßer Unternehmensfinanzierung' zurechnen kann«.[597] Denn der Hinweis auf »Sollensnormen« hilft für sich besehen auch nicht weiter, solange unklar bleibt, was die »Grundsätze ordnungsgemäßer Unternehmensfinanzierung« trägt.[598] Bleibt verborgen, mit welchem Inhalt der Grundsatz ordnungsgemäßer Unternehmensfinanzierung zu füllen ist, übernimmt der Hinweis auf »Sollensnormen« lediglich die Funktion, einen unbestimmten Rechtsbegriff durch einen anderen zu ersetzen.[599] Ist jedoch unklar, was sich hinter dem Grundsatz ordnungsgemäßer Unternehmensfinanzierung verbirgt, ist auch schwer einzusehen, warum sich der Gesellschafter mit den »objektiven Grundsätzen ordnungsgemäßer Eigenkapitalbildung« in Widerspruch setzt, wenn er die Gesellschaft in der Krise fremdfinanziert.[600] Liefert mithin die bloße Bezugnahme auf einen »Grundsatz ordnungsgemäßer Unternehmensfinanzierung« keinen Grund für die Schlechterstellung des Gesellschafters,[601] kann daher auch mit einer etwaigen

595 Vgl. OLG Hamm, Urt. v. 26. 1. 1998 – 31 U 90, 97, NZG 1998, 551, 552; OLG Hamm, Urt. v. 18. 3. 1999 – 27 U 240/98, GmbHR 1999, 917, 920; *Kamprad,* Gesellschafterdarlehen, S. 32.

596 Vgl. so zu Recht auch *Michel,* Eigenkapitalersetzende Gesellschafterleistungen, S. 147; *Haas,* NZI 2001, 1, 5.

597 Vgl. *Karsten Schmidt,* Gesellschaftsrecht, § 18 III 4b), S. 533; zustimmend *Thiery,* Festschrift Fortz, 1993, S. 841, 852.

598 Kritisch insoweit auch *Michel,* Eigenkapitalersetzende Gesellschafterleistungen, S. 147; *Claussen,* AG 1985, 173, 183 f; *Reiner,* Festschrift Boujong, 1996, S. 415, 422; *Staudinger/Hopt/Mülbert,* BGB, 12. Aufl. 1989, § 607 Rdnr. 122: inhaltlicher Maßstab einer ordnungsgemäßen Unternehmensfinanzierung bleibt offen.

599 Vgl. *Gottwald/Haas,* Insolvenzrechts-Handbuch, § 92 Rdnr. 260 (Fn. 1046).

600 So aber *Karsten Schmidt,* Gesellschaftsrecht, § 18 III 4b), S. 534. Kritisch hierzu auch *Grunewald,* GmbHR 1997, 7, 9.

601 Vgl. *Grunewald,* GmbHR 1997, 7, 9; *Michel,* Eigenkapitalersetzende Gesellschafterleistungen, S. 147; *Koppensteiner,* WBl 1997, 489, 495; *Haas,* NZI 2001, 1, 4 f; kritisch auch *Staudinger/Hopt/Mülbert,* BGB, 12. Aufl. 1989, § 607 Rdnr. 122; *Bydlinski,* Bürgschaft, S. 69.

Pflicht des Gesellschafters zur ordnungsgemäßen Unternehmensfinanzierung die Ausnahme vom Gläubigergleichbehandlungsgrundsatz, wie sie für den Gesellschafter praktiziert wird,[602] nicht gerechtfertigt werden.[603]

5. Informationsvorsprung und Spekulation auf dem Rücken der Gesellschaftsgläubiger

a) Potentieller Informationsvorsprung

Teilweise wird die Sonderbehandlung des Gesellschafters auch mit den besseren Informationsmöglichkeiten über die wahre wirtschaftliche Lage des Unternehmens begründet.[604] Im Unterschied zu einem gewöhnlichen, außenstehenden Gläubiger hat der Gesellschafter nämlich aufgrund seiner mitgliedschaftlichen Stellung gem. § 51a GmbHG ein unentziehbares[605] Recht auf Information.[606] Dieses Informationsrecht gestattet es ihm, jeder-

---

602 Vgl. *Noack* in Prütting (Hrsg.), Insolvenzrecht 1996, 1997, S. 195, 199.

603 Ablehnend im Ergebnis auch *Hachenburg/Ulmer,* GmbHG, § 32a, b Rdnr. 44; *Michel,* Eigenkapitalersetzende Gesellschafterleistungen, S.150; *Koppensteiner,* WBl 1997, 489, 495; *Reiner,* Festschrift Boujong, 1996, S. 415, 422; *Haas,* NZI 2001, 1, 5; *Grunewald,* GmbHR 1997, 7, 9.

604 Vgl. BGH, Urt. v. 26. 3. 1984 – II ZR 171/83, BGHZ 90, 381, 388. Aus dem Schrifttum vgl. vor allem *Fleck,* Festschrift Werner, 1984, S. 107, 116; *Röhricht,* StbJb. 1991/92, S. 313, 318; *Henze* in Großkomm AktG, § 57 Rdnr. 106; *v.Gerkan,* Festschrift Lutter, 2000, S. 1317, 1320; *Ulmer,* Festschrift Duden, 1977, S. 661, 673; *v.Caemmerer,* Festschrift Pieter Sanders, 1972, S. 17, 22; *Sonnenberger,* NJW 1969, 2033, 2037; *Wiedemann,* ZIP 1986, 1293, 1300; *Suchan,* Kapitalersetzende Sachwertüberlassungen, S. 20; *R.H. Schmidt,* ZfB 54 (1984), 717, 733 f; siehe grundsätzlich auch *Bäcker,* ZIP 1989, 681, 684.

605 Vgl. § 51a Abs. 3 GmbHG; siehe auch *Scholz/Karsten Schmidt,* GmbHG, § 51a Rdnr. 1, 50; *Baumbach/Hueck/Zöllner,* GmbHG, § 51a Rdnr. 2; *Rowedder/Koppensteiner,* GmbHG, § 51a Rdnr. 1; *Hachenburg/Hüffer,* GmbHG, § 51a Rdnr. 66.

606 Vgl. BGH, Urt. v. 27. 11. 1989 – II ZR 43/89, ZIP 1990, 98, 100; OLG Hamm, Urt. v. 6. 2. 1986 – 8 W 52/85, WM 1986, 740, 741; Beschl. v. 25. 10. 2001 – 15 W 118/01, NZI 2002, 178, 179 f. Daneben steht den Gesellschaftern in ihrer Gesamtheit auch ein sog. kollektives Informationsrecht zu, weil beispielsweise anders als in der AG die Überwachung der Geschäftsführung den Gesellschaftern obliegt (§ 46 Nr. 6 GmbHG); vgl. *Lutter/Hommelhoff,* GmbHG, § 46 Rdnr. 17 i.V.m. § 51a Rdnr. 1.

zeit Auskunft über die Angelegenheiten der Gesellschaft zu verlangen und Einsicht in die Bücher und Schriften zu nehmen.[607]

Wegen seiner besseren Informationsmöglichkeiten könne der Gesellschafter – so teilweise Rechtsprechung und Schrifttum – sein Kapital noch rechtzeitig vor dem endgültigen wirtschaftlichen Zusammenbruch der Gesellschaft wieder entziehen oder doch zumindest mit den anderen Gläubigern der Gesellschaft noch um die Insolvenzquote konkurrieren.[608] Ein derartiges spekulatives Verhalten auf dem Rücken der Gesellschaftsgläubiger soll ihm verwehrt sein.[609] Anderenfalls hätte es der Gesellschafter in der Hand, das mit einer Fremdfinanzierung verbundene Risiko auf die Gesellschaftsgläubiger abzuwälzen.[610] Es sei mithin unbillig, wenn der Gesellschafter in der Krise sein eigenes Finanzierungsrisiko minimiert und sich mit einer Fremdfinanzierung die Möglichkeit des Mittelabzugs offenhält, während sein investiertes (Eigen-)Kapital für ihn im Zweifel (vollständig)

---

607 Vgl. *Baumbach/Hueck/Zöllner,* GmbHG, § 51a Rdnr. 4 ff, 15 ff; *Lutter,* ZGR 1982, 1, 2 ff. Umstritten ist in diesem Zusammenhang, ob als (ungeschriebene) Voraussetzung für das Informationsrecht ein Informationsbedürfnis des Gesellschafters erforderlich ist; dafür vor allem *Karsten Schmidt,* Gesellschaftsrecht, § 35 I 4b aa), S. 1041; *Baumbach/Zöllner,* GmbHG, §51a Rdnr. 20 ff; dagegen ausdrücklich KG, Beschl. v. 23. 12. 1987 – 2 W 6008/87, GmbHR 1988, 221, 223; *Raiser,* Recht der Kapitalgesellschaften, § 27 III 1), Rdnr. 14, S. 461; *Lutter,* ZGR 1982, 1, 4 f; *Lutter/Hommelhoff,* GmbHG, § 51a Rdnr. 2; *Rowedder/Koppensteiner,* GmbHG, § 51a Rdnr. 15.

608 Vgl. BGH, Urt. v. 26. 3. 1984 – II ZR 171/83, BGHZ 90, 381, 388; *Röhricht,* StbJb. 1991/92, S. 313, 318; *v.Gerkan,* Festschrift Lutter, 2000, S. 1317, 1320; *Bäcker,* ZIP 1989, 681, 684.

609 Vgl. *Röhricht,* StbJb. 1991/92, S. 313, 318; *Henze* in Großkomm AktG, § 57 Rdnr. 106.

610 Vgl. *Röhricht,* StbJb. 1991/92, S. 313, 318. Zur Vermeidung einer Überwälzung des Finanzierungsrisikos auf die Gläubiger siehe auch BGH, Urt. v. 24. 3. 1980 – II ZR 213/77, BGHZ 76, 326, 329; Urt. v. 21. 9. 1981 – II ZR 104/80, BGHZ 81, 311, 317; Urt. v. 19. 9. 1988 – II ZR 255/87, BGHZ 105, 168, 175; Urt. v. 7. 11. 1994 – II ZR 270/93, BGHZ 127, 336, 346; Urt. v. 19. 12. 1994 – II ZR 10/94, ZIP 1995, 280, 281; OLG Düsseldorf, Urt. v. 2. 3. 1989 – 12 U 74/88, GmbHR 1990, 132 f; OLG Hamm, Urt. v. 25. 10. 1996 – 30 U 50/96, GmbHR 1997, 357, 358; *Henze* in Großkomm AktG, § 57 Rdnr. 106; *Scholz/Karsten Schmidt,* GmbHG, §§ 32a, 32b Rdnr. 4; *Karsten Schmidt,* JZ 1985, 301, 304 (Zweite These aE); *Stodolkowitz* in Bankrechts-Handbuch, § 84 Rdnr. 7; *Geßler,* ZIP 1981, 228, 231; *v.Gerkan,* Festschrift Lutter, 2000, S. 1317, 1320; *Fleck,* Festschrift Werner, 1984, S. 107, 116; *Gehde,* Eigenkapitalersetzende Gesellschafterleistungen, S. 66; *Braun,* ZIP 1983, 1175, 1177; *Casper/Ullrich,* GmbHR 2000, 472 f; siehe auch Begründung RegE 1977, BT-Drucks. 8/1347, S. 39.

verloren ist.[611] Denn als (Eigen-)Kapitalgeber hat der Gesellschafter nur einen Anspruch auf Auskehrung eines gegebenenfalls vorhandenen Liquidationserlöses (§ 199 S. 2 InsO), so dass sein zugeführtes (Eigen-)Kapital den Gläubigern gegenüber voll haftet.[612]

Dass dem Gesellschafter bei der Gewährung von Fremdkapital die Möglichkeit des jederzeitigen Kapitalabzugs offen steht, indem er etwa von bestehenden Kündigungsmöglichkeiten Gebrauch macht, ist die Kehrseite der dem Gesellschafter grundsätzlich eingeräumten Finanzierungsfreiheit, d.h. zwischen der Gewährung von Eigen- oder Fremdkapital wählen zu können.[613] Die Einschränkung dieser Finanzierungsfreiheit nun damit zu begründen, dass der Gesellschafter das (Fremd-)Finanzierungsrisiko auf die Gesellschaftsgläubiger abwälzt, mithin auf dem Rücken der Gläubiger spekuliert, wenn er sich aufgrund seines Informationsvorsprungs die Möglichkeit eines Mittelabzugs offen hält,[614] läuft letztlich darauf hinaus, dem Gesellschafter allein den Gebrauch der ihm grundsätzlich eingeräumten Formwahl bei der Unternehmensfinanzierung zum Vorwurf zu machen. Dass der Gesellschafter das Risiko einer Fremdfinanzierung der Gesellschaft in der Krise nicht auf die Gesellschaftsgläubiger überwälzen darf, kann folglich nur das Ergebnis eines Begründungsansatzes sein, nicht jedoch die Begründung der Schlechterstellung des Gesellschafters selbst darstellen.[615]

---

611 Vgl. BGH, Urt. v. 26. 3. 1984 – II ZR 171/83, BGHZ 90, 381, 388; *Röhricht,* StbJb. 1991/92, S. 313, 318; *Fleck,* Festschrift Werner, 1984, S. 107, 116.

612 Vgl. *Karsten Schmidt,* GmbHR 1999, 9, 11 f; *ders.,* ZIP 1999, 1241, 1243; siehe auch OLG Hamm, Urt. v. 18. 3. 1999 – 27 U 240/98, GmbHR 1999, 917, 920; *Karsten Schmidt,* Gesellschaftsrecht, § 18 II 2b aa), S. 517. *Noack,* Festschrift Claussen, 1997, S. 307, 311; *Priester,* DB 1991, 1917, 1918: »Dem Eigenkapitalgeber stehen nicht Festansprüche (auf Verzinsung oder Rückzahlung), sondern nur Restansprüche (auf Gewinn und Liquidationserlös) zu.«.

613 Vgl. BGH, Urt. v. 21. 3. 1988 – II ZR 238/87, BGHZ 104, 33, 40; Urt. v. 19. 9. 1988 – II ZR 255/87, BGHZ 105, 168, 175; OLG Celle, Urt. v. 30. 1. 1996 – 18 U 16/95, ZIP 1996, 1994, 1995; *Scholz/Karsten Schmidt,* GmbHG, §§ 32a, 32b Rdnr. 4; *Baumbach/Hueck/Fastrich,* GmbHG, § 5 Rdnr. 5; *Altmeppen* in Roth/Altmeppen, GmbHG, § 5 Rdnr. 11; *Hommelhoff* in v.Gerkan/Hommelhoff (Hrsg.), Handbuch des Kapitalersatzrechts, Rdnr. 2.8; *ders.,* JuS 1989, 643, 644; *Hueck,* Festschrift Odersky, 1996, S. 823, 830 f; *Geßler,* ZIP 1981, 228, 231; *Monhemius,* JA 1997, 241, 245; *Maser,* ZIP 1995, 1319; *Ehricke,* AcP 199 (1999), 257, 285 f; *Casper/Ullrich,* GmbHR 2000, 472.

614 Vgl. BGH, Urt. v. 26. 3. 1984 – II ZR 171/83, BGHZ 90, 381, 388; *Röhricht,* StbJb. 1991/92, S. 313, 318.

615 Kritisch i.d.S. auch *Fastrich,* Festschrift Zöllner, Band I, 1998, S. 143, 147; *Bezzenberger,* Festschrift Bezzenberger, 2000, S. 23, 35; siehe auch *Koppensteiner,* WBl 1997, 489, 496.

Unklar ist ebenfalls, warum allein schon die Möglichkeit des Gesellschafters, sich besser und früher als außenstehende Gläubiger über die wahren wirtschaftlichen Verhältnisse der Gesellschaft informieren zu können,[616] ein Grund für die nur nachrangige Befriedigung des Gesellschafters sein soll.[617] So befähigt ein nur potentieller Informationsvorsprung den Gesellschafter zwar dazu, sich gegenüber den anderen Gläubigern der Gesellschaft hervorzutun. Doch hebt ihn dieser Informationsvorsprung, solange er eben nur ein potentieller bleibt, rein tatsächlich noch nicht von den anderen, gewöhnlichen, außenstehenden Gläubigern der Gesellschaft ab, die die Gesellschaft ebenfalls in (tatsächlicher) Unkenntnis von der Krise weiterfinanzieren. Hinzu kommt, dass die bloße Möglichkeit, besser als andere informiert zu sein, die Gläubiger noch nicht schädigt.

b) Tatsächlicher Informationsvorsprung

Unstreitig ist, dass auch das Wissen des Gesellschafters um die Krise, solange der Gesellschafter von seinem tatsächlichen Informationsvorsprung keinen Gebrauch macht, noch keine gläubigerschädigenden Folgen zeitigt.[618] Erst im Zusammenspiel mit einer Kreditierung in der Krise besteht die Gefahr einer Gläubigerbenachteiligung. So knüpft denn auch die Rechtsprechung die Finanzierungsfolgenverantwortung des Gesellschafters an eine von dem Gesellschafter in der Krise getroffene (Finanzierungs-) Entscheidung an.[619]

Warum der Gesellschafter nun eine besondere Finanzierungsfolgenverantwortung zu tragen hat, wenn er die Gesellschaft in der Krise kreditiert, zeigt sich, wenn man sich einen Zustand vollständiger (Informations-) Transparenz vorstellt. Wüssten nämlich alle Kreditgeber wie es tatsächlich um die Gesellschaft bestellt ist, so würden die außenstehenden Kreditgeber und Gläubiger bei Kenntnis der Krise ihr Kapital sofort abziehen, statt es

---

616 Vgl. BGH, Urt. v. 26. 11. 1979 – II ZR 104/77, BGHZ 75, 334, 339; *H.P. Westermann,* DZWIR 2000, 1, 5; *Fleck,* Festschrift Werner, 1984, S. 107, 116.

617 Kritisch zum Argument des Informationsvorsprungs *Koppensteiner,* WBl 1997, 489, 496; *Maier-Reimer,* Festschrift Rowedder, 1994, S. 245, 269; *Bezzenberger,* Festschrift Bezzenberger, 2000, S. 23, 35; *Rümker,* ZGR 1988, 494, 504 f; *Grunewald,* GmbHR 1997, 7, 8.

618 Vgl. auch *Karsten Schmidt,* Gesellschaftsrecht, § 18 III 4b), S. 533: »Die Tatsache allein, dass der Gesellschafter der Gesellschaft näher steht und besser informiert ist als ein Dritter, genügt nicht für die Gleichstellung von Fremdkapital mit Haftkapital.«

619 Vgl. grundlegend BGH, Urt. v. 7. 11. 1994 – II ZR 270/93, BGHZ 127, 336, 344 f.

der Gesellschaft weiter zu belassen.[620] Um die Gesellschaft fortsetzen zu können, müsste der Gesellschafter somit einen ungleich größeren Finanzierungsbeitrag erbringen. Diese Unkenntnis der übrigen Gläubiger nutzt der Gesellschafter für sich aus, indem er mit einem vergleichsweise geringen Beitrag noch versuchen kann, die Gesellschaft zu sanieren und dabei weiß, dass die Folgen eines Fehlschlags ihn nur teilweise, im Übrigen aber – durch eine entsprechende Verringerung ihrer Insolvenzquote – die übrigen Gläubiger treffen. Der Gesellschafter spekuliert damit letztlich mit fremdem Geld, wenn er allein Kenntnis von der Krise hat und die Gesellschaft in der Krise kreditiert. Es ist daher die in dem Ausnutzen des Informationsvorsprungs liegende Spekulation auf Kosten der Gesellschaftsgläubiger, die eine nur nachrangige Befriedigung des Gesellschafters mit seiner Darlehensrückzahlungsforderung rechtfertigt.[621]

c) Typisierung des Informationsvorsprungs

Dem vorstehenden Begründungsansatz könnte man – auf den ersten Blick – entgegenhalten, dass die Eigenkapitalersatzregeln nicht voraussetzen, dass der Gesellschafter bei der Kreditierung tatsächlich einen Informationsvorsprung ausgenutzt und damit (bewusst) auf Kosten der Gläubigergesamtheit spekuliert hat.[622] Dieser Einwand wäre jedoch nur dann überzeugend, wenn von der Möglichkeit des Gesellschafters, sich gem. § 51a GmbHG über die wirtschaftliche Situation der Gesellschaft zu informieren, nicht auf das tatsächliche Ausnutzen eines Informationsvorsprungs ge-

---

620 Vgl. insoweit auch *v.Gerkan,* Festschrift Lutter, 2000, S. 1317, 1320.

621 I.d.S. auch *Haas/Prokop,* Festschrift Röhricht, 2005, S. 1149, 1163 f. Dass, u.U. auch ein marktmächtiger Vertragspartner der Gesellschaft, wenn er in Kenntnis von der Krise die Gesellschaft kreditiert, neben dem Gesellschafter eine »besondere« Finanzierungsfolgenverantwortung zu tragen hat, mag sein. Es hindert den Gesetzgeber aber nicht daran, die Haftung des Gesellschafters wegen Insolvenzverschleppung positivrechtlich auszuformulieren und dabei den Gesellschafter unter erleichterten Voraussetzungen als etwa die Hausbank des Unternehmens für eine unzureichende Kreditierung in der Krise zur Verantwortung zu ziehen; vgl. hierzu etwa auch *Lutter/Hommelhoff,* GmbHG, § 32a/b Rdnr. 4, 88; *Baumbach/Hueck/Fastrich,* GmbHG, § 32a Rdnr. 13. Zur Haftung eines außenstehenden Gläubigers wegen Insolvenzverschleppung siehe *Palandt-Sprau,* BGB, § 826 Rdnr. 38.

622 Für das Erfordernis einer positiven Kenntnis des Gesellschafters von der Krise in den Fällen des Stehenlassens *H.P. Westermann,* EWiR 1995, 157, 158; *Menzel,* AG 1982, 197, 200; *Rümker,* ZIP 1982, 1385, 1394; *Grunewald,* Gesellschaftsrecht, 2.F. 4 b) aa), Rdnr. 134, S. 367.

schlossen, d.h. das Ausnutzen eines solchen Informationsvorsprungs nicht typisiert werden kann.

Derartige Typisierungen sind zwar dem Gesellschaftsrecht, nicht jedoch dem Insolvenzrecht fremd. Dies zeigt ein Blick auf § 138 InsO. Danach wird für bestimmte, dem Schuldner nahe stehende Personen, etwa bei einer Insolvenzanfechtung wegen kongruenter Deckung (§ 130 InsO), vermutet, dass sie die Zahlungsunfähigkeit oder den Eröffnungsantrag kannten (§ 130 Abs. 3 i.V.m. § 138 InsO). Dies beruht auf der Erwägung, dass nahe stehende Personen solche sind, die im Unterschied zu anderen Gläubigern des Schuldners aus persönlichen, gesellschaftsrechtlichen oder ähnlichen Gründen eine besondere Informationsmöglichkeit über die wirtschaftlichen Verhältnisse des Schuldners haben.[623]

Zu diesen nahe stehenden Personen gehört, wenn der Schuldner eine juristische Person ist, auch der Gesellschafter. Allerdings typisiert das Gesetz nicht für jeden Gesellschafter, dass er wohlinformiert und damit ein (anfechtungsrechtlicher) »Insider« ist.[624] Hinzukommen muss vielmehr, dass der Gesellschafter ein solcher ist, der zu mehr als einem Viertel am Kapital des Schuldners beteiligt ist (§ 138 Abs. 2 Nr. 1 InsO). Dem Gesetz liegt damit in Anlehnung an die Aktiengesellschaft ersichtlich die Vorstellung zugrunde, dass nur bei einem Gesellschafter der über die Sperrminorität verfügt, ein entsprechendes unternehmerisches Interesse vorhanden ist, das es rechtfertigt den Gesellschafter als informiert anzusehen.[625] Diesen Gedanken hat jüngst auch der Gesetzgeber des Kapitalaufnahmeerleichterungsge-

---

623 Vgl. Begründung der Bundesregierung, BT-Drucks. 12/2443, S. 161 f; siehe auch *Nerlich/Römermann/Nerlich,* InsO, § 138 Rdnr. 1; *Kreft* in HK-InsO, § 138 Rdnr. 4; *Smid/Zeuner,* InsO, § 138 Rdnr. 1; *Kübler/Prütting/Noack,* InsO, Gesellschaftsrecht, Sonderband 1, 1999, Rdnr. 17; *Uhlenbruck/Hirte,* InsO, § 138 Rdnr. 1; *Henckel* in Kölner Schrift, 2. Aufl. 2000, Rdnr. 64, S. 813, 843; *Rümker* in Kübler (Hrsg.), Neuordnung des Insolvenzrechts, 1989, S. 135, 152; *Ulmer,* ebenda, S. 119, 127; *Bork,* Festschrift Uhlenbruck, 2000, S. 279, 295; *Braun/Riggert,* InsO, § 138 Rdnr. 1. In der Rspr. wurde zudem noch auf den Aspekt aufmerksam gemacht, dass nahe stehende Personen, wegen ihrer wirtschaftlichen und/oder persönlichen Verbundenheit, eher bereit seien, mit dem Schuldner Verträge zum Schaden der Gläubiger abzuschließen; vgl. hierzu BGH, Urt. v. 6. 4. 1995 – IX ZR 61/94, ZIP 1995, 1021, 1025.

624 Vgl. *Uhlenbruck,* WiB 1996, 466, 472. Siehe auch *ders.,* GmbHR 1986, 109, 110; BGH, Urt. v. 20. 10. 1965 – VIII ZR 168/63, NJW 1966, 730, 731; BGH, Urt. v. 12. 12. 1985 – IX 1/85, BGHZ 96, 352, 358; Urt. v. 6. 4. 1995 – IX ZR 61/94, ZIP 1995, 1021, 1025: nahe stehende Personen kennen in der Regel die wirtschaftlichen Schwierigkeiten des Schuldners.

625 Vgl. Begründung der Bundesregierung zu § 154 RegE/§ 138 InsO, BT-Drucks. 12/2443, S. 162.

setzes (KapAEG) aufgegriffen. Nach Ansicht des Gesetzgebers verbietet es sich, bei einem Gesellschafter, der nur geringfügig am Stammkapital der Gesellschaft beteiligt ist, anzunehmen, dass er ein »Insider« ist. Bei ihm verhalte es sich regelmäßig nicht so, dass er die Gesellschaftsinterna und ihre Entwicklung überblickt. Er trage typischerweise keine mitunternehmerische Verantwortung.[626] Jedoch setzt der Gesetzgeber des KapAEG die Schwelle, ab der er eine unternehmerische Beteiligung vermutet, auf (volle) 10% an (vgl. 32a Abs. 3 S. 2 GmbHG).

Der insolvenzrechtlichen Regelung des § 138 Abs. 2 Nr. 1 InsO liegt also der Gedanke zugrunde, dass ein unternehmerisch beteiligter Gesellschafter über die Interna des Unternehmens informiert ist. In Übereinstimmung damit nimmt der Gesetzgeber des KapAEG an, dass einem geringfügig beteiligten Gesellschafter regelmäßig die »Insiderstellung« fehlt.[627] Daraus folgt, dass für diejenigen Gesellschafter, die dem persönlichen Anwendungsbereich des Kapitalersatzrechts unterfallen, typischerweise davon ausgegangen werden kann, dass sie von der Krise der Gesellschaft im Zeitpunkt der Finanzierungsentscheidung wussten. Damit kann also für einen Gesellschafter, der mit über 10% am Stammkapital der GmbH beteiligt ist, von der Möglichkeit der Kenntnisnahme auf das tatsächliche Ausnutzen eines Informationsvorsprungs geschlossen werden, weil das Gesetz einen solchen Gesellschafter typischerweise als informiert ansieht. Dass damit für die GmbH zwei verschiedene Insiderbegriffe vorhanden sind (§ 138 Abs. 2 Nr. 1 InsO einerseits und § 32a Abs. 3 S. 2 GmbHG andererseits), ändert hieran nichts.[628]

---

626 Vgl. BT-Drucks. 13/7141, S. 11 f.

627 Vgl. BT-Drucks. 13/7141, S. 12.

628 Ob im Hinblick auf § 32a Abs. 3 S. 2 GmbHG der Schwellenwert in § 138 Abs. 2 Nr. 1 InsO für den Gesellschafter einer GmbH herabzusetzen ist, ist umstritten. Dafür *Hirte,* ZInsO 1999, 429, 430 f: § 138 InsO sei »als gleitende Verweisung auf den jeweiligen gesellschaftsrechtlichen Erkenntnisstand zu verstehen«; siehe auch *ders.* in Uhlenbruck, InsO, § 138 Rdnr. 23 ff. Kritisch demgegenüber und im Ergebnis für die 25%-Grenze *Kübler/Prütting/Paulus,* InsO, § 138 Rdnr. 19, der zwar einräumt, dass ihr eine »einseitige(n) und damit auf die anderen juristischen Personen nicht passende(n) Ausrichtung auf die Aktiengesellschaft« zugrunde liegt, doch sich im Interesse der Rechtsklarheit gegen eine jeweils nach Gesellschaftsformen unterschiedliche Regelung ausspricht; ablehnend auch *Kirchhof,* ZInsO 2001, 825, 826; *Kreft* in Henckel/Kreft (Hrsg.), Insolvenzrecht 1998, 1999, S. 305, 312; *ders.* in HK-InsO, § 138 Rdnr. 13; *Nerlich/Römermann/Nerlich,* InsO, § 138 Rdnr. 20; *Ehricke,* KTS 1996, 209, 222 f; MünchKommInsO-*Stodolkowitz,* InsO, § 138 Rdnr. 21: eindeutiger Gesetzeswortlaut. Klar insoweit auch BGH, Urt. v. 23. 11. 1995 – IX ZR 18/95, ZIP 1996, 83, 85: generelle Grenze.

Für die vorliegende Untersuchung folgt daraus, dass die besondere Finanzierungsfolgenverantwortung des Gesellschafters mit einer, in dem Ausnutzen eines tatsächlichen Informationsvorsprungs liegenden Spekulation auf Kosten der Gläubigergesamtheit gerechtfertigt werden kann, ohne dabei in Widerspruch zu den Tatbestandsmerkmalen des Eigenkapitalersatzrechts zu geraten. Denn für die Typisierung des Informationsvorsprungs kann auf § 138 InsO zurückgegriffen werden. Letzteres ist deshalb gerechtfertigt, weil das Eigenkapitalersatzrecht – wie auch die Insolvenzanfechtung – darauf abzielt, negative Einwirkungen auf das Schuldnervermögen nach Eintritt der Insolvenz[629] zum Nachteil der Gläubigergesamtheit auszuschließen.[630]

6. Zusammenfassung

Im Ergebnis bleibt festzuhalten, dass ein Zusammenhang zwischen dem Phänomen der Insolvenzverschleppung und einer (besonderen) Verantwortlichkeit des Gesellschafters für die Zurverfügungstellung von Kaufkraft in der Krise besteht. Anders als ein gewöhnlicher Gläubiger, der die Gesellschaft kreditiert und damit einen Beitrag zur Insolvenzverschleppung leistet, nutzt der Gesellschafter tatsächlich einen Informationsvorsprung für sich aus, wenn er der Gesellschaft in der Krise mit Fremdmitteln aushilft. Wüssten nämlich alle Gläubiger wie es tatsächlich um die Gesellschaft bestellt ist, so würden sie augenblicklich ihr Fremdkapital abziehen bzw. einen Insolvenzantrag stellen, um ihr Ausfallrisiko möglichst gering zu halten.[631] Der Gesellschafter müsste also – bestünde vollständige (Informations-)Transparenz – einen ungleich größeren Finanzierungsbeitrag erbringen. Diese Unkenntnis der übrigen Gläubiger erlaubt es dem Gesellschafter, auf Kosten der übrigen Gläubiger zu spekulieren. Weiß nämlich nur er, dass die Gesellschaft insolvent ist, kann er durch einen vergleichsweise geringen Beitrag die Chance einer Sanierung der Gesellschaft in dem Bewusstsein nutzen, dass die Folgen eines Fehlschlags ihn nur teilweise, im Übrigen aber die anderen Gläubiger treffen, indem sich ihre Insolvenzquote weiter verringert.

---

629 Vgl. zum zeitlichen Anwendungsbereich des Eigenkapitalersatzrechts oben unter § 7 II.

630 Vgl. *Haas,* NZI 2001, 1, 7 f. Näher zu Sinn und Zweck der Insolvenzanfechtung unter § 10 II der Ausführungen.

631 Vgl. auch *v.Gerkan,* Festschrift Lutter, 2000, S. 1317, 1320.

IV. Zusammenhang zwischen Phänomen und Umfang der Verantwortung

Zu klären bleibt schließlich, welcher Zusammenhang zwischen dem Phänomen der Insolvenzverschleppung und dem Verantwortungsbeitrag des Gesellschafters besteht. So führt die Insolvenzverschleppung nämlich mehrere negative (Finanzierungs-)Folgen herbei, die allesamt die Befriedigungsaussichten der Gläubiger schmälern. Hierzu zählt die Verwirtschaftung des noch vorhandenen Gesellschaftsvermögens genauso wie das Hinhalten alter und das Hinzutreten neuer Gläubiger.[632] Deshalb ist – auf den ersten Blick – unklar, warum der Verantwortungsbeitrag des Gesellschafters in einer »nur« nachrangigen Befriedigung seiner Forderung besteht (§ 39 Abs. 1 Nr. 5 InsO) und der Gesellschafter nicht vielmehr für sämtliche durch die Insolvenzverschleppung verursachten Schäden zur Verantwortung gezogen wird. Im Folgenden soll deshalb der Zusammenhang zwischen dem Phänomen der Insolvenzverschleppung und dem Umfang der Verantwortung des Gesellschafters näher untersucht werden.

1. Die Höhe des Verantwortungsbeitrages

Das Gesetz sieht mit § 39 Abs. 1 Nr. 5 InsO einen der Höhe nach beschränkten Verantwortungsbeitrag des Gesellschafters vor und gestattet es dem Gesellschafter, ohne eine besondere Finanzierungsfolgenverantwortung im Gläubigerinteresse übernehmen zu müssen, der Gesellschaft in der Krise weiteres Eigenkapital zuzuführen (vgl. § 32a Abs. 1 GmbHG). Deshalb ist der Verantwortungsbeitrag des Gesellschafters der Höhe nach dann richtig bemessen, wenn der Gesellschafter nur für diejenigen negativen Folgen einer Insolvenzverschleppung zur Verantwortung gezogen wird, die bei einer Finanzierung mit Fremdkapital, nicht jedoch bei einer Zuführung von Eigenkapital herbeigeführt werden.[633]

a) Finanzierung mit Eigen- oder Fremdkapital

Stattet der Gesellschafter die Gesellschaft in der Krise mit Fremdkapital aus, birgt dies hM nach die Gefahr, dass weiteres Gesellschaftsvermögen

632 Vgl. oben § 3 II 2.

633 Vgl. auch *Drukarczyk*, Festschrift Schneider, 1995, S. 172, 193 (Fn. 49); *Reiner*, Festschrift Boujong, 1996, S. 415, 441.

verwirtschaftet wird,[634] alte Gläubiger hingehalten und neue Gläubiger dazu gewonnen werden, wodurch sich jeweils das Ausfallrisiko der Gläubiger vergrößert.[635] Ferner besteht Einigkeit darüber, dass der Gesellschafter, wenn er die Gesellschaft ohne durchgreifende Sanierung zahlungsfähig hält,[636] den endgültigen wirtschaftlichen Zusammenbruch des Unternehmens zeitlich bloß verzögert.[637] Denn die Gesellschaft befindet sich bereits in einem Stadium der wirtschaftlichen Abwärtsentwicklung, in dem sie ohne die Hilfe des Gesellschafters allein nicht mehr überlebensfähig ist.[638] Für den Gesellschafter hat das zur Folge, dass er vor der Entscheidung steht, das Unternehmen weiterzufinanzieren oder »fallen zu lassen«.[639] Entscheidet sich der Gesellschafter für eine Weiterfinanzierung und reicht er der Gesellschaft in dieser wirtschaftlich kritischen Situation objektiv unzureichendes (Fremd-)Kapital aus, so schreitet der Abwärtsprozess der Gesellschaft regelmäßig mit der Folge weiter voran, dass sich die Krise zunehmend verschärft.[640] Im Vergleich zu derjenigen vermögensmäßigen Situation der Gesellschaft, wie sie im Zeitpunkt der Entscheidung über die Weiterfinanzierung bestanden hat, stehen sich die Gläubiger der Gesellschaft nach einer erfolgten unzureichenden Fremdfinanzierung der Gesellschaft in aller Regel schlechter.[641] Denn im Zuge der Fortsetzung des Geschäftsbetriebs wird weiteres Gesellschaftsvermögen verwirtschaftet, wozu auch der

---

634 Vgl. BGH, Urt. v. 16. 10. 1989 – II ZR 307/88, BGHZ 109, 55, 57; OLG Düsseldorf, Urt. v. 15. 9. 1995 – 12 U 98/93, GmbHR 1996, 201, 203; *Fleck*, Festschrift Werner, 1984, S. 107, 111; *Boujong*, GmbHR 1992, 207, 209; *v.Gerkan*, Festschrift Lutter, 2000, S. 1317, 1320.

635 Vgl. *Lutter/Hommelhoff*, ZGR 1979, 31, 38; *Steinbeck*, ZGR 1996, 116, 128; *Ketzer*, Eigenkapitalersetzende Aktionärsdarlehen, S. 40; *Goette*, ZInsO 2001, 529, 536.

636 Vgl. OLG Hamm, Urt. v. 26. 1. 1998 – 31 U 90/97, NZG 1998, 551, 552; KG, Urt. v. 17. 6. 1998 – 23 U 4451/96, NZG 1999, 71, 73.

637 Vgl. *Lutter/Hommelhoff*, ZGR 1979, 31, 38; siehe auch *dies.*, GmbHG, 15. Aufl. 2000, §§ 32a/b Rdnr. 3: künstliche Verlängerung des »Todeskampfes« zu Lasten der außenstehenden Gläubiger.

638 Vgl. BGH, Urt. v. 26. 3. 1984 – II ZR 171783, BGHZ 90, 381, 390; Urt. v. 19. 9. 1988 – II ZR 255/87, BGHZ 105, 168, 176; Urt. v. 7. 11. 1994 – II ZR 270/93, BGHZ 127, 336, 344.

639 Vgl. *Bezzenberger*, Festschrift Bezzenberger, 2000, S. 23, 48 f.

640 Vgl. BGH, Urt. v. 16. 10. 1989 – II ZR 307/88, BGHZ 109, 55, 57; OLG Düsseldorf, Urt. v. 15. 9. 1995 – 12 U 98/93, GmbHR 1996, 201, 203; *Lutter/Hommelhoff*, ZGR 1979, 31, 38; *Fleck*, Festschrift Werner, 1984, S. 107, 110 f; *v.Gerkan*, Festschrift Lutter, 2000, S. 1317, 1319 f.

641 Vgl. BGH, Urt. v. 26. 3. 1984 – II ZR 171/83, BGHZ 90, 381, 390; *Fleck*, Festschrift Werner, 1984, S. 107, 110, 111; *v.Gerkan*, Festschrift Lutter, 2000, S. 1317, 1320;

Verbrauch der (neu) eingeschossenen bzw. in der Krise der Gesellschaft weiter belassenen Fremdmittel des Gesellschafters gehört.[642]

Die Gründe für die Verwirtschaftung des Gesellschaftsvermögens sind unterschiedlicher Natur. So kann die Schmälerung des Aktivvermögens ihre Ursache schlicht darin haben, dass bei Aufrechterhaltung des Geschäftsbetriebs die bisher angefallenen Fixkosten (wie Miete, Strom, Heizung, Arbeitslohn etc.) auch in der Krise weiter zu begleichen sind, der Gesellschaft aber auf der anderen Seite entsprechende Einnahmen zur Deckung der Kosten fehlen, so dass sich die Gesellschaft weiter in die Krise gräbt und Verluste fährt. Hinzu kommt, dass ein krisengeschütteltes Unternehmen es einfach schwerer hat, am Markt wirtschaftlich erfolgreich zu operieren.[643] Vorstellbar ist beispielsweise, dass Lieferanten des Unternehmens – anders als dies bei einem wirtschaftlich gesunden Unternehmen erforderlich ist – die Auslieferung von Waren oder Rohstoffen von der Bezahlung bislang offen gebliebener Rechnungen abhängig machen bzw. sofortige Barzahlung verlangen.[644]

Für dieses Phänomen, der Verwirtschaftung des noch vorhandenen Gesellschaftsvermögens, spielt es jedoch keine Rolle, ob das gewährte Kapital Eigen- oder Fremdkapital ist. Um den Todeskampf der Gesellschaft bloß in die Länge zu ziehen, ist entscheidend, dass der Gesellschafter sich überhaupt dazu bereit findet, die Gesellschaft in der Krise nicht zu liquidieren, sondern weiterzufinanzieren. Es ist nämlich nicht zu bestreiten, dass auch mit einer (nur unzureichenden) Gewährung von Eigenkapital die Krise der Gesellschaft nicht überwunden, sondern letztlich nur verschleppt werden kann[645] und damit auch die Gefahr einer (Mit-)Verwirtschaftung der neu eingelegten Mittel besteht.[646] Im Unterschied zur Fortführung der Gesellschaft mit Fremdkapital bekommen die Gläubiger allerdings die Auswirkungen einer Insolvenzverschleppung durch unzureichendes Eigenkapital erst später zu spüren, weil gewährtes Eigenkapital (Auskehrung der Liquidationsquoten, § 199 S. 2 InsO) hinter Fremdkapital in der Haftordnung

---

Mundry, Darlehen und stille Einlagen, S. 143; *Ketzer*, Eigenkapitalersetzende Aktionärsdarlehen, S. 35, 40; *Hill/Schäfer*, BB 1989, 458, 461; *Pape*, ZIP 1996, 1409, 1416; *Bezzenberger*, Festschrift Bezzenberger, 2000, S. 23, 37; *Casper/Ullrich*, GmbHR 2000, 472, 473.

642 Vgl. *Haas*, Geschäftsführerhaftung und Gläubigerschutz, S. 60 f.

643 Vgl. so nahezu wörtlich *v.Gerkan*, Festschrift Lutter, 2000, S. 1317, 1320.

644 Vgl. *Janke*, BuW 2000, 213, 214aE.

645 Vgl. *Bezzenberger*, Festschrift Bezzenberger, 2000, S. 23, 37 f; *Reiner*, Festschrift Boujong, 1996, S. 415, 441; *Haas*, NZI 2001, 1, 9.

646 Vgl. *Bezzenberger*, Festschrift Bezzenberger, 2000, S. 23, 38.

rangiert[647] und damit als »Verlustpuffer« fungiert.[648] Die Verwirtschaftung der noch vorhandenen Vermögenswerte führt vielmehr erst dann zu einer Gläubigerbenachteiligung, wenn (wertmäßig) mehr als die neue Einlage in der Krise verbraucht ist.[649]

Aber auch das Risiko, dass, solange die Gesellschaft weiter existent ist, neue Gläubiger hinzukommen,[650] hängt nicht primär davon ab, *wie* die Gesellschaft weiterfinanziert wird, sondern *ob* die Gesellschaft vom Gesellschafter Kapital erhält.[651] Es ist nämlich nicht die (rechtliche) Qualität der zugeführten Mittel (Eigen- oder Fremdkapital), die zu einer Vergrößerung des Aktionsradius führt, sondern vielmehr das Wesen des (Eigen- oder Fremd-)Kapitals, dem Unternehmen in der Krise Kaufkraft zuzuführen bzw. weiter zu belassen.[652] So haften denn auch externe Kreditgeber u.U. nach § 826 BGB, wenn sie dem insolvenzreifen Unternehmen Kredit und damit (wirtschaftlich) Kaufkraft überlassen, das zur Verfügung gestellte Kapital aber zur Überwindung der Krise nicht geeignet ist und neue Gläubiger sich zum Geschäftsabschluss mit der scheinbar noch wirtschaftlich gesunden Gesellschaft veranlasst sehen.[653]

Verringert sich aber bei der Insolvenzverschleppung, egal ob diese durch eine unzureichende Kreditierung oder Gewährung von Eigenkapital seitens des Gesellschafters ausgelöst wird, das vorhandene Gesellschaftsvermögen weiter und treten neue Gläubiger hinzu, so stellen die »Verwirtschaftung der noch vorhandenen Vermögenswerte der Gesellschaft« und das »Hinzutreten neuer Gläubiger« »allgemeine« negative Folgen einer Finanzierung der Gesellschaft über den Krisenzeitpunkt hinaus dar.[654] Mit dem sich nun kraft Gesetzes vollziehenden Rangrücktritt wird aber »nur« das »besondere« bzw. »zusätzliche«[655] Finanzierungsrisiko ausgeglichen, das der Gesellschafter, wenn er die Gesellschaft in der Krise fremdfinanziert, auf die

---

647 Vgl. auch BGH, Urt. v. 8. 1. 2001 – II ZR 88/99, DStR 2001, 175, 177.

648 Vgl. *Vollmer/Maurer*, DB 1993, 2315, 2318; *Roth*, ZGR 1993, 170, 177 f; *Raiser*, Recht der Kapitalgesellschaften, § 17 I Rdnr. 4, S. 292.

649 Vgl. *Bezzenberger*, Festschrift Bezzenberger, 2000, S. 23, 38.

650 Vgl. *Lutter/Hommelhoff*, ZGR 1979, 31, 38; *Ketzer*, Eigenkapitalersetzende Aktionärsdarlehen, S.40; *Steinbeck*, ZGR 1996, 116, 128.

651 Vgl. *Haas*, NZI 2001, 1, 9.

652 Vgl. oben § 7 I 1; siehe auch *Haas*, NZI 2001, 1, 2.

653 Vgl. hierzu vor allem BGH, Urt. v. 14. 4. 1964 – VI ZR 219/62, WM 1964, 671, 673, *Wenzel* in Henckel/Kreft (Hrsg.), Insolvenzrecht 1998, 1999, S. 233, 246 ff; siehe auch *Lutter/Hommelhoff*, GmbHG, §§ 32a/b Rdnr. 4, 88.

654 Vgl. auch *Haas/Dittrich*, DStR 2001, 623, 628.

655 Vgl. BGH, Urt. v. 11. 7. 1994 – II ZR 162/92, BGHZ 127, 17, 23; *Röhricht*, StbJb. 1991/92, S. 313, 318.

Gesamtheit der Gläubiger abwälzt.[656] Deshalb wird der Gesellschafter auch nur zu einer »beschränkten Ausfallhaftung« im Gläubigerinteresse nach dem Eigenkapitalersatz herangezogen.[657]

Folgt man also der hM, so dient das Eigenkapitalersatzrecht auf der Rechtsfolgenseite dem Zweck, die Gläubigergemeinschaft an der auf den Gesellschafter (ansonsten) entfallenden Insolvenzquote teilhaben zu lassen und damit durch den Rangrücktritt diejenige Rechtslage im (Außen-)Verhältnis zu den übrigen Gläubigern der Gesellschaft herzustellen, die bei einer Gewährung von Eigenkapital kraft Widmung bestehen würde.[658]

b) Finanzierung mit Eigenkapital als rechtmäßiges Alternativverhalten

Die (haftungsrechtliche) Gleichstellung des von dem Gesellschafter zur Verfügung gestellten Fremdkapitals mit dem Eigenkapital der Gesellschaft,[659] steht mit dem Grundsatz der Finanzierungsfreiheit allerdings in einem gewissen Spannungsverhältnis.[660] Dieser erlaubt es den Gesellschaf-

---

656 Vgl. *Drukarczyk,* Festschrift Schneider, 1995, S. 172, 193 (Fn. 49).

657 Vgl. BGH, Urt. v. 19. 11. 1984 – II ZR 84/84, NJW 1985, 858 f; *Hofmann,* NJW 1966, 1941, 1943, 1946; *Bormann,* NZI 1999, 389, 391; *Hommelhoff* in v.Gerkan/Hommelhoff (Hrsg.), Handbuch des Kapitalersatzrechts, Rdnr. 2.13: kein unbeschränkter Durchgriff auf das Privatvermögen des Gesellschafters; ähnlich auch *Goette,* ZHR 162 (1998), 223, 230. Klare Abgrenzung zur Durchgriffshaftung, die nach hM eine unbeschränkte Ausfallhaftung des Gesellschafters zur Folge hat, auch bei BGH, Urt. v. 21. 9. 1981 – II ZR 104/80, BGHZ 81, 311, 317; *Ulmer,* Festschrift Duden, 1977, S. 661, 670; *Karsten Schmidt,* JZ 1985, 301, 304; *Ehricke,* AcP 199 (1999), 257, 259 f.

658 Siehe auch Begründung RegE 1977, BT-Drucks. 8/1347, S. 39; OLG Hamm, Urt. v. 18. 3. 1999 – 27 U 240/98, GmbHR 1999, 917, 920; *Hachenburg/Ulmer,* GmbHG, § 32a, b Rdnr. 176; *Kamprad,* Gesellschafterdarlehen, S. 32; *Geißler,* GmbHR 1993, 71, 77.

659 Vgl. BGH, Urt. v. 13. 7. 1981 – II ZR 256/79, BGHZ 81, 252, 257; Urt. v. 26. 3. 1984 – II ZR 171/83, BGHZ 90, 381, 388. So führt denn die Verhaftung der Gesellschafterleistung gem. §§ 30, 31 GmbHG analog bzw. § 32a Abs. 1 GmbHG, § 39 Abs. 1 Nr. 5 InsO dazu, dass die Fremdmittel des Gesellschafters *wie* haftendes Eigenkapital behandelt werden; vgl. *Goette,* ZHR 162 (1998), 223, 230; *v.Gerkan,* Festschrift Lutter, 2000, S. 1317, 1320.

660 Vgl. BGH, Urt. v. 29. 11. 1971 – II ZR 121/69, WM 1972, 74, 75; Urt. v. 19. 9. 1988 – II ZR 255/87, BGHZ 105, 168, 175 f; *Baumbach/Hueck/Fastrich,* GmbHG, § 32a Rdnr. 2 f; *Ulmer,* Festschrift Duden, 1977, S. 661, 674; *Staudinger/Hopt/Mülbert,* BGB, 12. Aufl. 1989, § 607 Rdnr. 124; *Hommelhoff* in v.Gerkan/Hommelhoff (Hrsg.), Handbuch des Kapitalersatzrechts, Rdnr. 2.8 ff, 2.17 ff.

tern grundsätzlich privatautonom über die Finanzierung der Gesellschaft zu entscheiden.[661] Der Finanzierungsfreiheit sind jedoch gewisse Grenzen gesetzt.[662] Eine solche Einschränkung der Privatautonomie besteht dabei aus Gläubigerschutzgründen in der Krise der Gesellschaft.[663] Zwar sind die Gesellschafter nach Ansicht der hM auch in der Krise in ihrer Entscheidung darüber frei, *ob* sie die Gesellschaft weiterfinanzieren oder nicht. Doch haben die Gesellschafter beim *Wie* der Kapitalzuführung auf die Belange der Gläubiger Rücksicht zu nehmen und den Kapitalbedarf der Gesellschaft daher nur mit haftendem Eigenkapital zu decken oder der Gesellschaft – dann allerdings unter Übernahme einer Finanzierungsfolgenverantwortung – Fremdkapital zur Verfügung zu stellen (vgl. auch § 32a Abs. 1 GmbHG).[664] Mit dieser Einschränkung der Finanzierungsfreiheit sucht das Eigenkapitalersatzrecht zu verhindern, dass der Gesellschafter in eine für ihn weniger riskant erscheinende Finanzierungsform – wie dem Gesellschafter-

---

661 Vgl. oben § 7 III 4; siehe auch BGH, Urt. v. 19. 9. 1988 – II ZR 255/87, BGHZ 105, 168, 175; *Baumbach/Hueck/Fastrich,* GmbHG, § 5 Rdnr. 5; *Staudinger/Hopt/Mülbert,* BGB, 12. Aufl. 1989, § 607 Rdnr. 124; *Priester,* Festschrift Helmrich, 1994, 721, 729; *H.P. Westermann,* Festschrift Odersky, 1996, S. 897, 919 f; *Claussen,* AG 1985, 173, 183; *Fleck,* Festschrift Werner, 1984, S. 107, 116; *Ulmer,* Festschrift Duden, 1977, S. 661, 674.

662 Vgl. BGH, Urt. v. 14. 12. 1959 – II ZR 187/57, BGHZ 31, 258, 268; Urt. v. 29. 11. 1971 – II ZR 121/69, WM 1972, 74, 75; *Hommelhoff* in v.Gerkan/Hommelhoff (Hrsg.), Handbuch des Kapitalersatzrechts, Rdnr. 2.11 f; *Raiser,* Recht der Kapitalgesellschaften, § 29 III 3), Rdnr. 30 f, S. 500; *ders.,* ZGR 1995, 156, 165 f; *Habersack,* ZHR 161 (1997), 457, 477.

663 Vgl. BGH, Urt. v. 29. 11. 1971 – II ZR 121/69, WM 1972, 74, 75; *Henze* in Großkomm AktG, § 57 Rdnr. 100; *Smid/Zeuner,* InsO, § 135 Rdnr. 2; *Hueck,* Festschrift Odersky, 1996, S. 823, 831; *Casper/Ullrich,* GmbHR 2000, 472 f.

664 Siehe auch BGH, Urt. v. 29. 11. 1971 – II ZR 121/69, WM 1972, 74, 75; Urt. v. 13. 7. 1981 – II ZR 256/79, BGHZ 81, 252, 257; Urt. v. 21. 9. 1981 – II ZR 104/80, BGHZ 81, 311, 317; Urt. v. 19. 9. 1988 – II ZR 255/87, BGHZ 105, 168, 175 f; Urt. v. 27. 11. 1989 – II ZR 43/89, ZIP 1990, 98, 99; OLG Düsseldorf, Urt. v. 15. 9. 1995 – 12 U 98/93, GmbHR 1996, 201, 203; *Baumbach/Hueck/Fastrich,* GmbHG, § 32a Rdnr. 3; *Michalski/Heidinger,* GmbHG, §§ 32a, 32b Rdnr. 12; *Jaeger/Henckel,* KO, § 32a Rdnr. 5; *Kübler/Prütting/Paulus,* InsO, § 135 Rdnr. 13; *Hommelhoff* in v.Gerkan/Hommelhoff (Hrsg.), Handbuch des Kapitalersatzrechts, Rdnr. 2.14 ff, insbesondere 2.17; *Ulmer,* Festschrift Duden, 1977, 661, 674; *Röhricht,* StbJb. 1991/92, S. 313, 318; *Priester,* Festschrift Helmrich, 1994, S. 721, 729; *Habersack,* ZHR 162 (1998), 201, 205; *H.P. Westermann,* Festschrift Odersky, 1996, S. 897, 920.

darlehen – ausweicht.[665] Der Gesellschafter soll sich vielmehr entscheiden, ob er die Gesellschaft unter Nichtgewährung von Fremdmitteln bzw. deren Abzug liquidiert oder der Gesellschaft die zur Fortsetzung des Geschäftsbetriebs benötigten Mittel als Eigenkapital gewährt oder belässt.[666]

Hat der Gesellschafter jedoch lediglich beim »*Wie*« der Finanzierung auf die Belange der Gesellschaftsgläubiger Rücksicht zu nehmen, heißt das, dass eine Weiterfinanzierung der Gesellschaft bei Gewährung von Eigenkapital rechtmäßig ist, also der Gesellschafter bei Gewährung von Eigenkapital in der Krise dem geforderten[667] »ordnungsgemäßen« (Finanzierungs-) Verhalten entspricht.[668] So bestimmt denn auch § 32a Abs. 1 GmbHG, dass der Gesellschafter dann nachrangig zu befriedigen ist, wenn er der Gesellschaft ein Darlehen in einem Zeitpunkt gewährt hat, in dem ihr die Gesellschafter als ordentliche Kaufleute *Eigenkapital* zugeführt hätten.[669] Das zeigt, dass der Gesellschafter nicht verpflichtet ist, der Gesellschaft Eigen-

---

665 Vgl. BGH, Urt. v. 26. 3. 1984 – II ZR 171/83, BGHZ 90, 381, 388 f; Urt. v. 6. 5. 1985 – II ZR 132/84, NJW 1985, 2719, 2720; Urt. v. 19. 9. 1988 – II ZR 255/87, BGHZ 105, 168, 176; Urt. v. 16. 6. 1997 – II ZR 154/96, ZIP 1997, 1375, 1376 f; OLG Düsseldorf, Urt. v. 15. 9. 1995 – 12 U 98/93, GmbHR 1996, 201, 203; OLG Celle, Urt. v. 30. 1. 1996 – 18 U 16/95, ZIP 1996, 1994, 1995. Aus dem Schrifttum vgl. nur *Hachenburg/Ulmer,* GmbHG, § 32a, b Rdnr. 8; *Ulmer,* Festschrift Duden, 1977, S. 661, 674; *Lutter/Hommelhoff,* GmbHG, §§ 32a/b Rdnr. 2; *Rowedder/Pentz,* GmbHG, § 32a Rdnr. 17; *Habersack,* ZHR 162 (1998), 201, 205; *Goette,* ebenda, 223, 224; *ders.,* DStR 1997, 2027.

666 Vgl. *Hachenburg/Ulmer,* GmbHG, § 32a, b Rdnr. 8; *Rowedder/Pentz,* GmbHG, § 32a Rdnr. 17; *Wiedemann,* ZIP 1986, 1293, 1296; *ders.,* Festschrift Beusch, 1993, S. 893, 903. Aus der Rspr. siehe BGH, Urt. v. 13. 7. 1981 – II ZR 256/79, BGHZ 81, 252, 257; Urt. v. 21. 9. 1981 – II ZR 104/80, BGHZ 81, 311, 317; Urt. v. 19. 9. 1996 – IX ZR 249/95, ZIP 1996, 1829, 1830; OLG Düsseldorf, Urt. v. 15. 9. 1995 – 12 U 98/93, GmbHR 1996, 201, 203; LG Kiel, Urt. v. 23. 1. 2001- 16 O 93/00, ZIP 2001, 978 f.

667 Vgl. *Lutter/Hommelhoff,* GmbHG, §§ 32a/b Rdnr. 3: »Wenn er [der Gesellschafter] sich jedoch zu ihrer finanziellen Unterstützung entschließt, dann muß er Eigenkapital und kein Fremdkapital zuführen«.

668 Vgl. OLG Hamm, Urt. v. 3. 7. 1991 – 8 U 159/89, GmbHR 1992, 180, 181; OLG Schleswig, Urt. v. 19. 10. 2000 – 5 U 138/99, NZG 2001, 273, 274; *Scholz/Karsten Schmidt,* GmbHG, §§ 32a, 32b Rdnr. 5, 15, *Karsten Schmidt,* ZHR 147 (1983), 165, 178; *ders.,* Gesellschaftsrecht, § 18 III 4b), S. 533 f, § 37 IV 1c), S. 1153; *ders.,* 54. DJT, I 1982, S. D 107; *v.Gerkan,* ZGR 1997, 173, 176; *Fleck,* Festschrift Werner, 1984, S. 107, 109 f, 116; *Hueck,* Festschrift Odersky, 1996, S. 823, 831; *Ulmer,* Festschrift Duden, 1977, S. 661, 674; *Bork,* Festschrift Uhlenbruck, 2000, S. 279, 281; siehe so auch *Reiner,* Festschrift Boujong 1996, S. 415, 441.

669 Vgl. zu der in § 32a Abs. 1 GmbHG zum Ausdruck kommenden Verhaltensmaxime – der Gesellschaft statt Fremd- Eigenkapital zuzuführen – auch LG Kiel, Urt. v. 23. 1. 2001 – 16 O 93/00, ZIP 2001, 978 f; *Kübler/Prütting/Paulus,* InsO, § 135

kapital in angemessenem Umfang in der Krise zur Verfügung zu stellen,[670] wohl aber dasjenige Kapital, das er der Gesellschaft in der Summe zuführen will, als Eigenkapital zu gewähren hat, wenn ihn keine Finanzierungsfolgenverantwortung treffen soll.[671]

Hat der Gesellschafter aber nur für eine Fremdfinanzierung der Gesellschaft Verantwortung zu tragen,[672] so führt die Freistellung von der Finanzierungsfolgenverantwortung bei Gewährung von Eigenkapital zu einer – von der hM akzeptierten – Überwälzung des allgemeinen Finanzierungsrisikos auf die Gläubigergesamtheit. Das heißt, der Gläubigerschutz reicht nicht so weit, dass der Gesellschafter mit den Regeln zum Eigenkapitalersatz für sämtliche aus der Insolvenzverschleppung resultierenden negativen Folgen zur Verantwortung gezogen wird.[673] Insbesondere die Verringerung des Gesellschaftsvermögens und das Hinzutreten neuer Gläubiger sind solche allgemeinen negativen Folgen einer Finanzierung der Gesellschaft über den Krisenzeitpunkt hinaus, die von der Gläubigergesamtheit zu tragen sind.[674]

Gegen eine derartige Beschränkung der Finanzierungsfolgenverantwortung spricht sich allerdings ein Teil der Literatur aus. Da die Krise der Gesellschaft auch bei einer nur unzureichenden Gewährung von Eigenkapital zu Lasten der Gläubiger verschleppt werden kann,[675] ist es dieser Ansicht nach verfehlt, die Gewährung von Eigenkapital als rechtmäßiges Alternativverhalten anzusehen.[676] Statt dessen sollte der Gesellschafter dieser An-

---

Rdnr. 13; *Scholz/Karsten Schmidt,* GmbHG, §§ 32a, 32b Rdnr. 5; *Karsten Schmidt,* ZHR 147 (1983), 165, 178; *Bork,* Festschrift Uhlenbruck, 2000, S. 279, 281.

670 Vgl. *Baumbach/Hueck/Fastrich,* GmbHG, § 32a Rdnr. 2.

671 Vgl. zum »ordnungsgemäßen« Finanzierungsverhalten des Gesellschafters auch BGH, Urt. v. 19. 9. 1988 – II ZR 255/87, BGHZ 105, 168, 176; OLG Düsseldorf, Urt. v. 15. 9. 1995 – 12 U 98/93, GmbHR 1996, 201, 203; LG Kiel, Urt. v. 23. 1. 2001 – 16 O 93/00, ZIP 2001, 978 f; *Jaeger/Henckel,* KO, § 32a Rdnr. 5; *Kübler/Prütting/Paulus,* InsO, § 135 Rdnr. 13; *Scholz/Karsten Schmidt,* GmbHG, §§ 32a, 32b Rdnr. 5; *Ulmer,* Festschrift Duden, 1977, S. 661, 674; *Boujong,* GmbHR 1992, 207, 209; *Fastrich,* NJW 1983, 260, 262; *Röhricht,* StbJb. 1991/92, S. 313, 318 f.

672 Vgl. OLG Hamm, Urt. v. 3. 7. 1991 – 8 U 159/89, GmbHR 1992, 180, 181; OLG Schleswig, Urt. v. 19. 10. 2000 – 5 U 138/99, NZG 2001, 273, 274; *Jaeger/Henckel,* KO, § 32a Rdnr. 5; *v.Gerkan,* ZGR 1997, 173, 176.

673 Vgl. *Lutter/Hommelhoff,* GmbHG, §§ 32a/b Rdnr. 4; *Reiner,* Festschrift Boujong, 1996, S. 415, 441; *Haas,* NZI 2001, 1, 9; *Bormann,* NZI 1999, 389, 391.

674 Vgl. insoweit auch die Ausführungen unter § 7 IV 1 a); siehe zur Haftungsbegrenzung auch *Häsemeyer,* Insolvenzrecht, Rdnr. 30.62; *Haas/Dittrich,* DStR 2001, 623, 628.

675 Vgl. vorstehend unter § 7 IV 1 a).

676 Dafür namentlich *Reiner,* Festschrift Boujong, 1996, S. 415, 441.

sicht zufolge zu einer unbeschränkten Ausfallhaftung herangezogen werden.[677] Dem ist jedoch entgegenzuhalten, dass sich der Gesetzgeber mit § 32a Abs. 1 GmbHG (» ... in dem ihr die Gesellschafter als ordentliche Kaufleute Eigenkapital zugeführt hätten«) nicht schlicht dafür entschieden hat, den Gesellschafter wegen Insolvenzverschleppung zur Verantwortung zu ziehen, sondern wegen Insolvenzverschleppung bei Gewährung von Fremdkapital.[678] Die damit vom Gesetzgeber getroffene Wertentscheidung ist grundsätzlich zu beachten.[679]

Für eine nur »beschränkte Ausfallhaftung« des Gesellschafters spricht im Übrigen, dass der Gesellschafter nach dem Eigenkapitalersatz unter erleichterten Voraussetzungen haftet, als nach § 826 BGB und eine Haftung des Gesellschafters wegen Insolvenzverschleppung nach § 826 BGB keineswegs ausgeschlossen ist.[680] Denn die Entwertung der Forderungen der übrigen Gläubiger durch einen Mitgläubiger infolge der Insolvenzverschleppung stellt einen Sittenverstoß dar, wenn der Kreditierende unter Missachtung fremder Interessen eigennützige Zwecke verfolgt.[681] Ist außerdem ein (allgemein) zu schützendes Vertrauen in die Kreditwürdigkeit des Schuldners nicht anzuerkennen und kann grundsätzlich jeder Kreditgeber selbst Vorsorge für einen möglichen Ausfall in der Insolvenz treffen,[682] so spricht dies ebenfalls dafür, dass zwischen dem auf den Nachrang begrenzten Verantwortungsbeitrag des Gesellschafters auf der einen Seite und der Finanzierungsfreiheit des Gesellschafters auf der anderen Seite ein ausgewogenes Gleichgewicht besteht.[683]

Löst mithin die Gewährung von Eigenkapital keine eigenkapitalersatzrechtliche Finanzierungsfolgenverantwortung des Gesellschafters aus, dann ist schließlich jede Gesellschafterhilfe als rechtmäßiges Alternativverhalten anzusehen, bei der der Gesellschafter kein »zusätzliches« bzw. »besonderes« (Finanzierungs-)Risiko auf die Gläubigergesamtheit ablädt,

677 Vgl. *Reiner,* Festschrift Boujong, 1996, S. 415, 441 f.

678 Vgl. auch Begründung RegE 1977, BT-Drucks. 8/1347, S. 39; siehe auch BGH, Urt. v. 16. 10. 1989 – II ZR 307/88, BGHZ 109, 55, 57; *Haas,* NZI 2001, 1, 9; *Hachenburg/Ulmer,* GmbHG, § 32a, b Rdnr. 8 f; *Ulmer,* Festschrift Duden, 1977, S. 661, 674; *ders.,* ZIP 1984, 1163, 1166; *v.Gerkan,* ZGR 1997, 173, 176 f.

679 Anders dagegen ausdrücklich *Reiner,* Festschrift Boujong, 1996, S. 415, 441 (Fn. 113).

680 Vgl. *Sonnenberger,* NJW 1969, 2033, 2035, 2038.

681 Vgl. *Palandt-Sprau,* BGB, § 826 Rdnr. 36, 38; *Larenz/Canaris,* Lehrbuch des Schuldrechts, Band II/2 BT, § 78 IV 2a), S. 457 f; *Obermüller,* Insolvenzrecht in der Bankpraxis, Rdnr. 5.114.

682 Vgl. oben § 6.

683 Vgl. so Recht auch *Sonnenberger,* NJW 1969, 2033, 2035 f, 2038.

wenn er sich für eine weitere Unterstützungshandlung in der Krise entscheidet.[684] Denn das Eigenkapitalersatzrecht gleicht ja nur die Überwälzung eines »zusätzlichen« Risikos, das mit der ergriffenen Gesellschaftermaßnahme verbunden ist, aus.[685] Entschließt sich der Gesellschafter also dazu, der Gesellschaft den von ihr benötigten Geldbetrag zu schenken oder Sachwerte (nur) leihweise zur Verfügung zu stellen, so übernimmt er damit bereits von sich aus den auf ihn entfallenden Risikoanteil für den Fall, dass seine Hilfe zu Lasten der Gläubigergesamtheit fehlschlägt.[686] Wie bei der Gewährung von Eigenkapital entsteht bei diesem rechtsgeschäftlichen Einwirken auf das Schuldnervermögen keine Forderung des Gesellschafters, mit der er gleichberechtigt mit den anderen Gläubigern der Gesellschaft am Insolvenzverfahren teilnehmen und die Insolvenzquote der übrigen Gläubiger – wie bei der Gewährung eines Darlehens – schmälern könnte. Folglich führt der Gesellschafter im Falle der (bloß) leihweisen Überlassung von Wirtschaftsgütern keine – unter dem Aspekt des Eigenkapitalersatzes relevante – Insolvenzverschleppung herbei, so dass die Leihe unter dem Gesichtspunkt einer Gläubigerbenachteiligung infolge Insolvenzverschleppung letztlich nicht zu fassen ist.[687]

c) Zusammenfassung

Als Zwischenergebnis bleibt damit festzuhalten, dass der Verantwortungsbeitrag des Gesellschafters für den Fall, dass er die Krise der Gesellschaft durch sein Darlehen bloß verschleppt, der Höhe nach (als obere Grenze) richtig bemessen ist, wenn der Gesellschafter im anschließenden Insolvenzverfahren über das Vermögen der Gesellschaft »nur« im Nachrang befriedigt wird (§ 39 Abs. 1 Nr. 5 InsO). Denn die beiden anderen negativen Finanzierungsfolgen, d.h. die Verwirtschaftung der noch vorhandenen Vermögenswerte der Gesellschaft und das Hinzutreten neuer Gläubiger,[688] führt der Gesellschafter auch bei einer Finanzierung der Gesellschaft mit Eigenkapital herbei. Den Gesellschafter jedoch für diese (allgemeinen) negativen Finanzierungsfolgen mit zur Verantwortung zu ziehen, verbietet sich, weil die Gewährung von Eigenkapital in der Krise ein rechtmäßiges Finanzie-

684 Vgl. *Haas/Dittrich,* DStR 2001, 623, 628.
685 Vgl. BGH, Urt. v. 11. 7. 1994 – II ZR 162/92, BGHZ 127, 17, 23.
686 Vgl. *Haas/Dittrich,* DStR 2001, 623, 628.
687 Offengelassen noch oben unter § 7 I 2.
688 Vgl. *Lutter/Hommelhoff,* ZGR 1979, 31, 38; *Steinbeck,* ZGR 1996, 116, 128; *Goette,* ZInsO 2001, 529, 536.

rungsverhalten ist und diejenigen negativen Folgen, die der Gesellschafter auch bei rechtmäßigen Alternativverhalten hervorruft, ihm bei einer Fremdfinanzierung der Gesellschaft nicht zum Vorwurf gemacht werden können.[689]

2. Typisierung des Kausalverlaufs

Gegen den hier vertretenen Begründungsansatz könnte aber u.U. sprechen, dass die Rechtsfolgen des Eigenkapitalersatzrechts hM zufolge unabhängig davon eintreten, ob aufgrund der Finanzierungsentscheidung des Gesellschafters die Gläubiger der Gesellschaft tatsächlich Nachteile erlitten haben. Dieser Einwand wäre jedoch nur dann gerechtfertigt, wenn nicht das Vorliegen eines ursächlichen Zusammenhangs zwischen der Kreditierung und einem Gläubigerausfall durch eine gleichrangige Teilnahme des Gesellschafters am Insolvenzverfahren typisiert werden kann. Letzteres setzt zweierlei voraus. Zum einen müsste es regelmäßig so sein, dass der Gesellschafter mit seinem Darlehen die Krise der Gesellschaft bloß verschleppt und die Darlehensvaluta des Gesellschafters verwirtschaftet werden. Denn nur bei Vorliegen eines solchen Kausalverlaufs gleicht der Nachrang des Gesellschafters eine Benachteiligung der Gläubiger durch Insolvenzverschleppung zutreffend aus.[690] Zum anderen müsste es zulässig sein, diesen »regelmäßigen« Kausalverlauf als »typischen« Geschehensablauf zugrunde zu legen.

a) Der regelmäßige Kausalverlauf

aa) Ursachenzusammenhang zwischen Kreditierung und Krisenverschleppung

Ein derartiger Kausalzusammenhang zwischen Kreditierung und Krisenverschleppung ist bei dem Grundfall des Eigenkapitalersatzes, der Darlehensgewährung in der Krise, unproblematisch gegeben. Mit Eintritt der Krise ist nämlich ein Zeitpunkt im Rahmen der wirtschaftlichen Abwärts-

689 Vgl. (allgemein) zur Beachtlichkeit des Einwands rechtmäßigen Alternativverhaltens BGH, Urt. v. 25. 11. 1992 – VIII ZR 170/91, NJW 1993, 520, 522; MünchKomm-*Oetker*, BGB, § 249 Rdnr. 214 mwN auch Minderansicht, *Palandt-Heinrichs*, BGB, Vorb v § 249 Rdnr. 105.

690 Vgl. vorstehend; siehe auch *Reiner*, Festschrift Boujong, 1996, S. 415, 441.

entwicklung der Gesellschaft erreicht, in dem die Gesellschaft ohne die Hilfe des Gesellschafters nicht mehr am Leben erhalten werden kann.[691] Ein in dieser wirtschaftlichen Situation gewährter Kredit des Gesellschafters verlängert – soweit er nicht geeignet ist, die Krise zu überwinden – unmittelbar den »Todeskampf der Gesellschaft«.[692]

Schwieriger zu beantworten ist dagegen die Frage der Kausalität im Falle des »Stehenlassens« eines Gesellschafterdarlehens, weil das Darlehen hier bereits zu wirtschaftlich gesunden Zeiten der Gesellschaft gewährt worden ist.[693] Da der Gesellschafter aber im Rahmen des Eigenkapitalersatzrechts wegen einer »künstlichen« Verlängerung des »Todeskampfes« der Gesellschaft zur Verantwortung gezogen werden soll,[694] sind für das Eigenkapitalersatzrecht grundsätzlich nur Kreditierungen *in* der Krise oder *bei* Eintritt der Krise relevant.[695] In den Fällen des Stehenlassens einer früher gewährten Kredithilfe des Gesellschafters kann es deshalb für die Finanzierungsfolgenverantwortung nicht entscheidend auf den Zeitpunkt der (tatsächlichen) Hingabe des Darlehens ankommen. Maßgeblich kann vielmehr

---

691 Vgl. BGH, Urt. v. 7. 11. 1994 – II ZR 270/93, BGHZ 127, 336, 344; *Boujong,* WiB 1997, 292; *Bezzenberger,* Festschrift Bezzenberger, 2000, S. 23, 50.

692 Vgl. *Haas,* Geschäftsführerhaftung und Gläubigerschutz, S. 60 f; *v.Gerkan,* ZGR 1997, 173, 176 f; *ders.,* Festschrift Lutter, 2000, S. 1317, 1320.

693 Vgl. BGH, Urt. v. 26. 11. 1979 – II ZR 104/77, BGHZ 75, 334, 337.

694 Vgl. OLG Hamm, Urt. v. 26. 1. 1998 – 31 U 90/97, NZG 1998, 551, 552; *Hommelhoff/Kleindiek,* Festschrift 100 Jahre GmbH-Gesetz, 1992, S. 421, 434; *Lutter/Hommelhoff,* GmbHG, §§ 32a/b Rdnr. 3.

695 Vgl. BGH, Urt. v. 26. 11. 1979 – II ZR 104/77, BGHZ 75, 334, 337 f; Urt. v. 8. 7. 1985 – II ZR 269/84, NJW 1985, 2947, 2948; Urt. v. 7. 11. 1994 – II ZR 270/93, BGHZ 127, 336, 344 f; *Lutter/Hommelhoff,* GmbHG, §§ 32a/b Rdnr. 2; *Baumbach/Hueck/Fastrich,* GmbHG, § 32a Rdnr. 1; *Habersack,* ZGR 2000, 384, 390 und Fn. 32; *Michalski/de Vries,* NZG 1999, 181, 182; *Goette,* ZHR 162 (1998), 223, 224 (»in der Krisensituation«); siehe auch *ders.,* DStR 1999, 1201 f (Urteilsanm.); *Bayer* in v.Gerkan/Hommelhoff (Hrsg.), Handbuch des Kapitalersatzrechts, Rdnr. 11.51; insoweit zu Recht auch *Reiner,* Festschrift Boujong, 1996, S. 415, 441. Eine Ausnahme hierzu bildet allerdings der Fall eines sog. von vornherein auf Krisenfinanzierung angelegten Gesellschafterdarlehens, weil der Gesellschafter sich hier schon vor Eintritt der Krise seiner Abzugsmöglichkeiten begeben hat und damit *bei* Eintritt der Krise auf diese nicht mehr reagieren kann; vgl. BGH, Urt. v. 9. 10. 1986 – II ZR 58/86, NJW 1987, 1080, 1081 f; Urt. v. 9. 3. 1992 – II ZR 168/91, NJW 1992, 1763, 1764. Doch knüpft die hM die Finanzierungsfolgenverantwortung des Gesellschafters in Fällen dieser Art an die vom Gesellschafter getroffene vorgezogene (Krisen-) Finanzierungsentscheidung an, die dann vorliegt, wenn der Gesellschafter den sich objektiv vollziehenden Wandel seiner Gesellschafterleistung in eine nunmehr Krisenfinanzierungshilfe bereits mit Eintritt der Krise im Zeitpunkt seiner Kreditentscheidung billigend in Kauf genommen hat; vgl. BFH,

nur der Zeitpunkt des Kriseneintritts sein.[696] Das hat zur Folge, dass die Leistung des Gesellschafters nur dann kausal für die Krisenverschleppung ist, wenn dem Gesellschafter zum Zeitpunkt des Eintritts der Krise (objektiv) Abzugsmöglichkeiten zur Verfügung standen, der Gesellschafter also auf die Krise der Gesellschaft hätte reagieren können.[697] Tut er dies nicht und lässt bestehende Handlungsmöglichkeiten[698] ungenutzt verstreichen, so liegt hierin ebenfalls eine »neue« Kreditgewährung an die Gesellschaft.[699]

bb) Mitverwirtschaftung der Darlehensvaluta

Zu einer tatsächlichen Gläubigerbenachteiligung führt die Teilnahme des Gesellschafters am Insolvenzverfahren jedoch erst, wenn die von dem Gesellschafter in der Krise über- oder belassenen Darlehensvaluta verbraucht sind und sich deren Gegenwert nicht mehr im Gesellschaftsvermögen befindet. Denn erst bei einer vollständigen Verwirtschaftung der Fremdmittel entspricht der Verantwortungsbeitrag des Gesellschafters (Nachrang) der tatsächlich eingetretenen Gläubigerbenachteiligung.[700] Denn erst dann wälzt der Gesellschafter das »zusätzliche« Risiko, für das er bei einer Insolvenzverschleppung mit den Regeln zum Eigenkapitalersatz zur Verantwortung gezogen wird,[701] vollständig auf die (Alt- und Neu-)Gläubiger ab.[702]

Urt. v. 4. 11. 1997 – VIII R 18/94, GmbHR 1998, 198, 200. Kritisch hierzu *Habersack*, ZGR 2000, 384, 390 (Fn. 32), der in Anbetracht der vom Eigenkapitalersatzrecht grundsätzlich verlangten Finanzierungsentscheidung *im* Zeitpunkt der Krise eine Erstreckung des Eigenkapitalersatzrechts auf diese Fälle ablehnt; siehe auch *Fleischer*, Finanzplankredite, S. 300 f.

696 Vgl. Urt. v. 8. 7. 1985 – II ZR 269/84, NJW 1985, 2947, 2948; BGH, Urt. v. 7. 11. 1994 – II ZR 270/93, BGHZ 127, 336, 344 f; Urt. v. 28. 6. 1999 – II ZR 272/98, ZIP 1999, 1263, 1264; *Goette*, ZHR 162 (1998), 223, 224 f; *Michalski/de Vries*, NZG 1999, 181, 182.

697 Vgl. auch BGH, Urt. v. 8. 7. 1985 – II ZR 269/84, NJW 1985, 2947, 2948; Urt. v. 7. 11. 1994 – II ZR 270/93, BGHZ 127, 336, 345; *Goette*, ZHR 162 (1998), 223, 225; siehe auch *ders.*, DStR 1997, 2027, 2032.

698 Vgl. zu diesen oben unter § 3 IV 1.

699 Vgl. *Geißler*, GmbHR 1994, 152, 154; *Haas*, Geschäftsführerhaftung und Gläubigerschutz, S. 51 f; a.A. wohl *Reiner*, Festschrift Boujong, 1996, S. 415, 441.

700 Vgl. *Sonnenberger*, NJW 1969, 2033, 2037 f; siehe so zu Recht aus Sicht der hM auch *Reiner*, Festschrift Boujong, 1996, S. 415, 441.

701 Vgl. vorstehend.

702 Vgl. BGH, Urt. v. 11. 7. 1994 – II ZR 162/92, BGHZ 127, 17, 23; *Röhricht*, StbJb. 1991/92, S. 313, 318.

Regelmäßig wird es nun so sein, dass der tatsächliche Kausalverlauf bei einer (unzureichenden) Kreditierung in der Krise dem »typischen« Geschehensablauf entspricht.[703] So geht denn auch die hM davon aus, dass den Gläubigern mit einer rechtzeitig eingeleiteten Liquidation meist besser gedient sei, als mit dem Versuch, die Gesellschaft in der Krise noch zu retten. Denn im Zeitpunkt des Eintritts der Krise steht der Gläubigergesamtheit – so die hM – mehr verteilungsfähige Masse zur Verfügung.[704]

Denkbar sind aber auch andere Kausalverläufe: So kann das tatsächliche Geschehen etwa so gestaltet sein, dass die Fremdmittel des Gesellschafters im Zeitpunkt der tatsächlichen Auslösung des Insolvenzverfahrens (wertmäßig) noch vollständig in der Masse vorhanden sind. In dieser Situation würden sich die Gesellschaftsgläubiger selbst bei einer Teilnahme des Gesellschafters am Insolvenzverfahren besser stellen, als sie im Zeitpunkt einer rechtzeitig eingeleiteten Liquidation der Gesellschaft stünden.[705] Möglich ist es aber auch, dass die Darlehensvaluta bzw. deren Gegenwert noch teilweise im Gesellschaftsvermögen vorhanden sind. Dann würde die Insolvenzquote der übrigen Gläubiger noch nicht genau in Höhe der verstrickten Gegenforderung des Gesellschafters geschmälert werden.[706]

Fraglich ist daher, ob es gerechtfertigt ist, den »regelmäßigen« Kausalverlauf als »typischen« zugrunde zu legen und damit davon auszugehen, dass durch eine (gleichberechtigte) Teilnahme des Gesellschafters am In-

703 Vgl. oben unter § 7 IV 1 a); siehe auch *Haas,* Geschäftsführerhaftung und Gläubigerschutz, S. 61; *v.Gerkan,* Festschrift Lutter, 2000, 1317, 1319 f; *Goette,* ZInsO 2001, 529, 536; *Bezzenberger,* Festschrift Bezzenberger, 2000, S. 23, 37 f.

704 Vgl. BGH, Urt. v. 16. 10. 1989 – II ZR 307/88, BGHZ 109, 55, 57; OLG Düsseldorf, Urt. v. 15. 9. 1995 – 12 U 98/93, GmbHR 1996, 201, 203; *Fleck,* Festschrift Werner, 1984, 107, 110 f; *v.Gerkan,* Festschrift Lutter, 2000, S. 1317, 1320; *Röhricht,* StbJb. 1991/92, S. 313, 318; *Boujong,* GmbHR 1992, 207, 209.

705 Vgl. hierzu Beispielsfall 1: Die Gesellschaft hat Schulden in Höhe von 100. Für den Fall, dass sie sofort liquidiert werden würde, ergebe sich für die Gläubiger eine verteilungsfähige Masse von 40. Leistet ein Gesellschafter ein Darlehen in Höhe von 50 und wird die Gesellschaft zu einem Zeitpunkt liquidiert, in dem der Darlehensbetrag wertmäßig noch nicht verwirtschaftet ist, so steht den Gläubigern eine verteilungsfähige Masse von 90 zur Verfügung. Nimmt der Gesellschafter an der Verteilung teil, so entfallen auf die übrigen Gläubiger ?, d.h. 60. Die Gläubiger stellen sich also trotz Teilnahme des Gesellschafters am Insolvenzverfahren besser, als in der Ausgangssituation.

706 Vgl. hierzu Beispielsfall 2: Die Ausgangssituation entspricht derjenigen in Beispielsfall 1. Allerdings wird die Gesellschaft nunmehr in einem Zeitpunkt liquidiert, in dem von der Darlehenssumme wertmäßig nur noch 11 vorhanden sind. In diesem Fall steht den Gläubigern eine verteilungsfähige Masse von 51 zur Verfügung. Nimmt der Gesellschafter am Insolvenzverfahren teil, so entfallen auf die übrigen Gläubiger wiederum ?, d.h. 34. Mithin stellen sich die Gläubiger bei einer

solvenzverfahren die Gläubiger in ihrer Gesamtheit (voll) in Höhe der Teilnahme des Gesellschafters benachteiligt werden.

b) Die zulässige Typisierung des Kausalverlaufs

aa) Die Ansicht der hM

Die hM vermutet unwiderlegbar, dass die Insolvenzverschleppung des Gesellschafters zu einer tatsächlichen Beeinträchtigung der Gläubigerposition führt. So ist nämlich dem Gesellschafter der Einwand abgeschnitten, dass die Verlängerung des Todeskampfes keine Schmälerung der Insolvenzquote der übrigen Gläubiger zur Folge hat.[707] Teilweise wird sogar ausdrücklich darauf verzichtet, dass es überhaupt zu einer weiteren tatsächlichen Verringerung des Gesellschaftsvermögens gekommen ist.[708] Das heißt, es mitunter sogar eine Besserstellung der Gesellschaftsgläubiger in Kauf genommen.[709]

Erklären lässt sich die Ansicht der hM mit den entwicklungsgeschichtlichen Grundlagen des Eigenkapitalersatzrechts, also den Vorschriften über die Kapitalaufbringung und -erhaltung.[710] Mit der Strenge jener Grundsätze, in denen die hM eine Rechtfertigung für das Privileg eines Wirtschaftens mit beschränkter Haftung sieht,[711] lässt sich in der Tat eine Berücksichtigung des tatsächlichen Kausalverlaufs schwer vereinbaren.[712] So ist für eine Verletzung des § 30 Abs. 1 GmbHG auch nur eine Auszahlung des zur Erhaltung des Stammkapitals erforderlichen Vermögens entscheidend.[713]

Teilnahme des Gesellschafters am Insolvenzverfahren schlechter, als in der Ausgangssituation. Wird der Gesellschafter von der Verteilung ausgeschlossen, so gleicht das allerdings den Quotenschaden der übrigen Gläubiger nicht zutreffend aus, da ihnen dann eine verteilungsfähige Masse von 51 zur Verfügung steht. Der Nachrang des Gesellschafters führt demzufolge zu einer Besserstellung der übrigen Gläubiger.

707 Vgl. BGH, Urt. v. 19. 9. 1996 – IX ZR 249/95, ZIP 1996, 1829, 1830; kritisch hierzu *Haas,* Geschäftsführerhaftung und Gläubigerschutz, S. 61; *ders.* in Gottwald (Hrsg.), Insolvenzrechts-Handbuch, § 92 Rdnr. 263.

708 So OLG Hamm, Urt. v. 18. 3. 1999 – 27 U 240/98, GmbHR 1999, 917, 919; siehe auch *Rowedder/Pentz,* GmbHG, § 32a Rdnr. 17.

709 Vgl. insoweit auch *Fleck,* Festschrift Werner, 1984, S. 107, 114 f.

710 Vgl. für diesen Zusammenhang ausdrücklich so *Fleck,* Festschrift Werner, 1984, S. 107, 114 f, der sich insoweit allerdings bei seinen Ausführungen maßgeblich auf eine Gläubigerbenachteiligung infolge Gläubigertäuschung bezieht.

711 Vgl. *Goette,* ZHR 162 (1998), 223, 224; siehe auch oben § 7 III 3.

712 Vgl. so nahezu wörtlich *Fleck,* Festschrift Werner, 1984, S. 107, 115.

713 Vgl. oben unter § 5.

Führt man sich allerdings vor Augen, dass das Eigenkapitalersatzrecht an völlig andere Voraussetzungen anknüpft als der Kapitalerhaltungsschutz (§§ 30, 31 GmbH)[714] und es Sinn und Zweck des Eigenkapitalersatzrechts ist, unmittelbar und ausschließlich die Gläubiger der Gesellschaft zu schützen,[715] verbietet es sich für eine Typisierung des Kausalverlaufs auf die Grundsätze über die Kapitalerhaltung zurückzugreifen.

bb) Eigene Ansicht

Die Rechtfertigung für eine Typisierung des Kausalverlaufs könnte jedoch einem Vergleich mit der Insolvenzanfechtung (§§ 129 ff InsO) zu entnehmen sein. Auch dort geht es darum, dass auf das Gesellschaftsvermögen und damit auf die Insolvenzmasse zum Nachteil der Gläubigergesamtheit zugegriffen wird. So setzen auch die Insolvenzanfechtungsvorschriften (§§ 129 ff InsO) einen Kausalzusammenhang zwischen der angefochtenen Rechtshandlung und der Gläubigerbenachteiligung, also der Verkürzung des Schuldnervermögens für den Gläubigerzugriff, voraus.[716] Dieser liegt vor, wenn sich die Befriedigung der Insolvenzgläubiger ohne die Rechtshandlung günstiger gestaltet hätte.[717] In den Fällen, in denen der Schuldner etwa auf eine Forderung des Gläubigers in der kritischen Zeit zwischen materieller Insolvenz und Verfahrenseröffnung leistet,[718] wird es an diesem Ursachenzusammenhang selten fehlen, weil der Gläubiger mit dem Einwand,

---

714 Vgl. oben § 5 und § 7 III 3.

715 Vgl. *Goette,* ZHR 162 (1998), 223; *Hommelhoff* in v.Gerkan/Hommelhoff (Hrsg.), Handbuch des Kapitalersatzrechts, Rdnr. 2.7.

716 Vgl. BGH, Urt. v. 16. 5. 1979 – VIII ZR 156/78, WM 1979, 776, 778; Urt. v. 20. 2. 1980 – VII ZR 48/79, NJW 1980, 1580, 1581; Urt. v. 23. 2. 1984 – IX ZR 26/83, NJW 1984, 1968, 1969; Urt. v. 11. 5. 1989 – IX ZR 222/88, ZIP 1989, 785, 786; Urt. v. 9. 12. 1999 – IX ZR 102/97, NJW 2000, 1259, 1261; Urt. v. 27. 5. 2003 – IX ZR 169/02, NJW 2003, 3347, 3348; *Kilger/Karsten Schmidt,* KO, § 29 Anm. 13; *Smid/Zeuner,* InsO, § 129 Rdnr. 55; *Kreft* in HK-InsO, § 129 Rdnr. 62; *Dauernheim* in FK-InsO, § 129 Rdnr. 40; *Nerlich/Römermann/Nerlich,* InsO, § 129 Rdnr. 70.

717 Vgl. BGH, Urt. v. 16. 5. 1979 – VIII ZR 156/78, WM 1979, 776, 778; Urt. v. 20. 2. 1980 – VII ZR 48/79, NJW 1980, 1580, 1581; Urt. v. 11. 5. 1989 – IX ZR 222/88, ZIP 1989, 785, 786; Urt. v. 11. 11. 1993 – IX ZR 257/92, ZIP 1994, 40, 41; Urt. v. 27. 5. 2003 – IX ZR 169/02, NJW 2003, 3347, 3348; OLG Karlsruhe, Urt. v. 29. 2. 2000 – 3 U 33/99, NZG 2000, 791, 792; *Kübler/Prütting/Paulus,* InsO, § 129 Rdnr. 35; *Smid/Zeuner,* InsO, § 129 Rdnr. 55.

718 Vgl. zum zeitlichen Eingreifen der Insolvenzanfechtungstatbestände *Gottwald/Huber,* Insolvenzrechts-Handbuch, § 47 Rdnr. 6 ff.

das Vermögen des Schuldners zuvor um eine objektiv gleichwertige Gegenleistung angereichert zu haben, nicht gehört wird. Anderenfalls würde der Insolvenzanfechtungstatbestand der (kongruenten) Deckung (§ 130 InsO) seine Bedeutung verlieren.[719] Lediglich dann, wenn der Gläubiger seine Leistung unmittelbar zeitlich vor der Leistung des Schuldners in dessen Vermögen erbracht hat, also wirtschaftlich gleichwertige Leistungen unmittelbar ausgetauscht werden, ist der Einwand des Geschäftspartners relevant. In Fällen dieser Art liegt nämlich ein sog. Bargeschäft vor (vgl. § 142 InsO), bei dem infolge des unmittelbaren Leistungsaustausches das schuldnerische Vermögen per Saldo (unmittelbar) nicht geschmälert ist; es zu diesem Zeitpunkt mithin an einer Gläubigerbenachteiligung fehlt.[720]

Aus der Verteilung der Darlegungs- und Beweislast folgt nun, dass im Insolvenzanfechtungsrecht der wohl regelmäßige Geschehensablauf vermutet wird, dass nämlich in der Höhe des Mittelabflusses an den Anfechtungsgegner eine Gläubigerbenachteiligung auch tatsächlich eingetreten ist, d.h. die Befriedigungsmöglichkeiten der Gläubiger verkürzt,[721] vereitelt, erschwert oder verzögert werden.[722] So hat zwar grundsätzlich der Insolvenzverwalter sämtliche Voraussetzungen der Insolvenzanfechtung darzulegen und zu beweisen, wozu vor allem auch die Gläubigerbenachteiligung gehört.[723] Doch genügt er seiner Beweislast, wenn er in den Fällen, in denen das Gesetz, wie etwa bei der Deckungsanfechtung (§§ 130, 131 InsO), das Vorliegen einer

---

719 Vgl. i.d.S. ausdrücklich so LG Bonn, Urt. v. 25. 1. 2001 – 12 O 167/00, ZInsO 2001, 232, 234: Fehlinterpretation der Beklagten (Anfechtungsgegnerin).

720 Vgl. BGH, Urt. v. 21. 12. 1977 – VIII ZR 255/76, NJW 1978, 758, 759; Urt. v. 21. 5. 1980 – VIII ZR 40/79, NJW 1980, 1961; Urt. v. 30. 1. 1986 – IX 79/85, NJW 1986, 1496, 1498; Urt. v. 12. 11. 1992 – IX ZR 237/91, ZIP 1993, 271, 273; Urt. v. 30. 9. 1993 – IX ZR 227/92, ZIP 1993, 1653, 1654; *Gottwald/Huber,* Insolvenzrechts-Handbuch, § 46 Rdnr. 54; *Huber,* JuS 1998, 830, 832; *Karsten Schmidt,* WM 1983, 490, 493.

721 Vgl. BGH, Urt. v. 23. 9. 1981 – VIII ZR 254/80, ZIP 1981, 1229, 1230; Urt. v. 11. 6. 1992 – IX ZR 147/91, NJW 1992, 2485, 2486; Urt. v. 17. 6. 1999 – IX ZR 176/98, NJW 1999, 2969, 2970.

722 Vgl. BGH, Urt. v. 10. 1. 1985 – IX ZR 2/84, ZIP 1985, 372, 373; *Kübler/Prütting/Paulus,* InsO, § 129 Rdnr. 22; *Kreft* in HK-InsO, § 129 Rdnr. 36; *Smid/Zeuner,* InsO, § 129 Rdnr. 51; *Dauernheim* in FK-InsO, § 129 Rdnr. 36; *Kilger/Karsten Schmidt,* KO, § 29 Anm. 13.

723 Vgl. BGH, Urt. v. 24. 10. 1962 – VIII ZR 126/61, WM 1962, 1316, 1318; BGH, Urt. v. 11. 7. 1991 – IX ZR 230/90, NJW 1992, 624, 626 aE; Urt. v. 15. 12. 1994 – IX ZR 18/94, ZIP 1995, 297, 301 aE; Urt. v. 11. 5. 2000 – IX ZR 262/98, NJW 2000, 3777, 3778; OLG Hamburg, Urt. v. 26. 10. 1984 – 11 U 168/83, ZIP 1984, 1373, 1375; *Kreft* in HK-InsO, § 129 Rdnr. 61; *Dauernheim* in FK-InsO, § 129 Rdnr. 47; *Kübler/Prütting/Paulus,* InsO, § 129 Rdnr. 31; *Smid/Zeuner,* InsO, § 129 Rdnr. 57.

nur mittelbaren Gläubigerbenachteiligung verlangt, darlegt und ggf. beweist, dass der Anfechtungsgegner in der kritischen Zeit Befriedigung oder Sicherung erhalten hat.[724] Dass der Vermögensabfluss dann auch tatsächlich zu einer Verkürzung der Masse und damit zu einer Gläubigerbenachteiligung geführt hat, wird vermutet.[725] Im Ergebnis wird also unterstellt, dass die Insolvenzmasse um den an den Anfechtungsgegner abgeflossenen Betrag »ärmer« geworden ist. Hiermit stimmt es auch überein, dass es Sache des Anfechtungsgegners ist, darzulegen und zu beweisen, dass die Masse auch ohne bzw. trotz der Anfechtung zur Befriedigung aller Gläubiger ausreicht.[726] Hierfür spricht weiter, dass in den Fällen einer Anfechtung wegen unentgeltlicher Leistung nach § 134 InsO (vormals der Schenkungsanfechtung gem. § 32 KO wegen unentgeltlicher »Verfügung«) der Insolvenzverwalter lediglich die Unentgeltlichkeit der Leistung darzulegen und ggf. zu beweisen hat.[727] Die Gläubigerbenachteiligung – in Höhe der unentgeltlichen Leistung – ergibt sich dann bereits aus der Tatsache der Unentgeltlichkeit der Leistung bzw. »Verfügung«.[728]

Dem Insolvenzanfechtungsrecht liegt folglich die Vorstellung zugrunde, dass ein Zugriff auf das Schuldnervermögen, d.h. der künftigen Masse, typischerweise zu einer Benachteiligung der Gläubiger in entsprechender

---

724 Vgl. BGH, Urt. v. 11. 7. 1991 – IX ZR 230/90, NJW 1992, 624, 626 aE; Urt. v. 11. 6. 1992 – IX ZR 147/91, NJW 1992, 2485, 2486; *Jaeger/Henckel,* KO, § 29 Rdnr. 179; *Smid/Zeuner,* InsO, § 129 Rdnr. 57.

725 Vgl. BGH, Urt. v. 19. 9. 1988 – II ZR 255/87, BGHZ 105, 168, 187; Urt. v. 11. 6. 1992 – IX ZR 147/91, NJW 1992, 2485, 2486; Urt. v. 19. 9. 1996 – IX ZR 249/95, ZIP 1996, 1829, 1831; LG Bonn, Urt. v. 25. 1. 2001 – 12 O 167/00, ZInsO 2001, 232, 233 f; *Jaeger/Henckel,* KO, § 29 Rdnr. 179.

726 Vgl. so unstreitig für die Verfahrenseröffnung wegen Überschuldung RG, Urt. v. 5. 1. 1940 – VII 125/39, RGZ 162, 292, 293 f; BGH, Urt. v. 19. 9. 1988 – II ZR 255/87, BGHZ 105, 168, 187; Urt. v. 11. 6. 1992 – IX ZR 147/91, ZIP 1992, 1008, 1010; Urt. v. 12. 11. 1992 – IX ZR 237/91, ZIP 1993, 271, 273; *Jaeger/Henckel,* KO, § 29 Rdnr. 181; *Smid/Zeuner,* InsO, § 129 Rdnr. 57; *Dauernheim* in FK-InsO, § 129 Rdnr. 47; *Kreft* in HK-InsO, § 129 Rdnr. 61. In den Fällen einer Verfahrenseröffnung wegen Zahlungsunfähigkeit spricht hM nach zumindest der Anscheinsbeweis für die Unzulänglichkeit der Insolvenzmasse, so dass der Anfechtungsgegner, der sich auf das Ausreichen der Masse beruft, Tatsachen zu behaupten und zu beweisen hat, aus denen sich die ernsthafte Möglichkeit eines vollständigen Ausgleichs aller Gläubigeransprüche ergibt; vgl. BGH, Urt. v. 12. 11. 1992 – IX ZR 237/91, ZIP 1993, 271, 273; Urt. v. 13. 3. 1997 – IX ZR 93/96, ZIP 1997, 853, 854 f; *Kreft* in HK-InsO, § 129 Rdnr. 61.

727 Vgl. BGH, Urt. v. 25. 6. 1992 – IX ZR 4/91, ZIP 1992, 1089, 1092; Urt. v. 21. 1. 1999 – IX ZR 429/97, NJW 1999, 1033; *Kübler/Prütting/Paulus,* InsO, § 134 Rdnr. 36.

728 Vgl. ausdrücklich so *Jaeger/Henckel,* KO, § 29 Rdnr. 179 i.V.m. § 32 Rdnr. 5.

Höhe führt. Ist es nun zulässig, sich für eine Typisierung des Kausalverlaufs auf einen Vergleich mit dem Insolvenzanfechtungsrecht zu berufen, so wäre es gerechtfertigt, vom Vorliegen eines ursächlichen Zusammenhangs zwischen der Kreditierung und einem Gläubigerausfall durch eine (gleichrangige) Teilnahme des Gesellschafters am Insolvenzverfahren auszugehen und damit den wohl regelmäßigen Kausalverlauf (also die Mitverwirtschaftung der Darlehensvaluta bei Insolvenzverschleppung) als typischen zugrunde zu legen. Dafür spricht, dass beide Rechtsinstitute darauf abzielen, in der kritischen Phase zwischen Insolvenzeintritt und Insolvenzeröffnung die Gläubiger vor schädigenden Einflussnahmen auf das Schuldnervermögen zu schützen.[729]

Neben diese sachliche Verbundenheit tritt auch eine innere Verzahnung der beiden Rechtsinstitute.[730] So wird nämlich der Gesellschafter mit Hilfe der Insolvenzanfechtung im Interesse einer gemeinschaftlichen Befriedigung der Gläubiger gem. § 143 Abs. 1 InsO zur Rückerstattung des anfechtbar Erlangten verpflichtet, wenn er das Darlehen noch vor der Eröffnung des Insolvenzverfahrens wieder zurückerhalten hat. Dabei wird § 135 InsO in den Fällen der Deckungsanfechtung der Vorrang vor den §§ 130, 131 InsO eingeräumt.[731] Unterschiedlich ist lediglich die Reichweite der beiden Rechtsinstitute. Während die Insolvenzanfechtung darauf beschränkt ist, Rückgewähr der anfechtbaren Leistung in die Insolvenzmasse zu verlangen (vgl. § 143 Abs. 1 InsO),[732] fordert das Eigenkapitalersatzrecht grundsätzlich den Nachrang des Gesellschafters (vgl. § 32a Abs. 1 GmbHG, § 39 Abs. 1 Nr. 5 InsO). Diese weiterreichende Rechtsfolge der Regeln zum Eigenkapitalersatz ändert aber nichts daran, dass es nach der hier vertretenen Ansicht zulässig ist, für eine Typisierung des Kausalverlaufs auf die allgemeinen Regeln über die Insolvenzanfechtung zurückzugreifen. Die den Insolvenzanfechtungsregeln zugrunde liegende Vorstellung, dass ein Abfluss von Haftungsmasse die Insolvenzquote der übrigen Gläubiger regelmäßig in gleicher Höhe schmälert, kann auch für das Eigenkapitalersatzrecht fruchtbar gemacht werden.

---

729 Vgl. auch *Haas,* NZI 2001, 1, 9.

730 Siehe hierzu auch BGH, Urt. v. 19. 9. 1996 – IX ZR 249/95, ZIP 1996, 1829, 1831; *Kübler/Prütting/Paulus,* InsO, § 135 Rdnr. 2; *Kreft* in HK-InsO, § 135 Rdnr. 7.

731 Zum Vorrangverhältnis des § 135 InsO gegenüber der Deckungsanfechtung vgl. *Kübler/Prütting/Paulus,* InsO, § 130 Rdnr. 5 (Fn. 10); *Henckel* in Kölner Schrift, Rdnr. 22 aE, S. 813, 822; *Kübler/Prütting/Noack,* InsO, Gesellschaftsrecht, Sonderband 1, 1999, Rdnr. 219; *Uhlenbruck/Hirte,* InsO, § 39 Rdnr. 10. Für eine kumulative Anwendung der Anfechtungsvorschriften dagegen *Smid/Zeuner,* InsO, § 130 Rdnr. 4.

732 Vgl. hierzu auch BGH, Urt. v. 11. 1. 1990 – IX ZR 27/89, NJW 1990, 990, 991.

Kann dem Vergleich mit den Insolvenzanfechtungsregeln eine Rechtfertigung für die Typisierung des Kausalverlaufs entnommen werden, so stellt sich weiter die Frage, ob von einer widerleglichen oder unwiderleglichen Vermutung auszugehen ist. Auch auf diese Frage geben die Regeln zur Insolvenzanfechtung eine Antwort. So zielt die Insolvenzanfechtung nicht darauf ab, die Masse bzw. die Gläubigergesamtheit zu übervorteilen.[733] Gleiches gilt für die Regeln zum Eigenkapitalersatz.[734] Mit diesen sollen lediglich Einwirkungen der Gesellschafter auf das Gesellschaftsvermögen, die sich für die Gläubigergesamtheit nachteilig auswirken, ausgeglichen werden. Entgegen der bislang hM ist daher dem Gesellschafter der Einwand zu gestatten, dass eine vollständige Mitverwirtschaftung der Darlehensvaluta nicht stattgefunden hat, d.h. ein atypischer Kausalverlauf vorliegt.[735]

V. Zusammenfassung

Zusammenfassend bleibt festzuhalten, dass eine Kreditierung des Gesellschafters in der Krise, soweit die Krise nicht überwunden wird, eine Gläubigerbenachteiligung infolge Insolvenzverschleppung hervorruft. Erklären lässt sich dabei die auf die Verhaftung des Kredits begrenzte Finanzierungsfolgenverantwortung des Gesellschafters, die im Außenverhältnis zu einer Behandlung des Fremdkapitals wie haftendes Eigenkapital führt,[736] damit, dass es dem Gesellschafter freisteht, die Gesellschaft (ohne Folgeverantwortung) in der Krise mit Eigenkapital zu finanzieren. Eingeschränkt wird der Grundsatz der Finanzierungsfreiheit nur im Hinblick auf die Art und Weise der Finanzierung, also dem »*Wie*«, nicht aber in Bezug auf das »*Ob*« der (Weiter-)Finanzierung. Das hat zur Folge, dass eine Finanzierung der Gesellschaft mit Eigenkapital über den Krisenzeitpunkt hinaus rechtmäßig bzw. gewollt ist (vgl. § 32a Abs. 1 GmbHG). Daher kann der Gesellschafter

---

733 Vgl. BGH, Urt. v. 26. 1. 1983 – VIII ZR 257/81, ZIP 1983, 334, 335; Urt. v. 11. 11. 1993 – IX ZR 257/92, ZIP 1994, 40, 45 aE; Urt. v. 15. 12. 1994 – IX 18/94, NJW 1995, 1093, 1094; LG Düsseldorf, Urt. v. 27. 5. 1981 – 12 O 318/80, ZIP 1981, 601, 605; Regierungsbegründung BT-Drucks. 12/2443 zu § 144 RegE/§ 129 InsO, S. 157; *Kreft* in HK-InsO, § 129 Rdnr. 36.

734 Vgl. so zu Recht auch *Michel*, Eigenkapitalersetzende Gesellschafterleistungen, S. 141; *Sonnenberger*, NJW 1969, 2033, 2035.

735 Gegen eine unwiderlegliche Vermutung auch *Bydlinski*, Bürgschaft, S. 79.

736 Vgl. BGH, Urt. v. 19. 9. 1996 – IX ZR 249/95, ZIP 1996, 1829, 1831; *Hachenburg/Ulmer*, GmbHG, § 32a, b Rdnr. 176; *Kamprad*, Gesellschafterdarlehen, S. 32; *Goette*, ZHR 162 (1998), 223, 230; *v.Gerkan*, Festschrift Lutter, 2000, S. 1317, 1320.

für die Folgen, die er auch bei einer Gewährung von Eigenkapital hervorrufen würde (Verwirtschaftung der noch vorhandenen Vermögenswerte und Hinzutreten neuer Gläubiger), mit den Regeln über den Eigenkapitalersatz nicht zur Verantwortung gezogen werden. Einzig und allein dafür, dass er bei einer Fremdfinanzierung der Gesellschaft, das »zusätzliche« bzw. »besondere« Finanzierungsrisiko auf die Gläubigergesamtheit abwälzt, hat der Gesellschafter nach dem Eigenkapitalersatz einzustehen.[737] Dabei ist der von dem Gesellschafter zu leistende Verantwortungsbeitrag für den Regelfall richtig bemessen, wenn der Gesellschafter im anschließenden Insolvenzverfahren über das Vermögen der Gesellschaft mit seiner Forderung auf Rückgewähr des kapitalersetzenden Darlehens nur im Nachrang befriedigt wird.

Der Gefahr, wegen Insolvenzverschleppung zur Finanzierungsfolgenverantwortung zugunsten der Mitgläubiger herangezogen zu werden, setzt sich der Gesellschafter dann aus, wenn er die Gesellschaft in der Krise mit dem Wissen um die Krise kreditiert. Dann nutzt der Gesellschafter nämlich seinen Informationsvorsprung zu Lasten der übrigen Gläubiger aus, indem es ihm möglich ist, durch einen vergleichsweise geringen finanziellen Betrag die Chance einer Sanierung der Gesellschaft in dem Wissen zu nutzen, dass die Folgen eines Fehlschlags ihn nur teilweise, im Übrigen aber – durch eine entsprechende Verringerung der Insolvenzquote – die übrigen Gläubiger treffen werden. Es ist mithin die in dem Ausnutzen des Informationsvorsprungs liegende Spekulation auf Kosten der Gläubigergesamtheit, die es rechtfertigt, den Gesellschafter aus dem Kreis der gewöhnlichen Insolvenzgläubiger (§ 38 InsO) herauszunehmen und ihn mit seiner Forderung nur im Nachrang zu befriedigen (§ 39 Abs. 1 Nr. 5 InsO).[738]

§ 8 Gläubigerbenachteiligung infolge Gläubigergefährdung

Während bislang nur für die Kreditgeschäfte näher untersucht worden ist, weshalb der Gesellschafter eine Finanzierungsfolgenverantwortung trägt, soll nachfolgend ermittelt werden, auf welcher Wertungsgrundlage die Einbeziehung der Nicht-Kreditgeschäfte des Gesellschafters mit der Gesellschaft in den sachlichen Anwendungsbereich des Eigenkapitalersatzrechts[739] zurückzuführen ist. Zu klären ist mithin, welche negativen Folgen

---

737 Vgl. BGH, Urt. v. 11. 7. 1994 – II ZR 162/92, BGHZ 127, 17, 23; *Röhricht*, StbJb. 1991/92, S. 313, 318 f; *Jaeger/Henckel*, KO, § 32a Rdnr. 5.

738 Vgl. oben § 7 III 5 b).

739 Vgl. § 3 II 2.

von den Nicht-Kreditgeschäften für die Gläubigergesamtheit ausgehen, die durch das Eigenkapitalersatzrecht ausgeglichen werden sollen.

Nach Ansicht der Rechtsprechung[740] und der hM im Schrifttum[741] ist die Gläubigerbenachteiligung vor allem darin zu sehen, dass der Gesellschafter mit einer Gebrauchsüberlassung als typischem Nicht-Kreditgeschäft[742] ebenso wie mit einem Kreditgeschäft die Gesellschaft über den Krisenzeitpunkt hinaus fortführen kann.[743] Dass dies unzutreffend ist, der Gesellschafter also mit einer Gebrauchsüberlassung die Insolvenz der Gesellschaft nicht verschleppen kann, wurde oben bereits ausgeführt.[744]

Kommt folglich eine Finanzierungsfolgenverantwortung des Gesellschafters in den Fällen der Nicht-Kreditgeschäfte wegen Insolvenzverschleppung nicht in Betracht, bleibt zu klären, worin die risikospezifische Vergleichbarkeit mit der Darlehensgewährung liegt.

I. Materielle Unterkapitalisierung der Gesellschaft

Ein Teil des Schrifttums sieht die vom Eigenkapitalersatzrecht erfassten Folgen der Gebrauchsüberlassung in einer Gläubigergefährdung wegen materieller Unterkapitalisierung der Gesellschaft.[745] Als »materiell« unterkapitalisiert wird gemeinhin diejenige Gesellschaft bezeichnet, die über eine

---

740 Vgl. vor allem BGH, Urt. v. 16. 10. 1989 – II ZR 307/88, BGHZ 109, 55, 58; Urt. v. 14. 12. 1992 – II ZR 298/91, BGHZ 121, 31, 34; Urt. v. 11. 7. 1994 – II ZR 146/92, BGHZ 127, 1, 9; OLG Düsseldorf, Urt. v. 14. 5. 1999 – 16 U 103/98, GmbHR 1999, 1039, 1040.

741 Vgl. *Boujong*, GmbHR 1992, 207, 209; *Hommelhoff/Kleindiek*, Festschrift 100 Jahre GmbH-Gesetz, 1992, S. 421, 434; *Ulmer*, Festschrift Kellermann, 1991, S. 485, 491; *Bäcker*, GmbHR 1994, 766, 769 f; *Steinbeck*, ZGR 1996, 116, 130; siehe auch oben § 3 II 2.

742 Vgl. hierzu oben unter § 3 II 2 b).

743 Vgl. oben § 3 II 2.

744 Vgl. oben unter § 7 I 2.

745 Vgl. so vor allem *Scholz/Karsten Schmidt*, GmbHG, §§ 32a, 32b Rdnr. 3, 127; *Karsten Schmidt*, Gesellschaftsrecht, § 18 III 4d), S. 535, § 37 IV 3b), S. 1160; *ders.*, ZIP 1990, 69, 78 f; *ders.*, ZIP 1993, 161, 162; *Altmeppen* in Roth/Altmeppen, GmbHG, § 32a Rdnr. 205; *ders.*, NJW 1994, 2353, 2354; *ders.*, ZIP 1995, 26, 28 (jeweils Urteilsanm.); *Häuselmann*, DZWir 1993, 164, 165 (Urteilsanm.); *Spiegelberger*, DStR 1991, 468, 473.

völlig unzureichende Eigenkapitalausstattung verfügt.[746] Statten die Gesellschafter »ihre« Gesellschaft mit unzureichend Eigenkapital aus, so schließt sich hieran – nach im Schrifttum wohl überwiegend vertretener Ansicht – eine unbeschränkte Ausfallhaftung der Gesellschafter für die Schulden der Gesellschaft an.[747]

Unstreitig ist zunächst, dass der Gesellschafter, wenn er der Gesellschaft in der Krise anstelle des dringend benötigten (Eigen-)Kapitals bloß Güter zum Gebrauch überlässt, der Gesellschaft kein Kapital zuführt, sondern den Kapitalbedarf der Gesellschaft weiter ungedeckt lässt und damit den Zustand einer »materiellen« Unterkapitalisierung der Gesellschaft aufrechterhält.[748] Es ist auch nicht zu bestreiten, dass von einer (materiell) unterkapitalisierten Gesellschaft Gefahren für die Gläubigergesamtheit ausgehen.[749] Nicht übersehen werden darf allerdings, dass für den Ausfall der Gläubiger in der Insolvenz der Gesellschaft meist mehrere Faktoren (mit-)verantwortlich sind. So spielen neben der Kapitalstruktur, die Qualität des Manage-

---

746 Vgl. OLG Celle, Urt. v. 3. 7. 1996 – 9 U 228/95, GmbHR 1997, 127, 128; KG, Urt. v. 17. 6. 1998 – 23 U 4451/96, NZG 1999, 71, 73; *Lutter/Hommelhoff*, GmbHG, § 13 Rdnr. 7; *Altmeppen* in Roth/Altmeppen, GmbHG, § 13 Rdnr. 29; *Grunewald*, Gesellschaftsrecht, 2.F. 5 a), Rdnr. 146, S. 373; *Wüst*, DStR 1991, 1388, 1390; *Vonnemann*, GmbHR 1992, 77; *Ehricke*, AcP 199 (1999), 257, 275 ff.

747 Dafür vor allem *Lutter/Hommelhoff*, GmbHG, § 13 Rdnr. 10; *Lutter*, DB 1994, 129; *Nirk*, Festschrift Stimpel, 1985, S. 443, 462; *Ketzer*, Eigenkapitalersetzende Aktionärsdarlehen, S. 14; *Hachenburg/Ulmer*, GmbHG, Anh § 30 Rdnr. 55, 62 für Fall einer qualifizierten Unterkapitalisierung, d.h. »einer eindeutig und für Insider klar erkennbar unzureichenden Eigenkapitalausstattung der Gesellschaft, die einen Mißerfolg zu Lasten der Gläubiger bei normalem Geschäftsverlauf mit hoher, das gewöhnliche Geschäftsrisiko deutlich übersteigender Wahrscheinlichkeit erwarten läßt«; ebenso *Raiser*, Recht der Kapitalgesellschaften, § 29 III 3), Rdnr. 29 ff, S. 499 ff; *ders.*, ZGR 1995, 156, 166 ff; *Kübler*, Gesellschaftsrecht, § 17 VII 5c), S. 252; *Geißler*, GmbHR 1993, 71, 77; *Wiedemann*, Gesellschaftsrecht, Band I, § 10 IV 3b), S. 572 f (bei »einfacher« Unterkapitalisierung); ablehnend dagegen *Vonnemann*, GmbHR 1992, 77, 82, 83; *Ehricke*, AcP 199 (1999), 257, 289; *Haas*, DStR 1999, 1668 (Urteilsanm.); näher zum Meinungsstand etwa *Scholz/Emmerich*, GmbHG, § 13 Rdnr. 85; *Baumbach/Hueck/Fastrich*, GmbHG, § 5 Rdnr. 6.

748 Vgl. i.d.S. auch *Jaeger/Henckel*, KO, § 32a Rdnr. 57; insoweit zu Recht auch *Scholz/Karsten Schmidt*, GmbHG, §§ 32a, 32b Rdnr. 127; *Karsten Schmidt*, Gesellschaftsrecht, § 18 III 4d, S. 535, § 37 IV 3b), S. 1160; *ders.*, ZIP 1990, 69, 78 f; *ders.*, ZIP 1993, 161, 162.

749 Vgl. BGH, Urt. v. 4. 5. 1977 – VIII ZR 298/75, BGHZ 68, 313, 316; *Wüst*, DStR 1991, 1388, 1390; *Ehricke*, AcP 199 (1999), 257, 284.

ment,[750] das Geschäftsumfeld oder ähnliche Umstände eine entscheidende Rolle.[751] Wollte man den Gesellschafter in den Fällen einer Gebrauchsüberlassung wegen »materieller Unterkapitalisierung« zur Verantwortung ziehen, hieße das letztlich, ihm sämtliche (Ausfall-)Risiken der Gläubiger, die von einer mit zu wenig Kapital ausgestatteten Gesellschaft ausgehen, undifferenziert zuzuweisen.[752] Hiergegen spricht aber, dass der Gesellschafter, wenn er in der Krise eine Gebrauchsüberlassung vornimmt, nur *einen* Beitrag für den Gläubigerausfall in der Insolvenz der Gesellschaft leistet. Soll der Gesellschafter aber für die Folgen *seiner* Gebrauchsüberlassung in der Krise Verantwortung übernehmen (»Finanzierungsfolgenverantwortung«), so stellt die materielle Unterkapitalisierung der Gesellschaft keinen geeigneten Ansatzpunkt dafür dar, um den Verantwortungsbeitrag des Gesellschafters zutreffend zu ermitteln.[753] Im Übrigen lehnt es selbst die Rechtsprechung ab, den Gesellschafter allein wegen einer materiellen Unterkapitalisierung persönlich haften zu lassen.[754]

---

750 Vgl. *Sundermeier/Wilhelm,* DStR 1997, 1127, 1134; *Pichler,* WM 1999, 411, 412; *Janke,* BuW 2000, 213; siehe auch *Claussen,* GmbHR 1996, 316, 324 mit Hinweis auf eine Studie der Bundesbank, wonach von den untersuchten 2.651 Insolvenzen 72% auf Managementfehler und 53% auf eine ungünstige Kapitalstruktur zurückzuführen sind.

751 Vgl. *Haas,* DStR 1999, 1668 (Urteilsanm.); *ders.* in Gottwald (Hrsg.), Insolvenzrechts-Handbuch, § 92 Rdnr. 264 (Fn. 1068); *Schanze/Kern,* AG 1991, 421, 425; siehe vor allem auch *Claussen,* GmbHR 1996, 316, 324, der völlig zu Recht darauf hinweist, dass Managementfehler und zu geringes Eigenkapital zwei Insolvenzursachen sind, die zusammen wirken und untrennbar miteinander verbunden sind.

752 Vgl. *Haas,* DStR 1999, 1668 (Urteilsanm.). Dafür wohl *Häuselmann,* DZWir 1993, 164, 165 f (Urteilsanm.), der für eine Durchgriffshaftung eintritt; siehe auch *Häuselmann/Rümker/Westermann,* Die Finanzierung der GmbH durch ihre Gesellschafter, S. 129 f.

753 Ablehnend – mit Blick darauf, dass die Zuweisung des aus einer materiell unterkapitalisierten Gesellschaft resultierenden Risikos mit dem Grundsatz der persönlichen oder »individuellen Finanzierungsfolgenverantwortung« in einem gewissen Widerspruch steht – bereits *Haas/Dittrich* in v.Gerkan/Hommelhoff (Hrsg.), Handbuch des Kapitalersatzrechts, 2000, Rdnr. 8.71.

754 Vgl. BGH, Urt. v. 4. 5. 1977 – VIII ZR 298/75, BGHZ 68, 312, 316 ff; BAG, Urt. v. 3. 9. 1998 – 8 AZR 189/97, NJW 1999, 740, 741; BAG, Urt. v. 10. 2. 1999 – 5 AZR 677/97, ZIP 1999, 878, 879; siehe auch *Röhricht,* StbJb. 1991/92, S. 313, 319 (Fn. 15).

II. Umschichtungen im Gesellschaftsvermögen

Um den Gesellschafter genau dasjenige (Ausfall-)Risiko zuweisen zu können, das er mit *seiner* Gesellschafterleistung in der Krise herbeiführt und ggf. auf die Gläubigergesamtheit ablädt, ist danach zu fragen, welches gläubigerschädigende Phänomen eine Gebrauchsüberlassung in der Krise hervorruft.

1. Das Phänomen der Vermögensumschichtung

Anders als beim Darlehen erwirbt die Gesellschaft bei einer Gebrauchsüberlassung an den ihr überlassenen Sachen kein Eigentum. Dieses steht bei einer Gebrauchsüberlassung weiter dem Gesellschafter als Vermieter bzw. Verpächter zu. Zugeführt wird dem Gesellschaftsvermögen bei einer Gebrauchsüberlassung lediglich die Nutzung als Vermögenswert.[755] Für die Gebrauchsmöglichkeit zahlt der Mieter dem Vermieter ein entsprechendes Entgelt, den Mietzins (§ 535 Abs. 2 BGB). Dabei verhält es sich regelmäßig so, dass für den periodisch gewährten Mietgebrauch auch ein abschnittsweise zu entrichtender Mietzins gezahlt wird. Leistung und Gegenleistung werden also unmittelbar ausgetauscht.[756]

Bezieht man diese Aussagen nun auf das Verhältnis von Gesellschafter und Gesellschaft, so bedeutet das, dass die Gesellschaft als Gegenleistung dafür, dass sie die Sache des Gesellschafters gebrauchen kann, diesem aus ihrem Vermögen ein entsprechendes Entgelt zahlt. Folge dieses unmittelbaren Leistungsaustausches ist eine bloße Umschichtung im Gesellschaftsvermögen.[757] An die Stelle des an den Gesellschafter abfließenden Teils an haftendem Gesellschaftsvermögen tritt die Überlassung der Sache zum Gebrauch, die Nutzung.[758] Das Phänomen der Vermögensumschichtung ruft der Gesellschafter dabei fortwährend hervor, solange nämlich, wie er der

---

755 Vgl. *Jaeger/Henckel,* KO, § 32a Rdnr. 57; *Knobbe-Keuk,* Festschrift Kellermann, 1991, S. 227, 241; siehe auch oben unter § 4 III 2.

756 Vgl. BGH, Urt. v. 28. 3. 1990 – VIII ZR 17/89, ZIP 1990, 646, 649; MünchKomm-*Voelskow,* BGB, Einl. zu §§ 535-597 Rdnr. 6 und § 551 Rdnr. 1 ff; *Eckert,* ZIP 1997, 2077, 2079; *Goette,* DStR 2001, 139, 140 (Urteilsanm.).

757 Vgl. auch BGH, Urt. v. 30. 9. 1993 – IX ZR 227/92, ZIP 1993, 1653, 1654; OLG Düsseldorf, Urt. v. 4. 6. 1982 – 24 U 23/82, ZIP 1982, 860; *Karsten Schmidt,* WM 1983, 490, 493; *Huber,* JuS 1998, 830, 832.

758 Vgl. auch *Knobbe-Keuk,* Festschrift Kellermann, 1991, S. 227, 241.

Gesellschaft Güter zum Gebrauch gegen Zahlung eines angemessenen Entgelts überlässt.[759]

Fraglich ist nun, worin bei diesem Phänomen der Vermögensumschichtung, d.h. dem unmittelbar vollzogenen Austausch von Leistungen die Gläubigerbenachteiligung liegt. Diese allein schon in der Vornahme eines Austauschgeschäfts in der Krise zu sehen, fällt deshalb schwer, weil es nicht sein muss, dass die Gläubiger bei der Verteilung der Insolvenzmasse die Umschichtung im Gesellschaftsvermögen durch eine Verringerung ihrer Insolvenzquote überhaupt zu spüren bekommen. So kann etwa der Fall eintreten, dass die Leistungen nicht nur im Zeitpunkt ihres Austausches wirtschaftlich gleichwertig waren, sondern sich die Gegenleistung auch noch später im Gesellschaftsvermögen befindet und im Gläubigerinteresse verwertet werden kann.[760]

Besteht die Gegenleistung aber in einer Gebrauchsüberlassung an die Gesellschaft, so waren zwar im Zeitpunkt ihres Austausches die Leistungen wirtschaftlich gleichwertig. Doch handelt es sich bei der Gebrauchsüberlassung um eine Leistung des Gesellschafters, die sich durch Zeitablauf verbraucht. Denn die Nutzung als solche ist kein zukunftsbezogener Vermögenswert.[761] Für die Gläubiger hat das zur Folge, dass sich ihre Befriedigungsaussichten in der Krise der Gesellschaft mittelbar verschlechtern, wenn in der Krise ein Austauschgeschäft mit einer sich »verbrauchenden« Gegenleistung vorgenommen wird, weil sich der Verteilungskonflikt unter den Gläubigern dadurch zusätzlich verschärft.[762]

2. Zusammenhang zwischen Phänomen und zeitlichem Anwendungsbereich

Ob in den Fällen einer Gebrauchsüberlassung wirklich eine Gläubigerschädigung durch Vermögensumschichtung mit den Rechtsregeln zum Eigenkapitalersatz ausgeglichen werden soll, könnte – auf den ersten Blick – fraglich sein. Denn der soeben beschriebene Verteilungskonflikt unter den Gläubigern wird erst im Zeitpunkt der materiellen Insolvenz »zusätzlich« verschärft. Nach Ansicht der hM ist aber der zeitliche Anwendungsbereich

759 Vgl. auch *Haas/Dittrich,* DStR 2001, 623, 628 f.

760 Vgl. zu einem derartigen Fall etwa OLG Düsseldorf, Urt. v. 4. 6. 1982 – 24 U 23/82, ZIP 1982, 860.

761 Vgl. *Karsten Schmidt,* ZIP 1993, 161, 165.

762 Vgl. zu dem Erfordernis einer »zusätzlichen« Risikoverlagerung zu Lasten der Gläubigergesamtheit BGH, Urt. v. 11. 7. 1994 – II ZR 162/92, BGHZ 127, 17, 23.

des Eigenkapitalersatzrechts nicht erst mit Vorliegen der Insolvenzauslösetatbestände, sondern bereits dann eröffnet, wenn die Gesellschaft kredit- bzw. überlassungsunwürdig ist.[763] Doch ist diese Ansicht nicht unumstritten. Zu beachten ist nämlich, dass das Stadium der Überlassungsunwürdigkeit bei Standardwirtschaftsgütern – zeitlich besehen – auf jeden Fall hinter dem Stadium der Kreditunwürdigkeit der Gesellschaft anzusiedeln ist und in den Fällen einer Gebrauchsüberlassung von Spezialwirtschaftsgütern die Gesellschaft überlassungswürdig ist, wenn sie (allgemein) kreditwürdig ist.[764]

Ist aber das Stadium der Kreditunwürdigkeit der Gesellschaft keines, das den Insolvenzgründen vorgelagert ist und von diesen abgegrenzt werden kann,[765] so spricht der zeitliche Anwendungsbereich des Eigenkapitalersatzrechts nicht gegen, sondern gerade dafür, einen Zusammenhang zwischen Gesellschafterleistung und Vermögensumschichtung zu sehen.

3. Zusammenhang zwischen Phänomen und Verantwortlichkeit des Gesellschafters

Fraglich ist aber, warum in denjenigen Fällen, in denen wirtschaftlich gleichwertige Leistungen ausgetauscht werden, also im insolvenzrechtlichen Sinne ein sog. Bargeschäft vorliegt,[766] der Gesellschafter eine besondere »Finanzierungsfolgenverantwortung« zu tragen hat. Gem. § 142 InsO sind nämlich im Falle eines Bargeschäfts mittelbare Beeinträchtigungen der Gläubigerinteressen grundsätzlich nicht auszugleichen. Das betrifft etwa Fälle, in denen die Gegenleistung des Geschäftspartners später nicht mehr im Vermögen des Schuldners vorhanden ist.[767] Sinn und Zweck der anfechtungsrechtlichen Privilegierung[768] von Bargeschäften bzw. Fällen einer bloßen Vermögensumschichtung ist es, die Geschäftspartner des späteren Insolvenzschuldners in ihrem Vertrauen darauf zu schützen, dass eine Anfechtung wegen einer später eintretenden »mittelbaren« Schädigung der

763 Vgl. oben § 3 III.
764 Vgl. oben § 3 III.
765 Vgl. oben § 7 II.
766 Vgl. hierzu bereits oben unter § 7 IV 2 b) bb).
767 Siehe *Kilger/Karsten Schmidt*, KO, § 30 Anm. 8.
768 Vgl. BGH, Urt. v. 30. 9. 1993 – IX ZR 227/92, ZIP 1993, 1653, 1654; *Dauernheim* in FK-InsO, § 142 Rdnr. 1; *Kübler/Prütting/Paulus*, InsO, § 142 Rdnr. 2; *Kilger/Karsten Schmidt*, KO, § 30 Anm. 8; *Gottwald/Huber*, Insolvenzrechts-Handbuch, § 46 Rdnr. 54 f; *Huber*, JuS 1998, 830, 832.

Gläubiger ausgeschlossen ist.[769] Denn anderenfalls wäre der Schuldner in der Krise faktisch vom Geschäftsverkehr ausgeschlossen.[770]

Ob dieser Grund der Privilegierung von Bargeschäften auch im Verhältnis zwischen dem Gesellschafter und der Gesellschaft trägt, ist allerdings fraglich. Im Unterschied zu einem außenstehenden Gläubiger ist der Gesellschafter nämlich in der Lage, sich besser und schneller über die wahren wirtschaftlichen Verhältnisse der Gesellschaft zu informieren.[771] Hat der Gesellschafter Kenntnis von der Krise[772] und entschließt er sich in dieser Situation, die Position eines außenstehenden Gläubigers einzunehmen, so wählt der Gesellschafter damit bewusst einen Weg, der es ihm ermöglicht, selbst in der Krise noch Vorteile durch Vermögensumschichtungen für sich zu erzielen, ohne dabei einen eigenen Risikoanteil übernehmen zu müssen. Er spekuliert also wiederum auf Kosten der übrigen Gläubiger.[773] Eine derartige Spekulation auf dem Rücken der Gesellschaftsgläubiger mit dem Wissen um die Krise ist nicht schutzwürdig.[774] Der Gesellschafter kann nicht darauf vertrauen, dass ein Rechtsgeschäft, das er unter solchen Umständen mit der Gesellschaft vornimmt, beständig ist.[775]

Besteht damit aber im Verhältnis zwischen dem Gesellschafter und der Gesellschaft kein Grund, der es rechtfertigt, die Interessen der Gesamtheit der übrigen Gläubiger weiter zurücktreten zu lassen, steht auch § 142 InsO einer Folgenverantwortung des Gesellschafters nicht entgegen.[776] Mithin

769 Zulässig ist eine Anfechtung nur unter den Voraussetzungen des § 133 Abs. 1 InsO (Vorsätzliche Benachteiligung) oder – so die hM – wegen inkongruenter Deckung (§ 131 InsO); vgl. BGH, Urt. v. 30. 9. 1993 – IX ZR 227/92, ZIP 1993, 1653, 1655 f (zur KO); *Kreft* in HK-InsO, § 129 Rdnr. 46 f; § 142 Rdnr. 2, 9; *ders.* in Henckel/Kreft (Hrsg.), Insolvenzrecht 1998, 1999, S. 305, 325 ff; *Smid/Zeuner,* InsO, § 142 Rdnr. 1; *Gottwald-Huber,* Insolvenzrechts-Handbuch, § 46 Rdnr. 57; *Henckel* in Kölner Schrift, Rdnr. 47, S. 813, 835; a.A. *Kübler/Prütting/Paulus,* InsO, § 142 Rdnr. 2; *Dauernheim* in FK-InsO, § 142 Rdnr. 1.

770 Vgl. BGH, Urt. v. 30. 9. 1993 – IX ZR 227/92, ZIP 1993, 1653, 1654; Begründung RegE InsO zu § 161 RegE/ § 142 InsO, BT-Drucks.12/2443, S. 167; *Dauernheim* in FK-InsO, § 142 Rdnr. 1; *Nerlich/Römermann/Nerlich,* InsO, § 142 Rdnr. 2; *Gottwald/Huber,* Insolvenzrechts-Handbuch, § 46 Rdnr. 55; *Kreft* in Henckel/Kreft (Hrsg.), Insolvenzrecht 1998, 1999, S. 305, 326 f.

771 Siehe oben unter § 7 III 5 a).

772 Vgl. dazu, dass der Gesellschafter nur bei Kenntnis von der Krise eine Finanzierungsfolgenverantwortung trägt, oben unter § 7 III 5 b).

773 Vgl. zu diesem Aspekt bereits oben unter § 7 III 5 b).

774 Vgl. auch BGH, Urt. v. 26. 3. 1984 – II ZR 171/83, BGHZ 90, 380, 388.

775 Siehe auch *Haas/Dittrich,* DStR 2001, 623, 629 f.

776 Vgl. auch *Haas/Dittrich,* DStR 2001, 623, 629 f.

gibt es einen Zusammenhang zwischen dem Phänomen der Vermögensumschichtung und der Verantwortlichkeit des Gesellschafters.

4. Zusammenhang zwischen Phänomen und Umfang der Verantwortung

Zu klären bleibt schließlich, welcher Zusammenhang zwischen dem Phänomen der Vermögensumschichtung und dem Umfang der Verantwortung des Gesellschafters besteht. Im Mittelpunkt steht dabei die Frage, wie die Gläubigerschädigung durch Vermögensumschichtung rückgängig zu machen ist, d.h. welchen Verantwortungsbeitrag der Gesellschafter hierfür zu leisten hat. Ins Blickfeld rückt dabei nicht nur die Frage, ob das laufende Nutzungsentgelt verhaftet werden kann (siehe unten a), sondern ob darüber hinaus auch das Nutzungsrecht für die Zukunft einer Vermögensbindung unterliegt (siehe unten b).

a) Die Verhaftung des laufenden Nutzungsentgelts

Hält man den Gesellschafter für verpflichtet, in den Fällen einer entgeltlichen Gebrauchsüberlassung dem Gesellschaftsvermögen bzw. der (späteren) Insolvenzmasse die aus dem Gesellschaftsvermögen bezogenen Miet- oder Pachtzinsen zurückzuerstatten,[777] so wird damit die mittelbare Benachteiligung der Gläubiger, die sie durch die Umschichtungen im Gesellschaftsvermögen erlitten haben, ausgeglichen.[778] Fraglich ist allerdings, ob mit dem Anspruch auf Rückgewähr der zu leistende Verantwortungsbeitrag des Gesellschafters richtig bestimmt ist. Zwar hat der Gesellschafter das Vermögen der Gesellschaft verkürzt, indem er dem Gesellschaftsvermögen eine sich »verbrauchende« Leistung zugeführt hat und dafür an ihn Haftungsmasse abgeflossen ist.[779] Doch hat die die Gläubiger benachteiligende Rechtshandlung, also die Entgeltzahlung, der (späteren) Insolvenzmasse u.U. auch Vorteile gebracht. Das ist beispielsweise der Fall, wenn die Gesellschaft mit der überlassenen Sache – etwa einer Maschine – weiter produzieren und damit die Aktiva der Gesellschaft vermehren oder erhalten konnte.[780]

777 Vgl. oben § 4 III 2.
778 Siehe auch *Haas/Dittrich*, DStR 2001, 623, 629.
779 Vgl. oben § 8 II 1.
780 Vgl. *Jaeger/Henckel*, KO, § 32a Rdnr. 57.

Für den »Regelfall« ist der Verantwortungsbeitrag des Gesellschafters der Höhe nach mit dem Anspruch auf Rückgewähr also nur dann richtig bemessen, wenn eine Vorteilsausgleichung nicht stattfindet, sondern eine »isolierte« Betrachtungsweise eingreift. Ermittelt man nämlich den Verantwortungsbeitrag des Gesellschafters auf der Grundlage des tatsächlichen Geschehens (Überlassung der laufenden Nutzung gegen Entgelt),[781] so tritt eine mittelbare Benachteiligung der Gläubiger regelmäßig ein, weil sich mit jeder Zahlung des Miet- oder Pachtzinses das Gesellschaftsvermögen weiter verringert, mit der Folge, dass sich die Befriedigungsaussichten der Gläubiger fortwährend verschlechtern.[782]

Eine Vorteilsanrechnung und damit eine Berücksichtigung des Umstands, dass eine Rechtshandlung im wirtschaftlichen Ergebnis der Insolvenzmasse mitunter auch Vorteile bringt, findet im Insolvenzanfechtungsrecht nicht statt. Hier wird weder das Entstehen noch Inhalt und Umfang des Rückgewähranspruchs (§ 143 InsO) dadurch beeinflusst, dass der Insolvenzmasse Vorteile in adäquat ursächlichem Zusammenhang mit der die Gläubiger benachteiligenden Rechtshandlung zugeflossen sind.[783] Eine Vorteilsanrechnung erfolgt selbst dann nicht, wenn dem Anfechtungsgegner die Rückgewähr des anfechtbar erlangten Gegenstandes schuldhaft unmöglich ist, mithin der Anfechtungsgegner Wertersatz zu leisten hat (§ 143 Abs. 1 S. 2 InsO), obwohl der Wertersatzanspruch – nach teilweise vertretener Ansicht – als (schuldrechtlicher) Schadensersatzanspruch[784] ausge-

---

781 Vgl. *Knobbe-Keuk,* Festschrift Kellermann, 1991, S. 227, 241.

782 Vgl. oben § 8 II 1.

783 Vgl. RG, Urt. v. 1. 10. 1920 – VII 92/20, RGZ 100, 88, 90; BGH, Urt. v. 25. 9. 1952 – VI ZR 13/52, BB 1952, 868; Urt. v. 24. 10. 1962 – VIII ZR 126/61, WM 1962, 1316, 1317; Urt. v. 15. 10. 1969 – VIII ZR 136/67, WM 1969, 1346, 1347; Urt. v. 30. 1. 1986 – IX ZR 79/85, NJW 1986, 1496, 1498; Urt. v. 11. 11. 1993 – IX ZR 257/92, ZIP 1994, 40, 44; Urt. v. 15. 12. 1994 – IX ZR 18/94, NJW 1995, 1093, 1095; *Kilger/Karsten Schmidt,* KO, § 29 Anm. 13; *Gottwald/Huber,* Insolvenzrechts-Handbuch, § 46 Rdnr. 52; *Uhlenbruck/Hirte,* InsO, § 143 Rdnr. 23; *Kübler/Prütting/Paulus,* InsO, § 143 Rdnr. 4; *Paulus,* BB 2001, 425, 426 f; siehe auch MünchKommInsO-*Kirchhof,* § 143 Rdnr. 84.

784 Dafür *Kreft* in HK-InsO, § 143 Rdnr. 20; dagegen *Uhlenbruck/Hirte,* InsO, § 143 Rdnr. 1; *Smid/Zeuner,* InsO, § 135 Rdnr. 1: schuldrechtlicher Verschaffungsanspruch eigener Art; vgl. auch *Nerlich/Römermann/Nerlich,* InsO, § 143 Rdnr. 31: kein Schadensersatzanspruch im eigentlichen Sinne; dagegen auch MünchKommInsO-*Kirchhof,* InsO, § 143 Rdnr. 84.

staltet ist.[785] Dies wird damit begründet, dass der Wertersatzanspruch gegenstands- bzw. objektbezogen ist,[786] so dass auch insoweit eine »isolierte« Betrachtungsweise eingreift.[787]

Bestimmt man den Verantwortungsbeitrag des Gesellschafters nun in Übereinstimmung mit den Regeln zur Insolvenzanfechtung, so hat eine Vorteilsanrechnung wie bei der Insolvenzanfechtung außer Betracht zu bleiben. Folglich wäre der Gesellschafter in jedem Fall verpflichtet, dem Gesellschaftsvermögen bzw. der Insolvenzmasse das für die vergangenen Zeitabschnitte bezogene laufende Nutzungsentgelt zurückzuerstatten.[788] Hierfür spricht, dass die Insolvenzanfechtung Bestandteil des Rechtsfolgensystems des Eigenkapitalersatzrechts ist.[789] So ist es Aufgabe der Insolvenzanfechtung eine Benachteiligung der Gläubiger, wie sie durch eine Verkürzung der Insolvenzmasse entstanden ist, auszugleichen,[790] indem das anfechtbar Erlangte der Masse zurückzugewähren ist (§§ 129 ff i.V.m. § 143 Abs. 1 InsO).[791] Aus dem Sinn und Zweck der Insolvenzanfechtung, die Masse letztlich zugunsten einer gleichmäßigen und ranggerechten Befriedigung der Gläubiger zusammenzuhalten,[792] ergibt sich außerdem, dass der Anfechtungsgegner, dessen Forderung durch Erfüllung erloschen ist und nach erfolgter Rückerstattung des Erlangten wieder auflebt (vgl. § 144 Abs. 1 InsO), das Recht hat, an der Verteilung der Masse (wieder) teilzunehmen und damit auf das Vermögen der Gesellschaft zugreifen zu dürfen.

Für den Gesellschafter, der das Vermögen der Gesellschaft durch eine Gebrauchsüberlassung gegen Entgelt umgeschichtet hat, stellt sich daher die Frage, in welchem Rang er seinen Anspruch auf Miet- oder Pachtzinszahlung im Insolvenzverfahren über das Vermögen der Gesellschaft geltend machen kann. Behandelte man den Gesellschafter zum Zwecke der Forde-

---

785 So *Kreft* in HK-InsO, § 143 Rdnr. 20 i.V.m. 23; *Jaeger/Henckel,* KO, § 37 Rdnr. 87 und Rdnr. 135 (zur KO). Dazu, dass auch bei der Verpflichtung zum Wertersatz eine Vorteilsanrechnung außer Betracht bleibt, vgl. auch *Smid/Zeuner,* InsO, § 143 Rdnr. 18; *Nerlich/Römermann/Nerlich,* InsO, § 143 Rdnr. 31; *Kilger/Karsten Schmidt,* KO, § 37 Anm. 9; MünchKommInsO-*Kirchhof,* InsO, § 143 Rdnr. 84.

786 Vgl. *Jaeger/Henckel,* KO, § 37 Rdnr. 135 i.V.m. 89.

787 Zu der Berechnung des Wertersatzanspruchs vgl. etwa *Gottwald/Huber,* Insolvenzrechts-Handbuch, § 52 Rdnr. 8 ff.

788 Vgl. hierzu auch *Haas/Dittrich,* DStR 2001, 623, 629 (Fn. 63).

789 Vgl. oben § 4 II 2 und i.d.S. ausdrücklich so *Kübler/Prütting/Paulus,* InsO, § 135 Rdnr. 2.

790 Vgl. BGH, Urt. v. 15. 12. 1994 – IX ZR 18/94, NJW 1995, 1093, 1094.

791 Vgl. zur ähnlichen Funktion des § 31 Abs. 1 GmbHG analog in diesem Zusammenhang § 4 II 1 und § 7 III 3.

792 Gleiches trifft im Übrigen auch auf § 64 Abs. 2 GmbHG zu; vgl. auch *Pape,* WiB 1996, 384 f (Urteilsanm.).

rungsbefriedigung als einfachen Insolvenzgläubiger (vgl. § 38 InsO), so würde damit die nachteilige Wirkung der Vermögensumschichtung zu Lasten der Gläubiger, nämlich die Verschärfung des Verteilungskonflikts, teilweise wieder herbeigeführt, indem der Gesellschafter gemeinsam mit den übrigen Gläubigern um die Insolvenzquote konkurrieren und die auf die Forderungen der übrigen Gläubiger entfallende Masse verkürzen würde. Um eine Beeinträchtigung der Position der Mitgläubiger vollends auszuschließen, kann der Gesellschafter nicht im gleichen Rang wie die übrigen Gläubiger am Insolvenzverfahren teilnehmen, sondern ist wegen seiner Miet- und Pachtzinsansprüche nur im Nachrang zu befriedigen (§ 39 Abs. 1 Nr. 5 InsO).[793]

Daraus folgt, dass die Folgenverantwortung des Gesellschafters in den Fällen einer entgeltlichen Gebrauchsüberlassung an die Gesellschaft in der Rückgewähr des aus dem Gesellschaftsvermögen bezogenen laufenden Nutzungsentgelts einerseits und der nur nachrangigen Befriedigung des Gesellschafters mit seiner wiederauflebenden Forderung andererseits besteht.

b) Die Verhaftung des Nutzungsrechts für die Zukunft

Fraglich ist, ob – über die Verhaftung des Nutzungsentgelts für abgelaufene Zeiträume hinaus – das Nutzungsrecht für künftige Zeitabschnitte verhaftet werden kann. Die Verhaftung des Nutzungsrechts für die Zukunft wirft nämlich die Frage auf, inwieweit das Eigenkapitalersatzrecht über die Fälle einer konkret eingetretenen Gläubigerbenachteiligung bei Kredit- oder Nicht-Kreditgeschäften hinaus, auch abstrakte Gläubigergefährdungen, d.h. Fälle erfasst, bei denen eine Kreditierung oder Vermögensumschichtung zum Nachteil der Gläubiger zwar noch nicht stattgefunden hat, aber aufgrund eines bereits abgeschlossenen Rechtsgeschäfts unmittelbar droht.[794]

Um Fälle einer abstrakten Gläubigergefährdung zu erfassen, müsste zwangsläufig auf das Vorliegen einer konkreten Gläubigerbenachteiligung verzichtet werden. Hierfür könnte sprechen, dass in den Fällen einer Kreditierung oder Vermögensumschichtung jeweils vom Vorliegen einer Gläubigerbenachteiligung ausgegangen wird. So wird zum einen der Kausalzusammenhang zwischen Kreditierung und Gläubigerbenachteiligung wider-

793 Dafür im Ergebnis auch die hM vgl. oben unter § 4 III 2.

794 Vgl. dazu, dass bereits mit dem Abschluss eines Mietvertrages der Rechtsgrund für die einzelnen Mietzinsraten geschaffen worden ist, LG Mainz, Urt. v. 13. 1. 1998 – 6 S 103/97, NJW-RR 1998, 473.

leglich – nach Ansicht der hM sogar unwiderleglich – vermutet und zum anderen ist in den Fällen einer Gebrauchsüberlassung eine Vorteilsanrechnung ausgeschlossen. Greifen die Eigenkapitalersatzregeln damit auch ohne eine tatsächlich festgestellte Gläubigerbenachteiligung ein, so fehlt nicht viel dazu, bereits eine abstrakte Gläubigergefährdung für die (Finanzierungs-) Folgenverantwortung des Gesellschafters ausreichen zu lassen.

Ob abstrakte Gläubigergefährdungen vom Eigenkapitalersatzrecht erfasst werden, wird in Rechtsprechung und Literatur nicht einheitlich beantwortet. In den Fällen eines Kreditgeschäfts genügt nach Ansicht der Rechtsprechung und der hM im Schrifttum allein der Abschluss eines Darlehensvertrages (Darlehensversprechen) noch nicht, um die Rechtsregeln zum Eigenkapitalersatz anzuwenden, so weit es später tatsächlich nicht zur Auszahlung des Darlehens gekommen ist.[795] Anders sieht es dagegen in den Fällen eines Nicht-Kreditgeschäfts, etwa bei einer Gebrauchsüberlassung,[796] aus. Hier lässt es die hM genügen, dass das Rechtsgeschäft mit der Gesellschaft begründet ist und sich die Gesellschaft im Besitz der Sache befindet.[797] Das ist unklar, weil in beiden Fällen ein vergleichbares Gefährdungspotential für die Gläubiger vorhanden ist. So droht in den Fällen eines Kreditgeschäfts die Insolvenzverschleppung und bei einem Nicht-Kreditgeschäft eine Umschichtung im Gesellschaftsvermögen, was jeweils eine Verschärfung des Verteilungskonflikts unter den Gläubigern zur Folge hat.

Hieraus freilich den Schluss zu ziehen, dass Fälle einer abstrakten Gläubigergefährdung vom Eigenkapitalersatzrecht zu erfassen sind, ist fraglich. So kommt das Eigenkapitalersatzrecht in der Insolvenz der Gesellschaft zum Tragen und dient ebenso wie die Insolvenzanfechtung (§§ 129 ff InsO) und die den Geschäftsführer treffende Pflicht zur Insolvenzantragstellung und Masseerhaltung (vgl. § 64 Abs. 1 und 2 GmbHG) dazu, in der kritischen Phase zwischen Insolvenzeintritt und Insolvenzeröffnung das Vermögen des Schuldners zugunsten der Gläubiger in ihrer Gesamtheit zusammenzuhalten. Dies geschieht, wie insbesondere das Rechtsinstitut der Insolvenzanfechtung[798] und § 64 Abs. 2 S. 1 GmbHG zeigen, dergestalt, dass jeweils tatsächlich eingetretene Beeinträchtigungen des Schuldnervermögens zu Lasten der Gläubigergesamtheit auszugleichen sind. Das Eigenkapitalersatzrecht ist – wie gesehen – ebenfalls darauf gerichtet, die Gläubiger

795 Vgl. BGH, Urt. v. 19. 9. 1996 – IX ZR 249/95, ZIP 1996, 1829, 1830; *Hachenburg/Ulmer*, GmbHG, § 32a, b Rdnr. 24; *Baumbach/Hueck/Fastrich*, GmbHG, § 32a Rdnr. 29; *Dauernheim* in FK-InsO, § 135 Rdnr. 23.

796 Vgl. oben § 3 II 2 b).

797 Vgl. oben § 4 III 2.

798 Vgl. BGH, Urt. v. 15. 12. 1994 – IX ZR 18/94, NJW 1995, 1093, 1094 (zu § 29 ff KO).

ab Eintritt der Insolvenz zu schützen.[799] Die Regeln über den Eigenkapitalersatz sind daher nicht über die Fälle, in denen der Gesellschafter tatsächlich durch Kredit- und Nicht-Kreditgeschäfte auf das Schuldnervermögen zum Nachteil der Gläubigergesamtheit Einfluss nimmt, hinaus auf die Fälle einer abstrakten Gläubigergefährdung zu erstrecken. Vielmehr ist – in Übereinstimmung mit § 64 Abs. 2 S. 1 GmbHG und dem Rechtsinstitut der Insolvenzanfechtung als Anknüpfungspunkt für ein Eingreifen der Regeln über den Eigenkapitalersatz – das Vorliegen einer konkreten Gläubigerbenachteiligung zu verlangen. Hieran fehlt es aber in den Fällen einer Gebrauchsüberlassung für künftige Zeitabschnitte, da insoweit noch keine Umschichtung im Gesellschaftsvermögen stattgefunden hat.

Ist aber eine Gläubigerbenachteiligung Voraussetzung für eine Anwendung der Regeln über den Eigenkapitalersatz, so kann in den Fällen einer Gebrauchsüberlassung das Nutzungsrecht für die Zukunft nach dem Eigenkapitalersatz nicht verhaftet werden.

§ 9 Zusammenfassung und Bewertung

Das Eigenkapitalersatzrecht ist ein gläubigerschützendes Rechtsinstitut. Sinn und Zweck dieses Rechtsinstituts ist es, den Gesellschafter deshalb zu einer (Finanzierungs-)Folgenverantwortung heranzuziehen, weil er in den Fällen eines Kreditgeschäfts die Insolvenz der Gesellschaft verschleppt und in den Fällen eines Nicht-Kreditgeschäfts Umschichtungen im Gesellschaftsvermögen herbeiführt, wodurch sich jeweils der Verteilungskonflikt unter den Gläubigern zusätzlich verschärft.

Für diese Insolvenzverschleppung und Vermögensumschichtung hat der Gesellschafter im Interesse der Gesamtheit der übrigen Gläubiger eine Finanzierungsfolgenverantwortung zu übernehmen. Die Rechtsfolgen des Eigenkapitalersatzrechts reichen allerdings nicht so weit, dass dem Gesellschafter seine Stellung als Gläubiger der Gesellschaft genommen wird und eine »Umqualifizierung« des gewährten oder der Gesellschaft in der Krise weiter belassenen Fremdkapitals in Eigenkapital stattfindet.[800] Das Kapital ist und bleibt für die Gesellschaft Fremdkapital.[801] Wohl aber wird dadurch, dass der Gesellschafter in der konkreten Ausgestaltung der Finanzierungsfolgenverantwortung mit seinem Rückzahlungsanspruch aus (neu) gewährtem oder stehen gelassenem Darlehen hinter die übrigen Gläubiger der Ge-

799 Vgl. oben § 7 II und § 8 II 2.
800 Vgl. oben § 4.
801 Vgl. BGH, Urt. v. 8. 1. 2001 – II ZR 88/99, DStR 2001, 175, 177.

sellschaft zurückzutreten hat (§ 39 Abs. 1 Nr. 5 InsO), das Fremdkapital im (Außen-)Verhältnis zu den übrigen Gläubigern der Gesellschaft wie haftendes Eigenkapital behandelt. Dasselbe gilt, wenn der Gesellschafter das Vermögen der Gesellschaft durch eine entgeltliche Gebrauchsüberlassung, also durch ein Nicht-Kreditgeschäft mit der Gesellschaft umgeschichtet hat. Hier ist der Gesellschafter zum Ausgleich der durch die Vermögensumschichtung herbeigeführten Gläubigerbenachteiligung nicht nur dazu verpflichtet, der Gesellschaft bzw. der Insolvenzmasse die erhaltenen Miet- oder Pachtzinsen zurückzuerstatten. Vielmehr hat der Gesellschafter mit seiner wieder auflebenden Miet- oder Pachtzinsforderung in den Nachrang zu treten.[802]

Entgegen weit verbreiteter Ansicht[803] besteht zwischen dem Eigenkapitalersatzrecht und dem Recht der Kapitalerhaltung kein unmittelbarer Zusammenhang. Die entwicklungsgeschichtlichen Ursprünge des Eigenkapitalersatzrechts – die Vorschriften über die Kapitalerhaltung (§§ 30, 31 GmbHG) – verdecken mehr als sie erhellen. Sinn und Zweck des § 30 Abs. 1 GmbHG ist es zu verhindern, dass die Gesellschafter willkürlich auf das Gesellschaftsvermögen zugreifen und zwar auf denjenigen Teil des Gesellschaftsvermögens, der (rechnerisch) zur Erhaltung des Stammkapitals erforderlich ist.[804] Auf diese Weise soll das Gesellschaftsvermögen im rechnerischen Wert des Stammkapitals erhalten bleiben, um als Betriebskapital, als Schutzwall *vor* Überschuldung und als Garantiefonds zugunsten der Gläubiger zur Verfügung zu stehen.[805] Die Regeln über den Eigenkapitaler-

---

802 Vgl. oben § 8 II 4 a).

803 Vgl. dazu, dass das Eigenkapitalersatzrecht aus Sicht der wohl hM zutreffenderweise an die Vorschriften über die Kapitalerhaltung angebunden ist, *Altmeppen* in Roth/Altmeppen, GmbHG, § 32a Rdnr. 45; *ders.*, ZIP 1994, 1939, 1941 (Urteilsanm.); *Kleindiek*, Festschrift Lutter, 2000, S. 871, 883; *v.Gerkan*, ebenda, S. 1317, 1324 ff; *Habersack*, ZHR 162 (1998), 201, 214; siehe auch die Diskussionsberichte von *Schäfer*, ebenda, 232 und *Hellwege*, ZGR 1988, 516, 517; vgl. ferner *Goette*, Die GmbH, § 4 Rdnr. 1 f, S. 87 f; *ders.*, DStR 1997, 2027; *ders.*, ZInsO 2001, 529, 531; *Huber*, AnfG, § 6 Rdnr. 1; *Röhricht*, StbJb. 1991/92, S. 313, 316.

804 Vgl. BGH, Urt. v. 5. 2. 1990 – II ZR 114/89, ZIP 1990, 451, 453.

805 Vgl. *Hommelhoff*, ZGR 1988, 460, 490; *Hommelhoff/Kleindiek*, Festschrift 100 Jahre GmbH-Gesetz, 1992, S. 421, 429; *Kleindiek*, Festschrift Lutter, 2000, S. 871, 874; siehe auch *Fleck*, Festschrift 100 Jahre GmbH-Gesetz, 1992, S. 391 ff; *Goette*, DStR 1997, 1495; *ders.*, ZInsO 2001, 529, 531; *Wiedemann*, Gesellschaftsrecht, Band I, S. 557 f; *Lutter*, Kapital, Sicherung der Kapitalaufbringung und Kapitalerhaltung in den Aktien- und GmbH-Rechten der EWG, S. 50 ff. Vgl. aber auch BGH, Urt. v. 24. 11. 2003 – II ZR 171/01, GmbHR 2004, 302, 303. Danach erschöpft sich der Vermögensschutz durch den Kapitalerhaltungsgrundsatz nicht in der Garantie einer bilanzmäßigen Rechnungsziffer, sondern gebietet die Erhaltung einer

satz greifen dagegen erst ein, wenn die Gesellschaft *in* der Krise, d.h. überschuldet und/oder zahlungsunfähig ist.[806] So sollen die Gläubiger – im Unterschied zur Kapitalerhaltung – nicht vor dem Risiko der Insolvenz, sondern vielmehr davor geschützt werden, in der Insolvenz der Gesellschaft durch eigenkapitalersetzende Gesellschafterleistungen im Insolvenzverfahren über das Vermögen der Gesellschaft eine geringere Insolvenzquote auf ihre Forderungen zu erhalten; mithin das Insolvenzausfallrisiko der übrigen Gesellschaftsgläubiger zu reduzieren helfen.[807]

Verfolgen die Grundsätze über die Kapitalerhaltung (§§ 30, 31 GmbHG) und die Regeln zum Eigenkapitalersatz unterschiedliche Ziele,[808] so trifft es nicht zu, dass, wie teilweise angenommen wird, die Rechtsprechungsregeln zum Eigenkapitalersatz ein Mittel wären, um in den Fällen eigenkapitalersetzender Gesellschafterleistungen »das Betriebskapital als Schutzwall vor der Überschuldung und als Garantiefonds zugunsten der Gläubiger zu bewahren«.[809] Vielmehr stellt das Eigenkapitalersatzrecht ein von den Regeln über die Kapitalerhaltung völlig unabhängiges, insolvenzrechtliches Gläubigerschutzsystem dar.[810]

---

die Stammkapitalziffer deckenden Haftungsmasse. Keinen Schutz bietet das Auszahlungsverbot des § 30 Abs. 1 GmbHG jedoch davor, dass das Betriebskapital der Gesellschaft mit in den Wirtschaftskreislauf einbezogen und mit diesem nicht sorgsam gewirtschaftet, sondern es vielmehr verwirtschaftet wird; vgl. *Wiedemann*, Gesellschaftsrecht Band I, S. 557; *Haas*, Geschäftsführerhaftung und Gläubigerschutz, S. 27 ff, 39 f; *Goette*, DStR 1997, 1495.

806 Vgl. oben § 7 II.

807 Vgl. *Haas*, Geschäftsführerhaftung und Gläubigerschutz, S. 66 ff; siehe auch *Ketzer*, Eigenkapitalersetzende Aktionärsdarlehen, S. 7 ff, 17 ff, insbesondere 50 ff; *Michalski/Heidinger*, GmbHG, §§ 32a, 32b Rdnr. 280.

808 Vgl. i.d.S. ausdrücklich so *Haas*, Geschäftsführerhaftung und Gläubigerschutz, S. 66.

809 So *Kleindiek*, Festschrift Lutter, 2000, S. 871, 874; vgl. i.d.S. auch *Hommelhoff/Kleindiek*, Festschrift 100 Jahre GmbH-Gesetz, 1992, S. 421, 429; *Hommelhoff*, ZGR 1988, 460, 490. Siehe für die hier vertretene Ansicht wohl auch *Fleck*, Festschrift 100 Jahre GmbH-Gesetz, 1992, S. 391, 395.

810 So auch *Haas*, NZI 2001, 1, 5 ff; *ders.* in v.Gerkan/Hommelhoff (Hrsg.), Handbuch des Kapitalersatzrechts, Rdnr. 15.13 ff; *ders.*, NZI 2002, 457, 466; *Paulus*, ZIP 2002, 729, 734.

3. Kapitel
Konsequenzen und Ausblick

§ 10 Das Verhältnis des Eigenkapitalersatzrechts zu »verwandten« Rechtsinstituten

Die vorstehende Erörterung hat gezeigt, dass das Eigenkapitalersatzrecht dem Insolvenzrecht nahe steht und wie dieses der Reduzierung des Ausfallrisikos dient. Die Nähe des Kapitalersatzrechts zum Insolvenzrecht wirft aber sogleich die Frage auf, ob es überhaupt eigenständiger Regeln zum Eigenkapitalersatz bedarf oder der Gläubigerschutz nicht vielmehr durch andere mit dem Kapitalersatzrecht »verwandte« Rechtsinstitute umfassend gewährleistet wird. Denn zu dem Zeitpunkt, in dem der Gesellschafter rechtsgeschäftlich durch Kredit- und Nicht-Kreditgeschäfte zum Nachteil der Gläubigergesamtheit auf das Gesellschaftsvermögen einwirkt, nämlich mit Vorliegen der Insolvenzgründe,[811] dient das Gesellschaftsvermögen dem Zweck Haftungsgrundlage für die Gesellschaftsgläubiger zu sein.[812]

So sieht denn auch das Gesetz Rechtsvorschriften vor, wie mit einer Gesellschaft zu verfahren ist, die nicht mehr in der Lage ist, sämtliche Gläubigeransprüche voll zu erfüllen. Eine solche Gesellschaft soll gem. § 64 Abs. 1 GmbHG in das Insolvenzverfahren überführt werden. Dieses dient gem. § 1 S. 1 InsO dem Zweck, die Gläubiger des Schuldners gemeinschaftlich zu befriedigen, indem das Vermögen des Schuldners verwertet und der Erlös verteilt oder aber in einem sog. Insolvenzplan eine abweichende Regelung – etwa zum Erhalt des Unternehmens – getroffen wird.

Um jedoch die Frage zu beantworten, ob und gegebenenfalls in welcher Phase nach Eintritt der materiellen Insolvenz es eigenständiger Regeln zum Eigenkapitalersatz bedarf, ist vorab zu klären, wie die insolvenzrechtliche Haftungsordnung verwirklicht wird. Nur so lässt sich nämlich ermitteln, ob die vorhandenen, mit dem Eigenkapitalersatzrecht »verwandten«, Gläubigerschutzinstrumente unzulänglich sind.

---

811 Vgl. oben § 7 II.

812 Vgl. *Haas*, Geschäftsführerhaftung und Gläubigerschutz, S. 29, 41; *Burger/Schellberg*, BB 1995, 261, 262.

I. Die Verwirklichung der insolvenzrechtlichen Haftungsordnung

Verwirklicht wird die insolvenzrechtliche Haftungsordnung, d.h. die gemeinschaftliche Befriedigung der Gläubiger aus dem Schuldnervermögen (§ 1 S. 1 InsO)[813] dadurch, dass mit dem Übergang der Verwaltungs- und Verfügungsbefugnis des Schuldners auf den Insolvenzverwalter, dem sog. Insolvenzbeschlag (§ 80 Abs. 1 InsO), die Insolvenzmasse (§§ 35, 36 InsO) den Insolvenzgläubigern zur gemeinschaftlichen Befriedigung haftungsrechtlich zugewiesen wird.[814] So ist es dem Schuldner nach der Eröffnung des Insolvenzverfahrens grundsätzlich nicht mehr möglich, wirksam – bei beweglichen Sachen auch nicht im Wege des gutgläubigen Erwerbs – über einen Gegenstand der Insolvenzmasse zu verfügen (§ 81 Abs. 1 S. 1 und 2 InsO).[815] Ferner erklärt § 89 Abs. 1 InsO (Einzel-)Zwangsvollstreckungen für die Dauer des Insolvenzverfahrens für unzulässig, womit das bis dato vorherrschende Prioritätsprinzip, also der »Vorrang des schnellsten Gläubigers«, außer Kraft gesetzt wird.[816]

Mit der Eröffnung des Insolvenzverfahrens sind die Insolvenzgläubiger folglich davor geschützt, dass der Geschäftsführer als organschaftlicher Vertreter der Gesellschaft (weitere) Verfügungen über das zur Insolvenzmasse gehörende Vermögen der Gesellschaft vornimmt. Ferner sind die Insolvenzgläubiger aber auch davor geschützt, dass der Geschäftsführer mit dem Gesellschafter nach dem Zeitpunkt der Insolvenzeröffnung Kredit- oder Nicht-Kreditgeschäfte abschließt, die eine Verpflichtung der Insolvenzmasse begründen. Denn Insolvenzgläubiger gem. § 38 InsO ist nur derjenige, dem zur Zeit der Eröffnung des Insolvenzverfahrens bereits ein schuldrechtlicher Anspruch gegen den Schuldner zusteht. Das heißt, obwohl das Verpflichtungsgeschäft rechtlich wirksam ist, kann für die Gesamtheit der übrigen Gläubiger zu diesem Zeitpunkt kein Schaden (mehr) entstehen.[817]

813 Vgl. *Haas,* NZI 2001, 1, 7.

814 Vgl. *Häsemeyer,* Insolvenzrecht, Rdnr. 9.01, 9.03 ff; *ders.,* KTS 1982, 507, 534; *Braun/Uhlenbruck,* Unternehmensinsolvenz, S. 310.

815 Vgl. aber auch den Anfechtungstatbestand des § 147 InsO für Rechtshandlungen nach Verfahrenseröffnung.

816 Vgl. BVerfG, Beschl. v. 19. 10. 1983 – 2 BvR 485/80 und 2 BvR 486/80, ZIP 1984, 78, 80 f; BGH, Urt. v. 14. 11. 1996 – IX ZR 339/95, NJW 1997, 524, 525; BGH, Urt. v. 29. 1. 1964 – Ib ZR 197/62, BGHZ 41, 98, 101; Urt. v. 13. 7. 1983 – VIII ZR 246/82, BGHZ 88, 147, 151; *Kirchhof* in HK-InsO, § 1 Rdnr. 4.

817 Vgl. allg. zum Ausschluss desjenigen Gläubigers aus dem Kreis der Insolvenzgläubiger, der mit dem Schuldner erst nach Verfahrenseröffnung ein Verpflichtungsge-

Kann der Gesellschafter damit aber *nach* dem Zeitpunkt der Verfahrenseröffnung keinen negativen Einfluss mehr auf die insolvenzrechtliche Haftungsordnung nehmen, so besteht ab diesem Zeitpunkt kein Bedürfnis (mehr) für eine Haftung des Gesellschafters nach dem Eigenkapitalersatz.[818]

Anders sieht es dagegen für die Zeit *vor* der Eröffnung des Insolvenzverfahrens, also in der Phase zwischen Insolvenzeintritt und Insolvenzeröffnung, aus. Hier kann der Schuldner grundsätzlich noch die (spätere) Masse wirksam verpflichten und – mangels Übergang der Verwaltungs- und Verfügungsbefugnis auf den Insolvenzverwalter (§ 80 Abs. 1 InsO) – auch noch frei über sein Vermögen verfügen.[819] Eine Gefährdung der insolvenzrechtlichen Haftungsordnung durch Kredit- und Nicht-Kreditgeschäfte mit dem Gesellschafter ist in dieser zeitlichen Phase daher grundsätzlich noch gegeben.[820]

Zum Schutz der insolvenzrechtlichen Haftungsordnung sieht das Gesetz jedoch auch in der kritischen Phase zwischen Insolvenzeintritt und Insolvenzeröffnung bestimmte Rechtsinstitute vor, die darauf abzielen, negative Einwirkungen auf das Schuldnervermögen zum Nachteil der Gläubigergesamtheit auszuschließen. Hierzu zählen neben der in § 88 InsO geregelten sog. »Rückschlagsperre«,[821] vor allem die Insolvenzanfechtung (§§ 129 ff InsO)[822] und die Pflicht des Geschäftsführers zur Insolvenzan-

---

schäft abschließt, *Eickmann* in HK-InsO, § 81 Rdnr. 3; *ders.* in Gottwald (Hrsg.), Insolvenzrechts-Handbuch, § 31 Rdnr. 1; *Braun/Uhlenbruck,* Unternehmensinsolvenz, S. 311.

818 So auch *Haas,* NZI 2001, 1, 7; Siehe zu dieser Frage auch unten § 11 c) aa) (1).

819 Vgl. auch *Häsemeyer,* Insolvenzrecht, Rdnr. 21.03. Siehe hierzu auch die Ausführungen unter § 11 I 1 c) aa) (2).

820 Vgl. dazu, dass nach der hier vertretenen Ansicht die Eigenkapitalersatzregeln erst mit Eintritt der Insolvenzreife eingreifen, oben unter § 7 II.

821 Danach wird eine Sicherung, die ein Insolvenzgläubiger im letzten Monat vor dem Eröffnungsantrag oder nach diesem Antrag im Wege der Zwangsvollstreckung an dem zur Insolvenzmasse gehörenden Vermögen des Schuldners erlangt hat, mit der Eröffnung des Verfahrens unwirksam. Näher hierzu u.a. *Vallender,* ZIP 1997, 1993 ff; *Gottwald/Gerhardt,* Insolvenzrechts-Handbuch, § 33 Rdnr. 29 ff.

822 Vgl. BGH, Urt. v. 30. 9. 1993 – IX ZR 227/92, ZIP 1993, 1653, 1654; Urt. v. 18. 12. 1995 – II ZR 277/94, WiB 1996, 383; Urt. v. 9. 9. 1997 – IX ZR 14/97, ZIP 1997, 1929, 1930; *Henckel* in Kölner Schrift, Rdnr. 4, S. 813, 815; *ders.,* ZIP 1982, 391, 393; *Marotzke/Kick,* JR 1995, 106 (Urteilsanm.); *Häsemeyer,* Insolvenzrecht, Rdnr. 21.01; *Jaeger/Henckel,* KO, § 30 Rdnr. 1; MünchKommInsO-*Kirchhof,* vor §§ 129 bis 147 Rdnr. 2 f; *Bork,* Insolvenzrecht, § 20 Rdnr. 204; *Gerhardt,* AcP 200 (2000), 426, 431 f.

tragstellung[823] und Masseerhaltung (§ 64 Abs. 1 und 2 GmbHG)[824]. Aber auch die allgemeine Vorschrift des § 826 BGB wird man hier mit dazu zählen dürfen, da auch diese Norm die Gläubiger u.a. vor einer weiteren Entwertung ihrer Forderungen in der Insolvenz schützen will.[825]

Damit stehen aber auch zur (vorgreiflichen) Verwirklichung der insolvenzrechtlichen Haftungsordnung verschiedene Rechtsinstitute zur Verfügung. Einer Haftung des Gesellschafters nach dem Eigenkapitalersatz bedarf es daher grundsätzlich nur, wenn der durch das Eigenkapitalersatzrecht vermittelte Gläubigerschutz so ausgestaltet ist, dass bei einer Außerachtlassung der Regeln zum Eigenkapitalersatz in der Phase vor Insolvenzeröffnung eine Lücke zu Lasten der insolvenzrechtlichen Haftungsordnung und damit zu Lasten des Gläubigerschutzes bei rechtsgeschäftlichen Einflussnahmen der Gesellschafter besteht.

---

823 Vgl. BGH, Urt. v. 6. 6. 1994 – II ZR 292/91, BGHZ 126, 181, 190 ff, insbesondere 194 ff; Urt. v. 7. 11. 1994 – II ZR 8/93, NJW-RR 1995, 289, 290; Urt. v. 7. 11. 1994 – II ZR 108/93, ZIP 1995, 211, 212; OLG Hamm, Urt. v. 25. 1. 1993 – 8 U 250/91, GmbHR 1993, 584, 585; OLG Düsseldorf, Urt. v. 31. 3. 1999 – 12 U 176/97, NZG 1999, 944, 945; OLG Köln, Urt. v. 19. 12. 2000 – 22 U 144/00, NZG 2001, 411; LG Bonn, Urt. v. 17. 4. 1998 – 3 O 403/97, ZIP 1998, 923; *Pape*, WiB 1996, 384 f (Urteilsanm.); *Bork*, ZGR 1995, 505, 519, 521; *Hachenburg/Ulmer*, GmbHG, § 64 Rdnr. 2; *Bezzenberger*, Festschrift Bezzenberger, 2000, S. 23, 37.

824 Vgl. BGH, Urt. v. 18. 3. 1974 – II ZR 2/72, NJW 1974, 1088, 1089, Urt. v. 18. 12. 1995 – II ZR 277/94, WiB 1996, 383; Urt. v. 29. 11. 1999 – II ZR 273/98, NZG 2000, 370; Urt. v. 11. 9. 2000 – II ZR 370/99, DStR 2000, 1831, 1832; Urt. v. 8. 1. 2001 – II ZR 88/99, DStR 2001, 175, 177, 178; Urt. v. 31. 3. 2003 – II ZR 150/02, GmbHR 2003, 664, 665; Urt. 18. 4. 2005 – II ZR 61/03, NZG 2005, 600, 602; OLG Düsseldorf, Urt. v. 10. 2. 2000 – 6 U 36/99, NZG 2001, 133, 134; *Lutter/Kleindiek* in Lutter/Hommelhoff, GmbHG, § 64 Rdnr. 58; *Keil*, DZWIR 2000, 202; *Frings*, GmbHR 2000, 184; *Pape*, WiB 1996, 384 f; *Goette*, DStR 2001, 179; *Habersack/Mayer*, NZG 2001, 365, 366 (jeweils Urteilsanm.); *Schulze-Osterloh*, Festschrift Lutter, 2000, S. 707, 710. Siehe zu § 64 Abs. 2 GmbHG vor allem auch *Goette*, DStR 2001, 224 (Urteilsanm.): »Nach dieser Vorschrift verhält sich der Geschäftsführer normgerecht, wenn er ... keine Zahlungen aus dem Gesellschaftsvermögen leistet und so die Masse zusammenhält, damit alle Gesellschaftsgläubiger ranggerecht und gleichmäßig in dem anschließenden Insolvenzverfahren befriedigt werden können ...«; ähnlich auch *Altmeppen*, ZIP 2001, 240, 241: »Der Zweck dieser Norm besteht allein darin, die verteilungsfähige Vermögensmasse der gleichmäßigen Befriedigung der Gläubiger zuzuführen ...«.

825 Vgl. *Larenz/Canaris*, Lehrbuch des Schuldrechts, Band II/2, § 78 IV 2, S. 457 ff; *Palandt-Sprau*, BGB, § 826 Rdnr. 36, 38 ; siehe zusammenfassend hierzu auch *Haas*, NZI 2001, 1, 7 f.

II. Die Unzulänglichkeit vorhandener Schutzinstrumente

1. Insolvenzanfechtung

Zweifel an der Unzulänglichkeit der vorhandenen Schutzinstrumente drängen sich sogleich im Hinblick auf die Insolvenzanfechtung (§§ 129 ff InsO) auf. So ist es gerade Aufgabe dieses Rechtsinstituts Vermögensverschiebungen, die zum Nachteil der Gläubiger vor der Eröffnung des Insolvenzverfahrens vorgenommen worden sind, wieder rückgängig zu machen,[826] mit der Folge, dass der Empfänger das anfechtbar Erlangte zur Insolvenzmasse zurückzuerstatten hat (§ 143 Abs. 1 InsO). Ebenso wie das Eigenkapitalersatzrecht zielt also auch die Insolvenzanfechtung darauf ab, Vorteile, die sich ein einzelner Gläubiger gegenüber den anderen Gläubigern nach Eintritt der Insolvenzreife[827] verschafft hat, abzuschöpfen.[828] Dies geschieht im Rahmen des Eigenkapitalersatzrechts nach den Rechtsprechungsregeln gem. § 31 Abs. 1 GmbHG analog bzw. nach der Lösung des Gesetzgebers mit Hilfe der Spezialvorschrift des § 135 InsO.[829] So besehen besteht also für den Fall, dass der Gesellschafter »seiner« Gesellschaft jederzeit wieder abziehbare Fremdleistungen zur Verfügung stellt,[830] eine deutliche Parallele zur Insolvenzanfechtung.[831]

Richtiger Ansicht nach können die insolvenzrechtlichen Anfechtungsregeln aber die Eigenkapitalersatzregeln nicht verdrängen. Unterschiede zeigen sich schon im Hinblick auf die Rechtsfolgen des Kapitalersatzrechts.[832] Nach letzteren werden – anders als bei der Insolvenzanfechtung – die Gesellschafterleistungen nicht zugunsten der Gläubigergesamtheit,[833] sondern

826 Vgl. BGH, Urt. v. 15. 12. 1994 – IX ZR 153/93, NJW 1995, 659, 662; *Kreft* in HK-InsO, § 129 Rdnr. 1; MünchKommInsO-*Kirchhof*, vor §§ 129 bis 147 Rdnr. 2 f.

827 Vgl. zum zeitlichen Anwendungsbereich des Eigenkapitalersatzrechts oben unter § 7 II.

828 Vgl. *Braun/Uhlenbruck*, Unternehmensinsolvenz, S. 353; *Bork*, Insolvenzrecht, § 20 Rdnr. 204. Im Zusammenhang mit dem Eigenkapitalersatzrecht siehe insbesondere *Häsemeyer*, Insolvenzrecht, Rdnr. 30.39 aE; *v.Gerkan*, Festschrift Lutter, 2000, 1317, 1320; *Haas*, NZI 2001, 1, 7 f.

829 Vgl. oben § 4 II 2.

830 Vgl. *v.Gerkan*, Festschrift Lutter, 2000, S. 1317, 1320; *Röhricht*, StbJb. 1991/92, S. 313, 318.

831 Siehe auch *Haas*, NZI 2001, 1, 8.

832 Vgl. oben § 4.

833 Vgl. BGH, Urt. v. 11. 1. 1990 – IX ZR 27/89, NJW 1990, 990, 991; Urt. v. 23. 10. 2003 – IX ZR 252/01, NJW 2004, 214, 216.

nur zugunsten der Gesamtheit der übrigen Gläubiger[834] verhaftet.[835] Demgegenüber lässt die Insolvenzanfechtung aber dem Gesellschafter (nach erfolgter Rückerstattung) als Gläubiger der Gesellschaft grundsätzlich die Möglichkeit, sich im gleichen Rang mit den übrigen Gesellschaftsgläubigern zu befriedigen, weil die Forderung des Anfechtungsgegners nach erfolgter Anfechtung grundsätzlich in dem Rang wieder auflebt, der ihr vorher zukam (§§ 143 Abs. 1, 144 Abs. 1 InsO).[836] Deshalb kann bereits unter diesem Gesichtspunkt nicht auf die Rechtsregeln zum Eigenkapitalersatz verzichtet werden.[837]

Auch hinsichtlich des zeitlichen Anwendungsbereichs bestehen Unterschiede. Bei ausschließlicher Geltung der Insolvenzanfechtung – insbesondere der besonderen Insolvenzanfechtungstatbestände (§§ 130-132 InsO) – könnte ein Vorteilsausgleich lediglich bezogen auf den Zeitpunkt nach dem Eintritt der Zahlungsunfähigkeit der Gesellschaft erfolgen. Demgegenüber gelangt das Eigenkapitalersatzrecht – nach der hier vertretenen Ansicht – bereits mit Eintritt der Überschuldung (und Zahlungsunfähigkeit) zur Anwendung.[838] Jedoch zeigt § 136 InsO, dass zu Lasten der Gesellschafter, wegen des Insidervorteils im Vergleich zu außenstehenden, gewöhnlichen Gläubigern der Gesellschaft,[839] auch andere Rückgriffsfristen vorstellbar sind. So ist etwa die Rückgewähr der Einlage des stillen Gesellschafters anfechtbar, wenn die Vereinbarung hierüber in dem letzten Jahr vor dem Insolvenzantrag getroffen worden ist (§ 136 Abs. 1 S. 1 InsO). Gleichwohl ist die Insolvenzanfechtung aber nicht in der Lage, denjenigen Vorteil abzuschöpfen, den sich der Gesellschafter durch eine eigenkapitalersetzende Fremdfinanzierung der Gesellschaft verschafft.[840]

---

834 Vgl. *Hachenburg/Ulmer,* GmbHG, § 32a, b Rdnr. 176.

835 Vgl. oben § 4.

836 Vgl. *Henckel* in Kölner Schrift, Rdnr. 85, S. 813, 851; *Nerlich/Römermann/Nerlich,* InsO, § 144 Rdnr. 4; *Kilger/Karsten Schmidt,* KO, § 39 Anm. 1; *Gottwald/Huber,* Insolvenzrechts-Handbuch, § 52 Rdnr. 17; *Kübler/Prütting/Paulus,* InsO, § 135 Rdnr. 32.

837 Vgl. auch *Haas,* NZI 2001, 1, 8.

838 Vgl. oben § 7 II.

839 Vgl. so ausdrücklich für den stillen Gesellschafter *Kollhosser,* WM 1985, 929, 932; *Ballerstedt,* ZHR 135 (1979), 383, 391 (Fn. 27).

840 So im Ergebnis auch *Haas,* NZI 2001, 1, 8.

2. Haftung des Gesellschafters nach § 826 BGB

Diesen Vorteil, dass der Gesellschafter nämlich bei einer Fremdfinanzierung der Gesellschaft mit den übrigen Gläubigern um die Insolvenzquote konkurrieren kann, vermag dagegen eine Haftung des Gesellschafters nach § 826 BGB auszugleichen.[841] So hat zunächst auch das Reichsgericht in dem Phänomen der eigenkapitalersetzenden Gesellschafterleistungen ein Problem gesehen, das sich unter Rückgriff auf § 826 BGB lösen lässt.[842] Durchgesetzt hat sich dieser Ansatz bekanntlich nicht. Vielmehr ist die hM dazu übergegangen, unabhängig von einer möglichen Haftung des Gesellschafters nach § 826 BGB,[843] eigene Regeln für eine Inanspruchnahme des Gesellschafters wegen eines rechtsgeschäftlichen Einwirkens auf das Schuldnervermögen in der Krise zu entwickeln.[844] Grund hierfür sind die Haftungsvoraussetzungen des § 826 BGB.[845] So wird eine vorsätzlich sittenwidrige Gläubigerschädigung und damit vor allem Schädigungsvorsatz in der Person des Gesellschafters verlangt. Diesen nachzuweisen bereitet jedoch erhebliche Schwierigkeiten,[846] weil der Gesellschafter im Unterschied zu einem gewöhnlichen Drittgläubiger nicht bloß seinen »alten«

---

841 Vgl. aus der Rspr. insbesondere RG, Urt. v. 3. 12. 1938 – II 84/38, JW 1939, 355, 356; siehe hierzu auch *Wiedemann* in Die Haftung des Gesellschafters in der GmbH, S. 28.

842 Vgl. neben RG, Urt. v. 3. 12. 1938 – II 84/38, JW 1939, 355, 356 insbesondere auch Urt. v. 16. 11. 1937 – II 70/37, JW 1938, 862, 864 f.

843 Vgl. *Fleck*, LM Nr. 6 zu § 30 GmbHG, Anm. 1; *Sonnenberger*, NJW 1969, 2033, 2035, 2038.

844 Vgl. zu den Rechtsprechungs- und Novellenregeln die Ausführungen oben unter § 4 II. Eingehend zur geschichtlichen Entwicklung des Eigenkapitalersatzrechts u.a. *Hommelhoff*, ZGR 1988, 460 ff; *Bezzenberger*, Festschrift Bezzenberger, 2000, S. 23, 26 ff.

845 Vgl. *Noack* in Prütting (Hrsg.), Insolvenzrecht 1996, 1997, S. 195, 200 f; *Raiser*, Recht der Kapitalgesellschaften, § 38 I 2), Rdnr. 8, S. 651; *Drygala*, Der Gläubigerschutz bei der typischen Betriebsaufspaltung, S. 24.

846 Vgl. BGH, Urt. v. 14. 12. 1959 – II ZR 187/57, BGHZ 31, 258, 271; OLG Düsseldorf, Urt. v. 30. 6. 1983 – 6 U 120/81, ZIP 1983, 786, 799 f; siehe auch OLG Köln, Urt. v. 27. 2. 1981 – 22 U 117/79, WM 1981, 1238, 1240 f; BAG, Urt. v. 3. 9. 1998 – 8 AZR 189/97, DZWIR 1999, 19, 23: Kein Schädigungsvorsatz, wenn der Gesellschafter darauf vertraut hat, ein Konkurs und eine Schädigung der Gläubiger werde sich vermeiden lassen. Vgl. aus Schrifttum zum Beweisproblem auch *Raiser*, Recht der Kapitalgesellschaften, § 38 I 2), Rdnr. 8, S. 651; *Winkler*, BB 1969, 1202, 1204; *Drygala*, Der Gläubigerschutz bei der typischen Betriebsaufspaltung, S. 24; *Elsing*, GmbHR 1978, 103, 106; siehe auch *Altmeppen*, ZIP 1999, 881, 882 (Urteilsanm.); *Hachenburg/Ulmer*, GmbHG, Anh § 30 Rdnr. 42.

bzw. »neu« gewährten Kredit »zu verlieren« hat,[847] sondern vielmehr seine Stellung als Gesellschafter.[848] Bei ihm ist die Motivation, die Gesellschaft in der Krise mit unzureichenden Krediten zu versorgen, daher im Zweifel geringer, als bei einem außenstehenden Gläubiger.[849] Vor diesem Hintergrund ist der hM zu folgen, die in Anbetracht der Nachweisprobleme eine ausschließliche Haftung des Gesellschafters nach § 826 BGB aus Gründen des Gläubigerschutzes ablehnt.[850]

3. Pflicht des Geschäftsführers zur Insolvenzantragstellung und Masseerhaltung

Einwirkungen auf das Schuldnervermögen zum Nachteil der Gläubigergesamtheit zu verhindern, bezweckt auch die Vorschrift des § 64 GmbHG. Nach deren Abs. 1 sind die Geschäftsführer einer GmbH verpflichtet, unverzüglich, d.h. ohne schuldhaftes Zögern, spätestens aber drei Wochen nach Eintritt der Zahlungsunfähigkeit oder Überschuldung der Gesellschaft, die Eröffnung des Insolvenzverfahrens zu beantragen. Ebenso dürfen gem. § 64 Abs. 2 GmbHG nach Eintritt der Zahlungsunfähigkeit oder nach Feststellung der Überschuldung grundsätzlich keine »Zahlungen« mehr geleistet werden. Anderenfalls sind die Geschäftsführer der Gesellschaft zum Ersatz verpflichtet (§ 64 Abs. 2 S. 1 GmbHG).[851]

Gleitet die Gesellschaft nun in die Insolvenz ab, so hat der Geschäftsführer dem Gesetz zufolge die Gesellschaft in das Insolvenzverfahren zu überführen und damit auf die Verwirklichung der insolvenzrechtlichen Haftungsordnung hinzuwirken.[852] Kommt er dieser Pflicht nicht nach, löst er also das Insolvenzverfahren nicht rechtzeitig aus, so entsteht für die Gesellschaftsgläubiger eine gefährliche Situation. Denn durch das unveränderte weitere Tätigsein der Gesellschaft am Markt verringert sich gewöhnlich nicht nur das noch vorhandene Gesellschaftsvermögen. Vielmehr treten

847 Vgl. *Wenzel,* NZI 1999, 294, 295.

848 Vgl. *Haas,* NZI 2001, 1, 8; siehe auch *Bezzenberger,* Festschrift Bezzenberger, 2000, S. 23, 37; *Koppensteiner,* WBl 1997, 489, 496.

849 Instruktiv hierzu die Ausgangsentscheidung des BGH zum Eigenkapitalersatz; vgl. Urt. v. 14. 12. 1959 – II ZR 187/57, BGHZ 31, 258, 271; siehe aus dem Schrifttum auch *Hofmann,* NJW 1966, 1941, 1946; *Koppensteiner,* WBl 1997, 489, 496; *Wassermeyer,* ZGR 1992, 639, 651.

850 Vgl. *Drygala,* Der Gläubigerschutz bei der typischen Betriebsaufspaltung, S. 24; *Raiser,* Recht der Kapitalgesellschaften, § 38 I 2), Rdnr. 8, S. 651.

851 Vgl. auch oben die Nachweise in Fn. 838.

852 Vgl. oben.

auch neue Gläubiger hinzu,[853] mit der Folge, dass sich sowohl durch die Verwirtschaftung der noch vorhandenen Vermögenswerte als auch aufgrund des Hinzutretens weiterer Gläubiger der Verteilungskonflikt unter den Gläubigern verschärft und sich damit insgesamt die Befriedigungsaussichten der Gläubiger verschlechtern.[854] Diese vom Geschäftsführer durch eine nicht rechtzeitige Insolvenzantragstellung hervorgerufene gläubigerschädigende Situation ähnelt in einem nicht unerheblichem Maße derjenigen, wie sie der Gesellschafter herbeiführt, wenn er der Gesellschaft in der Krise mit Fremdmitteln zu Hilfe eilt.[855] Auch hier wird – so die hM – die Krise der Gesellschaft zu Lasten der Gläubiger weiter verschleppt und der Anschein eines wirtschaftlich gesunden Unternehmens erweckt, was weitere Gläubiger dazu veranlassen würde, mit der Gesellschaft in der Krise noch Geschäfte zu schließen.[856]

Aber nicht nur im Hinblick auf die hervorgerufene Risikosituation zum Nachteil der Gläubigergesamtheit bestehen Gemeinsamkeiten zwischen § 64 GmbHG und dem Eigenkapitalersatzrecht, sondern auch in zeitlicher Hinsicht. So kommen sowohl die Vorschrift des § 64 GmbHG als auch das Eigenkapitalersatzrecht in der Insolvenz der Gesellschaft zum Tragen.[857] Dieser Gesichtspunkt könnte ebenfalls Zweifel an der Notwendigkeit eigenständiger Kapitalersatzregeln aufkommen lassen. Jedoch richtet sich § 64 GmbHG in persönlicher Hinsicht an die Geschäftsführer der Gesell-

853 Vgl. BGH, Urt. v. 6. 6. 1994 – II ZR 292/91, BGHZ 126, 181, 190 ff; *Goette,* DStR 1998, 1308, 1312; *Kübler/Prütting/Noack,* InsO, Gesellschaftsrecht, Sonderband 1, 1999, Rdnr. 313. Ob vom Schutzzweck der Insolvenzantragspflicht auch Deliktsgläubiger erfasst werden, ist umstritten dafür *Reiff/Arnold,* ZIP 1998, 1893, 1896 ff; *Kübler,* ZGR 1995, 481, 496; *Lutter/Kleindiek* in Lutter/Hommelhoff, GmbHG, § 64 Rdnr. 50; dagegen BGH, Urt. v. 25. 7. 2005 – II ZR 390/03, NJW 2005, 3137, 3140; *Altmeppen* in Roth/Altmeppen, GmbHG, § 64 Rdnr. 33 f; *Kübler/Prütting/Noack,* InsO, Gesellschaftsrecht, Sonderband 1, 1999, Rdnr. 317; *Bork,* ZGR 1995, 505, 519; *Haas,* DStR 2003, 423, 429 f.

854 Vgl. *Goette,* ZInsO 2001, 529, 536.

855 Vgl. BGH, Urt. v. 16. 10. 1989 – II ZR 307/88, BGHZ 109, 55, 57; OLG Düsseldorf, Urt. v. 15. 9. 1995 – 12 U 98/93, GmbHR 1996, 201, 203; *Lutter/Hommelhoff,* ZGR 1979, 31, 38; *Steinbeck,* ZGR 1996, 116, 128; *v.Gerkan,* Festschrift Lutter, 2000, S. 1317, 1319 f; *Haas,* Geschäftsführerhaftung und Gläubigerschutz, S. 60 f.

856 Vgl. BGH, Urt. v. 16. 10. 1989 – II ZR 307/88, BGHZ 109, 55, 57; OLG Düsseldorf, Urt. v. 15. 9. 1995 – 12 U 98/93, GmbHR 1996, 201, 203; *Hachenburg/Ulmer,* GmbHG, § 32a, b Rdnr. 8; *Steinbeck,* ZGR 1996, 116, 128; *Lutter/Hommelhoff,* ZGR 1979, 31, 36 ff.

857 Ebenso *Reiner,* Festschrift Boujong, 1996, S. 415, 431 ff, 436 f; *Haas,* NZI 2001, 1, 5 ff; siehe auch *Bezzenberger,* Festschrift Bezzenberger, 2000, S. 23, 41 f.

schaft und nicht an die Gesellschafter.[858] Zudem weist § 64 GmbHG in sachlicher Hinsicht einen entscheidenden Unterschied zu dem durch das Eigenkapitalersatzrecht vermittelten Gläubigerschutz auf. Befindet sich die Gesellschaft in der Krise, so wird von dem Geschäftsführer eine ganz bestimmte Verhaltensweise abverlangt, nämlich rechtzeitig die Insolvenzeröffnung zu beantragen und die Masse schmälernde »Zahlungen« zu unterlassen, mithin das verteilungsfähige Vermögen der Gesellschaft im Interesse der Gläubigergesamtheit zu erhalten.[859] Dem Gesellschafter der Gesellschaft stehen dagegen in Übereinstimmung mit Rechtsprechung[860] und Gesetz[861] mehrere Handlungsalternativen offen. Er kann sich entweder ruhig verhalten, also gar nichts tun,[862] oder die Gesellschaft (ohne Folgenverantwortung) in der Krise zumindest mit haftendem (Eigen-)Kapital weiterfinanzieren, mithin auf das Gesellschaftsvermögen noch einwirken.[863]

Lässt also das Eigenkapitalersatzrecht dem Gesellschafter die Freiheit (überhaupt) noch zu finanzieren, so spricht das nicht für, sondern gegen eine Heranziehung des § 64 GmbHG zur Erfassung von rechtsgeschäftli-

858 Vgl. *Noack* in Prütting (Hrsg.), Insolvenzrecht 1996, 1997, S. 195, 201.

859 Vgl. BGH, Urt. v. 6. 6. 1994 – II ZR 292/91, BGHZ 126, 181, 194, 196 f; Urt. v. 8. 1. 2001 – II ZR 88/99, DStR 2001, 175, 177, 178; Urt. v. 31. 3. 2003 – II ZR 150/02, GmbHR 2003, 664, 665; OLG Düsseldorf, Urt. v. 19. 1. 1995 – 6 U 272/93, 1443, 1445; Urt. v. 31. 3. 1999 – 12 U 176/97, NZG 1999, 944, 945; Urt. v. 10. 2. 2000 – 6 U 36/99, NZG 2001, 133, 134; *Goette,* DStR 2001, 224 (Urteilsanm.); *ders.,* ZInsO 2001, 529, 533, 535 f; *Hachenburg/Ulmer,* GmbHG, § 64 Rdnr. 2; *Gottwald/Haas,* Insolvenzrechts-Handbuch, § 92 Rdnr. 54; *Schulze-Osterloh,* Festschrift Lutter, 2000, S. 707, 710: Sicherung der gleichmäßigen Befriedigung der Gläubiger im Vorfeld des Insolvenzverfahrens.

860 Vgl. BGH, Urt. v. 19. 9. 1988 – II ZR 255/87, BGHZ 105, 168, 175 f; Urt. v. 16. 10. 1989- II ZR 307/88, BGHZ 109, 55, 61; Urt. v. 16. 6. 1997 – II ZR 154/96, ZIP 1997, 1375, 1376; OLG Düsseldorf, Urt. v. 15. 9. 1995 – 12 U 98/93, GmbHR 1996, 201, 203.

861 So wird gem. § 32a Abs. 1 GmbHG die Forderung des Gesellschafters auf Rückgewähr des Darlehens als nachrangige Insolvenzforderung behandelt, wenn der Gesellschafter der Gesellschaft das Darlehen in einem Zeitpunkt gewährt hat, » ... in dem ihr die Gesellschafter als ordentliche Kaufleute Eigenkapital zugeführt hätten ... «.

862 Vgl. hierzu insbesondere BGH, Urt. v. 16. 10. 1989 – II ZR 307/88, BGHZ 109, 55, 61.

863 Vgl. BGH, Urt. v. 19. 9. 1988 – II ZR 255/87, BGHZ 105, 168, 175 f; Urt. v. 16. 6. 1997 – II ZR 154/96, ZIP 1997, 1375, 1376; *Lutter/Hommelhoff,* GmbHG, §§ 32a/b Rdnr. 3; *Röhricht,* StbJb. 1991/92, S. 313, 318 f; *Noack,* Festschrift Claussen, 1997, S. 307, 310; *Steinbeck,* ZGR 1996, 116, 128; *Goette,* ZHR 162 (1998), 223, 224; *v.Gerkan,* ZGR 1997, 173, 176 f; *Baumbach/Hueck/Fastrich,* GmbHG, § 32a Rdnr. 3. Siehe hierzu auch die Ausführungen unten § 7 IV 1 b).

chen Einflussnahmen der Gesellschafter auf das Schuldnervermögen in der Krise. Denn anders als § 64 GmbHG ist das Eigenkapitalersatzrecht nicht dadurch geprägt, den Gesellschafter umfassend für Einwirkungen auf das Schuldnervermögen zur Verantwortung zu ziehen.[864]

III. Zusammenfassung

Zusammenfassend bleibt festzuhalten, dass bei einem Außerachtlassen der Regeln zum Eigenkapitalersatz eine Lücke im Gläubigerschutz im Hinblick auf die Verwirklichung der insolvenzrechtlichen Haftungsordnung besteht. Diese wird weder voll umfänglich im Wege der Insolvenzanfechtung noch zureichend durch eine ausschließliche Anwendung des § 826 BGB geschlossen, weil die dort gestellten Anforderungen in subjektiver Hinsicht zu hoch sind, um einen effektiven Gläubigerschutz zu gewährleisten. So verlangt § 826 BGB vor allem Schädigungsvorsatz in der Person des Gesellschafters. Auch erfasst § 64 GmbHG das Phänomen der eigenkapitalersetzenden Gesellschafterleistungen nicht zutreffend. Denn im Gegensatz zum Geschäftsführer bleibt dem Gesellschafter in der Krise die Wahl zwischen mehren Handlungsalternativen. Dies zeigt, dass es zur Verwirklichung der insolvenzrechtlichen Haftungsordnung eines Schutzes der Gesellschaftsgläubiger in der Phase zwischen Insolvenzeintritt und Insolvenzeröffnung vor rechtsgeschäftlichen Einflussnahmen der Gesellschafter auf das Gesellschaftsvermögen bedarf.[865]

---

864 Vgl. hierzu auch unter § 7 IV 1 b); *Hommelhoff* in v.Gerkan/Hommelhoff (Hrsg.), Handbuch des Kapitalersatzrechts, Rdnr. 2.13; siehe auch *Haas,* NZI 2001, 1, 9; *Eichele,* Reichweite des Kapitalerhaltungsgrundsatzes, S. 37 f. Dem widerspricht es – auch in Form einer Teilnehmerhaftung – den Gesellschafter voll umfänglich bei unzureichenden Finanzierungen in der Krise haften zu lassen; so aber *Reiner,* Festschrift Boujong, 1996, S. 415, 441 f. Anders u.U. dann, wenn zu der Finanzierung durch eigenkapitalersetzende Gesellschafterdarlehen weitere, besondere Umstände treten, wie etwa eine Einflussnahme auf die Geschäftsführung; vgl. *Baumbach/Hueck/Fastrich,* GmbHG, § 32a Rdnr. 13; siehe auch *Uhlenbruck,* DStR 1991, 351, 352.

865 Dafür auch *Haas,* NZI 2001, 1, 7 ff.

§ 11 Der Einfluss einer insolvenzrechtlichen Betrachtung auf das Eigenkapitalersatzrecht

Steht das Eigenkapitalersatzrecht gleichberechtigt neben anderen Rechtsinstituten, die dem Schutz der insolvenzrechtlichen Haftungsordnung dienen, bleibt die Frage zu beantworten, welchen Einfluss eine insolvenzrechtliche Betrachtung auf das Eigenkapitalersatzrecht hat. Die erste Frage, die sich in diesem Zusammenhang stellt, ist diejenige, welche Folgen sich hieraus für das Eigenkapitalersatzrecht als Rechtsinstitut ergeben.

I. Folgen für das Eigenkapitalersatzrecht als Rechtsinstitut

Unklar ist, welche Auswirkungen eine insolvenzrechtliche Sichtweise auf den Tatbestand und die Rechtsfolgen des Eigenkapitalersatzrechts hat.

1. Einfluss auf den Tatbestand

a) Der persönliche Anwendungsbereich

Ist es Sinn und Zweck der Rechtsregeln zum Eigenkapitalersatz, das Gesellschaftsvermögen bzw. die künftige Insolvenzmasse zugunsten der Gläubiger in ihrer Gesamtheit vor negativen, rechtsgeschäftlichen Einflussnahmen der Gesellschafter im Zeitpunkt der Insolvenz zu schützen, so unterliegt grundsätzlich jeder Gesellschafter dem persönlichen Anwendungsbereich des Eigenkapitalersatzrechts und trägt mithin eine Finanzierungsfolgenverantwortung. Insoweit ergibt sich kein Unterschied zu den bisherigen Grundsätzen zum Adressatenkreis des Eigenkapitalersatzrechts.[866]

aa) Das Kleinbeteiligungsprivileg

Fraglich ist jedoch, inwieweit bei einem insolvenzrechtlichen Verständnis der Finanzierungsfolgenverantwortung geringfügig beteiligte Gesellschafter von der Eigenkapitalersatzhaftung freigestellt werden können. Denn der Gesetzgeber des KapAEG (§ 32a Abs. 3 S. 2 GmbHG) lässt mit seiner starren Anknüpfung an die 10%-Schwelle außer Acht, dass auch Kleingesell-

---

866 Vgl. oben unter § 3 I 1.

schafter zum Nachteil der Gläubiger auf das Gesellschaftsvermögen einwirken können, indem sie durch Kreditgeschäfte die Insolvenz verschleppen bzw. durch Nicht-Kreditgeschäfte nachteilige Umschichtungen im Gesellschaftsvermögen herbeiführen. Insoweit spielt es nämlich keine Rolle, ob der einzelne Gesellschafter »unternehmerisch« an der Gesellschaft beteiligt ist, oder seinen Gesellschaftsanteil nur zu Anlagezwekken hält.[867]

Die Unterscheidung zwischen einem unternehmerisch beteiligten Gesellschafter und einem Anlagegesellschafter gewinnt vielmehr erst dann an Bedeutung, soweit es um die Frage geht, ob auch bei einem Kleingesellschafter vermutet werden kann, dass er von seinem mitgliedschaftlichen Informationsrecht nach § 51a GmbHG Gebrauch gemacht und tatsächlich einen Informationsvorsprung bei der Kreditierung bzw. Vermögensumschichtung zum Nachteil der Gläubiger ausgenutzt hat. Denn die Finanzierungsfolgenverantwortung knüpft daran an, dass der Gesellschafter in Kenntnis von der Krise die Gesellschaft fremdfinanziert bzw. das Vermögen der Gesellschaft umschichtet, weil es dem Gesellschafter durch Ausnutzen eines Informationsvorsprungs möglich ist, auf Kosten der übrigen Gläubiger zu spekulieren.[868]

Bei einem Kleingesellschafter wie der »Witwe oder Erbtante« wird es sich regelmäßig so verhalten, dass sie rein tatsächlich einem gewöhnlichen, außenstehenden Gläubiger näher stehen als einem »unternehmerisch« beteiligten Gesellschafter. Denn der unternehmerisch beteiligte Gesellschafter wird sich schon deshalb um die finanziellen Bedürfnisse der Gesellschaft kümmern, weil die Gesellschaft der Schaffung und Erhaltung seiner Lebensgrundlage dient.[869] Dieser Umstand schließt es – entgegen der Ansicht des Gesetzgebers – allerdings nicht von vornherein aus, Kleingesellschafter für Folgen der Fremdfinanzierung zur Verantwortung zu ziehen. Vielmehr kann bei einem Kleingesellschafter – wie § 138 Abs. 2 Nr. 1 InsO zeigt – nicht typisiert werden, dass der Gesellschafter von seinen Informationsmöglichkeiten Gebrauch gemacht und die Gesellschaft unter Ausnut-

---

867 Vgl. insoweit zu Recht auch *Goette*, Die GmbH, Rdnr. 15, S. 94; *ders.*, ZHR 162 (1998), 223, 227; *ders.*, DStR 1997, 2027, 2029; *Dauner-Lieb*, DStR 1998, 609, 613; *Ulmer*, ZIP 1984, 1163, 1166; *Stodolkowitz* in Bankrechts-Handbuch, § 84 Rdnr. 115; *Tillmann/Tillmann*, GmbHR 2003, 325, 327; *Habersack*, ZHR 162 (1998), 201, 209; vgl. unter dem Aspekt einer Gläubigerbenachteiligung infolge Gläubigertäuschung auch *Boujong* in Henze/Timm/H.P. Westermann (Hrsg.), Gesellschaftsrecht 1995, 1996, S. 298 (Diskussionsbericht).

868 Vgl. oben § 7 III 5 b).

869 Vgl. *Ketzer*, Eigenkapitalersetzende Aktionärsdarlehen, S. 62 ff, 66 ff; *Bayer* in v.Gerkan/Hommelhoff (Hrsg.), Handbuch des Kapitalersatzrechts, Rdnr. 11.14; *Henze* in Großkomm AktG, § 57 Fn. 329.

zung eines Informationsvorsprungs kreditiert hat.[870] Insoweit obliegt es dem Insolvenzverwalter, der »Witwe« oder »Erbtante« nachzuweisen, dass sie Kenntnis von der Krise hatte.[871] Denn bei diesen Personen trifft die dem Gesetz (§ 138 Abs. 2 Nr. 1 InsO) zugrunde liegende Vorstellung nicht zu, dass sie am Schuldner »näher dran sind«, ihm »nahe stehen« und deswegen auch am ehesten über die wirtschaftliche Lage des Schuldners informiert sind.[872]

Das heißt, die vom Gesetzgeber des KapAEG (§ 32a Abs. 3 S. 2 GmbHG) eingeforderte Privilegierung von Kleingesellschaftern fügt sich dann widerspruchslos in das System des Eigenkapitalersatzrechts ein, wenn nicht bereits auf der Ebene des Tatbestandes (unwiderlegbar) vermutet wird, dass (Klein-)Gesellschafter keine (mitunternehmerische) Verantwortung tragen und deshalb aus der Finanzierungsfolgenverantwortung zu entlassen sind, sondern eine Finanzierungsfolgenverantwortung – in Übereinstimmung mit dem Insolvenzrecht (§ 138 Abs. 2 Nr. 1 InsO) – dann verneint wird, wenn dem Kleingesellschafter eine Kreditierung der Gesellschaft in Kenntnis von der Krise nicht nachgewiesen werden kann.[873]

bb) Das Sanierungsprivileg

Die insolvenzrechtliche Einordnung der Finanzierungsfolgenverantwortung wirkt sich auch auf das in § 32a Abs. 3 S. 3 GmbHG normierte Sanierungsprivileg aus. Festzuhalten bleibt zunächst, dass das durch den Gesetzgeber eingeführte Sanierungsprivileg bei einem insolvenzrechtlichen Verständnis der Finanzierungsfolgenverantwortung durchaus Sinn macht. Dies zeigt vor allem die Überlegung, dass mit Eintritt der Insolvenz die Interessen der Gläubiger in ihrer Gesamtheit im Vordergrund stehen. Der Schutz der Gläubiger wird nämlich dadurch erreicht, dass nicht schlicht auf eine Verringerung des Gesellschaftsvermögens abgestellt, sondern nach den Auswirkungen der vorgenommenen Rechtshandlung vor Insolvenzeröffnung für die Masse gefragt wird. So sind sowohl von der Insolvenzanfech-

---

870 Vgl. zur Anwendbarkeit des § 138 Abs. 2 Nr. 1 InsO oben unter § 7 III 5 c).

871 Vgl. zur Verteilung der Darlegungs- und Beweislast *Gottwald/Huber*, Insolvenzrechts-Handbuch, § 47 Rdnr. 28 ff.

872 Vgl. BGH, Urt. v. 20. 10. 1965 – VIII ZR 168/63, NJW 1966, 730, 731; Urt. v. 6. 4. 1995 – IX ZR 61/94, ZIP 1995, 1021, 1025; Urt. v. 12. 12. 1985 – IX ZR 1/85, BGHZ 96, 352, 358; *Häsemeyer*, Insolvenzrecht, Rdnr. 21.34.

873 Für eine differenzierte Betrachtungsweise auch *Barth*, Eigenkapitalersatzrecht, S. 106.

tung[874] als auch von der Erstattungspflicht des Geschäftsführers gem. § 64 Abs. 2 GmbHG »Zahlungen« ausgenommen, die erforderlich sind, um einen sofortigen Zusammenbruch des Unternehmens zu verhindern, damit letztlich das Vermögen des Schuldners zugunsten einer gleichmäßigen und ranggerechten Befriedigung der Gläubiger im Insolvenzverfahren zusammengehalten werden kann.[875] Das heißt, es greift mit Eintritt der Insolvenz zugunsten der Gläubigergesamtheit ein Schutzmechanismus ein, der den möglichen Eintritt einer Gläubigerbenachteiligung in Beziehung zu den Vorteilen für die Masse setzt.[876] So hat der Geschäftsführer beispielsweise je nach Lage der Gesellschaft eher »statisch« massebewahrend oder aber eher »beweglich« im Hinblick auf eine Sanierung des Unternehmens zu handeln.[877]

Ferner wird in den Fällen des Bargeschäfts eine Überwälzung des Risikos einer mittelbaren Schädigung der Gläubiger auf die Gläubigergesamtheit deshalb akzeptiert, weil ansonsten der Schuldner in der Insolvenz vom Geschäftsverkehr ausgeschlossen wäre.[878] Dies hätte zur Folge, dass der Geschäftsbetrieb nicht mehr zum Zwecke einer gleichmäßigen und ranggerechten Befriedigung aufrechterhalten werden kann, womit die insolvenzrechtliche Haftungsordnung in Gefahr gerät. In Übereinstimmung mit § 64 Abs. 2 GmbHG wird also das Anliegen verfolgt, eine ordnungsgemäße Verteilung im Insolvenzverfahren sicherzustellen,[879] indem der Geschäftsfüh-

---

874 Vgl. zur anfechtungsrechtlichen Privilegierung des »Bargeschäfts« oben unter § 8 II 3.

875 Vgl. hierzu auch BGH, Urt. v. 8. 1. 2001 – II ZR 88/99, DStR 2001, 175, 177; OLG Düsseldorf, Urt. v. 19. 1. 1995 – 6 U 272/93, NJW-RR 1996, 1443, 1445; Urt. v. 17. 6. 1999 – 6 U 65/97, NZG 1999, 1066, 1068; *Hachenburg/Ulmer*, GmbHG, § 64 Rdnr. 42; *Rowedder/Schmidt-Leithoff*, GmbHG, § 64 Rdnr. 30; *Baumbach/Schulze-Osterloh*, GmbHG, § 64 Rdnr. 73; *Lutter/Kleindiek* in Lutter/Hommelhoff, GmbHG, § 64 Rdnr. 59 i.V.m. Rdnr. 60 f; *Maser/Sommer*, BB 1996, 65, 66; *Uhlenbruck*, WiB 1996, 466, 467.

876 Vgl. auch OLG Celle, Urt. v. 23. 12. 2003 – 9 U 176/03, GmbHR 2004, 568, 569 f; siehe auch *Fleck*, GmbHR 1974, 224, 231.

877 Vgl. so nahezu ausdrücklich *Lutter/Kleindiek* in Lutter/Hommelhoff, GmbHG, § 64 Rdnr. 61; siehe auch *Scholz/Karsten Schmidt*, GmbHG, § 64 Rdnr. 27; *Maser/Sommer*, BB 1996, 65, 66. Vgl. aus der Rspr. zu diesem Aspekt, unter Berufung auf § 64 Abs. 2 S. 2 GmbHG, Sanierungsversuche nicht zu schmälern, OLG Düsseldorf, Urt. v. 17. 6. 1999 – 6 U 65/97, NZG 1999, 1066, 1068.

878 Vgl. oben § 8 II 3.

879 Vgl. zu § 64 Abs. 2 GmbHG BGH, Urt. v. 8. 1. 2001 – II ZR 88/99, DStR 2001, 175, 177, 178; Urt. v. 31. 3. 2003 – II ZR 150/02, GmbHR 2003, 664, 665; Urt. 18. 4. 2005 – II ZR 61/03, NZG 2005, 600, 602; *Lutter/Kleindiek* in Lutter/Hommelhoff, GmbHG, § 64 Rdnr. 58; *Goette*, DStR 2001, 224 (Urteilsanm.).

rer einerseits das noch vorhandene Gesellschaftsvermögen erhalten muss, andererseits aber, um größere Nachteile für die Masse abzuwenden,[880] gewisse Zahlungen an einzelne Gläubiger (wie etwa Miete oder Lohn) vornehmen darf.[881]

Einer derartigen dynamischen Betrachtungsweise, bei der Chancen und Risiken für die Gläubigergesamtheit gegeneinander abgewogen werden, hat sich nun der Gesetzgeber mit der Einführung des Sanierungsprivilegs in § 32a Abs. 3 S. 3 GmbHG angeschlossen.[882] So honoriert er nämlich unstreitig die Sanierung der Gesellschaft durch denjenigen, der bislang noch nicht als Gesellschafter an der Gesellschaft beteiligt gewesen ist und (erst) zum Zwecke der Sanierung eine Beteiligung an der Gesellschaft erwirbt oder der Gesellschaft zwar bereits als Kleingesellschafter i.S. von § 32a Abs. 3 S. 2 GmbHG angehört, seine Beteiligung in der Krise zu Sanierungszwecken jedoch aufstockt (sog. Neugesellschafter).[883] Dagegen ist nach Ansicht der hM der Altgesellschafter, also derjenige, der bereits vor der Krise mit mehr als 10% an der Gesellschaft beteiligt war, von der Privilegierung ausgenommen.[884] Seine Diskriminierung rechtfertigt die hM teilweise damit, dass den Altgesellschaftern die Krise objektiv zuzurechnen sei,[885] bei ihnen grundsätzlich die Gefahr bestünde »blind« für die Problemursachen so weiterzumachen wie bisher und damit letztlich chancenlose Sanierungsversuche auf Kosten der Gläubiger zu starten.[886] Schließlich seien Sanierungskredite von Altgesellschaftern besonders gefährlich, weil sie geeignet

---

880 Vgl. BGH, Urt. v. 8. 1. 2001 – II ZR 88/99, DStR 2001, 175, 177.

881 Vgl. OLG Celle, Urt. v. 23. 12. 2003 – 9 U 176/03, GmbHR 2004, 568, 569 f; *Hachenburg/Ulmer,* GmbHG, § 64 Rdnr. 42; *Baumbach/Schulze-Osterloh,* GmbHG, § 64 Rdnr. 73; *Rowedder/Schmidt-Leithoff,* GmbHG, § 64 Rdnr. 30.

882 A.A. die hM, die das Eigenkapitalersatzrecht als eine Ausprägung der Kapitalerhaltungsgrundsätze ansieht, mit deren Strenge eine Privilegierung seriöser Sanierungsversuche nicht zu vereinbaren; so *Fleck,* Festschrift Werner, 1984, S. 107, 124; siehe auch *Goette,* ZHR 162 (1998), 223, 228 bzw. nicht mit den Grundsätzen »ordnungsgemäßer Unternehmensfinanzierung« in Einklang zu bringen ist, weil danach nur eine Sanierung der Gesellschaft mit Eigenkapital ordnungsgemäß ist; vgl. so *Karsten Schmidt,* ZHR 147 (1983), 165, 178, 179 f.

883 Vgl. hierzu oben unter § 3 I 2 b).

884 Vgl. oben unter § 3 I 2 b).

885 Vgl. so ausdrücklich *Lutter/Hommelhoff,* GmbHG, §§ 32a/b Rdnr. 80; zustimmend *Michalski/Heidinger,* GmbHG, §§ 32a, 32b Rdnr. 226.

886 So *Dauner-Lieb* in v.Gerkan/Hommelhoff (Hrsg.), Handbuch des Kapitalersatzrechts, Rdnr. 4.15; *dies.,* DStR 1998, 1517, 1522; siehe auch *Bezzenberger,* Festschrift Bezzenberger, 2000, S. 23, 56.

wären, den Todeskampf einer kranken Gesellschaft zum Nachteil der Gläubiger zu verlängern.[887]

Ob der Ausschluß des Altgesellschafters vom Sanierungsprivileg gerechtfertigt ist, ist allerdings fraglich.[888] Zweifelhaft ist dies vor allem deshalb, weil für die Beurteilung, ob eine Rechtshandlung für die Gläubiger günstige oder eher nachteilige Folgen zeitigt und damit entweder zu privilegieren ist oder nicht, nicht entscheidend ist, wer die Rechtshandlung vornimmt, also den Sanierungsversuch startet, sondern ob dieser »seriös« ist oder nicht.[889] Nimmt folglich ein Altgesellschafter die in dem Sanierungskredit liegende Chance einer Gesundung des Unternehmens wahr und legt er ein schlüssiges Sanierungskonzept vor, mit dem die Gesellschaft aus ex ante Sicht aus der Krise geführt werden kann, so kann diesem Altgesellschafter nicht etwa deshalb das Sanierungsprivileg versagt werden, weil er bereits vor Kriseneintritt an der Gesellschaft beteiligt war und ihm deshalb – so eine Ansicht in der Literatur[890] – die Krise der Gesellschaft objektiv zuzurechnen sei.[891]

Hinzu kommt, dass mit dem Tatbestandsmerkmal »zum Zweck der Überwindung der Krise« ein Differenzierungskriterium gefunden ist, anhand dessen seriöse von unseriösen Sanierungsversuchen abgegrenzt werden können, um auch nur den aus ex ante Sicht ernsthaften Sanierungsversuch zu privilegieren.[892]

---

887 I.d.S. *Lutter/Hommelhoff,* GmbHG, §§ 32a/b Rdnr. 39.

888 Vgl. auch *Pentz,* GmbHR 1999, 437, 441; *ders.,* GmbHR 2004, 529, 536 f; *Casper/Ullrich,* GmbHR 2000, 472, 478 f; *Altmeppen* in Roth/Altmeppen, GmbHG, §§ 32a Rdnr. 61.

889 Vgl. auch *Drukarczyk,* Festschrift Schneider, 1995, S. 172, 193; *Haas,* DZWIR 1999, 177, 181 f; *Casper/Ullrich,* GmbHR 2000, 472, 475 ff; *Rümker/Denicke,* Festschrift Lutter, 2000, S. 665, 674 ff.

890 Vgl. *Lutter/Hommelhoff,* GmbHG, §§ 32a/b Rdnr. 80; *Michalski/Heidinger,* GmbHG, §§ 32a, 32b Rdnr. 226.

891 Vgl. so zu Recht auch *Pentz,* GmbHR 2004, 529, 536 f und für eine Privilegierung auch des Altgesellschafters *ders.,* a.a.O., 537; *ders.,* GmbHR 1999, 437, 449; *Rümker,* ZIP 1982, 1385, 1394; *Rümker/Denicke,* Festschrift Lutter, 2000, S. 665, 674 ff; *Dörrie,* ZIP 1999, 12, 16 f; *Früh,* GmbHR 1999, 842, 845; *Casper/Ullrich,* GmbHR 2000, 472, 474, 478 f; *Altmeppen,* ZGR 1999, 291, 300; *ders.,* Festschrift Sigle, 2000, S. 211, 220 ff; siehe auch *ders.* in Roth/Altmeppen, GmbHG, § 32a Rdnr. 61 mit ebenfalls zutreffendem Hinweis darauf, dass allein der Umstand, dass die Gesellschaft in die Krise geraten ist, noch keine Benachteiligung rechtfertigt, wenn die Altgesellschafter auf die einsetzende Krise richtig reagieren.

892 Vgl. *Casper/Ullrich,* GmbHR 2000, 472, 475 ff, 479 f; *Pentz,* GmbHR 1999, 437, 449; *Haas,* DZWIR 1999, 177, 181 f.

Ferner spricht auch die Legitimation der Finanzierungsfolgenverantwortung nicht dafür, einen (Alt-)Gesellschafter bei einem seriösen Sanierungsversuch vom Sanierungsprivileg auszuschließen. Denn bei einem aussichtsreichen Sanierungsversuch nutzt der Gesellschafter aus ex ante Sicht seinen Informationsvorsprung nicht zum Nachteil der übrigen Gläubiger aus, indem er auf ihre Kosten spekuliert. Bei einem aussichtsreichen Sanierungsversuch ist nämlich die Gefahr, dass sich die negativen Folgen einer (Fremd-)Finanzierung der Gesellschaft zu Lasten der Gläubiger auswirken, weitaus geringer, als dies bei einem unseriösen Sanierungsversuch der Fall ist. So besteht die Chance, dass durch die Sanierung der Gesellschaft die Forderungen der Mitgläubiger wieder voll werthaltig werden, weil die Gesellschaft wieder über ein genügendes Schuldendeckungspotential verfügt.[893] Aus ex ante Sicht ist also eine Situation absehbar, wie sie zu wirtschaftlich gesunden Zeiten besteht. Es sieht nämlich ex ante so aus, als würden die Gläubiger die Auswirkungen einer Fremdfinanzierung der Gesellschaft in Form einer Kürzung der auf sie entfallenden Haftungsmasse durch Vorhandensein eines weiteren Gläubigers nicht zu spüren bekommen. Findet aber aus ex ante Sicht keine Risikoabwälzung auf die Gläubigergesamtheit statt, ist es auch nicht geboten, den (Alt-)Gesellschafter nach dem Eigenkapitalersatz zu einer Finanzierungsfolgenverantwortung heranzuziehen.[894] Der Umstand, dass der Sanierungsversuch fehlschlägt, ist – wie teilweise ausdrücklich hervorgehoben wird – kein Beleg für eine unseriöse Risikoabwälzung,[895] sondern ein allgemeines, d.h. jedem Sanierungsversuch, egal wer ihn unternimmt, anhaftendes Finanzierungsrisiko.[896]

Ist es daher nicht einzusehen, den Altgesellschafter von dem persönlichen Anwendungsbereich des Sanierungsprivilegs (§ 32a Abs. 3 S. 3 GmbHG) auszuschließen,[897] so ist in sachlicher Hinsicht zu fragen, welche Kredite des (Alt-)Gesellschafters von dem Sanierungsprivileg erfasst werden. Ohne weiteres einsichtig ist es, das Sanierungsprivileg auf den in der Krise der Gesellschaft neu gewährten (Sanierungs-)Kredit anzuwenden, mit

893 Vgl. auch *Drukarczyk,* Festschrift Schneider 1995, S. 172, 193; *Weber/Lepper,* DStR 1991, 980, 985.

894 Vgl. i.d.S. auch *Drukarczyk,* Festschrift Schneider, 1995, S. 172, 193.

895 Vgl. so nahezu ausdrücklich *Gottwald/Drukarczyk/Brüchner,* Insolvenzrechts-Handbuch, § 3 Rdnr. 63.

896 Vgl. auch *Lutter/Hommelhoff,* GmbHG, §§ 32a/b Rdnr. 84 aE; *Dauner-Lieb* in v.Gerkan/Hommelhoff (Hrsg.), Handbuch des Kapitalersatzrechts, Rdnr. 4.17 i.V.m. Rdnr. 4.57.

897 Keine notwendige (Privilegierungs-)Voraussetzung für den Altgesellschafter ist dabei der »Erwerb von Geschäftsanteilen in der Krise«; vgl. so zu Recht auch *Casper/Ullrich,* GmbHR 2000, 472, 479 f, 481, die in Anbetracht des insoweit anders

der Folge, dass bei einem Scheitern des Sanierungsversuchs der Gesellschafter im gleichen Rang wie die übrigen Gläubiger am Insolvenzverfahren teilnimmt (§ 32a Abs. 3 S. 3, 2. Alt. GmbHG).[898] Bereits verhaftete Gesellschafterkredite, sei es, dass der Gesellschafter diese in der Krise stehen gelassen oder in der Krise ohne erkennbaren Bezug zum Sanierungsversuch gewährt hat, können dagegen nicht (nachträglich) entstrickt werden.[899] Denn in diesen Fällen geht der Gesellschafter, da er diese Kredite der Gesellschaft ja »zwangsweise« belassen muss, »freiwillig« kein Risiko zugunsten aller Gläubiger ein.[900]

Anders sieht es dann aus, wenn sich der Gesellschafter in der Krise dazu entschließt, von bestehenden Abzugsmöglichkeiten seines Darlehens keinen Gebrauch zu machen und der Gesellschaft seinen Kredit in der Krise weiter belässt (»stehen lässt«). Denn der Verzicht auf Abzugsmöglichkeiten des Darlehens stellt wirtschaftlich eine »neue« Kreditgewährung an die Gesellschaft dar.[901] Dient demnach das »Stehenlassen« der Sanierung der Gesellschaft, so ist auch der Altkredit des Gesellschafters von dem Sanierungsprivileg zu erfassen. Eine Schlechterstellung des Gesellschafters im Insolvenzverfahren über das Vermögen der Gesellschaft scheidet deshalb auch in diesem Fall aus.[902]

b) Der sachliche Anwendungsbereich

Den sachlichen Anwendungsbereich des Eigenkapitalersatzrechts haben Rechtsprechung und Literatur in der Vergangenheit beständig ausgeweitet.

---

gearteten Wortlaut des Gesetzes für eine analoge Anwendung des § 32a Abs. 3 S. 3 GmbHG auf einen Altgesellschafter – zwar ohne Anteilserwerb in der Krise wohl aber mit tauglichem Sanierungskonzept – eintreten. Für eine Privilegierung des Altgesellschafters ohne (zwingenden) Hinzuerwerb von Geschäftsanteilen auch *Altmeppen,* ZGR 1999, 291, 300; *ders.,* Festschrift Sigle, 2000, S. 211, 220 ff.

898 Siehe insoweit auch *Lutter/Hommelhoff,* GmbHG, §§ 32a/b Rdnr. 85 i.V.m. Rdnr. 88.

899 Vgl. insoweit auch Begründung des Rechtsausschusses, ZIP 1998, 487, 491; *Baumbach/Hueck/Fastrich,* GmbHG, § 32a Rdnr. 19; *Lutter/Hommelhoff,* GmbHG, §§ 32a/b Rdnr. 85; *Seibert,* GmbHR 1998, 309, 310; *Rümker/Denicke,* Festschrift Lutter, 2000, S. 665, 674; Münch. Hdb. GesR III/*Rümker,* § 52 Rdnr. 133.

900 Vgl. insoweit auch *Rümker,* ZIP 1982, 1385, 1393; *H.P. Westermann,* ZIP 1982, 379, 390; *Koppensteiner,* WBl 1997, 489, 496.

901 Vgl. zur Gleichstellung des »Stehenlassens« mit dem Fall einer »aktiven« Darlehensgewährung in der Krise oben § 3 II 2 a) aa) und § 7 IV 2 a) aa).

902 Vgl. dazu, dass auch das Belassen von Kaufkraft ein Beitrag zur Sanierung des Unternehmens sein kann, *Wittig,* NZI 1998, 49, 51.

Fraglich ist, welche Bedeutung die vorstehende insolvenzrechtliche Sichtweise auf die Abgrenzung des sachlichen Anwendungsbereichs haben kann. Diese Frage stellt sich sowohl für die vom sachlichen Anwendungsbereich erfasste Fallgruppe der Kreditgeschäfte (siehe unten aa) als auch für die der Nicht-Kreditgeschäfte (siehe unten bb).

aa) Kreditgeschäfte

(1) Der Überbrückungskredit

In Literatur und Rechtsprechung ist beispielsweise umstritten, ob kurzfristige Überbrückungskredite dem sachlichen Anwendungsbereich des Eigenkapitalersatzrechts unterfallen. Unter Überbrückungskrediten versteht man Kredite, die nur zur Deckung eines vorübergehenden Finanzbedarfs gewährt werden.

Die hM spricht sich in diesen Fällen grundsätzlich gegen die Anwendbarkeit des Kapitalersatzrechts aus.[903] Etwas anderes soll jedoch dann gelten, wenn die Kreditleistung des Gesellschafters objektiv und aus ex ante Sicht dazu gedient hat, die sonst unvermeidbare Insolvenz der Gesellschaft abzuwenden.[904] In der Krise der Gesellschaft ist es jedoch kaum vorstellbar, dass auch ein nur als kurzfristige Liquiditätshilfe gedachter Überbrük-

903 Vgl. BGH, Urt. v. 14. 12. 1959 – II ZR 187/57, BGHZ 31, 258, 268, 269; Urt. v. 29. 11. 1971 – II ZR 121/69, WM 1972, 74, 75; Urt. v. 26. 11. 1979 – II ZR 104/77, BGHZ 75, 334, 337; BGH, Urt. v. 26. 3. 1984 – II ZR 171/83, BGHZ 90, 381, 393 f; Urt. v. 28. 11. 1994 – II ZR 77/93, NJW 1995, 457, 458; *Hachenburg/Ulmer*, GmbHG, § 32a, b Rdnr. 55; *Scholz/Karsten Schmidt*, GmbHG, §§ 32a, 32b Rdnr. 43; *v.Gerkan* in Röhricht/Graf von Westphalen, HGB, § 172a Rdnr. 22; *Michalski/Heidinger*, GmbHG, §§ 32a, 32b Rdnr. 76; *Lutter/Hommelhoff*, GmbHG, §§ 32a/b Rdnr. 34; *Raiser*, Recht der Kapitalgesellschaften, § 38 II 4), Rdnr. 39; *Ketzer*, Eigenkapitalersetzende Aktionärsdarlehen, S. 159 ff.

904 Vgl. BGH, Urt. v. 27. 11. 1989 – II ZR 310/88, NJW-RR 1990, 230, 232; Urt. v. 19. 9. 1996 – IX ZR 249/95, ZIP 1996, 1829, 1830; siehe auch OLG Düsseldorf, Urt. v. 2. 3. 1989 – 12 U 74/88, GmbHR 1990, 132, 133. Für eine Erfassung insolvenzabwendender Zwischen- oder Überbrückungskredite auch die hM im Schrifttum vgl. *Scholz/Karsten Schmidt*, GmbHG, §§ 32a, 32b Rdnr. 43; *Jaeger/Henckel*, KO, § 32a Rdnr. 38; *Lutter/Hommelhoff*, GmbHG, §§ 32a/b Rdnr. 34 i.V.m. Rdnr. 36; *Michalski/Heidinger*, GmbHG, §§ 32a, 32b Rdnr. 76; *v.Gerkan* in Röhricht/Graf von Westphalen, HGB, § 172a Rdnr. 22.

kungskredit nicht zugleich zur Insolvenzabwendung erforderlich war.[905] Dies gilt um so mehr, wenn man sich vor Augen führt, dass der Sache nach die Regeln über den Eigenkapitalersatz – zeitlich besehen – erst mit Eintritt der Insolvenz, also mit Vorliegen der Insolvenzgründe zum Tragen kommen.[906] Doch führt allein der Umstand, dass auch ein nur kurzfristig gewährter Überbrückungskredit die Insolvenz der Gesellschaft verschleppen kann,[907] noch nicht in jedem Fall zu einer Verhaftung des Kredits und damit zu einem Ausschluss des Gesellschafters von einer gleichrangigen Teilnahme am Insolvenzverfahren über das Vermögen der Gesellschaft. Denn zum einen ist es dem Gesellschafter vorbehalten darzulegen und ggf. zu beweisen, dass der »Überbrückungskredit« mit der Absicht die Gesellschaft zu sanieren, gewährt worden ist.[908] Zum anderen ist fraglich, ob in den Fällen eines wahrhaft kurzfristigen Überbrückungskredits der gewöhnliche, regelmäßige Kausalverlauf vorliegt,[909] dass nämlich die Kreditmittel voll

---

905 Vgl. so zu Recht auch *Altmeppen* in Roth/Altmeppen, GmbHG, § 32a Rdnr. 70 f; *Rowedder/Pentz*, GmbHG, § 32a Rdnr. 36 i.V.m. Rdnr. 44; kritisch auch *Goette*, Die GmbH, § 4 Rdnr. 47 f, S. 105 f.

906 Vgl. oben § 7 II. Siehe insoweit auch *Eidenmüller*, Unternehmenssanierung zwischen Markt und Gesetz, S. 399: » ... (privilegierte) Überbrückungskredite nach Konkursreife [kommen] keinesfalls mehr in Betracht. Es bleibt also der schmale und kaum zu bestimmende Zeitraum zwischen Kreditunwürdigkeit und Konkursreife.«

907 Vgl. auch *Lutter/Hommelhoff*, GmbHG, §§ 32a/b Rdnr. 36; *Hommelhoff*, WM 1984, 1105, 1109; vgl. auch *Jaeger/Henckel*, KO, § 32a Rdnr. 38. Unerheblich für die Frage der Insolvenzverschleppung ist es dabei, – worauf allerdings die Rechtsprechung (vgl. BGH, Urt. v. 28. 11. 1994 – II ZR 77/93, NJW 1995, 457, 458; Urt. v. 2. 6. 1997 – II ZR 211/95, GmbHR 1997, 890, 891; OLG Frankfurt a.M., Urt. v. 23. 6. 1992 – 5 U 69/90, GmbHR 1993, 436, 437; OLG Celle, Urt. v. 30. 1. 1996 – 18 U 16/95, ZIP 1996, 1994; LG Kiel, Urt. 23. 1. 2001 – 16 O 93/00, ZIP 2001, 978, 979) und Teile des Schrifttums (vgl. *Raiser*, Recht der Kapitalgesellschaften, § 38 II 4), Rdnr. 39, S. 664) für eine Freistellung des Überbrückungskredits von der Eigenkapitalersatzhaftung abstellen – ob im Zeitpunkt der Kreditierung die reale Aussicht bestanden hat, dass die Gesellschaft den ihr eingeräumten Kredit in der vorgesehenen kurzen Zeitspanne wird ablösen können bzw. tatsächlich abgelöst hat, weil es für die Herbeiführung des Phänomens der Insolvenzverschleppung in erster Linie entscheidend ist, dass die Gesellschaft Kaufkraft erhält.

908 Vgl. vorstehend § 11 I 1 a) bb). Anders freilich die hM, die (Sanierungs-)Kredite von (Alt-)Gesellschaftern nicht privilegiert; vgl. im Zusammenhang mit gewährten Überbrückungskrediten des Gesellschafters auch *Baumbach/Hueck/Fastrich*, GmbHG, § 32a Rdnr. 29.

909 Vgl. hierzu oben § 7 IV 2 a).

verwirtschaftet sind und damit eine die Gläubiger schädigende Insolvenzverschleppung eingetreten ist.[910]

Privilegiert und damit vom Eigenkapitalersatzrecht freigestellt werden soll nach einer im Schrifttum weiter vertretenen Ansicht auch derjenige (Überbrückungs-)Kredit, der der Gesellschaft zur Verfügung gestellt wird, um ihr eine »Verschnaufpause« innerhalb der Dreiwochenfrist des § 64 Abs. 1 GmbHG zu gewähren, um in Ruhe die Sanierungsaussichten der Gesellschaft prüfen zu können.[911] Die vorgeschlagene Privilegierung dieser (Überbrückungs-)Kredite ist zu begrüßen.[912] Sie erlaubt es einerseits, die vom Gesetz eingeräumte Möglichkeit, sich innerhalb der Dreiwochenfrist um eine außergerichtliche Sanierung der Gesellschaft zu bemühen,[913] auch tatsächlich zu nutzen.[914] Andererseits fügt sich die Freistellung solcher (Überbrückungs-)Kredite auch widerspruchsfrei in das System der eigenkapitalersetzenden Gesellschafterleistungen ein. Denn das Kapitalersatz-

---

910 Vgl. dazu unten § 11 I 2 a).

911 Dafür namentlich *Hommelhoff,* WM 1984, 1105, 1108 f; *Lutter/Hommelhoff,* GmbHG, §§ 32a/b Rdnr. 35; *Staudinger/Hopt/Mülbert,* BGB, 12. Aufl. 1989, § 607 Rdnr. 149.

912 Vgl. auch *Ketzer,* Eigenkapitalersetzende Aktionärsdarlehen, S. 161 f. Für eine Freistellung von Überbrückungskrediten, die der Gesellschaft zur Finanzierung des Interimszeitraums während der Erstellung eines Sanierungsgutachtens gewährt werden, auch *Eidenmüller,* Unternehmenssanierung zwischen Markt und Gesetz, S. 399 f.

913 Vgl. zu der vom Gesetz unterstützten Förderung außergerichtlicher Sanierungsbemühungen, BGH, Urt. v. 9. 7. 1979 – II ZR 118/77, BGHZ 75, 96, 108; Urt. v. 9. 7. 1979 – II ZR 211/76, NJW 1979, 1829, 1830; *Scholz/Karsten Schmidt,* GmbHG, § 64 Rdnr. 13; *Lutter/Kleindiek* in Lutter/Hommelhoff, GmbHG, § 64 Rdnr. 31; *Kübler/Prütting/Noack,* Gesellschaftsrecht, Sonderband 1, 1999, Rdnr. 266.

914 In diesem Sinne auch *Staudinger/Hopt/Mülbert,* BGB, 12. Aufl. 1989, § 607 Rdnr. 149; *Hommelhoff,* WM 1984, 1105, 1109. Die Dreiwochenfrist des § 64 Abs. 1 GmbHG – nach pflichtgemäßem Ermessen – für Sanierungsbemühungen in Anspruch zu nehmen, heißt dabei allerdings nicht, dass der Geschäftsführer seiner Insolvenzantragspflicht bereits dann genügt, wenn die Sanierungsbemühungen Aussicht auf Erfolg versprechen. Vielmehr muss hM nach bereits innerhalb der Dreiwochenfrist ein Sanierungserfolg eingetreten sein; vgl. *Hachenburg/Ulmer,* GmbHG, § 64 Rdnr. 23; *Lutter/Kleindiek* in Lutter/Hommelhoff, GmbHG, § 64 Rdnr. 30; *Lutter/Hommelhoff/Timm,* BB 1980, 737, 738; *Rowedder/Schmidt-Leithoff,* GmbHG, § 64 Rdnr. 14; *Baumbach/Schulze-Osterloh,* GmbHG, § 64 Rdnr. 44; *Kübler/Prütting/Noack,* InsO, Gesellschaftsrecht, Sonderband 1, 1999, Rdnr. 266; *Karsten Schmidt,* ZIP 1980, 328, 331; siehe auch Begründung zu Art. 38 zu Nr. 3 (§ 130a HGB), BT-Drucks. 12/3803, S. 81: Sanierungsbemühungen berechtigen nicht dazu, die Dreiwochenfrist für den Eröffnungsantrag zu überschreiten. Eine Pflicht zur Sanierung der Gesellschaft besteht dagegen für den Geschäftsführer nicht gem. § 64 Abs. 1 GmbHG; vgl. *Karsten Schmidt,* ZIP 1980, 328, 329 f.

recht bzw. die diesem Gläubigerschutzinstitut zugrunde liegende Finanzierungsfolgenverantwortung des Gesellschafters ist insolvenzrechtlicher Natur.[915]

Im Insolvenzrecht stehen jedoch die Interessen der Gläubiger in ihrer Gesamtheit im Vordergrund.[916] Versuche, das in die Insolvenz geratene Unternehmen (außergerichtlich)[917] zu retten, liegen im wohlverstandenen Interesse aller Gläubiger.[918] Dienen hierzu, quasi als »Vorstufe«, die Kredite des Gesellschafters, so sind auch sie vom Gläubigerinteresse gedeckt.[919] Keine Rolle für die Privilegierung der Überbrückungskredite spielt der Ausgang der Prüfung der Sanierungsaussichten. Denn der Gesellschafter soll für seine Bereitschaft »belohnt« werden, der Gesellschaft Kredite zur Verfügung zu stellen, die (mittelbar) die Chance in sich tragen, die Gesellschaft aus der Krise zu führen. Der Unterschied zu den hier ebenfalls privilegierten Sanierungskrediten besteht folglich darin, dass die befürwortete Freistellung der Überbrückungskredite von der Eigenkapitalersatzhaftung einen Schritt eher ansetzt.[920] Um die Gläubiger jedoch ausreichen zu schützen, ist die Privilegierung der Überbrückungskredite von der Erstellung eines Sanierungsgutachtens abhängig zu machen, das dem Gesellschafter zugleich als Nachweis seiner im Gläubigerinteresse gegebenen (Überbrükkungs-)Kredite dient.[921]

(2) Der Verkauf einer Sache unter Eigentumsvorbehalt

Ebenfalls umstritten ist die Behandlung derjenigen Fälle, in denen der Gesellschafter der Gesellschaft Sachen unter Eigentumsvorbehalt verkauft. Im Kern geht es dabei um die Frage, welcher Fallgruppe der Verkauf einer Sache unter Eigentumsvorbehalt zuzuordnen ist; die Gesellschafterleistung

---

915 Vgl. hierzu die Ausführungen unter § 7 und § 8. Wie hier auch *Haas,* NZI 2001, 1, 9; *Paulus,* ZIP 2002, 729, 734.

916 Vgl. vorstehend § 11 I 1 a) bb).

917 Vgl. zu der Sanierung des Unternehmens innerhalb eines gesetzlich geregelten Insolvenz(plan)verfahrens die Ausführungen unten § 11 I 1 c).

918 Vgl. auch BGH, Urt. v. 9. 7. 1979 – II ZR 118/77, BGHZ 75, 96, 108; Urt. v. 9. 7. 1979 – II ZR 211/76, NJW 1979, 1829, 1830; *Hommelhoff,* WM 1984, 1105, 1108 f; *Eidenmüller,* Unternehmenssanierung zwischen Markt und Gesetz, S. 331 ff.

919 Ebenso *Hommelhoff,* WM 1984, 1105, 1109.

920 Vgl. hierzu auch *Lutter/Hommelhoff,* GmbHG, §§ 32a/b Rdnr. 35; *Eidenmüller,* Unternehmenssanierung zwischen Markt und Gesetz, S. 399.

921 Dafür auch *Lutter/Hommelhoff,* GmbHG, §§ 32a/b Rdnr. 35; *Hommelhoff,* WM 1984, 1105, 1109.

also – unter wirtschaftlichen Gesichtspunkten betrachtet – eher als ein Kredit- oder vielmehr als ein Nicht-Kreditgeschäft mit der Gesellschaft anzusehen ist.[922] Das hat zugleich auch Auswirkungen auf die Frage, ob die negativen Folgen, die der Gesellschafter mit dem Verkauf einer Sache unter Eigentumsvorbehalt herbeiführt, eher mit denjenigen vergleichbar sind, die der Gesellschafter mit einer Darlehensgewährung in der Krise hervorruft oder aber der Verteilungskonflikt unter den Gläubigern – wie bei einer Gebrauchsüberlassung – auf einer Umschichtung im Gesellschaftsvermögen beruht.

Der Kauf einer Sache unter Eigentumsvorbehalt ist dadurch gekennzeichnet, dass der Gesellschaft einerseits die Kaufpreisforderung gestundet wird, andererseits die Gesellschaft die gekaufte Sache bereits zur Nutzung erhält, die endgültige Übereignung der Sache aber unter der Bedingung der vollständigen Kaufpreiszahlung steht. Die Gesellschaft erlangt also nur ein Anwartschaftsrecht an der noch im Volleigentum des Gesellschafters stehenden Sache.

Unstreitig ist, dass die dem Eigentumsvorbehalt innewohnende Stundungsabrede dem Eigenkapitalersatzrecht unterliegt. Der Gesellschafter ist damit wegen seiner gestundeten Kaufpreisforderung im Insolvenzverfahren über das Vermögen der Gesellschaft nur als nachrangiger Insolvenzgläubiger zu befriedigen (§ 32a Abs. 1, Abs. 3 S. 1 GmbHG i.V.m. § 39 Abs. 1 Nr. 5 InsO).[923] Streitig ist allein die Behandlung der gelieferten Sache selbst, weil es diesbezüglich aufgrund der gewählten Vertragskonstruktion an einer Veränderung der dinglichen Zuordnung im Gesellschaftsvermögen fehlt.[924]

Die hM steht insoweit auf dem Standpunkt, dass – wirtschaftlich betrachtet – die Stundung des Kaufpreises verbunden mit dem Eigentumsvorbehalt einer Kreditgewährung gegen Sicherheitsübereignung gleichzustellen ist.[925] Der Gesellschafter wird damit so behandelt, als hätte ihm die Ge-

---

922 Vgl. *Weisang,* WM 1997, 197, 204 f; *Altmeppen* in Roth/Altmeppen, GmbHG, § 32a Rdnr. 208 ff; *ders.,* NJW 1994, 2353 f; *ders.,* ZIP 1995, 26, 27 (jeweils Urteilsanm.).

923 Vgl. *Jaeger/Henckel,* KO, § 32a Rdnr. 69; *Hachenburg/Ulmer,* GmbHG, § 32a, b Rdnr. 102; *Stodolkowitz* in Bankrechts-Handbuch, § 84 Rdnr. 65 i.V.m. Rdnr. 46; *Rowedder/Pentz,* GmbHG, § 32a Rdnr. 168.

924 Vgl. *Altmeppen* in Roth/Altmeppen, GmbHG, § 32a Rdnr. 210 i.V.m. Rdnr. 213; *Rowedder/Pentz,* GmbHG, § 32a Rdnr. 168; *Weisang,* WM 1997, 197, 205.

925 Vgl. OLG Celle, Urt. v. 14. 7. 1998 – 16 U 3/98, NZG 1999, 75, 76 f; OLG Karlsruhe, Urt. v. 16. 12. 1988 – 14 U 26/86, ZIP 1989, 588, 591; LG Hamburg, Urt. v. 4. 10. 1990 – 329 O 251/90, ZIP 1991, 180, 181; *Scholz/Karsten Schmidt,* GmbHG, §§ 32a, 32b Rdnr. 122; *Schlegelberger/Karsten Schmidt,* HGB, § 172a Rdnr. 40; *Jaeger/Henckel,* KO, § 32a Rdnr. 69; *Stodolkowitz* in Bankrechts-Handbuch, § 84

sellschaft – wie im Fall einer Sicherungsübereignung – die unter Eigentumsvorbehalt gelieferte Sache zeitlich (erst) nach deren Eigentumserwerb an den Gesellschafter zur Sicherheit (zurück)übereignet. Das hat zur Folge, dass die unter Vorbehalt gelieferte Sache insgesamt der Vermögensbindung in der Krise unterliegt,[926] weil der Gesellschafter auf Sicherheiten der Gesellschaft nicht zurückgreifen kann, wenn die abzusichernde Forderung gem. § 39 Abs. 1 Nr. 5 InsO nur im Nachrang zu befriedigen ist.[927] Im Fall des Eigentumsvorbehalts verfällt also das Vorbehaltseigentum des Gesellschafters als Sicherheit in der Insolvenz,[928] d.h. der Gesellschafter hat die gelieferte Sache der Gesellschaft bzw. der Insolvenzmasse weiterzubelassen.[929]

Gegen die Gleichstellung des Eigentumsvorbehalts mit dem Fall der Sicherungsübereignung wendet sich nun ein Teil der Literatur mit der Begründung, dass beim Eigentumsvorbehalt – anders als im Fall der Sicherungsübereignung – gerade nicht die Gesellschaft eine Sicherheit gewährt, sondern der Gesellschafter sich vielmehr von vornherein das Eigentum an der Sache vorbehält und damit keinen Gegenstand in die Vermögens- und Haftungsmasse der Gesellschaft überführt.[930] Wegen der fehlenden dinglichen Übertragung der Sache in das Gesellschaftsvermögen liege der Fall der reinen Nutzungsüberlassung und damit den Fällen eines Nicht-Kreditge-

---

Rdnr. 65; *Lutter/Hommelhoff,* GmbHG, §§ 32a/b Rdnr. 153; *Baumbach/Hueck/Fastrich,* GmbHG, § 32a Rdnr. 33c; *Fabritius,* Überlassung von Anlagevermögen, S. 104 f.

926 Vgl. OLG Celle, Urt. v. 14. 7. 1998 – 16 U 3/98, NZG 1999, 75, 76 f; OLG Karlsruhe, Urt. v. 16. 12. 1988 – 14 U 26/86, ZIP 1989, 588, 591; *Schlegelberger/Karsten Schmidt,* HGB, § 172a Rdnr. 40; *Stodolkowitz* in Bankrechts-Handbuch, § 84 Rdnr. 65; *Hachenburg/Ulmer,* GmbHG, § 32a, b Rdnr. 102; *Michalski/Heidinger,* GmbHG, §§ 32a, 32b Rdnr. 160 i.V.m. Rdnr. 361.

927 Vgl. OLG Karlsruhe, Urt. v. 16. 12. 1988 – 14 U 26/86, ZIP 1989, 588, 591; *Scholz/Karsten Schmidt,* GmbHG, §§ 32a, 32b Rdnr. 122 i.V.m. Rdnr. 60; *Stodolkowitz* in Bankrechts-Handbuch, § 84 Rdnr. 65 i.V.m. Rdnr. 53.

928 So wörtlich OLG Karlsruhe, Urt. v. 16. 12. 1988 – 14 U 26/86, ZIP 1989, 588, 591; *Schlegelberger/Karsten Schmidt,* HGB, § 172a Rdnr. 40; *Scholz/Karsten Schmidt,* GmbHG, §§ 32a, 32b Rdnr. 116.

929 Vgl. OLG Celle, Urt. v. 14. 7. 1998 – 16 U 3/98, NZG 1999, 75, 77; *Lutter/Hommelhoff,* GmbHG, §§ 32a/b Rdnr. 153.

930 Vgl. *Altmeppen* in Roth/Altmeppen, GmbHG, § 32a Rdnr. 210 i.V.m. Rdnr. 213; *Altmeppen,* ZIP 1995, 25, 27; *ders.,* NJW 1994, 2353 f (jeweils Urteilsanm.); *Rowedder/Pentz,* GmbHG, § 32a Rdnr. 168; *Weisang,* WM 1997, 197, 204 f; *Beinert/Hennerkes/Binz,* GmbHR 1981, 10, 12.

schäfts näher als der Gewährung eines Kredits (gegen Sicherheitengestellung).[931]

Zuzugeben ist dieser Ansicht, dass der Kauf einer Sache unter Eigentumsvorbehalt auch Elemente einer Gebrauchsüberlassung enthält. Doch kommt es richtiger Ansicht nach für die Einordnung der Gesellschafterleistung entscheidend darauf an, ob die Kreditierung des Kaufpreises oder die Gebrauchsüberlassung im Vordergrund steht.

Beim Kauf unter Eigentumsvorbehalt kommt es dem Verkäufer in erster Linie darauf an, dem Käufer die Sache zu verkaufen und nicht nur lediglich zum Gebrauch zu überlassen. Anders als in den Fällen einer reinen Gebrauchsüberlassung räumt der Gesellschafter mit dem Verkauf und der Übergabe der Sache der Gesellschaft nicht nur die Nutzungsmöglichkeit des Kaufgegenstandes für den Vertragszeitraum ein. Vielmehr weist der Gesellschafter bereits in seiner Rolle als Vorbehaltsverkäufer die Sache selbst – einschließlich der gesamten künftigen Nutzungen – dem Vorbehaltskäufer zu, so dass die Gesellschaft bereits mit der Übergabe der Sache das wirtschaftliche Eigentum am Kaufgegenstand erlangt und nicht bloß die reine Nutzungsmöglichkeit erhält. Mit der ihm rechtlich verbleibenden Eigentümerposition will der Vorbehaltsverkäufer lediglich die gestundete Kaufpreisforderung absichern, so dass insoweit das Sicherungsinteresse eindeutig überwiegt.[932] Mithin steht also nicht die Gebrauchsüberlassung, sondern die Kreditierung des Kaufpreises und damit die Stärkung der Kaufkraft des Schuldners im Vordergrund. Daraus folgt, dass die Leistung des Gesellschafters insgesamt als Kreditgeschäft einzuordnen ist und der Eigentumsvorbehalt dabei die Rolle eines Sicherungsmittels übernimmt.[933]

Damit sind beim Kauf unter Eigentumsvorbehalt wie beim Darlehen die negativen Effekte zu Lasten der Gläubigergesamtheit auf die dem Geschäft innewohnende Vorfinanzierungs- und Kreditfunktion zurückzuführen, so dass auch unter risikospezifischen Gesichtspunkten der Kauf unter Eigen-

931 Für eine Anwendung der Grundsätze über die eigenkapitalersetzende Gebrauchsüberlassung jedenfalls *Rowedder/Pentz*, GmbHG, § 32a Rdnr. 168; *Weisang*, WM 1997, 197, 205.

932 So auch *Ziegler*, Kapitalersetzende Gebrauchsüberlassung und Konzernhaftung, S. 153; *Fabritius*, Überlassung von Anlagevermögen, S. 104 f; *Stodolkowitz* in Bankrechts-Handbuch, § 84 Rdnr. 65.

933 So zu Recht auch die hM; vgl. OLG Celle, Urt. v. 14. 7. 1998 – 16 U 3/98, NZG 1999, 75, 77; LG Hamburg, Urt. v. 4. 10. 1990 – 329 O 251/90, ZIP 1991, 180, 181; *Scholz/Karsten Schmidt*, GmbHG, §§ 32a, 32b Rdnr. 122; *Jung* in Beck´sches Handbuch der GmbH, § 8 Rdnr. 318; *Johlke/Schröder* in v.Gerkan/Hommelhoff (Hrsg.), Handbuch des Kapitalersatzrechts, Rdnr. 5.66.

tumsvorbehalt der Darlehensgewährung näher steht als der Gebrauchsüberlassung.

(3) Das Finanzierungsleasing in Abgrenzung zum Operatingleasing

Die Frage der Zuordnung zur Fallgruppe der Kredit- oder Nicht-Kreditgeschäfte und damit die Frage, ob unter risikospezifischen Gesichtspunkten die Gesellschafterleistung eher mit der Gewährung eines Darlehens oder mit einer Gebrauchsüberlassung vergleichbar ist, stellt sich auch in den Fällen des Leasings. So erhält nämlich die Gesellschaft als Leasingnehmerin grundsätzlich nur das Recht, den Leasinggegenstand auf Zeit gegen Entgelt, der Zahlung von Leasingraten, nutzen zu dürfen.[934] Der Gesellschafter als Leasinggeber bleibt Eigentümer der verleasten Sache.[935] Zwischen den beiden Grundformen des Leasings, nämlich dem Finanzierungsleasing einerseits und dem Operatingleasing andererseits, besteht allerdings ein entscheidender Unterschied.

Während beim Finanzierungsleasing der Leasingnehmer stets die volle Amortisation der aufgewendeten Anschaffungs- und Finanzierungskosten schuldet, trägt hingegen beim Operatingleasing der Leasinggeber das Risiko des am Vertragsende verbleibenden Restwertes.[936] Die volle Amortisation des Aufwandes soll beim Operatingleasing nicht durch den ersten Leasingnehmer, also nicht bereits durch einmaliges Überlassen, sondern vielmehr durch mehrfaches Verleasen des Gegenstandes an verschiedene Leasingnehmer erfolgen.[937] So wird denn auch beim Operatingleasing – anders als beim Finanzierungsleasing – keine oder nur eine im Verhältnis zur gewöhnlichen Nutzungsdauer des Leasinggegenstandes sehr kurze feste Ver-

---

934 Vgl. zum Wesen des Leasings etwa MünchKomm-*Habersack*, BGB, Leasing, Rdnr. 1 ff; *Larenz/Canaris*, Schuldrecht Band II/2, § 66 I 1a), S. 100 ff; *Reeb*, Recht der Kreditfinanzierung, S. 311 ff.

935 Vgl. *Altmeppen* in Roth/Altmeppen, GmbHG, § 32a Rdnr. 213.

936 Vgl. *Larenz/Canaris*, Schuldrecht Band II/2, § 66 I 2a), S. 102; *Reinicke/Tiedtke*, Kaufrecht, Rdnr. 1507 f, S. 599 f.

937 Vgl. BGH, Urt. v. 11. 3. 1998 – VIII ZR 205/97, NJW 1998, 1637, 1639; *Tacke*, Leasing, S. 2; *Reeb*, Recht der Kreditfinanzierung, S. 315; *Reinicke/Tiedtke*, Kaufrecht, 6. Aufl. 1997, Rdnr. 1508, S. 600; *Ernst*, Schuldrecht BT II, § 14 Rdnr. 2, S. 76.

tragslaufzeit bei einer im Übrigen jederzeitigen Kündigungsmöglichkeit vereinbart.[938]

Weil beim Operatingleasing bezogen auf den jeweiligen Leasingnehmer das Element der Gebrauchsüberlassung im Vordergrund steht,[939] ordnet die ganz hM das Operatingleasing als Fall der Gebrauchsüberlassung und damit als Nicht-Kreditgeschäft ein.[940] Strittig ist die Behandlung des Finanzierungsleasings.[941] Die hM sieht das Finanzierungsleasing – ebenso wie den Kauf einer Sache unter Eigentumsvorbehalt – als ein Kreditgeschäft des Gesellschafters mit der GmbH unter Sicherungsübereignung des verleasten Gegenstandes an den Gesellschafter an.[942] Das heißt, dass – wie im Fall des Eigentumsvorbehalts – der Gesellschafter so behandelt wird, als hätte ihm die Gesellschaft zur Absicherung des Anspruches auf Zahlung der Leasingraten ein Recht sicherungshalber übertragen. Dieser Sichtweise zufolge ist der Leasinggegenstand in der Insolvenz der Gesellschaft mit verstrickt,[943] da der Gesellschafter aus gestellten Sicherheiten der Gesellschaft solange keine Befriedigung verlangen kann, wie die zu sichernde Forderung, also

---

938 Vgl. BGH, Urt. v. 11. 3. 1998 – VIII ZR 205/97, NJW 1998, 1637, 1639; MünchKomm-*Habersack,* BGB, Leasing Rdnr. 4; *Reinicke/Tiedtke,* Kaufrecht, Rdnr. 1508, S. 600; *Peters,* NJW 1985, 1498, 1499.

939 Vgl. MünchKomm-*Habersack,* BGB, Leasing Rdnr. 4; *Graf v. Westphalen,* Der Leasingvertrag, Rdnr. 10, S. 4; *Martinek,* Moderne Vertragstypen, Band I, § 4 II, S. 66; *Engel,* Miete, Kauf, Leasing, Rdnr. 138 f, S. 34 f; *Reinicke/Tiedtke,* Kaufrecht, Rdnr. 1508, S. 600; *Gottwald/Adolphsen* in Kölner Schrift, Rdnr. 69, S. 1043, 1061; *Peters,* NJW 1985, 1498, 1499; *Tacke,* Leasing, S. 2.

940 Vgl. *Baumbach/Hueck/Fastrich,* GmbHG, § 32a Rdnr. 33; *Jung* in Beck´sches Handbuch der GmbH, § 8 Rdnr. 324.

941 Vgl. *Altmeppen* in Roth/Altmeppen, GmbHG, § 32a Rdnr. 212 f.

942 Vgl. *Hachenburg/Ulmer,* GmbHG, § 32a, b Rdnr. 101; *Scholz/Karsten Schmidt,* GmbHG, §§ 32a, 32b Rdnr. 122; *Schlegelberger/Karsten Schmidt,* HGB, § 172a Rdnr. 40; *Lutter/Hommelhoff,* GmbHG, §§ 32a/b Rdnr. 153; *Baumbach/Hueck/Fastrich,* GmbHG, § 32a Rdnr. 33c; *Hueck,* ZGR 1989, 216, 227; *Raiser,* Recht der Kapitalgesellschaften, § 38 II 5), Rdnr. 41, S. 665; *Stodolkowitz* in Bankrechts-Handbuch, § 84 Rdnr. 66; *Priester* in Priester/Timm (Hrsg.), Abschied von der Betriebsaufspaltung?, S. 1, 12 f; *Ulmer,* ZIP 1984, 1163, 1173 f; *Häuselmann/Rümker/H.P. Westermann,* Die Finanzierung der GmbH durch ihre Gesellschafter, S. 47; *Suchan,* Kapitalersetzende Sachwertüberlassungen, S. 33 f; *Fabritius,* Überlassung von Anlagevermögen, S. 104 f. A.A. *Altmeppen* in Roth/Altmeppen, GmbHG, § 32a Rdnr. 213.

943 Vgl. *Hachenburg/Ulmer,* GmbHG, § 32a, b Rdnr. 101; *Scholz/Karsten Schmidt,* GmbHG, §§ 32a, 32b Rdnr. 122 i.V.m. Rdnr. 60; siehe auch *Suchan,* Kapitalersetzende Sachwertüberlassungen, S. 34; differenzierend *Ziegler,* Kapitalersetzende Gebrauchsüberlassung und Konzernhaftung, S. 144 f; ablehnend Münch. Hdb. GesR III/*Rümker,* § 52 Rdnr. 89.

der Anspruch auf Zahlung der Leasingraten, nur im Nachrang zu befriedigen ist.[944]

Die unterschiedliche Behandlung der Fälle des Leasings als Kredit- und Nicht-Kreditgeschäfte ist zutreffend, da beim Finanzierungsleasing anders als beim Operatingleasing die Finanzierungsfunktion im Vordergrund steht.[945] Das Interesse des Leasinggebers am zurückbehaltenen Eigentum beschränkt sich genauso wie dasjenige des Vorbehaltsverkäufers auf die Sicherung der Kaufpreis- bzw. Leasingraten.[946] Besonders deutlich tritt die dem Finanzierungsleasing innewohnende Finanzierungsfunktion[947] dabei in denjenigen Fällen hervor, in denen der Gesellschafter einen Leasinggegenstand für die Gesellschaft erwirbt, der ausschließlich auf die betrieblichen Erfordernisse der Gesellschaft zugeschnitten ist, sog. Spezialleasing.[948] Hier entfallen nämlich andere Verwertungsmöglichkeiten des Leasinggegenstandes. Insbesondere ist eine Weitervermietung an Dritte zur Realisierung der Anschaffungs- und Finanzierungskosten ausgeschlossen.[949] So ist es denn auch Kennzeichen des Finanzierungsleasings, dass der Leasingnehmer wie der Käufer einer Sache, diese bereits voll wirtschaftlich nutzen kann, ohne hierfür bereits sogleich den vollen wirtschaftlichen Gegenwert aufbringen zu müssen.[950] Hierin, nämlich in der geschuldeten Pflicht zur

---

944 Vgl. *Scholz/Karsten Schmidt,* GmbHG, §§ 32a, 32b Rdnr. 122 i.V.m. Rdnr. 60.

945 Vgl. *Hachenburg/Ulmer,* GmbHG, § 32a, b Rdnr. 100; *Ulmer,* ZIP 1984, 1163, 1173; *Baumbach/Hueck/Fastrich,* GmbHG, § 32a Rdnr. 33c; *Hueck,* ZGR 1989, 216, 227; *Suchan,* Kapitalersetzende Sachwertüberlassungen, S. 33; *Fabritius,* Überlassung von Anlagevermögen, S. 104 f; *Stodolkowitz* in Bankrechts-Handbuch, § 84 Rdnr. 66; *Jaeger/Henckel,* KO, § 19 Rdnr. 13; siehe allg. zum Merkmal des Finanzierungsleasings auch *Gottwald/Adolphsen* in Kölner Schrift, Rdnr. 70, S. 1043, 1061; *Larenz/Canaris,* Schuldrecht Band II/2, § 66 I 2a), S. 102, 105; *Tacke,* Leasing, S. 4; *Reeb,* Recht der Kreditfinanzierung, S. 314.

946 Vgl. *Hachenburg/Ulmer,* GmbHG, § 32a, b Rdnr. 100; *Fabritius,* Überlassung von Anlagevermögen, S. 105; *Priester* in Priester/Timm (Hrsg.), Abschied von der Betriebsaufspaltung, S. 1, 12 f.

947 Vgl. auch BGH, Urt. v. 28. 3. 1990 – VIII ZR 17/89, ZIP 1990, 646, 649; Urt. v. 4. 7. 1990 – VIII ZR 288/89, ZIP 1990, 1133, 1135.

948 Vgl. *Jung* in Beck´sches Handbuch der GmbH, § 8 Rdnr. 323; *Tacke,* Leasing, S. 21.

949 Vgl. *Jung* in Beck´sches Handbuch der GmbH, § 8 Rdnr. 323; *Engel,* Miete, Kauf, Leasing, Rdnr. 767, S. 115.

950 Vgl. *Reinicke/Tiedtke,* Kaufrecht, Rdnr. 1512, S. 602; RGRK-*Ballhaus,* BGB, Vor § 607 Rdnr. 24; *Fabritius,* Überlassung von Anlagevermögen, S. 103 ff; *Engel,* Miete, Kauf, Leasing, Rdnr. 22, S. 22 f.

Vollamortisation, ist denn auch der Kredit und damit der Liquiditätsschutz zugunsten der Gesellschaft zu sehen.[951]

Für die Zuordnung des Finanzierungsleasings zur Fallgruppe der Kreditgeschäfte spielt es denn auch keine Rolle, ob der Finanzierungsleasingvertrag als Voll- oder Teilamortisationsvertrag ausgestaltet ist. Denn in beiden Fällen trifft den Leasingnehmer die Pflicht zur Vollamortisation.[952] Der Teilamortisationsvertrag unterscheidet sich vom Vollamortisationsvertrag, bei dem bereits die Summe der Leasingraten zu einer Amortisation der Anschaffung- und Finanzierungskosten führt, dadurch, dass hier noch ein nicht amortisierter Restwert verbleibt.[953] Um gleichwohl die volle Amortisation zu erreichen, sehen diese Verträge entweder ein sog. Andienungsrecht, eine Mehrerlösbeteiligung oder etwa ein Kündigungsrecht mit Abschlusszahlung vor.[954] Wird der Gesellschaft aber in beiden Fällen des Finanzierungsleasings gleichermaßen Kaufkraft (Kredit) zur Verfügung gestellt, ist es gerechtfertigt das Finanzierungsleasing (samt den Unterarten Voll- und Teilamortisationsleasing) der Fallgruppe der Kreditgeschäfte zuzuschlagen.[955]

Dass es richtig ist, dass Finanzierungsleasing vom Operatingleasing abzugrenzen, zeigt sich auch daran, dass sich – wirtschaftlich betrachtet – das Operatingleasing nicht als ein kreditierter Kauf darstellt, bei dem der Leasingnehmer dem Leasinggeber über die Zahlung der Leasingraten dessen getätigte Anschaffungs- und Finanzierungskosten zuzüglich eines mit ein-

---

951 Vgl. allgemein zum Wesen des Leasings *Larenz/Canaris,* Schuldrecht Band II/2, § 66 I 1d), S. 101, 102, 106; *Reinicke/Tiedtke,* Kaufrecht, Rdnr. 1512, S. 602; *Engel,* Miete, Kauf, Leasing, Rdnr. 22, S. 23; siehe für das Eigenkapitalersatzrecht auch *Haas/Dittrich* in v.Gerkan/Hommelhoff (Hrsg.), Handbuch des Kapitalersatzrechts, Rdnr. 8.87.

952 Vgl. BGH, Urt. v. 12. 6. 1985 – VIII ZR 148/84, NJW 1985, 2253, 2256; Urt. v. 4. 7. 1990 – VIII ZR 288/89, ZIP 1990, 1133, 1135; *Staudinger-Emmerich,* BGB, Vorbem zu §§ 535, 536 Rdnr. 82; *Martinek,* Moderne Vertragstypen, Band I, § 4 III, S. 68 f; *Engel,* DStR 2000, 1478, 1479.

953 Vgl. *Jaeger/Henckel,* KO, § 19 Rdnr. 14; *Larenz/Canaris,* Schuldrecht Band II/2, § 66 I 1b), S. 100 f.

954 Vgl. MünchKomm-*Habersack,* BGB, Leasing Rdnr. 6 i.V.m. 17 ff; *Canaris,* AcP 190 (1990), 410, 414; *Larenz/Canaris,* Schuldrecht Band II/2, § 66 I 1b), S. 101.

955 Dafür auch – ohne weitere Differenzierung – die hM; vgl. ausdrücklich so *Jung* in Beck´sches Handbuch der GmbH, § 8 Rdnr. 323; siehe zur wirtschaftlichen Einordnung des Finanzierungsleasings als Kreditgeschäft auch *Hueck,* ZGR 1989, 216, 226 f; *Baumbach/Hueck/Fastrich,* GmbHG, § 32a Rdnr. 33c; *Hachenburg/Ulmer,* GmbHG, § 32a, b Rdnr. 100 f; *Ulmer,* ZIP 1984, 1163, 1173 f; *Lutter/Hommelhoff,* GmbHG, §§ 32a/b Rdnr. 153; *Suchan,* Kapitalersetzende Sachwertüberlassungen, S. 33 f.

kalkulierten Gewinns (ratenweise) zurückerstattet.[956] Vielmehr sind die Leasingraten beim Operatingleasing schlicht Entgelt für die Gebrauchsüberlassung.[957] Eine käuferähnliche Stellung wird dem einzelnen Leasingnehmer beim Operatingleasing anders als beim Finanzierungsleasing nicht eingeräumt.[958]

Für die Behandlung des Finanzierungsleasings als Kreditgeschäft spricht ferner die systematische Stellung des Finanzierungsleasings im Gesetz, nämlich im 2. Buch »Recht der Schuldverhältnisse« und dort im 8. Abschnitt unter dem 3. Titel »Darlehensvertrag, Finanzierungshilfen und Ratenlieferungsverträge«.[959]

Dass es schließlich auch unter risikospezifischen Gesichtspunkten richtig ist, das Finanzierungsleasing als ein Kreditgeschäft zu behandeln, zeigt sich wiederum an der geschuldeten Pflicht zur Vollamortisation und damit an dem mit dem Vertrag bezweckten Liquiditätsschutz des Leasingnehmers. Denn vom Liquiditätsschutz geht risikospezifisch gesehen die für eine Darlehensgewährung typische Gefährdung der Gläubigerinteressen aus.

(4) Das Sale-and-lease-back-Geschäft

Umstritten ist schließlich auch die Behandlung des sog. Sale-and-lease-back-Geschäfts. Hierbei erwibt der Leasinggeber den Leasinggegenstand nicht von einem Dritten, sondern von dem Leasingnehmer selbst, dem daraufhin das Leasinggut zur Nutzung überlassen wird.[960] Herrschender Meinung zufolge stellt das Sale-and-lease-back-Geschäft eine Form des Finanzierungsleasings dar, weil – wie beim typischen Finanzierungsleasing – auch beim Sale-and-lease-back-Geschäft der Leasingnehmer die volle

956 Vgl. *Reinicke/Tiedtke,* Kaufrecht, Rdnr. 1507 f, S. 600; *Reeb,* Recht der Kreditfinanzierung, S. 315 f; *Fabritius,* Überlassung von Anlagevermögen, S. 104 f (ausdrücklich so für das Finanzierungsleasing).

957 Vgl. *Gottwald/Adolpshen,* in Kölner Schrift, Rdnr. 69, S. 1043, 1061.

958 Vgl. hierzu auch *Scholz/Karsten Schmidt,* §§ 32a, 32b Rdnr. 122 und zur Abgeltung des Substanzwertes beim Finanzierungsleasing siehe *Häsemeyer,* Insolvenzrecht, Rdnr. 20.33, 20.46; *Peters,* NJW 1985, 1498, 1501.

959 Vgl. zur Einordnung des Finanzierungsleasingvertrages als »sonstige Finanzierungshilfe« und damit als »Kredit« auch die Begründung des Entwurfs zum Schuldrechtsmodernisierungsgesetz in BT-Drucks. 14/6040, S. 256 i.V.m. S. 252; siehe auch *Bülow,* NJW 2002, 1145, 1146.

960 Vgl. BGH, Urt. v. 29. 11. 1989 – VIII ZR 323/88, NJW 1990, 829, 831; OLG Koblenz, Urt. v. 25. 10. 1988 – 3 U 686/87, NJW-RR 1989, 112, 113; *Larenz/Canaris,* Schuldrecht Band II/2, § 66 II 2c), S. 103.

Amortisation schuldet.[961] Der Unterschied zum »klassischen« Finanzierungsleasing besteht mithin nur in der Vorphase, nämlich der Beschaffung[962] des Leasinggutes durch den Leasinggeber.[963]

Diese Sichtweise, wonach das Sale-and-lease-back-Geschäft ein Fall des Finanzierungsleasings ist, wird auch von der hM zum Eigenkapitalersatz geteilt.[964] Sie sieht, wie im Schrifttum zutreffend hervorgehoben wird,[965] das Sale-and-lease-back-Geschäft – wirtschaftlich – als Fall der Darlehensgewährung unter gleichzeitiger Sicherungsübereignung des Leasinggutes durch die Gesellschaft an.[966] Das Darlehen des Gesellschafters ist dabei in der Zahlung des Kaufpreises für den Leasinggegenstand zu sehen, welches von der Gesellschaft durch die Zahlung der Leasingraten an den Gesellschafter ratierlich zurückgezahlt wird. Die Rückzahlung des Darlehens ist durch die Übereignung des Leasinggutes vom Leasingnehmer (Gesell-

---

961 Vgl. OLG Koblenz, Urt. v. 25. 10. 1988 – 3 U 686/87, NJW-RR 1989, 112, 113; *Graf v. Westphalen,* Der Leasingvertrag, Rdnr. 177, S. 74 f; *Reeb,* Recht der Kreditfinanzierung, S. 337 f.

962 Wirtschaftlich interessant ist das Sale-and-lease-back-Geschäft für die Gesellschaft in der Krise vor allem deshalb, weil sie durch den Verkauf des späteren Leasinggegenstandes gebundenes Kapital freisetzen und so zusätzlich Liquidität gewinnen kann; vgl. auch *Eidenmüller,* Unternehmenssanierung zwischen Markt und Gesetz, S. 293; *Gottwald/Adolphsen* in Kölner Schrift, Rdnr. 101, S. 1043, 1069; *Engel,* Miete, Kauf, Leasing, Rdnr. 145, S. 35; *Graf v. Westphalen,* Der Leasingvertrag, Rdnr. 1418, S. 590; MünchKomm-*Habersack,* BGB, Leasing Rdnr. 3; speziell aus eigenkapitalersatzrechtlicher Sicht siehe *Ziegler,* Kapitalersetzende Gebrauchsüberlassung und Konzernhaftung, S. 145 f, 147 f.

963 Vgl. BGH, Urt. v. 29. 11. 1989 – VIII ZR 323/88, NJW 1990, 829, 831; OLG Koblenz, Urt. v. 25. 10. 1988 – 3 U 686/87, NJW-RR 1989, 112, 113; OLG Düsseldorf, Urt. v. 12. 12. 1996 – 10 U 33/95, DB 1997, 521; MünchKomm-*Habersack,* BGB, Leasing Rdnr. 12; *Graf v. Westphalen,* Der Leasingvertrag, Rdnr. 177, S. 74; *Gottwald/Adolphsen* in Kölner Schrift, Rdnr. 102, S. 1043, 1069; *Larenz/Canaris,* Schuldrecht Band II/2, § 66 II 2c), S. 103.

964 Vgl. OLG Düsseldorf, Urt. v. 12. 12. 1996 – 10 U 33/95, GmbHR 1997, 353; *Boujong,* NZG 1998, 745, 749; *Johlke/Schröder* in v.Gerkan/Hommelhoff (Hrsg.), Handbuch des Kapitalersatzrechts, Rdnr. 5.72.

965 Vgl. *Ziegler,* Kapitalersetzende Gebrauchsüberlassung und Konzernhaftung, S. 146.

966 Vgl. *Hachenburg/Ulmer,* GmbHG, § 32a, b Rdnr. 99; *Rowedder/Pentz,* GmbHG, § 32a Rdnr. 160; *Baumbach/Hueck/Fastrich,* GmbHG, § 32a Rdnr. 33c; *Michalski/Heidinger,* GmbHG, §§ 32a, 32b Rdnr. 184; *Stodolkowitz* in Bankrechts-Handbuch, § 84 Rdnr. 66; *Johlke/Schröder* in v.Gerkan/Hommelhoff (Hrsg.), Handbuch des Kapitalersatzrechts, Rdnr. 5.73. A.A. *Altmeppen* in Roth/Altmeppen, GmbHG, § 32a Rdnr. 214.

schaft) auf den Leasinggeber (Gesellschafter) dinglich besichert.[967] Hieraus folgt wiederum, dass die Leasinggegenstände in der Insolvenz der Gesellschaft mit verstrickt sind,[968] weil der Gesellschafter aus den für ihn (wirtschaftlich) bestellten Sicherheiten nicht vorgehen kann, solange er wegen der Zahlung der Leasingraten nur im Nachrang zu befriedigen ist.[969]

Im Ergebnis wird man schon deshalb das Sale-and-lease-back-Geschäft mit der hM zum Eigenkapitalersatz als ein Kreditgeschäft ansehen müssen, weil die Gesellschaft auch hier – wie in den Fällen des typischen Finanzierungsleasings – die Möglichkeit erhält, das Leasinggut bereits voll wirtschaftlich nutzen zu können, ohne hierfür sogleich das (volle) Entgelt für die Gebrauchsüberlassung und die Finanzierung bezahlen zu müssen,[970] so dass ihre Liquidität durch Belassen von Kaufkraft geschützt wird.

aa) Nicht-Kreditgeschäfte

Um klären zu können, welche Auswirkungen die insolvenzrechtliche Sichtweise auf die Fallgruppe der Nicht-Kreditgeschäfte hat, ist zunächst anhand der Gebrauchsüberlassung – als typischem Nicht-Kreditgeschäft[971] – das Charakteristische dieser Fallgruppe festzuhalten. Denn die Gesellschaft ist in den Fällen der Miete oder Pacht lediglich darauf beschränkt, die ihr überlassene Sache benutzen, nicht aber verbrauchen zu dürfen.[972] Aus risikospezifischer Sicht[973] führt aber auch die Gebrauchsüberlassung zu einer zusätzlichen Verschärfung des Verteilungskonflikts unter den Gläubigern. Zwar wirkt der Gesellschafter mit einer Gebrauchsüberlassung nicht auf den Zeitpunkt der Insolvenzauslösung, d.h. den »Todeskampf« der Gesellschaft ein, wohl aber schichtet er das Vermögen der Gesellschaft zum Nachteil der Gläubiger um.[974] In sachlicher Hinsicht knüpft die Folgenverantwortung des Gesellschafters hier also an eine durch die Umschichtung im Gesellschaftsvermögen herbeigeführte Kürzung des den Gläubigern zur Be-

---

967 Vgl. *Ziegler*, Kapitalersetzende Gebrauchsüberlassung und Konzernhaftung, S. 146.

968 Vgl. *Michalski/Heidinger*, GmbHG, §§ 32a, 32b, Rdnr. 161 i.V.m. Rdnr. 360.

969 Vgl. *Scholz/Karsten Schmidt*, GmbHG, §§ 32a, 32b Rdnr. 122 aE.

970 Siehe auch *Scholz/Karsten Schmidt*, GmbHG, §§ 32a, 32b Rdnr. 122.

971 Vgl. oben § 3 II 2 b).

972 Vgl. BFH, Urt. v. 30. 11. 1965 – I 70/60, NJW 1966, 855; *Staudinger/Hopt/Mülbert*, BGB, 12. Aufl. 1989, § 607 Rdnr. 2; *Scholz/Karsten Schmidt*, GmbHG, §§ 32a, 32b Rdnr. 29.

973 Vgl. hierzu oben § 3 II 2.

974 Vgl. oben § 8 II 1.

friedigung ihrer Forderungen zur Verfügung stehenden Gesellschaftsvermögens an.[975]

Vor diesem Hintergrund stellt sich die Frage, inwieweit nicht die Gläubiger – über die Fälle einer Gebrauchsüberlassung hinaus – vor Gesellschafterleistungen zu schützen sind, die ebenso wie die Gebrauchsüberlassung zu einer sich zum Nachteil der Gläubigergesamtheit auswirkenden Umschichtung im Gesellschaftsvermögen in der Lage sind. In Betracht kommt hier vor allem eine Einbeziehung von Dienstleistungen des Gesellschafters, die dieser der Gesellschaft gegenüber entgeltlich[976] erbringt.[977] Aus risikospezifischer Sicht[978] besteht nämlich zwischen der Dienstleistung und der vom Eigenkapitalersatzrecht erfassten Gebrauchsüberlassung des Gesellschafters[979] kein Unterschied.[980] Hier wie da nimmt der Gesellschaf-

975 Vgl. auch *Haas/Dittrich,* DStR 2001, 623, 629.

976 Eine Einbeziehung unentgeltlich erbrachter Dienstleistungen in den sachlichen Anwendungsbereich des Eigenkapitalersatzrechts scheidet dagegen von vornherein aus, da hier keine gläubigerschädigende Vermögensumschichtung stattfindet; vgl. oben § 8 II 1.

977 Vgl. auch *Haas/Dittrich,* DStR 2001, 623, 628 f. Für eine Erfassung von Dienstleistungen des Gesellschafters neben dem österr. OGH, Urt. v. 24. 2. 2000 – 8 Ob 136/99d, NZG 2000, 1126 ff auch der österr. Gesetzgeber; vgl. § 3 Eigenkapitalersatz-Gesetz (EKEG) vom 28.10.2003 abgedruckt in österr. BGBl. 2003 Teil I. Nr. 92, S. 1437, 1438.

978 Kein Unterschied besteht freilich auch in rechtlicher Hinsicht. Ebenso wenig wie der Gesellschafter bei einer Gebrauchsüberlassung »seiner« Gesellschaft »Kredit« zur Verfügung stellt, überlässt der Gesellschafter der Gesellschaft bei einer Dienstleistung Kaufkraft, wenn er seinen Entgeltanspruch nicht »stehen lässt«, sondern die Dienstleistung unmittelbar gegen Entgelt erbringt; siehe insoweit auch *Scholz/Karsten Schmidt,* GmbHG, §§ 32a, 32b Rdnr. 114, 127; *Heidinger,* Festschrift Heidinger, 1995, S. 235, 244, 245. Im ersten Fall – dem »Stehenlassen« von Dienstleistungsentgelten – liegt freilich ein Kreditgeschäft mit der Gesellschaft vor, weil die Liquidität der Gesellschaft hier unmittelbar durch das Belassen von Kaufkraft (Kapital) geschützt wird; vgl. auch *Haas/Dittrich,* DStR 2001, 623, 627.

979 Vgl. grundlegend dazu BGH, Urt. v. 16. 10. 1989 – II ZR 307/88, BGHZ 109, 55, 57 ff.

980 In diese Richtung ebenfalls und deshalb für eine Einbeziehung der Dienstleistung des Gesellschafters in den sachlichen Anwendungsbereich des Eigenkapitalersatzrechts *Rowedder/Pentz,* GmbHG, § 32a Rdnr. 169; *Weisang,* WM 1997, 197, 204; *Dittmer,* Gesellschafter-Dienstleistungen, S. 15 ff; *Johlke/Schröder* in v.Gerkan/Hommelhoff (Hrsg.), Handbuch des Kapitalersatzrechts, Rdnr. 5.75c f; *Haas/Dittrich,* ebenda, Rdnr. 8.87e; *Haas,* NZI 2002, 457, 461 f. Aus der Rspr. für eine Erstreckung des Eigenkapitalersatzrechts auf Dienstleistungen des Gesellschafters bislang grundsätzlich österr. OGH, Urt. v. 24. 2. 2000 – 8 Ob 136/99d, NZG 2000, 1126 f; offen gelassen im Ergebnis OLG Hamm, Urt. v. 19. 11. 1991 – 27 U 145/91, GmbHR 1992, 607, 608.

ter ein Drittgeschäft mit der Gesellschaft vor, bei dem zwar im Zeitpunkt ihres Austausches die Leistungen wirtschaftlich gleichwertig waren, der Leistungsaustausch aus Sicht der Gläubiger aber deshalb so gefährlich ist, weil es sich bei der erbrachten Leistung des Gesellschafters um eine solche handelt, auf die die Gläubiger zum Zwecke der Befriedigung ihrer Forderungen nicht zugreifen können. Denn die Leistung des Gesellschafters »verbraucht« sich infolge Zeitablaufs und kann deshalb im Gläubigerinteresse nicht verwertet werden, was »mittelbar« zu einer Benachteiligung der Gläubiger durch den Abfluss haftenden Gesellschaftsvermögens führt.[981] Die Verkürzung der Haftungsmasse wird auch nicht dadurch ausgeglichen, indem man etwaige positive Effekte, die der Gesellschafter mit seiner Dienstleistung zugunsten der künftigen Insolvenzmasse herbeiführt, berücksichtigt. Denn eine Vorteilsanrechnung kommt wie bei der Insolvenzanfechtung nicht in Betracht.[982]

Ob Dienstleistungen des Gesellschafters dem sachlichen Anwendungsbereich des Eigenkapitalersatzrechts unterfallen, ist in der Literatur umstritten. Die hM spricht sich dagegen aus.[983] Argumentiert wird entweder damit, dass das Eigenkapitalersatzrecht seinem Sinn und Zweck nach nicht dazu gedacht sei, Nicht-Kreditgeschäfte des Gesellschafters mit der Gesellschaft zu erfassen.[984] Andere – so vor allem diejenigen Stimmen, die innerhalb der hM eine Anwendung der Kapitalersatzregeln auf Gebrauchsüberlassungen des Gesellschafters befürworten – lehnen eine Einbeziehung von Dienstleistungen des Gesellschafters in den sachlichen Anwendungsbereich des Eigenkapitalersatzrechts deshalb ab, weil die Verpflichtung zur Dienstleistung – anders als das obligatorische Nutzungsrecht[985] – nicht ein-

981 Vgl. oben § 8 II 1; siehe auch *Haas/Dittrich,* DStR 2001, 623, 629.

982 Vgl. oben unter § 8 II 4 a); siehe auch *Haas/Dittrich,* DStR 2001, 623, 629 (Fn. 63).

983 Vgl. *Scholz/Karsten Schmidt,* GmbHG, §§ 32a, 32b Rdnr. 127; *Lutter/Hommelhoff,* GmbHG, §§ 32a/b Rdnr. 154; *Altmeppen* in Roth/Altmeppen, GmbHG, § 32a Rdnr. 218; *Baumbach/Hueck/Fastrich,* GmbHG, § 32a Rdnr. 33c; *Michalski/Heidinger,* GmbHG, §§ 32a, 32b Rdnr. 178; *Spiegelberger,* DStR 1991, 468, 469 f; *Jung* in Beck´sches Handbuch der GmbH, § 8 Rdnr. 342; *Lösler,* NotBZ 2000, 139, 144; *Treffer,* GmbHR 2002, 22, 23 f.

984 Vgl. so vor allem *Scholz/Karsten Schmidt,* GmbHG, §§ 32a, 32b Rdnr. 2, 4, 6, 127; *Karsten Schmidt,* ZIP 1990, 69, 72 ff; *Altmeppen* in Roth/Altmeppen, GmbHG, § 32a Rdnr. 218; *Spiegelberger,* DStR 1991, 468, 469 f. Soweit *Treffer,* GmbHR 2002, 22, 23 f in diesem Zusammenhang noch darauf hinweist, dass auch § 142 InsO einer Einbeziehung von Dienstleistungen des Gesellschafters entgegensteht, ist dem zu widersprechen, da nach Sinn und Zweck der Privilegierung von Bargeschäften § 142 InsO auf den Gesellschafter keine Anwendung findet; vgl. oben § 8 II 3.

985 Vgl. *Baumbach/Hueck/Fastrich,* GmbHG, § 5 Rdnr. 25.

lagefähig ist.[986] Lediglich ein Teil des Schrifttums tritt für eine Anwendung der Eigenkapitalersatzregeln auf Dienstleistungen des Gesellschafters ein.[987] Zur Begründung greift diese Ansicht auf die vom BGH vertretene »wirtschaftliche«[988] Vergleichbarkeit einer Gesellschafterfremdleistung mit der Darlehensgewährung i.S.d. § 32a Abs. 3 S. 1 GmbHG zurück.[989] So hat der BGH unter Zustimmung weiter Teile des Schrifttums eine Erstreckung der Regeln zum Eigenkapitalersatz auf die Fälle einer Gebrauchsüberlassung des Gesellschafters damit gerechtfertigt, dass es dem Gesellschafter auch mit einer Gebrauchsüberlassung möglich sei, die sanierungsreife, kapitalbedürftige Gesellschaft in der Krise fortzusetzen,[990] weshalb Darlehen und Gebrauchsüberlassung »wirtschaftlich« i.S.d. § 32a Abs. 3 S. 1 GmbHG vergleichbar seien.[991]

Ob der ablehnenden Ansicht der hM zu folgen ist, ist fraglich. Denn wenn es nach Ansicht der hM richtig ist, den Gesellschafter auch dann zu einer Folgenverantwortung nach dem Eigenkapitalersatz heranzuziehen, wenn er auf das noch vorhandene Gesellschaftsvermögen in der Krise durch ein Nicht-Kreditgeschäft – wie dem der Gebrauchsüberlassung – einwirkt, so fällt es schwer einzusehen, warum in Anbetracht einer sich zu Lasten der

---

986 So etwa *Baumbach/Hueck/Fastrich,* GmbHG, § 32a Rdnr. 33c aE; *Jung* in Beck´sches Handbuch der GmbH, § 8 Rdnr. 342; *Lösler,* NotBZ 2000, 139, 144; *Michalski/Heidinger,* GmbHG, §§ 32a, 32b Rdnr. 178. I.d.S. auch noch ausdrücklich so *Lutter/Hommelhoff,* GmbHG, 15. Aufl. 2000, §§ 32a/b Rdnr. 154, während jetzt eingewandt wird, dass »Dienstleistungen des Gesellschafters ... wegen fehlender Vergleichbarkeit und Kreditstörungen und Gebrauchsüberlassung ... « nicht erfasst werden können; vgl. *Lutter/Hommelhoff,* GmbHG, §§ 32a/b Rdnr. 154.

987 Vgl. *Rowedder/Pentz,* GmbHG, § 32a Rdnr. 169; *Weisang,* WM 1997, 197, 204; *Dittmer,* Gesellschafter-Dienstleistungen, S. 15 ff; *Johlke/Schröder* in v.Gerkan/ Hommelhoff (Hrsg.), Handbuch des Kapitalersatzrechts, Rdnr. 5.75 ff, insbesondere 5.75c f; *Haas/Dittrich* ebenda, Rdnr. 8.87d f; *dies.,* DStR 2001, 623, 627 ff; *Haas,* NZI 2002, 457, 461 f.

988 Vgl. BGH, Urt. v. 16. 10. 1989 – II ZR 307/88, BGHZ 109, 55, 58 f. Siehe aber dazu, dass nach Ansicht des BGH eine Gesellschafterleistung dann »wirtschaftlich« mit der Darlehensgewährung vergleichbar ist, wenn sie aus risikospezifischer Sicht ähnliche negative Folgen wie die Gewährung eines Darlehens herbeiführt, BGH, a.a.O. und die Ausführungen oben unter § 3 II 2.

989 Siehe *Rowedder/Pentz,* GmbHG, § 32a Rdnr. 169; *Weisang,* WM 1997, 197, 204; *Dittmer,* Gesellschafter-Dienstleistungen, S. 15 ff; *Johlke/Schröder* in v.Gerkan/ Hommelhoff (Hrsg.), Handbuch des Kapitalersatzrechts, Rdnr. 5.75c f; vgl. auch *Haas/Dittrich* ebenda, Rdnr. 8.87e; *dies.,* DStR 2001, 623, 628 f; *Haas,* NZI 2002, 457, 461 f.

990 Vgl. BGH, Urt. v. 16. 10. 1989 – II ZR 307/88, BGHZ 109, 55, 58; Urt. v. 11. 7. 1994 – II ZR 146/92, BGHZ 127, 1, 9.

991 Vgl. BGH, Urt. v. 16. 10. 1989 – II ZR 307/88, BGHZ 109, 55, 58 f.

Gläubiger in gleicher Weise nachteilig auswirkenden entgeltlich erbrachten Dienstleistung des Gesellschafters die Regeln zum Eigenkapitalersatz auf Dienstleistungen des Gesellschafters nicht zur Anwendung kommen sollen.[992] Der Rückgriff auf die mangelnde Sacheinlagefähigkeit von Dienstleistungsverpflichtungen überzeugt nicht.[993] Denn vom sachlichen Anwendungsbereich des Eigenkapitalersatzrechts werden hM nach Gesellschafterleistungen erfasst, die in der Lage sind, vergleichbare negative Folgen zu Lasten der Gläubigergesamtheit herbeizuführen, wie sie von einer Darlehensfinanzierung der Gesellschaft in der Krise ausgehen.[994] Risikospezifisch betrachtet, besteht jedoch zwischen einem Gesellschafterdarlehen und einer entgeltlich erbrachten Dienstleistung des Gesellschafters kein Unterschied. Beide Leistungen verschärfen den Verteilungskonflikt unter den Gläubigern »zusätzlich«; die eine durch Insolvenzverschleppung und die andere durch Vermögensumschichtung.

Unklar ist darüber hinaus, warum die Gläubiger nach Ansicht der hM dann keinen Schutz erfahren sollen, wenn es sich bei der Leistung des Gesellschafters, die den Verteilungskonflikt unter den Gläubigern verschärft, um eine solche handelt, die nicht einlagefähig ist. Denn Vermögensumschichtungen sind für die Gläubiger um so nachteiliger, desto weniger die erbrachte Leistung des Gesellschafters den Gläubigern zum Zwecke der Befriedigung ihrer Forderungen als Vollstreckungsobjekt zur Verfügung steht.[995] Letzteres gilt um so mehr, wenn man erkennt, dass es sich bei dem Recht der eigenkapitalersetzenden Gesellschafterleistungen um ein vom Recht der Kapitalaufbringung und Kapitalerhaltung grundsätzlich unab-

---

992 Dafür – unter risikospezifischen Gesichtspunkten – auch *Weisang,* WM 1997, 197, 204; *Rowedder/Pentz,* GmbHG, § 32a Rdnr. 169; *Dittmer,* Gesellschafter-Dienstleistungen, S. 15 ff, 46; *Johlke/Schröder* in v.Gerkan/Hommelhoff (Hrsg.), Handbuch des Kapitalersatzrechts, Rdnr. 5.75d; *Haas/Dittrich,* ebenda, Rdnr. 8.87e; *dies.,* DStR 2001, 623, 628 f; *Haas,* NZI 2002, 457, 461 f.

993 In diesem Sinne auch *Rowedder/Pentz,* GmbHG, § 32a Rdnr. 169; *Weisang,* WM 1997, 197, 204; *Dittmer,* Gesellschafter-Dienstleistungen, S. 160 ff; *Haas/Dittrich,* DStR 2001, 623, 630; *Johlke/Schröder* in v.Gerkan/Hommelhoff (Hrsg.), Handbuch des Kapitalersatzrechts, Rdnr. 5.75e. Kritisch im Hinblick auf eine derartige Argumentationsweise, nämlich das Eingreifen der Eigenkapitalersatzregeln von der Sacheinlagefähigkeit der betreffenden Gesellschafterleistung abhängig zu machen, auch *Grunewald,* Gesellschaftsrecht, 2.F. 4 b) aa), Rdnr. 137 (Fn. 64).

994 Vgl. BGH, Urt. v. 16. 10. 11989 – II ZR 307/88, BGHZ 109, 55, 58 f; Urt. v. 14. 12. 1992 – II ZR 298/91, BGHZ 121, 31, 34; *Lutter/Hommelhoff,* GmbHG, §§ 32a/b Rdnr. 139; *Ulmer,* Festschrift Kellermann, 1991, S. 485, 488 ff, 491 f; *Grunewald,* Gesellschaftsrecht, 2.F. 4 b) aa), Rdnr. 137 (Fn. 64).

995 Vgl. auch *Haas/Dittrich,* DStR 2001, 623, 630.

hängiges Gläubigerschutzsystem handelt.[996] Ist dem so, dann geht schließlich auch das formale Argument fehl, dass grundsätzlich alle Gesellschafterleistungen »eigenkapitalersetzend« sein können, die der Gesellschafter als Einlage auf das Gesellschaftskapital erbringen kann.[997] Einer insoweit gezogenen Parallele zum Recht der Kapitalaufbringung steht die risikospezifische Betrachtungsweise nicht nur im Allgemeinen, sondern auch im Besonderen entgegen. Dies zeigt die allseits befürwortete Einbeziehung der Stundung einer fälligen Forderung des Gesellschafters gegen die Gesellschaft. Denn einlagefähig ist die Stundungsabrede genauso wenig wie die Verpflichtung zu eigenen Dienstleistungen.[998]

c) Der zeitliche Anwendungsbereich

Unstreitig ist, dass das Eigenkapitalersatzrecht als Instrument des Gläubigerschutzes in der Krise der Gesellschaft zur Anwendung kommt, nämlich dann, wenn die Gesellschaft also im Rahmen der wirtschaftlichen Abwärtsentwicklung ein Stadium erreicht hat, indem sie entweder insolvenzreif (überschuldet und/oder zahlungsunfähig) oder aber kredit-, überlassungsbzw. erbringungsunwürdig[999]oder dienstunwürdig[1000] ist. Streitig ist »lediglich«, ob die Kredit- bzw. Überlassungs- oder Erbringungsunwürdigkeit im Rahmen der wirtschaftlichen Abwärtsentwicklung eines Unternehmens ein der Insolvenzreife vorgelagertes und von der Insolvenzreife abgrenzbares Krisenstadium umschreibt.[1001] Das ist nach der hier vertretenen Ansicht nicht der Fall. Vielmehr überschneiden sich die Tatbestände (Überschuldung und Kreditunwürdigkeit) weitestgehend,[1002] so dass der Sache nach

---

996 Vgl. hierzu jeweils die zusammenfassenden Ausführungen in § 5 und § 9; siehe auch *Haas* in v.Gerkan/Hommelhoff (Hrsg.), Handbuch des Kapitalersatzrechts, Rdnr. 15.15; *ders.*, NZI 2001, 1, 3; *ders.*, NZI 2002, 457, 463 f.

997 Vgl. in diese Richtung etwa ausdrücklich so *Baumbach/Hueck/Fastrich*, GmbHG, § 32a Rdnr. 33c i.V.m. Rdnr. 32a; siehe auch *Steinbeck*, ZGR 1996, 116, 131.

998 Vgl. insoweit noch *Lutter/Hommelhoff*, GmbHG, 15. Aufl. 2000, § 5 Rdnr. 14: »Einlagefähig sind alle übertragbaren Gegenstände, soweit der GmbH dadurch reales und verwertbares Vermögen *zufließt* [Hervorhebung der Verf.]. «

999 Vgl. so *Dittmer*, Gesellschafter-Dienstleistungen, S. 67 ff, für die Fälle einer Gesellschafter-Dienstleistung.

1000 So *Johlke/Schröder* in v.Gerkan/Hommelhoff (Hrsg.), Handbuch des Kapitalersatzrechts, Rdnr. 5.75f.

1001 Vgl. oben § 7 II.

1002 Vgl. oben § 7 II. Siehe auch *Jaeger/Henckel*, InsO, § 39 Rdnr. 65.

die Regeln über den Eigenkapitalersatz eingreifen, wenn die Gesellschaft insolvent ist.[1003]

Fraglich ist jedoch, ob das Kapitalersatzrecht auch für Zeitabschnitte nach Stellung des Insolvenzantrages zur Anwendung kommt. Dies betrifft zum einen die Frage, wie Gesellschafterleistungen im Insolvenzverfahren zu behandeln sind (siehe unten aa). Zum anderen stellt sich die Frage, inwieweit das Kapitalersatzrecht nach Aufhebung des Insolvenzverfahrens Anwendung findet (siehe unten bb).

aa) Kapitalersatz im Insolvenzverfahren

(1) Das eröffnete Verfahren

Ob Gesellschafterleistungen nach Verfahrenseröffnung dem Kapitalersatzrecht unterfallen, ist fraglich. So geht mit der Eröffnung des Insolvenzverfahrens gem. § 80 Abs. 1 InsO die Verwaltungs- und Verfügungsbefugnis auf den Insolvenzverwalter über. Dem Gesellschafter ist es folglich ab Insolvenzeröffnung nicht mehr möglich, ungehindert auf das Gesellschaftsvermögen zum Nachteil der Gläubiger durch Kredit- und Nicht-Kreditgeschäfte einzuwirken.[1004]

Nach Ansicht der hM sind denn auch Kredite des Gesellschafters, die von dem Insolvenzverwalter nach Eröffnung des Verfahrens aufgenommen werden, privilegiert und als Masseverbindlichkeiten gem. § 55 Abs. 1 Nr. 1 InsO zu behandeln.[1005] Das heißt, die Darlehensforderung des Gesellschafters ist gemeinsam mit den Kosten des Insolvenzverfahrens vollständig und vorweg zu befriedigen (§§ 53, 55 Abs. 1 Nr. 1 InsO). Begründet wird diese Privilegierung teilweise damit, dass anderenfalls der mit der Darlehenshin-

---

1003 Vgl. oben § 10 I; siehe auch *Haas,* NZI 2001, 1, 6 f; *Reiner,* Festschrift Boujong, 1996, S. 415, 437. Näher zum zeitlichen Anwendungsbereich oben unter § 7 II.

1004 Vgl. *Haas,* NZI 2001, 1, 7; *Stodolkowitz* in Bankrechts-Handbuch, § 84 Rdnr. 32.

1005 Dafür *Scholz/Karsten Schmidt,* GmbHG, §§ 32a, 32b Rdnr. 64; *Baumbach/Hueck/Fastrich,* GmbHG, § 32a Rdnr. 10; *Michalski/Heidinger,* GmbHG, §§ 32a, 32b Rdnr. 75; *Dauner-Lieb* in v.Gerkan/Hommelhoff (Hrsg.), Handbuch des Kapitalersatzrechts, Rdnr. 4.68; *Johlke/Schröder,* ebenda, Rdnr. 14.152; *Bork,* Insolvenzrecht, § 31 Rdnr. 373; *Noack,* Festschrift Claussen, 1997, S. 307, 316; *ders.* in Kübler/Prütting (Hrsg.), InsO, Gesellschaftsrecht, Sonderband 1, 1999, Rdnr. 208; *Haas,* DZWIR 1999, 177, 182; *Hirte* in Hommelhoff/Röhricht (Hrsg.), Gesellschaftsrecht 1997, 1998, S. 145, 176 f. Dagegen *Ulmer* in Kübler (Hrsg.), Neuordnung des Insolvenzrechts, 1989, S. 119, 125 f.

gabe verfolgte Zweck, einen Beitrag zur Fortführung und ggf. Sanierung des Unternehmens zu leisten, untergraben werde.[1006]

Tatsächlich verbindet sich mit der bevorzugten Behandlung der vom Insolvenzverwalter abgeschlossenen Rechtsgeschäfte[1007] das Ziel, einen Anreiz für Kreditgeber zu schaffen, der Gesellschaft auch in dieser wirtschaftlichen Phase mit Fremdkapital auszuhelfen, damit der Insolvenzverwalter seiner Aufgabe, die Masse in Besitz zu nehmen, zu verwalten und zu verwerten (vgl. §§ 148 Abs. 1, 159 InsO), nachkommen kann.[1008] Ebenso trifft es zu, dass der Insolvenzverwalter insbesondere dann auf Kredite angewiesen ist, wenn das Unternehmen fortgeführt und saniert werden soll.[1009] Denn ohne die Kapitalzufuhr von dritter Seite ist es kaum vorstellbar, dass ein Unternehmen, das im Ergebnis fortgeführt und saniert werden soll, überhaupt bis zum Berichtstermin (§ 29 Abs. 1 Nr. 1 InsO), in dem die Gläubigerversammlung über die Stilllegung oder Fortführung des Unternehmens des Schuldners entscheidet (vgl. § 157 InsO), zusammengehalten werden kann.[1010]

Doch ergibt sich diese Privilegierung des Gesellschafters nicht »schlicht« aus einer Zweckmäßigkeitsüberlegung. Vielmehr fügt sich die rangmäßige Gleichbehandlung des Gesellschafters mit den übrigen (Masse-) Gläubigern widerspruchslos in die Grundstrukturen des Eigenkapitalersatzrechts ein. Denn die Regeln über den Eigenkapitalersatz verfolgen keinen Selbstzweck. Sie sind vielmehr dazu gedacht, eine bestehende »Lücke« im Gläubiger-

---

1006 Vgl. in diesem Sinne etwa *Baumbach/Hueck/Fastrich,* GmbHG, § 32a Rdnr. 10; *Noack,* Festschrift Claussen, 1997, S. 307, 316; *ders.* in Kübler/Prütting (Hrsg.), InsO, Gesellschaftsrecht, Sonderband 1, 1999, Rdnr. 208; dafür für wohl auch *Kämpfer,* Die Stellung von Sanierungskrediten im Insolvenzrecht, S. 151.

1007 Hierzu zählen freilich auch Nicht-Kreditgeschäfte, wie etwa der Kauf-, Miet- oder Werkvertrag; vgl. *Gottwald/Klopp/Kluth,* Insolvenzrechts-Handbuch, § 22 Rdnr. 50; *Häsemeyer,* Insolvenzrecht, Rdnr. 14.08; *Fink,* Maßnahmen des Verwalters zur Finanzierung in der Unternehmensinsolvenz, Rdnr. 117, 288.

1008 Vgl. *Häsemeyer,* Insolvenzrecht, Rdnr. 14.08; *Kübler/Prütting/Pape,* InsO, § 53 Rdnr. 11 und § 55 Rdnr. 24; *Fink,* Maßnahmen des Verwalters zur Finanzierung in der Unternehmensinsolvenz, Rdnr. 117 f, 263.

1009 Vgl. *Baumbach/Hueck/Fastrich,* GmbHG, § 32a Rdnr. 10; *Eidenmüller,* Unternehmenssanierung zwischen Markt und Gesetz, S. 369; *Fink,* Maßnahmen des Verwalters zur Finanzierung in der Unternehmensinsolvenz, Rdnr. 113, 121, 256, 263; *Bork,* Insolvenzrecht, § 31 Rdnr. 372; *Kübler/Prütting/Noack,* InsO, Gesellschaftsrecht, Sonderband 1, 1999, Rdnr. 208.

1010 Vgl. *Gottwald/Klopp/Kluth,* Insolvenzrechts-Handbuch, § 22 Rdnr. 45 ff, 49 f; siehe zum Finanzbedarf eines insolventen Unternehmens auch im Hinblick auf eine nur zeitweilige Fortführung *Fink,* Maßnahmen des Verwalters zur Finanzierung in der Unternehmensinsolvenz, Rdnr. 121, 259.

schutz zu schließen, die sich deshalb in der Phase zwischen Insolvenzeintritt und Insolvenzeröffnung ergibt, weil andere Rechtsinstitute, die in der Krise der Gesellschaft ebenfalls dem Schutz der insolvenzrechtlichen Haftungsordnung dienen, die Fälle eines rechtsgeschäftlichen Einwirkens des Gesellschafters auf das Vermögen der Gesellschaft nicht adäquat erfassen.[1011] Durch den Übergang der Verwaltungs- und Verfügungsbefugnis ist es dem Gesellschafter jedoch – wie eingangs erwähnt – nicht mehr möglich, ungehindert auf das Vermögen des Schuldners durch Drittgeschäfte mit der Gesellschaft einzuwirken. Es liegt nun in der Hand des Verwalters, ob und wenn ja, welche Rechtsgeschäfte er für die Masse abschließt.[1012] Folglich ist mit Verfahrenseröffnung eine Person vorhanden, die schon im Hinblick auf eine sie anderenfalls treffende Schadensersatzpflicht nach §§ 60 Abs. 1, 61, 92 S. 2 InsO »kontrollierend« bzw. »schützend« für die Masse tätig wird und nicht bloß nach Gutdünken verfährt.[1013]

Ferner nutzt der Gesellschafter auch keinen Informationsvorsprung aus, wenn er die Gesellschaft in diesem Stadium kreditiert, so dass für eine Finanzierungsfolgenverantwortung des Gesellschafters auch aus diesem Grund kein Raum ist.[1014] Denn ein derartiger, tatsächlicher Informationsvorsprung, wie ihn der Gesellschafter außerhalb eines Insolvenzverfahrens typischerweise hat,[1015] fällt mit Verfahrenseröffnung weg. Zwar macht der Gesellschafter auch im Insolvenzverfahren – einer Ansicht in der Literatur zufolge – seinen Informationsanspruch auch weiterhin gegenüber dem für die GmbH[1016] handelnden Geschäftsführer und nicht gegenüber dem nun-

1011 Vgl. oben § 10 II; siehe auch *Haas,* NZI 2001, 1, 8 f.

1012 Vgl. *Häsemeyer,* Insolvenzrecht, Rdnr. 2.04, 14.08; *Fink,* Maßnahmen des Verwalters zur Finanzierung in der Unternehmensinsolvenz, Rdnr. 12 f, 115 f.

1013 Vgl. zum Missbrauchsgedanken bzw. der »Disziplinierung« eines (vorläufigen) Vergleichsverwalters im Hinblick auf eine Darlehensaufnahme im Sinne des § 106 VerglO – BGH, Urt. v. 9. 5. 1960 – VII ZR 104/59, NJW 1960, 1456, 1457; *Hachenburg/Ulmer,* GmbHG, § 32a, b Rdnr. 73. Unter Berufung auf die Haftung des Verwalters auch *Dauner-Lieb* in v.Gerkan/Hommelhoff (Hrsg.), Handbuch des Kapitalersatzrechts, Rdnr. 4.68; *Hirte* in Hommelhoff/Röhricht (Hrsg.), Gesellschaftsrecht 1997, 1998, S. 145, 176 f; unter Berufung auf die »Alleinverantwortlichkeit« des Insolvenzverwalters auch *Stodolkowitz* in Bankrechts-Handbuch, § 84 Rdnr. 32.

1014 Vgl. zur Legitimation der Finanzierungsfolgenverantwortung oben unter § 7 III 5 b).

1015 Vgl. oben § 7 III 5 b) und c).

1016 Der Informationsanspruch richtet sich grundsätzlich gegen die Gesellschaft und nicht etwa gegen den Geschäftsführer; vgl. OLG Karlsruhe, Beschl. v. 8. 2. 1984 – 15 W 42/83, GmbHR 1985, 59, 60; OLG Hamm, Urt. v. 6. 2. 1986 – 8 W 52/85, WM 1986, 740, 741; KG, Beschl. v. 23. 12. 1987 – 2 W 6008/87, GmbHR 1988,

mehr vorhandenen Insolvenzverwalter geltend.[1017] Doch steht es im pflichtgemäßen Ermessen des Insolvenzverwalters, inwieweit er dem Schuldner gegenüber Auskunft erteilt.[1018] Ein allgemeiner Auskunftsanspruch steht dem Schuldner gegenüber dem Insolvenzverwalter dagegen nicht zu.[1019] Das hat zur Folge, dass auch das Informationsrecht des Gesellschafters im bisherigen Umfang nicht mehr besteht.[1020] Dasselbe gilt auch dann, wenn man der zunehmend vertretenen Ansicht folgt, wonach sich § 51a GmbHG im eröffneten Verfahren direkt gegen den Insolvenzverwalter richtet und der Insolvenzverwalter als Vertreter der Gesellschaft den Informationsanspruch zu erfüllen hat.[1021] Denn das Informationsrecht des Gesellschafters aus § 51a GmbHG ist für die Zeit nach der Eröffnung des Insolvenzverfahrens in sachlicher Hinsicht beschränkt. So kann der Gesellschafter insbesondere keine Auskunft über Geschäftsvorgänge nach Eröffnung des Insolvenzverfahrens verlangen, die auf der Tätigkeit des Insolvenzverwalters beruhen.[1022]

Hinzu kommt, dass auch die Pflicht, den Eröffnungsbeschluss gem. § 30 Abs. 1 und 2 InsO bekannt zu machen, dazu dient, den Rechtsverkehr im Allgemeinen (Abs. 1) und vor allem die Gläubiger und Schuldner des Schuldners sowie den Schuldner selbst möglichst schnell, zuverlässig und

---

221, 222; OLG Saarbrücken, Urt. v. 3. 12. 1993 – 4 U 93-2-, GmbHR 1994, 474, 475; BayObLG, Beschl. v. 8. 4. 2005 – 3Z BR 246/04, ZIP 2005, 1087, 1088; *Hachenburg/Hüffer,* GmbHG, § 51a Rdnr. 19; *Scholz/Karsten Schmidt,* GmbHG, § 51a Rdnr. 16; *Lutter/Hommelhoff,* GmbHG, § 51a Rdnr. 5; *Baumbach/Zöllner,* GmbHG, § 51a Rdnr. 8.

1017 Vgl. so *KüblerPrütting/Noack,* InsO, Gesellschaftsrecht, Sonderband 1, 1999, Rdnr. 341.

1018 Vgl. *Gerhardt,* ZIP 1980, 941, 946; *Gottwald/Klopp/Kluth,* Insolvenzrechts-Handbuch, § 18 Rdnr. 18.

1019 I.d.S. ausdrücklich *Gerhardt,* ZIP 1980, 941 ff, 946; *Gottwald/Klopp/Kluth,* Insolvenzrechts-Handbuch, § 18 Rdnr. 18.

1020 Vgl. zu dem jetzt »stumpf« gewordenen Informationsanspruch des Gesellschafters gem. § 51a GmbHG auch *Kübler/Prütting/Noack,* InsO, Sonderband 1, 1999, Rdnr. 341.

1021 Vgl. OLG Hamm, Beschl. v. 25. 10. 2001 – 15 W 118/01, NZG 2002, 178, 179 f; LG Wuppertal, Beschl. v. 10. 12. 2002 – 11 O 121/00, NJW-RR 2003, 332; BayObLG, Beschl. v. 8. 4. 2005 – 3Z BR 246/04, ZIP 2005, 1087, 1089; *Karsten Schmidt* in Breitenbücher/Kreft (Hrsg.), Insolvenzrecht 2003, S. 19, 28; *Robrecht,* GmbHR 2002, 692, 693; *Uhlenbruck* in Karsten Schmidt/Uhlenbruck, (Hrsg.), Die GmbH in Krise, Sanierung und Insolvenz, Rdnr. 1202; *Lutter/Hommelhoff,* GmbHG, § 51a Rdnr. 5.

1022 Vgl. OLG Hamm, Beschl. v. 25. 10. 2001 – 15 W 118/01, NZG 2002, 178, 180; BayObLG, Beschl. v. 8. 4. 2005 – 3Z BR 246/04, ZIP 2005, 1087, 1089; *Robrecht,* GmbHR 2002, 692 f.

umfassend von der Eröffnung des Insolvenzverfahrens zu unterrichten (Abs. 2).[1023] Schließlich wird teilweise auch der Insolvenzverwalter gegenüber einem (neuen) Massegläubiger als verpflichtet angesehen, seine Stellung zu offenbaren.[1024] Damit besteht wegen eines nicht mehr vorhandenen Informationsvorsprungs des Gesellschafters kein Grund mehr, den Gesellschafter im eröffneten Verfahren im Vergleich zu anderen (Masse-) Gläubigern bei der Vergabe eines sog. Masse-[1025] oder Insolvenzdarlehens[1026] schlechter zu stellen.

(2) Das Insolvenzeröffnungsverfahren

Fraglich ist, wie solche Gesellschafterdarlehen zu behandeln sind, die von einem vorläufigen Insolvenzverwalter in der Phase zwischen Insolvenzantragstellung und Insolvenzeröffnung, also im Insolvenzeröffnungsverfahren, aufgenommen werden. Nach Ansicht der hM handelt es sich auch insoweit um Masseforderungen (§ 55 Abs. 2 S. 1 InsO).[1027] Auch hier wäre es verfehlt – so wird teilweise argumentiert – bei sich abzeichnenden Rettungschancen der Gesellschaft, das Gesellschafterdarlehen als nachrangig zu behandeln, zumal dann, wenn dritte Kreditgeber nicht zu finden sind, wohl aber der Gesellschafter zur Kreditvergabe bereit ist.[1028]

1023 Vgl. *Kübler/Prütting/Pape,* InsO, § 30 Rdnr. 1a; *Kirchhof* in HK-InsO, § 30 Rdnr. 2; *Smid,* InsO, § 30 Rdnr. 3; *Nerlich/Römermann/Mönning,* InsO, § 30 Rdnr. 6 f.

1024 Für eine solche Pflicht des Verwalters vor allem *Kübler/Prütting/Lüke,* InsO, § 61 Rdnr. 5 f; siehe auch *Nerlich/Römermann/Abeltshauser,* InsO, § 61 Rdnr. 9 (»Offenbarungspflicht seitens des Insolvenzverwalters«); vgl. auch *Vallender,* ZIP 1997, 345, 349: »Der Konkursverwalter muß seinem Vertragspartner bei der Fortführung eines Konkursbetriebes zu erkennen geben, daß er für die Masse, also in Fortführung eines Konkursbetriebes handelt.«

1025 Vgl. *Nerlich/Römermann/Andres,* InsO, § 55 Rdnr. 4.

1026 Vgl. *Baumbach/Hueck/Fastrich,* GmbHG, § 32a Rdnr. 10.

1027 Vgl. *Kübler/Prütting/Noack,* InsO, Gesellschaftsrecht, Sonderband 1, 1999, Rdnr. 208; *Bork,* Insolvenzrecht, § 31 Rdnr. 373; *Fink,* Maßnahmen des Verwalters zur Finanzierung in der Unternehmensinsolvenz, Rdnr. 322; *Hirte* in Hommelhoff/Röhricht (Hrsg.), Gesellschaftsrecht 1997, 1998, S. 145, 176; *ders.,* ZInsO 1998, 147, 151; *Haas,* DZWIR 1999, 177, 182; *Koppensteiner,* WBl 1997, 489, 499; *Michalski/Heidinger,* GmbHG, §§ 32a, 32b Rdnr. 75; *Johlke/Schröder* in v.Gerkan/Hommelhoff (Hrsg.), Handbuch des Kapitalersatzrechts, Rdnr. 14.155.

1028 So namentlich *Noack,* Festschrift Claussen, 1997, S. 307, 316; *ders.* in Kübler/Prütting (Hrsg.), InsO, Sonderband 1, 1999, Rdnr. 208; in diese Richtung auch *Fink,* Maßnahmen des Verwalters zur Finanzierung in der Unternehmensinsolvenz, Rdnr. 323.

Die Privilegierung des Gesellschafters im Insolvenzeröffnungsverfahren verdient Zustimmung. Dies gilt wiederum nicht nur vor dem Hintergrund, dass – rein praktisch gesehen – ein Unternehmen, das insbesondere fortgeführt und saniert werden soll, gerade in der Zeit zwischen Insolvenzantragstellung und der Entscheidung des Gerichts über die Eröffnung des Insolvenzverfahrens dringend auf Kapital angewiesen ist.[1029] Die Gleichbehandlung des Gesellschafters mit den übrigen Massegläubigern (§ 55 Abs. 2 S. 1 InsO) ist vor allem auch deshalb gerechtfertigt, weil sie stimmig in die Grundstrukturen des Eigenkapitalersatzrechts einfügt. So ist es nämlich Sinn und Zweck der Regeln zum Eigenkapitalersatz, den Gläubigern der Gesellschaft in der Phase zwischen Insolvenzeintritt und Insolvenzeröffnung gerade deshalb zur Seite zu stehen, weil grundsätzlich erst mit der Eröffnung des Insolvenzverfahrens die »schützende« Hand des Insolvenzverwalters durch den Insolvenzbeschlag, d.h. den Übergang der Verwaltungs- und Verfügungsbefugnis des Schuldners auf den Insolvenzverwalter (§ 80 Abs. 1 InsO), vorhanden ist.[1030]

Bestellt nun aber das Insolvenzgericht einen vorläufigen Insolvenzverwalter und legt dem Schuldner ein allgemeines Verfügungsverbot auf, so geht gem. § 22 Abs. 1 S. 1 InsO die Verwaltungs- und Verfügungsbefugnis über das Vermögen des Schuldners bereits zu diesem Zeitpunkt auf den vorläufigen Insolvenzverwalter über, was praktisch eine Vorverlagerung der Beschlagnahmewirkung des § 80 Abs. 1 InsO zur Folge hat.[1031] Das heißt, der vorläufige, sog. »starke«[1032] Insolvenzverwalter hat grundsätzlich eine solche Rechtsposition inne, die derjenigen des (endgültigen) Insolvenzver-

1029 Vgl. BGH, Urt. v. 9. 5. 1960 – VII ZR 104/59, NJW 1960, 1456 (zum Vergleichsverfahren); siehe auch *Eidenmüller*, Unternehmenssanierung zwischen Markt und Gesetz, S. 369; *Haarmeyer/Wutzke/Förster*, Handbuch zur Insolvenzordnung, 3. Kapitel, Rdnr. 376; *Wittig*, DB 1999, 197 f.

1030 Vgl. vorstehend; siehe auch die Ausführungen unter § 10 I.

1031 Vgl. *Haarmeyer/Wutzke/Förster*, Handbuch zur Insolvenzordnung, 3. Kapitel, Rdnr. 324; *Nerlich/Römermann/Andres*, InsO, § 55 Rdnr. 126 ff; *Häsemeyer*, Insolvenzrecht, Rdnr. 7.43. Das Insolvenzgericht kann aber auch, indem es Maßnahmen der Zwangsvollstreckung gegen den Schuldner untersagt oder einstweilen einstellt (§ 21 Abs. 2 Nr. 3 InsO), die Wirkung des Vollstreckungsverbots, das mit der Verfahrenseröffnung eintritt (§ 89 InsO), vorziehen; vgl. hierzu Begründung RegE zu § 25 RegE/§ 21 InsO, BT-Drucks. 12/2443, S. 116.

1032 Vgl. ArbG Aachen, Urt. v. 20. 9. 1999 – 5 Ca 3683/99 d, ZIP 1999, 1982, 1984; *Haarmeyer/Wutzke/Förster*, Handbuch zur Insolvenzordnung, 3. Kapitel, Rdnr. 314, 325; *Pape*, NJW 2002, 1165, 1168.

walters nach § 80 InsO entspricht.[1033] Sind damit auch in der Phase nach Insolvenzantragstellung bis zur Eröffnung des Verfahrens die Gläubiger in ihrer Gesamtheit durch die Bestellung eines vorläufigen »starken« Insolvenzverwalters geschützt,[1034] besteht kein Grund für eine Anwendung der Regeln zum Eigenkapitalersatz.[1035] Die Interessen der (Insolvenz-)Gläubiger (§ 38 InsO) sind dabei hinreichend gewahrt, weil auch der vorläufige Insolvenzverwalter einer Haftung entsprechend §§ 60 ff InsO ausgesetzt ist.[1036] Damit besteht also auch für ihn ein (negativer) Verhaltensanreiz, die Eingehung neuer, die Masse schädigender Verbindlichkeiten zu unterlassen.[1037] Dass die Insolvenzgläubiger durch die Begründung von Masseverbindlichkeiten (§ 55 InsO) eine Schmälerung ihrer Haftungsmasse hinzunehmen haben, folgt dabei aus der dem Insolvenzrecht insgesamt zugrunde liegenden »dynamischen« Betrachtungsweise. Danach sind die Nachteile einer bestimmten Rechtshandlung »jetzt« den Vorteilen gegenüberzustellen, die die Gläubiger inbesondere bei einer Sanierung des Unternehmens »künftig« erzielen.[1038]

1033 Vgl. amtl. Begründung zu § 26 RegE/§ 22 InsO, BT-Drucks. 12/2443, S. 116 f: volle Verwaltungs- und Verfügungsbefugnis des vorläufigen Insolvenzverwalters bei Auferlegung eines allgemeinen Verfügungsverbots; vgl. auch *Kirchhof* in HK-InsO, § 22 Rdnr. 36; *Nerlich/Römermann/Andres,* InsO, § 55 Rdnr. 128; *Häsemeyer,* Insolvenzrecht, Rdnr. 7.43; *Karsten Schmidt,* ZGR 1998, 633, 646; *Delhaes,* NZI 1998, 102, 103, 104.

1034 Vgl. hierzu auch *Nerlich/Römermann/Mönning,* InsO, § 22 Rdnr. 40, wonach »[D]er Übergang der Verwaltungs- und Verfügungsbefugnis auf den vorläufigen Insolvenzverwalter dem Zweck [dient], die Einwirkungsmöglichkeiten des Schuldners und der Gläubiger auf die Haftungsmasse auszuschalten.«; ähnlich *Uhlenbruck* in Kölner Schrift, Rdnr. 17, S. 325, 343 f: Ausschaltung von Vermögensverlusten durch Handlungen des Schuldners, seiner Vertreter oder seiner Gläubiger.

1035 Dafür auch *Haas,* DZWIR 1999, 177, 182 unter Hinweis darauf, dass es in dieser Situation an dem für eine Haftung des Gesellschafters – in Augen des Gesetzgebers des Art. 2 Nr. 1 KapAEG (§ 32a Abs. 3 S. 2 InsO) – als wesentlich angesehenen Kriterium eines unternehmerischen Einflusses des Gesellschafters auf die Geschicke der Gesellschaft fehlt.

1036 Vgl. *Smid/Smid/Thiemann,* InsO, § 22 Rdnr. 126; *Kübler/Prütting/Pape,* InsO, § 22 Rdnr. 12, 45 ff; *Kirchhof* in HK-InsO, § 22 Rdnr. 70; siehe auch *Vallender,* ZIP 1997, 345, 348 f; *Feuerborn,* KTS 1997, 171, 206 ff.

1037 Unter Hinweis auf die persönliche Haftung des vorläufigen Insolvenzverwalters auch *Hirte* in Hommelhoff/Röhricht (Hrsg.), Gesellschaftsrecht 1997, 1998, S. 145, 176 f; *ders.,* ZInsO 1998, 147, 151.

1038 Vgl. hierzu BGH, Urt. v. 9. 5. 1960 – VII ZR 104/59, NJW 1960, 1456, 1457 (zum Vergleichsverfahren); zur dynamischen Betrachtungsweise siehe auch *Gottwald/Klopp/Kluth,* Insolvenzrechts-Handbuch, § 22 Rdnr. 46 i.V.m. Rdnr. 45, 49 ff.

Anders ist die Situation jedoch dann zu beurteilen, wenn das Insolvenzgericht einen vorläufigen Insolvenzverwalter ohne begleitendes allgemeines Verfügungsverbot, also einen sog. »schwachen« vorläufigen Insolvenzverwalter,[1039] bestellt. Da in dieser Situation die Verwaltungs- und Verfügungsbefugnis nicht auf den Insolvenzverwalter übergeht (§ 22 Abs. 1 S. 1 InsO) und damit die »schützende« Hand des (vorläufigen »starken«) Insolvenzverwalters fehlt, kann noch auf die Haftungsmasse zum Nachteil der Gläubiger eingewirkt werden, so dass es der Regeln über den Eigenkapitalersatz bedarf. Ob der »schwache« vorläufige Insolvenzverwalter dabei ein solcher ist, den das Insolvenzgericht mit begleitendem Zustimmungsvorbehalt bestellt hat, ist unerheblich, weil auch der »halbstarke«[1040] Insolvenzverwalter nicht umfassend für den Schuldner handeln kann. So ist er nämlich nicht in der Lage, den Abschluss rechtswirksamer Verpflichtungsgeschäfte durch den Schuldner zu verhindern,[1041] so dass es auch in dieser Situation an einer »kontrollierten« Kreditgewährung des Gesellschafters durch den Insolvenzverwalter fehlt.[1042]

bb) Kapitalersatz nach Aufhebung des Insolvenzverfahrens

(1) Ohne Planüberwachung

Besteht bei der Bestellung eines vorläufigen »starken« Insolvenzverwalters und erst recht nach Eröffnung des Insolvenzverfahrens aus Gläubigerschutzgründen kein Bedürfnis für eine Anwendung der Kapitalersatzregeln,[1043] so stellt sich die Frage, ob den Gesellschafter bei einer Kreditierung der Gesellschaft nach Aufhebung des Insolvenzverfahrens eine Finanzierungsfolgenverantwortung trifft, wenn sich die Beteiligten dazu entschieden haben, die Insolvenz in Abweichung zu den gesetzlichen Vorschriften durch einen sog. Insolvenzplan zu bereinigen (§ 1 S. 1, 2. Halbs. i.V.m. §§ 217 ff InsO). Dieser erlaubt es u.a., dass die Gläubiger des

---

1039 Vgl. BGH, Urt. v. 18. 7. 2002 – IX ZR 195/01, NJW 2002, 3326, 3328.

1040 Vgl. *Kreft* in Breitenbücher/Ehricke (Hrsg.), Insolvenzrecht 2003, 2003, S. 217, 218.

1041 Vgl. BGH, Urt. v. 18. 7. 2002 – IX ZR 195/01, NJW 2002, 3326, 3328.

1042 Anderenfalls wären die aus den rechtswirksamen Verpflichtungsgeschäften resultierenden Verbindlichkeiten zwar keine Masseforderungen gem. § 55 Abs. 2 S. 1 InsO, wohl aber Insolvenzforderungen; vgl. BGH, Urt. v. 18. 7. 2002 – IX ZR 195/01, NJW 2002, 3326, 3328.

1043 Siehe auch *Dauner-Lieb* in v.Gerkan/Hommelhoff (Hrsg.), Handbuch des Kapitalersatzrechts, Rdnr. 4.68.

Schuldners nicht – wie vom Gesetz grundsätzlich vorgesehen – aus dem Erlös einer Zwangsverwertung des schuldnerischen Vermögens, sondern beispielsweise aus den Erträgen des Unternehmens, das bei einer »Sanierung« vom Schuldner fortgeführt wird, befriedigt werden.[1044] Interessant ist die Frage, ob die Eigenkapitalersatzregeln Anwendung finden vor allem deshalb, weil der Schuldner mit der Aufhebung des Insolvenzverfahrens seine volle Verfügungsbefugnis über die Insolvenzmasse wieder zurückerhält (§ 259 Abs. 1 S. 2 InsO).

Wird die Erfüllung des Plans nun vom Insolvenzverwalter nicht überwacht,[1045] so erlöschen mit der Aufhebung des Insolvenzverfahrens die Ämter des Insolvenzverwalters und der Mitglieder des Gläubigerausschusses (§ 259 Abs. 1 S. 1 InsO). Der Insolvenzverwalter ist folglich verpflichtet, dem Schuldner die in seinem Besitz befindliche Masse herauszugeben,[1046] wozu insbesondere auch die Geschäftsbücher gehören (§ 36 Abs. 2 S. 1 InsO), zu deren Inbesitznahme er verpflichtet gewesen ist (§ 36 Abs. 2 S. 1 i. V. m. § 148 Abs. 1 InsO).[1047] Aus rechtlicher Sicht tritt mit der Aufhebung des Insolvenzverfahrens also wieder eine Situation ein, wie sie vor der Eröffnung des Insolvenzverfahrens bestand. Wie in der kritischen Phase vor Insolvenzeröffnung können die Gesellschafter nämlich wieder ungehindert zum Nachteil der Gläubiger durch Kredit- und Nicht-Kreditgeschäfte auf das Gesellschaftsvermögen einwirken, weil die »schützende« Hand des Insolvenzverwalters fehlt. Ist eine »kontrollierte« Kreditierung der Gesellschaft nach Aufhebung des Insolvenzverfahrens nicht mehr möglich, so besteht aus Gläubigerschutzgründen eine Notwendigkeit, die Eigenkapitalersatzregeln anzuwenden.[1048]

1044 Vgl. Begründung RegE zu § 253 RegE/§ 217 InsO, BT-Drucks. 12/2443, S. 195; *Bork,* Insolvenzrecht, § 1 Rdnr. 3 ff; *Gottwald/Klopp/Kluth,* Insolvenzrechts-Handbuch, § 22 Rdnr. 3, 66; *Pink,* ZIP 1997, 177, 179.

1045 Vgl. zur Anwendbarkeit der Rechtsregeln zum Eigenkapitalersatz bei Planüberwachung die nachfolgenden Ausführungen.

1046 Vgl. *Kübler/Prütting/Otte,* InsO, § 259 Rdnr. 5.

1047 Siehe hierzu auch BGH, Urt. v. 29. 5. 1979 – VI ZR 104/78, ZIP 1980, 25; OLG Köln, Urt. v. 20. 12. 1979 – 12 U 170/78, ZIP 1980, 94, 95; *Jaeger/Henckel,* KO, § 6 Rdnr. 141; *Smid,* InsO, § 36 Rdnr. 5 und *Smid/Smid/Rattunde,* § 259 Rdnr. 2; *Klasmeyer/Kübler,* BB 1978, 369, 372; *Klasmeyer,* ZIP 1980, 54, 55 (Urteilsanm.).

1048 Dafür auch *Dauner-Lieb* in v.Gerkan/Hommelhoff (Hrsg.), Handbuch des Kapitalersatzrechts, Rdnr. 4.68: »Der Abschluss des Insolvenzverfahrens als entscheidende Zäsur«; ebenso *Bork,* Insolvenzrecht, § 31 Rdnr. 373. Gleiches trifft freilich auch auf den Fall zu, in dem das Insolvenzgericht in dem Beschluss über die Eröffnung des Insolvenzverfahrens die Eigenverwaltung anordnet, weil bekanntlich auch hier die Verwaltungs- und Verfügungsbefugnis über die Insolvenzmasse dem

Für eine Anwendung des Kapitalersatzrechts spricht im Übrigen auch der Rechtfertigungsgrund für die Finanzierungsfolgenverantwortung des Gesellschafters. Kann der Schuldner das Unternehmen nämlich wieder fortführen und bekommt vom Insolvenzverwalter die Geschäftsbücher zurück, so erhält der Schuldner – und damit über § 51a GmbHG auch der Gesellschafter – wieder Einblick in die Interna der Gesellschaft. Das heißt, der Gesellschafter nutzt, wenn er die Gesellschaft in diesem Stadium kreditiert, einen Informationsvorsprung gegenüber den anderen Kreditgebern der Gesellschaft aus und spekuliert mithin auf Kosten der Gläubigergesamtheit,[1049] da er (erneut) Insider ist.[1050] Wie in der Phase vor der Eröffnung des Insolvenzverfahrens hat der Gesellschafter deshalb eine besondere Finanzierungsfolgenverantwortung zu übernehmen, weil er – wenn er die Gesellschaft kreditiert – durch Ausnutzen eines Informationsvorsprungs auf Kosten der übrigen Gläubiger spekuliert.[1051]

(2) Mit Planüberwachung

Vom Gesetz vorgesehen ist freilich auch die Möglichkeit, die Erfüllung des Insolvenzplans vom Insolvenzverwalter überwachen zu lassen (§§ 260 Abs. 1, 261 Abs. 1 S. 1 InsO). Machen die Beteiligten von diesem (fakultativen)[1052] Recht Gebrauch, so bleibt der Insolvenzverwalter »insoweit« weiter

---

Schuldner und nicht etwa dem vom Gericht bestellten Sachwalter zusteht (§ 270 Abs. 1 S. 1 InsO). Dafür im Ergebnis auch *Haas,* DZWIR 1999, 177, 182 f.

1049 Vgl. oben § 7 III 5 b).

1050 Vgl. dazu, dass derjenige, der die Bücher führt, gegenüber anderen einen Informationsvorsprung innehat, auch *Kübler/Prütting/Kübler,* InsO, § 155 Rdnr. 9 f. Im Übrigen ist nunmehr vom Gesetzgeber mit § 155 Abs. 1 S. 2 InsO ausdrücklich geklärt, dass während des Insolvenzverfahrens der Insolvenzverwalter auch die (externen) handels- und steuerrechtlichen Buchführungs- und Rechnungslegungspflichten zu erfüllen hat und mithin erst mit der Aufhebung des Insolvenzverfahrens der Informationsanspruch des Gesellschafters nach § 51a GmbHG wieder vollumfänglich auflebt, so dass das Informationsrecht des Gesellschafters bis dahin »stumpf« ist (siehe oben unter aa). Zur »Alleinverwaltung« der Bücher durch den Konkurs- bzw. Insolvenzverwalter vgl. auch BGH, Urt. v. 29. 5. 1979 – VI ZR 104/78, ZIP 1980, 25, 26; OLG Köln, Urt. v. 20. 12. 1979 – 12 U 170/78, ZIP 1980, 94, 95; *Klasmeyer/Kübler,* BB 1978, 369, 371; *Klasmeyer,* ZIP 1980, 54, 55 (Urteilsanm.); *Pink,* ZIP 1997, 177, 181 und im Zusammenhang mit Auskunftsansprüchen gegenüber dem Konkursverwalter *Gerhardt,* ZIP 1980, 941, 944.

1051 Näher zur Rechtfertigung der Finanzierungsfolgenverantwortung des Gesellschafters oben unter § 7 III 5 b) der Ausführungen.

1052 Vgl. *Kübler/Prütting/Otte,* InsO, § 260 Rdnr. 3.

im Amt (vgl. 262 Abs. 1 S. 2 InsO). Anders als im eröffneten Verfahren hat der Insolvenzverwalter allerdings jetzt die Stellung eines »kontrollierenden« Beobachters inne, dessen Aufgabe es ist, lediglich die Erfüllung der Ansprüche, die den Gläubigern nach dem gestaltenden Teil des Insolvenzplans (§ 219, §§ 221 ff InsO) zustehen, zu überwachen (§ 260 Abs. 2 InsO).[1053] Inhaber der Verwaltungs- und Verfügungsbefugnis ist hingegen der Schuldner.[1054]

Hat der Schuldner aber auch während der Zeit der Überwachung grundsätzlich die volle Verfügungsbefugnis über die Insolvenzmasse inne, so folgt hieraus, dass aus Gläubigerschutzgründen auch in der Überwachungsphase eine Anwendung der Eigenkapitalersatzregeln geboten ist.[1055]

Gegen diese Ansicht könnte – auf den ersten Blick – sprechen, dass die Aufgabe des Insolvenzverwalters, die Erfüllung des Plans zu überwachen (§ 261 Abs. 1 InsO), eine Informations- bzw. Unterrichtungspflicht mit einschließt, so dass der Gesellschafter bei einer Kreditierung der Gesellschaft (angeblich) keinen Informationsvorsprung zum Nachteil der übrigen Gläubiger ausnutzt. Denn der Insolvenzverwalter hat während der Zeit der Überwachung dem Gläubigerausschuss und dem Insolvenzgericht jährlich über den jeweiligen Stand und die weiteren Aussichten der Erfüllung des Insolvenzplans zu berichten (§ 261 Abs. 2 S. 1 InsO). Stellt der Insolvenzverwalter fest, dass Ansprüche, deren Erfüllung überwacht wird, nicht erfüllt werden oder nicht erfüllt werden können, so hat er dies ebenfalls dem Insolvenzgericht und dem Gläubigerausschuss und falls ein solcher nicht be-

---

1053 Vgl. Begründung RegE zu § 307 RegE/§ 260 InsO, BT-Drucks. 12/2443, S. 215; *Kübler/Prütting/Otte*, InsO, § 260 Rdnr. 3, § 261 Rdnr. 2, § 262 Rdnr. 2; *Smid/Smid/Rattunde*, InsO, § 259 Rdnr. 5; *Haarmeyer/Wutzke/Förster*, Handbuch zur Insolvenzordnung, 9. Kapitel, Rdnr. 118; *Bork*, Insolvenzrecht, § 30 Rdnr. 351; *Dinstühler*, InVo 1998, 333, 343.

1054 Vgl. Begründung RegE zu § 310 RegE/§ 263 InsO, BT-Drucks. 12/2443, S. 216; *Flessner* in HK-InsO, § 262 Rdnr. 1; *Häsemeyer*, Insolvenzrecht, Rdnr. 28.59; *Bork*, Insolvenzrecht, § 30 Rdnr. 352; *Haarmeyer/Wutzke/Förster*, Handbuch zur Insolvenzordnung, 9. Kapitel, Rdnr. 114.

1055 Siehe auch *Dauner-Lieb* in v.Gerkan/Hommelhoff (Hrsg.), Handbuch des Kapitalersatzrechts, Rdnr. 4.68. Zu dem gleichen Ergebnis gelangt man im Übrigen auch dann, wenn man – wie der Gesetzgeber des KapAEG – die Finanzierungsfolgenverantwortung des Gesellschafters u.a. mit einem unternehmerischen Einfluss des Gesellschafters auf die Geschicke der Gesellschaft begründet (vgl. zu Art. 2 Nr. 1 KapAEG BT-Drucks. 13/7141, S. 12), weil der Insolvenzverwalter in der Überwachungsphase zu Eingriffen in die Geschäftsführung des Unternehmens grundsätzlich nicht mehr berechtigt ist; vgl. Begründung RegE zu § 308 RegE/§ 261 InsO, BT-Drucks. 12/2443, S. 215; siehe auch *Kübler/Prütting/Otte*, InsO, § 262 Rdnr. 3: Geschäftsführung liegt beim Schuldner.

stellt ist,[1056] gegenüber allen Gläubigern, denen nach dem gestaltenden Teil des Insolvenzplans Ansprüche gegen den Schuldner zustehen, anzuzeigen (§ 262 InsO). Aufgrund dieser Anzeige- und Berichtspflichten könnte ein etwaiger Informationsvorsprung des Gesellschafters egalisiert sein.

Doch spricht diese Überlegung nicht gegen eine Anwendung der Kapitalersatzregeln. Denn sowohl in sachlicher als auch in persönlicher Hinsicht ist die Unterrichtungspflicht des Insolvenzverwalters begrenzt. In sachlicher Hinsicht ist das insoweit der Fall, als der Insolvenzverwalter Informationen, die er über den Schuldner gewonnen hat, nur in Bezug auf den Überwachungsgegenstand (die Planerfüllung) weitergeben darf.[1057] Vor allem aber profitieren in persönlicher Hinsicht von der Unterrichtungs- bzw. Anzeigepflicht des Insolvenzverwalters nur Gläubiger, deren Ansprüche überwacht werden.[1058] Das heißt, andere Gläubiger, insbesondere solche, die Ansprüche gegen den Schuldner erst während der Zeit der Überwachung begründen, sind von der Unterrichtung ausgeschlossen. Geschützt werden diese Neugläubiger lediglich insoweit, als die Tatsache der Überwachung zusammen mit dem Beschluss über die Aufhebung des Insolvenzverfahrens öffentlich bekannt zu machen und ins Handelsregister einzutragen ist (§ 267 Abs. 1, Abs. 3 S. 1 InsO). Folglich nutzt der Gesellschafter nur gegenüber neuen, potentiellen, Kreditgebern der Gesellschaft einen Informationsvorsprung aus, wenn er die Gesellschaft in der Überwachungsphase kreditiert. Dies rechtfertigt es, die Eigenkapitalersatzregeln schließlich auch dann anzuwenden, wenn das Insolvenzverfahren mit anschließender Planüberwachung aufgehoben wird.[1059]

Zu klären bleibt allerdings, in welchem Rang die Forderung des Gesellschafters zu befriedigen ist, wenn die Kreditierung objektiv darauf angelegt ist, den Gesundungsprozess der Gesellschaft zu unterstützen.

1056 Nach dem Wortlaut des Gesetzes (§ 261 Abs. 1 S. 2 InsO) bleiben auch die Mitglieder eines ggf. schon bestehenden Gläubigerausschusses im Amt und »setzen« diese Ämter, soweit die Zwecke der Überwachung es erfordern, »fort«. Als zulässig und mit dem Gesetz vereinbar wird es auch angesehen, dass ein neuer Gläubigerausschuss, eigens für die Überwachung, gebildet wird; dafür namentlich *Kübler/Prütting/Otte,* InsO, § 261 Rdnr. 13.

1057 Vgl. *Kübler/Prütting/Otte,* InsO, § 261 Rdnr. 14, § 262 Rdnr. 4 f.

1058 Vgl. *Kübler/Prütting/Otte,* InsO, § 262 Rdnr. 4.

1059 Dafür im Ergebnis auch *Dauner-Lieb* in v.Gerkan/Hommelhoff (Hrsg.), Handbuch des Kapitalersatzrechts, Rdnr. 4.68; *Bork,* Insolvenzrecht, § 31 Rdnr. 373.

(3) Die Stellung des (Sanierungs-)Gesellschafters im Insolvenzplanverfahren

Die Frage, wie der (Sanierungs-)Gesellschafter im Insolvenzplanverfahren mit seiner Forderung zu behandeln ist, ist vor allem deshalb interessant, weil das Gesetz mit § 264 Abs. 1 InsO grundsätzlich die Möglichkeit einer rangmäßigen Begünstigung von Krediten vorsieht, die der Gesellschaft während der Zeit der Überwachung gewährt werden oder die ein Massegläubiger in die Zeit der Überwachung hinein stehen lässt. Voraussetzung für diese Privilegierung ist, dass die Insolvenzgläubiger im Plan erklären, mit den Forderungen, die ihnen nach dem Plan gegen den Schuldner zustehen, bis zu einem gewissen Gesamtbetrag, dem sog. Kreditrahmen, zurückzutreten (§ 264 Abs. 1 S. 2 InsO).[1060] Damit soll für potentielle Kreditgeber ein Anreiz geschaffen werden, ihr Kapital in das Unternehmen zu investieren, um dem Schuldner nach Aufhebung des Insolvenzverfahrens einen Neuanfang zu erleichtern.[1061] Der entscheidende Vorteil, den die Aufnahme von Forderungen in den Kreditrahmen für Kreditgeber mit sich bringt, ist, dass solche Gläubiger für den Fall, dass die Sanierung scheitert und innerhalb der Überwachungszeit ein neues, zweites Insolvenzverfahren eröffnet wird, gem. § 266 Abs. 1 InsO vorrangig vor den Insolvenzgläubigern und den Gläubigern zu befriedigen sind, die ebenfalls vertragliche Ansprüche gegen den Schuldner in der Überwachungszeit begründen, ohne jedoch in den Kreditrahmen aufgenommen zu werden (sog. Neugläubiger gem. § 265 InsO).[1062]

Reicht nun allerdings ein Gesellschafter der Gesellschaft einen Sanierungskredit aus, mit dem die Gesellschaft anfängliche Startschwierigkeiten bei der Fortführung des Unternehmens überwinden soll, so sieht das Gesetz

1060 Hinzukommen muss, dass die Kreditgeber mit dem Schuldner ausdrücklich vereinbaren, dass und in welcher Höhe der von ihnen gewährte Kredit nach Hauptforderung, Zinsen und Kosten innerhalb des Kreditrahmens liegt und der Insolvenzverwalter diese Vereinbarung schriftlich bestätigt (§ 264 Abs. 2 InsO).

1061 Vgl. Begründung zu § 311 RegE/§ 264 InsO, BT-Drucks. 12/2443, S. 216; *Bork,* Insolvenzrecht, § 31 Rdnr. 372 i.V.m. § 30 Rdnr. 353; *Kübler/Prütting/Otte,* InsO, § 260 Rdnr. 4, § 264 Rdnr. 2 f; *Kübler/Prütting/Noack,* InsO, Gesellschaftsrecht, Sonderband 1, 1999, Rdnr. 217; *Fink,* Maßnahmen des Verwalters zur Finanzierung in der Unternehmensinsolvenz, Rdnr. 353; *Haas,* DZWIR 1999, 177, 182.

1062 Wie hier *Flessner* in HK-InsO, § 264 Rdnr. 9; *Nerlich/Römermann/Braun,* InsO, § 264 Rdnr. 9; *Kübler/Prütting/Otte,* InsO, § 264 Rdnr. 1; *Häsemeyer,* Insolvenzrecht, Rdnr. 28.63. Dagegen und für eine Befriedigung dieser Gläubiger als Massegläubiger im neuen Insolvenzverfahren, *Fink,* Maßnahmen des Verwalters zur Finanzierung in der Unternehmensinsolvenz, Rdnr. 369 ff.

mit § 264 Abs. 3 InsO ausdrücklich vor, dass § 39 Abs. 1 Nr. 5 InsO »unberührt bleibt«. Damit soll der Nachrang nicht durch die Aufnahme von Forderungen aus kapitalersetzenden Darlehen in den Kreditrahmen beseitigt werden, mit der Folge, dass der Gesellschafter mit seiner Forderung aus kapitalersetzenden Darlehen erst nach den Insolvenzgläubigern und den Neugläubigern befriedigt wird (§ 266 Abs. 2 InsO).

Die Anwendung der Kapitalersatzregeln im Planüberwachungsverfahren »klarzustellen«, ist laut Regierungsbegründung deshalb geboten, weil eine andere Regelung »dem Ziel einer ordnungsgemäßen Kapitalausstattung der sanierten Gesellschaft« widersprechen würde.[1063]

Ob die Anwendung der Kapitalersatzregeln allerdings mit einer Pflicht des Gesellschafters, die Gesellschaft »ordnungsgemäß«, d.h. unter Bereitstellung von Haftkapital zu finanzieren,[1064] begründet werden kann, ist zweifelhaft. Richtiger Ansicht nach müssen die Eigenkapitalersatzregeln in der Überwachungsphase deshalb angewandt werden, weil die Gläubiger auch in dieser Phase zu schützen sind.[1065] So entscheidet nämlich über die Kreditaufnahme im Allgemeinen und über die Privilegierung der gewährten Kredite durch Einbeziehung in den Kreditrahmen nach Ansicht der hM allein der Schuldner unter Vereinbarung mit dem Gläubiger.[1066] Das hat zur Folge, dass der Gesellschafter grundsätzlich (wieder) ungehindert auf das Gesellschaftsvermögen zum Nachteil der Gläubiger einwirken kann.[1067]

Die Anwendung der Kapitalersatzregeln im Insolvenzplanverfahren ist jedoch nicht unumstritten. So lehnen Teile des Schrifttums die Anwendung der Kapitalersatzregeln mit der Begründung ab, dass das Eigenkapitaler-

---

1063 Vgl. Begründung zu § 311 RegE/§ 264 InsO, BT-Drucks. 12/2443, S. 216; zustimmend *Nerlich/Römermann/Braun,* InsO, § 264 Rdnr. 6; *Wittig,* DB 1999, 197, 204; siehe auch *v.Gerkan* in Röhricht/Graf von Westphalen, HGB, § 172a Rdnr. 86: keine Fortführung des Unternehmens mit kapitalersetzenden Krediten.

1064 Für die Anerkennung einer derartigen Pflicht im Planüberwachungsverfahren auch *Karsten Schmidt,* ZGR 1986, 178, 202.

1065 Wie hier *Dauner-Lieb* in v.Gerkan/Hommelhoff (Hrsg.), Handbuch des Kapitalersatzrechts, Rdnr. 4.68.

1066 Vgl. Begründung RegE zu § 311 RegE/§ 264 InsO, BT-Drucks. 12/2443, S. 216; *Flessner* in HK- InsO, § 264 Rdnr. 7; *Kübler/Prütting/Otte,* InsO, § 264 Rdnr. 12; *Haarmeyer/Wutzke/Förster,* Handbuch zur Insolvenzordnung, Kapitel 9 Rdnr. 125; *Fink,* Maßnahmen des Verwalters zur Finanzierung in der Unternehmensinsolvenz, Rdnr. 359; *Dinstühler,* ZInsO 1998, 243, 247; *Wittig,* DB 1999, 197, 204. Anders gerade aus Gläubigerschutzgesichtspunkten und für eine »Wirtschaftlichkeitsprüfung« durch den Insolvenzverwalter *Smid/Smid/Rattunde,* InsO, § 264 Rdnr. 8.

1067 Vgl. insoweit auch *Dauner-Lieb* in v.Gerkan/Hommelhoff (Hrsg.), Handbuch des Kapitalersatzrechts, Rdnr. 4.68.

satzrecht dem gewünschten Ziel, Sanierungen zu fördern, zuwiderlaufe.[1068] Um einer Sanierungsfeindlichkeit des Eigenkapitalersatzrechts entgegenzuwirken, müsse dieser Ansicht zufolge ein Gesellschafter, der eine im eröffneten (ersten) Insolvenzverfahren begründete Masseforderung stehen lässt, im zweiten Insolvenzverfahren nicht als nachrangiger (§ 39 Abs. 1 Nr. 5 InsO), sondern als »normaler« Insolvenzgläubiger (§ 38 InsO) behandelt werden. Anderenfalls sei der Gesellschafter nämlich zum Abzug seines Darlehens gezwungen, was häufig den Zusammenbruch der gerade aus dem Insolvenzverfahren entlassenen Gesellschaft zur Folge hätte.[1069] Um Sanierungen nicht im Keim zu ersticken, soll denn auch der Sanierungskredit des Gesellschafters in dem vom Gesetz ausdrücklich geregelten Fall privilegiert werden, dass der Gesellschafter den vom Insolvenzverwalter aufgenommenen (Masse-)Kredit in die Zeit der Überwachung hinein stehen lässt (§ 264 Abs. 1 S. 1 letzter Halbsatz InsO). § 264 Abs. 3 InsO sei insoweit teleologisch zu reduzieren.[1070]

Um jedoch insbesondere den »alten« (Sanierungs-)Gesellschafter besser zu stellen, denn der Neueinsteiger ist ja bereits gem. § 32a Abs. 3 S. 3 GmbHG privilegiert, ist es aber nicht geboten, die Anwendbarkeit des Eigenkapitalersatzrechts für die Zeit nach Aufhebung des Insolvenzverfahrens gänzlich in Frage zu stellen.[1071] Vielmehr lässt sich das aufgezeigte Spannungsverhältnis zwischen gewünschter Sanierung der Gesellschaft einerseits und gebotenem Gläubigerschutz andererseits auch bei Geltung des Eigenkapitalersatzrechts sachgerecht lösen. So ist nach der hier vertretenen Ansicht das Sanierungsprivileg (§ 32a Abs. 3 S. 3 GmbHG) auf alle Gesellschafter zu erstrecken, die der Gesellschaft aus ex ante Sicht einen zur Sanierung objektiv geeigneten Kredit zur Verfügung stellen.[1072] Verfährt man so, bereitet auch die Anwendung des § 264 Abs. 3 InsO keine Schwierigkeiten, weil dann, infolge des lediglich deklaratorischen Verweises auf das

1068 Siehe *Noack,* Festschrift Claussen, 1997, S. 307, 316 f; *ders.* in Kübler/Prütting (Hrsg.), InsO, Gesellschaftsrecht, Sonderband 1, 1999, Rdnr. 209, 217 f; *Rümker* in Kübler (Hrsg.), Die Neuordnung des Insolvenzrechts, 1989, S. 135, 150; kritisch auch *Schiessler,* Der Insolvenzplan, S. 218 ff.

1069 So vor allem *Noack,* Festschrift Claussen, 1997, S. 307, 316 f: Die Insolvenzregeln als lex specialis zum Eigenkapitalersatz; in der Sache zustimmend *Koppensteiner,* WBl 1997, 489, 499.

1070 Vgl. *Kübler/Prütting/Noack,* InsO, Gesellschaftsrecht, Sonderband 1, 1999, Rdnr. 218.

1071 Kritisch auch *Johlke/Schröder* in v.Gerkan/Hommelhoff (Hrsg.), Handbuch des Kapitalersatzrechts, Rdnr. 14.154.

1072 Vgl. oben unter § 11 I 1 a) bb).

Eigenkapitalersatzrecht,[1073] dieses Rechtsinstitut mit seinen Grundsätzen und Ausnahmen insgesamt zur Anwendung kommt.[1074] Für den Gesellschafter hat das Sanierungsprivileg im Insolvenzplanverfahren zur Folge, dass er bei der Vergabe eines Sanierungskredits in der Überwachungsphase die Chance hat, durch Aufnahme in den Kreditrahmen im Vorrang bzw. dann, wenn kein Kreditrahmen festgelegt und der Gesellschaft das Darlehen nach Aufhebung des Insolvenzverfahrens gewährt wird, in dem neuen Insolvenzverfahren im gleichen Rang mit den bisherigen Alt- und Neugläubigern und nicht im Nachrang befriedigt zu werden.[1075] Dient schließlich auch der stehengelassene (Masse-)Kredit des Gesellschafters der Sanierung der Gesellschaft, so hat der Gesellschafter auch diesbezüglich über § 264 Abs. 3 i.V.m. § 39 Abs. 1 Nr. 5 InsO, § 32a GmbHG die Möglichkeit, mit seiner Masseforderung in den Kreditrahmen aufgenommen zu werden.[1076]

d) Die Finanzierungsentscheidung des Gesellschafters

Auswirkungen hat eine insolvenzrechtliche Sichtweise auf das Eigenkapitalersatzrecht auch im Hinblick auf das Tatbestandsmerkmal der Finanzierungsentscheidung des Gesellschafters. Dies gilt sowohl in objektiver (siehe unten aa) als auch in subjektiver Hinsicht (siehe unten bb).

1073 Vgl. *Haas,* DZWIR 1999, 177, 182; *ders.* in Gottwald, Insolvenzrechts-Handbuch, § 92 Rdnr. 224; *Hirte,* ZInsO 1998, 147, 150; *Obermüller,* ZInsO 1998, 51, 54; siehe auch *Scholz/Karsten Schmidt,* GmbHG, §§ 32a, 32b Rdnr. 200; *Wittig* in Karsten Schmidt/Uhlenbruck (Hrsg.), Die GmbH in Krise, Sanierung und Insolvenz, Rdnr. 535.

1074 Vgl. insoweit auch *Dauner-Lieb* in v.Gerkan/Hommelhoff (Hrsg.), Handbuch des Kapitalersatzrechts, Rdnr. 4.65 im Hinblick auf eine Privilegierung des Neueinsteigers in der Überwachungsphase. In diesem Sinne wohl auch *Baumbach/Hueck/Fastrich,* GmbHG, § 32a Rdnr. 11.

1075 Dafür im Ergebnis auch *Drukarczyk,* Festschrift Schneider, 1995, S. 172, 195.

1076 Dafür, dass von § 264 Abs. 3 InsO grundsätzlich auch die Fallkonstellation einer »stehen gelassenen Masseforderung« (§ 264 Abs. 1 S. 1 letzter Halbsatz InsO) erfasst wird, auch *Dauner-Lieb* in v.Gerkan/Hommelhoff (Hrsg.), Handbuch des Kapitalersatzrechts, Rdnr. 4.68; *Flessner* in HK-InsO, § 264 Rdnr. 11; *Fink,* Maßnahmen des Verwalters zur Finanzierung in der Unternehmensinsolvenz, Rdnr. 322; *Schiessler,* Der Insolvenzplan, S. 217. A.A. *Scholz/Karsten Schmidt,* GmbHG, §§ 32a, 32b Rdnr. 67: nur in der Überwachungsphase »geleistete« Kredite des Gesellschafters.

aa) Die objektive Seite der Finanzierungsentscheidung

In objektiver Hinsicht stellt sich die Frage, welche Möglichkeiten der Gesellschafter hat, um auf die Krise der Gesellschaft zu reagieren. Denn die Eigenkapitalersatzregeln setzen voraus, dass der Gesellschafter entweder vor der Wahl der erstmaligen Leistungsgewährung in der Krise steht oder – wie in den Fällen des »Stehenlassens« – zum Abzug seiner Leistung in der Krise in der Lage ist.[1077] Anderenfalls kann dem Gesellschafter nämlich nicht der Vorwurf gemacht werden, dass er die Gesellschaft trotz Liquidationsreife fortgeführt hat.[1078] Das heißt, dem Gesellschafter muss es möglich sein, die Gesellschaft unter Entzug der zur Verfügung gestellten Mittel zu liquidieren.[1079]

Dies ist einmal der Fall, wenn der Gesellschafter das der Gesellschafterhilfe zugrunde liegende Vertragsverhältnis kündigen kann. Darüber hinaus bleibt aber noch die Möglichkeit, die Gesellschaft entweder durch einen Auflösungsbeschluss (gesellschaftsrechtlich) oder durch einen Insolvenzantrag (insolvenzrechtlich) zu liquidieren.[1080] In all diesen Fällen wird nämlich verhindert, dass der Gesellschafter das Risiko, das mit einer Fremdfinanzierung der Gesellschaft verbunden ist, auf die Gläubiger abwälzt.[1081] Ob der Gesellschafter seine Leistung dabei tatsächlich, d.h. vollständig zurückerlangt (so bei der Kündigung) oder lediglich im Insolvenzverfahren über das Vermögen der Gesellschaft quotal befriedigt wird, ist insoweit unerheblich.[1082]

Der Insolvenzantragstellung, als Mittel einer Umqualifizierung der Gesellschafterleistung zu entgehen, kam bislang allerdings wenig Bedeutung zu. Dies hängt damit zusammen, dass der Gesellschafter aus Sicht der hM mit der Stellung eines Insolvenzantrags regelmäßig zu spät auf die Krise

1077 Vgl. oben unter § 3 IV 1.

1078 Vgl. BGH, Urt. v. 14. 12. 1992 – II ZR 298/91, BGHZ 121, 31, 36; Urt. v. 7. 11. 1994 – II ZR 270/93, BGHZ 127, 336, 345; Urt. v. 16. 6. 1997 – II ZR 154/96, ZIP 1997, 1375, 1376; OLG Düsseldorf, Urt. v. 29. 9. 1998 – 24 U 250/97, ZIP 1998, 1910, 1913; *Habersack*, ZHR 162 (1998), 201, 204 f; *Oppenländer*, GmbHR 1998, 505, 506.

1079 Vgl. *Lutter/Hommelhoff*, GmbHG, § 32a Rdnr. 50; *Karsten Schmidt*, ZIP 1993, 161, 167.

1080 Vgl. oben § 3 IV 1.

1081 Vgl. BGH, Urt. v. 19. 12. 1994 – II ZR 10/94, ZIP 1995, 280, 281; OLG Hamm, Urt. v. 25. 10. 1996 – 30 U 50/96, GmbHR 1997, 357, 358; *Jasper*, WiB 1995, 250, 251 (Urteilsanm.).

1082 Vgl. i.d.S. ausdrücklich so BGH, Urt. v. 19. 12. 1994 – II ZR 10/94, ZIP 1995, 280, 281; OLG Hamm, Urt. v. 25. 10. 1996 – 30 U 50/96, GmbHR 1997, 357, 358.

reagiert.[1083] Denn nach Ansicht der hM befindet sich die Gesellschaft bereits dann in der Krise, wenn sie kreditunwürdig und nicht bereits insolvenzreif, d.h. überschuldet und/oder zahlungsunfähig ist.[1084]

Ob diese Ansicht zutrifft, ist allerdings fraglich. So wurde oben aufgezeigt, dass sich die Gesellschaft tatsächlich erst mit Eintritt der Überschuldung oder Zahlungsunfähigkeit in der Krise befindet, weil zwischen dem Stadium der Kreditunwürdigkeit und den Insolvenzauslösetatbeständen ein weiter Überschneidungsbereich besteht.[1085] Das hat zur Folge, dass bei einer insolvenzrechtlichen Betrachtung auch der Insolvenzantrag ein gleichermaßen geeignetes Mittel ist, um in objektiver Hinsicht eine Finanzierungsentscheidung i.S. des Eigenkapitalersatzrechts zu treffen.

bb) Die subjektive Seite der Finanzierungsentscheidung

Inwieweit die Finanzierungsentscheidung i.S. des Eigenkapitalersatzrechts neben der Möglichkeit, zwischen Sanierung und Liquidation der Gesellschaft wählen zu können, auch subjektive Merkmale in der Person des Gesellschafters voraussetzt, ist umstritten.[1086] Während die Rechtsprechung bislang nur für die Fälle des »Stehenlassens« verlangt, dass der Gesellschafter wenigstens die Möglichkeit hatte, von der Krise der Gesellschaft Kenntnis zu nehmen, fordert ein zunehmender Teil des Schrifttums dies auch für den Grundfall, d.h. der Darlehensgewährung in der Krise und damit für jede Art der Finanzierungsentscheidung.[1087]

Ob es in subjektiver Hinsicht allerdings ausreichend ist, für die Finanzierungsentscheidung lediglich die Möglichkeit zur Kenntnisnahme der die Krise begründenden Faktoren zu verlangen, ist fraglich. So kann der Gesellschafter begrifflich schon eine (Krisen-)Finanzierungsentscheidung nur treffen, wenn er tatsächlich Kenntnis von den ihm in der Krise objektiv zur Verfügung stehenden Handlungsalternativen, nämlich die Gesellschaft entweder zu sanieren oder zu liquidieren, hat.[1088] Hinzu kommt, dass den Gesellschafter deshalb eine Finanzierungsfolgenverantwortung trifft, weil er

1083 Vgl. *Karsten Schmidt*, ZIP 1999, 1241, 1245; *ders.* in Karsten Schmidt/Uhlenbruck (Hrsg.), Die GmbH in Krise, Sanierung und Insolvenz, Rdnr. 390.

1084 Vgl. oben § 3 III.

1085 Vgl. oben § 7 II.

1086 Vgl. oben § 3 IV 2.

1087 Vgl. oben § 3 IV 2.

1088 Siehe insoweit auch *Grunewald*, Gesellschaftsrecht, 2.F. 4 b) aa), Rdnr. 134, S. 367; *Altmeppen* in Roth/Altmeppen, GmbHG, § 32a Rdnr. 42; *Raiser*, Recht der Kapitalgesellschaften, § 38 I 5) Rdnr. 17, S. 654.

durch Ausnutzen eines Informationsvorsprungs auf Kosten der Gläubigergesamtheit spekuliert. Das heißt, der Gesellschafter wird zur Finanzierungsfolgenverantwortung herangezogen, wenn er mit dem Wissen um die Krise die Gesellschaft kreditiert. Denn nur dann, wenn der Gesellschafter tatsächlich einen Informationsvorsprung ausnutzt, spekuliert er auf Kosten der übrigen Gläubiger.[1089]

Eine andere Frage ist es hingegen, ob die Kenntnis des Gesellschafters von der Krise vermutet werden kann. Eine derartige Typisierung des Informationsvorsprungs ist unter Rückgriff auf § 138 Abs. 2 Nr. 1 InsO möglich,[1090] so dass die subjektive Seite der Finanzierungsentscheidung des Gesellschafters – in Übereinstimmung mit der hM – regelmäßig erfüllt ist. Es obliegt sodann dem Gesellschafter, die fehlende Kenntnis von der Gesellschaftskrise nachzuweisen.[1091]

Für seine in Kenntnis von der Krise zu treffende Finanzierungsentscheidung ist dem Gesellschafter in Übereinstimmung mit der Rechtsprechung und in Anlehnung an § 64 Abs. 1 GmbHG eine angemessene Überlegungsfrist von zwei bis drei Wochen einzuräumen.[1092]

1089 Vgl. oben § 7 III 5 b).

1090 Vgl. oben § 7 III 5 c).

1091 Vgl. dazu, dass nach Ansicht der hM, die Möglichkeit des Gesellschafters von der Krise Kenntnis zu nehmen, der Regelfall ist, dementsprechend das Vorliegen der subjektiven Seite der Finanzierungsentscheidung vermutet wird und mithin der Gesellschafter darzulegen und ggf. zu beweisen hat, dass er ausnahmsweise nicht in der Lage gewesen ist, von der Krise der Gesellschaft Kenntnis zu nehmen; BGH, Urt. v. 17. 2. 1992 – II ZR 154/91, ZIP 1992, 618, 620; Urt. v. 7. 11. 1994 – II ZR 270/93, BGHZ 127, 336, 347; Urt. v. 28. 11. 1994 – II ZR 77/93, NJW 1995, 457, 459; Urt. v. 11. 12. 1995 – II ZR 128/94, ZIP 1996, 273, 275; Urt. 2. 12. 1996 – II ZR 243/95, NJW-RR 1997, 606, 607; Urt. v. 15. 6. 1998 – II ZR 17/97, DStR 1998, 1188; OLG Düsseldorf, Urt. v. 13. 2. 1997 – 6 U 263/95, GmbHR 1997, 350, 351; Urt. v. 14. 5. 1999 – 16 U 103/98, GmbHR 1999, 1039, 1040; OLG Zweibrücken, Urt. v. 20. 12. 2001 – 4 U 131/00, GmbHR 2002, 740; *Lutter/Hommelhoff,* GmbHG, §§ 32a/b Rdnr. 90 aE; *Scholz/Karsten Schmidt,* GmbHG, §§ 32a, 32b Rdnr. 48 i.V.m. Rdnr. 56; *Dostal,* DZWIR 1999, 36 (Urteilsanm.); *Johlke/Schröder* in v.Gerkan/Hommelhoff (Hrsg.), Handbuch des Kapitalersatzrechts, Rdnr. 5.93.

1092 Vgl. insoweit auch BGH, Urt. v. 15. 6. 1998 – II ZR 17/97, DStR 1998, 1188; Urt. v. 11. 12. 1995 – II ZR 128/94, NJW 1996, 722, 723; Urt. v. 2. 12. 1996 – II ZR 143/95, NJW-RR 1997, 606, 607; OLG Stuttgart, Urt. v. 5. 11. 1997 – 20 U 74/97, NZG 1998, 308, 309; OLG Düsseldorf, Urt. v. 13. 2. 1997 – 6 U 263/95, GmbHR 1997, 350, 351; Urt. v. 29. 9. 1998 – 24 U 250/97, ZIP 1998, 1910, 1913; OLG München, Urt. v. 19. 1. 1999 – 25 U 2550/98, NZG 1999, 603.

2. Einfluss auf die Rechtsfolgen

Näher zu untersuchen ist, welchen Einfluss eine insolvenzrechtliche Betrachtung der Finanzierungsfolgenverantwortung auf die Rechtsfolgen des Eigenkapitalersatzrechts hat. Denn die insolvenzrechtlichen Vorschriften sind, wie insbesondere ein Blick auf die Anfechtungsvorschriften (§§ 129 ff InsO) zeigt, u.a. davon geprägt, konkrete Gläubigerbenachteiligungen auszugleichen. Gleiches gilt auch für § 64 Abs. 2 GmbHG. Auch diese Vorschrift zeigt, dass der Geschäftsführer jeweils nur für eine tatsächlich eingetretene Beeinträchtigung des Schuldnervermögens zu Lasten der Gläubigergesamtheit zur Verantwortung gezogen wird. Dient das Eigenkapitalersatzrecht neben diesen Vorschriften dem Schutz der insolvenzrechtlichen Haftungsordnung,[1093] so ist nicht nur im Hinblick auf die Kredit- und Nicht-Kreditgeschäfte zu klären, inwieweit die Finanzierungsfolgenverantwortung des Gesellschafters reicht (siehe unten a) und b)). Darüber hinaus stellt sich die Frage, welche Auswirkungen eine insolvenzrechtliche Einordnung des Eigenkapitalersatzrechts im Hinblick auf eine Bindung der Gesellschafterleistung nach Überwindung der Krise (siehe unten c), auf die Ersatzpflicht des Geschäftsführers entsprechend § 43 Abs. 3 GmbHG (siehe unten d) und schließlich auf die Haftung der Mitgesellschafter entsprechend § 31 Abs. 3 GmbHG hat (siehe unten e). Denn anders als die Kapitalerhaltungsvorschriften (§§ 30, 31 GmbHG), die die Erhaltung des Gesellschaftsvermögens in Höhe der Stammkapitalziffer als Haftungsgrundlage für die Gesellschaftsgläubiger und als Betriebsmittelreserve zugunsten der Gesellschaft bezwecken,[1094] dient das Eigenkapitalersatzrecht neben anderen insolvenzrechtlichen Vorschriften allein dem Zweck, Gläubigerbenachteiligungen in der Krise durch eine auf den einzelnen Gesellschafter bezogene Verantwortung auszugleichen.[1095]

Da typischerweise der Nachrang des Gesellschafters die eingetretene Gläubigerbenachteiligung zutreffend ausgleicht,[1096] ist im Grundsatz daran festzuhalten, dass der Gesellschafter mit seiner Forderung aus eigenkapitalersetzender Leistung nur nachrangig befriedigt wird (§ 39 Abs. 1 Nr. 5 InsO).[1097] Hat er wegen seiner Forderung aus eigenkapitalersetzender Leistung Befriedigung oder Sicherung erhalten, trifft ihn dementsprechend die

---

1093 Vgl. oben § 10.

1094 Vgl. BGH, Urt. v. 24. 11. 2003 – II ZR 171/01, GmbHR 2004, 302, 303; *Goette*, DStR 1997, 1495; *Hommelhoff*, ZGR 1988, 460, 490.

1095 Vgl. oben § 7 und § 8.

1096 Vgl. oben § 7 IV 2.

1097 Vgl. auch *Noack* in Prütting (Hrsg.), Insolvenzrecht 1996, 1997, S. 195, 199.

Pflicht, das Erlangte zur Insolvenzmasse zurückzugewähren (§§ 135, 143 Abs. 1 InsO), mit der Folge, dass seine Forderung im Nachrang gem. § 144 Abs. 1 wieder auflebt.

Im Hinblick auf die Fallgruppe der Kreditgeschäfte ist allerdings unklar, ob bei der Gewährung eines Überbrückungskredits die typisierende Betrachtungsweise gerechtfertigt ist, dass nämlich die gewährten Darlehensvaluta im Rahmen der wirtschaftlichen Abwärtsentwicklung (voll) mit verwirtschaftet werden und damit eine die Gläubiger schädigende Insolvenzverschleppung eingetreten ist.[1098]

a) Kreditgeschäfte

Die typisierende Betrachtungsweise beruht auf der Überlegung, dass der Gesellschafter, wenn er die Gesellschaft in der Krise kreditiert, die der Gesellschaft gewährten Mittel für eine gewisse Zeit im Vermögen der Gesellschaft belässt und sie nicht umgehend wieder abzieht. Für diesen (Regel-) Fall[1099] ist die Annahme gerechtfertigt, dass die hingegebenen Kreditmittel im Zuge der Abwärtsentwicklung der Gesellschaft tatsächlich mit verwirtschaftet werden und deshalb der Nachrang des Gesellschafters die eingetretene Gläubigerbenachteiligung zutreffend ausgleicht.[1100] Denn nur in diesem Fall wird der Verteilungskonflikt unter den Gläubigern durch eine gleichrangige Teilnahme des Gesellschafters am Insolvenzverfahren über das Vermögen der Gesellschaft zusätzlich verschärft.[1101] Verhält es sich aber so, dass der Gesellschafter der Gesellschaft einen wahrhaft kurzfristigen Überbrückungskredit zur Verfügung stellt, ist es schwer vorstellbar, dass die gewährten Kreditmittel, bis zu dem Zeitpunkt, in dem der Gesellschafter das Darlehen zurückverlangt, (vollständig) verbraucht sind und sich demzufolge die Gläubiger bei einer Teilnahme des Gesellschafters als gewöhnlicher Insolvenzgläubiger (§ 38 InsO) am Insolvenzverfahren schlechter stellen. In diesem Fall wird es vielmehr so sein, dass sich die Position der Gläubiger selbst bei einer gleichrangigen Teilnahme des Gesellschafters noch verbessert, da in dieser Situation mehr verteilungsfähige Masse zur Verfügung steht.[1102] Deshalb kann bei einem wahrhaft kurzfristigen Überbrückungskredit die typisierende Betrachtungsweise nicht zugrunde gelegt

1098 Vgl. zur Typisierung des Kausalverlaufs die Ausführungen unter § 7 IV 2.
1099 Vgl. oben § 7 IV 2 a).
1100 Vgl. oben § 7 IV 2 a) bb).
1101 Vgl. oben § 7 IV 2 a) bb).
1102 Vgl. oben § 7 IV 2 a) bb).

werden. Vielmehr obliegt dem Insolvenzverwalter die Darlegungs- und Beweislast für eine Gläubigerbenachteiligung. Das heißt, der Insolvenzverwalter hat in diesem Fall die vollständige Mitverwirtschaftung der Kreditmittel nachzuweisen.[1103]

b) Nicht-Kreditgeschäfte

Handelt es sich bei der Leistung des Gesellschafters nicht um ein Kredit-, sondern um ein Nicht-Kreditgeschäft mit der Gesellschaft, wie das bei einer Gebrauchsüberlassung an die Gesellschaft oder der Erbringung von Dienstleistungen gegen Entgelt der Fall ist,[1104] bleibt zu klären, inwieweit – über die Verstrickung des jeweils bezogenen Entgelts hinaus[1105] – für die Zukunft das Nutzungsrecht verhaftet werden kann bzw. den Gesellschafter die Pflicht zur unentgeltlichen Erbringung seiner Dienstleistung trifft. Diese Frage stellt sich aus zweierlei Gründen: So vermag zum einen die hM nicht erklären, wie in Übereinstimmung mit den entwicklungsgeschichtlichen Grundlagen des Eigenkapitalersatzrechts, den Vorschriften über die Kapitalerhaltung (§§ 30, 31 GmbHG), zu einer Verhaftung des Nutzungsrechts zu gelangen ist. Danach kann nämlich nur dasjenige verhaftet werden, was der Gesellschafter dem Gesellschaftsvermögen zugeführt hat.[1106] Diese Voraussetzung ist jedoch bei einer Gebrauchsüberlassung im Hinblick auf das Nutzungsrecht nicht erfüllt, weil der Gesellschafter der Gesellschaft das Nutzungsrecht für künftige Zeitabschnitte so tatsächlich gar nicht zugeführt

---

1103 Dies entspricht im Übrigen der grundsätzlichen Verteilung der Darlegungs- und Beweislast im Eigenkapitalersatzrecht. Danach hat grundsätzlich die Gesellschaft bzw. der Insolvenzverwalter die Voraussetzungen für ein Eingreifen der Eigenkapitalersatzregeln nachzuweisen; vgl. BGH, Urt. v. 14. 11. 1988 – II ZR 115/88, NJW 1989, 1219, 1220; siehe auch Urt. v. 7. 3. 2005 – II ZR 138/03, NZI 2005, 351; *Jaeger/Henckel,* KO, § 32a Rdnr. 47; *Scholz/Karsten Schmidt,* GmbHG, §§ 32a, 32b Rdnr. 56; *Karsten Schmidt,* ZIP 1981, 689, 695; *Lutter/Hommelhoff,* GmbHG, §§ 32a/b Rdnr. 90; *Altmeppen* in Roth/Altmeppen, GmbHG, § 32a Rdnr. 53; *v.Gerkan,* GmbHR 1990, 384, 388; *Baumbach/Hueck/Fastrich,* GmbHG, § 32a Rdnr. 52; *Goette,* DStR 1999, 553, 554 (Urteilsanm.); *Hachenburg/Ulmer,* GmbHG, § 32a, b Rdnr. 64; *Rowedder/Pentz,* GmbHG, § 32a Rdnr. 209; *Fleck,* Festschrift Werner, 1984, S. 107, 129; *Früh,* GmbHR 1999, 842, 845; *Habersack,* ZGR 2000, 384, 402.

1104 Vgl. zur Einbeziehung der Dienstleistung des Gesellschafters in den sachlichen Anwendungsbereich des Eigenkapitalersatzrechts die Ausführungen oben unter § 11 I 1 b) bb).

1105 Vgl. oben § 8 II 4 a).

1106 Vgl. oben § 4 III 2.

hat.[1107] Zum anderen ist selbst dann, wenn man den Gesellschafter an seiner tatsächlich getroffenen Entscheidung festhält und das tatsächliche Geschehen, nämlich die Umschichtung im Gesellschaftsvermögen,[1108] zugrunde legt, unklar, ob das Nutzungsrecht verhaftet werden kann bzw. der Gesellschafter zu einer unentgeltlichen Erbringung der Dienstleistung verpflichtet ist. Denn die Regeln zum Eigenkapitalersatz setzen eine konkrete Gläubigerbenachteiligung voraus.[1109] An dieser fehlt es jedoch in den Fällen einer Gebrauchsüberlassung oder einer Dienstleistung des Gesellschafters für künftige Zeitabschnitte, weil eine Vermögensumschichtung noch nicht stattgefunden hat.[1110]

Sind ferner die Fälle einer abstrakten Gläubigergefährdung mit den Regeln zum Eigenkapitalersatz nicht zu fassen,[1111] bleibt es dem Gesellschafter grundsätzlich unbenommen, seine Leistung der Gesellschaft wieder zu entziehen und damit das gläubigerschädigende Phänomen, die Umschichtung im Gesellschaftsvermögen, zu beenden.[1112] Eine derartige Reaktion des Gesellschafters ist jedoch dann besonders misslich, wenn es sich bei seiner Hilfe etwa um die Vermietung oder Verpachtung des Betriebsgrundstücks handelt oder der Gesellschafter der Gesellschaft bewegliche Gegenstände des Anlagevermögens, etwa Maschinen, überlassen hat. Kündigt der Gesellschafter nämlich das der Gesellschafterhilfe zugrunde liegende Vertragsverhältnis,[1113] so hat er es grundsätzlich in der Hand, Gegenstände aus dem Unternehmensverbund herauszulösen. Die wirtschaftliche Einheit des schuldnerischen Unternehmens droht also auseinander gerissen zu werden, mit der Folge, dass eine Sanierung des Unternehmens kaum noch möglich ist.[1114]

Vor diesem Hintergrund stellt sich die Frage, inwieweit unter Heranziehung der Regelungen der InsO die Gesellschafterleistung im Vermögen der Gesellschaft gebunden werden kann. Denn die Gefahr, dass die wirtschaftliche Einheit des schuldnerischen Unternehmens auseinander gerissen wird, hat der Gesetzgeber der InsO erkannt. Aus diesem Grund hat ein Re-

---

1107 Vgl. oben § 4 III 2.
1108 Vgl. oben § 8 II 1.
1109 Vgl. oben § 8 II 4 b).
1110 Vgl. oben § 8 II 4 b).
1111 Vgl. oben § 8 II 4 b).
1112 Dafür im Ergebnis auch *Knobbe-Keuk,* Festschrift Kellermann, 1991, S. 227, 241.
1113 Dazu ist er nach der hier vertretenen Ansicht berechtigt, da das Nutzungsrecht – anders als nach Ansicht der hM – mit den Regeln zum Eigenkapitalersatz nicht verhaftet werden kann; vgl. für die hM BGH, Urt. v. 11. 7. 1994 – II ZR 162/92, BGHZ 127, 17, 24 f.
1114 Vgl. auch *Bork,* Insolvenzrecht, § 31 Rdnr. 369.

gelungssystem geschaffen, dass den Zweck verfolgt, die wirtschaftliche Einheit im Besitz des Schuldners zusammenzuhalten, bis eine Entscheidung über die Art der Verwertung des Schuldnervermögens getroffen ist. Nachfolgend soll deshalb der Frage nachgegangen werden, inwieweit unter Berücksichtigung der Regelungen der InsO die Finanzierungsfolgenverantwortung des Gesellschafters reicht.

aa) Gebrauchsüberlassungsverträge

In den Fällen einer Gebrauchsüberlassung ist der Gesellschafter als Vermieter bzw. Verpächter gem. § 112 InsO daran gehindert, das Miet- oder Pachtverhältnis über bewegliche und unbewegliche Sachen und Räume nach dem Antrag auf Eröffnung des Insolvenzverfahrens wegen eines Verzugs mit der Entrichtung des Miet- oder Pachtzinses, der in der Zeit vor dem Eröffnungsantrag eingetreten ist oder wegen einer Verschlechterung der Vermögensverhältnisse des Schuldners zu kündigen.

Sinn und Zweck dieser Regelung ist es, das Unternehmen des Schuldners als wirtschaftliche Einheit zu erhalten und auf diese Weise sicherzustellen, dass der Insolvenzverwalter sein Wahlrecht über die Abwicklung gegenseitiger Verträge ausüben kann.[1115] Nach dem Regelungskonzept der InsO entscheidet nämlich der Insolvenzverwalter, ob er in den Fällen, in denen ein gegenseitiger Vertrag zur Zeit der Eröffnung des Insolvenzverfahrens nicht oder noch nicht vollständig erfüllt ist, anstelle des Schuldners den Vertrag erfüllen will und die Erfüllung vom anderen Teil verlangt (§ 103 Abs. 1 InsO). Insbesondere in denjenigen Fällen, in denen das Unternehmen fortgeführt und saniert werden soll und die Abwicklung des Rechtsgeschäfts für die Masse günstig ist, wird der Verwalter die Erfüllung wählen.[1116] Für den Gesellschafter hat das zur Folge, dass er weiter an den Vertrag gebunden ist.[1117]

1115 Vgl. zu Sinn und Zweck der Kündigungssperre Begründung RegE InsO zu § 126 RegE/§ 112 InsO, BT-Drucks. 12/2443; S. 148; BGH, Urt. v. 18. 7. 2002 – IX ZR 195/01, NJW 2002, 3326, 3331; *Marotzke* in HK-InsO, § 112 Rdnr. 1; *Nerlich/Römermann/Balthasar,* InsO, § 112 Rdnr. 2 ff; *Kübler/Prütting/Tintelnot,* InsO, § 112 Rdnr. 1, 6 ff; *Wegener* in FK-InsO, § 112 Rdnr. 1; *Gottwald/Huber,* Insolvenzrechts-Handbuch, § 37 Rdnr. 15 ff; *ders.*, JuS 1998, 644, 646 f; *Eckert,* ZIP 1996, 897 ff; *Pape* in Kölner Schrift, Rdnr. 58, S. 531, 568.

1116 Vgl. zu den Entscheidungskriterien des Insolvenzverwalters *Nerlich/Römermann/Balthasar,* InsO, § 103 Rdnr. 37; *Häsemeyer,* Insolvenzrecht, Rdnr. 20.19; *Huber,* JuS 1998, 644, 646 f.

1117 Vgl. auch *Eckert,* ZIP 1996, 897, 900.

Ist das Miet- oder Pachtverhältnis auf die Überlassung unbeweglicher Gegenstände (vgl. § 49 InsO)[1118] oder Räume gerichtet, so sieht § 108 Abs. 1 S. 1 InsO – im Unterschied zur Grundnorm des § 103 InsO – das Fortbestehen des Rechtsverhältnisses mit Wirkung für die Insolvenzmasse vor. Das heißt, das Wahlrecht des Insolvenzverwalters ist ausgeschlossen, und der Gesellschafter ist kraft Gesetzes zur »Zwangsüberlassung« an den Insolvenzverwalter verpflichtet.[1119] Mit dieser Bindung an den Vertrag will der Gesetzgeber wiederum verhindern, dass die wirtschaftliche Einheit im Besitz des Schuldners auseinander gerissen wird, um Sanierungschancen aufrechtzuerhalten.[1120] Das zeigt sich insbesondere in denjenigen Fällen, in denen dem Schuldner das Betriebsgrundstück überlassen wurde.[1121] Um hier den Zugriff des anderen Teils auszuschalten, billigt das neue Insolvenzrecht – anders als § 19 S. 1 KO – nur noch dem Insolvenzverwalter ein Sonderkündigungsrecht zu.[1122] Gem. § 109 Abs. 1 InsO kann der Verwalter das Miet- oder Pachtverhältnis ohne Rücksicht auf die vereinbarte Vertragsdauer unter Einhaltung der gesetzlichen Frist kündigen. Von dieser Möglichkeit wird der Insolvenzverwalter insbesondere dann Gebrauch machen, wenn der Vertragsgegenstand für die Masse nicht von Nutzen ist und diese nur unnötig belastet.[1123]

Verlangt nun der Insolvenzverwalter in den Fällen der Überlassung beweglicher Sachen die Erfüllung des Vertrages oder besteht das Miet- oder Pachtverhältnis gem. § 108 Abs. 1 S. 1 InsO mit Wirkung für die Insolvenzmasse fort, so wertet die InsO im Gegenzug hierzu die Gegenleistungsansprüche des anderen Teils als Masseschulden auf (§ 55 Abs. 1 Nr. 2, 1. Alt. InsO i.V.m. § 103 InsO bzw. § 55 Abs. 1 Nr. 2, 2. Alt. InsO i.V.m. § 108 InsO). Das heißt, der Vermieter oder Verpächter, der seine vollwertige Leis-

---

1118 Hierzu gehören etwa Grundstücke, Schiffe und Flugzeuge vgl. *Kübler/Prütting/Tintelnot* InsO, § 108 Rdnr. 9; *Wegener* in FK-InsO, § 108 Rdnr. 12.

1119 Vgl. *Kübler/Prütting/Tintelnot,* InsO, § 108 Rdnr. 1 f.

1120 Vgl. *Braun/Uhlenbruck,* Unternehmensinsolvenz, S. 373; *Gottwald/Huber,* Insolvenzrechts-Handbuch, § 37 Rdnr. 31; Begründung RegE InsO zu § 122 RegE/§ 108 InsO, BT-Drucks. 12/2443; S. 147.

1121 Vgl. insoweit auch *Eckert,* ZIP 1996, 897, 900.

1122 Vgl. Begründung RegE InsO zu § 122 RegE/§ 108 InsO und zu § 123 RegE/109 InsO, BT-Drucks. 12/2443, S. 147; siehe auch *Kübler/Prütting/Tintelnot,* InsO, § 109 Rdnr. 1; *Tintelnot,* ZIP 1995, 616, 620 f; *Wegener* in FK-InsO, § 109 Rdnr. 1; *Smid,* InsO, § 109 Rdnr. 3; *Eckert,* ZIP 1996, 897, 901; *Gottwald/Huber,* Insolvenzrechts-Handbuch, § 37 Rdnr. 31.

1123 Vgl. *Kübler/Prütting/Tintelnot,* InsO, § 109 Rdnr. 2. Der Schadensersatzanspruch wegen vorzeitiger Kündigung kann gem. § 109 Abs. 1 S. 3 InsO nur als Insolvenzforderung geltend gemacht werden; vgl. auch *Kübler/Prütting/Pape,* InsO, § 55 Rdnr. 46.

tung weiterhin zur Masse gewähren muss, erhält die volle Gegenleistung und ist nicht etwa auf eine einfache Insolvenzforderung beschränkt.[1124] Etwas anderes gilt freilich für Ansprüche für die Zeit vor der Eröffnung des Insolvenzverfahrens. Diese kann der andere Teil entweder gem. § 105 S. 1 InsO oder gem. § 108 Abs. 2 InsO nur als einfacher Insolvenzgläubiger geltend machen.[1125] Etwas anderes gilt – nach umstrittener, aber wohl zutreffender Ansicht – wiederum, wenn das Insolvenzgericht einen vorläufig »starken« Insolvenzverwalter bestellt hat. Entscheidet sich der vorläufig »starke« Insolvenzverwalter im Eröffnungsverfahren für die Nutzung der Sachen oder Räume, so begründet er – anders als ein »schwacher« vorläufiger Insolvenzverwalter mit begleitendem Zustimmungsvorbehalt – Masseverbindlichkeiten gem. § 55 Abs. 2 S. 2 InsO.[1126] § 108 Abs. 2 InsO ist insoweit nicht lex specialis zu § 55 Abs. 2 S. 2 InsO.[1127]

Vor diesem Hintergrund könnte der Gesellschafter, wenn man ihn wie einen gewöhnlichen Drittgläubiger behandelt, vorweg befriedigt werden. Das hätte wiederum eine Umschichtung im Gesellschaftsvermögen zur Folge. Der Gesellschafter würde also mit anderen Worten genau dafür, weswegen er im Vergleich zu den anderen Gläubigern der Gesellschaft zuvor schlechter gestellt worden ist,[1128] jetzt privilegiert werden.

Ob diese Privilegierung gerechtfertigt ist, ist allerdings fraglich. So findet die Vermögensumschichtung ihren Grund nach wie vor in der vom Gesellschafter getroffenen Entscheidung, der Gesellschaft mit einer Gebrauchsüberlassung auszuhelfen. Anders sieht es dagegen ab dem Zeitpunkt aus, zu dem der Insolvenzverwalter das Vertragsverhältnis hätte beenden können bzw. sich im Fall der Überlassung beweglicher Sachen für die Durchführung des Vertrages, also für die Erfüllung entschieden hat. In diesen Fällen überlagert nämlich die Entscheidung des Verwalters diejenige

---

1124 Vgl. zu Sinn und Zweck der Privilegierung der Forderungen als Masseschulden auch BGH, Urt. v. 6. 11. 1978 – VIII ZR 179/77, NJW 1979, 310; *Gottwald/Huber*, Insolvenzrechts-Handbuch, § 37 Rdnr. 36; *Eckert*, ZIP 1996, 897, 904.

1125 Vgl. zur Anwendbarkeit des § 105 InsO auf Miet- und Pachtverträge über bewegliche Sachen *Nerlich/Römermann/Balthasar*, InsO, § 105 Rdnr. 8; *Gottwald/Huber*, Insolvenzrechts-Handbuch, § 36 Rdnr. 2; *Huber*, JuS 1998, 644, 647; *Tintelnot*, ZIP 1995, 616, 620; *Eckert*, ZIP 1997, 2077, 2079; *Pape* in Kölner Schrift, Rdnr. 37, S. 531, 556 f.

1126 Vgl. BGH, Urt. v. 18. 7. 2002 – IX 195/01, NJW 2002, 3326, 3327 ff mit Überblick zum Streitstand.

1127 Dafür ArbG Bielefeld, Urt. v. 16. 6. 1999 – 4 Ca 1264/99, ZIP 1999, 1493 f; *Wiester*, ZInsO 1998, 99, 103 f; *Niesert*, InVo 1998, 85, 88; *Berscheid* in Kölner Schrift, Rdnr. 49 ff, S. 1361, 1383 f. Dagegen die hM vgl. BGH, Urt. v. 18. 7. 2002 – IX ZR 195/01, NJW 2002, 3326, 3327 mit Überblick zum Streitstand.

1128 Vgl. oben § 8 II 1.

des Gesellschafters und lässt die Legitimationsgrundlage für die Schlechterstellung des Gesellschafters im Vergleich zu den anderen Gläubigern der Gesellschaft entfallen.

Im Ergebnis wirkt damit bei der Überlassung unbeweglicher Gegenstände und Räume die mit dem Eigenkapitalersatzrecht »infizierte« Entscheidung des Gesellschafters bis zur nächsten Kündigungsmöglichkeit des Verwalters fort, mit der Folge, dass die Entgeltforderungen (bis dahin) als nachrangige Forderungen i.S. des § 39 Abs. 1 Nr. 5, 2. Alt. InsO zu qualifizieren sind.[1129] Für die Zeit danach kann der Gesellschafter vom Insolvenzverwalter dagegen den vollen Mietzins verlangen (§ 55 Abs. 1 Nr. 2 InsO i.V.m. § 103 bzw. § 108 InsO).[1130]

bb) Dienstverträge

Ähnlich verhält es sich auch dann, wenn der Gesellschafter Dienstleistungen erbringt. Auch hier ordnet § 108 Abs. 1 S. 1 InsO – wie in den Fällen eines Miet- oder Pachtverhältnisses über unbewegliche Gegenstände und Räume – das Fortbestehen des Dienstverhältnisses des Schuldners mit Wirkung für die Insolvenzmasse an.[1131] Allerdings sieht das Gesetz – im Unterschied zu Miet- und Pachtverhältnissen über bewegliche und unbewegliche Sachen – für Dienstverhältnisse keine Kündigungssperre vor. § 112 InsO, der für Miet- und Pachtverhältnisse eine Kündigungssperre enthält, ist auf Dienstverhältnisse auch nicht entsprechend anwendbar.[1132] Damit ist der

1129 Dafür im Ergebnis grundsätzlich auch *Marotzke* in HK-InsO, § 108 Rdnr. 38, wobei dieser Ansicht zufolge, die Entgeltforderungen des Gesellschafters stets nachrangige Insolvenzforderungen sind.

1130 Auf dieser Linie liegt auch die Rechtsfolgenlösung des österr. Gesetzgebers zum Eigenkapitalersatz. Danach kann der Gesellschafter in den Fällen einer Gebrauchsüberlassung die überlassene Sache nicht vor Ablauf von einem Jahr ab der Konkurseröffnung zurückfordern, wenn dadurch die Fortführung des Unternehmens gefährdet wäre; vgl. § 26a KO abgedruckt in österr. BGBl. 2003 Teil I. Nr. 92, S. 1437, 1441. Im Übrigen hat der Gesellschafter auch nach dieser Lösung u.U. einen Anspruch »auf ein angemessenes Benützungsentgelt, einen Bereicherungsanspruch, den er als Masseforderung geltend machen kann.«; die Erläuterungen zum Eigenkapitalersatz-Gesetz (EKEG), abgedruckt in Nr. 124 der Beilagen XXII.GP (Regierungsvorlage-Materialien), S. 1, 4, 22.

1131 So völlig unstreitig für den Fall, dass der Schuldner der Dienstberechtigte ist; vgl. *Kübler/Prütting/Moll*, InsO, § 113 Rdnr. 8; *Marotzke* in HK-InsO, § 108 Rdnr. 2.

1132 Vgl. so ausdrücklich *Marotzke* in HK-InsO, § 112 Rdnr. 25; siehe auch *Nerlich/Römermann/Balthasar*, InsO, § 112 Rdnr. 16: Keine analoge Anwendung des § 112 InsO auf weitere Vertragstypen.

Gesellschafter grundsätzlich nicht daran gehindert, das Dienstverhältnis, beispielsweise wegen einer Verschlechterung der Vermögensverhältnisse des Schuldners, zu kündigen.[1133] Auf derselben Linie liegt auch die Vorschrift des § 113 InsO. Danach kann sowohl der Insolvenzverwalter als auch der Schuldner das Dienstverhältnis ohne Rücksicht auf die vereinbarte Vertragsdauer oder einen vereinbarten Ausschluss des Rechts zur ordentlichen Kündigung kündigen, wenn der Schuldner der Dienstberechtigte ist. Das Gesetz sieht dabei eine (Höchst-)[1134] Kündigungsfrist von drei Monaten zum Monatsende vor, wenn nicht eine kürzere Frist maßgeblich ist (§ 113 Abs. 1 S. 2 InsO).

Sinn und Zweck dieser Regelung ist es, einen fairen Ausgleich zwischen den sozialen Belangen der Arbeitnehmer und sonstigen Dienstverpflichteten des insolventen Unternehmens und den Interessen der Insolvenzgläubiger an der Erhaltung der Masse als Grundlage ihrer Befriedigung zu schaffen.[1135] Denn je eher sich der Insolvenzverwalter von Dienstleistungen, die für die Insolvenzmasse nicht von Interesse sind, befreien kann, desto vorteilhafter erweist sich dies für die Masse, die dann vor weiteren Entgeltansprüchen bewahrt wird.[1136] Lässt der Insolvenzverwalter das Dienstverhältnis dagegen fortbestehen (§ 108 Abs. 1 S. 1 InsO), weil er etwa auf die Dienstleistung des anderen Teils angewiesen ist, werden die Entgeltansprüche wiederum aufgewertet. Ab dem Zeitpunkt der Verfahrenseröffnung – der entscheidenden Zäsur gem. § 108 Abs. 2 InsO[1137] – kann der Dienstverpflichtete wegen seiner Entgeltansprüche für die Zeit nach Verfahrenseröffnung vorweg und volle Befriedigung verlangen (§ 53 i.V.m. § 55 Abs. 1 Nr. 2 InsO).[1138]

1133 Vgl. dazu, dass es dem Gesellschafter als Dienstverpflichteten möglich ist, sich den Vermögensverfall als (außerordentlichen) vertraglichen Kündigungsgrund auszubedingen, *Staudinger/Preis,* BGB, § 621 Rdnr. 12 ff.

1134 Vgl. BAG, Urt. v. 16. 6. 1999 – 4 AZR 191/98, BB 1999, 2459; Urt. v. 6. 7. 2000 – 2 AZR 695/77, DZWIR 2001, 23, 24, 25; Begründung Rechtsausschuss, BT-Drucks. 12/7302, S. 169; *Kübler/Prütting/Moll,* InsO, § 113 Rdnr. 37; *Marotzke* in HK-InsO, § 113 Rdnr. 3; *Nerlich/Römermann/Hamacher,* InsO, § 113 Rdnr. 87; *Eisenbeis* in FK-InsO, § 113 Rdnr. 25; *Smid/Weisemann/Streuber,* InsO, § 113 Rdnr. 25; *Düwell* in Kölner Schrift, Rdnr. 47, S. 1433, 1449.

1135 So die Begründung des Rechtsausschusses; vgl. BT-Drucks. 12/7302, S. 169; siehe auch BAG, Urt. v. 6. 7. 2000 – 2 AZR 695/77, DZWIR 2001, 23, 24 f.

1136 Vgl. *Kübler/Prütting/Moll,* InsO, § 113 Rdnr. 6; *Marotzke,* Gegenseitige Verträge, § 4, Rdnr. 4.11 (Fn. 39); *Nerlich/Römermann/Hamacher,* InsO, § 113 Rdnr. 3.

1137 Siehe auch *Häsemeyer,* Insolvenzrecht, Rdnr. 20.48; *Eckert,* ZIP 1996, 897, 904; *ders.,* ZIP 1997, 2077, 2078.

1138 Siehe auch *Kübler/Prütting/Moll,* InsO, § 113 Rdnr. 10.

Ist der zum Dienst Verpflichtete allerdings ein Gesellschafter, ist fraglich, ob nicht im Hinblick auf die Privilegierung der Entgeltansprüche anders zu entscheiden ist. Knüpft man nämlich an die zeitliche Zäsur des § 108 Abs. 2 InsO an, so bleibt außer Betracht, dass kraft Gesetzes das Dienstverhältnis aufgrund der zuvor getroffenen Entscheidung des Gesellschafters fortbesteht. Um den Gesellschafter aber an seiner getroffenen Entscheidung festzuhalten, ist statt an den Zeitpunkt der Eröffnung des Insolvenzverfahrens an den Ablauf der Kündigungsfrist gem. § 113 S. 2 InsO anzuknüpfen. Denn bis zu diesem Zeitpunkt wirkt seine in der Krise getroffene Entscheidung, der Gesellschaft mit einer Dienstleistung auszuhelfen, fort. Erbringt der Gesellschafter auch nach Verfahrenseröffnung seine Dienstleistung, so hat dies folglich unentgeltlich zu geschehen. Denn anderenfalls würde der Gesellschafter das Vermögen der Gesellschaft auf Kosten der Masse umschichten. Das heißt, die Entgeltforderung des Gesellschafters ist – wie in den Fällen einer Gebrauchsüberlassung – nachrangig (§ 39 Abs. 1 Nr. 5 InsO).[1139]

Anders sieht es hingegen für die Zeitabschnitte nach dem Ablauf der Kündigungsfrist aus. Für diese Zeitabschnitte trifft der Insolvenzverwalter, wenn er die Kündigung des Dienstverhältnisses unterlässt, eine neue (Finanzierungs-)Entscheidung. Diese überlagert diejenige des Gesellschafters und lässt die Entgeltansprüche des Gesellschafters zu Masseverbindlichkeiten werden.[1140]

Zu teilweise anderen Ergebnissen kommen allerdings diejenigen Stimmen in der Literatur, die sich ebenfalls für eine Einbeziehung der Dienstleistung des Gesellschafters in den sachlichen Anwendungsbereich des Eigenkapitalersatzrechts aussprechen.[1141] Nach einem Teil des Schrifttums ist der Gesellschafter – in Übereinstimmung mit der hier vertretenen Ansicht – verpflichtet, das für vergangene Zeitabschnitte in der Krise bezogene Entgelt der Gesellschaft bzw. der Insolvenzmasse zurückzuerstatten. Im Übrigen wird auf das beiderseitige Kündigungsrecht gem. § 113 InsO verwiesen.[1142]. Andere halten den Gesellschafter bis zum Zeitpunkt der nächsten ordentlichen Kündigungsmöglichkeit ohne Anspruch auf Vergütung für dienstverpflichtet.[1143] Und wieder andere finden die Lösung in einer Über-

1139 Vgl. für die Gebrauchsüberlassung vorstehend unter § 11 I 2 b) aa).

1140 So im Ergebnis auch für die Gebrauchsüberlassung; vgl. vorstehend unter § 11 I 2 b) aa).

1141 Vgl. hierzu unter § 11 I 1 b) bb).

1142 I.d.S. etwa *Weisang*, WM 1997, 197, 204.

1143 Vgl. *Rowedder/Pentz*, GmbHG, § 32a Rdnr. 169.

tragung der Grundsätze des BGH zur Verhaftung des Nutzungsrechts.[1144] Danach soll der Gesellschafter grundsätzlich zur unentgeltlichen Erbringung seiner Dienstleistung bis zum vereinbarten Vertragsende verpflichtet sein,[1145] während u.U. auch eine Weiterverpflichtung des Gesellschafters noch über die vertraglichen Bindungen hinaus erwogen wird.[1146]

c) Eigenkapitalersatzrechtliche Bindung nach Überwindung der Krise?

Umstritten ist, ob der Gesellschafter im Fall einer vorzeitigen Rückzahlung seiner Gesellschafterleistung auch dann zur Rückerstattung verpflichtet ist, wenn die Gesellschaft inzwischen wieder über ein die Stammkapitalziffer deckendes Vermögen verfügt. Nach bisher wohl hM entfiel der Erstattungsanspruch der Gesellschaft aus § 31 Abs. 1 GmbHG analog.[1147] Doch wird diese Ansicht zunehmend in Frage gestellt. Denn für den unmittelbaren Anwendungsbereich der §§ 30, 31 GmbHG hat der BGH in Abkehr zu seiner bisherigen Rechtsprechung[1148] entschieden, dass ein einmal entstandener Erstattungsanspruch nach § 31 Abs. 1 GmbHG auch dann nicht mehr automatisch entfällt, wenn das Gesellschaftskapital zwischenzeitlich anderweit bis zur Höhe der Stammkapitalziffer nachhaltig wiederhergestellt ist.[1149]

Da das Eigenkapitalersatzrecht entwicklungsgeschichtlich seine Wurzeln in den Vorschriften über die Kapitalerhaltung findet,[1150] liegt es – auf den ersten Blick – nahe, diese Rechtsprechung auch auf das Eigenkapitaler-

1144 So *Dittmer*, Gesellschafter-Dienstleistungen, S. 181 ff; *Johlke/Schröder* in v.Gerkan/Hommelhoff (Hrsg.), Handbuch des Kapitalersatzrechts, Rdnr. 5.75k, 5.75n.

1145 Vgl. *Johlke/Schröder* in v.Gerkan/Hommelhoff (Hrsg.), Handbuch des Kapitalersatzrechts, Rdnr. 5.75n.

1146 Dafür *Dittmer*, Gesellschafter-Dienstleistungen, S. 181 ff. Kritisch und im Ergebnis ebenfalls ablehnend *Heidinger*, Festschrift Heidinger, 1995, S. 235, 245.

1147 Vgl. *Scholz/Karsten Schmidt*, GmbHG, §§ 32a, 32b Rdnr. 84; *v.Gerkan* in v.Gerkan/Hommelhoff (Hrsg.), Handbuch des Kapitalersatzrechts, Rdnr. 3.99; *ders.*, GmbHR 1990, 384, 388. A.A. *Pentz*, GmbHR 1999, 437, 443.

1148 Vgl. BGH, Urt. v. 11. 5. 1987 – II ZR 226/86, ZIP 1987, 1113, 1114.

1149 Vgl. BGH, Urt. v. 29. 5. 2000 – II ZR 118/98, NZG 2000, 883, 884 f; Urt. v. 29. 5. 2000 – II ZR 347/97, ZIP 2000, 1256, 1257 f; Urt. v. 29. 5. 2000 – II ZR 75/98, NZG 2000, 888, 889 f; siehe auch BGH, Urt. v. 2. 9. 2003 – II ZR 229/02, NJW 2003, 3629, 3631.

1150 Vgl. BGH, Urt. v. 14. 12. 1959 – II ZR 187/57, BGHZ 31, 258, 268 ff; Urt. v. 15. 11. 1962 – II ZR 134/61, WM 1963, 121, Urt. v. 29. 11. 1971 – II ZR 121/69, WM 1972, 74, 75; Urt. v. 27. 9. 1976 – II ZR 162/75, NJW 1977, 104, 105; Urt. v. 24. 3. 1980 – II ZR 213/77, BGHZ 76, 326, 329; Urt. v. 26. 3. 1984 – II ZR 14/84,

satzrecht zu übertragen. Dafür spricht sich grundsätzlich auch ein Teil des Schrifttums aus.[1151] Umstritten ist innerhalb dieser Ansicht, in welcher Weise diese neue Rechtsprechung Geltung für das Eigenkapitalersatzrecht hat. So ist es einer Ansicht zufolge der Gesellschafterversammlung vorbehalten, durch formellen »Verwendungsbeschluss« entweder auf die Rückerstattung des Empfangenen zu verzichten oder die Gesellschafterleistung zur Rückzahlung freizugeben und auf diese Weise die Hilfe des Gesellschafters zu »entsperren«.[1152] Teilweise wird eine schlichte Verrechnungsabrede für möglich gehalten, um ein unnötiges Hin- und Herzahlen zwischen Gesellschafter und Gesellschaft zu vermeiden.[1153]

Richtiger Ansicht zufolge ist eine Übertragung dieser Rechtsprechung auf das Eigenkapitalersatzrecht abzulehnen.[1154] Denn über die entwicklungsgeschichtlichen Grundlagen hinaus bestehen zwischen dem Recht der Kapitalerhaltung und dem Eigenkapitalersatzrecht keine Gemeinsamkeiten. Neben den Unterschieden in persönlicher, sachlicher und zeitlicher Hinsicht[1155] spricht vor allem der unterschiedliche Normzweck beider Rechtsinstitute gegen eine unbesehende Übertragung der neuen Rechtsprechung. Denn die Kapitalerhaltungsvorschriften zielen – wie eingangs bereits erwähnt – [1156] darauf ab, das Stammkapital der Gesellschaft als Betriebsmittel zugunsten der Gesellschaft und als Haftungsgrundlage zugunsten der Gläubiger zu erhalten.[1157] Damit wird in erster Linie und unmittel-

---

BGHZ 90, 370, 378 ff; Beschl. v. 7. 12. 1992 – II ZR 125/90, DStR 1993, 175, 176; Urt. v. 20. 9. 1993 – II ZR 151/92, NJW 1993, 3265, 3266 (l.Sp. aE); Urt. v. 11. 7. 1994 – II ZR 162/92, BGHZ 127, 17, 22; Urt. v. 26. 6. 2000 – II ZR 21/99, ZIP 2000, 1489, 1490; *Röhricht,* StbJb. 1991/92, S. 313, 316; *Goette,* Die GmbH, § 4 Rdnr. 1 f, S. 87 f; *ders.,* DStR 1999, 553, 554 (Beschlussanm.); *Kleindiek,* Festschrift Lutter, 2000, S. 871, 873 ff.

1151 Vgl. *Kurth/Delhaes,* DB 2000, 2577, 2578; *Michalski/Heidinger,* GmbHG, §§ 32a, 32b Rdnr. 93, 275; *Willemsen/Coenen,* DB 2001, 910, 913; *Bormann,* DB 2001, 907, 910; *Goette,* Die GmbH, § 4 Rdnr. 128 ff; *Lutter/Hommelhoff,* GmbHG, §§ 32a/b Rdnr. 110; Münch. Hdb. GesR III/*Rümker,* § 52 Rdnr. 167.

1152 Dafür *Kurth/Delhaes,* DB 2000, 2577, 2578.

1153 Vgl. *Goette,* Die GmbH, § 4 Rdnr. 131, S. 136; *Hommelhoff/Goette/Kleindiek,* Eigenkapitalersatzrecht in der Praxis, Rdnr. 136b.

1154 Dafür *v.Gerkan* in v.Gerkan/Hommelhoff (Hrsg.), Handbuch des Kapitalersatzrechts, Rdnr. 3.99; *Haas,* NZI 2002, 457, 463 f; siehe auch *Kort,* ZGR 2001, 615, 641.

1155 Vgl. hierzu oben § 5 und § 7 III 3.

1156 Vgl. oben § 11 I 2.

1157 Vgl. BGH, Urt. v. 24. 11. 2003 – II ZR 171/01, GmbHR 2004, 302, 303; *Hommelhoff,* ZGR 1988, 460, 490; *Goette,* DStR 1997, 1495.

bar die Gesellschaft und ihr Eigenkapital geschützt.[1158] Das Eigenkapitalersatzrecht dient hingegen ausschließlich dem Schutz der Gläubiger.[1159] Sinn und Zweck dieses Rechtsinstituts ist es zu verhindern, dass der Gesellschafter durch Drittgeschäfte mit der Gesellschaft im Zeitpunkt der Insolvenz entweder die Insolvenz der Gesellschaft verschleppt oder das Vermögen der Gesellschaft umschichtet und dadurch jeweils den Verteilungskonflikt unter den Gläubigern zusätzlich verschärft.[1160] Sind die Interessen der Gläubiger aber infolge einer nachhaltigen Überwindung der Krise nicht mehr gefährdet, so besteht für eine Finanzierungsfolgenverantwortung des Gesellschafters kein Bedürfnis (mehr).[1161] Denn bei einer Überwindung der Krise fehlt es an einer Gläubigerbenachteiligung, die von dem Gesellschafter auszugleichen wäre. Anders sieht es hingegen im unmittelbaren Anwendungsbereich des § 31 GmbHG aus. Denn § 31 GmbHG ist vom strikten Gebot der realen Kapital(wieder)aufbringung geprägt und nimmt damit in abstrakt-genereller Weise auf eine verbotswidrige Auszahlung von zur Erhaltung des Stammkapitals erforderlichen Vermögen Bezug.[1162]

Auch ein Blick auf die neben dem Eigenkapitalersatzrecht vorhandenen Rechtsinstitute, die ebenfalls im Gläubigerinteresse Schmälerungen der verteilungsfähigen Vermögensmasse in der kritischen Phase zwischen Insolvenzeintritt und Insolvenzeröffnung auszugleichen suchen, bestätigt die hier vertretene Ansicht. So entspricht es hM, dass der Normzweck des § 64 Abs. 2 GmbHG ebenfalls allein darauf ausgerichtet ist, die Gläubiger der Gesellschaft zu schützen.[1163] Damit stimmt es überein, dass eine Ersatzpflicht des Geschäftsführers in den Fällen einer nachhaltigen Überwindung der Krise entfällt.[1164]

1158 Vgl. so nahezu ausdrücklich *Hommelhoff,* ZGR 1988, 460, 490; siehe auch *Fastrich,* Festschrift Zöllner, Band I, 1998, S. 143, 156.

1159 Vgl. *Goette,* DStR 1997, 2027, 2029; *ders.,* ZHR 162 (1998), 223; *Hommelhoff* in v.Gerkan/Hommelhoff (Hrsg.), Handbuch des Kapitalersatzrechts, Rdnr. 2.7; *Lutter/Hommelhoff,* GmbHG, §§ 32a/b Rdnr. 1, 4, 49.

1160 Vgl. oben § 7 I und § 8 II.

1161 I.d.S. auch *Haas,* NZI 2002, 457, 463 f.

1162 Vgl. BGH, Urt. v. 29. 5. 2000 – II ZR 118/98, DStR 2000, 1234, 1235 f; siehe auch *Müller,* DB 1998, 1117, 1119.

1163 Vgl. BGH, Urt. v. 18. 3. 1974 – II ZR 2/72, NJW 1974, 1088, 1089; Urt. v. 29. 11. 1999 – II ZR 273/98, GmbHR 2000, 182, 183; *Lutter/Kleindiek* in Lutter/Hommelhoff, GmbHG, § 64 Rdnr. 64; *Frings,* GmbHR 2000, 184 (Urteilsanm.); *Uhlenbruck,* WiB 1996, 466, 467; *Karsten Schmidt,* JZ 1978, 661, 662.

1164 Siehe zu diesem Zusammenhang auch *Haas,* NZI 2002, 457, 464.

d) Die Ersatzpflicht des Geschäftsführers

Fraglich ist, ob bei einer insolvenzrechtlichen Einordnung der Finanzierungsfolgenverantwortung Raum für eine Haftung des Geschäftsführers bei Auszahlung eigenkapitalersetzender Gesellschafterleistungen ist. Denn die Rechtsfolgen des Eigenkapitalersatzrechts bestehen nach der hier vertretenen Ansicht in einer Verhaftung der Gesellschafterleistung, die eine nur nachrangige Befriedigung des Gesellschafters gem. § 32a Abs. 1, 3 GmbHG i.V.m. § 39 Abs. 1 Nr. 5 InsO und eine Anfechtung der bereits erhaltenen Zahlungen aus dem Gesellschaftsvermögen zur Folge hat (§ 135 InsO). Vor diesem Hintergrund scheint es nicht möglich zu sein, den Geschäftsführer zu einer Bindung der Gesellschafterleistung im Gesellschaftsvermögen anzuhalten.[1165]

Folgt man der Ansicht der hM,[1166] so ist eine solche Bindung aufgrund der Weitergeltung der Rechtsprechungsgrundsätze neben den gesetzlichen Vorschriften zum Kapitalersatz gegeben. Denn den Rechtsprechungsregeln zufolge ist der Geschäftsführer für die Rückzahlung einer eigenkapitalersetzenden Gesellschafterleistung zu Lasten des Stammkapitals genauso ersatzpflichtig wie für eine Zahlung aus dem zur Erhaltung des Stammkapitals erforderlichen Vermögens der Gesellschaft (§ 43 Abs. 3 GmbHG analog)[1167]

Vor diesem Hintergrund ist denn auch die hM der Ansicht, dass bei einer ausschließlichen Anwendung der gesetzlichen Vorschriften zum Eigenka-

---

1165 Vgl. oben § 4 II 3. Siehe insbesondere auch BGH, Urt. v. 26. 3. 19984 – II ZR 14/84, BGHZ 90, 370, 375 f, 379; *Hommelhoff,* ZGR 1988, 460, 480 f; *v.Gerkan,* Festschrift Lutter, 2000, S. 1317, 1324 ff; *Ulmer,* ZGR 1999, 751, 760.

1166 Vgl. BGH, Urt. v. 26. 3. 1984 – II ZR 14/84, BGHZ 90, 370, 375 ff; *Hachenburg/Ulmer,* GmbHG, § 32a, b Rdnr. 2; *v.Gerkan,* Festschrift Lutter, 2000, S. 1317, 1324 ff; *Hommelhoff* in v.Gerkan/Hommelhoff (Hrsg.), Handbuch des Kapitalersatzrechts, Rdnr. 1.3 ff, 1.19 f.

1167 So die hM; vgl. BGH, Urt. v. 9. 12. 1991 – II ZR 43/91, ZIP 1992, 108, 109; Urt. v. 25. 6. 2001 – II ZR 38/99, NJW 2001, 3123; *v.Gerkan* in v.Gerkan/Hommelhoff (Hrsg.), Handbuch des Kapitalersatzrechts, Rdnr. 3.127; *ders.,* Festschrift Lutter, 2000, S. 1317, 1326; *Hachenburg/Ulmer,* GmbHG, § 32a, b Rdnr. 2, 18; *Scholz/Schneider,* GmbHG, § 43 Rdnr. 193; *Altmeppen* in Roth/Altmeppen, GmbHG, § 32a Rdnr. 113; *Lutter/Hommelhoff,* GmbHG, §§ 32a/b Rdnr. 103; *Altmeppen,* ZIP 1995, 26 (Urteilsanm.); *Sundermeier/Wilhelm,* DStR 1997, 1454, 1459; *Goette,* ZInsO 2001, 529, 532; *Rowedder/Pentz,* GmbHG, § 32a Rdnr. 3; a.A. *Haas,* Geschäftsführerhaftung und Gläubigerschutz, S. 66 ff; *ders.,* NZI 1999, 209, 214; ders., NZI 2002, 457, 464; wohl auch *Maser/Sommer,* BB 1996, 65, 66.

pitalersatz eine nicht hinzunehmende Lücke im Gläubigerschutz besteht.[1168] Ob diese Ansicht zutrifft, ist allerdings fraglich. Sie lässt nämlich außer Acht, dass die Eigenkapitalersatzregeln zu einem Zeitpunkt eingreifen, in dem die Gesellschaft überschuldet und/oder zahlungsunfähig ist.[1169] Mit Eintritt der Insolvenz sieht das Gesetz aber mit § 64 Abs. 2 GmbHG eine Regelung vor, die für den Geschäftsführer – ähnlich wie § 43 Abs. 3 GmbHG analog – einen negativen Verhaltensanreiz schafft. Gem. § 64 Abs. 2 GmbHG ist der Geschäftsführer – will er eine eigene Ersatzpflicht vermeiden – verpflichtet, nach Eintritt der Zahlungsunfähigkeit der Gesellschaft oder nach Feststellung ihrer Überschuldung das noch vorhandene Vermögen der Gesellschaft zusammenzuhalten und grundsätzlich keine Zahlungen mehr aus dem Gesellschaftsvermögen zu leisten.[1170] Erbringt er dennoch Zahlungen, die mit der Sorgfalt eines ordentlichen Geschäftsmanns nicht zu vereinbaren sind (§ 64 Abs. 2 S. 2 GmbHG),[1171] trifft ihn die Pflicht, das Gesellschaftsvermögen um den von ihm verbotswidrig geleisteten Betrag (ungekürzt) wieder aufzufüllen.[1172]

Sinn und Zweck dieser Regelung ist es, in der Insolvenzsituation eine gleichmäßige und ranggerechte Befriedigung aller Gesellschaftsgläubiger sicherzustellen[1173] und einer Masseverkürzung durch eine zwischenzeitli-

---

1168 Vgl. in diesem Sinne vor allem BGH, Urt. v. 26. 3. 1984 – II ZR 14/84, BGHZ 90, 370, 379 f; *v.Gerkan,* Festschrift Lutter, 2000, S. 1317, 1324 ff. Siehe auch oben unter § 4 II 3.

1169 Vgl. oben § 7 II.

1170 Vgl. dazu, dass es für den Beginn des in § 64 Abs. 2 GmbHG enthaltenen Auszahlungsverbots – ebenso wie für ein Eingreifen der Regeln über den Eigenkapitalersatz – auf das (objektive) Bestehen der Konkursreife und nicht etwa auf die positive »Feststellung« der Überschuldung durch den Geschäftsführer ankommt, BGH, Urt. v. 29. 11. 1999 – II ZR 273/98, NJW 2000, 668; für das Eigenkapitalersatzrecht siehe *Baumbach/Hueck/Fastrich,* GmbHG, § 32a Rdnr. 38.

1171 Vgl. hierzu auch die Ausführungen unter § 11 I 1 a) bb).

1172 Vgl. so die neuere Rspr. des BGH, Urt. v. 8. 1. 2001 – II ZR 88/99, DStR 2001, 175 (3. LS) und 178; siehe auch OLG Jena, Urt. v. 11. 12. 2001 – 8 U 741/01, ZIP 2002, 986, 987; auch *Goette,* DStR 2001,179 (Urteilsanm.); *ders.,* ZInsO 2001, 529, 536; *Lutter/Kleindiek* in Lutter/Hommelhoff, GmbHG, § 64 Rdnr. 4; *Rowedder/Schmidt-Leithoff,* GmbHG, § 64 Rdnr. 35. A.A. *Baumbach/Schulze-Osterloh,* GmbHG, § 64 Rdnr. 76 mwN.

1173 Vgl. BGH, Urt. v. 8. 1. 2001 – II ZR 88/99, DStR 2001, 175, 178; Urt. v. 31. 3. 2003 – II ZR 150/02, GmbHR 2003, 664, 665; OLG Jena, Urt. v. 11. 12. 2001 – 8 U 741/01, ZIP 2002, 986, 987; *Goette,* ZInsO 2001, 529, 533, 535; siehe auch *Lutter/Kleindiek* in Lutter/Hommelhoff, GmbHG, § 64 Rdnr. 58: Ziel gleichmäßiger und ranggerechter Gläubigerbefriedigung; vgl. auch *Schulze-Osterloh,* Festschrift Lutter, 2000, S. 707, 710: Sicherung der gleichmäßigen Befriedigung der Gläubiger im Vorfeld des Insolvenzverfahrens.

che Befriedigung einzelner Gläubiger entgegenzuwirken.[1174] Seine Pflicht zur Masseerhaltung würde der Geschäftsführer aber bei Leistung auf eine eigenkapitalersetzende Hilfe des Gesellschafters verletzen, da der Gesellschafter wegen seiner Forderung aus eigenkapitalersetzender Leistung nur im Nachrang befriedigt wird (§ 39 Abs. 1 Nr. 5 InsO).[1175]

Anders würde es sich lediglich dann verhalten, wenn der Gesellschafter im Insolvenzverfahren wegen seiner Forderung vorrangig, d.h. vorweg, zu befriedigen wäre. Denn Zahlungen zugunsten solcher Gläubiger, die im Insolvenzverfahren Massegläubiger wären, sind mit der Sorgfalt eines ordentlichen Geschäftsmanns zu vereinbaren.[1176] Das trifft auf den Gesellschafter aber solange nicht zu, wie eine Kreditierung der Gesellschaft vor Eröffnung des Insolvenzverfahrens in Rede steht bzw. der Gesellschafter in den Fällen eines Nicht-Kreditgeschäfts an seine getroffene Entscheidung, der Gesellschaft etwa mit einer Gebrauchsüberlassung auszuhelfen, gebunden ist und diese zu seinen Lasten fortwirkt.[1177]

Teilt man die hier vertretene Ansicht, dass die Regeln zum Eigenkapitalersatz (erst) mit Eintritt der Insolvenz eingreifen,[1178] so besteht selbst bei einer ausschließlichen Anwendung der gesetzlichen Vorschriften zum Eigenkapitalersatz eine Rechtspflicht für den Geschäftsführer eigenkapitalersetzende Gesellschafterleistungen im Vorfeld der Eröffnung eines Insolvenzverfahrens zu beachten.[1179] Das hat zur Folge, dass der Geschäftsführer etwa im Fall eines stehen gelassenen Gesellschafterdarlehens unter Hinweis auf seine eigene Ersatzpflicht die Rückzahlung des Darlehens und damit den tatsächlichen Abzug der Gesellschafterleistung verweigern kann.

1174 Vgl. BGH, Urt. v. 18. 3. 1974 – II ZR 2/72, NJW 1974, 1088, 1089; Urt. v. 1. 3. 1993 – II ZR 81/94, ZIP 1994, 891, 892; Urt. v. 29. 11. 1999 – II ZR 273/98, DStR 2000, 210; Urt. v. 8. 1. 2001 – II ZR 88/99, DStR 2001, 175, 177; Urt. 18. 4. 2005 – II ZR 61/03, NZG 2005, 600, 602; *Goette,* DStR 2000, 211; *ders.,* DStR 2001, 224 (jeweils Urteilsanm.); siehe auch *Maser/Sommer,* BB 1996, 65, 66.

1175 Vgl. hierzu auch BGH, Urt. v. 8. 1. 2001 – II ZR 88/99, DStR 2001, 175, 177.

1176 Vgl. *Goette,* DStR 2001, 224 (Urteilsanm.); *ders.,* ZInsO 2001, 529, 536; siehe auch *Fleck,* GmbHR 1974, 224, 231; vgl. auch BGH, Urt. v. 11. 9. 2000 – II ZR 370/99, DStR 2000, 1831, 1832: » ... die verteilungsfähige Vermögensmasse einer konkursreifen GmbH im Interesse der Gesamtheit ihrer Gläubiger als künftiger Insolvenzgläubiger zu erhalten.«

1177 Vgl. vorstehend unter § 11 I 2 a) und b).

1178 Vgl. oben § 7 II.

1179 Vgl. für die hier vertretene Ansicht auch *Haas,* NZI 1999, 209, 214; *Bezzenberger,* Festschrift Bezzenberger, 2000, S. 23, 50. Für eine ausschließliche Geltung der gesetzlichen Vorschriften zum Kapitalersatz u.a. auch *Baumbach/Hueck/Fastrich,* GmbHG, § 32a Rdnr. 74; *Fastrich,* Festschrift Zöllner, Band I, 1998, S. 143, 158 f; *Bezzenberger,* Festschrift Bezzenberger, 2000, S. 23, 45.

Aus der Bindung der Gesellschafterleistung im Vermögen der Gesellschaft schließt nun ein Teil der Literatur, dass der Gesellschafter (angeblich) daran gehindert wäre, eine Finanzierungsentscheidung i.S. des Eigenkapitalersatzrechts zu treffen.[1180] Dies ist jedoch nicht der Fall. Denn für eine Finanzierungsentscheidung i.S. des Eigenkapitalersatzrechts kommt es in objektiver Hinsicht nicht entscheidend auf den tatsächlichen Rückfluss der Gesellschafterleistung, sondern vielmehr darauf an, dass der Gesellschafter Mittel ergreift, mit denen der Zustand einer einseitigen Risikoverlagerung zu Lasten der Gläubigergesamtheit beendet wird. Dies ist jedoch auch mit der Stellung eines Insolvenzantrags der Fall.[1181]

e) Die Haftung der Mitgesellschafter

Fraglich ist darüber hinaus, welche Auswirkungen die insolvenzrechtliche Sichtweise auf das Kapitalersatzrecht im Hinblick auf die Haftung der Mitgesellschafter nach § 31 Abs. 3 GmbHG analog hat. Die hM spricht sich – wie gesehen – für eine (Mit-)Verantwortlichkeit der übrigen Gesellschafter im Fall der Rückgewähr einer eigenkapitalersetzenden Gesellschafterleistung aus. Ihr zufolge haften die Mitgesellschafter analog § 31 Abs. 3 GmbHG für den Ausfall, wenn der Gesellschafter, an den die eigenkapitalersetzende Leistung verbotswidrig (wieder) zurückgeflossen ist, seiner Erstattungspflicht nicht nachkommt.[1182] Dabei ist hM zufolge der Umfang der

---

1180 So *Reiner,* Festschrift Boujong, 1996, S. 415, 452, 454, der u.a. wegen des den Geschäftsführer treffenden Auszahlungsverbots gem. § 64 Abs. 2 GmbHG eine Erfassung stehen gelassener Gesellschafterdarlehen ablehnt.

1181 Vgl. oben unter § 11 I 1 d) aa); siehe hierzu insbesondere auch BGH, Urt. v. 19. 12. 1994 – II ZR 10/94, ZIP 1995, 280, 281.

1182 Vgl. BGH, Urt. v. 5. 2. 1990 – II ZR 114/89, NJW 1990, 1730, 1731 f; Urt. v. 11. 7. 2005 – II ZR 285/03, NZG 2005, 845, 846; *Scholz/Karsten Schmidt,* GmbHG, §§ 32a, 32b Rdnr. 83, 176; *Karsten Schmidt,* BB 1995, 529, 532 f; *Hachenburg/Ulmer,* GmbHG, § 32a, b Rdnr. 18; *Rowedder/Pentz,* GmbHG, § 32a Rdnr. 219; *Altmeppen* in Roth/Altmeppen, GmbHG, § 32a Rdnr. 115; *Lutter/Hommelhoff,* GmbHG, §§ 32a/b Rdnr. 106; *Michalski/Heidinger,* GmbHG, §§ 32a, 32b Rdnr. 272; *v.Gerkan* in v.Gerkan/Hommelhoff (Hrsg.), Handbuch des Kapitalersatzrechts, Rdnr. 3.121; *Geißler,* GmbHR 1996, 565, 573; *Stodolkowitz* in Bankrechts-Handbuch, § 84 Rdnr. 100.

Mithaftung der Höhe nach auf die Stammkapitalziffer beschränkt.[1183] Eine Freistellung von der Ausfallhaftung kommt nach Ansicht der hM lediglich dann in Betracht, wenn der Gesellschafter ein sog. Kleingesellschafter i.S.d. § 32a Abs. 3 S. 2 GmbHG ist. Für diesen Kreis von Gesellschaftern, die selbst keine Finanzierungsfolgenverantwortung tragen,[1184] sei eine Mithaftung nach § 31 Abs. 3 GmbHG analog nicht gerechtfertigt.[1185]

Im unmittelbaren Anwendungsbereich der Kapitalerhaltungsvorschriften (§§ 30, 31 GmbHG) ist die Ausfallhaftung konsequent. Sie erfüllt dort den Zweck, das strikt zu beachtende Kapitalerhaltungsgebot effektiv auszugestalten.[1186] Deshalb kommt es im System der Kapitalerhaltung auch nicht auf eine Kenntnis – weder des die Leistung empfangenden Gesell-

---

1183 Vgl. BGH, Urt. v. 11. 7. 2005 – II ZR 285/03, NZG 2005, 845, 846; *Hachenburg/Ulmer,* GmbHG, § 32a, b Rdnr. 18; *Ulmer,* Festschrift 100 Jahre GmbH-Gesetz, 1992, S. 363, 373; *Lutter/Hommelhoff,* GmbHG, §§ 32a/b Rdnr. 106; *Rowedder/Pentz,* § 32b Rdnr. 15; Münch. Hdb. GesR III/*Rümker,* § 52 Rdnr. 169; *v.Gerkan* in v.Gerkan/Hommelhoff (Hrsg.), Handbuch des Kapitalersatzrechts, Rdnr. 3.126; *Michalski/Heidinger,* GmbHG, §§ 32a, 32b Rdnr. 273; *Müller,* DB 1998, 1117, 1120. Siehe für den unmittelbaren Anwendungsbereich des § 31 Abs. 3 GmbHG auch BGH, Urt. v. 25. 2. 2002 – II ZR 196/00, NJW 2002, 1803, 1804; Urt. v. 22. 9. 2003 – II ZR 229/02, NJW 2003, 3629, 3632; *Rowedder/Pentz,* GmbHG, § 31 Rdnr. 38; *Baumbach/Hueck/Fastrich,* GmbHG, § 31 Rdnr. 17; *Hachenburg/Goerdeler/Müller,* GmbHG, § 30 Rdnr. 46 und § 31 Rdnr. 54; *Ulmer,* Festschrift 100 Jahre GmbH-Gesetz, 1992, S. 363, 372; i.E. einschränkend *Lutter/Hommelhoff,* GmbHG, § 31 Rdnr. 21: Stammkapital abzüglich der eigenen Einlage. A.A. etwa *Karsten Schmidt,* BB 1995, 529, 531 f; *ders.,* Gesellschaftsrecht, § 37 III 3 b), S. 1143: Haftungsbeschränkung auf den Betrag der Stammeinlage des die Leistung empfangenden Gesellschafters; ihm folgend *Scholz/H.P. Westermann,* GmbHG, § 31 Rdnr. 30; für eine unbeschränkte Ausfallhaftung dagegen *Wissmann,* EWiR 1992, 787, 788.

1184 Vgl. zum sog. Kleinbeteiligungsprivileg die Ausführungen oben unter § 3 I 2 a).

1185 Vgl. so zu Recht *Grunewald,* Festschrift Lutter, 2000, S. 413, 421; *Müller,* DB 1998, 1117, 1120; *Gaiser,* GmbHR 1999, 210, 216; dafür auch BGH, Urt. v. 11. 7. 2005 – II ZR 285/03, NZG 2005, 845, 846; *Lutter/Hommelhoff,* GmbHG, §§ 32a/b Rdnr. 106; *Michalski/Heidinger,* GmbHG, §§ 32a, 32b Rdnr. 272; *Rowedder/Pentz,* GmbHG, § 32a Rdnr. 219; *Pentz,* GmbHR 2004, 529, 537; anders noch *ders.,* GmbHR 1999, 437, 439 (Fn. 17); *Altmeppen* in Roth/Altmeppen, GmbHG, § 32a Rdnr. 115; *Fastrich,* Festschrift Zöllner, Band I, 1998, S. 143, 158; kritisch *v.Gerkan* in v.Gerkan/Hommelhoff (Hrsg.), Handbuch des Kapitalersatzrechts, Rdnr. 3.17; ausdrücklich dagegen *Stodolkowitz* in Bankrechts-Handbuch, § 84 Rdnr. 100.

1186 Vgl. *Altmeppen* in Roth/Altmeppen, GmbHG, § 31 Rdnr. 1; *Rowedder/Pentz,* GmbHG, § 31 Rdnr. 1; *Goette,* DStR 1997, 1495, 1500; *ders.,* Die GmbH, § 3 Rdnr. 1, S. 63; Rdnr. 48, S. 81; *Müller,* DB 1998, 1117, 1119; *Gaiser,* GmbHR 1999, 210, 212; siehe auch *Lutter/Hommelhoff,* GmbHG, § 31 Rdnr. 1; *Baumbach/Hueck/Fastrich,* GmbHG, § 31 Rdnr. 1.

schafters von der Verbotswidrigkeit der Auszahlung noch des mithaftenden Gesellschafters von der verbotenen Auszahlung – an.[1187] Voraussetzung für die Mithaftung ist lediglich, dass die Rückerstattung von dem Leistungsempfänger nicht zu erlangen und der zu erstattende Betrag zur Befriedigung der Gesellschaftsgläubiger erforderlich ist. Liegen diese beiden Voraussetzungen vor (sog. doppelte Subsidiarität)[1188] haften dem Gesetz zufolge (§ 31 Abs. 3 GmbHG) für den zu erstattenden Betrag die übrigen Gesellschafter nach dem Verhältnis ihrer Geschäftsanteile (pro rata).[1189]

Eine unbesehene Übertragung dieser Kollektivhaftung[1190] auf die Rückgewähr eigenkapitalersetzender Gesellschafterleistungen ist jedoch bei einem insolvenzrechtlichen Verständnis der Finanzierungsfolgenverantwortung entgegen der Ansicht der hM abzulehnen.[1191] Denn der durch die Kapitalerhaltungsvorschriften – einschließlich der subsidiären Ausfallhaftung – vermittelte Gläubigerschutz ist rein objektiver Natur.[1192] Hingegen wird der Gesellschafter nach dem Kapitalersatz deshalb zu einer Finanzierungsfolgenverantwortung herangezogen, weil *er* in Kenntnis von der Krise die Insolvenz der Gesellschaft verschleppt bzw. mit einem Nicht-Kreditgeschäft das Vermögen der Gesellschaft zum Nachteil der Gläubigergesamtheit umschichtet.[1193] Das zeigt, dass die Finanzierungsfolgenverantwortung nicht objektiver, sondern »individueller Natur«[1194] ist.

Ist die Finanzierungsfolgenverantwortung aber »individueller Natur«, dann kann für das Vorliegen eigenkapitalersetzender Leistungen – was die Rückzahlung einer solchen mit einschließt (vgl. auch § 135 InsO) – nur der-

---

1187 Vgl. *Müller,* DB 1998, 1117, 1119.

1188 Vgl. *Baumbach/Hueck/Fastrich,* GmbHG, § 31 Rdnr. 16; *Goette,* Die GmbH, § 3 Rdnr. 55, S. 84; *Scholz/H.P. Westermann,* GmbHG, § 31 Rdnr. 24, 27; *Müller,* GmbHR 1999, 923, 924 f (Urteilsanm.).

1189 Vgl. *Hachenburg/Goerdeler/Müller,* GmbHG, § 31 Rdnr. 55; *Rowedder/Pentz,* GmbHG, § 31 Rdnr. 32; *Lutter/Hommelhoff,* GmbHG, § 31 Rdnr. 21.

1190 Die Haftung der Mitgesellschafter nach § 31 Abs. 3 GmbHG wird ferner auch als Subsidiär- oder Solidarhaftung bezeichnet; vgl. BGH, Urt. v. 21. 6. 1999 – II ZR 47/98, NZG 1999, 1001, 1002; *Hachenburg/Goerdeler/Müller,* GmbHG, § 31 Rdnr. 50; *Baumbach/Hueck/Fastrich,* GmbHG, § 31 Rdnr. 15.

1191 Kritisch insoweit auch *Fastrich,* Festschrift Zöllner, Band I, 1998, S. 143, 157 f; *Haas,* NZI 2001, 1, 9 (Fn. 112).

1192 I.d.S. ausdrücklich so *Goette,* Die GmbH, § 3 Rdnr. 7, S. 66; *ders.,* DStR 1997, 1495, 1496, 1500; *Müller,* DB 1998, 1117, 1118; *ders.,* GmbHR 1999, 923, 925 (Urteilsanm.); *Gaiser,* GmbHR 1999, 210, 216; *Ulmer,* Festschrift 100 Jahre GmbH-Gesetz, 1992, S. 363, 370; vgl. auch *Altmeppen,* ZIP 1994, 1939, 1941 (Urteilsanm.).

1193 Vgl. oben § 7 I-III und § 8 II 1-3.

1194 Vgl. *Karsten Schmidt,* ZIP 1999, 1241, 1244 f.

jenige Gesellschafter zur Verantwortung herangezogen werden, in dessen Person die Voraussetzungen für eine Haftung nach dem Eigenkapitalersatz erfüllt sind. Das heißt, es haftet nur derjenige Gesellschafter, der die Gesellschaft in der Krise mit dem Wissen um die Krise kreditiert.

Zu dem gleichen Ergebnis kommen auch diejenigen Stimmen in der Literatur, die anders als der BGH nicht nur für das Stehenlassen einer früher gewährten Kredithilfe,[1195] sondern für jede Art der Finanzierungsentscheidung subjektive Merkmale in der Person des die Leistung erbringenden Gesellschafters verlangen. Völlig zutreffend formulieren daher auch *Lutter/Hommelhoff,* dass ein solcher Legitimationsansatz, der die Haftung nach dem Eigenkapitalersatz von subjektiven Voraussetzungen abhängig macht, es erlaubt, »die an der Gewährung des Eigenkapitalersatzes nicht beteiligten Mitgesellschafter von der Finanzierungsfolgenverantwortung freizuhalten«.[1196]

Auch andere Stimmen in der Literatur sprechen sich gegen eine Ausfallhaftung bei Rückzahlung kapitalersetzender Gesellschafterdarlehen aus. Abgelehnt wird die Ausfallhaftung u.a. mit Blick darauf, dass insbesondere Minderheitsgesellschafter regelmäßig nicht über die Gewährung bzw. das Stehenlassen kapitalersetzender Gesellschafterdarlehen informiert sind bzw. sie selbst bei Kenntnis keine Möglichkeit haben, die Verhaftung der Gesellschafterleistung zu verhindern.[1197]

Soweit dagegen – und damit für eine Mithaftung der Gesellschafter – wiederum der Grundsatz der objektiven Kapitalerhaltung der §§ 30, 31 GmbHG angeführt wird,[1198] bleibt festzuhalten, dass nach zwischenzeitlich gefestigter Rechtsprechung das Eigenkapitalersatzrecht eben nicht wie das Recht der Kapitalerhaltung (ausschließlich) objektiv ausgestaltet ist,[1199] was eine Ausfallhaftung der übrigen Gesellschafter als verschuldensunabhängige Garantiehaftung[1200] rechtfertigen würde.[1201]

Damit kann sowohl bei einer insolvenzrechtlichen Betrachtung des Eigenkapitalersatzrechts als auch aus Sicht der hM über die Frage der Mithaftung der übrigen Gesellschafter nicht mehr pauschal, sondern nur noch in

---

1195 Vgl. grundlegend BGH, Urt. v. 7. 11. 1994 – II ZR 270/93, BGHZ 127, 336, 344 ff.

1196 Vgl. *Lutter/Hommelhoff,* GmbHG, §§ 32a/b Rdnr. 5 aE.

1197 So etwa *Oppenhoff,* Festschrift Stiefel, 1987, S. 551, 555 ff.

1198 Vgl. *Müller,* DB 1998, 1117, 1119 ff.

1199 Vgl. neben BGH, Urteil v. 7. 11. 1994 – II ZR 270/93, BGHZ 127, 336, 344; Urt. v. 11. 12. 1995 – II ZR 128/94, NJW 1996, 722 f; Urt. v. 26. 6. 2000 – II ZR 370/98, ZIP 2000, 1491 f; OLG Düsseldorf, Urt. v. 14. 5. 1999 – 16 U 103/98, GmbHR 1999, 1039, 1040.

1200 Vgl. *Gaiser,* GmbHR 1999, 210, 212; *Müller,* DB 1998, 1117, 1119.

1201 Dies übersieht *Müller,* DB 1998, 1117, 1118.

Übereinstimmung mit den hinter dem Eigenkapitalersatzrecht stehenden Wertungsgrundlagen entschieden werden. Dies führt angesichts der Erkenntnis, dass sich hinter dem Eigenkapitalersatzrecht eine Haftung des Gesellschafters wegen Insolvenzverschleppung und Vermögensumschichtung in Kenntnis von der Krise verbirgt,[1202] freilich zu einer Ablehnung der Ausfallhaftung nach § 31 Abs. 3 GmbHG analog.

II. Folgen für das Eigenkapitalersatzrecht als rechtsformspezifisches Rechtsinstitut

Die Erkenntnis, dass der Gesellschafter nach dem Eigenkapitalersatz für die Herbeiführung gläubigerschädigender Phänomene in der Insolvenz der Gesellschaft zur Verantwortung gezogen wird, wirft schließlich die Frage auf, ob das Eigenkapitalersatzrecht wirklich als ein rechtformspezifisches Rechtsinstitut zu begreifen ist oder nicht vielmehr die Finanzierungsfolgenverantwortung jeden Gesellschafter gleich welcher Rechtsform erfasst. Über die Reichweite der Finanzierungsfolgenverantwortung wird seit langem schon gestritten.[1203]

Anhand eines kurzen Überblicks soll deshalb zunächst der Stand der Diskussion nachgezeichnet (siehe unten 1.) und sodann zur Frage der weiteren Entwicklung des Kapitalersatzrechts Stellung genommen werden (siehe unten 2).

1. Überblick

Der nachfolgende Überblick über das Kapitalersatzrecht außerhalb des GmbH-Rechts orientiert sich dabei an der Entwicklungsgeschichte des Eigenkapitalersatzes. Im Folgenden wird deshalb zunächst auf das Eigenkapitalersatzrecht in der Kapitalgesellschaft und Co. einzugehen sein. Hier

1202 Vgl. oben § 7 I-III zur Haftung wegen Insolvenzverschleppung und § 8 II 1-3 zur Haftung wegen Vermögensumschichtung.

1203 Vgl. vor allem *Karsten Schmidt,* ZIP 1991, 1 ff; *ders.,* Gesellschaftsrecht, § 18 III 4a), S. 531 ff; *ders.,* ZGR 1998, 633, 658; *ders.,* Wege zum Insolvenzrecht der Unternehmen, 1990, S. 89 ff, 241 f; *ders.* in Schlegelberger, HGB, 5. Aufl., § 129a Rdnr. 8 und § 172a Rdnr. 54; *ders.,* GmbHR 1986, 337 ff; *ders.,* AG 1984, 12 ff; *ders.,* JZ 1985, 301, 304; *ders.,* ZHR 147 (1983), 165, 171 ff; *ders.* in Scholz, GmbHG, §§ 32a, 32b Rdnr. 10, 22 f; *Wiedemann,* Festschrift Beusch, 1993, S. 893, 907 f; *Reusch,* BB 1989, 2358, 2364 f.

findet sich die bereits für das GmbH-Recht bekannte Parallelität von Novellen- und Rechtsprechungsregeln zum Eigenkapitalersatz wieder (siehe unten 1a). Sodann werden die von seiten der Rechtsprechung entwickelten Grundsätze zum Eigenkapitalersatz in der Aktiengesellschaft aufgezeigt (siehe unten 1b) und schließlich wird ein Blick auf diejenigen Stimmen geworfen, die sich für eine rechtsformübergreifende Anwendung des Kapitalersatzrechts aussprechen (siehe unten 1c).

a) Kapitalersatz in der Kapitalgesellschaft & Co.

aa) Novellenregeln

Im Zuge der GmbH-Novelle von 1980[1204] hat der Gesetzgeber zwar nicht für die Personengesellschaft schlechthin, wohl aber für typengemischte Gesellschaftsformen, etwa die Kapitalgesellschaft & Co., Regelungen zum Kapitalersatz geschaffen. So sieht § 129a HGB beispielsweise vor, dass bei einer offenen Handelsgesellschaft, bei der kein Gesellschafter eine natürliche Person ist, infolge der Verweisung des § 129a HGB auf die §§ 32a und 32b GmbHG die Gesellschafter oder Mitglieder der Gesellschafter nachrangig befriedigt werden, wenn sie der oHG ein Darlehen oder eine der Darlehensgewährung wirtschaftlich entsprechende Leistung zur Verfügung stellen.[1205] Entsprechendes gilt nach dem Gesetz (§ 172a HGB) auch für die KG, bei der kein persönlich haftender Gesellschafter eine natürliche Person ist. Hier gelten die §§ 32a, 32b GmbHG sinngemäß mit der Maßgabe, dass an die Stelle der Gesellschafter der GmbH die Gesellschafter oder Mitglieder der persönlich haftenden Gesellschafter der KG sowie die Kommanditisten treten.[1206]

1204 Vgl. Gesetz vom 4. 7. 1980 BGBl. I S. 836.

1205 Vgl. *Baumbach/Hopt*, HGB, § 129a Rdnr. 3; *Staub/Habersack*, HGB, § 129a Rdnr. 1, 4, 9 und 11.

1206 Vgl. *Staub/Schilling*, HGB, § 172a Rdnr. 6; *Scholz/Karsten Schmidt*, GmbHG, §§ 32a, 32b Rdnr. 204. Umstritten ist allerdings, ob entgegen dem Wortlaut des § 172a HGB auch Darlehen der (unbeschränkt haftenden) Komplementär-GmbH erfasst werden; dafür *Scholz/Karsten Schmidt*, GmbHG, §§ 32a, 32b Rdnr. 209; *Schlegelberger/Karsten Schmidt*, HGB, § 172a Rdnr. 19; *v.Gerkan* in v.Gerkan/Hommelhoff (Hrsg.), Handbuch des Kapitalersatzrechts, Rdnr. 10.18; *Rowedder/Pentz*, GmbHG, § 32a Rdnr. 233; dagegen *Staub/Habersack*, HGB, § 129a Rdnr. 6, 11; *Kleindiek*, Festschrift Lutter, 2000, S. 871, 886. Gleiches wird im Übrigen auch für § 129a HGB im Hinblick auf die oHG-Gesellschafter diskutiert; vgl. *Staub/Habersack*, HGB, § 129a Rdnr. 6, 11.

Nicht ausdrücklich vom Gesetz (§§ 129a, 172a HGB) in Bezug genommen sind dabei die Anfechtungsvorschriften der §§ 135 InsO und 6 AnfG. Ihre Geltung folgt aber bereits aus dem Umstand, dass diese Anfechtungstatbestände ganz allgemein von der »Forderung eines Gesellschafters auf Rückgewähr eines kapitalersetzenden Darlehens« sprechen und damit auch die Fälle der §§ 129a und 172a HGB erfassen.[1207]

bb) Rechtsprechungsregeln

Bereits vor Einführung der gesetzlichen Vorschriften zum Eigenkapitalersatz wandte die Rechtsprechung ihre Grundsätze über die Behandlung eigenkapitalersetzender Gesellschafterdarlehen auf die GmbH & Co. KG an. Der Rechtsprechung zufolge ist eine Auszahlung an den Kommanditisten, der zugleich der Komplementär-GmbH angehört, auch dann als Verstoß gegen das Verbot des § 30 Abs. 1 GmbHG zu werten, wenn die Leistung aus dem Vermögen der KG erbracht wird. Die Anwendung der Rechtsprechungsregeln setzt jedoch voraus, dass infolge der Auszahlung mittelbar das Vermögen der GmbH unter den Nennwert des Stammkapitals herabsinkt.[1208] Das ist beispielsweise dann der Fall, wenn die KG in der Krise steckt und die GmbH keine über ihr Stammkapital hinausgehenden Vermögenswerte besitzt. Dann wird nämlich infolge der Haftung der GmbH für die Verbindlichkeiten der KG gem. § 128 HGB das Vermögen der GmbH unter die Stammkapitalziffer gedrückt. Denn zum Ausgleich der Passivposten, die sich aus der Haftung der GmbH für die Verbindlichkeiten der KG ergeben, kann die GmbH, wegen der Aushöhlung des KG-Vermögens, keinen gegenüber der KG mehr realisierbaren Freistellungsanspruch aktivieren.[1209] Denkbar ist es aber auch, dass die Aufzehrung des Stammkapitals

1207 I.d.S. ausdrücklich so die Begründung des Regierungsentwurfs zu § 150 RegE/ § 135 InsO; vgl. BT-Drucks. 12/2443, S. 161; siehe auch *Staub/Habersack,* HGB, § 129a Rdnr. 13; *Uhlenbruck/Hirte,* InsO, § 135 Rdnr. 6; vgl. ferner *Veil,* ZGR 2000, 223, 253 ff; *Bayer* in v.Gerkan/Hommelhoff (Hrsg.), Handbuch des Kapitalersatzrechts, Rdnr. 11.45.

1208 Vgl. BGH, Urt. v. 29. 3. 1973 – II ZR 25/70, NJW 1973, 1036, 1038; Urt. v. 27. 9. 1976 – II ZR 162/75, NJW 1977, 104, 105; siehe auch BGH, Urt. v. 8. 7. 1985 – II ZR 269/84, NJW 1985, 2947; Urt. v. 19. 2. 1990 – II ZR 268/88, NJW 1990, 1725, 1726.

1209 Vgl. BGH, Urt. v. 29. 3. 1973 – II ZR 25/70, NJW 1973, 1036, 1038; siehe auch Urt. v. 27. 9. 1976 – II ZR 162/75, NJW 1977, 104, 105; Urt. v. 24. 3. 1980 – II ZR 213/77, BGHZ 76, 326, 336; *Altmeppen* in Roth/Altmeppen, GmbHG, § 32a Rdnr. 224; *Stodolkowitz* in Bankrechts-Handbuch, § 84 Rdnr. 108.

ihren Grund in einem Wertverlust der Beteiligung der GmbH an der KG findet.[1210] In beiden Fällen ist dann der Gesellschafter zur Erstattung verpflichtet, wobei der Anspruch der GmbH aus § 31 GmbHG der KG zusteht.[1211]

Anerkannt ist, dass auch derjenige Kommanditist für die Erhaltung des Garantiekapitals der Komplementär-GmbH mitverantwortlich ist, der nicht zugleich Gesellschafter der GmbH ist.[1212] Damit trägt auch der sog. »Nur-Kommanditist« eine Finanzierungsfolgenverantwortung.[1213]

b) Kapitalersatz in der Aktiengesellschaft

Adressat der Rechtsprechungsregeln zum Eigenkapitalersatz ist nach Ansicht des BGH auch der Aktionär,[1214] wenn dieser »unternehmerisch« an der AG beteiligt ist.[1215] Erfüllt ist diese Voraussetzung, wenn der Aktionär Einfluss auf die Unternehmensleitung hat und ein entsprechendes unternehmerisches Interesse erkennen lässt.[1216] Davon ist nach Ansicht des BGH regelmäßig bei einem Aktienbesitz von mehr als 25% des Grundkapitals auszu-

---

1210 Vgl. BGH, Urt. v. 29. 3. 1973 – II ZR 25/70, NJW 1973, 1036, 1038; Urt. v. 24. 3. 1980 – II ZR 213/77, BGHZ 76, 326 (2. LS); Urt. v. 19. 2. 1990 – II ZR 268/88, NJW 1990, 1725, 1729; *Staub/Schilling,* HGB, § 172a Rdnr. 17; *Stodolkowitz* in Bankrechts-Handbuch, § 84 Rdnr. 108.

1211 Vgl. BGH, Urt. v. 29. 3. 1973 – II ZR 25/70, NJW 1973, 1036, 1038; Urt. v. 27. 9. 1976 – II ZR 162/75, NJW 1977, 104, 105; siehe auch BGH, Urt. v. 19. 2. 1990 – II ZR 268/88, NJW 1990, 1725, 1726, 1729; zustimmend für die (typische) GmbH & Co. KG, deren GmbH kein »Eigenleben« außerhalb der KG führt, sondern sich auf die Gesellschafterrolle beschränkt, *Karsten Schmidt,* NJW 1977, 107 (Urteilsanm.).

1212 Vgl. BGH, Urt. v. 19. 2. 1990 – II ZR 268/88, NJW 1990, 1725, 1728 f.

1213 Vgl. auch *Scholz/Karsten Schmidt,* GmbHG, §§ 32a, 32b Rdnr. 209, 214; *Altmeppen* in Roth/Altmeppen, GmbHG, § 32a Rdnr. 226 f; *Lutter/Hommelhoff,* GmbHG, §§ 32a/b Rdnr. 57; *Stodolkowitz* in Bankrechts-Handbuch, § 84 Rdnr. 109; *Bayer* in v.Gerkan/Hommelhoff (Hrsg.), Handbuch des Kapitalersatzrechts, Rdnr. 11.41; *Groß,* BB 1991, 2386, 2389, 2390.

1214 Grundlegend BGH, Urt. v. 26. 3. 1984 – II ZR 171/83, BGHZ 90, 381, 387 ff. Dafür früher bereits RG, Urt. v. 3. 12. 1938 – II 84/38, JW 1939, 355 f. Anders dagegen noch LG Düsseldorf, Urt. v. 27. 5. 1981 – 12 O 318/80, ZIP 1981, 601, 602 f; OLG Düsseldorf, Urt. v. 30. 6. 1983 – 6 U 120/81, AG 1983, 250 ff.

1215 Vgl. BGH, Urt. v. 26. 3. 1984 – II ZR 171/83, BGHZ 90, 381 f (2. LS); siehe auch OLG Düsseldorf, Urt. v. 6. 11. 1986 – 6 U 29/86, ZIP 1987, 44; Urt. v. 26. 4. 1990 – 10 U 75/89, AG 1991, 401, 402.

1216 Vgl. BGH, Urt. v. 26. 3. 1984 – II ZR 171/83, BGHZ 90, 381, 389 ff.

gehen,[1217] weil die sog. Sperrminorität dem Aktionär ein u.U. ausschlaggebendes Mitspracherecht gerade auch in Angelegenheiten sichert, die für die Geschicke der Gesellschaft besonders wichtig sind und über die daher die Hauptversammlung mit qualifizierter Mehrheit zu beschließen hat.[1218] Bei einer darunter liegenden, aber nicht unbeträchtlichen Beteiligung ist nach Ansicht des BGH der Aktionär (nur) dann Adressat der Eigenkapitalersatzregeln, wenn die Beteiligung in Verbindung mit weiteren Umständen[1219] dem Aktionär Einfluss auf die Unternehmensleitung sichert und der Aktionär ein entsprechendes unternehmerisches Interesse erkennen lässt.[1220] Das heißt, der (Klein-)Aktionär, der seinen Anteil an der AG weniger aus Interesse an einer unternehmerischen Betätigung als an einer günstigen Kapitalanlage hält, trägt dieser Rechtsprechung zufolge keine Finanzierungsfolgenverantwortung.[1221]

1217 Vgl. BGH, Urt. v. 26. 3. 1984 – II ZR 171/83, BGHZ 90, 381 f (2. LS). Strittig und für eine 20%ige Beteiligung als Richtschnur in Anlehnung an § 271 Abs. 1 HGB *Baumbach/Hopt*, HGB, § 172a Rdnr. 18, dagegen und für eine Beibehaltung der 25%-Grenze wegen unterschiedlicher Regelungszwecke des Eigenkapitalersatzrechts einerseits und der bilanzrechtlichen Vorschrift des § 271 Abs. 1 HGB andererseits *Henze* in Großkomm AktG, § 57 Rdnr. 120.

1218 So nahezu wörtlich BGH, Urt. v. 26. 3. 1984 – II ZR 171/83, BGHZ 90, 381, 389. Umstritten ist allerdings, ob das unternehmerische Interesse, das der BGH bei einer solchen Beteiligung, wegen des damit erlangten Einflusses, vermutet, eine (bloß) widerlegbare Vermutung für eine unternehmerische Beteiligung des Aktionärs begründet; dafür *Junker*, ZHR 156 (1992), 394, 398 mwN zum Meinungsstand.

1219 Näher hierzu etwa *Henze* in Großkomm AktG, § 57 Rdnr. 123 ff; *Bayer* in v.Gerkan/Hommelhoff (Hrsg.), Handbuch des Kapitalersatzrechts, Rdnr. 11.17 ff; *Schwark*, JZ 1984, 1036, 1037 (Urteilsanm.).

1220 Vgl. BGH, Urt. v. 26. 3. 1984 – II ZR 171/83, BGHZ 90, 381, 382 (2. LS).

1221 Vgl. in diesem Zusammenhang auch BGH, Urt. v. 26. 3. 1984 – II ZR 171/83, BGHZ 90, 381, 388, 389, unter Hinweis etwa auf den Lieferanten der AG, der einen geringen Anteil an Aktien zu Anlagezwecken über die Börse erworben hat oder etwa die (Haus-)Bank des Unternehmens, die im Rahmen ihres Wertpapiergeschäfts Aktien im Besitz hat. Für eine Freistellung der Kleinaktionäre auch die hM im Schrifttum; vgl. *Henze* in Großkomm AktG, § 57 Rdnr. 118 ff; *Hüffer*, AktG, § 57 Rdnr. 18; *Bayer* in v.Gerkan/Hommelhoff (Hrsg.), Handbuch des Kapitalersatzrechts, Rdnr. 11.16 ff; *Rümker*, ZGR 1988, 494, 503, 504; *ders.*, Festschrift Stimpel, 1985, S. 673, 675, 677 ff; *Claussen*, AG 1985, 173, 178 f; *Klingberg*, Mitarbeitende Kommanditisten, S. 167; *Ketzer*, Eigenkapitalersetzende Aktionärsdarlehen, S. 69 ff, 77 ff; *Hommelhoff*, WM 1984, 1105, 1115; *Lösler*, NJW 2000, 564; *Lutter* in Kölner Kommentar zum AktG, § 57 Rdnr. 87 f, 93 (informierte und einflussreiche Aktionäre); ebenso *Junker*, ZHR 156 (1992), 394, 402, 403, 412; a.A. *Farrenkopf*, Kapitalersetzende Gesellschafterdarlehen bei der Aktiengesellschaft, S. 97 ff; *Habersack*, ZHR 162 (1998), 201, 216 f, 219 f; *Veil*, ZGR 2000, 223, 233 f; *Stodolkowitz* in Bankrechts-Handbuch, § 84 Rdnr. 115.

Die (regelmäßige) Freistellung der Kleinaktionäre von der Eigenkapitalersatzhaftung bei einem Aktienbesitz von weniger als 25% soll auch nach Einführung des Kleinbeteiligungsprivilegs in § 32a Abs. 3 S. 2 GmbHG wegen der fehlenden Weisungsbefugnis der Aktionäre und dem eingeschränkten Informationsrecht der Gesellschafter (vgl. § 131 AktG contra § 51a GmbHG) beibehalten werden.[1222] Das heißt, die Rechtsregeln zum Eigenkapitalersatz finden in der AG regelmäßig erst bei einer Beteiligung von mehr als 25% am Grundkapital und in der GmbH (von vornherein) nur bei einer Beteiligung über 10% am Stammkapital der Gesellschaft Anwendung.

c) Rechtsformübergreifende Anwendung des Kapitalersatzrechts

Im Schrifttum finden sich darüber hinaus Stimmen, die sich auch für eine Anwendung der Rechtsregeln zum Eigenkapitalersatz in der KGaA,[1223] der Genossenschaft (ohne oder mit nur begrenzter Nachschusspflicht),[1224] dem Verein[1225], der Stiftung des Privatrechts[1226] oder der gesetzestypischen Personengesellschaft[1227] aussprechen. Denn das Eigenkapitalersatzrecht sei – so eine Ansicht in der Literatur – kein auf eine bestimmte Gesellschaftsform zugeschnittenes, sondern vielmehr ein rechtsformübergreifendes Rechtsinstitut, das überall dort Anwendung finde, wo zwischen Eigen- und Fremd-

---

1222 I.d.S. ausdrücklich so *Henze* in Großkomm AktG, § 57 Rdnr. 119 und Fn. 323. Siehe auch die Begründung der Bundesregierung zu Art. 2 Nr. 1 KapAEG (§ 32a Abs. 3 S. 2 GmbHG), BT-Drucks. 13/7141, S. 11 f in der es heißt: »Die klare Schwelle von 25% gewährt Rechtssicherheit. Sie soll beibehalten werden«.

1223 Vgl. für Darlehen der Kommanditaktionäre *Semler* in Geßler/Hefermehl/Eckard/Kropff, AktG, § 278 Rdnr. 80; *Bayer* in v.Gerkan/Hommelhoff (Hrsg.), Handbuch des Kapitalersatzrechts, Rdnr. 11.39.

1224 Vgl. *Bayer* in v.Gerkan/Hommelhoff (Hrsg.), Handbuch des Kapitalersatzrechts, Rdnr. 11.58; im Grundsatz bereits *ders.*, DStR 1999, 1815, 1820 f.

1225 Vgl. *Karsten Schmidt*, Gesellschaftsrecht, § 18 III 4a), S. 533; *Nerlich/Römermann/Nerlich*, InsO, § 135 Rdnr. 10. Dafür auch *Haas/Prokop*, Festschrift Röhricht, 2005, S. 1149, 1159 ff, insbesondere 1166 ff, wenn das Vereinsmitglied am Vereinsvermögen oder an den wirtschaftlich relevanten Erträgen des Vereins teilhat.

1226 Vgl. *Oepen*, NZG 2001, 209 ff, 215.

1227 Vgl. *Karsten Schmidt*, Gesellschaftsrecht, § 18 III 4a), S. 531 f; *ders.* in Schlegelberger, HGB, § 172a Rdnr. 54; *ders.*, GmbHR 1986, 337 ff, 342; *ders.*, ZHR 147 (1983), 165, 171 ff; *Koller*, Festschrift Heinsius, 1991, S. 357, 371 ff; *Koch*, Eigenkapitalleistungen, S. 95 ff, 185 ff (für Kommanditistendarlehen); *Fleischer*, Finanzplankredite, S. 203 f; *Mundry*, Darlehen und stille Einlagen, S. 148 ff; *Michel*, Eigenkapitalersetzende Gesellschafterleistungen, S. 215 ff.

kapital zu unterscheiden sei.[1228] Mitglieder eines Fußballvereins, die dem Verein Kredite in der Krise zur Verfügung stellen, seien demzufolge genauso Adressaten des Eigenkapitalersatzrechts – so diese Ansicht[1229] – wie nahe stehende Dritte, die einem Einzelkaufmann Darlehen gewähren.[1230]

Für eine uneingeschränkte Geltung des Eigenkapitalersatzrechts scheint auch die rechtsformneutrale Ausgestaltung der insolvenz- und anfechtungsrechtlichen Vorschriften zum Kapitalersatz zu sprechen (vgl. §§ 39 Abs. 1 Nr. 5 und 135 InsO bzw. § 6 AnfG). Denn anders noch als § 32a KO und § 3b AnfG a.F. verweisen die §§ 135 InsO und 6 AnfG nicht mehr auf § 32a Abs. 1, 3 GmbHG, sondern enthalten jeweils die allgemein gefasste Formulierung von »der Forderung eines Gesellschafters auf Rückgewähr eines kapitalersetzenden Darlehens«.

Ob die Neufassung der gesetzlichen Vorschriften als ein Argument für eine rechtsformübergreifende Geltung des Eigenkapitalersatzrechts herangezogen werden kann, ist umstritten. Ein Teil des Schrifttums spricht sich dafür aus.[1231] Ein anderer Teil der Literatur lehnt dies hingegen mit der Begründung ab, dass die Änderung der gesetzlichen Vorschriften allein vor dem Hintergrund des Ziels der InsO, die Gesellschaft voll abzuwickeln, erfolgt sei.[1232] Zu diesem Zweck sei es erforderlich gewesen, die Forderungen der Gesellschafter aus eigenkapitalersetzenden Darlehen mit in die Rangordnung einzubeziehen und als nachrangige Insolvenzforderungen zu behandeln (§ 39 Abs. 1 Nr. 5 InsO). Dass der Gesetzgeber von seiner Ansicht, eigenkapitalersetzende Gesellschafterdarlehen als Problem der »kapitalgesellschaftlich beschränkten Haftung«[1233] zu begreifen (vgl. §§ 129a, 172a

---

1228 So vor allem *Karsten Schmidt,* Wege zum Insolvenzrecht der Unternehmen, S. 91, 93; *ders.,* ZIP 1991, 1, 2, 5, 8; *ders.,* Gesellschaftsrecht, § 18 III 4a), S. 531 und § 37 IV 1a), S. 1151 f; *ders.,* GmbHR 1986, 337; *ders.,* AG 1984, 12, 13; *ders.,* Festschrift Goerdeler, 1987, S. 487, 492, 503 f; *ders.* in Scholz, GmbHG, §§ 32a, 32b Rdnr. 22, 23; *ders.,* ZGR 1998, 633, 658 (allgemeines Problem der Gesellschaftsfinanzierung); siehe auch den Diskussionsbericht von *Schäfer,* ZHR 162 (1998), 232; zustimmend *Junker,* ZHR 156 (1992), 394, 399; *Veil,* ZGR 2000, 223, 233.

1229 Vgl. *Karsten Schmidt,* Gesellschaftsrecht, § 18 III 4a), S. 533; *ders.,* ZIP 1991, 1, 2.

1230 Vgl. *Karsten Schmidt,* Wege zum Insolvenzrecht der Unternehmen, S. 241 f; *ders.,* ZIP 1991, 1, 7, 8.

1231 So vor allem *Bayer* in v.Gerkan/Hommelhoff (Hrsg.), Handbuch des Kapitalersatzrechts, Rdnr. 11.34 (für die AG) und Rdnr. 11.45 (für die gesetzestypische KG); siehe auch *Bezzenberger,* Festschrift Bezzenberger, 2000, S. 23, 32 f; *Oepen,* NZG 2001, 209 und 211; *Veil,* ZGR 2000, 223, 253 ff; *Uhlenbruck/Hirte,* InsO, § 135 Rdnr. 6.

1232 So *Kleindiek,* Festschrift Lutter, 2000, S. 871, 887.

1233 Vgl. *Kleindiek,* Festschrift Lutter, 2000, S. 871, 886 und 887.

HGB), auch infolge des geänderten Wortlauts der Vorschriften (§§ 135 InsO, 6 AnfG) bzw. der »gesellschaftsformneutralen« Bestimmung in § 39 Abs. 1 Nr. 5 InsO[1234] nicht abgerückt sei, belege – so diese Ansicht weiter – die Einführung des Kleinbeteiligungs- und Sanierungsprivilegs (§ 32a Abs. 3 S. 2 u. 3 GmbHG),[1235] da mit beiden Vorschriften der Anwendungsbereich des Kapitalersatzrechts eingegrenzt werden soll.[1236] Darüber hinaus sei das Kapitalersatzrecht derart mit dem Recht der Kapitalerhaltung verbunden, dass es Kapitalersatz ohne Vorschriften über die Kapitalerhaltung nicht geben könne.[1237]

Ob die Begründung zu § 129a bzw. § 172a HGB[1238] auf eine bewusste Entscheidung des Gesetzgebers zugunsten eines lediglich rechtsformspezifischen Schutzrechts hindeutet[1239] oder nicht,[1240] kann letztlich dahinstehen.

1234 So *Henze* in Großkomm AktG, § 57 Rdnr. 99.

1235 Näher zu diesen unter § 3 I 2 und § 11 I 1 a) der Ausführungen.

1236 I.d.S. *Kleindiek,* Festschrift Lutter, 2000, S. 871, 887.

1237 So etwa *Kleindiek,* Festschrift Lutter, 2000, S. 871, 882 ff; *Eichele,* Reichweite des Kapitalerhaltungsgrundsatzes, S. 35; *Häuser* in Bankrechts-Handbuch, § 85 Rdnr. 131a; *Habersack,* ZHR 162 (1998), 201, 214; siehe auch *Schäfer,* ebenda, S. 232; *Hellwege,* ZGR 1988, 516, 517 (jeweils Diskussionsberichte); *Smid/Zeuner,* InsO, § 135 Rdnr. 50; *Groß,* BB 1991, 2386, 2390 f; *Zanner,* Rechtsfolgen eigenkapitalersetzender Gesellschafterdarlehen, S. 133 ff, 136 ff, insbesondere 138; *Boerner,* Die Haftung des herrschenden Kommanditisten, S. 83 ff, insbesondere 90; *Sieker,* Eigenkapital und Fremdkapital der Personengesellschaft, S. 75 f. Anders dagegen – für die reguläre KG – *Elsing,* GmbHR 1978, 103 f, der seine ablehnende Haltung mit der im Gegensatz zur GmbH nicht bestehenden Konkursantragspflicht begründet. Kritisch insoweit *Karsten Schmidt,* ZIP, 1991, 1, 5; *Koch,* Eigenkapitalleistungen, S. 104 ff; *Michel,* Eigenkapitalersetzende Gesellschafterleistungen, S. 235.

1238 Vgl. zu § 129a HGB BT-Drucks. 8/1347, S. 58: »Die Vorschrift soll in gleicher Weise wie die neuen §§ 32a, 32b des GmbH-Gesetzes auch für offene Handelsgesellschaften, bei denen den Gläubigern letztlich nur eine begrenzte Vermögensmasse haftet, verhindern, daß das Geschäftsrisiko teilweise auf die Gesellschaftsgläubiger abgewälzt wird, ...« Ähnlich auch die Begründung zu § 172a HGB, BT-Drucks. 8/1347, S. 58: »Die Vorschrift entspricht der Regelung für offene Handelsgesellschaften, bei denen den Gläubigern letztlich nur eine begrenzte Vermögensmasse haftet ... .«

1239 So *Kleindiek,* Festschrift Lutter, 2000, S. 871, 886; vgl. auch *Rümker,* ZGR 1988, 494, 512, 514; *Häuselmmann/Rümker/H.P. Westermann,* Die Finanzierung der GmbH durch ihre Gesellschafter, S. 21; *Groß,* BB 1991, 2386, 2390 die u.a. wegen der »abschließenden Regelung der §§ 129a, 172a HGB« die Eigenkapitalersatzregeln auf die gesetzestypische Personengesellschaft nicht anwenden wollen; ebenso LG Düsseldorf, Urt. v. 23. 8. 1988 – 36 O 78/88, ZIP 1988, 1569, 1570.

1240 Kritisch *Grunewald,* Festschrift Großfeld, 1999, S. 319, 328: Dass eine abschließende Regelung bezweckt war, lasse sich den Gesetzesmaterialien kaum entnehmen.

Denn es bleibt nach wie vor die Frage zu beantworten, ob die Finanzierungsfolgenverantwortung des Gesellschafters und das Gebot der Kapitalerhaltung zwei Seiten ein und derselben Medaille sind, mit der Folge, dass eine Anwendung der Rechtsregeln zum Eigenkapitalersatz etwa in der gesetzestypischen Personengesellschaft ausscheidet.[1241]

2. Stellungnahme

a) Kapitalersatz auch ohne Kapitalerhaltungsvorschriften

Für die Ansicht, dass sich die Finanzierungsfolgenverantwortung des Gesellschafters erst vor dem Hintergrund eines im Gläubigerinteresse garantierten Haftkapitals erklärt und nur aus dem Gebot der Kapitalerhaltung heraus zu begreifen sei,[1242] könnte – auf den ersten Blick – sprechen, dass der BGH die Rechtsregeln zum Eigenkapitalersatz anhand der Kapitalerhaltungsvorschriften (§§ 30, 31 GmbHG) entwickelt hat[1243] und die Kapitalersatzregeln nur auf Gesellschaften anwendet, die – wie die AG – Kapitalerhaltungsvorschriften kennen (vgl. §§ 57, 62 AktG) oder die wirtschaftlich betrachtet – wie die GmbH & Co. KG – nur über eine begrenzte Haftungsmasse verfügen.

1241 Vgl. in diesem Zusammenhang auch *Karsten Schmidt,* Gesellschaftsrecht, § 18 III 4a), S. 531; *ders.* in Schlegelberger, HGB, § 172a Rdnr. 54; *ders.,* JZ 1985, 301, 304; *ders.,* GmbHR 1986, 337, 338; *ders.,* AG 1984, 12, 13; *ders.* in Henckel/Kreft (Hrsg.), Insolvenzrecht 1998, 1999, S. 287, 291 f, der bereits für die GmbH-Novelle von 1980 die Ansicht vertreten hat, dass der Gesetzgeber mit den Vorschriften über den Eigenkapitalersatz für die GmbH und die GmbH & Co. einen Bärendienst erwiesen hat, weil – so seine Ansicht – die diesen Vorschriften (§§ 172a HGB, 32a f. GmbHG) zugrunde liegenden Grundsätze »ordnungsgemäßer Unternehmensfinanzierung« verallgemeinerungsfähig sind und damit auch für alle Handelsgesellschaften Bedeutung haben.

1242 So *Kleindiek,* Festschrift Lutter, 2000, S. 871, 883; *Habersack,* ZHR 162 (1998), 201, 214; siehe auch *ders.,* ZGR 2000, 384, 388 (Fn. 17), 389; *Groß,* BB 1991, 2386, 2390 f; *Klingberg,* Mitarbeitende Kommanditisten, S. 165 ff, insbesondere 168 f; *Zanner,* Rechtsfolgen eigenkapitalersetzender Gesellschafterdarlehen, S. 170; wohl auch *Krieger,* WuB II F. § 171 HGB 1.91 aE.

1243 Vgl. BGH, Urt. v.14. 12. 1959 – II ZR 187/57, BGHZ 31, 258, 268 ff; Urt. v. 15. 11. 1962 – II ZR 134/61, WM 1963, 121; Urt. v. 29. 11. 1971 – II ZR 121/69, WM 1972, 74, 75; Urt. v. 27. 9. 1976 – II ZR 162/75, NJW 1977, 104, 105; Beschl. v. 7. 12. 1992 – II ZR 125/90, DStR 1993, 175, 176; *Röhricht,* StbJb. 1991/92, S. 313, 316; *Goette,* Die GmbH, § 4 Rdnr. 1 f, S. 87 f; *ders.,* DStR 1999, 553, 554 (Beschlussanm.); *Kleindiek,* Festschrift Lutter, 2000, S. 871, 873 ff.

Ob über die ursprüngliche Herleitung des Kapitalersatzrechts hinaus zwischen dem Recht der Kapitalerhaltung und dem Kapitalersatzrecht eine Verbindung besteht, ist fraglich. So ist es Sinn und Zweck der Kapitalerhaltungsvorschriften dafür zu sorgen, dass das zur Erhaltung des Stammkapitals erforderliche Vermögen der Gesellschaft nicht an die Gesellschafter ausgeschüttet wird, sondern der GmbH als (Mindest-)Betriebsmittelfonds[1244] und den Gläubigern als Haftungsgrundlage erhalten bleibt.[1245] Doch bieten die Kapitalerhaltungsvorschriften keine Gewähr dafür, dass das Vermögen der Gesellschaft nicht vollständig verwirtschaftet wird und die GmbH in die Insolvenz abgleitet.[1246] Genau zu diesem Zeitpunkt aber, nämlich mit Eintritt der Insolvenz, greift das Eigenkapitalersatzrecht ein. Es schützt die Gläubiger *in* der Insolvenz der Gesellschaft vor einer Erhöhung ihres Ausfallrisikos[1247] durch eine Insolvenzverschleppung und Vermögensumschichtung seitens der Gesellschafter.[1248] Denn das Eigenkapitalersatzrecht will verhindern, dass der Gesellschafter im Zeitpunkt der Insolvenz auf das Gesellschaftsvermögen zum Nachteil der Gläubiger durch Kredit- und Nicht-Kreditgeschäfte einwirkt.

Ein solches Einwirken auf das Gesellschaftsvermögen mit der Folge einer Insolvenzverschleppung oder Vermögensumschichtung ist dem Gesellschafter jedoch unabhängig davon möglich, ob für die Gesellschaft Kapitalerhaltungsvorschriften gelten.[1249] So stellt sich die Frage der Anwendbarkeit der Rechtsregeln zum Eigenkapitalersatz für die Aktiengesellschaft mit

1244 Vgl. *Lutter/Hommelhoff,* GmbHG, § 30 Rdnr. 1; *Stimpel,* Festschrift 100 Jahre GmbH-Gesetz, 1992, S. 335, 349.

1245 Vgl. BGH, Urt. v. 24. 11. 2003 – II ZR 171/01, GmbHR 2004, 302, 303; *Lutter/Hommelhoff,* GmbHG, §§ 32a/b Rdnr. 12; *Hommelhoff/Kleindiek,* Festschrift 100 Jahre GmbH-Gesetz, 1992, S. 421, 429; *Lutter,* Kapital, Sicherung der Kapitalaufbringung und Kapitalerhaltung in den Aktien- und GmbH-Rechten der EWG, S. 50 f; *Goette,* DStR 1997, 1495; *Kleindiek,* Festschrift Lutter 2000, S. 871, 874.

1246 Siehe auch *Ketzer,* Eigenkapitalersetzende Aktionärsdarlehen, S. 5; *Altmeppen* in Roth/Altmeppen, § 30 Rdnr. 6; *Wiedemann,* Gesellschaftsrecht Band I, S. 557; *Haas,* Geschäftsführerhaftung und Gläubigerschutz, S. 27 ff, 39 f; *ders.,* WM 2003, 1929, 1932, 1934; *Goette,* DStR 1997, 1495.

1247 Vgl. *Haas,* Geschäftsführerhaftung und Gläubigerschutz, S. 66 ff; *Ketzer,* Eigenkapitalersetzende Aktionärsdarlehen, S. 50 ff.

1248 Vgl. oben unter § 7 und § 8 der Ausführungen.

1249 Siehe insoweit zu Recht auch *Kleindiek,* Festschrift Lutter, 2000, S. 871, 878, 884.

ihren strengen Kapitalerhaltungsvorschriften[1250] genauso[1251] wie beispielsweise für den Verein,[1252] die Stiftung des Privatrechts[1253] oder für die gesetzestypische Personengesellschaft,[1254] die allesamt keine Vorschriften über die Kapitalerhaltung kennen. Denn es gilt jeweils zu verhindern, dass der Gesellschafter das mit Eintritt der Insolvenz noch vorhandene Gesellschaftsvermögen, das den Gläubigern der Gesellschaft zu ihrer gemein-

---

1250 So unterliegt im Gegensatz zur GmbH (vgl. § 30 Abs. 1 GmbHG) bei einer AG das gesamte Vermögen der Gesellschaft der Vermögensbindung gem. § 57 Abs. 1 S. 1 AktG und nur der Bilanzgewinn darf nach § 57 Abs. 3 AktG an die Aktionäre ausgeschüttet werden; vgl. OLG Koblenz, Urt. v. 10. 2. 1977 – 6 U 847/75, AG 1977, 231; OLG Düsseldorf, Urt. v. 30. 6. 1983 – 6 U 120/81, AG 1983, 250, 251; *Lutter* in Kölner Kommentar zum AktG, § 57 Rdnr. 5 f; *Hüffer,* AktG, § 57 Rdnr. 22. Der Bilanzgewinn ist der Jahresüberschuss, erhöht durch Gewinnvortrag und Entnahmen aus Gewinnrücklagen, vermindert durch Verlustvortrag und Einstellungen in Gewinnrücklagen; so *Hüffer,* AktG, § 58 Rdnr. 3; siehe auch *Henne,* Handbuch des Aktienrechts, § 1 Rdnr. 44; mit Blick auf die unterschiedliche Kapitalbindung in der GmbH und AG vgl. auch OLG Hamburg, Urt. v. 23. 5. 1980 – 11 U 117/79, AG 1980, 275, 278; *Baumbach/Hueck/Fastrich,* GmbHG, § 30 Rdnr. 3.

1251 Vgl. insoweit auch BGH, Urt. v. 26. 3. 1984 – II ZR 171/83, BGHZ 90, 381, 387: »Auch die strengen Kapitalerhaltungsvorschriften des Aktienrechts können nicht immer verhindern, daß gebundenes Vermögen verbraucht wird und dann ein verstärkter Kapitalbedarf auftritt«; ebenso *Henze* in Großkomm AktG, § 57 Rdnr. 106; *Schwark,* JZ 1984, 1036 (Urteilsanm.); *Junker,* ZHR 156 (1992), 394, 401; *Ketzer,* Eigenkapitalersetzende Aktionärsdarlehen, S. 4 f, 20, 50 ff. Anders dagegen – und im Hinblick auf die Kapitalerhaltungsvorschriften in der AG – noch OLG Düsseldorf, Urt. v. 30. 6. 1983 – 6 U 120/81, AG 1983, 250, 251; *H.P. Westermann,* ZIP 1982, 379, 387; *Rümker,* ZIP 1982, 1385, 1395; *Menzel,* AG 1982, 197, 205; siehe auch *Obermüller,* ZIP 1982, 915, 920; *Claussen,* ZHR 147 (1983), 195, 201 f; siehe nunmehr aber auch *ders.,* AG 1985, 173, 176 f.

1252 Vgl. *Karsten Schmidt,* Gesellschaftsrecht, § 18 III 4a), S. 533; *ders.* in Scholz, GmbHG, §§ 32a, 32b Rdnr. 22; *Nerlich/Römermann/Nerlich,* InsO, § 135 Rdnr. 10; *Haas/Prokop,* Festschrift Röhricht, 2005, S. 1149, 1159 ff.

1253 Vgl. *Oepen,* NZG 2001, 209 ff.

1254 Vgl. *Karsten Schmidt* in Schlegelberger, HGB, § 129a Rdnr. 8 und § 172a Rdnr. 54; *ders.* in Scholz, GmbHG, §§ 32a, 32b Rdnr. 22; *ders.,* Gesellschaftsrecht, § 18 III 4a), S. 532; *ders.,* Wege zum Insolvenzrecht der Unternehmen, 1990, S. 91 ff; *ders.,* AG 1984, 12, 15; *ders.,* GmbHR 1986, 337 ff, 342; *ders.,* ZIP 1991, 1, 2, 4 f; *Nerlich/Römermann/Nerlich,* InsO, § 135 Rdnr. 10; für die gesetztypische KG *Michalski/Heidinger,* GmbHG, §§ 32a, 32b Rdnr. 236 und dort zumindest für Kommanditistendarlehen *Koller,* Festschrift Heinsius, 1991, S. 357, 371 ff; *Fleischer,* Finanzplankredite, S. 195, 203 f; *Michel,* Eigenkapitalersetzende Gesellschafterleistungen, S. 215 ff; *Mundry,* Darlehen und stille Einlagen, S. 148 ff; MünchKommInsO-*Stodolkowitz,* § 135 Rdnr. 7 i.V.m. Rdnr. 122 ff; *ders.* in Bankrechts-Handbuch, § 84 Rdnr. 118; *Koch,* Eigenkapitalleistungen, S. 95 ff; *Bayer* in v.Gerkan/Hommelhoff (Hrsg.), Handbuch des Kapitalersatzrechts, Rdnr. 11.43 ff.

schaftlichen Befriedigung zur Verfügung steht (vgl. auch § 1 S. 1 InsO), durch gewöhnliche Drittgeschäfte mit der Gesellschaft weiter verringert. Das heißt, das Eigenkapitalersatzrecht erfasst mit der Insolvenzverschleppung und Vermögensumschichtung ganz allgemeine, rechtsformneutrale, gläubigerschädigende Phänomene, die jeder Gesellschafter bzw. jedes Mitglied herbeiführen kann, ganz egal in welcher Rechtsform das Unternehmen des Kreditnehmers organisiert ist und ob Kapitalerhaltungsvorschriften gelten.[1255] Deshalb verdienen u.a. diejenigen Stimmen in der Literatur Zustimmung, die das Kapitalersatzrecht auch auf Gesellschafter gesetzestypischer Personengesellschaften anwenden wollen.[1256] Denn der Gesellschafter einer oHG oder KG verschleppt mit seinem Kredit die Krise der Gesellschaft genauso, wie das bei einer Darlehensgewährung an die GmbH der Fall ist.[1257]

Als Zwischenergebnis bleibt mithin festzuhalten, dass richtiger Ansicht nach die Rechtsregeln zum Eigenkapitalersatz überall dort Anwendung finden müssen, wo auf das Gesellschaftsvermögen durch Kredit- und Nicht-Kreditgeschäfte zu Lasten der Gläubiger eingewirkt werden kann. Dem rechtsformübergreifenden Ansatz lässt sich nicht entgegenhalten, dass »Basis für die Finanzierungsfolgenverantwortung« das Gebot der Kapitalerhaltung ist.[1258] Die Finanzierungsfolgenverantwortung des Gesellschafters erklärt sich nämlich nicht »vor dem Hintergrund eines gesetzlich geschützten Haftkapitals«[1259] und lässt sich dementsprechend auch nicht »aus dem Gebot der Kapitalerhaltung heraus begreifen«.[1260] Denn zwischen dem Kapitalersatz auf der einen und den Vorschriften über die Kapitalerhaltung auf der anderen Seite besteht kein zwingender Zusammenhang.[1261] Vielmehr wird der Gesellschafter nach der hier vertretenen Ansicht deshalb zu einer Finanzierungsfolgenverantwortung herangezogen, weil er bei einer Kredi-

---

1255 So zu Recht auch *Haas/Prokop,* Festschrift Röhricht, 2005, S. 1149, 1161; siehe auch *Oepen,* NZG 2001, 209, 210 f.

1256 Vgl. etwa *Karsten Schmidt,* Gesellschaftsrecht, § 18 III 4a), S. 531 f; *ders.* in Schlegelberger, HGB, § 172a Rdnr. 54; *ders.,* GmbHR 1986, 337 ff, 342; *ders.,* ZHR 147 (1983), 165, 171 ff; *Koller,* Festschrift Heinsius, 1991, S. 357, 371 ff; *Koch,* Eigenkapitalleistungen, S. 95 ff, 185 ff (für Kommanditistendarlehen); *Fleischer,* Finanzplankredite, S. 203 f; *Mundry,* Darlehen und stille Einlagen, S. 148 ff; *Michel,* Eigenkapitalersetzende Gesellschafterleistungen, S. 215 ff.

1257 Siehe so zu Recht auch *Koch,* Eigenkapitalleistungen, S. 103, 128; *Fleischer,* Finanzplankredite, S. 193, 195, 204; *Michel,* Eigenkapitalersetzende Gesellschafterleistungen, S. 227; zustimmend insoweit auch *Kleindiek,* Festschrift Lutter, 2000, S. 871, 884.

1258 I.d.S. etwa *Kleindiek,* Festschrift Lutter, 2000, S. 871, 884.

1259 So *Kleindiek,* Festschrift Lutter, 2000, S. 871, 888.

1260 So ebenfalls *Kleindiek,* Festschrift Lutter, 2000, S. 871, 883.

1261 Vgl. oben § 7 III 3.

tierung oder Vermögensumschichtung in der Krise tatsächlich einen Informationsvorsprung zu Lasten der übrigen Gläubiger ausnutzt und damit (bewusst) auf Kosten der Gläubigergesamtheit spekuliert.[1262] Dieser Begründungsansatz rechtfertigt es in gleicher Weise die Kapitalersatzregeln etwa auf gewährte Kredite persönlich haftender Gesellschafter gesetzestypischer Personengesellschaften anzuwenden und die Forderungen der Gesellschafter auf Rückgewähr der kapitalersetzenden Darlehen gem. § 39 Abs. 1 Nr. 5 InsO nur als nachrangige Insolvenzforderungen zu behandeln.

b) Kapitalersatz auch bei natürlicher Person als Vollhafter

Unklar ist – auf den ersten Blick – warum die Kapitalersatzregeln auch dann zur Anwendung kommen sollen, wenn eine natürliche Person für die Verbindlichkeiten der Gesellschaft mit ihrem gesamten Privatvermögen unbeschränkt haftet. Denn in diesem Fall steht den Gläubigern der Gesellschaft – anders als bei der GmbH (vgl. § 13 Abs. 2 GmbHG) – der Zugriff auf zwei Vermögensmassen offen. Angesichts der persönlichen Haftung der Gesellschafter wird teilweise auch eine Anwendung der Kapitalersatzregeln auf die gesetzestypische Personengesellschaft abgelehnt.[1263]

Für diese Ansicht könnte sprechen, dass nach der Vorstellung des Gesetzgebers die persönliche Haftung (zumindest eines) der Gesellschafter in der gesetzestypischen Personengesellschaft an die Stelle der Kapitalschutzvorschriften in der GmbH (§§ 30, 31 GmbHG) oder AG (§§ 57, 62 AktG)

1262 Vgl. oben § 7 III 5b).

1263 So (für den Komplementär) BGH, Urt. v. 2. 7. 1990 – II ZR 139/89, NJW 1990, 3145, 3147; *Staub/Habersack,* HGB, § 129a Rdnr. 11; *Habersack,* ZHR 162 (1998), 201, 212; *Claussen,* ZHR 147 (1983), 195, 201; *Klingberg,* Mitarbeitende Kommanditisten, S. 169; *Sieker,* Eigenkapital und Fremdkapital der Personengesellschaft, S. 79; kritisch auch *Bayer* in Handbuch des Kapitalersatzrechts, Rdnr. 11.45 aE; grundsätzlich kritisch für die gesetzestypische Personengesellschaft *Habersack,* ZHR 162 (1998), 201, 213 f; *ders.,* ZGR 2000, 384, 388 (Fn. 17); *Strohn* in Ebenroth/Boujong/Joost, HGB, § 172a Rdnr. 25; *Kamprad,* Gesellschafterdarlehen, S. 46. Siehe insoweit auch die Begründung zu § 129a HGB, BT-Drucks. 8/1347, S. 58 in der es ausdrücklich heißt: »Dabei bedarf es allerdings keiner besonderen Regelung für Darlehen, die der OHG unmittelbar von ihren Gesellschaftern gewährt werden, da die Gesellschafter ohnehin unbeschränkt für die Verbindlichkeiten der OHG haften.«

tritt.[1264] Denn die persönliche Einstandspflicht soll die Gesellschafter zu einer vorsichtigen und dadurch die Belange der Gesellschaftsgläubiger hinreichend berücksichtigenden Geschäftsführung anhalten[1265] bzw. den Komplementär in die Lage versetzen, den Kapitalwünschen der Kommanditisten entgegenzutreten[1266] (sog. »Brems[1267]- oder Disziplinierungsfunktion«[1268] der unbeschränkten Gesellschafterhaftung). So trägt nämlich der unbeschränkt haftende Gesellschafter das volle Risiko einer Unzulänglichkeit des Gesellschaftsvermögens,[1269] weil sein Erstattungsanspruch gegen die Gesellschaft wegen der Erfüllung von Gesellschaftsverbindlichkeiten (§ 110 HGB)[1270] bei einer Verwirtschaftung des Gesellschaftsvermögens wertlos ist. Doch genauso wenig wie die Institution des haftenden Kapitals die Kapitalgesellschaft davor bewahrt, in die Krise zu geraten, so wenig bewahrt auch die unbeschränkte Gesellschafterhaftung die Personengesellschaft vor einer Insolvenzverschleppung seitens der Gesellschafter.[1271]

Überzeugender könnte dagegen das Argument sein, dass es aus Sicht der Gesellschaftsgläubiger wegen der persönlichen Haftung der Gesellschafter nicht weiter von Interesse ist, ob der kreditgewährende Gesellschafter in der Insolvenz der oHG oder KG gemeinsam mit den Gläubigern um die Insolvenzquote konkurriert oder aber wegen seiner Forderung aus kapitalersetzenden Darlehen nur im Nachrang befriedigt wird (§ 39 Abs. 1 Nr. 5 InsO).

Doch greift auch diese Sichtweise zu kurz. Sie lässt außer Acht, dass u.U. neben den Gläubigern der Gesellschaft auch noch andere Gläubiger

---

1264 Vgl. BGH, Urt. v. 21. 12. 1961 – II ZR 74/59, BGHZ 36, 224, 227; siehe auch BGH, Urt. v. 18. 3. 1974 – II ZR 167/72, NJW 1974, 1191, 1193; *Karsten Schmidt*, Gesellschaftsrecht, § 49 I 1a), S. 1409 f; *ders.*, JZ 1985, 301, 302; *Staub/Habersack*, HGB, § 129a Rdnr. 6.

1265 Vgl. BGH, Urt. v. 18. 3. 1974 – II ZR 167/72, NJW 1974, 1191, 1193 (für den Kaufmann); Urt. v. 14. 1. 1985 – II ZR 103/84, NJW 1985, 1776, 1777.

1266 Vgl. BGH, Urt. v. 29. 3. 1973 – II ZR 25/70, NJW 1973, 1036, 1038; Urt. v. 14. 1. 1985 – II ZR 103/84, NJW 1985, 1776, 1777; Urt. v. 19. 2. 1990 – II ZR 268/88, NJW 1990, 1725, 1729.

1267 Vgl. BGH, Urt. v. 29. 3. 1973 – II ZR 25/70, NJW 1973, 1036, 1039; *Groß*, BB 1991, 2386, 2390; *Strohn* in Ebenroth/Boujong/Joost, HGB, § 172a Rdnr. 2.

1268 Vgl. *Haas* in Henckel/Kreft (Hrsg.), Insolvenzrecht 1998, 1999, S. 1, 14.

1269 Vgl. BGH, Urt. v. 29. 3. 1973 – II ZR 25/70, NJW 1973, 1036, 1038 f; siehe hierzu auch *Koller*, Festschrift Heinsius, 1991, S. 357, 369; *Elsing*, GmbHR 1978, 103, 104.

1270 Vgl. dazu, dass die Erfüllung einer Gesellschaftsverbindlichkeit eine Aufwendung i.S.d. § 110 HGB ist, BGH, Urt. v. 30. 4. 1984 – II ZR 132/83, NJW 1984, 2290, 2291; *Heymann/Emmerich*, HGB, § 110 Rdnr. 15; *Baumbach/Hopt*, HGB, § 110 Rdnr. 10.

1271 Vgl. vorstehend.

vorhanden sind, die auf das Vermögen des Gesellschafters zugreifen. So gibt es nämlich die Privatgläubiger des Gesellschafters, denen zur Befriedigung ihrer Forderungen nur das Vermögen des Gesellschafters haftet.[1272]

Würde man nun – wie teilweise vorgeschlagen – die Eigenkapitalersatzregeln bei einer natürlichen Person als Vollhafter nicht anwenden, so partizipierten die Gläubiger des Gesellschafters teilweise an der Insolvenzquote des Gesellschafters[1273] und das, obwohl der Gesellschafter die Krise der Gesellschaft verschleppt und damit für eine wachsende Zahl von Gläubigern gesorgt hat.[1274] Besonders augenfällig wird die Schutzbedürftigkeit der Gesellschaftsgläubiger für den Fall, in dem der Gesellschafter wegen seiner Darlehensforderung nicht mehr am Insolvenzverfahren über das Vermögen der Gesellschaft teilzunehmen braucht, weil er sein Darlehen vorher schon zurückgezahlt bekommen hat. In diesem Fall gebührte den Gläubigern des Gesellschafters der volle Zugriff auf das Gesellschafterdarlehen.[1275] Das heißt, es wird Masse aus dem Vermögen der Gesellschaft in das Vermögen des Gesellschafters transferiert.

Dieser (Masse-)Transfer ist für die Gesellschaftsgläubiger aber deshalb nicht ohne Bedeutung, weil die Gegenansicht überschätzt, was die persönliche Haftung des Gesellschafters im Ergebnis wirklich zu leisten vermag.[1276] So stellt das Gesetz für die unbeschränkte Haftung eines Gesellschafters gerade nicht auf die Fähigkeit zur Haftung ab, sondern lässt viel-

---

1272 Vgl. in diesem Zusammenhang auch *Karsten Schmidt,* GmbHR 1986, 337, 338, 340; *ders.,* ZIP 1991, 1, 6; *ders.* in Schlegelberger, HGB, § 129a Rdnr. 8; *ders.* in Henckel/Kreft (Hrsg.), Insolvenzrecht 1998, 1999, S. 287, 292; *Koch,* Eigenkapitalleistungen, S. 187; siehe auch *Kleindiek,* Festschrift Lutter, 2000, S. 871, 879.

1273 Vgl. *Karsten Schmidt,* ZIP 1991, 1, 6; *ders.* in Schlegelberger, HGB, § 129a Rdnr. 8.

1274 Zu den Folgen der Insolvenzverschleppung oben unter § 7 I.

1275 Vgl. auch *Karsten Schmidt,* ZIP 1991, 1, 6.

1276 Vgl. auch BGH, Urt. v. 14. 1. 1985 – II ZR 103/84, NJW 1985, 1776, 1777: »Das Vermögen des persönlich haftenden Gesellschafters ist dem Zugriff der Gesellschaftsgläubiger nur in seinem jeweiligen Bestande ausgesetzt, unterliegt aber keinem gesetzlichen Kapitalerhaltungsgrundsatz«; siehe auch *Karsten Schmidt,* JZ 1985, 301, 302: Das Privatvermögen des Komplementärs ist in keiner Weise gesichert; *ders.,* ZGR 1998, 633, 656: » ... die im praktischen Einzelfall oft völlig unzureichende persönliche Haftung ... .«; *ders.,* JZ 1985, 301, 303: » ... in Wahrheit garantiert auch die unbeschränkte Haftung eines Gesellschafters keine volle Gläubigerbefriedigung, ... «. Vor diesem Hintergrund wird denn auch teilweise eine Ausweitung des Insolvenztatbestandes der Überschuldung auch auf Gesellschaften mit persönlicher Haftung gefordert; vgl. *Karsten Schmidt,* Gesellschaftsrecht, § 11 VI 3a), S. 323; *Haas* in Henckel/Kreft (Hrsg.), Insolvenzrecht 1998, 1999, S. 1, 14.

mehr die (bloße) Möglichkeit zu haften, genügen.[1277] Deswegen wird es sich auch nicht selten so verhalten, dass mit der Insolvenz der Personengesellschaft die Insolvenz des Vollhafters einhergeht und damit das Privatvermögen des Gesellschafters für beide Gläubigergruppen zu einer knappen Ressource wird.[1278]

Um eine Konkurrenz hinsichtlich des Privatvermögens des Gesellschafters zum Schutz der Gesellschaftsgläubiger zu vermeiden, ist eine Anwendung der Eigenkapitalersatzregeln erforderlich.[1279] Denn hierdurch wird die eigenkapitalersetzende Gesellschafterleistung im Vermögen der Gesellschaft gebunden. Infolgedessen ist wegen § 39 Abs. 1 Nr. 5 InsO eine (ausschließliche) Partizipation der Gesellschaftsgläubiger an der an sich auf die Forderung des Gesellschafters entfallenden Insolvenzquote sichergestellt bzw. über § 135 i.V.m. §§ 143 f, 39 Abs. 1 Nr. 5 InsO eine nur nachrangige Befriedigung des Gesellschafters im Interesse der Gesellschaftsgläubiger gewährleistet.[1280]

Selbst im Hinblick auf § 93 InsO ist eine Anwendung der Kapitalersatzregeln im Gläubigerinteresse nicht etwa überflüssig.[1281] Denn auch wenn nunmehr während der Dauer des Insolvenzverfahrens über das Vermögen der oHG oder KG gem. § 93 InsO der Insolvenzverwalter die persönliche Haftung des Gesellschafters für die Verbindlichkeiten der Gesellschaft »gebündelt« im Interesse der Gesellschaftsgläubiger in ihrer Gesamtheit gel-

1277 Vgl. *Karsten Schmidt,* ZGR 1976, 307, 338; *Boerner,* Die Haftung des herrschenden Kommanditisten, S. 88 mwN.

1278 Vgl. *Kübler/Prütting/Noack,* InsO, Gesellschaftsrecht, Sonderband 1, 1999, Rdnr. 478 f; *Haas* in Henckel/Kreft (Hrsg.), Insolvenzrecht 1998, 1999, S. 1, 14 (Fn. 61); siehe auch *Kübler/Prütting/Lüke,* InsO, § 93 Rdnr. 4 aE.

1279 Vgl. so zu Recht auch *Karsten Schmidt,* GmbHR 1986, 337, 340; *ders.,* Wege zum Insolvenzrecht der Unternehmen, S. 94; *ders.* ZIP 1991, 1, 6; *ders.* in Scholz, GmbHG, §§ 32a, 32b Rdnr. 10, 23; *ders.* in Schlegelberger, HGB, § 129a Rdnr. 8 und § 172a Rdnr. 19; *Fleischer,* Finanzplankredite, S. 204. Anders im Ergebnis *Koch,* Eigenkapitalleistungen, S. 188: derzeit fehlende Gesetzeslücke.

1280 Vgl. auch *Karsten Schmidt,* ZIP 1991, 1, 6 f; *ders.* in Scholz, GmbHG, §§ 32a, 32b Rdnr. 22; *Baumbach/Hopt,* HGB, § 129a Rdnr. 2: Korrektur der Vermögensverschiebung durch Rückzahlung in die Insolvenzmasse der oHG.

1281 A.A. wohl aber *Habersack,* ZHR 162 (1998), 201, 213; *ders.* in Staub, HGB, § 129a Rdnr. 11.

tend macht,[1282] bleibt nach wie vor die Konkurrenz mit den Privatgläubigern des Gesellschafters bestehen.[1283]

Schließlich führt die Anwendung der Kapitalersatzregeln dazu, dass es mitunter zu einer vermehrten Zahl an eröffneten Insolvenzverfahren kommt. Denn um ein Insolvenzverfahren zu eröffnen, müssen die Kosten des Verfahrens gedeckt sein (vgl. § § 26 Abs. 1 S. 1 InsO). Das ist der Fall, wenn das Vermögen des Schuldners voraussichtlich dazu ausreicht, die Gerichtskosten für das Insolvenzverfahren, die Vergütungen und die Auslagen des vorläufigen Insolvenzverwalters und des Insolvenzverwalters sowie der Mitglieder des Gläubigerausschusses aufzubringen (§ 26 Abs. 1 S. 1 i.V.m. § 54 InsO). Eine solche Massekostendeckung ist bereits dann gegeben, wenn ausreichende Liquidität mit Hilfe der Insolvenzanfechtung (§§ 129 ff InsO) herbeigeschafft werden kann.[1284] Kann nun mit Hilfe der Vorschriften zum Eigenkapitalersatz (§ 135 InsO i.V.m. §§ 143 f, 39 Abs. 1 Nr. 5 InsO) der erfolgte (Masse-)Transfer vom Gesellschafts- in das Gesellschaftervermögen wieder rückgängig gemacht werden, so leistet nach der hier vertretenen Ansicht das Eigenkapitalersatzrecht auch in der Insolvenz einer gesetzestypischen Personengesellschaft einen Beitrag zur Massekostendekkung.[1285]

3. Zusammenfassung und Schlussfolgerung

Die hM versteht das Eigenkapitalersatzrecht als ein Rechtsinsitut, das untrennbar mit der Haftungsverfassung der Gesellschaft verbunden ist und dort zur Anwendung kommt, wo die Gesellschaftsgläubiger zur Forderungsbefriedigung – wie bei der GmbH oder AG – nur auf das Gesell-

---

1282 Vgl. zu Sinn und Zweck des § 93 InsO BFH, Beschl. v. 2. 11. 2001 – VII B 155/01, ZInsO 2002, 126, 127; *Kübler/Prütting/Lüke*, InsO, § 93 Rdnr. 1, 3 f; *Eickmann* in HK-InsO, § 93 Rdnr. 1; *Smid*, InsO, § 93 Rdnr. 1 f.

1283 Vgl. *Eickmann* in HK-InsO, § 93 Rdnr. 3; *App* in FK-InsO, § 93 Rdnr. 6; *Smid*, InsO, § 93 Rdnr. 2; *Kübler/Prütting/Noack*, InsO, Gesellschaftsrecht, Sonderband 1, 1999, Rdnr. 479; *Haas* in Henckel/Kreft (Hrsg.), Insolvenzrecht 1998, 1999, S. 1, 14 (Fn. 61); *Karsten Schmidt*, ZGR 1996, 209, 218 f; *ders.*, ZGR 1998, 633, 670; *Hasselbach*, DB 1996, 2213, 2217.

1284 Vgl. *Gottwald/Uhlenbruck*, Insolvenzrechts-Handbuch, § 15 Rdnr. 3; *Schmerbach* in FK-InsO, § 26 Rdnr. 4; *Nerlich/Römermann/Mönning*, InsO, § 26 Rdnr. 26; *Kirchhof* in HK-InsO, § 26 Rdnr. 6.

1285 Vgl. auch *Baumbach/Hopt*, HGB, § 129a Rdnr. 2. Siehe allgemein zur Einbeziehung von Anfechtungsansprüchen wegen eigenkapitalersetzender Leistungen in die Massekostendeckungsprüfung *Kübler/Prütting/Pape*, InsO, § 26 Rdnr. 7.

schaftsvermögen oder – wie bei der GmbH & Co. – nur auf eine begrenzte Vermögensmasse zugreifen können.[1286] In Wahrheit handelt es sich jedoch bei dem Eigenkapitalersatzrecht um ein völlig rechtsformübergreifendes Rechtsinstitut, dass für den Verein[1287] beispielsweise genauso Bedeutung hat wie für die gesetzestypische Personengesellschaft.[1288] Dies beruht darauf, dass jeder Gesellschafter und jedes Mitglied des Vereins die eingetretene Krise verschleppen und damit die kritische Phase zwischen materieller Insolvenz und Verfahrenseröffnung zum Nachteil der Gläubigergesamtheit verlängern kann.[1289] Denn für die Insolvenzverschleppung kommt es weder auf die Rechtsform des Kreditnehmers noch auf die Person des Kreditgebers an.[1290] Entscheidend ist einzig und allein, dass der Gesellschafter der Gesellschaft Kaufkraft (Kredit) zur Verfügung stellt und damit auf den Zeitpunkt der Insolvenzauslösung einwirkt, so dass die Gesellschaft zahlungsfähig bleibt. Da ein einflussloser Gesellschafter auf den Zeitpunkt der Insolvenzauslösung genauso einwirken kann wie ein einflussreicher Gesellschafter, ist es nach der hier vertretenen Ansicht verfehlt, die Finanzierungsfolgenverantwortung des Aktionärs von einem unternehmerischen Einfluss abhängig zu machen.[1291] Vielmehr ist nicht nur jeder Gesellschafter der GmbH, sondern grundsätzlich auch jeder Aktionär (*potentieller*) Adressat der Eigenkapitalersatzregeln.[1292]

1286 Vgl. *Altmeppen* in Roth/Altmeppen, GmbHG, § 32a Rdnr. 222; *Kleindiek,* Festschrift Lutter, 2000, S. 871, 879 ff.

1287 Vgl. dazu jüngst auch *Haas/Prokop,* Festschrift Röhricht, 2005, S. 1149 ff.

1288 So zu Recht auch *Karsten Schmidt,* Gesellschaftsrecht, § 18 III 4a), S. 531 ff; *ders.,* ZIP 1991, 1, *ders.* in Schlegelberger, HGB, § 129a Rdnr. 8 und § 172a Rdnr. 54; *ders.,* ZGR 1998, 633, 658; siehe im Ansatz auch *Bayer* in v.Gerkan/Hommelhoff (Hrsg.), Handbuch des Kapitalersatzrechts, Rdnr. 11.4.

1289 Anders in der Begründung *Karsten Schmidt,* AG 1984, 12, 13, 14; *ders.,* Gesellschaftsrecht, § 18 III 4a), S. 531 ff, insbesondere 532; *ders.* in Schlegelberger, HGB, § 129a Rdnr. 8 und § 172a Rdnr. 54; *ders.,* Wege zum Insolvenzrecht der Unternehmen, S. 91, wonach die »Grundsätze ordnungsgemäßer Unternehmensfinanzierung« nicht auf die Rechtsform der GmbH beschränkt sind.

1290 Vgl. insoweit auch BGH, Urt. v. 19. 2. 1990 – II ZR 268/88, NJW 1990, 1725, 1729 (für den Kommanditisten); *Ulmer,* ZIP 1984, 1163, 1166; *Dauner-Lieb,* DStR 1998, 609, 613; *Goette,* DStR 1997, 2027, 2029; *ders.,* Die GmbH, § 4 Rdnr. 15, S. 94; *ders.,* ZHR 162 (1998), 223, 227; *Habersack,* ZHR 162 (1998), 201, 209; *Veil,* ZGR 2000, 223, 233 f; *Haas/Prokop,* Festschrift Röhricht, 2005, S. 1149, 1161 f.

1291 So aber die hM; vgl. oben § 11 II 1 b).

1292 Dafür auch *Habersack,* ZHR 162 (1998), 201, 216 f, 219 f; *Stodolkowitz* in Bankrechts-Handbuch, § 84 Rdnr. 115; grundsätzlich auch *Veil,* ZGR 2000, 223, 233 ff; *Farrenkopf,* Kapitalersetzende Gesellschafterdarlehen, S. 97 f.

Der Umstand freilich, dass der Aktionär der Gesellschaft gewöhnlich nicht so nahe steht, wie das regelmäßig bei einem GmbH-Gesellschafter der Fall ist,[1293] und der Aktionär auch – anders als der GmbH-Gesellschafter – über kein laufendes und umfassendes Informationsrecht verfügt (vgl. § 51a GmbHG contra § 131 AktG),[1294] ist nach der hier vertretenen Ansicht erst bei der Anwendung des § 138 Abs. 2 Nr. 1 InsO zu berücksichtigen. So ist die Kenntnis des Aktionärs von der Krise der Gesellschaft – als notwendige Voraussetzung für eine *tatsächliche* Finanzierungsfolgenverantwortung[1295] – erst ab einer Beteiligung von mehr als einem Viertel am Grundkapital der AG als widerlegbar zu vermuten.[1296] Bei einer geringeren Beteiligung hat mithin der Insolvenzverwalter die Kenntnis des kreditierenden Aktionärs darzulegen und zu beweisen. Diese Unterscheidung lässt denn auch eine systemkonforme Differenzierung zwischen dem unternehmerisch tätigen Gesellschafter einerseits und dem Klein- bzw. Anlagegesellschafter andererseits gerade auch im Aktienrecht zu.[1297]

1293 So wird die GmbH überwiegend (noch) zur Schaffung und Erhaltung der Lebensgrundlage und weniger als (bloße) Anlagegesellschaft genutzt; vgl. auch *Henze* in Großkomm AktG, § 57 Fn. 329; *Ketzer*, Eigenkapitalersetzende Aktionärsdarlehen, S. 62 ff, 66 ff; *Bayer* in v.Gerkan/Hommelhoff (Hrsg.), Handbuch des Kapitalersatzrechts, Rdnr. 11.14.

1294 Siehe insoweit auch BGH, Urt. v. 26. 3. 1984 – II ZR 171/83, BGHZ 90, 381, 387 f.

1295 Denn der Aktionär spekuliert erst dann (bewusst) auf Kosten der Gläubigergesamtheit, wenn er einen tatsächlichen Informationsvorsprung ausnutzt; vgl. zur Rechtfertigung der Finanzierungsfolgenverantwortung oben unter § 7 III 5 b). Siehe auch *Lutter* in Kölner Kommentar zum AktG, § 57 Rdnr. 87: Nicht jeder Aktionär und insbesondere nicht ein Aktionär »ohne Wissen und Kenntnis über die Situation« sei mit dem Eigenkapitalersatz zu belasten; vgl. auch *Habersack*, ZHR 162 (1998), 201, 217, 219, der allerdings in Übereinstimmung mit der Rspr. des BGH zum stehen gelassenen Gesellschafterdarlehen tatbestandlich die Erkennbarkeit der Krise der Gesellschaft genügen lassen will.

1296 Vgl. zu § 138 InsO auch die Ausführungen oben unter § 7 III 5 c).

1297 Für eine derartige Differenzierung im Ergebnis auch *Habersack*, ZHR 162 (1998), 201, 219, 221; *Veil*, ZGR 2000, 223, 229; für eine Privilegierung des Anlagegesellschafters auch *Barth*, Eigenkapitalersatzrecht, S. 106.

§ 12 Zusammenfassung der Ergebnisse

1. Ein Blick auf die hinter dem Eigenkapitalersatzrecht stehenden Wertungsgrundlagen hat gezeigt, dass es sich bei dem Eigenkapitalersatzrecht um ein von den Regeln über die Kapitalerhaltung (§§ 30, 31 GmbHG) völlig unabhängiges, insolvenzrechtliches Gläubigerschutzsystem handelt. Gemeinsam mit anderen Rechtsinstituten, nämlich der Insolvenzanfechtung (§§ 129 ff InsO) und der Pflicht des Geschäftsführers zur Insolvenzantragstellung und Masseerhaltung (§ 64 Abs. 1 und 2 GmbHG), dient das Eigenkapitalersatzrecht dem Schutz der insolvenzrechtlichen Haftungsordnung, d.h. der gemeinschaftlichen Befriedigung der Gläubiger aus dem Schuldnervermögen (§ 1 S. 1 InsO).

2. Das Eigenkapitalersatzrecht soll verhindern, dass der Gesellschafter im Stadium der Insolvenzreife auf das Gesellschaftsvermögen durch Drittgeschäfte mit der Gesellschaft zum Nachteil der Gläubiger einwirkt und dadurch das Ausfallrisiko der Gläubiger in der Insolvenz der Gesellschaft erhöht.

3. Einwirken auf das Gesellschaftsvermögen zum Nachteil der Gläubiger kann der Gesellschafter sowohl durch Kredit- als auch durch Nicht-Kreditgeschäfte mit der Gesellschaft. Unterschiedlich sind dabei jedoch die negativen Folgen, die von den Kredit- bzw. Nicht-Kreditgeschäften für die Gläubigergesamtheit ausgehen und die es durch das Eigenkapitalersatzrecht auszugleichen gilt. So verschleppt der Gesellschafter bei einer unzureichenden Kreditierung der Gesellschaft in der Krise die Insolvenz der Gesellschaft, während er durch ein Nicht-Kreditgeschäft – etwa einer Gebrauchsüberlassung – das Vermögen der Gesellschaft zum Nachteil der Gläubiger umschichtet und dadurch die Befriedigungsaussichten der Gläubiger verschlechtert. Denn anders als mit einem Kreditgeschäft wirkt der Gesellschafter bei einer Gebrauchsüberlassung nicht unmittelbar auf den Zeitpunkt der Insolvenzauslösung ein und legt damit den Grundstein für eine (vorübergehende) Fortführung des Unternehmens über den Krisenzeitpunkt hinaus. So wird die Liquidität der Gesellschaft bei einer Gebrauchsüberlassung weder durch Überlassen noch durch Belassen von Kaufkraft geschützt. Statt dessen werden bei einer Gebrauchsüberlassung wechselseitig Leistungen ausgetauscht (Überlassung der Sache gegen Entgelt). Dieser Leistungsaustausch ist für die Gläubiger aber deshalb so gefährlich, weil infolge der Entgeltzahlung haftendes Kapital abfließt und an dessen Stelle eine sich »verbrauchende« bzw. »selbstverzehrende« Leistung des Gesellschafters tritt, auf die die Gläubiger der Gesellschaft zum Zwecke der Befriedigung

ihrer Forderungen nicht zugreifen können, weil sie ihnen als Vollstrekkungsobjekt nicht mehr zur Verfügung steht.

4. Zwar wirkt auch ein außenstehender Gläubiger, wenn er die Gesellschaft in der Krise kreditiert, über das Vermögen der Gesellschaft auf die Forderungen der Mitgläubiger ein. Doch hat der Gesellschafter deshalb eine besondere Finanzierungsfolgenverantwortung im Gläubigerinteresse zu übernehmen, weil er durch Ausnutzen eines Informationsvorsprungs auf Kosten der Gläubigergesamtheit spekuliert. Wüssten nämlich alle Gläubiger wie es tatsächlich um die Gesellschaft bestellt ist, würden sie augenblicklich ihr Fremdkapital abziehen bzw. einen Insolvenzantrag stellen, um ihr Ausfallrisiko möglichst gering zu halten. Der Gesellschafter müsste also – bei vollständiger (Informations-)Transparenz – einen ungleich größeren Finanzierungsbeitrag erbringen. Diese Unkenntnis der übrigen Gläubiger erlaubt es dem Gesellschafter, auf Kosten der übrigen Gläubiger zu spekulieren. Weiß nämlich nur er, dass die Gesellschaft insolvent ist, kann er durch einen vergleichsweise geringen Fremdkapitalbeitrag die Chance einer Sanierung der Gesellschaft in dem Bewusstsein nutzen, dass die Folgen eines Fehlschlags ihn nur teilweise, im Übrigen aber die anderen Gläubiger treffen, indem sich ihre Insolvenzquote weiter verringert.

5. Gleiches gilt auch für den Fall einer Gebrauchsüberlassung. § 142 InsO sieht zwar grundsätzlich vor, dass in den Fällen, in denen wirtschaftlich gleichwertige Leistungen ausgetauscht werden und damit ein sog. Bargeschäft vorliegt, mittelbare Beeinträchtigungen der Gläubigerinteressen nicht auszugleichen sind. Anderenfalls wäre der Schuldner in der Krise faktisch vom Geschäftsverkehr ausgeschlossen. Denn ein Gläubiger, der eine Anfechtung der Gegenleistung des Schuldners mit der Begründung befürchten müsste, dass seine erbrachte Leistung später nicht mehr im Vermögen des Schuldners vorhanden ist, wäre nicht mehr bereit, mit dem Schuldner in Kontakt zu treten. Doch trägt dieser Grund der Privilegierung nicht im Verhältnis zwischen Gesellschafter und Gesellschaft. Im Unterschied zu einem außenstehenden Gläubiger ist der Gesellschafter nämlich in der Lage, sich besser und schneller über die wahren wirtschaftlichen Verhältnisse der Gesellschaft zu informieren. Hat der Gesellschafter Kenntnis von der Krise und entschließt er sich in dieser Situation, die Position eines außenstehenden Gläubigers einzunehmen, so wählt er damit bewusst einen Weg, der es ihm ermöglicht, selbst in der Krise noch Vorteile durch Vermögensumschichtungen für sich zu erzielen, ohne dabei einen eigenen Risikoanteil übernehmen zu müssen, womit er wiederum auf Kosten der übrigen Gläubiger spekuliert.

6. Die Einordnung des Eigenkapitalersatzrechts als Bestandteil der insolvenzrechtlichen Haftungsordnung wirkt sich nicht nur auf die Auslegung der Tatbestandsvoraussetzungen, sondern auch auf die Rechtsfolgen des Eigenkapitalersatzrechts und damit auf die Reichweite der Finanzierungsfolgenverantwortung aus.

7. In persönlicher Hinsicht ist grundsätzlich jeder Gesellschafter Adressat der Eigenkapitalersatzregeln, unabhängig von der Höhe seiner Beteiligung am Stammkapital der Gesellschaft. Denn um auf das Gesellschaftsvermögen zum Nachteil der Gläubiger durch Kredit- und Nicht-Kreditgeschäfte einzuwirken, ist es nicht entscheidend, ob der Gesellschafter unternehmerisch an der Gesellschaft beteiligt ist. Maßgebend ist vielmehr, dass der Gesellschafter die Gesellschaft im Zeitpunkt der Insolvenz unzureichend kreditiert oder etwa durch die Überlassung von Gütern zum Gebrauch das Vermögen der Gesellschaft zum Nachteil der Gläubiger umschichtet. Aus diesem Grund ist auch die generelle Freistellung geringfügig beteiligter Gesellschafter von der Eigenkapitalersatzhaftung (vgl. § 32a Abs. 3 S. 2 GmbHG) nicht gerechtfertigt. Indem der Gesetzgeber nämlich unwiderleglich vermutet, dass ein Kleingesellschafter keine (mitunternehmerische) Verantwortung trägt, bleibt unberücksichtigt, dass auch ein Kleingesellschafter die Insolvenz der Gesellschaft verschleppen bzw. auf Kosten der Gläubiger das Vermögen der Gesellschaft umschichten kann.

Anders als das Kleinbeteiligungsprivileg stimmt dagegen das Sanierungsprivileg in § 32a Abs. 3 S. 3 GmbHG mit der hier vertretenen insolvenzrechtlichen Sichtweise auf das Kapitalersatzrecht überein. Denn hinter dem Sanierungsprivileg verbirgt sich eine dynamische Betrachtungsweise, die auch den anderen Rechtsinstituten zum Schutz der insolvenzrechtlichen Haftungsordnung nicht fremd ist. So werden die Chancen und Risiken für die Gläubigergesamtheit insbesondere auch im Rahmen des § 64 Abs. 2 GmbHG gegeneinander abgewogen, indem Zahlungen aus dem Gesellschaftsvermögen bei Vorliegen der Insolvenz dann »mit der Sorgfalt eines ordentlichen Geschäftsmanns« vereinbar sind, wenn sie aus ex ante Sicht die realistische Chance bergen, die Situation der Gläubiger zu verbessern.

Da auch der Sanierungskredit eines Altgesellschafters die Chance in sich trägt, die Krise der Gesellschaft zu überwinden und damit die Position der Gläubiger zu verbessern, ist das Sanierungsprivileg auch auf Altgesellschafter zu erstrecken. Legt ein Altgesellschafter ein schlüssiges Sanierungskonzept vor, mit dem die Gesellschaft aus ex ante Sicht aus der Krise geführt werden kann, besteht kein Grund für eine Schlechterstellung des Gesellschafters. Denn in diesem Fall spekuliert der Gesellschafter nicht auf Kosten der übrigen Gläubiger, weil aus ex ante Sicht die Gläubiger die Auswirkungen der Fremdfinanzierung der Gesellschaft in Form einer Kürzung der auf sie entfallenden Haftungsmasse durch Vorhandensein eines weiteren Gläubigers nicht zu spüren bekommen.

8. Einzubeziehen in den sachlichen Anwendungsbereich des Eigenkapitalersatzrechts sind grundsätzlich auch Überbrückungskredite und Dienstleistungen, die der Gesellschafter der Gesellschaft gegenüber erbringt. Denn mit beiden Leistungen kann der Gesellschafter den Verteilungskonflikt unter den Gläubigern zusätzlich verschärfen. Unterschiedlich ist jedoch die Art und Weise, wie der Gesellschafter mit beiden Leistungen auf das Gesellschaftsvermögen zum Nachteil der Gläubiger einwirkt. So besteht bei der Gewährung eines Überbrückungskredits die Gefahr, dass der Gesellschafter die Insolvenz der Gesellschaft zum Nachteil der Gläubiger verschleppt, während der Gesellschafter bei der Erbringung von Dienstleistungen – wie bei einer Gebrauchsüberlassung – das Vermögen der Gesellschaft zum Nachteil der Gläubiger umschichtet.

Anders als sonst in den Fällen einer Kreditierung in der Krise kann jedoch bei der Gewährung eines Überbrückungskredits nicht typisiert werden, dass die gewährten Darlehensvaluta im Rahmen der wirtschaftlichen Abwärtsentwicklung voll mit verwirtschaftet werden und damit der Nachrang des Gesellschafters (§ 39 Abs. 1 Nr. 5 InsO) die eingetretene Gläubigerbenachteiligung zutreffend ausgleicht. Denn bei einem wahrhaft kurzfristigen Überbrückungskredit ist es schwer vorstellbar, dass die gewährten Kreditmittel bis zu dem Zeitpunkt, in dem der Gesellschafter das Darlehen zurückverlangt, vollständig verbraucht sind und sich demzufolge die Gläubiger bei einer Teilnahme des Gesellschafters als gewöhnlicher Insolvenzgläubiger (§ 38 InsO) am Insolvenzverfahren über das Vermögen der Gesellschaft schlechter stellen. Aus diesem Grund trägt auch der Gesellschafter in den Fällen eines wahrhaft kurzfristigen Überbrückungskredits letztlich nur dann eine Finanzierungsfolgenverantwortung, wenn der Insolvenzverwalter die vollständige Mitverwirtschaftung der Darlehensvaluta nachweist.

9. In zeitlicher Hinsicht greift das Eigenkapitalersatzrecht ein, wenn die Gesellschaft insolvent ist. Nach der hier vertretenen Ansicht umschreibt das Stadium der Kreditunwürdigkeit nämlich kein von der Insolvenzreife abgrenzbares und den Insolvenzgründen (der Überschuldung und/oder Zahlungsunfähigkeit) vorgelagertes Krisenstadium. Vielmehr überschneiden sich die Tatbestände (Überschuldung und Kreditunwürdigkeit) weitestgehend. Anzuwenden sind die Kapitalersatzregeln aus Gläubigerschutzgründen jedoch grundsätzlich nur bis zum Zeitpunkt der Eröffnung des Insol-

venzverfahrens. Denn nach dem Zeitpunkt der Verfahrenseröffnung kann der Gesellschafter keinen negativen Einfluss mehr auf die insolvenzrechtliche Haftungsordnung nehmen, weil mit der Eröffnung des Insolvenzverfahrens die Verwaltungs- und Verfügungsbefugnis auf den Insolvenzverwalter übergeht (§ 80 Abs. 1 InsO).

Da die »schützende« Hand des Insolvenzverwalters durch den Insolvenzbeschlag, also den Übergang der Verwaltungs- und Verfügungsbefugnis, auch dann vorhanden ist, wenn das Insolvenzgericht in der Phase zwischen Insolvenzantragstellung und Insolvenzeröffnung einen sog. »starken« vorläufigen Insolvenzverwalter bestellt (§ 22 Abs. 1 InsO), ist auch in diesem Fall im Insolvenzeröffnungsverfahren eine Anwendung der Eigenkapitalersatzregeln nicht geboten.

Anders sieht es hingegen für die Zeit nach Aufhebung des Insolvenzverfahrens aus, wenn sich die Beteiligten dazu entschieden haben, die Insolvenz in Abweichung zu den gesetzlichen Vorschriften durch einen sog. Insolvenzplan zu bereinigen (§ 1 S. 1 2 Halbs. i.V.m. §§ 217 ff InsO). Dann ist unabhängig davon, ob die Erfüllung des Plans vom Insolvenzverwalter überwacht wird oder nicht, aus Gläubigerschutzgründen eine Anwendung der Kapitalersatzregeln geboten. Denn mit der Aufhebung des Insolvenzverfahrens erhält der Schuldner die volle Verfügungsbefugnis über die Insolvenzmasse zurück (§ 259 Abs. 1 S. 2 InsO), so dass die Gesellschafter – wie in der Phase vor Insolvenzeröffnung – ungehindert auf das Gesellschaftsvermögen zum Nachteil der Gläubiger einwirken können.

10. Eine besondere Verantwortung für die Folgen seines (Finanzierungs-) Verhaltens in der Krise hat der Gesellschafter letztlich erst dann zu übernehmen, wenn er eine Finanzierungsentscheidung i.S. des Eigenkapitalersatzrechts getroffen hat. Denn erst dann kann dem Gesellschafter sein (Finanzierungs-)Verhalten in der Krise zum Vorwurf gemacht werden. Das setzt in objektiver Hinsicht allerdings voraus, dass der Gesellschafter auf die Krise reagieren kann, er also eine Möglichkeit zum Mittelabzug hat, sei es durch Kündigung des der Gesellschafterleistung zugrunde liegenden Vertragsverhältnisses, sei es durch Liquidation der Gesellschaft. Letzteres ist dem Gesellschafter auch dadurch möglich, dass er einen Insolvenzantrag stellt. Nach der hier vertretenen Ansicht gewinnt diese Reaktionsmöglichkeit des Gesellschafters besonders an Bedeutung, weil – wie gesehen – die Rechtsregeln zum Eigenkapitalersatz erst eingreifen, wenn die Gesellschaft insolvent ist, so dass der Gesellschafter mit der Stellung eines Insolvenzantrages eine Umqualifizierung seiner Gesellschafterleistung (noch) verhindern kann.

In subjektiver Hinsicht ist erforderlich, dass der Gesellschafter im Zeitpunkt der Finanzierungsentscheidung Kenntnis von der Krise hat. Dafür spricht nicht nur, dass der Gesellschafter nach dem Eigenkapitalersatz nicht für irgendeine, sondern gerade für eine Krisenfinanzierungsentscheidung zur Verantwortung gezogen wird. Das setzt begrifflich schon voraus, dass der Gesellschafter tatsächlich weiß, dass sich die Gesellschaft in der Krise befindet. Hinzu kommt, dass nach der hier vertretenen Ansicht der Gesellschafter deshalb eine besondere Finanzierungsfolgenverantwortung im Gläubigerinteresse zu übernehmen hat, weil er durch Ausnutzen eines Informationsvorsprungs auf Kosten der Gläubiger spekuliert, wenn er die Gesellschaft im Zeitpunkt der Krise kreditiert bzw. das Vermögen der Gesellschaft durch ein Nicht-Kreditgeschäft zum Nachteil der Gläubiger umschichtet.

Die Kenntnis des Gesellschafters von der Krise kann bei einem Gesellschafter, der nicht nur geringfügig an der Gesellschaft i.S. des § 32a Abs. 3 S. 2 GmbHG beteiligt ist, in Anlehnung an § 138 Abs. 2 Nr. 1 InsO vermutet werden. Denn das Gesetz (§ 138 Abs. 2 Nr. 1 InsO) sieht einen unternehmerisch tätigen Gesellschafter als wohlinformiert an. Einem Kleingesellschafter hat dagegen der Insolvenzverwalter die Kenntnis von der Insolvenz der Gesellschaft im Zeitpunkt seiner Finanzierungsentscheidung nachzuweisen, da bei einem Kleingesellschafter typischerweise nicht davon ausgegangen werden kann, dass er von seinem Informationsrecht tatsächlich Gebrauch gemacht hat. Diese Unterscheidung zwischen einem unternehmerisch tätigen Gesellschafter einerseits und einem Kleingesellschafter andererseits berücksichtigt systemkonform, dass die Insolvenz der Gesellschaft zwar auch durch einen Kleingesellschafter verschleppt werden kann, ein Kleingesellschafter jedoch rein tatsächlich einem außenstehenden Gläubiger näher steht.

11. Auf der Rechtsfolgenseite sieht das Gesetz (§ 32a Abs. 1 GmbHG i.V.m. § 39 Abs. 1 Nr. 5 InsO) mit der nur nachrangigen Befriedigung des Gesellschafters zutreffend eine lediglich beschränkte Ausfallhaftung des Gesellschafters im Gläubigerinteresse vor. Würde man den Gesellschafter nämlich für sämtliche negativen Folgen, die auf eine Insolvenzverschleppung zurückzuführen sind, zur Verantwortung ziehen, bliebe unberücksichtigt, dass auch bei einer (unzureichenden) Finanzierung der Gesellschaft mit Eigenkapital weiteres Vermögen der Gesellschaft verwirtschaftet wird und neue Gläubiger hinzutreten. Für diese (allgemeinen) Schäden einer Insolvenzverschleppung, die sowohl bei Gewährung von Eigen- oder Fremdkapital hervorgerufen werden, kann der Gesellschafter aber nicht zur Verantwortung gezogen werden, weil das Eigenkapitalersatzrecht lediglich

verhindern will, dass der Gesellschafter das zusätzliche Risiko, das mit einer Fremdfinanzierung der Gesellschaft in der Krise verbunden ist, auf die Gläubiger abwälzt.

In den Fällen eines Nicht-Kreditgeschäfts hat der Gesellschafter ebenfalls nur einen Verantwortungsbeitrag zu erbringen, der die von ihm herbeigeführte Gläubigerbenachteiligung zutreffend ausgleicht. Da in Fällen, in denen der Gesellschafter der Gesellschaft mit der Gebrauchsüberlassung oder mit der Erbringung von Dienstleistungen gegen Entgelt aushilft, an die Stelle von haftendem Gesellschaftsvermögen eine sich durch Zeitablauf »verbrauchende« Gesellschafterleistung tritt, auf die die Gläubiger zur Forderungsbefriedigung nicht zugreifen können, hat der Gesellschafter das aus dem Gesellschaftsvermögen jeweils bezogene laufende Entgelt dem Gesellschaftsvermögen bzw. der Insolvenzmasse zurückzugewähren. Um zu verhindern, dass der Gesellschafter die nachteilige Wirkung der Vermögensumschichtung, nämlich die Verschärfung des Verteilungskonflikts unter den Gläubigern, teilweise wieder herbeiführt, indem er gemeinsam mit den übrigen Gläubigern um die Insolvenzquote konkurriert, nimmt der Gesellschafter mit seiner wieder auflebenden Forderung (vgl. § 144 Abs. 1 InsO) nur als nachrangiger Insolvenzgläubiger am Insolvenzverfahren über das Vermögen der Gesellschaft teil (§ 39 Abs. 1 Nr. 5 InsO).

Über die Verhaftung des laufenden Entgelts für abgelaufene Zeiträume hinaus kann weder das Nutzungsrecht für die Zukunft verhaftet noch der Gesellschafter grundsätzlich zur unentgeltlichen Erbringung seiner Dienstleistung angehalten werden. Denn das Eigenkapitalersatzrecht dient ebenso wie die Insolvenzanfechtung (§§ 129 ff InsO) und die den Geschäftsführer treffende Pflicht zur Insolvenzantragstellung und Masseerhaltung (§ 64 Abs. 1 und 2 GmbHG) dazu, in der kritischen Phase zwischen Insolvenzeintritt und Insolvenzeröffnung das Vermögen des Schuldners zugunsten der Gläubiger in ihrer Gesamtheit zusammenzuhalten. Dies geschieht, wie die Regeln zur Insolvenzanfechtung und § 64 Abs. 2 GmbHG zeigen, dergestalt, dass jeweils eine tatsächlich eingetretene Beeinträchtigung des Schuldnervermögens zu Lasten der Gläubigergesamtheit auszugleichen ist. Abstrakte Gläubigergefährdungen, d.h. Fälle, bei denen eine Vermögensumschichtung zum Nachteil der Gläubiger zwar noch nicht stattgefunden hat, aber aufgrund eines bereits abgeschlossenen Rechtsgeschäfts unmittelbar droht, können deshalb vom Eigenkapitalersatzrecht nicht erfasst werden.

Lediglich für gewisse zukünftige Zeitabschnitte kann das Nutzungsrecht aufgrund der Regelungen der InsO (§§ 103 ff InsO) verhaftet werden, nämlich für diejenigen Zeitabschnitte, für die die vom Gesellschafter getroffene (Finanzierungs-)Entscheidung fortwirkt und nicht durch eine Entscheidung des Insolvenzverwalters überlagert wird. Das hat zur Folge, dass der Gesellschafter bei der Überlassung beweglicher Sachen bis zur Ausübung des Wahlrechts durch den Verwalter gem. § 103 InsO bzw. bei der Überlassung unbeweglicher Gegenstände oder Räume bis zur nächsten Kündigungsmöglichkeit des Verwalters gem. § 109 InsO an seine (Finanzierungs-)Entscheidung gebunden ist. Für die Zeit danach kann der Gesellschafter sodann vom Insolvenzverwalter den vollen Mietzins verlangen (§ 55 Abs. 1 Nr. 2 InsO i.V.m. § 103 InsO bzw. § 108 InsO). Gleiches gilt im Übrigen auch für die Gesellschafterdienstleistung. Hier wirkt die vom Gesellschafter getroffene Entscheidung bis zum Ablauf der Kündigungsfrist des § 113 S. 2 InsO fort, so dass für die danach liegenden Zeitabschnitte die Entgeltansprüche des Gesellschafters als Masseverbindlichkeiten zu behandeln sind.

12. Bei einer insolvenzrechtlichen Sichtweise auf das Eigenkapitalersatzrecht lassen sich auch Antworten auf die Fragen finden, ob es eine Bindung der Gesellschafterleistung nach Überwindung der Krise, eine Haftung des Geschäftsführers für Rückzahlung eigenkapitalersetzender Leistungen und eine Haftung der Mitgesellschafter analog § 31 Abs. 3 GmbHG geben kann.

Eine Bindung der Gesellschafterleistung nach Überwindung der Krise scheidet aus, da für eine Erstattungspflicht des Gesellschafters kein Bedürfnis mehr besteht. Sinn und Zweck des Eigenkapitalersatzrechts ist es, eine Gläubigerbenachteiligung zu verhindern bzw. auszugleichen. An einer solchen fehlt es jedoch, wenn die Krise der Gesellschaft nachhaltig überwunden ist.

Dagegen ist der Geschäftsführer auch bei einer insolvenzrechtlichen Verortung des Eigenkapitalersatzrechts für die Auszahlung eigenkapitalersetzender Gesellschafterleistungen ersatzpflichtig. Die Ersatzpflicht des Geschäftsführers folgt dabei jedoch entgegen der Ansicht der hM nicht aus einer analogen Anwendung des § 43 Abs. 3 GmbHG, sondern unmittelbar aus § 64 Abs. 2 GmbHG. Denn das Eigenkapitalersatzrecht greift zu einem Zeitpunkt ein, in dem der Geschäftsführer – will er eine eigene Ersatzpflicht vermeiden – dieser Vorschrift zufolge bei Eintritt der Insolvenz der Gesellschaft verpflichtet ist, das noch vorhandene Gesellschaftsvermögen zusammenzuhalten und grundsätzlich keine Zahlungen mehr aus dem Vermögen der Gesellschaft zu leisten. Um eine verbotswidrige Zahlung mit der Folge einer Erstattungspflicht handelt es sich auch bei Leistung des Geschäftsführers auf eine eigenkapitalersetzende Hilfe des Gesellschafters, da Zahlungen auf Forderungen, die nur im Nachrang zu befriedigen sind, nicht »mit der Sorgfalt eines ordentlichen Geschäftsmanns vereinbar« und damit von der Erstattungspflicht des Geschäftsführers nach § 64 Abs. 2 S. 2 GmbHG ausgenommen sind.

Anders als der Geschäftsführer sind die Mitgesellschafter nicht für die Rückgewähr einer eigenkapitalersetzenden Gesellschafterleistung verantwortlich. Denn die Ausfallhaftung nach § 31 Abs. 3 GmbHG analog ist mit der individuellen Natur der Finanzierungsfolgenverantwortung nicht zu vereinbaren. So trifft die Haftung nach dem Eigenkapitalersatz nur denjenigen Gesellschafter, der die Gesellschaft in Kenntnis von der Krise kreditiert bzw. mit dem Wissen um die Krise das Vermögen der Gesellschaft zum Nachteil der Gläubiger umschichtet, mithin eine Finanzierungsentscheidung in Kenntnis von der Krise trifft. Durch dieses subjektive Element im Rahmen der Finanzierungsentscheidung dient das Eigenkapitalersatzrecht mit einer auf den einzelnen Gesellschafter bezogenen Finanzierungsfolgenverantwortung dem Gläubigerschutz. Demgegenüber erfüllt die Ausfallhaftung nach § 31 Abs. 3 GmbHG den Zweck, das rein objektiv ausgestaltete Kapitalerhaltungsgebot abzusichern, indem unmittelbar die Gesellschaft und ihr Vermögen geschützt werden.

13. Schließlich zeigt eine insolvenzrechtliche Betrachtung der Finanzierungsfolgenverantwortung, dass es sich bei dem Eigenkapitalersatzrecht nicht um ein rechtsformspezifisches, sondern vielmehr um ein rechtsformübergreifendes gläubigerschützendes Rechtsinstitut handelt. Denn die negativen Folgen (Insolvenzverschleppung und Vermögensumschichtung) sind rechtsformneutral und können von jedem Gesellschafter, unabhängig von der Rechtsform des Unternehmensträgers, herbeigeführt werden. Selbst in der gesetzestypischen Personengesellschaft besteht ein Bedürfnis für die Anwendung der Vorschriften zum Eigenkapitalersatz (§ 39 Abs. 1 Nr. 5 und § 135 InsO bzw. § 6 AnfG), da anderenfalls die Gläubiger des Gesellschafters an der Insolvenzquote des Gesellschafters partizipieren würden. Dies gilt auch im Hinblick auf § 93 InsO, wonach im Insolvenzverfahren über das Vermögen einer Gesellschaft ohne Rechtspersönlichkeit oder einer Kommanditgesellschaft auf Aktien der Insolvenzverwalter die persönliche Haftung eines Gesellschafters für die Verbindlichkeiten der Gesellschaft »gebündelt« geltend macht. Denn auch in diesen Fällen bleibt die Konkurrenz mit den Privatgläubigern des Gesellschafters bestehen.

Literaturverzeichnis

Altmeppen, Holger, Der »atypische Pfandgläubiger« – ein neuer Fall des kapitalersetzenden Darlehens?, ZIP 1993, 1677

ders., Anmerkung zu BGH Urteil v. 11. 7. 1994 – II ZR 146/92, NJW 1994, 2353

ders., Anmerkung zu BGH Urteil v. 7. 11. 1994 – II ZR 270/93, ZIP 1994, 1939

ders., Anmerkung zu BGH Urteil v. 28. 11. 1994 – II ZR 77/93, ZIP 1995, 26

ders., Verschlimmbesserungen im Kapitalersatzrecht, ZIP 1996, 1455

ders., »Dritte« als Adressaten der Kapitalerhaltungsregeln in der GmbH, in Festschrift Kropff, Düsseldorf 1997, S. 642

ders., Anmerkung zu BAG Urteil v. 10. 2.1999 – 5 AZR 677/97, ZIP 1999, 881

ders., Die Auswirkungen des KonTraG auf die GmbH, ZGR 1999, 291

ders., Neues zum Finanzplan- und zum Sanierungskredit, in Festschrift für Walter Sigle zum 70. Geburtstag, Köln 2000, S. 211

ders., Anmerkung zu BGH Urteil v. 8. 1. 2001 – II ZR 88/99, ZIP 2001, 240

Azhari, Rassan R., Die Ausfall- und Haftungsrisiken kreditgewährender Banken in der Krise und Insolvenz des kreditnehmenden Unternehmens, BuW 1999, 23

Bäcker, Roland M., Die Vermietung von Betriebsmitteln an die GmbH durch einen Gesellschafter als kapitalersetzende Rechtshandlung gem. § 32a Abs. 3 GmbHG, ZIP 1989, 681

ders., Eigenkapitalersetzende Rechtshandlungen der GmbH-Gesellschafter und Dritter, Bochum 1990

ders., Die Rechtsfolgen der eigenkapitalersetzenden Nutzungsüberlassung, GmbHR 1994, 766

Bähner, Eberhard, Die Fortbestehensprognose im Rahmen der zweistufigen Überschuldungsrechnung, KTS 1988, 443

Bähr, Biner/Hoos, Jan-Philipp, Kommentar zu BGH Urteil v. 24. 11. 2003 – II ZR 171/01, GmbHR 2004, 304

Ballerstedt, Kurt, Gesellschaftsrechte Probleme der Reform des GmbH-Rechts, ZHR 135 (1979), 383

Bankrechts-Handbuch Hrsg.: Schimansky, Herbert/Bunte, Hermann-Josef/ Lwowski, Hans-Jürgen, Band II, 2. Aufl., München 2001 (zitiert: Bearbeiter in Bankrechts-Handbuch)

Barth, Wolfgang H., Der Anwendungsbereich des Eigenkapitalersatzrechts nach § 32a Abs. 3 Satz 2 und Satz 3 GmbHG, Berlin 2001 (zitiert: Eigenkapitalersatzrecht)

Baumbach, Adolf/ Hueck, Alfred (Begr.), GmbH-Gesetz Kommentar, 17. Aufl., München 2000 (zitiert: Baumbach/Bearbeiter) *ders.*, (Begr.)/*Hopt, Klaus J.*, (Hrsg.), Handelsgesetzbuch, 31. Aufl., München 2003 (zitiert: Baumbach/Hopt)

Bayer, Walter, Die Anwendung aktienrechtlicher Regelungen auf die eingetragene Genossenschaft, DStR 1999, 1815

Beck´sches Handbuch der GmbH Hrsg.: Müller, Welf/Hense, Burkhard, 3. Aufl., München 2002 (zitiert: Bearbeiter in Beck´sches Handbuch der GmbH)

Beinert/Hennerkes/Binz, Kapitalersetzende Darlehen und GmbH-Novelle, GmbHR 1981, 10

Berscheid, Ernst-Dieter, Arbeitsrechtliche Probleme im Insolvenzeröffnungsverfahren, in Kölner Schrift zur Insolvenzordnung, Arbeitskreis für Insolvenz- und Schiedsgerichtswesen e.V. (Hrsg.), 2. Aufl., Berlin 2000, S. 1361 (zitiert: Bearbeiter in Kölner Schrift)

Bezzenberger, Tilman, Kapitalersetzende Gesellschafterdarlehen im Recht der GmbH, in Festschrift für Gerold Bezzenberger zum 70. Geburtstag am 13. 3. 2000, Berlin, New York 2000, S. 23

Bieder, Marcus, Die Auswirkungen des Sanierungsprivilegs gem. § 32a III 3 GmbHG auf das Recht der kapitalersetzenden Gesellschafterleistungen, NZI 2000, 514

Blaurock, Uwe/Berninger, Axel, Unterbeteiligung an einem GmbH-Anteil in zivilrechtlicher und steuerrechtlicher Sicht (I), GmbHR 1990, 11

Blöse, Jochen, Kommentar zu ArbG Dresden Urteil v. 11. 10. 2001 – 8 Ca 3893/01, GmbHR 2002, 1071

ders., Sechs Jahre Sanierungs- und Kleingesellschafterprivileg – Ein Grund zum Feiern?, GmbHR 2004, R 185

ders., Das österreichische Eigenkapitalersatzgesetz: Vorbild für den deutschen Gesetzgeber?, GmbHR 2004, 412

Bork, Reinhard, Die Einlagefähigkeit obligatorischer Nutzungsrechte, ZHR 154 (1990), 205

ders., Haftung des GmbH-Geschäftsführers wegen verspäteten Konkursantrags, ZGR 1995, 505

ders., Einführung in das neue Insolvenzrecht, 2. Aufl., Tübingen 1998 (zitiert: Insolvenzrecht)

ders., § 55 Abs. 2 InsO, § 108 Abs. 2 InsO und der allgemeine Zustimmungsvorbehalt, ZIP 1999, 781

ders., Insolvenzanfechtung des »Stehenlassens«, in Festschrift Wilhelm Uhlenbruck zum 70. Geburtstag, Köln 2000, S. 279

ders., Wie erstellt man eine Fortführungsprognose?, ZIP 2000, 1709

Bormann, Michael, Eigennützige Sanierungsdarlehen und § 32a III 3 GmbHG, NZI 1999, 389

ders., Umdenken im Kapitalersatzrecht? – Die Auswirkungen der »Balsam/Procedo« Entscheidungen auf eigenkapitalersetzende Gesellschafterdarlehen, DB 2001, 907

Boerner, Annette, Die Haftung des herrschenden Kommanditisten, Frankfurt a.M., Bern, New York 1985

Boujong, Karlheinz, Zur Auslegung und Fortbildung des GmbH-Rechts in der neueren Judikatur des Bundesgerichtshofs, GmbHR 1992, 207

ders., Rechtsprechungsbericht: Die Entwicklung der Judikatur zum GmbH-Recht in den Jahren 1994-1996 – Teil 2: Eigenkapitalersatz, WiB 1997, 292

ders., Rechtsprechungsbericht: Das GmbH-Recht im Jahre 1997, NZG 1998, 745

Brandes, Helmut, Die Behandlung von Nutzungsüberlassungen im Rahmen einer Betriebsaufspaltung unter Gesichtspunkten des Kapitalersatzes und der Kapitalerhaltung, ZGR 1989, 244

ders., Grundpfandrechte und Betriebsaufspaltung, in Priester, Hans-Joachim/ Timm, Wolfram (Hrsg.), Abschied von der Betriebsaufspaltung? (RWS-Forum 5), Köln 1990, S. 43

Braun, Eberhard, Kapitalersetzende Maßnahme i.S.v. § 32a Abs. 3 GmbHG durch Pachtverträge in der Betriebsaufspaltung?, ZIP 1983, 1175

ders.,/Uhlenbruck, Wilhelm, Unternehmensinsolvenz, Düsseldorf 1997

ders., (Hrsg.), Insolvenzordnung, München 2002 (zitiert: Braun/Bearbeiter)

Bülow, Peter, Verbraucherkreditrecht im BGB, NJW 2002, 1145

Burger, Anton/Schellberg, Bernhard, Die Auslösungstatbestände im neuen Insolvenzrecht, BB 1995, 261

Büscher, Dirk/Klusmann, Martin, Die Nutzungsüberlassung durch Gesellschafter an die GmbH, ZIP 1991, 10

Büschgen, Hans E., Zur Eigenkapitalausstattung der GmbH und GmbH & Co. KG (I), GmbHR 1974, 25

ders., Zur Eigenkapitalausstattung der GmbH und GmbH & Co. KG (II), GmbHR 1974, 49

Bydlinski, Peter, Die Bürgschaft im österreichischen und deutschen Handels-, Gesellschafts- und Wertpapierrecht, Wien, New York 1991 (zitiert: Bürgschaft)

v.Caemmerer, Ernst, Unterkapitalisierung und Gesellschafterdarlehen, in Festschrift Quo vadis, ius societatum?: Liber amicorum Pier Sanders, 1972, S. 17

Canaris, Claus-Wilhelm, Interessenlage, Grundprinzipien und Rechtsnatur des Finanzierungsleasing, AcP 190 (1990), S. 410

ders.,/Schilling, Wolfgang/Ulmer, Peter, (Hrsg.), HGB Staub Großkommentar 17. Lieferung: §§ 123-130b, 4. Aufl., Berlin, New York 1997

(zitiert: Staub/Bearbeiter)

Casper, Matthias/Ullrich, Kristin, Zur Reichweite des Sanierungsprivilegs in § 32a Abs. 3 S. 3 GmbHG, GmbHR 2000, 472

Claussen, Carsten P., Kapitalersetzende Darlehen und Sanierungen durch Kreditinstitute, ZHR 147 (1983), 195

ders., Kapitalersatzrecht und Aktiengesellschaft, AG 1985, 173

ders., Betriebswirtschaft und Kapitalersatzrecht, in Festschrift zum 65. Geburtstag von Karl-Heinz Forster, Düsseldorf 1992, S. 141

ders., Die GmbH braucht eine Regulierung des Kapitalersatzrechts, GmbHR 1996, 316

Dauner-Lieb, Barbara, Die Freistellung geringfügig beteiligter Gesellschafter von der Kapitalersatzhaftung, DStR 1998, 609

dies., Das Sanierungsprivileg des § 32a Abs. 3 Satz 3 GmbHG, DStR 1998, 1517

Delhaes, Wolfgang, Im Überblick: Der vorläufige Insolvenzverwalter, NZI 1998, 102

Dellinger, Markus, Kritik am Eigenkapitalersatzrecht, Drittkredit und Gesellschaftersicherheit, ÖBA 1998, 601

Deutler, Karl-F., Änderungen des GmbH-Rechts und anderer handelsrechtlicher Vorschriften durch die GmbH-Novelle 1980, GmbHR 1980, 145

Dinstühler, Klaus-Jürgen, Der Insolvenzplan gem. den §§ 217-269 InsO, InVo 1998, 333

ders., Kreditrahmenabreden gem. den §§ 264 ff. InsO, ZInsO 1998, 243

Dittmer, Stefan, Gesellschafter-Dienstleistungen als eigenkapitalersetzende Rechtshandlungen im Sinne des § 32a Abs. 3 GmbHG, Frankfurt a.M., Berlin, Bern, New York, Paris, Wien 1997 (zitiert: Gesellschafter-Dienstleistungen)

Dörrie, Robin, Das Sanierungsprivileg des § 32a Abs. 3 Satz 3 GmbHG, ZIP 1999, 12

Dostal, Boris, Anmerkung zu BGH Urteil v. 15. 6. 1998 – II ZR 17/97, DZWIR 1999, 36

Dreher, Meinrad, Pfandrechtsgläubiger von Geschäftsanteilen als gesellschafterähnliche Dritte im Sinne von § 32a Abs. 3 GmbHG, ZGR 1994, 144

Drukarczyk, Jochen, Kapialerhaltungsrecht, Überschuldung und Konsistenz – Besprechung der Überschuldungsdefinition in BGH WM 1992, 1650 –, WM 1994, 1737

ders., Gesellschafterdarlehen, Rechtsprechungsgrundsätze des BGH und § 32a GmbH – Einige kritische Anmerkungen, in Festschrift zum 60. Geburtstag von Dieter Schneider, Wiesbaden 1995, S. 172

ders.,/Schüler, Andreas, Die Eröffnungsgründe der InsO: Zahlungsunfähigkeit, drohende Zahlungsunfähigkeit und Überschuldung, in Kölner Schrift zur Insolvenzordnung, Arbeitskreis für Insolvenz- und Schiedsgerichtswesen e.V. (Hrsg.), 2. Aufl., Berlin 2000, S. 95 (zitiert: Bearbeiter in Kölner Schrift)

Drygala, Tim, Der Gläubigerschutz bei der typischen Betriebsaufspaltung, Köln 1991

ders., Die Rechtsfolgen eigenkapitalersetzender Nutzungsüberlassung, BB 1992, 80

ders., Gibt es die eigenkapitalersetzende Finanzplan – Nutzungsüberlassung?, GmbHR 1996, 481

Düwell, Franz Josef, Änderungs- und Beendigungskündigung nach dem neuen Insolvenzrecht, in Kölner Schrift zur Insolvenzordnung, Arbeitskreis für Insolvenz- und Schiedsgerichtswesen e.V. (Hrsg.), 2. Aufl., Berlin 2000, S. 1433 (zitiert: Bearbeiter in Kölner Schrift)

Ebenroth, Carsten Thomas/Wilken, Oliver, Kapitalersatz und Betriebsaufspaltung, BB 1993, 305

ders.,/Boujong, Karlheinz/Joost, Detlev, (Hrsg.), Handelsgesetzbuch, Band 1 (§§ 1-342a), München 2001 (zitiert: Bearbeiter in Ebenroth/Boujong/Joost)

Eckert, Hans-Georg, Miete, Pacht und Leasing im neuen Insolvenzrecht, ZIP 1996, 897

ders., Leasingraten – Masseschulden oder Konkursforderungen?, ZIP 1997, 2077

Egner, Henning/Wolff, Gerhardt, Zur Unbrauchbarkeit des Überschuldungstatbestands als gläubigerschützendes Instrument, AG 1978, 99

Ehricke, Ulrich, Nutzungsüberlassung von Gegenständen an eine GmbH nach §32 a GmbHG – Bestandsaufnahme nach den Lagergrundstücksurteilen des BGH, WiB 1995, 889

ders., Insolvenzrechtliche Anfechtung gegen Insider, KTS 1996, 209

ders., Zur Begründbarkeit der Durchgriffshaftung in der GmbH, insbesondere aus methodischer Sicht, AcP 199 (1999), 257

Eichele, Hans, Die Reichweite des Kapitalerhaltungsgrundsatzes aus § 30 Abs. 1 GmbHG, die Finanzierungsverantwortung des Gesellschafters und das Eigenkapitalersatzrecht in der GmbH, Berlin 1999 (zitiert: Reichweite des Kapitalerhaltungsgrundsatzes)

Eidenmüller, Horst, Unternehmenssanierung zwischen Markt und Gesetz, Köln 1999

Elsing, Siegfried, Kommanditistenhaftung und Gläubigergefährdung bei der unterkapitalisierten Kommanditgesellschaft, GmbHR 1978, 103

Emde, Raimond, Buchbesprechung von v.Gerkan/Hommelhoff, Peter (Hrsg.), Handbuch des Kapitalersatzrechts, NJW 2001, 1705

Engel, Johanna, Miete, Kauf, Leasing, Bonn 1993

dies., Die Leasingerlasse als Grundlage der Leasingvertragsgestaltung, DStR 2000, 1478

Ernst, Astrid, Schuldrecht Besonderer Teil II, München 1999

Fabritius, Andreas, Die Überlassung von Anlagevermögen an die GmbH durch Gesellschafter, Heidelberg 1988 (zitiert: Überlassung von Anlagevermögen)

Fastrich, Lorenz, Ausfallsicherheiten als eigenkapitalersetzende Leistungen, NJW 1983, 260

ders., Ketzerisches zur sogenannten Finanzierungsverantwortung, in Festschrift für Wolfgang Zöllner zum 70. Geburtstag, Band I, Köln, Berlin, Bonn, München 1998, S. 143

Feddersen, Dieter, Die Rolle der Banken bei der Unternehmenssanierung, in Festschrift für Herbert Helmrich zum 60. Geburtstag, München 1994, S. 597

Felix, Günther/Heinemann, Peter/Korn, Klaus, Praxisrelevante Schwerpunkte zur Betriebsaufspaltung, in Kölner Steuerdialog, 1982, S. 4785 (zitiert: Bearbeiter, KÖSDI)

Feuerborn, Sabine, Rechtliche Probleme der Unternehmensfortführung durch den Sequester und den vorläufigen Insolvenzverwalter, KTS 1997, 171

Fink, Paul, Maßnahmen des Verwalters zur Finanzierung in der Unternehmensinsolvenz, Köln 1998

Fischer, Gero, Die Rechtsprechung des Bundesgerichtshofs zum Insolvenzrecht im Jahre 2000, NZI 2001, 281

Fleck, Hans-Joachim, Zur Haftung des GmbH-Geschäftsführers, GmbHR 1974, 224

ders., Das kapitalersetzende Bankdarlehen in der GmbH, in Festschrift für Winfried Werner zum 65. Geburtstag am 17. Oktober 1984, Berlin, New York 1984, S. 107

ders., Der Grundsatz der Kapitalerhaltung – seine Ausweitung und seine Grenzen, in Festschrift 100 Jahre GmbH-Gesetz, Köln 1992, S. 391

ders., Kurzkommentar zu BGH Urteil v. 19. 9. 1996 – IX ZR 249/95, EWiR 1996, 1087

Fleischer, Holger, Finanzplankredite und Eigenkapitalersatz im Gesellschaftsrecht, Köln, Berlin, Bonn, München 1995 (zitiert: Finanzplankredite)

ders., Covenants und Kapitalersatz, ZIP 1998, 313

Frankfurter Kommentar zur Insolvenzordnung Hrsg.: Wimmer, Klaus, 3. Aufl., Neuwied, Kriftel 2002 (zitiert: Bearbeiter in FK-InsO)

Frings, Arno, Kommentar zu BGH Urteil v. 29. 11. 1999 – II ZR 273/98, GmbHR 2000, 184

Früh, Andreas, Eigenkapitalersetzende Gesellschafterkredite, GmbHR 1999, 842

Früh, Hans-Joachim, Anforderungen an den Wirtschaftsprüfer im Vorfeld der Insolvenz, WPg 1995, 794

Gaiser, Anja, Die Freistellung geringfügig beteiligter Gesellschafter von der Ausfallhaftung nach § 24 GmbHG im Rahmen einer Kapitalerhöhung, GmbHR 1999, 210

Gehde, Björn, Eigenkapitalersetzende Gesellschafterleistungen in Deutschland und den USA, Berlin 1997 (zitiert: Eigenkapitalersetzende Gesellschafterleistungen)

Gehrlein, Markus, Kollision zwischen eigenkapitalersetzender Nutzungsüberlassung und Vollstreckungszugriff durch Gesellschafter-Gläubiger, NZG 1998, 845

ders., Anmerkung zu BGH Urteil 14. 3. 2005 – II ZR 129/03, BB 2005, 908

Geißler, Markus, Zukunft, Stillstand oder Geltungsverlust für die Durchgriffshaftung im Recht der GmbH?, GmbHR 1993, 71

ders., Rechtsfragen um die Eigenkapitalersatzfunktion des in der Krise belassenen Gesellschafterdarlehens, GmbHR 1994, 152

ders., Stationen der Rechtsentwicklung zur eigenkapitalersetzenden Gesellschafterbürgschaft, GmbHR 1996, 565

Gerhardt, Walter, Auskunftspflicht des Konkursverwalters gegenüber dem Gemeinschuldner?, ZIP 1980, 941

ders., Gereimtes und Ungereimtes im Anfechtungsrecht der neuen Insolvenzordnung, in Festschrift für Hans Erich Brandner, Köln 1996, S. 605

ders., Insolvenzrecht und Bürgerliches Gesetzbuch, AcP 200 (2000), 426

v.Gerkan, Hartwin, Schwerpunkte und Entwicklungen im Recht der kapitalersetzenden Gesellschafterleistungen, GmbHR 1986, 218

ders., Zum Stand der Rechtsprechungsentwicklung bei den kapitalersetzenden Gesellschafterleistungen, GmbHR 1990, 384

ders., Zur Umqualifizierung stehengelassener Gesellschafterkredite zu Eigenkapitalersatz, GmbHR 1996, 400

ders., Der Entwurf des »Kapitalaufnahmeerleichterungsgesetzes« und das Recht des Eigen- kapitalersatzes, GmbHR 1997, 677

ders., Das Recht des Eigenkapitalersatzes in der Diskussion, ZGR 1997, 173

ders., Aktuelle Schwerpunkte im Kapitalersatzrecht (Kurzstatement), in Hommelhoff, Peter/Röhricht, Peter (Hrsg.), Gesellschaftsrecht 1997 (RWS-Forum 10), Köln 1998, S. 181

ders., Kurzkommentar zu OLG Düsseldorf Urteil v. 10. 2. 1999 – 15 U 107/98, EWiR 1999, 409

ders., Eigenkapitalersatz, Kapitalmarkt und Wettbewerbsordnung, in Festschrift für Marcus Lutter zum 70. Geburtstag, Köln 2000, S. 1317

ders.,/Hommelhoff, Peter (Hrsg.), Handbuch des Kapitalersatzrechts, 2. Aufl., Köln 2002

Geßler, Ernst Zur Problematik bei kapitalersetzenden Gesellschafterdarlehen, ZIP 1981, 228

Goette, Wulf, Die Rechtsfolgen eigenkapitalersetzender Nutzungsüberlassung, DStR 1994, 1658

ders., Anmerkung zu BGH Urteil v. 7. 11. 1994 – II ZR 270/93, DStR 1994, 1905

ders., Anmerkung zu BGH Beschluss v. 9. 1. 1995 – II ZR 51/94, DStR 1995, 190

ders., Die höchstrichterliche Rechtsprechung zur Behandlung eigenkapitalersetzender Leistungen im GmbH-Recht, DStR 1997, 2027

ders., Der Stand der höchstrichterlichen Rechtsprechung zur Kapitalerhaltung und zum Rückgewährverbot im GmbH-Recht, DStR 1997, 1495

ders., Einige Aspekte des Eigenkapitalersatzrechts aus richterlicher Sicht, ZHR 162 (1998), 223

ders., Die Haftung des GmbH-Geschäftsführers in der Rechtsprechung des BGH, DStR 1998, 1308

ders., Anmerkung zu BGH Beschluss v. 1. 3. 1999 – II ZR 362/97, DStR 1999, 553

ders., Anmerkung zu BGH Urteil v. 16. 5. 2000 – VI ZR 90/99, DStR 2000, 1320

ders., Anmerkung zu BGH Urteil v. 26. 6. 2000 – II ZR 370/98, DStR 2000, 1403

ders., Anmerkung zu BGH Urteil v. 14. 11. 2000 – VI ZR 149/99, DStR 2001, 224

ders., Anmerkung zu BGH Urteil v. 18. 12. 2000 – II ZR 191/99, DStR 2001, 139
ders., Anmerkung zu BGH Urteil v. 8. 1. 2001 – II ZR 88/99, DStR 2001, 179
ders., Anmerkung zu BGH Urteil v. 14. 3. 2005 – II ZR 129/03, DStR 2005, 706
ders., Buchbesprechung von Gesetz betreffend die Gesellschaften mit beschränkter Haftung, NJW 2001, 3609
ders., Haftung des Geschäftsführers in der Krise und Insolvenz der GmbH, ZInsO 2001, 529
ders., Die GmbH, 2. Aufl., München 2002
Gottwald, Peter, (Hrsg.), Insolvenzrechts-Handbuch, 2. Aufl., München 2001
ders.,/Adolphsen, Jens, Die Rechtsstellung dinglich gesicherter Gläubiger in der Insolvenzordnung, in Kölner Schrift zur Insolvenzordnung, Arbeitskreis für Insolvenz- und Schiedsgerichtswesen e.V. (Hrsg.), 2. Aufl., Berlin 2000, S. 1043 (zitiert: Bearbeiter in Kölner Schrift)
Götz, Alexander/Hegerl, Hans-Jörg, Die Sanierungsfeindlichkeit des Eigenkapitalersatzrechts und die Sanierungsobjektgesellschaft als Ausweg, DB 1997, 2365
dies., Die Begründbarkeit des Sanierungsprivilegs in § 32a GmbHG und seine praktische Umsetzung, DB 2000, 1385
Graf v. Westphalen, Der Leasingvertrag, 5. Aufl., Köln 1998
Groß, Wolfgang, Eigenkapitalersetzende Gesellschafterdarlehen in der KG, BB 1991, 2386
Grunewald, Barbara, Plädoyer für eine Abschaffung der Rechtsregeln für eigenkapitalersetzende Gesellschafterdarlehen, GmbHR 1997, 7
dies., Die Finanzierungsverantwortung des Kommanditisten, in Festschrift für Bernhard Großfeld zum 65. Geburtstag, Heidelberg 1999, S. 319
dies., Sanierung durch Gesellschafterdarlehen – Die neue Regelung von § 32a Abs. 3 S. 3 GmbHG, in Festschrift für Gerold Bezzenberger zum 70. Geburtstag am 13. 3. 2000, Berlin, New York 2000, S. 85
dies., Die Verantwortlichkeit des gering beteiligten GmbH-Gesellschafters für Kapitalaufbringung und -erhaltung, in Festschrift für Marcus Lutter zum 70. Geburtstag, Köln 2000, S. 413
dies., Gesellschaftsrecht, 5. Aufl., Tübingen 2002
Gummert, Hans/Jasper, Ute, Kapitalersetzende Gebrauchsüberlassung, WiB 1994, 12
Haarmeyer, Hans/Wutzke, Wolfgang/Förster, Karsten, Handbuch zur Insolvenzordnung InsO/EGInsO, 3. Aufl., München 2001
Haas, Ulrich, Geschäftsführerhaftung und Gläubigerschutz, München 1997
ders., Eigenkapitalersetzende Gesellschafterdarlehen und Feststellung der Überschuldung oder Zahlungsunfähigkeit, NZI 1999, 209
ders., Die Eröffnungsgründe: Zahlungsunfähigkeit, drohende Zahlungsunfähigkeit, Überschuldung, in Henckel, Wolfram/Kreft, Gerhart (Hrsg.), Insolvenzrecht 1998 (RWS-Forum 14), Köln 1999, S. 1

ders., Anmerkung zu BAG Urteil v. 10. 2. 1999, 5 AZR 677/97, DStR 1999, 1668

ders., Fragen zum Adressatenkreis des Kapitalersatzrechts, DZWIR 1999, 177

ders., Anmerkung zu OLG Celle Urteil v. 14. 7. 1999 – 9 U 332/98, DStR 2000, 1484

ders., Anmerkung zu OLG Karlsruhe Urteil v. 29. 2. 2000 – 3 U 33/99, DStR 2000, 1529

ders., Der Normzweck des Eigenkapitalersatzrechts, NZI 2001, 1

ders., Aktuelle Rechtsprechung zum Kapitalersatz, NZI 2002, 457

ders., Die Gesellschafterhaftung wegen »Existenzvernichtung«, WM 2003, 1929

ders., Aktuelle Rechtsprechung zur Insolvenzantragspflicht des GmbH-Geschäftsführers nach § 64 Abs. 1 GmbHG, DStR 2003, 423

ders./Dittrich, Carola, Eigenkapitalersetzende Dienstleistungen?, DStR 2001, 623

ders.,/Prokop, Clemens, Der eingetragene nichtwirtschaftliche Verein und das Kapitalersatzrecht, in Festschrift für Volker Röhricht, 65. Geburtstag, Köln 2005, S. 1149

Habersack, Mathias, Der Finanzplankredit und das Recht der eigenkapitalersetzenden Gesellschafterhilfen, ZHR 161 (1997), 457

ders., Eigenkapitalersatz im Gesellschaftsrecht, ZHR 162 (1998), 201

ders., Grundfragen der freiwilligen oder erzwungenen Subordination von Gesellschafterkrediten, ZGR 2000, 384

ders.,/Mayer, Christian, Anmerkung zu BGH Urteil v. 8. 1. 2001 – II ZR 88/99, NZG 2001, 365

Hachenburg, Max, Gesetz betreffend die Gesellschaften mit beschränkter Haftung (GmbHG) Großkommentar, Erster Band Allgemeine Einleitung, §§ 1-34, 8. Aufl., Berlin/New York 1992 (zitiert: Hachenburg/Bearbeiter)

Häsemeyer, Ludwig, Die Gleichbehandlung der Konkursgläubiger, KTS 1982, 507

ders., Insolvenzrecht, 3. Aufl., Köln, Berlin, Bonn, München 2003

Hasselbach, Kai, Die Geltendmachung von Gesamtschadensansprüchen der Gläubiger durch den Insolvenzverwalter, DB 1996, 2213

Häuselmannn, Holger, Anmerkung zu BGH Urteil v. 14. 12. 1992 – II ZR 298/91, DZWir 1993, 164

ders.,/Rümker, Dietrich/Westermann, Harm Peter, Die Finanzierung der GmbH durch ihre Gesellschafter, Frankfurt a.M. 1992

Häuser, Franz, Rechte und Pflichten der Kreditinstitute bei der Sanierung von Unternehmen, in Schriftenreihe der Bankrechtlichen Vereinigung, Berlin 1995, 76

Heckschen, Heribert, Gestaltungsüberlegungen zur Beteiligungsgrenze beim Eigenkapitalersatz, in Riegger, Bodo/Schmidt, Karsten (Hrsg.), Gesellschaftsrecht 1999 (RWS-Forum 15), Köln 2000, S. 129

Heidelberger Kommentar zur Insolvenzordnung Hrsg.: Eickmann, Dieter/ Flessner, Axel/Irschlinger, Friedrich/Kirchhof, Hans-Peter/Kreft, Gerhart/ Landfermann, Hans-Georg/Marotzke, Wolfgang/Stephan, Guido, 3.Aufl., Heidelberg 2003 (zitiert: Bearbeiter in HK-InsO)

Heidinger, Andreas, Die neuen gesetzlichen Ausnahmen zum Kapitalersatzrecht – das Kleinbeteiligungs- und das Sanierungsprivileg, ZNotP 1999, 423

Heidinger, Markus, Betriebsaufspaltung und Eigenkapitalersatz durch Gebrauchs- oder Nutzungsüberlassung, in Festschrift für Gerald Heidinger zum 70. Geburtstag, Wien 1995, S. 235

Heinsius, Theodor, Probleme der Insolvenzvermeidung aus rechtsvergleichender Sicht, in Birk Rolf/Kreuzer Karl (Hrsg.), Das Unternehmen in der Krise, Frankfurt a.M. 1986

Helmreich, Kilian, Die Gewährung von Darlehen durch die GmbH in der Situation der Unterbilanz an ihre Gesellschafter nach der aktuellen Rechtsprechung des BGH, GmbHR 2004, 457

Henckel, Wolfram, Die Gläubigeranfechtung – ein taugliches Mittel zur Beseitigung von Verkürzungen der Konkursmasse?, ZIP 1982, 391

ders., Insolvenzanfechtung, in Kölner Schrift zur Insolvenzordnung, Arbeitskreis für Insolvenz- und Schiedsgerichtswesen e.V. (Hrsg.), 2. Aufl., Berlin 2000, S. 813 (zitiert: Bearbeiter in Kölner Schrift)

ders., Insolvenzgläubiger – Massegläubiger – Neugläubiger, in Aktuelle Probleme des neuen Insolvenzrechts, Arbeitskreis für Insolvenz- und Schiedsgerichtswesen e.V. (Hrsg.), Köln 2000, S. 97 (zitiert: Bearbeiter in Aktuelle Probleme des neuen Insolvenzrechts)

Henze, Hartwig, Handbuch zum GmbH-Recht, 2. Aufl., Köln 1997

Heymann, Ernst/Emmerich, Volker (Hrsg.), Handelsgesetzbuch, Band 2, §§ 105-237, Berlin, New York 1989 (zitiert: Heymann/Emmerich)

Hill, Norbert/Schäfer, Berthold, Das Stehenlassen von GmbH-Gesellschafterdarlehen bis zum Eintritt der Krise, BB 1989, 458

Hirte, Heribert, Aktuelle Schwerpunkte im Kapitalersatzrecht, in Hommelhoff Peter/Röhricht Volker (Hrsg.), Gesellschaftsrecht 1997 (RWS-Forum 10), Köln 1998, S. 145

ders., Das Kapitalersatzrecht nach Inkrafttreten der Reformgesetzgebung, ZInsO 1998, 147

ders., Nahestehende Personen (§ 138 InsO) – Klarheit oder Rückschritt, ZInsO 1999, 429

Hofmann, Paul, Zum »Durchgriffs«-Problem bei der unterkapitalisierten GmbH, NJW 1966, 1941

Hommelhoff, Peter, Eigenkapital- Ersatz im Konzern und in Beteiligungsverhältnissen, WM 1984, 1105

ders., Das Gesellschafterdarlehen als Beispiel institutioneller Rechtsfortbildung, ZGR 1988, 460 *ders.*, Der praktische Fall Handels- und Gesellschaftsrecht: Eigenkapitalersetzendes Gesellschafterdarlehen, JuS 1989, 643

ders.,/Kleindiek, Detlef, Flexible Finanzierungsinstrumente im GmbH-Recht, in Festschrift 100 Jahre GmbH-Gesetz, Köln 1992, S. 421

Hopt, Klaus J.,/Wiedemann, Herbert (Hrsg.), AktG Großkommentar
15. Lieferung: §§ 54-66, 4. Aufl., Berlin, New York 2001
11. Lieferung: §§ 92-94, 4. Aufl., Berlin, New York 1999
(alle zitiert: Bearbeiter in Großkomm AktG)

Huber, Michael, Neues Insolvenzrecht – Eine Einführung mit Fallbeispielen, JuS 1998, 437, 644, 744, 830

ders., Anfechtungsgesetz, 9. Aufl., München 2000

Huber, Ulrich, Gesellschafterkonten in der Personengesellschaft, ZGR 1988, 4

Hueck, Götz, Die Behandlung von Nutzungsüberlassungen im Rahmen einer Betriebsaufspaltung als Gesellschafterdarlehen?, ZGR 1989, 216

ders., Eigenkapitalersetzende Nutzungsüberlassung, in Festschrift für Walter Odersky zum 65. Geburtstag am 17. Juli 1996, Berlin, New York 1996, S. 823

Hüffer, Uwe, Aktiengesetz Kommentar, 6. Aufl., München 2004

Immenga, Ulrich, Die personalistische Kapitalgesellschaft, Bad Homburg v.d.H., 1970

Jaeger, Ernst (Begr.)/*Henckel, Wolfram* (Bearb.), Konkursordnung Großkommentar §§ 1-42 Register, 9. Aufl., Berlin, New York 1997 (zitiert: Jaeger/Bearbeiter)

ders., (Begr.)/*Henckel, Wolfram* und *Gerhardt, Walter* (Hrsg.), Insolvenzordnung Großkommentar §§ 1-55, Berlin 2004 (zitiert: Jaeger/Bearbeiter)

Janke, Günter, Interne Revision und Unternehmensinsolvenz, BuW 2000, 213

Jasper, Ute, Anmerkung zu BGH Urteil v. 19. 12. 1994 – II ZR 10/94, WiB 1995, 250

Jebens, Carsten/Wagner, Klaus, Die eigenkapitalersetzende Nutzungseinlage – Einschränkung der Risiken durch Vertragsgestaltung und Vertragsdurchführung, DB 1998, 2253

Jestaedt, Egbert, Die actio pro socio als Notbehelf bei Informationsverweigerung in der Zweipersonen-GmbH, GmbHR 1994, 442

Joost, Detlev, Grundlagen und Rechtsfolgen der Kapitalerhaltungsregeln in der GmbH, ZHR 148 (1984), 27

Junge, Werner, Die haftungsrechtlichen Risiken der Betriebsaufspaltung, in Festschrift für Franz Merz, Köln 1992, S. 241

Junker, Abbo, Das eigenkapitalersetzende Aktionärsdarlehen, ZHR 156 (1992), 394

Kallmeyer, Harald, Rechtsfolge der »Zwangsüberlassung« bei kapitalersetzender Nutzungsüberlassung verfassungsgemäß?, GmbHR 1995, R 41

ders., Eigenkapitalersetzende Nutzungsüberlassung im Insolvenzverfahren, GmbHR 1999, 59 *ders.*, Good will und Überschuldung nach neuem Insolvenzrecht, GmbHR 1999, 16

Kämpfer, Marcus, Die Stellung von Sanierungskrediten im Insolvenzrecht, Frankfurt am Main, Berlin, Bern, New York, Paris, Wien 1993

Kamprad, Balduin, Gesellschafterdarlehen an die GmbH und GmbH & Co., 2. Aufl., Köln 1980 (zitiert: Gesellschafterdarlehen)

ders., Die Rechtsentwicklung kapitalersetzender Gesellschafterdarlehen seit dem Inkrafttreten der GmbH-Novelle am 1. 1. 1981, GmbHR 1984, 339

Karollus, Martin, Drittkredit, Gesellschaftersicherheit und Kapitalersatzrecht, RdW 1996, 4

ders., Zur geplanten Reform des Kapitalersatzrechts, ZIP 1996, 1893

Keil, Tilo, Anmerkung zu BGH Urteil v. 29. 11. 1999 – II ZR 273/89, DZWIR 2000, 202

Kessler, Jürgen, Zivilrechtliche Haftungsrisiken der Betriebsaufspaltung, GmbHR 1993, 541

Ketzer, Axel, Eigenkapitalersetzende Aktionärsdarlehen, Köln, Berlin, Bonn, München 1989

Kilger, Joachim/Schmidt, Karsten, Insolvenzgesetze: KO/VglO/GesO, 17. Aufl. München 1997

Kirchhof, Hans-Peter, Leitfaden zum Insolvenzrecht, Herne, Berlin 1999

ders., Verschärfungen und Milderungen im neuen Anfechtungsrecht, in Henckel, Wolfram/Kreft, Gerhart (Hrsg.), Insolvenzrecht 1998 (RWS-Forum 14), Köln 1999, S. 143

ders., Die Zahlungseinstellung nach § 17 Abs. 2 Satz 2 InsO, in Kölner Schrift zur Insolvenzordnung, Arbeitskreis für Insolvenz- und Schiedsgerichtswesen e.V. (Hrsg.), 2. Aufl., Berlin 2000, S. 285 (zitiert: Bearbeiter in Kölner Schrift)

ders., Die neue Rechtsprechung des BGH in Insolvenzsachen- insbesondere zu Anfechtungsfragen gegenüber Gesellschaftern und nahen Angehörigen i.S.d. § 138 InsO, ZInsO 2001, 825

Klasmeyer, Bernd/Kübler, Bruno, Buchführungs-, Bilanzierungs- und Steuererklärungspflichten des Konkursverwalters sowie Sanktionen im Falle ihrer Verletzung, BB 1978, 369

ders., Anmerkung zu BFH Urteil v. 21. 6. 1979 – IV R 131/74, ZIP 1980, 54

Klaus, Hans, Die kapitalersetzende Nutzungsüberlassung aus ökonomischer Sicht (Teil I), DStR 1994, 1059

ders., Die kapitalersetzende Nutzungsüberlassung aus ökonomischer Sicht (Teil II), DStR 1994, 1097

Kleindiek, Detlef, Eigenkapitalersatz und gesetzestypische Personengesellschaften, in Festschrift für Marcus Lutter zum 70. Geburtstag, Köln 2000, S. 871

Klingberg, Dietgard, Mitarbeitende Kommanditisten im Gesellschaftsrecht, Köln 1990 (zitiert: Mitarbeitende Kommanditisten)

Knobbe-Keuk, Brigitte, Die Verpachtung von Anlagevermögen des Gesellschafters an die GmbH und § 32a GmbH-Gesetz, BB 1984, 1

dies., Die Verpachtung von Anlagevermögen und § 32a GmbHG, in Festschrift für Alfred Kellermann zum 70. Geburtstag am 29. November 1990, Berlin, New York, 1991, S. 227

dies., Eigenkapitalersetzende Gebrauchsüberlassung bei Begründung der Betriebsaufspaltung?, DStR 1992, 823

Koch, Sabine, Eigenkapitalleistungen und eigenkapitalersetzende Leistungen des Kommanditisten in der gesetzestypischen Kommanditgesellschaft, Frankfurt am Main, Berlin, Bern, New York, Paris, Wien 1992 (zitiert: Eigenkapitalleistungen)

Koller, Ingo, Sicherung des Eigenkapitals bei der gesetzestypischen Kommanditgesellschaft, in Festschrift Theodor Heinsisus, zum 65. Geburtstag am 25. September 1991, Berlin, New York 1991, S. 357

Kollhosser, Helmut, Kredite als Eigenkapitalersatz bei stillen Kapitalbeteiligungen?, WM 1985, 929

Köndgen, Johannes, Financial Covenants – »Symbiotische« Finanzierungsverträge im Spannungsfeld von Vertrags-, Gesellschafts- und Insolvenzrecht, in Prütting (Hrsg.), Insolvenzrecht 1996, Köln 1997, S. 127

Koppensteiner, Hans- Georg, Kritik des »Eigenkapitalersatzrechts«, WBl 1997, 489

Kort, Michael, Das Verhältnis von Auszahlungsverbot (§ 30 Abs. 1 GmbHG) und Erstattungspflicht (§ 31 GmbHG), ZGR 2001, 615

Kreft, Gerhart, Die Rechtsprechung des Bundesgerichtshofs zur InsO, in Henckel Wolfram/Kreft Gerhart (Hrsg.), Insolvenzrecht 1998 (RWS-Forum 14), Köln 1999, S. 305

Kreuzer, Karl, Die allgemeinen Gläubigerschutzbestimmungen der GmbH-Novelle, ZIP 1980, 597

Kübler, Bruno M., Die Konkursverschleppungshaftung des GmbH-Geschäftsführers nach der »Wende« des Bundesgerichtshofes – Bedeutung für die Praxis, ZGR 1995, 481

Kübler, Bruno/Prütting, Hanns (Hrsg.), InsO Kommentar zur Insolvenzordnung, 19. Lfg., Köln 2004

Kübler, Bruno/Prütting, Hanns (Hrsg.)*/Noack, Ulrich,* InsO, Gesellschaftsrecht, Sonderband 1, Köln 1999 (zitiert: Kübler/Prütting/Noack)

Kübler, Friedrich, Die Autorität der Sachnähe Beobachtungen zum Verhältnis von Richter und Gesetz am Beispiel des kapitalersetzenden Gesellschafterdarlehens, in Festschrift für Walter Stimpel zum 68. Geburtstag am 29. November 1985, Berlin, New York 1985, S. 3

ders., Gesellschaftsrecht, 5. Aufl., Heidelberg 1998

Kuhn, Georg, Die Rechtsprechung des BGH zur GmbH, WM 1978, 598

Kurth, Thomas/Delhaes, Wolfgang, Entsperrung kapitalersetzender Darlehen, DB 2000, 2577

Larenz, Karl/Canaris, Claus-Wilhelm, Lehrbuch des Schuldrechts Band II/2 Besonderer Teil, 13. Aufl., München 1994

Lösler, Thomas, Eigenkapitalersetzende Gesellschafterleistungen im Recht der GmbH, NotBZ 2000, 139

ders., Gesellschafterdarlehen in der AG am Beispiel der Philipp-Holzmann AG, NJW 2000, 564

Lütcke, Jens, Kommentar zu ArbG München Urteil v. 17. 11. 2000 – 3 Ca 7119/00, GmbHR 2001, 295

Lutter, Marcus, Kapital, Sicherung der Kapitalaufbringung und Kapitalerhaltung in den Aktien- und GmbH-Rechten der EWG, Karlsruhe 1964

ders.,/Hommelhoff, Peter, Nachrangiges Haftkapital und Unterkapitalisierung in der GmbH, ZGR 1979, 31

Lutter, Marcus/Hommelhoff, Peter/Timm, Wolfram, Finanzierungsmaßnahmen zur Krisenabwehr in der Aktiengesellschaft, BB 1980, 737

ders., Die GmbH-Novelle und ihre Bedeutung für die GmbH, die GmbH & Co. KG und die Aktiengesellschaft, DB 1980, 1317

ders., Zum Informationsrecht des Gesellschafters nach neuem GmbH-Recht, ZGR 1982, 1

ders., Neues zum Gesellschafterdarlehen?, ZIP 1989, 477

ders.,/Hommelhoff, Peter, GmbH-Gesetz Kommentar, 16. Aufl., Köln 2004

Maier-Reimer, Georg, Kreditsicherung und Kapitalersatz in der GmbH, in Festschrift für Heinz Rowedder zum 75. Geburtstag, München 1994, S. 245

Marotzke, Wolfgang/Kick, Sabine, Anmerkung zu BGH Urteil v. 30. 9. 1993 – IX ZR 227/92, JR 1995, 106

ders., Gegenseitige Verträge im neuen Insolvenzrecht, 2. Aufl., Neuwied, Kriftel, Berlin 1998 (zitiert: Bearbeiter, Gegenseitige Verträge)

Martens, Klaus-Peter, Die Anzeigepflicht des Verlustes des Garantiekapitals nach dem AktG und dem GmbHG, ZGR 1972, 254

Martinek, Michael, Moderne Vertragstypen Band I, Leasing und Factoring, München 1991

Maser, Peter, Gesellschafterdarlehen in der Krise der GmbH, ZIP 1995, 1319

Maser, Peter/Sommer, Alexander, Persönliche Haftung des GmbH-Geschäftsführers in der Insolvenz der Gesellschaft, BB 1996, 65

Mayer, Dieter, Der Einfluß der Rechtsprechung des BGH zur kapitalersetzenden Nutzungsüberlassung auf die Betriebsaufspaltung, DStR 1993, 206

ders., Die Pflichten des GmbH-Gesellschafters/Geschäftsführers im Vorfeld der Insolvenz (Teil I), WPg 1994, 129

Menzel, Hans-Jürgen, Die Bedeutung der BGH-Rechtsprechung zu den Gesellschafterdarlehen für die Unternehmenssanierung, AG 1982, 201

Meyer-Landrut, Joachim/Miller, Georg/Niehus, Rudolf J. (Hrsg.), Gesetz betreffend die Gesellschaften mit beschränkter Haftung (GmbHG), Berlin, New York 1987

Michalski, Lutz, (Hrsg.), Kommentar zum Gesetz betreffend die Gesellschaften mit beschränkter Haftung (GmbH-Gesetz), Band I, §§ 1-34, München 2002 (zitiert: Michalski/Bearbeiter)

ders.,/de Vries, Kolja, Eigenkapitalersatz, Unterkapitalisierung und Finanzplankredite, NZG 1999, 181

Michel, Sabine, Eigenkapitalersetzende Gesellschafterleistungen bei GmbH & Co. KG und KG, Pfaffenweiler 1992 (zitiert: Eigenkapitalersetzende Gesellschafterleistungen)

Monhemius, Jürgen, Haftungsrisiken des GmbH- Gesellschafters, JA 1997, 241

Müller, Hans-Peter/Haas, Ulrich, Bilanzierungsprobleme bei der Erstellung eines Überschuldungsstatus nach § 19 Abs. 2 InsO, in Kölner Schrift zur Insolvenzordnung, Arbeitskreis für Insolvenz- und Schiedsgerichtswesen e.V. (Hrsg.), 2. Aufl., Berlin 2000, S. 1799 (zitiert: Bearbeiter in Kölner Schrift)

Müller, Klaus J., Ausfallhaftung nach § 31 Abs. 3 GmbHG bei Rückgewähr eigenkapitalersetzender Leistungen, DB 1998, 1117

ders., Kommentar zu BGH Urteil v. 21. 6. 1999 – II ZR 47/98, GmbHR 1999, 923

Müller, Welf, Der Verlust der Hälfte des Grund- oder Stammkapitals, ZGR 1985, 191

Münchener Handbuch des Gesellschaftsrechts,
Band 2 Kommanditgesellschaft Stille Gesellschaft, Riegger, Bodo/Weipert, Lutz (Hrsg.), München 1991 (zitiert: Münch. Hdb. GesR II/Bearbeiter)
Band 3 Gesellschaft mit beschränkter Haftung, Priester, Hans-Joachim/ Mayer, Dieter (Hrsg.), 2. Aufl., München 2003 (zitiert: Münch. Hdb. GesR III/Bearbeiter)

Münchener Kommentar zum Bürgerlichen Gesetzbuch,
Band 2a Schuldrecht Allgemeiner Teil (§§ 241-432), Rebmann, Kurt/Säcker, Franz Jürgen/Rixecker, Roland (Hrsg.), 4. Aufl. München 2003
Band 3 Schuldrecht Besonderer Teil I (§§ 433-610), Finanzierungsleasing, HeizkostenV, BetriebskostenV, CISG, Rebmann, Kurt/Säcker, Franz Jürgen/ Rixecker, Roland (Hrsg.), 4. Aufl., München 2004
(alle zitiert: MünchKomm-Bearbeiter)

Münchener Kommentar zur Insolvenzordnung,
Band 1 (§§ 1-102 InsO InsVV), Kirchhof, Hans-Peter/Lwowski, Hans-Jürgen/Stürner, Rolf (Hrsg.), München 2001 (zitiert: MünchKommInsO-Bearbeiter)
Band 2 (§§ 103-269), Kirchhof, Hans-Peter/Lwowski, Hans-Jürgen/Stürner, Rolf (Hrsg.), München 2002 (zitiert: MünchKommInsO-Bearbeiter)

Münchener Kommentar zur Zivilprozeßordnung
Band 1 (§§ 1-354), Lüke, Gerhard/Wax, Peter (Hrsg.), 2. Aufl., München 2000 (zitiert: MünchKomm-Bearbeiter)

Mundry, Thomas, Darlehen und stille Einlagen im Recht der Kommanditgesellschaft, Köln 1992 (zitiert: Darlehen und stille Einlagen)

Nerlich, Jörg/Römermann, Volker, (Hrsg.), Insolvenzordnung (InsO) Kommentar, Stand: März 2004, München 2004

Neuhof, Rudolf, Sanierungsrisiken der Banken: Die Sanierungsphase, NJW 1999, 20

Neumann, Horst, Unternehmensinsolvenz, Insolvenzplan und Insolvenzrechnungslegung auf der Grundlage des neuen Insolvenzrechts (II), BuW 2000, 1

Niesert, Burkhard, Das Recht der Aus- und Absonderung nach der neuen Insolvenzordnung, InVo 1998, 85

Noack, Ulrich, Kapitalersatz bei verbundenen Unternehmen, GmbHR 1996, 153

ders., Kapitalersatz nach geltendem und künftigem Recht, in Prütting, Hanns (Hrsg.), Insolvenzrecht 1996 (RWS-Forum 9), Köln 1997, S. 195

ders., Neues Insolvenzrecht – neues Kapitalersatzrecht?, in Festschrift für Carsten Peter Claussen, Köln, Berlin, Bonn, München 1997, S. 307

Nowotny, Christian, Verlust des halben Stammkapitals, in Festschrift für Semler, Berlin, New York 1993, S. 231

Obermüller, Manfred, Patronatserklärungen und kapitalersetzende Darlehen, ZIP 1982, 915

ders., Änderungen des Rechts der kapitalersetzenden Darlehen durch KonTraG und KapAEG, ZInsO 1998, 51

ders., Insolvenzrecht in der Bankpraxis, 6. Aufl., Köln 2002

Oepen, Klaus, Eigenkapitalersatz bei Stiftungen, NZG 2001, 209

Oppenhoff, Walter, Ausfallhaftung bei Rückzahlung kapitalersetzender Gesellschafterdarlehen, in Festschrift für Ernst C. Stiefel, München 1987, S. 551

Oppenländer, Frank, Eigenkapitalersatz durch Gebrauchs- oder Nutzungsüberlassung an die GmbH, DStR 1993, 1523

ders., Die Finanzplanüberlassung – eine Herausforderung für die Beraterpraxis, GmbHR 1998, 505

Palandt, Otto, Bürgerliches Gesetzbuch – Kommentar, 64. Aufl., München 2005 (Palandt-Bearbeiter)

Pape, Gerhard, Anmerkung zu BGH Urteil v. 18. 12. 1995 – II ZR 277/94, WiB 1996, 384

ders./Voigt, Joachim, Einladung zur Umgehung der Eigenkapitalersatzregeln?, DB 1996, 2113

ders., Die Umqualifizierung stehengelassener Gesellschafterbürgschaften in Eigenkapitalersatz, ZIP 1996, 1409

ders., Ablehnung und Erfüllung schwebender Rechtsgeschäfte durch den Insolvenzverwalter, in Kölner Schrift zur Insolvenzordnung, Arbeitskreis für Insolvenz- und Schiedsgerichtswesen e.V. (Hrsg.), 2. Aufl., Berlin 2000, S. 531 (zitiert: Bearbeiter in Kölner Schrift)

ders., Entwicklung des Regelinsolvenzverfahrens im Jahre 2001, NJW 2002, 1165

Paulus, Christoph G., Ein Spannungsfeld in der Praxis: Sanierung und Insolvenzanfechtung, BB 2001, 425 *ders.*, Änderungen des deutschen Insolvenzrechts durch die Europäische Insolvenzordnung, ZIP 2002, 729

Pentz, Andreas, Zur Anwendbarkeit der GmbH-Eigenkapitalersatzregeln auf Leistungen geringfügig beteiligter Gesellschafter, BB 1997, 1265

ders., Die Änderungen und Ergänzungen der Kapitalersatzregeln im GmbH-Gesetz, GmbHR 1999, 437

ders., Zwischenbilanz zu Kleinbeteiligtenschwelle und Sanierungsprivileg, GmbHR 2004, 529

Penzlin, Dietmar, Kritische Anmerkungen zu den Insolvenzeröffnungsgründen der drohenden Zahlungsunfähigkeit und der Überschuldung (§§ 18 und 19 InsO), NZG 2000, 464

Peters, Frank, Leasingvertrag und Abzahlungsgesetz, NJW 1985, 1498

Peters, Klaus, Die verfahrensrechtliche Stellung des Kreditgebers im Falle gesellschafterbesicherter qualifizierter Darlehen (§ 32a Abs. 2 GmbHG), ZIP 1987, 621

Pichler, Jens, Unternehmenssanierung auf Grundlage des geänderten § 32a GmbHG, WM 1999, 411

Pink, Andreas, Rechnungslegungspflichten in der Insolvenz der Kapitalgesellschaft, ZIP 1997, 177

Priester, Hans-Joachim, Die Erhöhung des Stammkapitals mit kapitalersetzenden Gesellschafterdarlehen, in Festschrift für Georg Döllerer, Düsseldorf 1988, S. 475

ders., Gebrauchsüberlassungsverträge im Kapitalersatzrecht, in Priester, Hans-Joachim/Timm, Wolfram (Hrsg.), Abschied von der Betriebsaufspaltung? (RWS-Forum 5), Köln 1990, S. 1

ders., Sind eigenkapitalersetzende Gesellschafterdarlehen Eigenkapital?, DB 1991, 1917

ders., Eigenkapitalersetzende Finanzierung durch Quasigesellschafter, in Festschrift für Herbert Helmrich zum 60. Geburtstag, München 1994, S. 721

ders., Verlustanzeige und Eigenkapitalersatz, ZGR 1999, 533

Prütting, Hanns, Allgemeine Verfahrensgrundsätze der Insolvenzordnung, in Kölner Schrift zur Insolvenzordnung, Arbeitskreis für Insolvenz- und Schiedsgerichtswesen e.V. (Hrsg.), 2. Aufl., Berlin 2000, S. 221 (zitiert: Bearbeiter in Kölner Schrift)

Raiser, Thomas, Konzernhaftung und Unterkapitalisierungshaftung, ZGR 1995, 156

ders., Recht der Kapitalgesellschaften, 3. Aufl., München 2001

Real, Gustav K.L., Betriebsaufspaltung ade?, GmbHR 1994, 777

Reeb, Hartmut, Recht der Kreditfinanzierung, München, Wien 1994

Reiff, Peter/Arnold, Arnd, Unbeschränkte Konkursverschleppungshaftung des Geschäftsführers einer GmbH auch gegenüber gesetzlichen Neugläubigern?, ZIP 1998, 1893

Reiner, Günter, Der deliktische Charakter der »Finanzierungsverantwortung« des Gesellschafters: Zu den Ungereimtheiten der Lehre vom Eigenkapitalersatz, in Festschrift für Karlheinz Boujong zum 65. Geburtstag, München 1996, S. 415

Reinicke, Dietrich/Tiedtke, Klaus, Kaufrecht, 6. Aufl., Neuwied, Kriftel, Berlin 1997

Reusch, Peter, Eigenkapital und Eigenkapitalersatz im Rahmen der stillen Gesellschaft, BB 1989, 2358

RGRK, Das Bürgerliche Gesetzbuch Kommentar, Band II, 2.Teil §§ 414-610, 12. Aufl., Berlin, New York 1978 (zitiert: RGRK-Bearbeiter)

Riegger, Bodo, Die Begrenzung der Finanzierungsfolgenverantwortung in § 32a Abs. 3 Satz 2 GmbHG, in Festschrift für Walter Sigle zum 70. Geburtstag, Köln 2000, S. 229

Rimmelspacher, Bruno, Kreditsicherungsrecht, 2. Aufl., München 1987

Robrecht, Friedrich H., Der Informationsanspruch des GmbH-Gesellschafters nach der Eröffnung des Insolvenzverfahrens, GmbHR 2002, 692

Rödl, Helmut/Winkels, Alexander, Kreditmanagement in der Unternehmenspraxis, Stuttgart 1983

Röhricht, Volker, Die Rechtsprechungs-Regeln zum Eigenkapitalersatz bei GmbH und GmbH & Co. KG, in Steuerberater-Jahrbuch 1991/92, Köln 1992, S. 313 (zitiert: Röhricht, StbJb. 1991/92)

ders.,/Graf von Westphalen, Friedrich, (Hrsg.), Handelsgesetzbuch, 2. Aufl., Köln 2001 (zitiert: Bearbeiter in Röhricht/Graf von Westphalen)

Roth, Günter H., Zur »economic analysis« der beschränkten Haftung, ZGR 1986, 371

ders., Unterkapitalisierung und persönliche Haftung, ZGR 1993, 170

ders.,/Altmeppen, Holger, GmbHG Kommentar, 4. Aufl., München 2003

Rowedder, Heinz, Gesetz betreffend die Gesellschaften mit beschränkter Haftung (GmbHG) Kommentar, 4. Aufl., München 2002

Rümker, Dietrich, Bankkredite als kapitalersetzende Gesellschafterdarlehen unter besonderer Berücksichtigung der Sanierungssituation, ZIP 1982, 1385

ders., Formen kapitalersetzender Gesellschafterdarlehen in der Bankpraxis, in Festschrift für Walter Stimpel zum 68. Geburtstag am 29. November 1985, Berlin, New York 1985, S. 673

ders., Überlegungen zur gesellschaftlichen Finanzierungsverantwortung – Korreferat –, ZGR 1988, 504

Rümker, Dietrich/Denicke, Sybil, Offene Rechtsfragen des sogenannten Sanierungsprivilegs nach § 32a Abs. 3 S. 3 GmbHG, in Festschrift für Marcus Lutter zum 70. Geburtstag, Köln 2000, S. 665

Schanze, Erich/Kern, Hans-Günther, Sanierungsversuch und Konzernhaftung, AG 1991, 421

Schaub, Bernhard, Die GmbH in der Krise – Kriterien für die Feststellung von Zahlungsunfähigkeit, Überschuldung und Kreditunwürdigkeit, DStR 1993, 1483

Schiessler, Wolfram, Der Insolvenzplan, Bielefeld 1997

Schlegelberger, Franz, Handelsgesetzbuch Kommentar, Band III/2. Halbband §§ 335-342 (§§ 230-237 n.F.), 5. Aufl., München 1986

Schlitt, Michael, Anmerkung zu BGH Urteil v. 21. 6. 1999 – II ZR 70/98, NZG 1999, 940 f

Schmidt, Karsten, Anmerkung zu BGH Urteil v. 27. 9. 1976 – II ZR 162/75, NJW 1977, 107

ders., Konkursgründe und präventiver Gläubigerschutz, AG 1978, 334

ders., Organverantwortlichkeit und Sanierung im Insolvenzrecht der Unternehmen, ZIP 1980, 328

ders., Vom Konkursrecht der Gesellschaften zum Insolvenzrecht der Unternehmen, ZIP 1980, 233

ders., Möglichkeiten der Sanierung von Unternehmen durch Maßnahmen im Unternehmens-, Arbeits-, Sozial- und Insolvenzrecht, Gutachten für den 54. Deutschen Juristentag, München 1982

ders., Das Insolvenzrisiko der Banken zwischen ökonomischer Vernunft und Rechtssicherheit, WM 1983, 490

ders., Kapitalersetzende Bankenkredite?, ZHR 147 (1983), 165

ders., Insolvenzrisiko und gesellschaftsrechtliche Haftung, JZ 1985, 301

ders., Das Insolvenzverfahren neuer Art – Kernprobleme der Insolvenzrechtsreform nach dem Kommissionsbericht – , ZGR 1986, 178

ders., Kapitalersetzende Kommanditistendarlehen, GmbHR 1986, 337

ders., Quasi-Eigenkapital als haftungsrechtliches und als bilanzrechtliches Problem, in Festschrift zum 65. Geburtstag von Reinhard Goerdeler, Düsseldorf 1987, S. 487

ders., § 32a GmbHG: ein Allheilmittel gegen unerwünschten Eigenkapitalersatz?, ZIP 1990, 69

ders., Wege zum Insolvenzrecht der Unternehmen, Köln 1990

ders., Eigenkapitalersatz bei unbeschränkter Haftung, ZIP 1991, 1

ders., Die eigenkapitalersetzende Kreditsicherheit zwischen Gesellschafts- und Konkursrecht, DB 1993, 1505

ders., Nutzungsüberlassung, Eigenkapitalersatz und materielle Unterkapitalisierung, ZIP 1993, 161

ders., Summenmäßige Begrenzung der Ausfallhaftung nach § 31 Abs. 3 GmbHG, BB 1995, 529

ders., Zwerganteile im GmbH- Kapitalersatzrecht, ZIP 1996, 1586

ders., Insolvenzordnung und Gesellschaftsrecht, ZGR 1998, 633

ders., Eigenkapitalersatz und Überschuldungsfeststellung, GmbHR 1999, 9 *ders.*, Finanzplanfinanzierung, Rangrücktritt und Eigenkapitalersatz, ZIP 1999, 1241

ders., Kapitalersatz und kein Ende, in Henckel Wolfram/Kreft Gerhart (Hrsg.), Insolvenzrecht 1998 (RWS-Forum 14), Köln 1999, S. 287

ders., Die Rechtsfolgen der »eigenkapitalersetzenden Sicherheiten«, ZIP 1999, 1821

ders., Insolvenzordnung und Unternehmensrecht – Was bringt die Reform?, in Kölner Schrift zur Insolvenzordnung, Arbeitskreis für Insolvenz- und Schiedsgerichtswesen e.V. (Hrsg.), 2. Aufl., Berlin 2000, S. 1199 (zitiert: Bearbeiter in Kölner Schrift)

ders., »Altlasten in der Insolvenz« – unendliche Geschichte oder ausgeschriebenes Drama?, ZIP 2000, 1913

ders.,/Bitter, Georg, Doppelberücksichtigung, Ausfallprinzip und Gesellschafterhaftung in der Insolvenz, ZIP 2000, 1077

ders., Gesellschaftsrecht, 4. Aufl., Köln, Berlin, Bonn, München 2002

ders.,/Uhlenbruck, Wilhelm (Hrsg.), Die GmbH in Krise, Sanierung und Insolvenz, 3. Aufl., Köln 2003

ders., Entwicklungen im Recht der Unternehmensinsolvenz, in Breitenbücher, Bettina E./Ehricke, Ulrich (Hrsg.), Insolvenzrecht 2003 (RWS-Forum 24), Köln 2003, S. 19

ders., Vom Eigenkapitalersatz in der Krise zur Krise des Eigenkapitalersatzrechts?, GmbHR 2005, 797

Schmidt, Reinhard H., Asymmetrische Information und Gläubigerverfügungsrechte in der Insolvenz, ZfB (1984), 717

Scholz, Franz, Kommentar zum GmbH-Gesetz mit Anhang Konzernrecht, I. Band §§ 1-44 Anh. Konzernrecht, 9. Aufl., Köln 2000

ders., Kommentar zum GmbH-Gesetz mit Nebengesetzen und dem Anhang Konzernrecht, II. Band §§ 45-85, 9. Aufl., Köln 2002
(jeweils zitiert: Scholz/Bearbeiter)

Schröter, Jürgen/Weber, Ahrend, Sanierungsverfahren aus der Sicht der Banken, ZIP 1982, 1023

Schulze-Osterloh, Joachim, Gläubiger- und Minderheitenschutz bei der steuerlichen Betriebsaufspaltung, ZGR 1983, 123

ders., § 64 Abs. 1 GmbHG als Schutzgesetz i.S.d. § 823 Abs. 2 BGB, in Festschrift für Marcus Lutter zum 70. Geburtstag, Köln 2000, S. 707

Schüppen, Matthias, Aktuelle Fragen der Konkursverschleppung durch den GmbH-Geschäftsführer, DB 1994, 197

Schwark, Eberhard, Anmerkung zu BGH Urteil v. 26. 3. 1984 – II ZR 171/83, JZ 1984, 1036

Schwintowski, Hans-Peter/Dannischewski, Johannes, Eigenkapitalersetzende Darlehen durch den gesellschaftergleichen Dritten nach § 32a Abs. 3 GmbHG, ZIP 2005, 840

Seibert, Ulrich, Einschränkung des Kapitalersatzrechts bei nichtunternehmerischer Beteiligung- zum Entwurf eines Kapitalaufnahmeerleichterungsgesetzes, DStR 1997, 35

ders., Der Bundestag greift in die Diskussion zum Eigenkapitalersatz ein, GmbHR 1998, 309

Sieker, Susanne, Eigenkapital und Fremdkapital der Personengesellschaft, Köln 1991

Smid, Stefan, Grundzüge des neuen Insolvenzrechts, 3. Aufl., München 1999

ders., (Hrsg.), Insolvenzordnung, 2. Aufl., Stuttgart 2001 (zitiert: Smid/Bearbeiter)

Sonnenberger, Hans-Jürgen, Das Darlehen des GmbH-Gesellschafters als Mittel der Gesellschaftsfinanzierung, NJW 1969, 2033

Spiegelberger, Sebastian, Kapitalersetzende Nutzungsüberlassung?, DStR 1991, 468

Staub, HGB Großkommentar, siehe unter Canaris Claus Wilhelm

Staudinger J., Kommentar zum Bürgerlichen Gesetzbuch mit Einführungsgesetzen und Nebengesetzen Zweites Buch, Recht der Schuldverhältnisse (§§ 581-597) Landpacht (§§ 598-610), 12. Aufl., Berlin 1989

ders., Kommentar zum Bürgerlichen Gesetzbuch mit Einführungsgesetz und Nebengesetzen, Zweites Buch, Recht der Schuldverhältnisse, (§§ 620-630), 13. Aufl., Berlin 1995
(alle zitiert: Staudinger-Bearbeiter)

Steinbeck, Anja Verena, Obligatorische Nutzungsüberlassung als Sacheinlage und Kapitalersatz, ZGR 1996, 116

Stimpel, Walter, Zum Auszahlungsverbot des § 30 Abs. 1 GmbHG, in Festschrift 100 Jahre GmbH-Gesetz, Köln 1992, S. 335

Suchan, Stefan Wilhelm, Auswirkungen eigenkapitalersetzender Sachwertüberlassungen auf Grundpfandgläubiger des Gesellschafters, Heidelberg 1998 (zitiert: Kapitalersetzende Sachwertüberlassungen)

Sundermeier, Bernd/Wilhelm, Andreas, Die eigenkapitalersetzende Gebrauchsüberlassung – Nutzungsüberlassung in der Krise?, DStR 1997, 1454

Tacke, Helmut R., Leasing, 2. Aufl., Stuttgart 1993

Temme, Ulrich, Die Eröffnungsgründe der Insolvenzordnung, Münster 1997 (zitiert: Eröffnungsgründe)

Thießen, Friedrich, Covenants in Kreditverträgen: Alternative oder Ergänzung zum Insolvenzrecht?, ZBB 1996, 19

Tillmann, Tobias/Tillmann, Oliver, Das Kleinbeteiligungsprivileg – zur Problematik der atypischen Rechtsstellung der Gesellschafter, GmbHR 2003, 324

Timm, Wolfram, Grundfälle zu den eigenkapitalersetzenden Gesellschafterleistungen, JuS 1991, 652, 738

Tintelnot, Albrecht, Die gegenseitigen Verträge im neuen Insolvenzverfahren, ZIP 1995, 616

Treffer, Christian, Eigenkapitalersetzende Dienstleistungen eines GmbH-Gesellschafters, GmbHR 2002, 22

Uhlenbruck, Wilhelm, (Hrsg.), Insolvenzordnung Kommentar, 12. Aufl., München 2003 (zitiert: Uhlenbruck/Bearbeiter)

ders., Privilegierung statt Diskriminierung von Sanierungskrediten de lege lata und als Problem der Insolvenzrechtsreform, GmbHR 1982, 141

ders., Insolvenzrechtliche Insiderregeln, GmbHR 1986, 109

ders., Haftungstatbestände bei Konkursverursachung und -verschleppung, DStR 1991, 351

ders., Rechte und Pflichten des GmbH-Geschäftsführers in der Unternehmenskrise unter besonderer Berücksichtigung der Insolvenzrechtsreform – Teil I, WiB 1996, 409

ders., Rechte und Pflichten des GmbH-Geschäftsführers in der Unternehmenskrise unter besonderer Berücksichtigung der Insolvenzrechtsreform – Teil II, WiB 1996, 466

ders., Die Insolvenzgründe (Verfahrensauslöser) nach der Insolvenzordnung – Drohende und eingetretene Zahlungsunfähigkeit sowie Überschuldung (§§ 17 bis 19 InsO) –, in Beiträge zum neuen Insolvenzrecht, Jörg Baetge (Hrsg.), Düsseldorf 1998, S. 17 (zitiert: Bearbeiter in Beiträge zum neuen Insolvenzrecht)

ders., Familienrechtliche Aspekte der Insolvenzordnung, KTS 1999, 413

ders., Die Rechtsstellung des vorläufigen Insolvenzverwalters, in Kölner Schrift zur Insolvenzordnung, Arbeitskreis für Insolvenz- und Schiedsgerichtswesen e.V. (Hrsg.), 2. Aufl., Berlin 2000, S. 325 (zitiert: Bearbeiter in Kölner Schrift)

Ulmer, Peter, Gesellschafterdarlehen und Unterkapitalisierung bei GmbH und GmbH & Co KG, in Festschrift Konrad Duden, München 1977, S. 661

ders., Die neuen Vorschriften über kapitalersetzende Darlehen und eigene Geschäftsanteile der GmbH, in Das neue GmbH-Recht in der Diskussion, hrsg. von der Centrale für GmbH Dr. Otto Schmidt, Köln 1981, S. 55

ders., Konkursantragspflicht bei Überschuldung der GmbH und Haftungsrisiken bei Konkursverschleppung, KTS 1981, 469

ders., Umstrittene Fragen im Recht der Gesellschafterdarlehen (§ 32a GmbHG), ZIP 1984, 1163

ders., Gebrauchsüberlassung an die GmbH als Eigenkapitalersatz, in Festschrift für Alfred Kellermann zum 70. Geburtstag am 29. November 1990, Berlin, New York 1991, S. 485

ders., Gesellschafterhaftung gegenüber der GmbH bei Vorteilsgewährung unter Verstoß gegen § 30 Abs. 1 GmbH, in Festschrift 100 Jahre GmbH-Gesetz, Köln 1992, S. 363

ders., Rechte und Pflichten des GmbH-Geschäftsführers in der Unternehmenskrise unter besonderer Berücksichtigung der Insolvenzrechtsreform – Teil II, WiB 1996, 466 *ders.*, Entwicklungen im Kapitalgesellschaftsrecht 1975 bis 1999, ZGR 1999, 751

ders., Gläubigerschutz bei Scheinauslandsgesellschaften, NJW 2004, 1201

ders., Insolvenzrechtlicher Gläubigerschutz gegenüber Scheinauslandsgesellschaften ohne hinreichende Kapitalausstattung?, KTS 2004, 291

Vallender, Heinz, Die Rechtsprechung des Bundesgerichtshofs zur Konkursverwalterhaftung, ZIP 1997, 345

ders., Einzelzwangsvollstreckung im neuen Insolvenzrecht, ZIP 1997, 1993

Veil, Rüdiger, Eigenkapitalersetzende Aktionärsdarlehen, ZGR 2000, 223

Vollmer, Lothar/Maurer, Torsten, Die Eignung von Sanierungsdarlehen zur Abwehr der Überschuldung, DB 1993, 2315

ders.,/Smerdka, Ute, Neuorientierung im Eigenkapitalersatzrecht, DB 2000, 757

Vonnemann, Wolfgang, Gebrauchsüberlassung als eigenkapitalersetzende Leistung, DB 1990, 261

ders., Haftung von GmbH-Gesellschaftern wegen materieller Unterkapitalisierung, GmbHR 1992, 77

Waechter, Hubertus, Gesellschafterdarlehen und Umgehungsgeschäfte im Konkurs der GmbH, Frankfurt am Main, Bern, New York 1985 (zitiert: Gesellschafterdarlehen und Umgehungsgeschäfte)

Wagner, Wolfgang, Ansatz und Bewertung im Status – Rechnungslegung im Insolvenzverfahren, in Beiträge zum neuen Insolvenzrecht, Jörg Baetge (Hrsg.), Düsseldorf 1998, S. 43 (zitiert: Bearbeiter in Beiträge zum neuen Insolvenzrecht)

Wassermeyer, Franz, Eigenkapitalersetzende Leistungen aus der Sicht des Steuerrechts – Hintergrundinformationen zu den BFH-Urteilen vom 5. 2. 1992, ZGR 1992, 639

Weber, Hans-Jörg/Lepper, Martin, Das eigenkapitalersetzende Darlehen des GmbH-Gesellschafters, DStR 1991, 980

Weisang, Andreas, Eigenkapitalersetzende Gesellschafterleistungen in der neueren Rechtsprechung – Teil I –, WM 1997, 197

Wellkamp, Ludger, Die Einheit von Betriebs- und Besitzgesellschaft – Zu den Rechtsfolgen eigenkapitalersetzender Nutzungsüberlassung, DB 1993, 1759

Wenzel, Frank, Bankenhaftung bei fehlgeschlagenem Sanierungskredit, NZI 1999, 294

ders., Rechtliche Risiken der Kreditinstitute bei der Unternehmenssanierung, in Henckel, Wolfram/Kreft, Gerhart (Hrsg.), Insolvenzrecht 1998 (RWS-Forum 14), Köln 1999, S. 233

Westermann, Harm Peter, Schwerpunkte der Fortbildung des GmbH-Rechts durch Praxis und Wissenschaft, GmbHR 1979, 217

ders., Banken als Kreditgeber und Gesellschafter, ZIP 1982, 379

ders., Kurzkommentar zu BGH Urteil v. 7. 11. 1994 – II ZR 270/93, EWiR 1995, 157 *ders.*, Gesellschaftsrechtliche Risiken bei der bankmäßigen Projektfinanzierung, in Festschrift für Walter Odersky zum 65. Geburtstag am 17. Juli 1996, Berlin, New York 1996, S. 897

ders., Die gesetzlichen Neuregelungen im Kapitalersatzrecht, DZWIR 2000, 1

Wiedemann, Herbert, Haftungsbeschränkung und Kapitalersatz in der GmbH, in Die Haftung des Gesellschafters in der GmbH, von Caemmerer, Ernst (Hrsg.), Frankfurt/M, Berlin 1968 (zitiert: Bearbeiter in Die Haftung des Gesellschafters in der GmbH)

ders., Gesellschaftsrecht, Band I, München 1980

ders., Gesellschaftsrechtliche Probleme der Betriebsaufspaltung, ZIP 1986, 1293

ders., Eigenkapital und Fremdkapital, in Festschrift für Karl Beusch zum 68. Geburtstag am 31. Oktober 1993, Berlin, New York 1993, S. 893

Wiester, Roland, Die Fortführungspflicht des vorläufigen Insolvenzverwalters und ihre Auswirkungen auf die Vorfinanzierung des Insolvenzgeldes, ZInsO 1998, 99

Wilhelm, Jan, Kapitalgesellschaftsrecht, Berlin, New York 1998

Wilken, Oliver, Kapitalersetzende Nutzungsüberlassungen im internationalen Unterordnungskonzern, Bielefeld 1993

Willemsen, Reinhard/Coenen, Tilman, Kapitalersetzende Gesellschafterleistungen nach den Procedo-Urteilen des BGH, DB 2001, 910

Winkler, Karl, Die Haftung der Gesellschafter einer unterkapitalisierten GmbH, BB 1969, 1204

Winnefeld, Robert, Bilanz-Handbuch, 2. Aufl., München 2000 (zitiert: Bilanz-HB)

Wissmann, Eike, Kurzkommentar zu BGH Urteil v. 16. 12. 1991 – II ZR 110/91, EWiR 1992, 787

Wittig, Arne, Beseitigung der Insolvenzgründe mit Bankenbeiträgen als Voraussetzung der freien Unternehmenssanierung, NZI 1998, 49

ders., Kreditfinanzierung der Unternehmensfortführung im Insolvenzverfahren, DB 1999, 197

Wolf, Thomas C., Überschuldung, Berlin 1998

Wüst, Günther, Wege des Gläubigerschutzes bei materieller Unterkapitalisierung einer GmbH (Teil I), DStR 1991, 1388

ders., Wege des Gläubigerschutzes bei materieller Unterkapitalisierung einer GmbH (Teil II), DStR 1991, 1424

Zanner, Andreas, Rechtsfolgen eigenkapitalersetzender Gesellschafterdarlehen bei der GmbHG & Co KG, Regensburg 1989 (zitiert: Rechtsfolgen eigenkapitalersetzender Gesellschafterdarlehen)

Ziegler, Klaus, Kapitalersetzende Gebrauchsüberlassung und Konzernhaftung bei der GmbH unter besonderer Berücksichtigung der Betriebsaufspaltung, Baden-Baden 1989 (zitiert: Kapitalersetzende Gebrauchsüberlassung und Konzernhaftung)

Zöllner, Wolfgang (Hrsg.), Kölner Kommentar zum Aktiengesetz Band 1 §§ 1-75 AktG, 2. Aufl., Köln, Berlin, Bonn, München 1988 (Nachdruck 1998) (zitiert: Bearbeiter in Kölner Kommentar zum AktG)

Schriften zum Verfahrensrecht

Herausgegeben von Peter Gottwald und Ulrich Haas

Band 1 Matthias Rauscher: Die neue Berufung in Zivilsachen. 2002.

Band 2 Jörn-Christian Schulze: Grenzen der objektiven Schiedsfähigkeit im Rahmen des § 1030 ZPO. Eine Betrachtung des Rechts der Schiedsfähigkeit nach der Schiedsverfahrensrechtsform. 2003.

Band 3 Roman Rodloff: Das vereinfachte Verfahren zur Festsetzung von Kindesunterhalt nach §§ 654 ff. ZPO. Zugleich ein Beitrag zur Unterhaltsannexklage nach § 653 ZPO und zum vereinfachten Abänderungsverfahren nach § 656 ZPO. 2003.

Band 4 Helia-Verena Daubach: Kammer oder Einzelrichter? Ist die Kammer ein Qualitätselement des Zivilprozesses? 2003.

Band 5 Thomas Gemmeke: Beweisverwertungsverbote im arbeitsgerichtlichen Verfahren. 2003.

Band 6 Wolfgang Kreißig: Der Sportverein in Krise und Insolvenz. 2004.

Band 7 Alexander M. Krämer: Leasingverträge in der Insolvenz. 2005.

Band 8 Timo Christian Walther: Das Verfahren bei Masseunzulänglichkeit nach den §§ 208 ff. InsO. 2005.

Band 9 Henning Müller: Die Lebensversicherung in der Zwangsvollstreckung. 2005.

Band 10 Oliver Hilsbos: Die Mitwirkungspflicht von Personenstandsbehörden in Nachlassverfahren. 2006.

Band 11 Matthias Holla: Der Einsatz von Schiedsgerichten im organisierten Sport. 2006.

Band 12 Matthias Hofmann: Die Eigenverwaltung in der Insolvenz. Darstellung eines Rechtsinstituts unter besonderer Berücksichtigung der Gesellschaftsinsolvenz. 2006.

Band 13 Christian Schindler: Rechtskraft und Innenbindung zivilprozessualer Beschlüsse nach Inkrafttreten des ZPO-Reformgesetzes vom 27. Juli 2001. 2006.

Band 14 Carola Reimann-Dittrich: Die Finanzierungsfolgenverantwortung des Gesellschafters. 2006.

www.peterlang.de

Kolibri 360 GmbH
Ferdinand-Jühlke-Straße 7
99095 Erfurt, Deutschland
produktsicherheit@kolibri360.de

Druck:
CPI Druckdienstleistungen GmbH
im Auftrag der
Kolibri 360 GmbH
Ferdinand-Jühlke-Str. 7
99095 Erfurt